누워서 읽는 중국사

울퉁불퉁 중국인 이야기

들어가는 말

인간적으로 참아내기 어려운 궁형(宮刑)을 당하면서도 역사를 기록하고자 능욕을 참았다던 사성(史聖) 사마천은 과연 무엇을 기록하고 싶어 그리 했을까?

《사기(史記)》를 통해 추론해보면 그가 그토록 기록하고 싶었던 것은 아마 맨 앞장에 기록되어 있는 백이(伯夷), 숙제(叔齊) 이야기였을 것이다. 오늘날까지 중국이란 국가의 국시(國是)가 되고 있는 인의예지(仁義禮智)에 의한 인본(仁本)적 다스림의 맨 앞자리를 차지하고 있는 것은 주(周)나라 무왕(武王)이다. 그런 무왕의 말고삐를 잡고 '이상주의 도덕론'을 설파했으나 민생을 도탄에서 구해내야 한다는 현실 정치의 혁명론자들에 떠밀려 겨우 목숨만 부지한 채 수양산에 들어가 도라지를 캐 먹다 죽은 변방 나라 고죽국 출신의 두 왕자, 백이, 숙제. 사마천은 도대체 무에 그리 중요하다고 열전(列傳)의 맨 앞자리에 그들을 배치했을까?

공자(孔子)가 일찍이 그랬듯 선인(善人)이 패배하고 악인(惡人)인 도척이 천수를 누리는 것을 보면서 그는 "하늘의 뜻이 과연 있는가, 있다면 세상은 왜 이 모양인가?"라고 외쳤지만, 하늘은 잠자코 말이 없었다. 그래서 그는 하늘이 못다 한 '선(善)을 선양(宣揚)하고 악(惡)을 징치(懲治)하는 그 일'을 그의 붓끝으로나마 나타내고 싶었을 것이다. 아마도 공자(孔子)의 역사책《춘추(春秋)》에 대한 존경심에서 비롯했을 그의 예리한 '붓끝'은 그 뒤 사마광의 《자치통감》에서 언뜻 보인 후 역사 속에서 영영 사라지고 말았다.

우리나라와 중국은 길항(拮抗) 관계의 2천 년을 보냈다. 고구려는 싸우고 신라는 협조하며 초기 천년을 살았고, 그 후 고려는 5백 년을 밀고 당기며 보냈으며, 조선은 오백 년을 조공 형태의 사대와 복종의 역사로 지내왔다.

근대 이후 우리는 중국과 대체로 적대적인 관계였다. 떼려야 뗄 수 없는 한중일의 삼국은 서로 폄하하고 조롱하는 뉴스만 소비했다. 남의 나라의 기쁜 소식이 나의 슬픔이 되고, 남의 나라의 슬픈 소식이 나의 기쁨이 되는 적대적 동반자 관계가 삼국 정치의 현실이 되었다. 극우적인 유튜버나 악성 논쟁으로 주목받기 좋아하는 사이비 언론뿐만 아니라 주류 미디어나 학계도 서로의 진실은 애써 외면하고 민중들의 적대감을 고무하며 그들의 위치를 지켜가고 있다. 과연 그들의 말대로 14억 중국인들 모두가 세상의 중심이 중국이고 동양의 모든 문화는 중국에서 시작되었다고 하는 중화론자들일까? 일본의 1억 2천만 인구 모두가 한국을 식민지로 삼아 개발의 씨앗을 뿌려주었는데도 한국인들이 고마움을 모른다고 생각하는 혐한론자들일까? 가장 악랄한 기사나 댓글만 소개해, 온 국민에게 이웃 국가에 대한 증오의 감정을 부추기고 있는 것은 아닌지 그들에게 묻고 싶다.

솔까말! 솔직히 까놓고 말해 보자.

만일 중국이 없었다면 우리의 문화는 어떠했을까? 중국이 우리를 정복하거나 합병해 식민지화했다면 오늘 우리는 과연 우리말을 쓰며 우리만의 독특한 문화를 뽐낼 수 있었을까? 우리는 거대한 중국과의 관계에서 전쟁이든 조공이든 사대든 어떠한 방법이든 간에 살아남아 오늘에 이르렀다. 우리 민족 문화가 온전히 살아남은 이 자체가 바로 우리의 기적적인 성공의 핵심이고 요체이다.

객관적으로 보아 우리는 오랜 기간 한자 문화권에 속한 국가였다. 세종대왕이 훈민정음이라는 새로운 우리말 표기법을 발명하기 이전의 그 오랜 시간, 우리는 중국인들이 만든 한자를 빌려 우리말을 표기해 왔고, 그래서 문화와 전통을 간직하고 전달해 왔다. 물론 고립어인 한자를 교착어인 우리말로 기록하느라고 한자의 음(音)과 훈(訓)을 빌려 쓰며 구결(口訣), 현토(懸吐), 이두(吏讀), 향찰(鄕札) 등 갖가지 연구를 해가면서 노력해 왔지만, 그 근본은 한자였다. 요즘은 영어 능력이 권력이라지만 그보다 오랜 시간 한자 실력, 혹은 한문 경전을 아는 것이 출세의 지름길인 시대도 있었다. 시대가 조금 변했다고 그야말로 한자를 쌩까고(?) 있는 것은 아닌지 모르겠다. 아직도 우리말 사전의 단어 중 70% 이상이 한자어에서 온 말이라는 것은 부인할 수 없는 사실이다. 어디 언어뿐인가. 그들의 정치 제도와 철학도 오랜 시간 우리 사회를 지배해 온 주류적 흐름이 아니었던가. 다만 세계 모든 나라가 그러하듯 그들의 것을 가져다 우리 형편에 맞게 창의적으로 변형시켰다. "너희들 모든 것이 다 우리나라에서 흘러간 것 아니냐"는 중화론자들의 어설픈 원조(元祖)론에 동의할 필요는 없지만, 그리스 문화를 서양 문화의 원줄기로 생각하는 서양 사람들처럼 생각해 준다고 하여 크게 자존심 상할 일은 아니라고 보는 것이 나의 생각이다. 문화란 마치 공기처럼 기압이 높은 곳에서 낮은 곳으로 흘러가는 것이다. 문화의 모방(模倣), 표절(剽竊), 이식(移植)도 넓게 보면 모두 '문화 접변(接變)' 현상으로 전 세계 어디서나 일어나는 일이다. 우리는, 중세까지는 중국이 위치한 대륙 쪽에서 흘러온 문화를 받아들이고 근대 이후는 바다 쪽 미국에서 흘러오는 문화를 받아들이고 있을 뿐이다.

인정할 것은 쿨하게 인정하자. 다만 그런 원자재를 얼마나 아름답고 효율적으로 현대적 삶에 응용하는 능력을 가졌느냐가 가장 중요한 포인트가 될 뿐이다. 일본에서 개발된 가라오케라는 기계를 들여와 여러 가지 형태의 노래방을 만들어 하나의 커다란 오락 산업으로 키운 것이, 미군 부대에서 흘러나온 소시지나 햄 등을 김치와 버무려 부대찌개라는 새로운 한국적 음식을 만들어 낸 것이 그런 예가 될 것이다.

적어도 중국 대륙에 명멸(明滅)했던 수많은 왕조는, 우리에게 형님이라 부를 것을 강요했을 뿐 우리를 말살하거나 해체하려고 하지는 않았다. 그게 뭐 그리 대단하냐고 말하는 사람은, 종교의 자유를 찾아 북아메리카에 상륙한 서양인들이 이후 그 땅의 원주민 인디언들을 처리한 방식과, 남아메리카 대륙에 상륙한 스페인 포르투갈인들이 남미의 원주민들에 가한 압박을 생각해 보라. 오스트레일리아에 상륙한 영국인들이 원주민을 말살하다시피 한 사례도 살펴보라. 그리고 미완의 과업으로 실패하고 말았지만 나폴레옹의 군대나 히틀러의 군대가 러시아 땅으로 쳐들어가 슬라브족을 멸족(滅族)시키기 위해 군인과 민간인을 가리지 않고 수천만 명을 죽인 일을 회고해 보라.

우리 한(韓)민족이 매우 용맹하게 영토 방위 전쟁을 했고, 게다가 의(義)를 추구하는 '동방예의지국'의 면모를 지니고 있었던 것이 사실이라 하더라도, 압도적 인구와 막강한 군사력과 어마어마한 생산력을 가진 중국의 왕조들이 우리 민족을 정복해 중국의 일개 지방이나 성(省)으로 만들지 않은 것은, 그들이 착하기 때문이 아니라 적어도 우리와의 공존(共存)의 이유가 그들에게도 있었기 때문이라고 나는 생각한다. 100원을 들여 공격해서, 얻어먹을 것은 10원도 안 된다고 판단했거나, 그냥 살려두고 때로 을러메거나 달래가면서 이용해 먹는 것이 더 효율적이라고 생각했을 수도 있고, 변두리에 두어 타 해양 세력의 대륙 진출을 막아내는 전진 기지 역할쯤으로 그냥 둔 것일 수도 있다.

우리의 생존 방식이 저항과 투쟁, 공존과 협력, 사대와 조공 등 다양한 현실에 따라 갖가지 대처법이 있었던 것은 사실이지만, 그런 과정을 통해 우리는 중국을 때로는 겁주고 때로는 설득하고 때로는 다독이며 한민족의 정체성을 유지해 왔다. 이것은 바다라는 천연 장벽을 사이에 둔 일본과는 전혀 다른 환경에서 만들어낸 업적이다. 그런 점에서 우리는 그런 선조(先祖)들을 자랑스러워해도 좋을 것이다. 우리 민족을 비겁했다고 말하는 자가 있다면 고개 들어 우리와 같은 핏줄을 지녔다는 북방의 유목 민족들을 보라. 한때 중국 대륙을 정복하고 소수의 인원으로 다수의 한족(漢族)을 지배했던 거란인과 몽골인 그리고 만주족의 오늘을 보면 우리 조상들의 현명함은 바로 오늘 우리의 존재 자체가 증거가 된다.

여담이지만 우리가 올림픽에서 양궁(洋弓)의 최대 강국인 이유도 중국이라는 나라가 옆에 있었기 때문일 것이다. 중국이라는 거대한 나라가 쳐들어 왔을 때 상대적으로 인구가 적은 우리가 그들의 대군과 전면전을 벌여서는 승산이 없다. 그래서 고대로부터 사용한 전술이 견벽청야(堅壁淸野) 작전이었다. 즉 일단 높은 산에 준비된 산성(山城)으로 백성 모두가 피신하고 버티는 것이 견벽(堅壁)이고, 적들의 잠자리, 음식, 식수가 될 수 있는 집이나 식량, 우물을 모두 없애 버리는 것이 청야(淸野)이다. 그리고 산성으로 쫓아 올라온 적들을 내려다보며 활을 쏘아 대항해 결국 원정군인 중국 군사들이 스스로 물러가게 만든 작전을 썼던 결과가 양궁 실력으로 나타났다고 볼 수도 있다. 소수의 인원으로 다수의 적병을 맞아 강토를 지키는 처절한 생존의 경험에서 생긴 능력인 것이다. 고구려 을지문덕 장군이 수(隋)나라의 백만 대군과 맞서 승리할 수 있었던 것이 바로 그런 작전이었다. 그러면서 을지문덕은 "그대의 신기한 책략은 천문을 꿰뚫었고, 그대의 신묘한 계산은 지리적 이치를 통달했도다. 자, 이제 만족함을 알았으면 물러감이 좋을 듯합니다"라고 한편으로 적을 치켜주면서 한편으로 적을 치는 고도의 작전을 펼쳤다.

2차 대전 종전 후의 국제 질서를 논의한 카이로 회담에서 한국을 일본의 일부로 알고 있던 미국 루스벨트 대통령과 영국의 처칠 앞에서 비록 말석(末席)에서나마 한반도를 독립시켜야 한다고 주장한 장제스가 없었다면 전후 한반도의 상황은 또 다른 혼란을 겪었을 것이다. 결국 분단의 아픔을 맞게 되고 자칭 해방 전쟁을 감행한 북한 정권의 남침에 의해 6·25라는 씻지 못할 동족상잔의 아픔을 겪기는 했지만, 그것은 미국과 소련의 냉전 체제의 산물이지 중화민국 혹은 장제스의 잘못은 아니다. '죽(竹)의 장막' 시대를 거쳐 중국의 개혁 개방을 통해 한때 우호적이었던 한중 관계는 미국과 중국이 불화하면서 소위 '신냉전'의 시대를 맞고 있다. 정권에 따라 조금 차이가 있기는 하지만, 우리나라에서 미국과의 상호 방위조약을 믿는지 아니면 1인당 GDP가 몇 달러 많다는 것을 믿는 것인지, 중국 혹은 러시아 앞에서 "때릴 테면 때려 봐, 때려 봐" 하며 미국, 일본의 뒷배를 믿고 까불대고 있는 우파 정권들과 언론들의 작태를 보면 나는 기가 막힌다. 싸울 땐 싸우더라도 전후(戰後)를 생각하고 경쟁 대상을 예우할 줄 알았던 을지문덕의 지혜가 필요하다는 말이다.

게다가 그 이유가 같은 민족인 북한과 동맹 관계이고 6·25 때 북한의 멸망을 그냥 지켜보지 않고 인민군을 파견해 항미(抗美) 원조(援朝)한 것이 원죄라면 미국과 우리의 관계도 마찬가지이다. 근래 우리가 선진국으로 도약할 수 있었던 것도 중국과의 긴밀한 경제적 관계가 한몫한 것은 분명한 일이다. 별다른 사건 사고도 없이 중국과 적대 관계로 돌아가는 것은 우리가 주체적 외교 능력을 가지지 못한 미국의 푸들에 불과하다는 것을 대내외에 알려주는 것에 불과하다. 작은 국가일수록 때론 영민하게 때로는 영악하게 국제 정세의 파도를 타면서 자국의 이익을 챙겨야 오래 살아남을 수 있다. 우리가 중국에 침략을 당한 역사를 보면 그런 교훈을 얻을 수 있다. 수(隋)나라, 당(唐)나라 시절에야 그쪽의 정복 군주에 의해 전쟁을 맞이할 수밖에 없었지만, 그 후 거란과의 전쟁이나 몽골과의 관계, 혹은 만주족에 의한 병자호란 등은 우리가 외교력을 충분히 발휘했다면 막을 수 있는 침략이었다는 것이 역사학자들의 중론(衆論)이다. 결국 한족(漢族)이 아닌 북방 유목민의 국가에 대한 폄하나 멸시적인 태도가 전쟁의 주요한 원인이 되었다. 이런 점은 1992년 흑인들에 의한 LA 폭동 당시 주요 피해자가 재미 한국인이었던 것에서 잘 나타나고 있다. 흑인들의 입장에서는 한국계 미국인들 역시 유색 인종인데, 이들이 마치 백인 주류 사회에 속한 양 흑인을 깔보고 차별한 데 대한 묵은 감정이 폭발한 것이다. 같은 몽골리안이면서 동족 계열인 자기들은 상종 못 할 야만인으로 대하고, 이민족인 한족(漢族)에게는 설설 기는 고려 혹은 조선인에 대한 거란, 몽골, 만주족들의 감정도 LA 흑인들의 감정과 크게 다르지 않았을 것이다.

이제 털 것은 털고 잊을 것은 잊고 대등하고 평등한 외국으로서 중국을 보아야 한다. 그런 점은 일본도 마찬가지이지만, 일본의 경우는 식민 지배에 대한 제대로 된 사과가 전제되어야 한다. 사과는 지속적이면서 또 행동으로 나타나야 한다. '고이즈미 담화'나 일본 천왕의 "통석(痛惜)의 념(念)을 금(禁)할 수 없다"와 같은 말 한마디를 한 뒤 "조센징 놈들, 도대체 몇 번을 사과하라는 거야. 한 번 했음 됐지"라고 말하는 것은 사과가 아니다. 앞에서는 사과하고 뒤로는 뒤통수 치는 구밀복검(口蜜腹劍)이나 한두 명은 사과하는 척하고 나머지는 뒤에서 경제 개발을 도왔다고 헛소리하는 한 제대로 된 사과는 아니다. 물론 한반도에 자생하는 일제 식민지 잔존 세력들인 소위 New Right라는 일부 집단이, 식민지 근대화론이니 뭐니 하는 해괴망측한 이론으로 일본인들을 기고만장하게 만든 탓도 있지만, 그런 놈들이야말로 '일부 몰지각한 반국가 사범'들이다. 대다수 국민의 의견은 제대로 된 사과를 기다려 친선이나 우호를 맺어도 그리 늦지 않다는 것이다.

물론 중국에도 언젠가 미국을 넘어 세계 최고의 강대국이 되겠다는 패권적인 '중국몽(中國夢)'에 취한 집권자들과 그들의 홍위병 격인 소위 '소분홍(小粉紅)'들이 애국심에 취해 각종 미디어에 나타나 갖가지 눈꼴신 짓을 하는 사람들이 있다. 하지만 그런 일부 비상식적인 것들이야 우리나라의 '일베충' 혹은 '낙성대충'처럼 어느 나라에도 있다. 중국의 민주화가 진행되고 민도(民度)가 높아지면 그런 해충들은 구제되는 날이 올 것이다. 아직은 명색이 공산당 집권의 프롤레타리아 일당 독재를 구호로 앞세우고 있는 나라이니 조금 더 참고 정경 분리의 입장에서 지켜보면 될 일이다.

우리는 누구인가? 우리는 어디에서 왔고 어떻게 살아왔고 어디를 향해 가는가?

한 개인의 정체성이 그의 '기억(記憶)'에 의해 규명되듯 우리 '민족(民族)'이란 정체성도 기억에 의해 구성되고 형성된다. 그리고 그 기억의 중심은 '역사(歷史)'이다. 국가란 일종의 '상상의 공동체'이고 그 상상은 국민이 공유하는 '정신/의식'임에 분명하다. 그 바탕에는 우리만이 사용하는 언어와 문화, 태도, 관습 등이 있기는 하나 가장 근본적인 것은 우리가 가진 '우리다움' 혹은 '남과 다름'일 것이다. 우리가 우리를 정의하고 규정할 때는 우리가 가진 우리다운 '공통점'을 찾는 방법도 있고, 또 우리와 다른 국가나 민족과의 '차이점'을 통해서 찾기도 한다. 그런 측면에서 중국(中國)이란 나라와 민족은 우리의 정체성을 규정하는 '차이'를 발견하는 기준점이 될 수 있는 가장 가까운 이웃이다. 물론 일본(日本)도 지근거리에 있는 국가이긴 하지만 서로 주고받은 영향력의 정도는 중국이 훨씬 더 강력하고 긴밀했으며, 그 정도는 과거로 올라갈수록 더욱 더하다. 그런 점에서 중국이야말로 우리와 떼려야 뗄 수 없는 관계이다. 지리적 인접성으로부터 출발한 인종, 문화, 철학, 예술 등 갖가지 측면에서 중국은 우리와 같거나 다르다. 두 나라는 그런 점에서 동반자(同伴者) 관계이다. 시대에 따라 그 동반자 관계는 우호적이기도 하고 적대적이기도 하면서 애증(愛憎)으로 오락가락했으나 적어도 두 나라의 관계가 단절된 적은 없었고 또 그럴 수도 없었다.

서양학자들은 중국과 우리는 인종(人種)이 다르다고 한다. 저들은 China족, 우리는 Mongolia족, 언어(言語)도 달라 저들은 China-Tibet 어족이라 하고 우리는 Ural-Altai 어족에 속한다고도 했다. 또 저들은 Chinese이니 '-니즈'로 불리는 집단이고 우리는 Korean이니 '-안'으로 불리는 집단이라고 한다. 그러나 DNA 조사를 해 본 결과 우리 민족과 중국 그리고 일본인들과의 유전자적 차이는 한반도 내의 차이와 크게 다를 바 없다는 것이 밝혀졌다. 즉 중국인과 일본인 그리고 우리 대한민국 사람들의 차이는 혈통적인 것이 아니라 '정신적인 그 무엇'이라는 것이다. 그 결과 민족이란 '그 자신이 거기에 속한다고 생각하는 정신'의 소산이라는 것이다. 다시 말하면 국가와 민족이란 결국 '상상의 공동체'라는 결론에 이르게 된다. 어쩌면 민족이란 여권에 적힌 국적이나 그가 살고 있는 지역이 아니라 월드컵이나 올림픽 경기가 열렸을 때 어느 나라를 응원하느냐의 문제일 수도 있다.

일찍이 손자(孫子)는 그의 병법(兵法)에서 지피지기(知彼知己)면 백전불태(百戰不殆)라고 했다. 적(敵)이라고도 친구라고도 말할 수는 없지만 적어도 중국은 우리 역사와 오랜 시간 함께해 왔다. 그만큼 공존(共存)의 시간은 길었다. 상대적으로 작은 나라였기에 우리 민족이 주로 형님처럼 모시긴 했으나 적어도 우리 영토를 침범하는 것은 용납하지 않았다. 농담 삼아 말하자면 비록 작은 나라지만 세계 강대국 국민에게 '-놈'이라고 일상생활화하여 낮추어 말하는 나라는 우리밖에 없을 것이다. 적어도 자존감은 강한 나라이고 지고는 못 사는 민족이기 때문이다. 우리 앞에는 많은 과제가 있고 그 과제들은 이웃 나라들과 연결되어 있는 경우가 대부분이다.

최근 들어 우리는 이웃 나라들과 불화(不和)를 겪고 있다. 중국은 오랜 침체에서 벗어나 세계 2위의 경제 대국으로 부상했으며 중국몽(中國夢)이라는 세계 최고의 패권 국가의 꿈을 멈추지 않고 있다. 최강대국인 미국은 그런 중국의 부상을 견제하고 있으며 그런 결과 동북아에는 새로운 냉전(冷戰) 관계가 형성되고 있다. 그럼에도 불구하고 중국과 우리 그리고 일본은 같은 문화를 공유한 사이임에 틀림없다. 중국인들이 발명한 한자(漢字)를 언어의 일부로 사용하고 있고, 붓으로 글씨를 쓰고, 젓가락으로 음식을 먹고, 부모와 나이 든 사람을 존중하는 유교적 태도를 지니고 있는 것은 사실이다. 우리끼리는 아무리 다르다고 외쳐도 서양인의 눈에는 그저 '그놈이 그놈'일 뿐이다. 그런 공통점을 찾아보고 그들과 우리의 관계를 규정했던 조공(朝貢)과 하사(下賜), 사대(事大)의 본질적 차이를 제대로 알아야 한다.

사실 우리가 알고 있는 인류 역사 동안 중국은 세계 최고의 국가였다. 요즘 말로 바꾸면 중국은 오랜 시간 세계 GDP의 30% 이상을 차지해온 최강대국이었다. 아편 전쟁 이후 종이호랑이로 전락했던 중국이 요즘 다시 슬며시 고개를 쳐들며 특유의 자부심을 되찾고 있는 중이라고 볼 수도 있다. 원래 중국 56개 소수 민족의 단결을 위해 시작한 동북 공정이 조금 마음에 거슬리긴 하지만, 자신들의 일체감 형성을 위해 다소 미성숙한 중국식 애국주의라고 이해할 수도 있다. 중국몽(中國夢)은 근대 역사에서의 중국의 아픔을 되풀이하지 않겠다는 그들의 내부적 다짐으로 풀어볼 수도 있다. 서양 사람들은 내세관을 앞세운 종교로 현실 인간을 통제해왔지만, 중국은 《춘추(春秋)》 이래 역사 기록으로 현실적 인간을 제어해 왔다. 그런 점에서 중국인들은 가장 현실주의자들이고 가장 자본주의자들이다. 그들의 꿈은 천국(天國)에 있는 것이 아니라 여기 지금 현실에 있기 때문이다.

E.H Carr에 의하면 모든 역사는 언제나 현대사, 즉 과거와의 대화이다. 그런 점에서 보면 이 책은 우리 한민족과 중국 민족과의 대화의 기록이다.

이 땅의 사람들이 어떻게 살아 왔는가를 알기 위해서는 이웃 나라들의 문화와 풍습이 우리에게 어떤 영향을 끼쳤는가를 아는 것이 필수적이다. 이 책은 그런 점에서 우리와 가장 가까운 나라 중국의 역사를 통해 우리 문화의 본질과 정체성을 살펴보고 우리의 앞날을 제시해줄 것이다.

이제 대한민국도 그렇게 꿈꾸던 선진국 반열에 들어섰다. 백범 김구 선생은 일제에 빼앗겼던 나라를 되찾았을 때 '내가 원하는 우리나라'라는 글에서 복수나 증오보다는 상생(相生)을 먼저 말씀하셨다. 조금 더 선생의 말을 인용해 본다.

> 나는 우리나라가 세계에서 가장 아름다운 나라가 되기를 원한다. 가장 부강한 나라가 되기를 원하는 것은 아니다. 내가 남의 침략에 가슴이 아팠으니 내 나라가 남을 침략하는 것을 원치 아니한다. 우리의 부력(富力)은 우리의 생활을 풍족히 할 만하고 우리의 강력(强力)은 남의 침략을 막을 만하면 족하다. 오직 한없이 가지고 싶은 것은 높은 문화의 힘이다. 문화의 힘은 우리 자신을 행복하게 하고 나아가서 남에게 행복을 주겠기 때문이다.
>
> 나는 우리나라가 남의 것을 모방하는 나라가 되지 말고 이러한 높고 새로운 문화의 근원이 되고 목표가 되고 모범이 되기를 원한다. 그래서 진정한 세계의 평화가 우리나라에서, 우리나라로 말미암아서 세계에 실현되기를 원한다. 홍익인간(弘益人間)이라는 우리 국조(國祖) 단군의 이상이 이것이라고 믿는다.
>
> 우리 민족이 주연 배우로 세계의 무대에 등장할 날이 눈앞에 보이지 아니하는가.
>
> 이 일을 하기 위하여 우리가 할 일은 사상의 자유를 확보하는 정치 양식의 건립과 국민 교육의 완비다. 내가 위에서 자유의 나라를 강조하고 교육의 중요성을 말한 것은 이 때문이다. 최고 문화 건설의 사명을 달할 민족은 일언이폐지하면 모두 성인을 만드는 데 있다. 대한 사람이라면 간 데마다 신용을 받고 대접을 받아야 한다. 우리의 적이 우리를 누르고 있을 때에는 미워하고 분해하는 살벌, 투쟁의 정신을 길렀었거니와 적은 이미 물러갔으

니 우리는 증오의 투쟁을 버리고 화합의 건설을 일삼을 때다. 집안이 불화하면 망하고 나라 안이 갈려서 싸우면 망한다. 동포 간의 증오와 투쟁은 망조(亡兆)다. 우리의 용모에서는 화기가 빛나야 한다. 우리 국토 안에는 언제나 춘풍이 태탕하여야 한다. 이것은 우리 국민 각자가 한 번 마음을 고쳐먹음으로써 되고 그러한 정신의 교육으로 영속될 것이다.

최고 문화로 인류의 모범이 되기로 사명을 삼는 우리 민족의 각원은 이기적 개인주의자여서는 안 된다. 우리는 개인의 자유를 극도로 주장하되 그것은 저 짐승들과 같이 저마다 제 배를 채우기에 쓰는 자유가 아니요, 제 가족을, 제 이웃을, 제 국민을 잘 살게 하기에 쓰이는 자유다. 공원의 꽃을 꺾는 자유가 아니라 공원에 꽃을 심는 자유다.

단재 신채호 선생의 말씀도 들어 보자.

우리 조선 사람은 매양 이해(利害) 이외에서 진리를 찾으려 하므로 석가(釋迦)가 들어오면 조선의 석가가 되지 않고 석가의 조선이 되며, 공자(孔子)가 들어오면 조선의 공자가 되지 않고 공자의 조선이 되며, 무슨 주의(主義)가 들어와도 '조선의 주의'가 아니라 '주의의 조선'이 되려 한다. 그리하여 도적과 주의를 위한 조선은 있어도 조선을 위한 도덕과 주의는 없다. 아! 이것이 조선의 특색이냐. 특색이라면 특색이나 노예의 특색이다. 나는 조선의 도덕과 조선의 주의를 위하여 곡(哭)하려 한다.

내 비록 변방의 비전공자이긴 하지만 적어도 진실의 눈으로 중국을 바라보고자 노력해 왔다. 내가 나름의 시각을 갖기 시작한 것은 1975년부터이다. 그때까지 나를 지배한 것은 학교나 방송에서 배운 반공 방첩 교육이었다. 당시 미국의 지원금으로 발행되던 빳빳한 지질의《자유의 벗》이라는 잡지에 실린 만화 한 커트가 지금도 기억난다. 콧수염을 기른 험상궂은 스탈린이 뚱뚱한 모택동에게 활을 건네주며 "택동아, 저 비둘기를 쏘아라" 지시하며 세계 평화를 깨뜨리는 내용의 삽화가 가장 인상적으로 남는 장면이었다. 그러다가 1972년인가 고등학교 2학년 때, 마침 그때가 박정희가 '10월 유신'을 선포한 뒤였다. 6·25 참전 용사라는 사회 선생님이 시간마다 한국적 민주주의와 함께 국민 총화와 총력안보를 강조하기에 어쩌다 내가 "선생님, 우리도 알 만한 것은 다 아니 어지간히 하시지요"라고 나름 개폼(?)을 잡았다가 그 선생이 "저런 싹수없는 놈은 가르칠 필요가 없다"며 책을 던지고 교실을 나가버린 것이 유일한 반항 사건이었을 정도로 인식의 폭이 좁았다.

그러던 내가 고등학교 졸업 후 최초로 만난 코페르니쿠스의 이름은 리영희였다. 그분은 민음사에서 펴낸《전환시대의 논리》라는 책으로 당대 젊은이들이 딛고 섰던 땅을 전복(顚覆)시켰다. 내 친형도 참전한 월남전의, 우리 용맹한 맹호 청룡 부대 용사들이 그곳 전선에서 물리친 베트콩들이 사실은 그 나라의 독립운동가들이었다니, 그들이 우리 향토 예비군처럼 '일하면서 싸우고 싸우면서 일하는' 베트남의 애국적 민중일 수도 있다니 나 같은 촌놈이 그 얼마나 놀랐겠는가. 이어서 나온《8억인과의 대화》는 당시의 중공(中共)에 대한 나의 관점을 완전히 바꾸어 놓았다. 링컨 대통령이 통나무집에 살던 시절 빌려 읽었던《엉클 톰스 캐빈》이라는 소설이 그 어린 마음에 흑인 노예 해방이라는 평생의 과업에 불씨가 되었다면 적어도 나에게는 리영희 선생의 저작들이 나의 엉클 톰스 캐빈이었다. 그 책 이후 내가 세상을 보는 눈은 바뀌기 시작했고 한국 사회의 소위 주류 언론과 학계가 가진 '가면의 세계' 속이 들여다보이기 시작했다. 이익에 따라 보도하고 연줄에 따라 연구하는 것이 아닌 진실의 편이 되어야겠다는 평생의 결심을 한 것이 그때쯤이었다.

나의 아버지는 일제 강점기에 태어나 식민지 백성으로 설움을 겪다가 성장해서는 6·25라는 동족상잔의 전쟁 통에 국군의 탄약통을 지게에 지고 참전했고, 전쟁 전후로 자식들을 잃은 흔하디흔한 이 땅의 농민이다. 이런 난세를 겪으며 살아 남은 뒤 이어진 군사 독재 시절 남 앞에서 말조심을 하며 가족을 지켜온 아버지는, 내가 대학생이 된 뒤 마을 지서장이 찾아와 자식 단속 잘하라는 언질을 듣자 나에게 "빨쩽이가 되어 집안을 망치려고 그러느냐"라고 꾸중했다. 그분이, 빨쩽이란 말이 빨갱이, 즉 단순한 좌익적 사고를 가진 자가 아니라 빨치산(partizan)에서 유래한 말이었음을 알았는지 몰랐는지 내가 알 바는 아니지만, 그 말을 듣는 순간 나는 아버지의 말씀처럼 빨치산이 되기로 결심했다.

리영희 선생의 책에서 배운 것을 나름 응용해 '인문학의 빨치산'이 되기로 한 것이다. 즉 정규전이 아닌 게릴라 전투로 불의한 세력과 혼자 힘으로 싸우는 파르티잔이 되기로 결심했다. 그 뒤 취직하고 결혼하고 가정을 이루어 식구들을 먹여 살리면서 이런 젊은 날의 결심은 형편없이 바래고 퇴색했지만, 그런 과업들이 거의 끝나고 남들은 은퇴한 칠순의 나이에 나는 다시 빨치산이 되어 인문학이라는 거대한 산에 입산(入山)하기로 다짐했다.

국어 선생답게 사실 그대로 진실의 눈으로 세상을 보고 그 시기의 인물들을 중심으로 역사를 기록하고 그 인물이 처했던 시대적 상황을 함께 기록해 이해를 돕도록 노력했다. 《사기》를 쓴 사마천도 공자의 《춘추》를 롤 모델로 삼아 엄격한 기준으로 역사를 기술했지만, 그 나름 공자와는 다른 원칙도 있었다. 첫째는 인간에 대한 가치 평가를 도덕적인 측면뿐만 아니라 실용적 실질적인 것에도 두었다는 점이고, 둘째는 진(秦)나라의 시황제나 당대인 한나라의 무제(武帝) 등 절대 권력자에게 은근한 저항 의식을 가지고 기록했다는 것이다. 나도 가능하면 그런 사마천의 뒤를 따르고 싶은 마음이다. 뒤늦은 이런 나의 작업을 비웃어도 좋고, 손가락질해도 좋고 사상범으로 몰아도 좋다. 나에게 중요한 것은 입은 비뚤어져도 말은 바로 하자는 것이고, 그것은 이번 중국사뿐만 아니라 우리 문학과 역사에 관한 것도 마찬가지가 될 것이다. 나에게 가장 중요한 것은 그냥 내가 알고 있는 진실을 쓰는 일이다. 그것 자체가 때로는 편견에 가득찬 것일 수도 있음을 인정하겠다. 나름 책을 보며 연구랍시고 했지만 많은 부분이 다른 학자나 저자들의 글이나 주장에서 왔음은 당연한 일이다. 인용을 넘어서는 과도한 퍼나름도 있을 수 있다. 그럼에도 불구하고 나는 뻔뻔스럽게도 그 모든 것에 나의 양념과 소스를 뿌렸기에 나의 요리라고 주장한다. 그리고 그런 나의 길을 가는 것이 저만치 앞서가신 역사의 성인 사마천이나 진정한 신문 기자 리영희 선생에 대한 존경심으로 그들이 앞서 디딘 발자취를 찾는 작업일 뿐이라고 강변한다.

애초는 퇴직 후 강릉의 노년층을 대상으로 노인복지관에서 강의할 기회가 있어 강의 자료로 만들었으나 주변의 권고를 뿌리치지 못하고 또 한 번 이렇게 세상에 못난 자식을 내놓게 되었다. 필자는 중국사에 해박한 역사 전공자도 아니다. 다만 우리 문학을 공부하는 과정에서 중국과의 연결성을 공부하다 보니 여기에 이르게 되었다. 역사를 공부하는 여러분들에게 죄송하지만 다른 시각에서 바라볼 수도 있다는 점을 양해해 주기 바랄 뿐이다.

감사의 말을 덧붙여야겠다.

나는 변두리의 이름 없는 문학도에 불과하다. 이 책이 세상에 모습을 보일 수 있게 된 것은 늘 담배 연기 자욱한 골방에 틀어박혀 낑낑대는 나를 묵묵히 지켜 보아준 아내와 먼 데서 응원해 주는 식구들이 있었기 때문이다. 사랑하는 식구들은 내 칠순을 맞아 여행 대신 출판비를 보태 달라는 내 부탁을 흔쾌히 들어주었고, 거기에 어린 시절 친구였던 이광석, 조돈집이 가난한 무명작가를 지원해 이 책이 있게 되었다.

2025년 8월 강릉시

명주동 루외루에서 야매(野魅) 박삼균이 쓰다

이 책이 세상에 태어날 수 있었던 것은 나의 구정 초등학교 친구 이광석, 조돈집 군의 도움 덕분이었음을 여기서 밝힙니다.

차 례

3

제 7 장
청 제국과 서세동점(西勢東漸)의 시대

제 8 장
새로운 중국의 등장

1

제 1 장
신화에서 통일까지

제 2 장
통일 국가 중국의 출발

제11강 진(秦)의 천하 통일 과정과 빠른 멸망

- 통일 전쟁의 과정

제12강 항우 유방의 초한 쟁패 이야기

- 인간 항우(項羽, BC 232~202)
- 한고조 유방(劉邦, BC 256~195)

제13강 한(漢)의 천하 제패와 조력자들 이야기

- 유방의 군수 참모 소하
- 영원한 오른팔, 작전 참모 장량
- 유방의 일선 사령관, 한신
- 유방의 시골 친구 번쾌(樊噲)와 노관(盧綰)
- 유방의 여인 여태후와 척부인
- 기타 중요 인물들

제14강 한 무제와 전한 이야기

- 문제와 경제의 문경지치(文景之治)
- 한 무제 유철의 치세

제 3 장
삼국지의 시대

제18강

위와 서진 이야기

- 위(魏)나라
- 서진(西晉)

2

제 4 장
남북의 교류와 문화 제국의 등장

제21강 수나라의 흥망성쇠

- 양충(楊忠, 507~568)
- 수 문제 양견(楊堅, 541~604)
- 수 양제 양광(楊廣, 569~618)

제22강 당의 건국과 현무문의 변

- 당 고조 이연(李淵, 566~635)
- 이세민의 활약과 내란 진압
- 현무문의 변[玄武門之變]

제23강 당 태종 이세민과 정관의 치

- 당 태종 이세민(李世民, 598~649)
- 정관(貞觀)의 치(治)
- 고구려 원정
- 정관정요
- 당 태종의 신하들

제24강 측천무후 · 안록산 · 당현종

- 태종의 후계자 고종과 한반도 전쟁
- 최초의 여황제 측천무후(則天武后, 624~705)
- 현종과 개원의 치
- 안록산의 난과 당의 몰락

제 6 장
북방 유목민의 발흥과 부침

제7장

청 제국과 서세동점(西勢東漸)의 시대

제34강

명의 쇠퇴기

명 황제가 포로가 된 토목(土木)의 변

명 태조 홍무제는 후한과 당나라 멸망의 원인인 환관들의 정치 개입을 교훈 삼아 환관들의 정치 개입을 엄금했다. 이에 대한 조치로 홍무제는 환관들이 글을 배워서는 안 된다는 내용을 새긴 비석을 궁궐에 세웠다. 그러나 3대 황제 영락제는 홍무제와 달리 환관의 지위를 개선시키고 적극적으로 이용했다.

우선 영락제는 환관에게 진 빚이 있었다. 연왕(燕王) 시절, 환관을 통해 건문제의 번왕 탄압에 대한 정보를 접수했으며, 이후 정난(靖難)의 변을 일으켰을 때에도 환관의 도움을 받아 궁에 진입할 수 있었다. 원래 환관은 6부 중 이부(吏部)의 관할이었으나 영락제 때부터는 사례감(司禮監)의 관할로 넘어오면서 12감 4사 8국의 24아문(衙門)에 소속되었다. 영락제는 환관을 다방면에 이용했다. 군대를 파견할 때는 군을 감시하게 하고, 외국에 파견할 사절로, 외국 무역을 담당하는 시박사로 환관을 임용했다. 특히 1420년에 영락제는 동창(東廠)이라는 특무 기구를 만들고 환관들을 시켜 전국의 불순 분자를 정탐하고 색출하도록 했다. 이들은 위로는 왕족과 관료, 아래로는 일반 백성까지 감시했으며, 궁궐의 물자 조달, 군대 감독, 조세 징수, 감찰 업무 등을 하면서 지방 정사에 간여했다. 특히 홍희제에 이어 제위에 오른 5대 황제 선덕제는 어린 소년 환관들을 선발해 한림관에게 글을 배우도록 했으며, 내각 관리들이 올리는 상주문에 대해 구두로 의견을 전하면 환관들이 기록하여 내각에 전달하도록 했다. 이때 황제의 측근에 있던 환관들은 황제의 전지(傳旨)에 자신의 의견을 삽입해 중앙 정무에 깊이 간여했다. 본래 환관 출신은 중하층민이 대부분이었으나 황제의 특무를 맡고 정무까지 영향을 끼치다 보니 곧 이들의 위세는 웬만한 관리의 위세와 맞먹었다. 그리하여 출세를 위해 자발적으로 거세하고 환관이 되는 경우도 많았으며, 영락제 때는 그 수가 1만 명이 넘었다.

황제의 비호 아래 비대해진 환관 세력은 결국 명나라 조정의 화근이 되었다. 1435년, 선덕제가 38세의 나이로 사망하자 겨우 9세의 황태자 주기진이 영종(英宗)으로 제위에 올랐다. 황제의 나이가 어렸기 때문에 선덕제는 태황태후인 홍희제의 황후 장씨에게 수렴청정을 하라는 유조(遺詔)를 남겼다. 하지만 태황태후 장씨는 직접 정무를 보는 일을 삼가고 양사기(楊士奇), 양영(楊榮), 양부(楊溥) 등 3양(三楊)에게 정무를 맡겼다. 이들 3양은 영락제 때에 입각해 정무에 참여했으며, 이후 홍희제, 선덕제 때에도 중진으로서 황제의 두터운 신임을 받은 인물들이었다. 영종 초기에는 3양의 국정 운영으로 조정과 사회가 안정되었다. 그러나 안정된 국정은 오래가지 못했다. 태황태후 장씨와 이미 고령이었던 3양이 세상을 뜨고, 환관 왕진(王振)이 조정의 실력자가 되었기 때문이다.

즉위 초부터 영종은 황태자 시절 자신의 교육을 담당한 환관 왕진을 기용했다. 영종은 왕진을 '왕 선생'이라 부르며 매우 신임했으며, 그에게 사례감을 관장하도록 했다. 왕진은 어린 영종의 두터운 신임을 바탕으로 재물을 축적하고, 관리들을 조정하여 자신의 세력을 강화하고자 했다. 그러나 태황태후 장씨와 3양으로 인해 전면적으로 전권을 휘두르지는 못했다. 마침내 태황태후 장씨와 3양이 죽자 왕진의 횡포는 극에 달했다. 우선 왕진은 태조 홍무제가 세운 환관의 교육을 금한다는 비석을 옮겨 버렸다. 또한 황제의 전지에 함부로 자신의 의견을 집어넣었으며, 유구(劉球)의 상주문에서 자신을 비판하는 내용을 발견하고는 그를 찢어 죽이는 등 자신을 탄핵하는 무리에게 가혹하게 보복했다. 이와 함께 재산을 축적하여 황성 동쪽에 대저택을 짓고, 지화사라는 절을 건설하는 등 권세 부풀리기에 전념했다.

명나라 조정이 환관 왕진의 손에 놀아나고 있을 즈음, 명나라에 위협적 존재인 몽골 세력에 변화가 생겼다. 명나라에 의해 중원에서 쫓겨나 막북(漠北)으로 도망친 몽골족은 타타르와 오이라트, 두 세력으로 분할되었다. 그런데 토곤이라는 자가 오이라트의 수장이 되면서 타타르는 수세에 몰렸으며, 토곤은 사실상 몽골족의 통일을 이룩했다. 이후 토곤의 아들 에센은 아버지의 뒤를 이어 몽골족의 통일을 완성하고 영토를 확장하여 명나라를 위협하기 시작했다.

명나라와 몽골족의 조공 무역은 1406년 영락제 때 시작되었으며, 몽골은 말을 바치고 명나라는 말값을 주어 평화 관계를 유지했다. 이때 몽골은 사절단의 규모를 실제보다 부풀려 명나라에 보고했으나 명나라는 알면서도 마찰을 피하기 위해 몽골이 제시한 은상을 그대로 지불했다. 1448년, 오이라트 에센은 사절단 약 1천 명을 2,500명으로 부풀려 보고하며 관례에 따른 은상을 기대했다. 그러나 당시 전권을 행사한 환관 왕진은 에센에게 사절단의 실제 수에 해당하는 1,500명에 대해서만 은상을 내렸고, 말값으로 에센이 제시한 가격의 5분의 1만 지급했다. 환관 왕진이 관례를 무시하고 말값도 제대로 쳐주지 않자 격분한 에센은 급기야 명나라를 공격하기에 이르렀다. 1449년 7월, 에센이 군대를 이끌고 산서의 대동을 공격했다.

환관 왕진은 영종에게 친정(親征)을 간청했다. 병부상서 광야와 병부시랑 우겸 등이 황제의 친정을 만류했지만, 영종은 환관 왕진의 말만 믿고 친정을 도모했다. 원래 친정할 때 황제는 명분상 북경에 가까운 관문 거용관만 벗어나면 되지만, 환관 왕진은 영종에게 대동까지 갈 것을 고집했다. 이에 영종은 이복동생 주기옥(朱祁鈺)에게 북경을 맡기고 50만 대군을 이끌고 출정했다. 같은 해 8월, 영종이 드디어 대동에 도착했을 때, 마침 명나라 군대가 양화 전투에서 오이라트군에 전멸했다는 소식을 들었다. 이에 특별한 군사 작전이 없었던 영종의 50만 대군은 일단 후퇴를 결정했다. 그런데 영종은 군을 후퇴시키면서도 환관 왕진의 어처구니없는 말에 따라 위기에 빠졌다. 당시 북경으로 돌아가는 가장 빠른 길은 자형관을 거쳐 가는 것이었으나 환관 왕진은 영종을 자신의 고향 울주에 모셔 고향을 빛내고 싶었다. 이것은 그야말로 전쟁을 이용해 금의환향(錦衣還鄕)하겠다는 철없는 생각이었다. 영종의 군대는 왕진의 말에 따라 가장 빠른 길을 버리고 울주를 경유해 북경에 돌아가는 길을 선택했다. 그런데 환관 왕진은 회군 중 군사들에 의해 고향 울주가 피폐해질 것을 우려해 마음을 바꿔 선부를 경유한 회군을 명했다. 이로써 회군 경로를 여러 번 번복한 명나라의 군대는 전의를 상실함과 동시에 불필요하게 전투력을 낭비했다. 환관 왕진의 농락으로 군이 우왕좌왕하자 병부상서 광야는 영종을 호위하는 정예 부대를 편성하여 거용관으로 갈 것을 진언했다. 하지만 환관 왕진은 이를 거부했고, 결국 명나라 군대는 오이라트군의 공격을 받고 몰살당했다.

후미를 잃은 명나라군은 토목(土木)이란 곳의 자그마한 성채를 향해 후퇴했고, 거기서 병참 부대를 기다리기로 했다. 하지만 토목의 성채는 규모가 작아 대군이 주둔할 만한 곳이 없었다. 더구나 토목의 성채에는 물이 없어 명나라군은 물을 구하기 위해 갖은 노력을 했지만 구하지 못했다. 토목의 성채는 곧 오이라트군에게 포위당했다. 오이라트의 에센은 사신을 보내 거짓 화의를 청한 뒤 군대를 퇴각시켰고, 이에 환관 왕진은 식수 확보를 위해 군을 내보냈다. 에센은 이 틈을 타 명나라를 공격하여 크게 물리쳤다. 명나라 군사의 참패였다.

혼전 속에서 명나라는 병부상서 광야, 영국공 장보, 호위장군 번충 등 다수를 잃었으며, 호위장군 번충은 죽기 전 영종의 친정을 이끈 환관 왕진을 철퇴로 내리쳐 죽였다. 한편 가부좌를 틀고 앉아 최후를 기다리던 영종은 포로가 되었다. 이리하여 영종은 친정 중 포로가 된 중국 역사상 첫 번째 황제라는 오명을 얻었고, 이 사건을 역사는 '토목(土木)의 변'이라 일컫는다.

토목의 변으로 영종을 사로잡은 에센은 명나라와의 교섭에서 우위를 기대하며 북경을 향해 진군했다. 하지만 명나라 조정은 병부시랑 우겸의 주도로 영종의 이복동생 주기옥을 황제로 만들고, 20만 대군을 모아 전투태세를 갖추고 있었다. 에센은 북경 포위 공격에 실패했으며, 영종도 협상에 아무런 도움이 되지 않았다. 1450년, 결국 에센은 아무런 조건 없이 영종을 북경으로 돌려보낸 뒤 군대를 돌렸다. 이후 영종은 태상황이 되어 자금성 남궁에 연금되었다가 황제 주기옥이 황태자를 정하지 않고 죽자 1457년에 다시 황제로 등극했다. 한편 토목의 변 이후 명 조정은 환관 왕진의 가산을 몰수했는데, 그의 집에는 창고만 60여 개에 달했고, 창고마다 금과 은, 진귀한 보물이 가득했다고 한다. 이것은 당시 환관의 부패가 어느 정도였는가를 여실히 보여 주었다. 이후에도 명나라에서는 환관이 전권을 쥐고 횡포를 부리는 경우가 종종 있었는데, 성화제 때 왕직, 정덕제 때 유근, 천계제 때 위충현 등이 있었다.

임진왜란

동아시아의 조선, 중국, 일본 각 나라는 14세기에 다 같이 새 국가와 정권이 등장한 이후 2세기 동안 안정기를 누렸다. 그러나 16세기에 접어들면서 명나라가 동요하고 이웃한 여러 민족이 자주적으로 발전하려는 경향을 보이면서 동아시아의 정세는 소용돌이 속으로 빠져들었다. 명나라는 16세기경에 환관이 실권을 장악하는 등 정치가 극도로 문란해졌고, 지방에서도 향리재주의 관리나 과거 급제자층이 향신이라는 새로운 지배층을 형성하여 반환관 운동, 반해금 정책 등 중앙 권력에 대한 저항력을 강화하고 있었다. 또한 각지에서는 농민 봉기와 종실 간의 반란이 잦았으며, 북쪽의 오랑캐와 남쪽의 왜적이 자주 침입해왔다.

한편 일본은 16세기 전반에는 전국 다이묘[大名]들의 영국(領國) 경영에 기반하여 상공업 발달이 이루어졌고, 후반에는 권력을 잡은 오다 노부나가[織田信長] 정권이 전국 통일 전쟁 과정에서 국내의 상권과 국제 무역권의 통일을 강화해갔다. 그들은 포르투갈인의 내항과 총의 급격한 보급으로 철포대 등 총보병 부대를 중심으로 새 전투 대형을 편성해 대세를 장악했다. 오다 정권의 뒤를 이은 도요토미 히데요시[豊臣秀吉]는 간토[關東]의 도쿠가와 이에야스[德川家康]와 연합한 뒤 1587년 전국을 통일했다. 도요토미 정권은 통일 과정에서 도시 부상(富商)들의 협력을 기반으로 대륙과의 교통 창구인 하카타[博多] 등을 장악하여 역시 상권과 무역권의 통일적 확보를 중시했다. 그리고 토지와 농민을 일원적으로 파악하기 위해 전국적 검지와 호구 조사를 실시하고, 새로운 신분 규정을 정하는 등 체제 정비를 서둘렀다. 그러나 도요토미 정권은 다이묘[大名]들의 전폭적인 지지를 얻지 못했고, 토지 소유에서 제외된 하급 무사들의 불만을 많이 샀다. 더욱이 1510년 조선 정부의 인원 제한에 불만을 품은 조선 내 왜인(倭人)들이 부산포 등에서 방화 난동을 벌인 삼포 왜란, 1523년 대명 무역을 하던 무로마치 막부의 일본인들끼리 방화 사건을 벌인 영파(寧波)의 난 등으로 명과 조선과의 무역이 거의 폐쇄되었다. 이러한 상황 속에서 도요토미 정권은 정치적으로 강력한 다이묘들의 무력을 해외로 분출시켜 국내의 안정을 기하고 경제적으로 국제 교역상의 불리를 타파하기 위해 체제 변혁을 위한 전쟁을 구상하게 되었다.

조선은 개국 이후 1세기 동안 중앙 집권적인 지배 체제 확립에 주력했고, 15세기 말부터 정치 실권을 가진 훈척과 중앙 정계로 진출하던 사림 간의 권력 투쟁이 격화되면서 연이어 사화(士禍)가 발생했다. 1567년 선조의 즉위를 전후하여 사림 정치가 확립되었지만, 그들이 바라는 혁신은 선조가 기존 훈구 출신 인물들을 비호하고 사림 내부에서 분열이 격화되면서 정파 정치 양상으로 변질되었다. 즉 이조전랑(吏曹銓郎) 자리를 둘러싼 문제로 인해 동서로 분당되고, 이어 정여립(鄭汝立) 사건을 계기로 동인에서 퇴계 문하가 남인으로 분립하는 등 중앙 정치 세력의 알력 및 개편이 계속되었다. 더욱이 권세가들의 경기도·황해도 지역의 해택(海澤)·노전(蘆田) 불법 강점, 군역의 포납화, 수령·유향소를 통한 상납물의 강제 징수 등은 민심의 동요를 가져왔다. 군제(軍制)도 병농일치의 개병제 원칙이 붕괴되었고, 각급 지휘관들이 군사의 입번을 면제해주고 대가를 받는 풍조가 만연하면서 군사는 기능을 상실하여 국방력이 약해졌다. 이에 이이(李珥)는 초기의 군사제를 규정대로 운용하면서 10만 양병을 주장했는데, 선조의 미온적인 반응과 내부의 뒷받침이 없어 실현되지 못했다.

명(明) 가정 45년(1566), 가정제(嘉靖帝)가 방사 왕금(王金)이 바친 단약(丹藥)을 마시고 죽자 융경제(隆慶帝)가 제위를 이었고 융경제에 이어 만력제(萬曆帝)가 제위에 올랐다. 만력 20년(1592)에 임진왜란이 일어났다. 임진왜란에 대해서는 《명사(明史)》에 기록되어 있는 자료를 참고하여 중국 시각에서 전반적인 것만 서술하기로 한다.

고려를 멸망시키고 조선을 세운 태조 이성계(李成桂)는 명나라에 사신을 보내어 국호 개정을 청원해 국호를 '조선'으로 정하게 했다는 기록이 명나라 홍무 25년(1392) 《명사(明史)》의 〈조선전(朝鮮傳)〉에 나타나 있다. 명나라는 속국의 내정에는 절대 간섭하지 않는 것이 기본 방침이었다. 명나라의 책봉을 받은 이상 명나라의 연호와 역법(曆法)을 사용하는 것이 원칙이었으나 일본은 그렇게 하지 않았고 명나라 역시 이런 이유로 일본을 문책하려 하지 않았다. 다만 국서(國書)에 명나라의 연호만 쓰여 있으면 그대로 묵인하는 정책을 썼다. 그런데 똑같이 명나라의 책봉을 받은 조선이 명나라를 대하는 태도는 일본과는 현격한 차이가 있었다. ㅗ 구체적 실례를 들면 영락제가 북경으로 천도함으로써 조선은 명나라와의 거리가 가장 가까운 나라가 되어 관계가 극히 밀접해졌다. 일본이 십년일공(十年一貢, 10년에 한 번 조공함)인 데 비하여 조선은 일세양공(一歲兩貢, 1년에 두 차례 조공함)을 원칙으로 했다. 그러면 당시 중국에서 일본을 어느 정도 이해했는지 《명사》 〈일본전〉을 참고하면 다음과 같다.

"일본은 예로부터 왕이 있고 그 밑에 '관백(關白)'이라는 최고 실권자가 정권을 장악했는데, 당시의 관백은 오다 노부나가(織田信長)였다. 노부나가가 어느 날 사냥을 갔다가 나무 밑에 누워 있는 사람을 만났는데, 그 자가 놀라 일어나다가 노부나가의 행렬과 충돌했다. 노부나가가 그 자를 불러 신문했다. 그는 자기의 이름을 다이라노 히데요시(平秀吉)라 했고, 사쓰마주(薩摩州)의 노예 출신이라 했다. 말을 잘할 뿐 아니라 용맹하고 민첩하여 노부나가의 호감을 샀다. 노부나가는 처음에는 마구간 일을 시키며 기노시타(木下)라고 불렀다. 그 후 차츰 그는 노부나가의 눈에 들었고 노부나가는 기노시타의 계책을 이용하여 20여 주를 병합함으로써 마침내 그를 섭진진(攝津鎮) 수비 대장으로 임명했다.
노부나가의 참모 아기지(阿奇支)라는 자가 죄를 범하자 노부나가가 히데요시(기노시타가 개명)로 하여금 그를 토벌하도록 명했다. 이윽고 노부나가가 혼노지에서 그의 부하 아케치(明智)로부터 살해당하자 히데요시는 아기지를 토벌한 후 부장 고니시 유키나가(小西行長) 등과 함께 군사를 돌려 아케치를 주멸함으로써 더욱 명성을 떨쳤다. 마침내 히데요시는 노부나가의 셋째 아들을 폐하고 관백의 자리에 오르니 그때가 만력 14년(1586)이었다."

관백이 된 다이라노 히데요시(나중의 豊臣秀吉)가 조선을 침략한 사실에 대하여 《명사》는 이렇게 기록했다.
"조선 침략과 아울러 중국을 침략하고 조선을 빼앗아 갖고자 함이다."
당시 명나라로서는 일본이 명나라를 침략한다는 것은 도저히 생각조차 할 수 없는 일이었다. 그들은 일본군을 규모가 좀 큰 왜구 정도로 생각하는 사람들이 많았다. 그러나 조선을 침략한 일본군은 서전에서 크게 승리했다. 당시 조선은 오랫동안 평화를 누려왔기 때문에 전국(戰國)의 난세에서 전쟁에 익숙한 일본군을 대항할 힘이 없었다. 더구나 그들은 조총(鳥銃)이라는 신무기의 이점을 이용하여 파죽지세로 북상했고, 고니시 유키나가가 거느린 부대는 한양을 함락한 데 이어 평양까지 북상했다.

한편 가토 기요마사(加藤淸正)가 거느린 부대는 함경도까지 유린하여 호남을 제외한 대부분의 국토가 유린되었고, 두 왕자가 포로로 잡히는 등 매우 급박한 위기에 몰리게 되었다. 조선의 선조 임금은 의주까지 몽진 길에 올랐고, 명나라에는 원군을 청하는 사자들의 발길이 끊이지 않았다.

조선의 구원 요청을 받은 명에서도 일본이 전쟁 초기부터 정명가도(征明假道)를 내세워 대륙 침략을 공언했으므로 자위책으로 원병을 파견했다. 우선 랴오양 부총병[遼陽副摠兵] 조승훈이 이끄는 5천 명의 군대가 파견되어 7월 15일 평양을 공격했다가 적의 기습을 받아 대패했다. 이에 명은 12월 송응창(宋應昌)을 총지휘관인 경략으로, 이여송(李如松)을 동정제독으로 삼아 4만3천여 명의 병력을 파견했다. 이여송(李如松)이 명군의 제독(提督)으로서 구원군을 이끌고 압록강을 건넌 것은 임진년 12월 25일이었다. 이여송은 건주위(建州衛)의 여진인 왕고(王杲)가 반란을 일으켰을 때 당시의 실권자 장거정(張居正)이 토벌 사령관으로 기용한 인물이었다. 그는 귀화한 조선족 출신 이성량(李成梁) 장군의 아들이었다. 이여송이 거느린 원군은 요동병과 남방병(南方兵)으로 편성되어 있었다. 요동병은 이여송의 직속 부대였고 남방병은 대포와 화전(火箭) 등 강력한 무기로 무장된 절강성(浙江省) 출신 부대로 급히 편성되었다.

이여송이 평양 공격에 나선 것은 임진년을 지난 계사년 1월 8일이었다. 이여송은 호준포(虎蹲砲)와 화전으로 무장한 절강 부대를 앞세워 일제히 평양 공격 명령을 내렸다. 이여송도 친히 진중으로 말을 달려 직접 지휘에 나서니 포성은 천지를 진동하고 화전은 적진을 향해 마구 날았다. 고니시 유키나가가 지휘하는 왜병들은 조총을 마구 쏘아댔으니 대포의 위력 앞에 맥을 쓰지 못하여 달아나기 시작했다. 그날 밤 왜병들은 대동강을 건너 한양쪽으로 달아났다. 이여송이 별 힘을 들이지 않고 평양을 탈환한 것은 주로 남방군의 호준포와 화전의 위력 덕이었다. 이여송은 평양 탈환에 이어 개

성을 수복하고 한양을 탈환하기 위해 직속 부대인 요동병만을 이끌고 내려갔다. 이여송의 작전은 한양 탈환의 공을 자신의 직속 부대인 요동병에게 돌리기 위해서였으나 예기치 못한 패전을 맛보게 되었다. 이여송의 직속 부대가 한양을 향해 내려가던 중 벽제관(碧蹄館)에서 왜병에게 포위되어 이여송은 위급한 순간에 몰렸고 그의 부장이 육탄방어해 간신히 위기를 모면했다. 왜병들은 대포나 화전이 없는 명나라 군사를 조금도 두려워하지 않았다.

한편 함경도에서는 정문부 의병 부대가 백탑 전투에서 가토군을 섬멸하여 마천령 이북 지방을 수복하는 등 경기 이북 지방에서 일본군을 완전히 몰아냈다. 이때 삼도제찰사 권율은 행주산성에서 명군과 합세하여 서울을 탈환하려다가 명군의 후퇴로 고립 상태에 빠졌다. 그러자 벽제관에서 명군을 패퇴시키고 사기가 올라 있던 일본군은 2월 12일 우키다[宇喜多秀家]의 지휘하에 3만 명의 병력으로 행주산성을 공격했다. 조선군은 민과 합동하여 화차, 비격진천뢰, 총통, 활 등을 총동원하여 수차례 공격해온 일본군을 물리쳤다. 이후 일본군은 서울 이북에 출병하지 못하고 철수를 서둘러 마침내 4월 18일 서울에서 총퇴각했다.

벽제관에서 조명 연합군이 패배한 후 강화 문제가 대두되었다. 이여송은 이 난을 강화로 해결하려고 심유경(沈惟敬)을 적진에 보내어 궁지에 몰린 왜장 고니시 유키나가, 가토 기요마사와 담판 끝에 왜병들을 한양에서 철수하도록 했다. 사실 이 강화 문제는 평양 탈환 이전부터 심유경이 추진하던 일로서 처음부터 도저히 성립 불가능한 것이었다.

양측 수뇌부에서 제시한 강화 조건을 참고로 살펴보자. 먼저 도요토미 히데요시가 제시한 강화의 조건은 7개 조항이었다.

1. 명나라 황녀(皇女)를 일본의 후비(后妃)로 삼는다.
2. 무역 증서제(貿易證書制)를 부활한다.
3. 일본과 명나라 양국 대신이 각서를 교환한다.
4. 조선 8도 가운데 4도를 일본에 건네준다.

5. 조선의 왕자 및 대신을 인질로 일본에 보낸다.
6. 포로로 잡고 있는 두 조선 왕자를 귀국시킨다.
7. 조선의 권신이 앞으로 일본에 배반하지 않겠다는 서약을 한다.

이에 명나라가 요구한 조건은 3가지였다.
1. 조선에서 완전 철군한다.
2. 조선의 두 왕자를 송환한다.
3. 관백 도요토미 히데요시가 사죄한다.

심유경과 왜장 고니시 유키나가는 상대국에서 제시한 조건이 피차 도저히 받아들여지지 않을 것이 확실하다고 판단해 양측에 강화 조건을 숨겼다. 심유경은 명나라 황제 만력제에게 다음과 같은 사죄문을 위조하여 바쳤다.

"도요토미 히데요시가 바라는 것은 오직 왜왕으로 책봉되는 일이며 그리되면 그는 대대로 번신(藩臣)으로서 영구히 조공을 바치겠다 하옵니다."

이 사죄문이 위조된 사실을 알 까닭이 없는 북경의 조정에서는 신중히 검토한 끝에 결정을 내렸다.

"책봉(冊封)은 허락하지만 조공(朝貢)은 허락할 수 없다."

우선 책봉만 하고 그 후의 태도를 보아 조공 무역 문제를 결정하겠다는 속셈이었다. 명나라에서는 이종성(李宗城)을 책봉정사(冊封正使)로 임명했는데, 이종성은 강화(講和)의 속사정을 잘 알고 있었으므로 겁을 먹고 부산으로 도망치고 말았다. 그래서 부사(副使)로 임명되었던 양방형(楊方亨)을 정사로 승격시키고 수행원이었던 심유경을 부사로 임명하여 도요토미 히데요시를 왜 국왕에 책봉한다는 책서(冊書)와 일본국왕지인(日本國王之印)이라 새긴 금인(金印), 그리고 명나라의 관복을 가지고 왜국으로 건너갔다. 이들 사절단이 오사카성(大阪城)에 들자 도요토미 히데요시는 이들을 직접 인견하고 책봉서와 금인, 관복을 받았다. 다음날 도요토미 히데요시는 명나라에서 내린 관복을 입고 사절단을 잔치에 초대했다. 고니시 유키나가와 심유경은 당초부터 도요토미 히데요시를 속여 강화를 성립시키기 위해 억지 연극을 꾸몄던 것이다. 그러나 그가 제시한 강화 7개 조항이 무시되었음을 안 도요토미 히데요시는 크게 노하여 제2차 출병을 명하기에 이르렀다. 이것이 곧 정유재란(丁酉再亂)이다.

도요토미 히데요시의 2차 출병은 고전의 연속이었다. 결국 히데요시가 죽어 왜병이 철수함으로써 7년간이나 끌어오던 임진왜란은 그 종지부를 찍게 되었다. 7년에 걸친 왜란은 조선의 정치, 경제, 문화, 사회면에 커다란 영향을 끼쳐 일대 전환기를 맞이하게 되었다. 국제적으로 명나라에서는 임진왜란을 틈타 여진족의 청(淸)나라가 두각을 나타냈고, 왜국에서는 도요토미 히데요시의 세력이 몰락하고 도쿠가와 이에야스(德川家康)의 막부 시대가 열렸다. 마지막으로 《명사》〈일본전〉에 나타난 임진왜란의 총괄 내용을 간추리면 다음과 같다.

> "오랫동안 끌어오던 이 난은 도요토미 히데요시의 죽음으로 왜병이 철수함으로써 그 막을 내렸다. 그러나 관백 도요토미 히데요시가 조선을 침략한 이래 7년 동안에 수십만의 군사를 잃었고, 군량과 군비의 지출이 수백만에 달했다. 이 싸움은 실로 명나라와 조선에 있어 승산 없는 싸움으로 끝을 맺었다."

암군(暗君)의 시대

명나라 말기 4대 암군이라 불리는 임금들이 117년을 재위하며 명의 멸망을 재촉했다. 10대 정덕제(正德帝)는 주색잡기에 빠져 16년을 낭비했고, 11대 가정제(嘉靖帝)는 불로장생을 꿈꾸며 46년을 집권했다. 13대 만력제(萬曆帝)는 3내 전쟁으로 국력을 소비하며 43년을 보냈고, 15대 천계제(天啓帝)는 목공에 미쳐 정사를 포기한 채 7년을 허비했다. 하지만 조선은 명나라의 4대 암군조차 재조지은(再造之恩)을 명분으로 하늘보다 높이 받들어 모셨다.

특히, 15대 천계제는 태창제(泰昌帝)의 맏아들로 부황이 급사하자 15세의 나이로 1620년 황제가 되었으나 궁녀의 아들이라는 이유로 부황 태창제의 관심 밖에 있었다. 그 때문에 교육을 받지 못해 가구를 만드는 목수 일만이 유일한 취미이자 능력이었으며 글씨를 모르는 까막눈이었다. 명나라 황제 중 가장 무능하고 어리석은 암군으로 평가되며 심지어 자폐증 환자로까지 진단되고 있다. 그런 희종 천계제가 즉위한 후 목공(木工)에만 몰두하자 환관 위충현(魏忠賢)이 세도 정치로 전횡을 일삼아 사회는 문란하고 정치는 부패했다. 위충현은 정치 개혁을 주장하는 사대부 집단인 동림당을 탄압했으며 감찰과 특무를 전담하는 명 왕조의 비밀 경찰 조직 동창(東廠)을 장악하고 중앙 관료 사회는 물론 지방의 행정과 군사 조직까지 쥐락펴락하는 공포 정치를 조장했다.

16대 숭정제(崇禎帝)는 천계제의 이복동생으로 16세에 즉위한 명나라의 마지막 황제였다. 그는 국정을 농단하던 위충현을 처단하고 국정을 개혁했지만, 이미 국력은 약화되어 북쪽에서는 만주족이 침입하고 남쪽에서는 왜구가 침입했으며 내부에서는 이자성이 반란을 일으키는 등 명은 총체적 난국에 빠져 있었다. 반란 괴수 이자성(李自成)은 국호를 대순(大順)으로 칭하고 베이징을 함락했다. 숭정제는 메이산으로 도망가서 자결하여 명나라는 건국 277년 만에 멸망했다.

만주족 누르하치가 후금을 건설하고 혼란에 빠진 자금성을 점령하여 사태를 진압했다. 그 후 아들 홍타이지는 원나라의 옥새를 얻어 건국의 명분을 확보하고 국호를 후금에서 대청(大清)으로 개칭했다. 홍타이지는 이자성을 살해하여 명의 원수를 갚았고 이후 조선을 침략했다. 청나라는 남명까지 붕괴시켰다. 청나라 강희제는 나름 명나라의 멸망 원인을 이렇게 분석했다.

"숭정제에게 망국의 군주라고 무지막지하게 비난해서는 안 된다. 그 책임은 만력제, 태창제, 천계제에게 돌아가야 한다. 이들에게는 제사도 지내지 말아야 한다"

그렇다면 명나라가 멸망한 진정한 원인은 도대체 무엇일까?

첫째, 문관 집단의 세력이 지나치게 커져서 황권이 억제받게 되었기 때문이다. 명의 문관들은 하나의 이익 집단처럼 결속되어 있어 황제는 더 이상 이들을 분화시켜 통제할 수 없었다. 만력제가 조회에 나가지 않은 것은 바로 이 때문이었다. 이학(理學), 심학(心學)을 신봉하는 문관들은 유사 종교 같은 광기가 있었다. 비과거 출신의 인사들을 철저히 무시하며 조정을 좌지우지했고 황권을 억압했다. 일단 황권이 억제되면 국가에서 제정한 정책은 전체적인 국면을 고려하지 않게 되고, 문관 집단의 이익만 고려하게 된다. 즉 부르조아 계급의 이익만 고려하게 되는 것이다. 명의 문관 집단은 바로 강남 자산 계급의 대표자들이었다.

명 태조는 빈한한 출신이었기 때문에 민간의 사정을 잘 알았다. 게다가 명나라 초기에는 전란을 겪은 후여서 농업을 새로 일으켜야 했다. 명 태조는 백성들을 편안하게 해주길 원했고, 그 직접적인 정책은 세금을 적게 걷는 것이었다. 상업 활동에 대한 과세는 거의 인정하지 않아 세입 구조는 농업세에만 의존하게 되었다. 명나라의 재정은 점점 악화되었다. 명나라 말기에 이르러서 농업이 국민 경제에서 차지하는 비중이 감소해 재정이 더욱 어려워졌다. 상업이 국민 경제에서 차지하는 비중이 높아졌지만, 세수는 여전히 농업세 위주였다. 숭정제에 이르러서는 전쟁을 할 돈도, 이재민을 구제할 돈도 없는 상태가 되었다. 황제가 세금을 늘리려고 하면 대신들의 격렬한 반대에 부딪혔다. 명나라 말기에는 상업이 발달하여 상인이 해외 무역에서 거액의 돈을 벌었지만, 동림당이 방해했기 때문에 상업세는 올릴 수가 없었다. 만력제는 방법을 찾지 못해 광세(鑛稅, 광산세)를 거두기 시작했다. 그 결과 대신들이 지방관을 교사하여 세리를 죽여버리기까지 했으니 당시의 혼란상을 단적으로 보여준다. 만일 황권이 강했다면 재정을 충분히 확보하여 북방에서 수리 사업을 할 수가 있었고, 재난이 생겨도 대응할 수 있었을 것이다.

둘째, 명나라 말기의 경제 제도가 시대를 앞서서 발달했기 때문이다. 중국 고대에 왜 중농억상(重農抑商) 정책을 썼을까? 그것은 기후, 하천, 지리의 요소가 중국을 농경 국가로 만들었기 때문이다. 유럽처럼 상업 위주가 아니었기에 중국의 대부분 인구는 농업 인구였다. 이는 양식 생산의 안전이 중국 고대의 가장 중요한 일이라는 것을 알 수 있다. 양식이 없으면 백성이 반란을 일으켰다. 명 태조가 중농억상 정책을 사용하고 해외 무역을 금지한 것은 바로 농업 인구가 비농업에 종사하는 것을 막기 위함이었다. 그렇게 되면 양식의 감산이 나타나기 때문이다.

그런데 명나라 말기, 강남에 대규모로 경제 작물을 재배하게 되었고, 해외 무역이 활발해지면서 많은 농업 인구가 수공업 혹은 해외 무역에 종사하게 되었다. 장거정의 세금 개혁은 실물세를 화폐세로 전환시켰다. 이로 인해 사람들은 양식을 생산하지 않아도 세금을 낼 수 있었다. 강남에 대규모로 경제 작물을 심어 강남 인구의 식량 자급이 어려워졌고, 호광(湖廣)에 의존하게 되었다. 명나라 말기에 전란이 일어나자 강남의 부유한 상인들은 집도 살 수 있고, 땅도 살 수 있었지만, 식량은 살 수 없었다.

청나라 병사들이 남하한 후, 남방사진(南方四鎭)의 20만 정예병은 군량이 없어서 모두 청나라에 투항하여 청나라 병사로 변신했다. 정부에 식량이 없으니 병사를 모집하기도 어려워졌다. 남방의 식량이 부족한데, 북방에 재난이 발생하면 천하는 이미 구제할 식량이 없어지게 되는 것이다. 강남이 대거 양식을 생산하여 수년 동안 쓸 수 있는 식량을 운송하여 북방 각 성에 저장해두고, 재해가 있는 해를 대비하고, 창고를 열어 이재민을 구제하던 정책이 막혀버린 것이다.

셋째, 장거정의 세금 개혁이 명나라를 상품 경제로 한 걸음 크게 내딛게 만들었기 때문이다. 세금 개혁은 명나라 말기의 상품 경제를 지나치게 발전하게 만들었다. 다만 장거정의 세금 개혁 이전에 농민은 수확한 양식으로 세금을 낼 수 있었다. 그러나 화폐로만 세금을 거두는 세제 개혁 이후에는 그렇게 할 수 없었다. 반드시 시장에 내다 팔아 돈으로 바꾼 다음 세금을 내야 했다. 그런데 식량을 수확하는 시기나 식량을 내다 파는 시기는 동일했다. 모두 동시에 식량을 팔려고 내놓으니 식량 상인들은 가격을 후려쳤다. 이는 농민들을 다시 한 번 착취하는 것과 마찬가지였다. 우회적으로 세금을 늘린 셈이 되었다. 강남과 같은 지방은 그래도 형편이 좀 더 나았다. 왜냐하면 이곳에는 은자(銀子)가 많고 경제의 외향성이 커서 이윤이 큰 경제 작물을 돈으로 바꾸면 되었다. 그러나 서북 지방같이 양식이 부족하고 경제가 내향적인 지방은 아주 심각했다. 농민은 현금화하기 위하여 더욱 크게 착취를 당했다. 농민 반란의 진원지가 서북부에서 먼저 폭발하게 된 것도 우연이 아니다. 게다가 앞에 말한 바와 같이 장거정의 세제 개혁으로 정부의 과도한 세금 징수와 대규모 기근이 겹치자 명나라 백성의 삶은 나날이 피폐해졌다. 당장 돈이 되는 경제 작물을 심도록 장려했고, 양식을 심도록 장려하지 않았다. 장거정은 대명 왕조의 제일 능신이었지만, 결과적으로 그의 세제 개혁은 식량난과 농민 반란으로 이어졌다.

이자성의 난

정부의 과도한 세금 징수와 대규모 기근이 겹치자 명나라 백성의 삶은 나날이 피폐해졌다. 이에 수많은 농민과 지식인까지 합세해 4만 명에 육박하는 반란 세력이 정부를 공격했다. 낙양과 서안을 점령하고 20여 일 만에 북경을 포위하고 자금성까지 점령하여 명나라를 멸망시킨 뒤 반란 우두머리 이자성은 대순(大順)을 국호로 영창(永昌)을 새 연호로 세우고 황제로 즉위했다.

이자성은 섬서 연안의 역졸 출신으로, 중농의 집안에서 태어났으나 생계를 위해 목동, 역졸, 병졸 따위를 전전하던 사회 최하층이었다. 그는 1631년 고영상(高迎祥)의 반란군에 들어가 대장이 되었고, 1635년 반란군의 대책회의에서 세력을 모아 네 갈래로 정부군을 공격하자는 의견을 내며 두각을 드러냈다. 1636년, 그는 서안으로 진군하던 고영상이 섬서 순무 손전정에게 잡혀 처형당하자 고영상의 뒤를 이어 제2대 틈왕(闖王)이 되었다. 그러나 정부군에게 연이어 패하면서 이자성은 정부군을 피해 호북성 운양에 은거했다. 그러다가 1639년에 중국 전역이 가뭄에 따른 기근에 시달리며 유랑민이 속출하자 이자성은 이들을 규합하여 호북성을 떠나 하남성으로 진출했다. 그는 균등한 토지 소유, 조세 경감, 엄격한 군율 등의 대민 정책을 내세워 여타 반란군을 흡수하고 농민들을 끌어들였다. 이로써 이자성의 반란군은 금세 수만 명의 군대로 성장했고, 굶주린 농민뿐만 아니라 이암, 우금성, 송헌책 같은 지식인들도 동조했다. 이처럼 이자성의 반란군에 수많은 농민과 지식인이 가세한 이유는 당시 명나라의 사회 모순이 극에 달했고, 대규모 기근으로 백성들이 매우 궁핍한 생활을 하고 있었기 때문이었다.

16세기 말, 명나라는 과도한 군사비 지출로 재정을 악화시켰다. 14대 황제가 된 만력제는 1592년에 임진왜란이 발생한 조선과 보바이가 반란을 일으킨 영하에 군대를 파견했고, 1594년에는 양응룡이 사천성 파주에서 반란을 일으키자 대규모 군대를 파견했다. 이를 '만력삼정(萬曆三征)'이라 일컫는다. 이로 인해 명나라 정부는 재정 적자에 허덕이게 되었다. 또한 만력제는 내각대학사 장거정 사후 정치에 관심을 두지 않았고, 20년 가까이 조신들을 알현하지 않는 등 국정을 내던지고 주색에 빠져 왕실 재산 축적에만 몰두했다. 게다가 자신의 능묘인 건릉 건설에 국가 재정의 대부분을 쏟아부었다. 또한 당시 명나라 관료 사회는 과포화 상태로 녹봉조차 지급하지 못할 정도로 재정 지출이 수입을 월등히 앞서고 있었다. 이에 명나라 정부는 부족한 재정을 메우기 위해 백성들을 쥐어짤 수밖에 없었다. 명 조정이 강구한 방법은 세금을 거둘 수 있을 때 많이 걷는 것이었다. 그리하여 세금 징수를 위해 많은 관원을 선발했으며 징수 강도 또한 높였다. 그런데 여기에는 한 가지 문제가 있었다. 세금 징수를 위해 선발한 관원들에게 녹봉을 지급하기 위해서 더 많은 세금이 필요했던 것이다. 명 조정은 세금을 늘리는 방법을 택했다. 초기에 명 조정은 경작지 1무당 은자 1냥이나 2냥을 세금으로 거둬들였다. 그러나 명 중기에는 인구가 증가하고 물가가 올라 경작지 1무당 은자 5냥에서 10냥으로 크게 올랐다. 또한 세금 징수가 가혹해짐에 따라 실제 은자 7냥에서 8냥에 지나지 않는 세금을 은자 10냥으로 내야 했다. 그리하여 가혹한 세금에 부담을 느낀 농민들은 땅을 버리고 도망치기도 했다. 이에 명 조정은 도망친 농민들의 세금을 군대까지 동원하여 남아 있는 농민들에게 거둬들이니 농민들의 경작지 이탈은 더욱 심해졌다.

이와 더불어 백성의 삶을 더욱 피폐하게 만든 것은 1627년부터 1628년에 걸쳐 발생한 대기근이었다. 가뭄으로 인한 기근은 하남성과 섬서성에서 특히 심했다. 급기야 굶주림을 참지 못한 백성들은 무리를 지어 부호(富豪)를 약탈했으며, 조정 관리를 비롯해 군사와 충돌하면서 도둑 떼로 바뀌었다. 이러한 농민 유구(流寇) 집단은 제때 배급을 받지 못한 병사들과 실업자가 된 역졸, 마적 집단까지 합세하면서 대규모 반란 집단으로 성장했다. 1628년, 왕가윤(王嘉胤)이 농민들을 규합하여 반란을 일으키자 고영상과 장헌충(張献忠) 등이 여기에 가담하여 장수가 되었다. 처음 명 조정은 당시 북쪽에서 세력을 넓히고 있던 만주족 때문에 적극적으로 대응할 수 없어 이들을 항복시켜 식량을 주고 원적지(原籍地)로 돌려보내는 초무책(招撫策)을 썼다. 그러나 초무책은 미봉책에 지나지 않아 농민 반란군의 세력은 오히려 점차 확대되었다. 그러자 1630년, 명 조정은 홍승주(洪承疇)를 삼변총독(三邊總督)에 임명하여 대토벌 작전을 펼쳤다. 결국 농민 반란군은 왕가윤을 잃고 관군에게 크게 패했다. 하지만 왕가윤의 죽음으로 농민 반란군이 와해된 것은 아니었다. 왕가윤의 휘하 장수였던 고영상이 이들을 집결시켜 자신을 틈왕이라 칭하고, 섬서와 하남으로 진출하니 농민 반란군의 규모는 3만 내지 4만에 이르렀다.

1639년 다시 중원 땅에 가뭄 재해가 덮쳐 암울한 상황이 도래했다. 마침 동북의 만주군이 공격해오자 명 조정이 관군을 산해관으로 이동시키면서 중원에 공백이 발생했다. 이 틈을 타 이자성은 진용을 갖추고 하남으로 진입해 중원 땅에 민란의 봉화를 다시 불살랐다. 기아에 허덕이던 수많은 농민이 민란군에 참가했는데, 특히 기현에서 문무를 겸비한 천재 이암과, 우금성을 비롯 향시에 급제했으나 사회 비판 의식이 컸던 거인(擧人)들도 상당히 동참했다. 북경을 점령하기까지의 이자성은 반란군의 정도(正道)를 걸었다. 기근과 세금에 시달리던 농민들에게 먹을 것을 주고 관군 및 반란군의 약탈이 일상화되었던 명나라 말기에 약탈을 금지하여 기강을 엄하게 정한 것은 분명 현명한 선택이었다.

그래서 "틈왕이 오시면 먹을 것이 걱정 없네, 부역도 안 시키고 양식도 안 바치네, 소 끌고 양 잡고 술도 빚어 어서어서 성문 열고 틈왕을 맞이하세"라는 노래를 반란군 내에서 지어서 퍼뜨렸을 때 유행가처럼 번졌다. 이 노래는 농민들에게 틈왕에 대한 기대치를 높여주었고 틈왕에게 각 성문을 열어주는 계기가 되었다. 이자성은 쇼맨십에도 능했다. 낙양을 점령했을 때 만력제가 가장 사랑했던 아들이자 숭정제의 숙부였던 복왕 주상순을 체포하여 인민 재판한 뒤 처형하는 모습을 보여주었다. 그리고 복왕부에 있던 양식과 재물을 백성들에게 나누어주는 모습을 통해 백성들의 불만과 요구를 모두 해결하는 영리함을 보였다.

이자성은 1642년에 개봉을 함락한 데 이어 1643년에는 호북의 양양을 점령한 뒤 이곳을 양경(襄京)이라 개칭했다. 더불어 서툴게나마 행정 기구를 조직하고 스스로 신순왕(新順王)이 되었다. 또한 이자성의 농민군은 서쪽으로 계속 진군하여 서안을 점령해 장안(長安)이라 개칭하고 서경(西京)이라 불렀다. 1644년 2월, 이자성은 드디어 왕조 성립을 선포하여 국호를 대순(大順), 연호를 영창(永昌)이라 하고 황제가 되었다. 같은 해 3월, 이자성은 북경을 점령했다. 당시 명나라 정부군은 오삼계의 지휘 아래 산해관에서 청나라 군사들과 대치 중이었으며, 또 다른 정부군은 하남성의 반란군과 대치 중이었기에 북경성은 거의 무방비 상태였다. 약 20여 일 만에 이자성은 북경성을 포위하고 환관들의 도움을 받아 자금성까지 점령했다. 이자성의 자금성 입성 소식에 명나라 황제 숭정제는 황태자와 아들 영양, 정왕을 평민

차림으로 변장시켜 피란시킨 후 황후와 후비들에게 자결을 종용했다. 그리고 자신은 소복 차림으로 경산에서 목을 매 자살했다. 숭정제의 자살로 명나라는 277년의 역사에 종지부를 찍었다.

북경을 점령한 이자성은 우선 숭정제의 장례를 치른 후 과거를 실시하고 동전을 주조하는 등 새 왕조 체제를 정비하고자 했다. 그러나 권력 기반의 취약성과 지배 영역의 제한이라는 문제점을 가지고 있었다. 이자성이 북경으로 진입했을 때가 그들의 최고 정점이었다. 이후 반란군은 심연의 나락으로 빠져들기 시작했다. 군율이 엄격했던 이자성의 군대는 북경 입성 후에 부호와 신사를 감금하거나 고문하고 재산을 약탈함으로써 민심을 황폐화시키고 지지 세력을 확보하는 데 실패했다.

이자성은 100만 군대를 이끌고 있었다. 많은 병사와 마필을 거느린 대군을 유지하기 위해 사람은 매일 1되의 조, 말은 매일 3되의 조가 필요했다. 그러나 매년 이어지는 전쟁과 군수 물자 징발, 전염병, 자연재해 등으로 중국의 곳곳은 백골이 들판에 널려 있었고, 황폐한 마을이 부지기수였다. 그리하여 100만 군사의 군량을 조달하는 것이 아주 힘들었고, 이자성마저도 "군수 물자 부족이 심각하다"고 할 정도였다. 군수 조달 문제를 해결하기 위해 이자성은 '약금령'을 발표하여 군수 물자를 모으고자 했다. 대순군이 점령한 지역에서는 제일 먼저 하는 일이 추향(군수 물자 납부 독촉)이었으며 종종 형벌을 수반했다. 여기에는 많은 형벌 도구들이 사용되었다. 이자성은 형벌 도구로 부하에게 오천 개의 협곤(夾棍)을 만들게 했다. 협곤은 나무의 모서리를 가다듬지 않았으며, 못까지 박은 것으로 이것으로 때리면 뼈가 부서지지 않는 사람이 없었다.

한편 이자성은 산해관의 오삼계에게 투항을 요청했다가 거절당했다. 당시 산해관에 주둔한 오삼계 군대의 규모는 이자성의 군대와 팽팽한 균형을 이루고 있었는데, 이런 오삼계가 투항을 거부하고 항쟁을 선언한 것이다. 사실 오삼계는 숭정제가 자결로 생을 마감하고, 부친과 가족들이 모두 북경에 있었기 때문에 이자성에게 항복하기로 결정했었다. 그러나 북경의 부친이 농민군들에게 고문당하고, 자신의 애첩 진원원을 이자성의 부하 유종민이 가로챈 것을 알게 되자 마음을 바꾸었다.

이자성이 직접 대군을 이끌고 산해관까지 진격해 오자 오삼계는 청나라와 손을 잡고 이자성의 군대에 맞서기로 결심했다. 당시 청나라는 어린 황제 순치제를 대신하여 예친왕 도르곤이 섭정을 맡고 있었는데, 오삼계는 예친왕에게 사신을 보내 투항 의지를 전했다. 오삼계와 예친왕은 이자성을 토벌한 후 황허 이북은 청나라, 황허 이남은 명나라가 차지하고 오삼계가 다스린다는 조건으로 연합했다. 이자성의 군대는 오삼계의 군대와 격전을 벌였으나 청나라의 기마병이 가세하면서 대패했다. 결국 이자성은 철수 명령을 내리고 북경으로 돌아왔지만, 연합군의 진격 소식에 곧 북경을 버리고 자신의 옛 근거지인 서안으로 퇴각했다. 이후 청나라의 예친왕은 순조롭게 북경에 입성했다. 북경에 입성한 후에도 청군은 이자성을 계속해서 추격했고, 이자성은 추격을 피해 서안마저 포기하고 퇴각을 거듭하다 1645년에 통산현에서 생을 마감했다. 명나라 말기의 농민 반란인 이자성의 난은 명나라를 멸망시키고 새 왕조를 여는 데 성공했다. 하지만 대권을 잡은 이자성은 자신의 새 왕조를 유지하지 못하고 결국 이민족 왕조인 청나라에게 중원의 자리를 내주고 말았다.

마지막 충신 원숭환(袁崇煥, 1584~1630)

원숭환(袁崇煥)은 후금, 즉 청나라의 공격에 망해가는 명나라를 마지막까지 지켜낸 인물이자 명나라 임금에게 처형된 비운의 장군이다. 시호는 영상(瀛祥)이다. 1619년 명나라는 후금의 누루하치와 사르후 전투에서 전면적으로 충돌했으며, 이 전투에는 조선 광해군의 밀명을 받고 파견된 강홍립 장군이 이끄는 조선군까지 참전했으나 완패했다. 조선군도 대부분 후금군에 투항하고 말았다. 원숭환은 사르후 전투에서 대승한 이후 명에 대한 공세를 강화하던 누르하치를 영원성 전투에서 패퇴시키고, 그의 아들인 홍타이지의 공격마저 막아내는 등 무너져 가던 명나라를 지키기 위해 애썼으나 자국의 황제인 숭정제에 의해 억울하게 처형당했다. 명실상부한 명나라 최후의 명장으로 후세 역사가들이 그의 죽음을 가리켜 명나라 멸망의 직접적 원인이라고 평가할 정도였다.

원숭환은 후금이 명나라와 조선의 연합군을 대파한 사르후 전투가 일어났던 만력 47년, 35세의 나이로 과거에 급제하여 진사(進士)가 되었다. 그는 본래 문관이었으나 명에서는 문관도 전쟁 및 군사 업무에 투입되었다. 어사 후순(侯恂)은 원숭환이 군사 문제로 토론하는 모습을 보고 쓸 만하다고 판단해서 병부(兵部) 직방사주사(職方司主事)로 임명했다. 그래서 1622년부터 병주에 부임했는데, 혼자 위장을 하고 적의 진영을 직접 염탐하고는 돌아와 말했다.

"병마와 군량을 주신다면 저 한 명으로 충분히 산해관(山海關)을 지켜낼 수 있습니다"

그리하여 산해관 경비를 담당하게 된 원숭환은 고향을 돌며 병사를 모아 산해관에 입성했다. 당시 명군은 무려 120~300만 수준의 대군이었는데도 불구하고 요동 지역에서 지속적으로 후금군에 패하고 있었다. 그러한 대세를 반전시킨 것이 요동경략사 웅정필(熊廷弼)이었다. 그는 만력제의 전폭적 신임을 받아 후금군의 공세에 대비하여 삼방포치책을 도입했다. 18만의 병력을 모아 이를 조련하고, 언제 후금군이 쳐들어와도 알 수 있도록 각기 연락 체계를 유지하는 동시에 산해관의 방비를 강화했다. 또한 조선의 도움을 받고 수군으로 후금을 상대하자는 전략으로 후금과 대치 상태를 유지했다. 누르하치 역시 이를 보고 경계하여 결국 1년간 성공적으로 후금을 막아냈다. 그러나 웅정필을 신임하던 만력제가 사망하고, 뒤이어 즉위한 태창제 역시 29일 만에 사망했다. 뒤이어 목수왕 천계제가 즉위하면서 이 균형이 흔들리기 시작했다. 특히 요동 순무 왕화정은, 명군이 후금으로 쳐들어가면 몽골에서 40만이 호응하고, 이영방이 내부에서 반란을 일으키며, 모문룡이 가도에서 수만의 병력을 이끌고 후금으로 쳐들어간다는, 말도 안 되는 소문을 믿고서 "6만 명만 주면 후금을 멸망시키겠다"며 상관인 웅정필을 흔들기 시작했다. 웅정필은 거부했지만 왕화정은 계속해서 고집을 부리면서 웅정필의 명령을 따르지 않았고 제멋대로 군사 행동을 했다가 요동의 거의 대부분을 누루하치에게 빼앗겼다. 이 패전의 책임은 전적으로 왕화정에게 있었고 웅정필은 단지 명목상의 상관이었을 뿐이지만, 당시 권세를 잡고 있던 환관 위충현의 참소로 웅정필은 1625년 모든 책임을 지고 처형당했고, 그 머리는 변방 각지로 돌려져 전시되었다. 왕화정은 위충현에게 뇌물을 바쳐 무사했으나 훗날 숭정제 때인 1632년, 이때의 책임을 물어 처형되었다. 이렇게 당시 누르하치의 기세는 파죽지세나 다름 없었고, 요동의 거의 대부분이 후금의 손에 들어갔다.

결국 요동 지역을 고스란히 빼앗기고 나서 명나라는 마지막 방어선 산해관에 집중하게 되었다. 당시 만리장성의 끝인 산해관은 말 그대로 명나라 방어의 핵심이었다. 열리지 않으면 천혜의 요새지만, 열리기만 하면 명나라는 적에게 모두 노출되는 그런 곳이었다. 원숭환은 이런 산해관의 위험부담을 좀 더 줄이기 위해 산해관 밖 200리 지점인 영원(寧遠)에 성을 만들자고 주청을 올렸지만, 이는 전혀 받아들여지지 않았다. 하지만 원숭환은 굴하지 않고 계속 주청을 올렸고, 대학사 손승종(孫承宗)이 원숭환의 의견을 존중해 드디어 받아들여지게 되었다. 그 후 요동 원수가 된 원숭환은 영원성(寧遠城)을 만드는 데 전력을 기울였다. 영원성이 만들어지자 명나라는 기존의 산해관에서 200리나 앞에 방어선을 하나 더 얻을 수 있게 되었다.

이때 명나라는 유럽에서 수입하던 홍이포(紅夷砲)의 자체 제작에 막 성공했는데, 원숭환은 그 위력에 주목하여 서광계(徐光啟)가 산해관에 설치해 놓았던 홍이포들을 영원성 요지에 재배치하고, 대포를 다룰 수 있는 화포 전문가를 불러서 포병들의 교육에 힘썼다. 이 선택은 정말 탁월한 것이었다.

당시 명은 후금의 막강한 기병을 제압하는 데 여러모로 힘이 들었으나 홍이포의 강력한 화력 덕분에 성공적으로 방어할 수 있게 되었다. 군사들의 훈련이 이루어지고 영원성도 완성되자 원숭환은 자신감을 가지고 1624년 1만4천 명의 군대를 거느리고 요서 일대를 순찰했다. 이때 원숭환군의 기세는 대단해서 명나라 군대를 무시하던 후금군도 이때만큼은 전혀 공격할 기미를 보이지 못했다. 여기에 자신감을 얻은 원숭환은 손승종에게 금주(錦州), 송산(松山), 대릉하(大陵河), 소릉하(小凌河) 등의 요새에 군사를 배치해 요서 방위를 더 단단하게 굳힐 것을 건의했고, 손승종은 흔쾌히 응하여 요서 일대에 강력한 방어선을 구축하는 데 성공했다.

하지만 이때 다시 한 번 위기가 있었다. 명나라 조정의 실권자 위충현이 자기 말을 잘 듣지 않는 손승종을 몰아내고 고제(高第)라는 용렬한 인물을 산해관 방어의 책임자로 임명해 버린 것이다. 특히 고제는 원숭환과 손승종이 심혈을 기울여 완성한 요서 방어선을 모조리 포기하고 산해관으로 방어선을 후퇴시키는 어이없는 결정을 내렸다. 원숭환은 여기에 강력하게 반대했지만, 상대는 위충현이 임명한 정권 실세였다. 원숭환의 반대에는 아랑곳없이 영원성을 제외한 다른 요새의 병력과 식량을 모조리 산해관 안으로 철수시켜 버렸다. 영원성 한 곳만 남겨둔 것은 원숭환에게 거기서 싸우다 죽으라는 고제의 처사였다.

한편, 이 시기 누르하치는 다시 한 번 대군을 움직일 준비를 끝마친 상황이었다. 1626년 음력 1월 14일, 그는 팔기군 중심의 13~16만에 이르는 엄청난 대군을 이끌고 심양을 출발했다. 반면, 원숭환이 이끌고 있는 명군 병사의 수는 고작 2만 이하였다. 사르후 전투 때와는 상황이 180도 바뀌어 머릿수로 보면 가히 대적조차 할 수 없는 어마어마한 차이였다. 산해관에 틀어박힌 고제는 전혀 지원을 해주지 않았기에 원숭환은 2만 이하의 병력과 함께 동북 최전선의 영원성에서 외롭게 버텨야만 했다. 원숭환은 장병들을 소집해 영원성과 목숨을 함께 할 것을 다짐하며 결연한 의식으로 사기를 다잡았고, 성 밖의 백성들은 모두 영원성 내로 들어오게 했다. 그리고 성 주위를 모조리 초토화시켜 청야(淸野) 작전을 펼쳤고, 성 내를 단단히 탐색하여 후금군의 첩자들을 색출해 내었다. 이런 모든 일련의 준비가 끝나자마자 1626년 음력 1월 23일, 누르하치가 이끄는 대군이 드디어 영원성 목전에 도착했다. 누르하치는 일생을 전쟁터에서 보낸 백전노장이었고, 15만 명이 넘는 대군을 가지고 있었다. 이에 비해 명나라군은 아무리 끌어모아도 2만 명 정도에 불과했다. 총지휘관 원숭환은 단 한 번도 전쟁을 치러 본 적이 없으며 애초에 무인이 아니라 종이 위에서나 병법을 논하는(紙上談兵) 문인 출신이었다. 수적으로도 격차는 압도적이었고, 계속되는 승전으로 인해 후금군 군대의 사기도 절정에 다다른 상황이었다. 한 번의 공격이면 이 가소로운 요새와 풋내기 지휘관이 무너질 것이 자명해 보였다. 그렇게 승패가 뻔한 싸움이 벌어졌다.

누르하치가 이끄는 후금군은 영원성 정면(동측)에만 포진한 게 아니라 성을 완전히 포위하고자 서쪽 산해관 방향 5리 밖의 산해대로상에 진영을 설치했다. 혹시나 산해관 방향에서 원군이 올 경우 영원성 내부 병력과 합세하기 전에 요격하기 위해서였다. 도착 직후 누르하치는 사로잡은 한족을 사자로 보내 원숭환에게 항복을 종용했다.

"내가 20만 병력을 이끌고 와 성을 공격하려 하니 반드시 함락될 것이다. 너희 관리들이 내려와 항복한다면 높은 작위를 주겠노라."

원숭환이 이에 답했다.

"칸은 왜 급히 군사를 몰아 오시었소? 영원-금주 두 성은 칸이 포기하고 내가 되찾은 곳이니 의당 죽음으로 지켜야 하지 않겠소? 어찌 항복하는 게 이치에 맞다 하시오? 또한 병력이 20만이라 하시는데, 나는 이미 13만임을 알고 있소. 어찌 그리 과장하신단 말이오?"

이처럼 원숭환은 누르하치의 협박에 주눅 들지 않고, 오히려 병력을 과장하지 말라고 받아치며, 비상의 무기 홍이포를 후금군 진영에 몇 발 날려주는 것으로 답변을 대신했다. 후금군은 당시까지 홍이포의 위력을 제대로 파악하지 못했던 것으로 보이는데, 이는 당시 후금군이 성곽 서쪽 5리 밖에 진영을 설치한 점에서도 드러났다. 중국의 5리는 대략 2.5~3킬로미터 내외의 거리인데, 기존에 접해오던 다른 대포라면 이 정도는 충분히 안전한 거리였다. 그러나 홍이포는 통상 유효사거리가 1킬로미터, 최대 사거리가 4~5킬로미터에 달했다. 충분히 거리를 두었다고 생각한 진영까지 포탄을 날려 보내는 홍이포의 위력에 후금군은 크게 놀랄 수밖에 없었다. 책상물림인 줄 알고 만만하게 봤던 풋내기에게 정예 후금군이 크게 한 방 먹은 셈이었다. 아직 본격적인 교전이 벌어진 것은 아니었지만, 원숭환과 명군은 홍이포 사격으로 기선을 제압하는 데 성공했다. 후금군은 서둘러 홍이포의 최대 사거리 밖으로 진영을 이동시켜야 했다.

후금군은 정월 24일 매우 이른 인시(새벽 3~5시)부터 남서쪽 귀퉁이에 공격을 개시했다. 이는 날이 밝기 전에 명군이 아직 잠에서 덜 깬 틈을 타서 기습적으로 성벽을 넘으려는 시도였던 것으로 보인다. 그러나 후금군의 기습을 간파한 명군은 성벽 위에 설치한 많은 대포와 소화기(小火器)로 집중사격해 이를 격퇴했다. 새벽의 기습 공격이 실패로 돌아가자 후금군은 본격적인 공성 태세를 갖추어 남쪽 성벽에 공격을 집중했다. 방패차를 앞세워 명군의 화살, 소화기 탄환을 막으며 성벽에 접근했고, 일부 병력은 사다리로 성벽을 타 넘는 시도를 했다. 이런 전통적인 방법 외에도 유개차를 성벽에 붙여 위에서 떨어지는 돌과 화살을 막는 사이, 도끼를 든 도부수들이 성벽 아래쪽의 벽돌을 깨고 토대를 파고 들어가 성벽 자체를 무너뜨리려는 시도도 벌였다. 그러나 원숭환은 이 모든 공격 수단에 대한 대비를 철저히 한 상태였다. 유개차 상판에는 기름 먹인 장작에 불을 붙여 떨어뜨렸고, 화약 자루를 쇠사슬에 묶어 떨구어 폭파시키는 등 불 세례를 퍼부었다. 요약하자면 장거리에서는 홍이포 등 대구경 화포로 중장비와 대규모 병력 대열의 접근 자체를 최소화시키고, 근거리에서는 여러 소화기(小火器)를 퍼부어 성 아래 대기 중인 공성 병력을 쓸어버렸다. 어떻게든 성벽 아래까지 쇄도한 적병들은 각종 폭발 물질, 인화 물질을 동원해 폭사/소사시켰던 것이다. 후금군의 병력 우세가 명군의 균형 잡히고 위력적인 화력으로 무력화된 셈이었다. 이 때문에 후금군의 2차 공격도 무참히 실패로 돌아갔다.

《연려실기술(練藜室記述)》 일월록에 따르면, 원숭환이 조선 사신단 중 역관(譯官) 한원(韓瑗)을 빌려 달라고 하여 한원이 이 전투 광경을 목격할 수 있었다. 한원은 원숭환이 적군이 오는 데도 태연하게 같이 병법을 논의하고 음식을 먹는가 하면, 후금의 대군이 오자 심지어 "적이 왔다." 하면서 빙그레 웃고는 적을 막아내었다고 전했다. 특히 이 24일 새벽에 벌어진 교전 과정을 좀 더 상세히 기술했는데, '정묘년의 노란(虜亂)'이라는 이 내용이 100% 정확하다고 할 수는 없겠으나 명군의 화력을 묘사한 부분은 제법 그럴듯했다.

> 그날 밤 적이 외성(外城)에 들어왔는데, 대개 숭환이 미리 외성을 비워두고 적을 유인한 것이다. 적이 병력을 합쳐 성을 공격하자 또 대포를 쏘니 성 위에서 일시에 불을 켜 천지를 환히 비추고 화살과 돌을 함께 떨어뜨렸다. 싸움이 바야흐로 치열해지자 성안에서 성첩(城堞) 사이마다 매우 크고 긴 나무 궤를 성 밖으로 밀어냈는데, 반은 성첩에 걸치고 반은 성 밖으로 내놓으니 궤 속에 실상 갑사(甲士)가 엎드려 있다가 궤 위에 서서 내려다보면서 화살과 돌을 던졌다. 이렇게 여러 차례 거듭하다가 성 위에서 마른 풀과 기름과 솜 화약을 함께 던지니 얼마 후에 땅속에 묻었던 포(砲)가 크게 폭발하여 성 밖에서 안팎으로 흙과 돌이 두루 날아 흩어졌다. 불빛 속에서 오랑캐들을 바라보니 무수한 인마(人馬)가 함께 하늘로 솟구쳤다가 어지럽게 떨어지고 있었다. 이로써 적은 크게 꺾여 물러갔다.

여러 공성 기록에서 엿보이듯 이 무렵 후금군은 단순히 기병 위주로 평지에서만 잘 싸우는 유목 민족 수준을 넘어선 상태였다. 후금군도 그간 명군과 대적해오며 공성전 경험을 많이 쌓아왔고, 한족 장졸과 기술자들을 계속 귀순시켜 공성 전술과 기술을 흡수해 왔기에 다양한 방법과 병기를 활용했으나 원숭환의 주도면밀한 대비 태세 때문에 무위로 돌아갔다. 일각에서는 홍이포의 위력을 과대평가하며 영원성 전투의 결정적인 승리 원인으로 꼽고 있으나 이는 사실과는 거리가 있다. 당시 영원성에 배치된 홍이포는 단 10여 문에 불과했고, 홍이포는 우리가 흔히 대포 하면 떠올리는 화력이 아닌 쇠구슬을 빠른 속도로 쏘는 정도에 불과했으므로 홍이포에만 의존하여 후금군 수만 명을 막아내기란 불가능했다. 홍이포 등 소수의 대구경 화포는 장거리에서 후금군의 기선을 제압하거나 공성 장비들을 파괴하는 데 활용되었을 뿐이었다. 원숭환은 그 외 다수의 중소형 화약 병기들을 배치하고, 많은 폭발물, 인화물을 이용해 근접하여 성벽을 기어오르거나 무너뜨리려는 후금군까지 효과적으로 제압함으로써 후금군 대열에 치명타를 가했다. 특히 이때 명군도 집요하게 공격해오는 후금군에 필사적으로 맞서 싸워야 했으며 원숭환도 직접 최전선에서 지휘하다가 후금군의 화살에 맞아 부상당했을 정도였다. 후금군은 24일 공격이 무참히 실패로 돌아가면서 상당한 타격을 받았다.

후금은 이에 다음 날인 25일, 아예 늦은 오후에 공격을 개시하여 야간 전투까지 준비했다. 이는 명군의 정밀 사격이 어려운 야간에 승부를 보겠다는 의도로 보였다. 특히 이 날은 누르하치가 직접 나와 공성 병력을 독려한 것으로 보아 후금 측에서 반드시 끝장을 보겠다는 의지를 드러낸 것으로 볼 수 있었다. 그러나 원숭환의 강력한 방어 태세는 무너질 기미가 안 보이고, 후금 측 사상자만 속출했다. 후금군은 밤이 되어서도 어둠을 틈타 연이어 야습에 나섰는데, 전사한 아군 시신도 소각할 겸 민가를 헐어 얻은 땔감으로 불을 피워 연막까지 쳤던 것으로 보인다. 하지만 이렇게 계속된 야간 전투에서도 결국 공성전에서 실패하고 말았다.

양일간 이어진 치열한 격전에서 후금군은 스스로도 고급 장교인 유격(游擊) 2명, 비어(備御) 2명을 포함해 5백 명 이상이 전사했음을 인정할 정도의 큰 피해를 입었다. 이에 반해 명군은 후금군이 수천 명의 사상자를 냈다고 보고했다. 다만 아군의 피해는 축소하고, 적군의 피해는 과장하는 것이 일반적이므로, 실제 사상자는 그 중간 수준이었을 것이다. 그렇다면 후금군은 사망자 1천 명 이상을 포함하여 3천 명 이상의 사상자가 났을 것으로 추정된다. 후금군이 자칭 20만 대군이었다지만 실제 출정한 병력은 최대 약 6

만 정도였을 것으로 본다면, 3일 남짓에 병력의 5% 이상을 잃는 큰 손실을 입은 셈이다. 더군다나 다수의 공성 병기가 이미 파괴, 탈취, 노획당했고, 여전히 영원성 내의 명군 방어 태세는 견고해 보였으므로 더 공성전을 벌일 상황도 못 되었다. 이렇게 되자 누르하치는 영원성에 대한 정면 승부를 깨끗이 포기했다.

누르하치는 영원성 공격이 궁지에 몰리자 음력 1월 26일에는 영원성 인근 발해만에 있는 각화도(覺華島)로 주 공격 방향을 전환했다. 각화도는 영원성 남쪽 약 10킬로미터에 위치한 섬으로, 보하이해에서 두 번째로 큰 섬이라 명군도 수영(水營)을 설치하고 다수의 병력과 물자를 배치해 요새화했다. 특히 각화도는 영원성 등 요동 방어선의 여러 성에 군량을 공급하는 보급 기지로 매우 중요한 역할을 맡고 있었다. 후금 입장에서는 육로는 영원성, 해로는 각화도가 침공로를 막고 있는 눈엣가시였다. 당연히 수군이 취약한 후금군은 다른 계절에는 각화도를 넘볼 수가 없었지만, 한겨울만큼은 이곳 보하이해 깊숙한 랴오둥만이 단단히 결빙되어 공격이 가능했다.

후금군은 음력 1월 26일에 일부 정예 병력이 영원성을 견제하는 사이, 공성전에 직접 참가할 수 없는 기병 병력을 총동원해 얼어붙은 랴오둥만을 넘어 각화도 공격에 나섰다. 각화도에서도 약 7천 명에 이르는 명군 수비 병력이 얼음 위에 15리에 이르는 참호를 구축하고 완강히 저항했다. 하지만 후금군 기병은 동이 트자마자 추운 날씨에 12개 부대로 나누어 일시에 협공 작전을 전개했고, 예상보다도 전격적으로 몰아닥친 후금군의 말발굽 앞에 각화도의 명군 방어진은 빠르게 붕괴되었다. 여기서 후금군 기병은 영원성 공략 실패에 대한 보복으로 명군 수비 병력 7천여 명은 물론 섬에 남아 있던 명나라 양민 7천여 명까지 모두 죽였다. 아울러 이곳에 비축하여 정박 중이던 양곡 8만 섬과 크고 작은 배 2천여 척도 모누 불태워버리는 등 완전히 섬을 초토화시키고 퇴각했다. 누르하치는 각화도를 초토화시킨 정도로 체면을 세우자 이날 영원성 포위를 풀고 심양으로 퇴각길에 올랐다.

영원성의 명군은 일부가 성에서 나와 후금군의 후미를 괴롭히며 약 30여리를 추격했다. 이로써 영원성 전투는 누구도 예상치 못한 원숭환의 승리로 끝났다. 후금을 상대로 패배를 거듭하며 중원까지 위협받을 위기에 처했던 명나라는 드디어 후금을 상대로 적절한 반격을 날리게 되었고, 명나라 조정은 원숭환의 승전에 기뻐하며 큰 공을 세운 원숭환을 병부시랑(兵部侍郎) 겸 요동순무(遼東巡撫)로 임명하고, 승진시켰다. 또한 영원성 전투를 영원대첩(寧遠大捷)이라 명명하기도 했다.

반면 허약한 상대였던 명군에게 생각지도 못한 패전을 겪은 누르하치와 후금군이 입었던 심리적 타격은 이만저만이 아니었다. 특히 일평생을 전쟁터에서 보내왔던 백전노장 누르하치는 매우 상심하여 이렇게 말하기도 했다.

"짐은 25세부터 병(兵)을 일으켜 정벌한 이래 싸워서 이기지 못한 적이 없으며, 공격하여 극복하지 못한 적이 없었다. 어찌 이 영원성 하나를 끝내 떨어뜨리지 못하는가? 하늘의 뜻이 아니고서야 어찌 이럴 수 있겠는가?"

청 실록을 보면, 누르하치는 영원성 전투의 패배에 분노하여 수하의 장수들과 자식들을 엄혹히 질책했는데, "(회의 때에도) 말도 하지 않고, 그렇다고 전쟁터에서 용맹하지도 않고, 내 얼굴만 쳐다보니 답답하다", "곡식이나 훔쳐먹는 쥐새끼" 등의 극언을 쏟아부었다. 이런 발언을 보면 당시 그가 느꼈을 충격과 공포를 가히 짐작할 수 있다. 상대방이 이미 천하에 이름을 떨친 명장이었다면 스스로 위안이라도 할 수 있었겠지만, 이름도 들어본 적 없는 백면서생이었던 원숭환에게 이토록 무참히 패했다는 점이 그를 괴롭혔던 것이다.

청나라의 기록에는 누르하치가 이후 병으로 죽었다고 기록되었으나 영원성에서 공성을 지휘하던 중 날아든 포격에 부상을 입고 그 후유증으로 사망했다는 설도 있다. 하지만 아예 홍이포에 맞지도 않았다는 주장도 있다. 실제로 영원성 전투 이후 7개월이란 기간 동안 누르하치는 4월에 직접 군을 이끌고 몽골의 칼가 부족 원정을 떠났으며, 5월에 몽골 귀족인 오오

바 훵 타이지가 찾아오자 직접 걸어나와 맞이한 행적도 있기에 누르하치가 진짜 홍이포로 인한 부상으로 사망했다고 보기에는 정황상 힘든 측면이 많다. 굳이 연관을 짓는다면, 위에서 언급한 것처럼 이 영원성 전투의 패배로 누르하치가 크게 상심하고 이것이 병으로 이어졌다는 가설이 더 신빙성 있다.

원숭환이 격파한 것은 누르하치뿐만이 아니었다. 누르하치가 죽고 후계자가 된 홍타이지는 1627년 5월 11일, 요서 지방으로 원정을 떠났다. 금주(錦州)를 둘러싼 전투에서 홍타이지는 명나라 지휘관 조솔교(趙率敎)를 상대로 우위를 보였지만, 그렇다고 금주를 함락시켰던 것은 아니었다. 사실 원숭환은 이미 홍타이지의 속내를 다 뚫어보고, 자신의 주특기대로 미리미리 준비해 놓은 뒤였다. 이를테면 누르하치의 사망 이후 홍타이지가 즉위할 때, 양국의 관계에도 불구하고 원숭환은 34명의 사신을 심양에 파견하여 축하의 뜻을 보였는데, 이는 정탐을 위한 것이었다. 이 조문 이후 누르하치의 뒤를 이은 홍타이지는 이 조문에 대한 답례를 하고, 또 후금의 지위를 인정하고 세폐를 보내는 조건으로 평화를 제안하기도 하는 등 그와 원숭환 사이에 여러 번 사자가 왕복하게 되는데, 이는 홍타이지와 원숭환 둘 다 시간이 필요했기 때문이었다. 하지만 조정의 허락도 없이 한 일이라 이는 나중에 원숭환 개인에게는 치명적인 결과를 가져오게 되었다. 이때의 일이 훗날 그가 명나라를 배신하고 후금과 내통했다는 증거로 제시되기 때문이다. 실제로 그의 처형 당시 죄목을 보면 이때부터 후금과 내통했다고 되어 있다. 실제로는 이 시간에 원숭환은 금주성을 보수하고 성벽을 쌓아 올려 방어력을 튼튼하게 갖추었고, 홍타이지의 공격이 현실화되자 편지를 보내 조솔교 등을 안심시켰다.

"금주성의 병기와 병마로 얼마든지 금주성을 지킬 수가 있다. 적은 더위를 무릅쓰고 들어왔으므로 절대 오래 지탱해 내지는 못할 것인즉, 금주는 충분히 지켜낼 수 있을 것이다."

그러면서 수하 조대수에게 기병 400명을 파견하여 구원토록 했다.

다음 해인 1627년 조선의 정묘호란 이후 홍타이지가 대군을 이끌고 요하를 건너 침공을 개시했다. 후금군은 대릉하, 소릉하를 비롯한 여러 작은 요새들을 점령하고는 금주성(錦州城)을 포위했다. 홍타이지로서는 아버지 누르하치의 원수를 갚고 새로 즉위한 군주로서의 위엄을 보이기 위해 영원성 공략의 전초전으로 임한 전투였지만, 여기서 홍타이지는 체면을 제대로 구겼다. 원숭환이 명나라 조정의 지원을 받아 성벽을 강화하고, 믿을 수 있는 부장 조솔교(趙率教)가 지휘하는 3만의 병력과 충분한 식량을 준비해 둔 데다 홍이포까지 대량으로 배치된 금주성의 방어력은 간단하게 점령할 수 있는 만만한 요새가 아니었다. 금주성의 방어력은 홍타이지의 예상을 훌쩍 뛰어넘었다. 14일간이나 금주성을 포위 공격하고도 함락이 되지 않자 홍타이지는 방향을 돌려 원숭환이 지키던 영원성을 공격했다. 하지만 금주성이 안 되는데 영원성이 될 리가 없었다. 홍타이지는 영원성 공략에 실패하고 방향을 돌려 다시 금주성을 공략해보았지만 이 역시 실패했다. 평생 동안 일관되게 보여주었던 뛰어난 지략과 판단력이 이때만은 작동하지 않는 듯, 홍타이지는 금주성과 영원성 사이를 우왕좌왕하며 그답지 않은 모습들만 보여주다 결국 아무것도 얻지 못한 채 군사를 물려 후퇴했다. 아버지 누르하치도 아들 홍타이지도 중국사를 조금만 읽어본 사람이면 모를 수가 없는 빼어난 인물들이었다. 원숭환은 이런 영웅 부자와 싸워서 승리한 희대의 공을 세운 것이다. 이때 홍타이지도 원숭환이 살아 있는 한 요서 방어선의 돌파는 불가능하다는 사실을 마음속 깊이 느꼈을 것이다.

영원성 전투의 의의는 명군이 처음으로 거둔 승리라는 데 있었다. 누르하치가 처음 군사를 떨치고 후금을 개국한 이래, 명군은 계속해서 패배를 거듭하며 요동에서 주춤주춤 물러나고만 있었다. 그러한 후퇴가 산해관에 이를 지경이었는데, 영원성에서 이를 막아내면서 적의 맹공은 이제 저지되었다. 전략 및 전술적으로 볼 때도 모범적인 사례인데, 일단 자기 군대의 현실을 정확하게 파악하고, 보급에 만전을 기하며, 병력을 확실하게 장악하고, 끝까지 사기를 유지하는 등 명장이라면 필수적으로 갖추어야 할 행위를 정확히 수행한 것이 비법이었다. 게다가, 1626년에는 16만 군대를 이끈 누르하치를 막아내었고, 1627년에는 정묘호란으로 기세가 등등한 홍타이지까지 격파했는데, 이는 이전까지 만주족과 싸웠던 어떤 지휘관도 해내지 못했던 공적이었다. 무엇보다도 요동 방어선이 확립되었던 것이 큰 소득인데, 실제로 이런 시스템은 원숭환이 죽고 나서도 1641년 홍타이지가 금주 등을 모조리 함락시킬 때까지 이어져 왔다. 영원성은 송산, 금주 등 장성 이북 대부분 지역이 청에 함락되고도 끝까지 버티다가 1644년 이자성이 이끄는 반란군이 북경까지 진입하자 숭정제가 영원성을 포기하면서 비로소 청의 손에 들어갔다.

덧붙여 홍이포를 도입한 서광계는 영원성에서의 승리 덕분에 홍이포의 위력과 함께 자신의 선견지명이 옳았다는 것이 알려지자 숭정제 즉위 후 다시 조정으로 불려갔다. 홍이포의 대량 생산 담당을 맡은 서광계가 아담 샬의 조언을 받아 찍어낸 홍이포의 숫자가 첫해에만 무려 400여 문, 2차로 150문이었다. 서광계는 명나라의 각 함선과 성벽을 홍이포로 완전 무장시키며 대청 방어 전선 시스템을 완벽하게 만들어내고 명나라 멸망 전에 사망했다. 그러나 그 시스템을 확립한 사람을 무너뜨리는 것도, 그리고 그 무적의 방어선을 무너뜨린 사람도, 결과적으로는 외부가 아니라 내부의 부패와 혼란이었다. 명나라는 이런 방식으로 무너졌다.

1621년, 목수 일에만 열중하던 천계제가 23세의 나이로 죽고 동생 숭정제가 즉위하며 명 조정에 큰 변화가 생겼다. 막 즉위한 숭정제의 한 마디로 환관 권력의 정점에 서 있었던 위충현이 허무하게 생을 마감했고, 그 후속 조치로 그의 세력들도 숙청당했다. 그런데 이런 정세 변화의 불똥이 엉뚱하게 원숭환에게까지 튀었다. 원숭환이 위충현의 지원을 받은 것 때문에 그의 일당으로 몰려 해임되고 조정으로 소환되었다. 어이없는 일이지만 이런 일이 비일비재하게 일어나던 시대가 바로 명나라 말이었다. 명나라에 가장 큰 위협이 후금이며 이를 막아낼 적임자로 원숭환 이상의 인물이 없다는 것은 누구나 인정하는 사실이었다. 결국 여러 신하의 청원으로 1628년 숭정 원년에 원숭환이 다시 요서 방어의 책임자로 임명되었다. 또한 승진까지 해서 병부상서(兵部尙書) 겸 우부도어사(右副都御史), 계료독사(薊遼督師)라는 지위에다 휘하의 모든 장병을 보고 없이 주살(誅殺)해도 좋다는 특권과 이를 상징하는 상방보검(尙方寶劍)까지 하사받게 되었다. 그런데 이때 숭정제와 대면한 자리에서 원숭환은 "5년 안에 요동을 평정하겠다."고 장담했다. 물론 인구와 경제력 등을 고려한 총체적 국력은 여전히 명이 후금을 압도했으나, 당장의 군사력은 여러 번의 전투를 통해 후금에 계속 밀리고 있는 것이 당시 명나라의 현실이었다. 비록 영원대첩과 영금대첩 두 번의 전투에서 승리했지만, 공성(攻城)이나 야전(野戰)이 아닌 모두 수성(守城)에 성공한 전투였으므로 쉽게 이해하기 어려운 발언이었다. 그러나 이는 후금의 상황을 살펴보면 이해가 가능하다. 비록 당시 후금은 군사적으로는 강했으나 경제적으로 극도로 위험한 상태였다.

흔히 후금의 중심 민족인 여진족을 수렵, 채집 활동을 중심으로 하며, 여의치 않으면 한반도나 중국을 약탈하는 야만인들로 생각하기 쉽다. 여진족 유력 세력들의 생계는 후금 건국 전부터 명나라와의 교역으로 유지되고 있었다. 당장 누르하치의 경우를 보면 할아버지와 아버지가 명군에 의해 오인 살해되었지만, 명나라 조정은 보상으로 말 30필과 교역에 관한 문서 30통을 주었다. 다시 말해, 청 태조 누르하치는 할아버지와 아버지의 목숨 값인 30개의 물목 거래권으로 군자금을 마련한 것이다. 명나라와의 교역은 양국이 적국으로 돌아섰으니 완전히 정지되었고, 후금은 이런 상황을 조금이라도 타개해보고자 요동 땅의 한족들을 동원해 농지도 개간하고 정묘호란도 일으켜 조선에서 물자를 얻어내려고도 했다. 그러나 요동 한족들의 반감으로 개간 작업 진행은 더디었고, 조선도 후금과의 교역에 소극적이었다. 설상가상으로 그 시기에는 이상(異常) 기후로 명과 후금 모두에서 인육을 먹을 정도로 흉년이 이어졌다. 그로 인해 명에서도 민란이 이어졌는데, 조정에서도 이런 백성들의 현실을 이해하여 유화책을 쓰다가 상황이 악화되자 홍승주가 강경책을 주장하여 무자비하게 반란을 진압하며 다소 잦아들었다. 농지도 적고, 존속 기간도 훨씬 짧으며 여러 세력과 백성이 연합한 청은 명보다 훨씬 상황이 위험했다.

이와 관련한 후금의 일화들을 보면 당시 후금 상황의 심각성을 쉽게 이해할 수 있다. 명과 청의 강화 조건 중 하나가 명으로부터 일정량의 물자를 받는 것이었는데 전술했듯이 명도 상황이 안 좋아서 이를 제대로 이행하지 못했다. 이에 청은 적장 원숭환에게 "여의치 않으면 약속한 양의 절반이라도 달라." 하면서 구걸조의 글을 보내야 했을 정도였다. 또한 병자호란 당시 청군이 황제의 친정임에도 정공법이 아닌 인조만을 목표로 북방의 조선군을 무시하고 남하하는 전격전을 전개한 것도 물자 부족이 원인이었다. 심지어 청 태종은 상식적으로 전쟁 전 여러 부대들의 손발을 한 번 맞춰볼 필요가 있음에도 군량이 모자라서 청의 몽골족 군대에게 '출전 직전에 올 것'을 명령할 정도였다. 그나마 1636년, 병자호란 당시 요동 방어선 우회를 통한 조선 약탈전으로 어느 정도 청의 상황이 나아졌는데도 불구하고 그 정도였다. 이를 볼 때 원숭환이 숭정제에게 장담할 당시의 후금 상황이 어땠는지는 더 설명할 필요가 없다. 아무리 용맹해도 먹지 않고는 싸울 수 없는 법, 원숭환은 열악한 후금의 상황을 인지하고 숭정제에게 장담한 것으로 추정된다.

원숭환이 재기용된 다음 해인 숭정 2년 1629년 4월, 수군 좌도독 모문룡에게 "군사 문제로 의논할 일이 있으니 쌍도(雙島)에서 만나자"는 전갈을 보냈다. 모문룡은 당시 압록강변 가도(椵島)에 주둔하며 명나라 군사를 자신에게 맡겨주면 요동 전 지역을 수복할 수 있다고 큰소리치던 인물이었다. 그는 바다의 싸움에는 조금 재주가 있었지만 사람됨이 좋지 못했다. 애초에 요동에서 후금군 5천의 병력에 참패하여 도망친 뒤에는 조선 땅 의주군으로 들어가 광해군과 인조를 압박하며 여러 차례 행패를 부리고 다녔으며, 조선의 평북 철산군의 가도에 주둔하여 이후 밀무역으로 큰돈을 벌었고, 정묘호란 때에도 후금에게 무수히 패하는 등 문제가 많은 사람이었다. 명나라 조정에는 후금을 상대로 게릴라전을 한다며 막대한 군사비를 타냈지만, 실제로는 조선의 평안도 해안을 약탈하고 적인 후금을 상대로 조정에서 금지한 물품을 팔아먹는 등 해적이나 밀수꾼 두목과 다름없었다. 그러나 모문룡은 막강한 함대와 수만의 군사를 가지고 있었으며 원숭환과 마찬가지로 휘하의 수하들을 보고 없이 주살할 수 있는 상방보검을 하사받은 인물이었기에 후금이나 원숭환도 쉽게 여길 대상은 아니었다. 모문룡은 갑자기 원숭환이 자신을 소환하자 두려움을 느꼈다. 하지만 원숭환은 그의 직속 상관이므로 그가 군사 일을 의논하자고 소환하는 데 불응할 수 없었다. 모문룡은 2만8천이나 되는 군사를 이끌고 쌍도로 갔다.

모문룡은 1629년 5월 26일, 쌍도에 도착했다. 6월 1일 원숭환과 모문룡 두 사람이 만나 회견하고 군사일을 의논했으며, 6월 3일에 모문룡은 원숭환을 초청해 연회를 베풀었다. 술자리가 깊어가자 이 자리에서 원숭환은 은근히 모문룡에게 은퇴를 종용했지만 모문룡은 요동의 위급함이 남아 있어 은퇴할 수 없다고 거절했다. 이때 요동이 안정되면 조선을 기습하여 차지하겠다는 이야기도 했다고 한다. 그가 조선을 얼마나 만만한 먹잇감으로 보고 있었는지 알 수 있는 대목이다.

6월 5일에도 두 사람은 만나서 원숭환 휘하와 모문룡 휘하의 병사들 사이에 활쏘기 경기를 했다. 활쏘기 경기가 끝나자 원숭환은 비밀리에 의논할 일이 있다고 하며 섬의 산꼭대기에 설치해 둔 장막으로 모문룡을 데려갔다. 이때 장막 부근에는 이미 복병이 배치되어 있었다. 원숭환은 몇 가지 이야기를 하다가 갑자기 부하들에게 모문룡을 포박하라고 명령했다. 그 다음 수년 동안 병마와 전량(錢糧)을 공급받으면서도 조정의 감사를 전혀 받지 않은 것, 전공(戰功)이 없으면서도 공을 세웠다고 황제를 속인 것, 나라에서 금하는 시장을 멋대로 열어 오랑캐와 무역한 것, 도적이 되어 상인들을 약탈한 것, 민간의 부녀자들을 빼앗아 음행을 일삼은 것, 위충현을 숭배하고 환관들과 결탁한 것, 몇 년이나 군사를 맡고 있으면서 촌토도 수복하지 못하고 관망만한 것 등 12가지 죄를 거론하며 모문룡을 질책했다.

모문룡은 겁에 질려 대답도 못 했다. 원숭환은 북경을 향해 절한 뒤에 죄인 모문룡을 죽이겠다고 외친 뒤 숭정제로부터 하사받은 상방보검으로 모문룡의 목을 베었다. 이때 원숭환이 말한 12가지 죄는 실제로 모문룡이 지은 죄들로 그중 하나만으로도 충분히 처형당할 중죄였다. 모문룡이 데려온 2만8천이나 되는 군사들은 일이 너무 급박하게 벌어진 데다가 원숭환의 추상 같은 위엄에 몸이 굳어 모두 식은땀을 흘리며 움직이지도 못했다고 한다. 원숭환은 다음 날 모문룡의 장례를 치러 주고 죄는 모문룡에게 있을 뿐 모문룡의 수하들에게는 죄가 없다고 그들을 위로하고는 다시 재배치했다. 가도는 모문룡의 부하였던 부총병 진계성(陳繼盛)에게 지휘하게 하고 자신의 부하인 부총병 서부주(徐敷奏)를 파견하여 이를 감시하게 했다. 이후 원숭환은 모문룡을 참한 후 조선 국왕 인조에게 첩문을 보내 "모문룡이 가도에 수년 동안 있으면서 실로 국왕의 덕분으로 호사를 누렸는데, 탐욕스러운 성품으로 인해 조선에 무리한 요구를 함으로써 명나라에 수치를 끼쳤으니 황제 폐하로부터 받은 권한으로 모문룡을 제거했습니다"라고 밝혔다. 그가 인조에게 보낸 편지는 다음과 같다.

> 원숭환(袁崇煥)은 삼가 조선 국왕께 첩문(帖文)을 보냅니다.
> 지난해 황제 폐하께 주문(奏文)을 올리는 일과 관련해 영광스럽게도 국왕께서 변변치 못한 본관을 잊지 않으시고 대도(大道)를 일러주시며 국휼(國恤)에 대해 잊지 않고 정성껏 교시해 주셨으니, 혈기를 가진 자로서 잊지 못할 바라고 하겠습니다. 그런데 제가 다시 요동 지역에 나오게 되었으니 국왕과는 숙연(夙緣)이 있는 것만 같습니다. 그리고 전해오는 국왕의 소식을 들으면, 마치 서로 얼굴을 대하는 듯 설레기만 합니다. 되돌아 보건대 동이(東夷)가 제멋대로 포학한 행동을 저지르면서도 우리 중원(中原)의 봉시(封豕)는 그냥 놔둔 채 국왕의 강토만 잠식해 왔습니다. 병인, 정묘년의 전역(戰役)에서 노추(老酋)가 스스로 멸망을 불러들이고 노추(奴雛)가 2번이나 넋이 빠질 정도로 혼이 나긴 했지만 동쪽의 산하에서는 여전히 머무르고 있으니, 이 점이 바로 내가 가슴을 치고 눈물을 흘리면서 잠 자고 밥 먹을 겨를도 없이 애태웠던 이유인 것입니다. 그런데 황천(皇天)께서 이를

애달프게 여겨주지 않으시고 희종 황제(熹宗皇帝)를 앗아갔는가 하면, 나 역시 먼저 참소로 인해 돌아가는 비운을 맞고 말았습니다. 그리하여 위신이 손상되어 떨쳐지지 못했으므로 내가 정말 부끄럽게 여기고 있었는데, 아마 국왕께서도 같은 심정으로 슬퍼해 주셨을 줄로 믿습니다. 그러나 이제 천자께서 천고에 뛰어난 신성(神聖)함과 영무(英武)한 자질을 지니시고 중흥에 뜻을 깊이 두시어 이 조무라기 오랑캐들을 섬멸해 버리려고 하시는데, 불초 본관이 그 길을 안다고 여기시어 특별히 조칙을 내려 시골 가운데에서 불러 세우셨습니다. 제가 요동 땅을 잊지 못하는 만큼 어찌 국왕의 밝은 덕을 감히 잊을 수 있겠습니까.

생각건대 행인(行人)이 왕래하노라면 바닷길이 아득하기만 할 것이고 게다가 탐욕스럽고 패려한 도수(島帥) 때문에 거듭 사신의 여정이 고달파질 것이기에 공도(貢道)를 서령(西寧)으로 개정할 것을 특별히 청하여 제가 마초(馬草)를 공급하여 국왕의 풍유(風猷)를 접할 수 있게끔 했습니다. 저는 전쟁을 준비하는 일에 관련되는 것이라면 어떤 일도 마다하지 않고 몇 년 동안 정신을 쏟아오면서 하동(河東)으로 진격할 계획을 세우고 있습니다.

… 중략(中略)…

국왕께서도 스스로 힘을 축적하시어 기틀을 보아 결판을 낼 준비를 하시면 다행이겠습니다. 그렇게 되면 저도 활집을 단단히 잡아 매고 국왕과 함께 동서로 기각(掎角)의 형세를 이루어 바다와 육지로 병진(竝進)하면서 앞뒤에서 합동 공격을 펼치겠습니다. 그리하여 다행히 하늘에 계신 영령의 도움을 받게 되면 한 번 북을 쳐서 중조(中朝)의 12년에 걸쳐 쌓인 분노를 씻고 국왕의 나라 역시 금성탕지(金城湯池)의 형세를 다시 이룩할 수 있을 것인데, 국왕께서는 이러한 뜻이 없으십니까?

모수(毛帥)는 절도(絶島)에 수년 동안 있으면서 실로 국왕 덕택으로 오늘날에 이르게 되었습니다. 그런데도 계획성이 없는 무인(武人)이라서 탐욕스럽기만 하여 도둑 떼를 길러내며 국왕의 나라에 무리한 요구를 함으로써 우리나라에 수치를 끼치고 있습니다. 이에 황상께서 만 리 밖을 밝게

내다보시고 저에게 상방검(尙方劍)을 빌려주시어 군중(軍中)에 나아가 그를 주벌토록 하셨습니다. 이는 대체로 섬에 있는 수만 명의 목숨을 보전케 하는 것일 뿐만 아니라 멀리 있는 속국의 화란을 해소시켜 안정시키기 위한 것이었으니, 밝으신 천자의 깊으신 의도라 하겠습니다.

… 중략 …

편지만 제대로 통하게 되면 서로 다른 곳에 있어도 마음이 같아질 것이니, 오직 국왕께서는 더욱 힘써 충성스럽고 곧은 마음을 다하시어 단숨에 이 적을 멸하심으로써 왕의 공적을 마무리짓도록 하십시오. 그러면 빛나고 빛나는 황령(皇靈)께서도 실로 아름답게 여기는 동시에 이를 힘입게 될 것입니다.

모문룡에 대해서도 따로 편지를 보내 언급했다.

성조(聖朝)에서 매우 후하게 관심을 베풀어 주었는데도 난수(亂帥)는 패역한 행동을 하여 복주(伏誅)를 재촉했으므로 삼가 황위(皇威)를 선포하고 함께 동녘을 평정할 것을 맹세하는 일에 대해 자문(咨文)을 띄웁니다. 살펴보건대, 본부원(本部院)이 명을 받들어 정벌하는 일을 전담하면서 날마다 오랑캐를 평정할 일을 강구해 왔습니다만, 우리 내부의 적도 아직 조용히 만들지 못한 터에 어떻게 오랑캐를 진압시킬 수 있겠습니까. 생각건대, 귀국이 우리 중국 조정을 공경하며 따른 지 거의 2백여 년이 되어갑니다. 그런데 지난 기미년의 전역(戰役) 때에는 우리도 모든 역량을 동원하여 임했습니다마는 귀국 역시 잇따른 내변(內變)이 있어 패전하고 말았습니다. 당시 선제(先帝)께서 모문룡의 청으로 인하여 특별히 귀국의 왕을 봉하는 조처를 내리셨습니다.

… 중략 …

그런데 어찌 생각이나 했겠습니까. 당치도 않은 얕은 재주와 작은 그릇밖에 안 되는 모문룡이 해도(海島)를 근거로 거드름을 피우면서 "내가 최고다."라고 하는가 하면, 이젠 용무가 없다는 듯이 국법을 집어 던지면서 "누가 나를 어떻게 하랴." 하고 나온 것입니다. 그에게 밑 빠진 독에 물 퍼붓듯 향궤(餉饋)를 공급해 주었습니다만, 그가 실제로 견제한 일이 뭐가 있었습니까. 개진(開鎭)했다고 하는 10년 동안 요동 땅을 한 치라도 회복했다는 말은 듣지 못하고, 한결같이 임금을 속이면서 그가 보여준 것이라곤 그저 많은 관원을 자신의 사유물화한 사실밖에 없습니다. 그리하여 자녀를 사로잡고 금백(金帛)을 약탈하여 대낮에 국중(國中)에서 강도질을 하는 한편, 항복해 온 오랑캐를 죽이고 난민(亂民)을 살륙한 것으로 날마다 사마(司馬)에게 공을 보고해 왔습니다. 그리고는 끝없이 으스대고 요구하면서 동노(東奴)를 큰 이익 챙길 좋은 보물덩이로 삼고, 아무 때고 토색질하고자 조선 땅에 외부(外府)를 설치했습니다. 이는 조정만 무시할 뿐 아니라 속국에까지 화가 미칠까 염려되었습니다. 이미 요지 부동의 형세를 이루고 있었으니, 어찌 반역자의 주벌을 늦출 수 있었겠습니까.

… 중략 …

돌아보건대, 필부로 하여금 거만스레 행동하게 하면서 그냥 놔두고 죄를 묻지 않는다면, 어떻게 조정을 높이고 사이(四夷)에 위엄을 떨칠 수 있겠습니까. 이것이야말로 두렵고 수치스러운 일이었습니다. 그래서 특별히 황명(皇命)을 청하여 동쪽으로 순시 나와 해변의 상황을 살펴보면서 모문룡의 죄를 묻게 된 것입니다. 금년 6월 5일 군대를 쌍도(雙島)에 주둔시키고 여러 장수와 관리들을 집결시킨 뒤, 모문룡이 참형(斬刑)을 받아야 할 대죄(大罪) 12개 조목을 뜰에서 열거했습니다. 그리고 무리에게 의견을 물으니, 모두들 죽어 마땅하다고 했으므로 마침내 군전(軍前)에서 효시했습니다. 이는 우리 조정의 난수(亂帥)를 제거한 것일 뿐 아니라 귀국의 화도 동시에 진정시킨 것입니다.

피도(皮島)는 원래 중국 땅이 아닙니다. 그래서 동강(東江)에 주둔시킨 한 부대에 영을 내려 서쪽으로 이동해서 진격할 계획을 세우도록 하고, 그전처럼 징수하고 토색질하여 귀국을 괴롭히지 못하도록 했습니다. 귀국에서도 해사(該司)에 통지하여 각각 강역을 안정시키고 군민(軍民)의 마음을 안온케 하도록 하십시오. 그리고 만약 그전처럼 중국 군대가 국경을 넘어 소요를 일으키는 일이 있을 경우 즉시 보고만 해주면 바로 다스려 경계시키겠습니다. 또 공도(貢道)의 경우 바다로 운행하게 되어 있어 실로 사자를 번거롭게 하기에 본부원이 이 점을 매우 염려하여 의논한 결과, 모든 조공을 한 번으로 통일하고 영원(寧遠)의 길로 바꾸도록 하는 동시에 사자 한 사람을 보내 우리의 소식을 통하도록 하자고 했습니다. 그리고 요동의 옛길을 택한 것은 귀국이 잊지 않기를 바라는 마음에서 한 것입니다. 황상께서는 천부적으로 신무(神武)한 자질을 지니시고 변방의 계책에 관심을 쏟으시니, 필시 변방의 관리들이 일에 태만한 것을 용납하지 않으실 것입니다. 그리고 본부원 역시 몸을 기꺼이 나라에 바쳐 기필코 오랑캐를 평정할 각오가 되어 있으니, 일을 미지근하게 수행하지는 않을 것입니다. 이제 사마(士馬)가 이미 배불리 먹고 사기가 충천하니 일을 이룰 날도 얼마 남지 않았습니다. 귀국 역시 요즘 한가한 때를 이용해서 속히 군비를 정돈하고 우리와 연합하여 잃은 땅을 수복하도록 하십시오. 《시경(詩經)》에 "내 그대와 옷을 함께 함은 어찌 그대의 옷 없음 때문이리오. 혹시라도 국가가 위급하면 창을 잡고 원수를 갚기 위해서라네." 하지 않았습니까.

모문룡은 오랑캐나 마찬가지로 귀국에게는 고질적인 병폐였습니다. 과거 모문룡은 귀국이 은밀히 오랑캐와 내통하며 때때로 도와준다고 보고해 왔습니다. 그러나 본부원은 귀국이 평소에 의리에 따라 우리를 순종했으니 필시 이런 일이 없을 것이라고 생각했고, 황상께서도 만 리 밖을 내다보시는 명철한 안목으로 흉포한 자의 말을 옳게 여기지 않으셨습니다. 아, 선인에게 복을 주고 악인에게 화를 내리는 것이야말로 어김없는 천도(天道)이고, 원수를 갚고 부끄러움을 씻는 것이야말로 또한 당연히 행해야 할 인사(人事)입니다. 우리 황상의 덕은 너르고 너르시어 멀리 외따로 떨어져 있다 하여 버리지 않으시니, 그대의 국왕께서 충성스럽고 공경하는 마음을 대대로 밝히시면 후손에 이르기까지 왕업(王業)을 향유하게 되실 것입니다. 본부는 거듭 집사(執事)에게 바라는 바입니다.

하지만 원숭환이 모문룡을 죽인 것은 실책이었음이 이후 결과로 드러났다. 원숭환이 모문룡의 부하들을 적극적으로 후대하고 포상까지 내렸음에도 불구하고 모문룡의 부하들 중 일부는 가도를 떠나 각지에서 군벌로 활동했다. 이후 이들은 해적이 되거나 반란을 일으키다가 명나라가 본격적으로 진압을 시작하자 군사를 거느리고 후금에 투항했다. 이 중에 대표적인 인물들이 청나라 입관 후에 번왕으로 임명되는 공유덕, 경중명, 상가희 등이다. 원숭환을 옹호하는 사람들 중에서는 모문룡은 언제든 명나라를 배신할 수 있는 인물이었다고 주장하지만 언제든 배신할 수 있는 것과 실제로 배신하는 것은 완전히 다르다. 원숭환이 모문룡을 죽일 때만 해도 분명히 모문룡은 명나라의 신하를 표명하고 있었지만, 명나라와 후금 사이에서 줄타기를 했어도 한 번도 후금을 위해 직접적으로 활동한 적은 없었다. 그가 속한 동강진의 존속을 위해서라도 명나라와 후금, 그리고 조선의 대치 상태가 최대한 오래가는 것이 그에게 이득이었다. 모문룡 주살은 원숭환의 상당한 월권행위였다. 비록 숭정제로부터 휘하의 부하들을 보고 없이 참할 수 있는 권한을 받았다고 하지만, 진짜 행하는 것은 전혀 다른 문제이다. 더구나 모문룡은 원숭환과 마찬가지로 상방보검까지 하사받은 거물이었다. 원숭환은 모문룡을 주살한 사실과 함께 죽음을 기다리고 있겠다고 조정에 보고했다. 원숭환이 모문룡을 주살했다는 보고를 받은 숭정제는 거의 기절할 만큼 놀랐다고 한다. 모문룡의 악명은 이미 이전부터 조정에 보고되고 있었고 모문룡 집단의 실체에 대해서도 의문을 가지는 각료가 많았으며, 가장 중요한 것은 원숭환이 없으면 요서 방위를 책임질 사람이 없었기에 모문룡 주살 건은 책임을 묻지 않고 비교적 조용하게 넘어갔다. 그러나 이 정도 큰 사건은 당장은 아니겠지만, 당사자에게 치명적인 결과로 돌아오게 된다. 많은 사람이 모문룡 주살이 원인이 되어 원숭환이 처형당했다고 알고 있고, 실제로 중국에서도 그런 글이 많이 보인다. 하지만 원숭환 몰락의 직접적 원인은 모문룡 주살이 아니라 바로 기사년의 변이었다.

영원성과 금주 전투에서 체면을 구긴 홍타이지의 가슴에는 한 가지 사실이 각인되어 있었다. 바로 원숭환이 지키는 한 명나라 요서 방어선은 절대 돌파할 수 없다는 뼈저린 현실이었다. 홍타이지는 원숭환이 지키는 요서 방어선의 돌파가 불가능하다는 현실을 인정하고 중대한 방향 전환을 결심했다.

첫 번째 방향 전환은 침공 경로의 변경이었다. 후금의 근거지에서 명나라를 공격하는 최적 루트는 누가 봐도 요서를 지나 산해관을 통하는 길이라는 것은 한눈에 알 수 있다. 그러나 이 길은 원숭환이 버티고 있어 돌파가 불가능했다. 후금으로서는 우회가 불가피했다. 홍타이지가 선택한 경로는 원숭환이 지키는 요서 일대를 우회하여 몽골족의 영역을 지나 하북 북방의 장성 일대인 용정관(龍井關)과 대안구(大安口), 희봉구(喜峰口)를 통해 직접 북경으로 들어가는 길이었다. 이 경로의 장성 북쪽 일대는 수렵, 채집과 원시적 농경 민족인 여진족의 땅이 아니라 유목민인 몽골 호르친 부족의 영역으로 후금에게는 미지의 땅이었다. 그러나 이 무렵 후금은 여러 번의 전쟁과 혼인을 통한 회유 등으로 호르친 부족을 완전히 포섭하고 있었다.

두 번째 방향 전환은 바로 전쟁 목적의 변경이었다. 그동안 후금의 전쟁은 조선을 침공했던 정묘호란을 제외하면 대부분 정복 전쟁이었다. 전쟁에서 승리하면 그 땅은 모두 자신들의 영토가 되었고, 그 주민들은 모두 자신들의 백성이 되었다. 그러나 이 시점에서부터 전쟁의 목적은 정복을 통한 영토 획득이 아니라 물자 획득을 목적으로 하게 된다. 정복전에서 약탈전으로 전쟁의 성격이 완전히 바뀌게 된 것이다.

홍타이지는 사촌 아우인 지르갈랑에게 영원, 금주 등을 가볍게 공격하게 하여 원숭환의 시선을 요서 일대에 묶어두고는 1629년 10월 2일 그가 직접 지휘하는 10만의 대군이 장성을 넘었다. 경로는 위에서 말했던 용정관(龍井關), 대안구(大安口), 희봉구(喜峰口)였다. 장성을 넘은 후금군은 대대적인 약탈전을 감행하는 동시에 북경 일대를 초토화하더니 10월 26일 마침내 명의 수도인 북경성 코앞까지 진격해왔다. 명으로서는 그야말로 아닌 밤중에 홍두깨였다. 명나라 조정과 북경 시민에게 전쟁이란 무릇 천 리 밖 요서의 일에 불과할 뿐이었다. 그런데 지금은 자신들이 거주하는 북경성 자체가 포위당해 버렸다. 명나라 조정에서는 아직 홍타이지가 요서를 우회하여 북방으로 침공했다는 사실도 제대로 인지하지 못했다.

"원숭환이 지키는 요서 방어선에 막혀 산해관 안으로 들어오는 건 꿈도 못 꿀 후금군이 갑자기 어디서 나타났단 말인가?"

그러자 북경 시민들에게 원숭환이 길을 내주어 후금의 오랑캐들이 침공할 수 있었다는 근거 없는 소문이 돌기 시작했다. 여기에다 원숭환의 정치적 반대파인 엄당(閹黨)에서 이 소문을 더욱 부채질했다. 엄당에게 원숭환은 자기 일파인 모문룡을 죽인 정적인 동시에 해마다 모문룡이 보내오던 뇌물을 차단한 경제적 원수이기도 했다. 또 당시 조정 대신들은 북경 인근에 토지와 별장을 가진 자가 많았다. 이들도 자신의 재산이 침해된 원인을 원숭환에게 돌렸다. 결국 조정 대신들과 북경 주민들의 마음속에 원숭환을 원망하는 마음이 커졌다. 게다가 사태를 제대로 인지한 자는 극소수에 불과했다. 불행히도 19세에 불과한 애송이였던 숭정제 역시 사태를 제대로 인지하지 못하고 원숭환을 탓했다.

원숭환은 예전부터 후금이 자신이 지키는 요서를 우회하여 북방으로부터 침공할 위험이 있다는 경고를 조정에 알리고 경계를 촉구했었다. 하지만 그 자신도 그렇게 갑자기 후금의 우회 침공이 시작될 거라고는 생각하지 못했던 듯하다. 후금의 북경 침공 소식을 들은 원숭환은 대경실색하여 동원할 수 있는 모든 병력을 급히 모아 북경으로 달려왔다. 산해관에 도착하자 준화성(遵化城)이 위급하다는 소식을 듣고 참장 조솔교에게 4천의 군사를 나눠주며 후금의 공격을 받는 준화성을 구원하게 했다. 그러나 왕원아(王元雅)가 사수하던 준화성은 조솔교의 원병이 도착하기 전에 이미 함락되었고 미리 대기하고 있던 후금의 복병을 만나 조솔교와 그가 이끈 원병도 전멸하고 말았다. 후금군은 함락된 준화성에서 약탈과 대학살을 벌였는데, 이 소식은 그대로 북경에 전해져 북경 시민들을 더욱 두렵게 만들었고, 원숭환에 대한 원망도 같이 깊어졌다.

한편 원숭환은 9천의 군사를 거느리고 11월 17일 북경 광거문(廣渠門)에 도착했다. 부총병 주문욱은 먼 길을 달려와 병사들이 몹시 지쳤으니 일단 북경 안으로 들여보내 휴식시키자고 제안했지만, 원숭환은 거절하고 북경성 밖에 주둔했다. 그리고 20일 광거문 밖에서 원숭환이 인솔하는 9천 병사는 6시간에 걸쳐 후금군과 10차례 이상 싸워 결국 이들을 물리치는 데 성공했다. 혹자는 이때 원숭환이 후금의 10만 대군과 싸웠다고 하지만 당시 후금군의 대부분은 약탈에 바빴으니 아마도 실제로는 후금의 선봉 일부와 싸웠을 것이다. 하지만 이 싸움은 원숭환이 이끄는 명나라 군사들이 과거와 달리 얼마나 잘 훈련되었는지를 여실히 보여주고 있다. 특히 사르후 전투 이후 명나라 군대는 단 한 번도 후금군과 평지에서 싸워 이겨보지 못했다. 아니 평지는커녕 수성전조차 못하고 지리멸렬하다가 원숭환 등장 이후에야 겨우 제대로 된 수성전을 보여주게 된다. 그런 약졸 명나라군이, 천 리 먼 길을 달려온 굶주리고 지친 몸으로 평지에서 후금군을 무찔렀다. 이는 원숭환이 수성전만이 아니라 야전에서도 충분히 유능하며 다수의 적과 평지에서 싸우는 것도 회피하지 않을 정도로 용감하다는 것도 보여주고 있다.

11월 23일, 후금군을 물리친 원숭환은 병사들이 오랜 행군과 전투, 그리고 장기간의 노숙으로 지칠 대로 지쳤으니 성안으로 들어가 휴식할 수 있게 해 달라고 청했다. 그러나 숭정제는 이를 허락하지 않았다. 이때 이미 숭정제의 머리에는 원숭환에 대한 의심이 깊이 자리하고 있었다. 이 때문에 원숭환이 이끄는 병사들은 음력 11월 북경의 차가운 겨울 날씨 속에서도 성 밖에서 노숙할 수밖에 없었다. 하지만 이런 환경 속에서도 원숭환은 11월 27일 북경 좌안문(左安門) 부근에서 벌어진 전투에서 다시 후금군을 격파했다. 평지의 싸움에서도 원숭환을 이기기는 어렵다고 생각한 것인지 아니면 애초에 북경 함락이 목적이 아니었으니 그만하면 충분하다고 생각했는지는 모르지만, 홍타이지는 군사를 남해자(南海子)라는 곳까지 철수시켰다. 하지만 약탈전은 계속되었다. 통주(通州)에서는 1,000척 가까운 조운선(漕運船)을 불태우기도 했다. 하북 일대는 더 철저하게 약탈당했다. 이때의 약탈은 대단한 성공이어서 병사 1명당 우마(牛馬) 1마리씩이 돌아갈 정도였다고 한다. 더불어 수만 명의 남녀 포로도 얻었다. 후금 최대의 약점은 인구 부족이고 잡혀간 이들은 후금의 영토로 끌려가 요동 일대의 농지를 개간하고 경작하게 될 사람들이었다.

명나라 입장에서는 후금의 약탈전이 '기사년의 변'이었지만 후금 입장에서는 엄청난 대박이었다. 후금의 가장 큰 약점인 인구 부족과 고질적 물자 부족을 해결할 가장 좋은 방법을 찾아낸 것이다. 명나라의 약점을 발견한 후금은 이때부터 명이 멸망할 때까지 하북, 산서의 장성 루트를 통해 10여 차례에 걸쳐 대규모 약탈전을 감행했다. 이제 후금에게 전쟁은 위험은 적고 수익은 높은 최고의 경제 활동이 되었다. 전쟁은 후금의 백성 개개인에게도 최고의 경제 활동이었다. 동서고금을 막론하고 전쟁이 일어나 가족이 출전한다는 소식이 들리면 온 가족이 비탄에 잠겨 울음소리조차 제대로 들리지 않는 법이다. 하지만 만주족 가정에서는 이와 반대로 전쟁이 일어나 집안의 가장이 전투에 나가게 된다는 소식이 들려오면 울음소리는커녕 집집마다 환호성이 터져 나왔다. 당시 기록을 보면 거리에서 들리는 환호성을 듣고 원정이 결정되었다는 사실을 알았다는 이야기까지 있다. 전쟁은 참전하는 팔기병 개개인과 그 가족들에게도 위험은 적으면서 엄청난 수익을 가져다주는 대박의 기회였다. 재산은 물론이고 잘하면 사회적 지위까지 일거에 상승할 수 있었다. 이런 기회는 팔기병만이 아니라 이민족이나 노예에게도 똑같은 기회를 주었고 그들까지 어떻게든 전쟁에 한 발 담그기 위해 노력했다.

하북, 산서, 산동 등 명나라의 황하 이북은 후금에 철저하게 약탈당하고 유린당했다. 이 결과는 명나라 재정의 붕괴와 도적의 창궐이었다. 물론 이자성이나 이자성 이전의 두목 고영상이 도적이 된 시점은 후금의 약탈보다 조금 이전이다. 명조의 무능함에 질려버린 각지의 백성들이 이자성을 비롯한 도적들을 따르게 됨으로써 도적떼를 농민군으로, 더 나아가 왕, 황제를 자처하는 군웅으로까지 성장케 한 원흉은, 후금의 만리장성 우회 약탈전이라고 해도 틀린 말이 아니었다. 명나라로서는 후금의 이런 침공을 막아낼 방법은 한 가지밖에 없었다. 바로 후금의 침공로로 이용되고 있는 하북, 산서의 장성 일대에 요서 방어선에 버금가는 방어선을 건설하는 방법이었다. 이것을 할 수 있는 인물은 단 한 사람, 원숭환뿐이었다. 하지만 이때 원숭환에게 위기가 닥쳐오고 있었다.

원숭환에 대한 반간계는 너무나 유명하다. 가장 널리 알려진 이야기는 대략 이렇다.

후금은 광거문 밖의 전투에서 비록 원숭환에게 패했지만 마방태감(馬房太監) 양춘(楊春)과 왕성덕(王成德)이라는 궁중의 환관 두 사람을 포로로 잡았다. 명나라 조정에서 환관이 받는 대우를 잘 아는 후금군은 두 사람의 환관 포로를 비교적 관대하게 대접했다.

그러던 어느 날 밤, 양춘과 왕성덕이 구금되어 있던 바로 옆에서 벽 하나를 사이에 두고 홍타이지의 부하 고홍중(高鴻中)과 포승선(鮑承先)이 밀담을 나누는 소리가 들려왔다. 원숭환과 홍타이지 사이에 이미 북경을 공취(攻取)하기로 약속했으니 북경은 곧 함락될 것이라는 내용이었다. 두 환관은 숨을 죽이고 두 사람의 밀담을 들었다. 자신들이 여기 감금되어 있다는 사실을 모르고 두 사람이 밀담을 나누고 있는 게 분명하다고 생각했다. 11월 29일, 홍타이지는 명나라 조정에 평화를 제의하면서 양춘과 왕성덕 두 사람도 풀어주었다. 황궁으로 돌아온 두 환관은 숭정제에게 자신들이 들은 바를 고했다. 전부터 원숭환을 의심하던 숭정제는 결정적인 증거를 잡았다고 생각했다.

《조선왕조실록》 1630년 인조 8년 2월 27일 조(條)에 따르면, 후금에 사신으로 갔던 박난영이 보낸 글에 이런 구절이 있었다.

"골대가 좌우를 물리치고 귀에다 대고 말하기를 '원공(袁公)이 과연 우리와 같은 마음을 품고 있었는데, 일이 누설되어 체포당했다.'라고 했는데, 이는 반간계(反間計)를 쓰는 말이 분명합니다."

명나라 신하도 아닌 조선의 사신에게까지 이런 말을 한 것을 보면 이는 당시 후금이 주도하는 대원숭환용 반간계가 다방면으로 펼쳐지고 있었음을 의미하는 직접적인 증거인 셈이다. 어떤 이들은 조선 사신도 듣자마자 코웃음을 치는 이런 유치한 속임수에 어느 바보가 넘어가겠느냐고 의문을 제기하기도 했다. 하지만 숭정제가 평생토록 보여준 지독한 의심증과 당시 명나라 조정의 고질적인 당쟁은, 이런 유치하고 졸렬한 속임수가 충분히 통하는 환경을 만들고 있었고, 명나라 조정은 자신들의 장성을 스스로 무너뜨렸다.

1629년 12월 1일, 아직 후금군이 물러가지 않고 북경 조금 아래쪽에 주둔하고 있는데도 숭정제는 원숭환을 군량에 관해 의논할 것이 있다는 구실로 황궁으로 소환했다. 잘못을 저지른 일이 없으니 원숭환은 아무 의심 없이 수하인 총병 만계(滿桂)와 그의 부장 흑운룡(黑雲龍) 두 사람만을 대동하고 황성으로 향했다.

후금군이 완전히 물러가지 않았다는 이유로 성문은 열리지 않았고, 성 위에서 큰 바구니가 내려왔다. 원숭환은 바구니를 타고 북경성으로 들어가 황궁에서 숭정제를 만났다. 그러나 원숭환을 기다리고 있었던 것은 군량에 대한 의논이 아니라 배신에 대한 숭정제의 추궁과 힐난이었다. 생각지도 못했던 급작스러운 추궁에 원숭환은 당황하여 제대로 대답도 하지 못했다. 숭정제는 불문곡직하고 원숭환을 금의위 감옥에 투옥했다. 원숭환이 대동했던 총병 만계와 만계의 부장 흑운룡에게는 승진과 함께 포상이 내려졌다. 북경성 아래에 있던 원숭환의 수하 조대수는 원숭환의 구금 소식을 듣자 자기 휘하의 군사를 거느리고 산해관을 넘어 도망쳤다. 애초에는 후금에 투항하려고 했지만 숭정제의 명으로 원숭환이 옥중에서 보낸 서신과 손승종의 만류로 도로 귀환했다.

원숭환이 체포 구금되었다는 소식에 먼저 조정의 대신들이 놀랐다. 즉각 그를 구명하기 위한 움직임이 나타났다. 먼저 내각 대학사 성기명(成基命)이, 그 뒤를 이어 손승종이 "적이 성 아래에 와 있는 상황에서 원숭환을 죽이는 것은 스스로 장성을 무너뜨리는 일과 같다."고 말하며 구명을 청했다.

반대로 원숭환을 즉시 죽여야 한다고 주장하는 이들도 있었다. 엄당(閹黨)의 인물들이었다. 천계제 시절 권세를 누리던 환관 위충현이 만든 엄당은 위충현의 실각과 함께 세력이 약해졌으나 이 기회에 다시 세력을 만회하려는 목적으로 동림당의 지지를 받는 원숭환을 말살하려고 했다. 그들은 매년 막대한 뇌물을 보내주는 모문룡을 죽여버린 원숭환이 증오스러웠다. 더욱 불행한 것은 북경 시민들의 여론도 결코 원숭환에게 호의적이지 않았다는 것이다. 시민들은 오히려 당장 원숭환을 죽이라고 성화를 부렸다. 원숭환을 구명하려는 동림당과 그를 죽이려는 엄당의 논쟁은 몇 개월에 걸쳐 계속되었고, 마침내 숭정제는 엄당의 손을 들어주었다. 아니 오히려 원숭환 처형에 가장 적극적인 인물이 바로 숭정제였고, 엄당은 그런 황제의 의도를 간파하고 열심히 원숭환 처형을 주장했는지도 모른다.

1630년 음력 8월 16일, 원숭환은 임금을 속인 죄와 모반의 죄로 서시(西市) 거리에서 책형(磔刑)에 처해졌다. 책형은 시대와 국가에 따라 조금씩 다른 방법으로 나타나는데, 명청 시대에는 능지형이었다. 시장 거리에서 수많은 사람이 지켜보는 가운데 살점이 한 점씩 잘려나가는 형벌로, 적게는 수백 번, 많게는 천 번이 넘는 칼질을 받을 동안 죄인은 살아서 고통을 당하는 끔찍한 형벌이었다. 이때 그의 죽음을 지켜보던 북경 시민들은 환호성을 지르며 나눠진 그의 살점을 씹었다고 한다. 결국 누르하치와 홍타이지라는 두 명의 영웅을 패퇴시키며 조국을 수호했던, 어쩌면 명나라의 마지막 희망이었을지도 모를 원숭환은 그가 지키고자 했던 조국의 백성들 앞에서 능지형을 받으며 비참하게 생을 마감했다. 명장의 억울하기 그지없는 최후로 현대의 역사학자들은 원숭환의 죽음이 명나라 멸망의 직접적 원인이라는 부분에서 거의 의견이 일치한다.

원숭환이 북경에 소환될 때 동행했던 두 사람 총병 만계와 그의 부장 흑운룡은 숭정제로부터 상을 받고 승진했다. 만계는 원숭환 구금 직후 상방보검을 받고 경략으로 승진한 후, 북경 방위의 책임자로 임명되었다. 그때 후금군이 다시 몰려와 북경성을 포위하자 숭정제는 만계에게 나가 싸울 것을 명령했다. 만계는 전력이 부족한 상황에서 성에서 나가 싸우면 승산이 없으니 농성할 것을 건의했지만, 숭정제는 계속 나가 싸울 것을 재촉했다. 숭정제의 명을 거부하는 것은 이미 죽음을 의미했다. 12월 15일 만계는 어쩔 수 없이 수하인 흑운룡, 마등운(麻登雲), 손조수(孫祖壽) 등을 대동하고 북경성을 나가 북경성 영정문(永定門) 밖 2리 되는 곳에 진영을 세우고 다음 날인 16일 후금군과 싸웠지만 대패했다. 만계와 손조수는 전사했고 흑운룡과 마등운 등은 후금군에 생포되었다. 흑운룡은 훗날 탈출하여 명으로 귀환했다. 흑운룡은 북경성으로 이자성의 군대가 쳐들어오자 노인의 몸인데도 불구하고 항복을 거부하고 아들들과 함께 저항하다 순절했다. 졸지에 역적의 가족이 되어 몰살당할 처지가 된 원숭환의 유족들은, 원숭환이 조정에 잡히자마자 바로 후금으로 도망쳤다. 원숭환의 아들 원문필은 뒤에 한군 팔기에 소속되어 후금군에서 공을 세우는 웃지 못할 상황까지 벌어졌다. 조정의 대신도 전선의 군인도 조국을 위해 목숨을 바치겠다는 인물은 이제 완전히 사라졌다. 일생을 명 왕조를 위해 바치며 충성했던 원숭환의 이런 비참한 죽음을 목격한 이상, 명나라를 위해 충성할 마음이 생겨날 수 없었다.

홍타이지가 인솔하는 후금군은 약탈전에 완전히 성공하여 후금 최대의 현안이던 물자 부족 문제를 완전히 해결하고, 염원하던 홍이포 제작 기술자까지 손에 넣었다. 1631년 후금이 제작한 홍이포가 전선에 등장했다. 북방 루트를 통한 후금의 약탈전은 이제 연례행사가 되었다. 이를 막아내고 방어선을 건설할 능력을 가진 유일한 인물은 명나라 스스로가 죽여 버렸다. 후금의 약탈전은 북경 일대를 넘어 산동, 산서까지 미쳤고 이를 저지해야 할 군사들은 진영 안에 머문 채 이들이 그저 자신들을 공격하지 않고 지나가기만을 기다렸다. 심지어 홍타이지는 수만의 군대가 있었지만 화살 하나 쏘는 놈 없더라며 명나라를 비웃었다. 산동을 약탈한 도르곤이 천진 운하를 건널 때는 도하에 며칠이 걸렸고 방비도 허술했지만, 사기를 잃은 명나라 장수들은 성벽 위에서 이를 그저 멀뚱멀뚱 지켜보기만 할 뿐 아무런 움직임이 없었다고 한다. 이제 명나라는 조선과 더불어 후금에 백성과 재물을 공급해 주는 좋은 공급 기지에 불과했다.

후금은 이후 이름을 청(淸)으로 바꾸었다. 병자호란 이후 조선마저 명나라를 사실상 버리게 되고 청나라 편으로 돌아섰다. 청나라는 요서 방어선을 공략했다. 과연 원숭환이 없는 요서 방어선은 차례로 무너졌고 명나라의 대청 방어선은 산해관까지 후퇴하고 말았다. 요서 방어선을 지키던 원숭환의 부하들은 요서 방어선 붕괴와 함께 차례차례 청에 항복했다. 원숭환의 죽음과 동시에 그의 수하들이 후금에 항복했다고 많이 알려져 있지만 사실이 아니다. 그들이 청나라에 항복한 것은 요서 방어선이 붕괴된 이후였다. 가장 많이 알려진 조대수(祖大壽)의 경우, 원숭환의 죽음에 불만을 가져 투항한 것이 아니라 원숭환이 구금당했다는 소식을 듣고 군사를 거느리고 산해관 밖으로 도망쳤다가 원숭환의 옥중 서한과 손승종의 권고로 도로 귀환했다. 이후 1631년 대릉하를 방어하다가 자체 제작한 홍이포와 대장군포를 앞세운 후금의 공세에 결국 견디지 못하고 항복했다. 하지만 후금에 금주를 투항시키겠다고 위장하여 탈출한 뒤 오히려 금주성 방위의 책임자가 되어 금주를 방어했다.

1641년 초, 청나라 대군은 금주를 포위했고, 외성이 항복하자 힘에 부친 조대수는 명 조정에 도움을 요청했다. 이에 홍승주를 위시한 13만 대군이 파견되었으나 송산 전투에서 대패했다. 이후 조대수는 몇 달간 고립된 채로 수성했지만, 식량이 떨어지고 아사자가 속출하여 방어가 불가능해지자 1642년 2월 정식으로 청나라에 투항했다. 이때 청의 장수들 중에서는 이미 한번 배신한 조대수를 죽여야 한다는 의견이 우세했지만, 홍타이지는 그를 관대하게 용서했고, 그 이후부터 그는 충실한 청의 신하로서 명나라 공격에 종사했다. 역사상 일대의 억울한 죽음을 명한 숭정제 자신은 이자성의 군대가 북경을 점령하자 대부분의 신하가 도망쳐 버렸고, 단 한 명의 환관만이 지켜보는 가운데 허무하게 자결하고 말았다.

원숭환 사후 몇십여 년 뒤, 청나라 강희제는 원숭환에게 영상이라는 시호를 내려주었다. 원숭환은 청나라 건륭제 때에 이르러 공식적으로 명예가 회복되었다. 그렇다고 이때 원숭환의 억울한 누명이 벗겨졌다는 것은 아니다. 원숭환이 억울하게 죽었다는 것은 이미 세간에 잘 알려진 사실이었지만 청나라와 싸웠던 인물이라 공식적 복권이 늦어졌던 것뿐이다. 강희제 중기쯤 되면 이미 원숭환에 대한 이미지는 완전히 반전되어 역사상 보기 드문 억울한 죽음을 당한 명장으로 평가받기 시작했다.

청나라 말기, 그동안 만주족에 의해 핍박받던 한족들 사이에서 멸만흥한의 민족주의 운동이 일어났을 당시, 원숭환의 죽음은 중국 역사상 가장 억울한 죽음으로 꼽혔고, 그를 찬양하는 작업이 활발해졌다. 청나라 말기의 양계초는 《원독사전(袁督師傳)》을 지어 원숭환을 기렸다. 광서(光緒) 연간에 일본에 유학했던 장백정(張伯楨)은, 열렬한 원숭환 찬양론자에다 한족 민족주의자로 원숭환이 남긴 시문(詩文)을 수집하여 《원숭환유집(袁崇煥遺集)》을 만들었다. 그는 원숭환을 죽인 것은 명나라지만, 그보다 반간계를 쓴 청나라를 지목하여 청나라에 대한 한족의 반감을 고취시키려 했다. 원숭환은 남송의 명장 악비와 더불어 중국 사극에 단골로 등장한다. 원숭환과 악비는 둘 다 무너져가는 나라를 지탱하다 반간계로 어이없이 죽음을 맞이하는 공통된 특징이 있으며 한족(漢族)을 대변하는 인물이라는 점에서 대표적 충신으로 평가받고 있다.

현대 중국에서도 원숭환에 대해서는 매우 높게 평가한다. 중국 공산당이 베이징에 입성하여 신중국 건국을 선포한 직후인 1952년, 베이징시가 도시 정비 차원에서 원숭환의 묘를 외곽으로 옮기려 한 적이 있었다. 이에 지식인들이 마오쩌둥에게 원숭환 묘의 보전을 건의했고, 마오쩌둥 역시 원숭환을 '민족 영웅'으로 평가하며 당시 베이징 시장에 원숭환 묘의 보전을 명령했다. 그러나 정작 그의 분묘는 문화 대혁명 때 홍위병에 의해 완전히 훼손되어 평지가 되어버렸다. 그 후 원숭환의 무덤은 복원되어 베이징 시내에 있고, 현재는 많은 중국인이 그의 무덤에 헌화하며 그를 기리고 있다.

마지막 간신 오삼계(吳三桂, 1612~1678)

오삼계(吳三桂)는 명나라를 배신하고 청나라에 투항한 뒤 반란을 일으킨 중국 역사상 악명 높은 간신배였다. 그는 본래 명나라의 장군으로 북동부 지역의 여진족을 막는 책임자였다. 요서 방어선 붕괴 후 산해관은 오삼계의 지휘하에 청나라군을 막는 최후의 보루가 되었다. 그러나 수도 베이징이 위태로워지자 황제는 이를 격퇴하기 위해 오삼계의 부대를 불러들였다. 그러나 1644년 4월, 오삼계의 구원군이 도착하기 전에 베이징은 함락되었다. 이자성에 의해 명이 망하자 오삼계는 이자성에게 투항하려다 이자성군이 자기 아버지를 고문했다는 소식을 듣고 군사를 거느리고 청에 투항했다. 이자성이 오삼계의 군대를 공격하자 오삼계는 홍타이지(皇太極)의 동생 도르곤(多爾袞)에게 투항했다. 그 후, 청군은 오삼계를 길잡이로 하여 산해관내로 들어왔다. 만주족은 오삼계와 연합하여 이자성을 베이징에서 몰아낸 후 베이징을 수도로 정하고 중국의 지배를 선언했다. 명의 유신(遺臣)들이 나라를 되찾기 위해 오삼계에게 도움을 간청했으나 그는 청이 제시한 고관직을 받아들였다. 1659년 오삼계는 남서부 지역에 있던 명의 잔존 세력을 소탕할 책임을 맡았는데, 이 임무를 수행한 후 남서부 윈난성[雲南省]의 행정적·군사적 전권을 쥐게 되었다. 그는 이 같은 권한을 이용해 윈난성과 그에 인접한 구이저우성[貴州省]을 거의 독립된 번국으로 만들어 세금을 징수하고 배타적인 상권을 수립해나갔다. 후에 번왕(藩王)인 평서왕(平西王)으로 봉해지고 운남(雲南)을 관리해서 운남은 한족 오삼계가 다스리는 독자성을 띤 지방 정권이 되었다. 같은 시기에 이웃 남부 지역 광둥성[廣東省]과 푸젠성[福建省]에서도 평남왕 상지신(平南王 尙之信)과 정남왕 경정중(靖南王 耿精忠)이 이와 비슷한 번국을 세웠는데, 그 결과 중국 남부 전역에 걸쳐 청에 대항할 수 있는 세력이 형성되었다. 1653년 효장태후(孝莊太后)의 주선으로 홍타이지의 막내딸 화석건녕 공주(和碩建寧公主)와 오삼계의 아들 오응웅이 혼인했다. 오응웅은 부마의 신분으로 조정에 진출했으나 실은 조정이 오삼계를 견제하기 위한 인질이었다.

1673년 청나라 제4대 황제 성조(聖祖) 강희제(康熙帝)가 삼번 폐지 정책을 실시하자 오삼계는 운남에서 명을 재건국한다는 명분을 세워 군사를 이끌고 반란을 일으켰다. 오삼계는 경정충, 상지신과 함께 자신이 세운 나라를 주(周)라고 이름 짓고 스스로 황제의 지위에 올랐다. 1674년, 오삼계의 군대는 중국 중부 지역까지 진출했다. 강력한 군사를 이끌고 섬서성과 하남성, 감숙성을 휩쓸었으며 곧이어 청 조정을 얕잡아 보고 수도인 북경으로 진군하다가 멈추었다. 공격이 중단되었던 이유는 그의 아들이 청에 인질로 잡혀 있었기 때문으로 추측된다. 청 조정에 숨 돌릴 틈을 준 사이, 조정은 한족 출신 장군을 등용하여 반격하기 시작했고, 반란군은 수차례 접전에서 패배했다. 한편 형식상 부마이자 인질이었던 오응웅(吳應熊)과 그 아들 오세림은 납란명주(納蘭明珠)의 건의로 하옥되었고, 1675년에 강희제는 오응웅과 아들 오세림을 교수형에 처했다. 그 후 청군이 주도권을 장악하게 되었고, 얼마 지나지 않아 전세는 오삼계에게 불리해졌다. 1678년 그가 이질에 걸려 죽은 후 1681년 강희 20년에 오삼계의 손자이자 오씨 주(周)의 두 번째 황제인 오세번이 곤명(昆明)에서 자살하여 8년에 걸친 난은 종결되었다. 중국 역사에서 이 일련의 사건을 '삼번(三藩)의 난'이라고 부른다.

제35강

여진족과 누르하치의 후금

여진족의 기원

여진족의 금(金)나라를 무너뜨리고 세계 제국을 세워 중국을 지배하고 있던 몽골족의 원(元)나라가 신흥 세력인 한족의 명(明)나라에 의해 만리장성 이북으로 쫓겨가자, 이 지역의 중요성을 감안한 신흥 명나라는 1375년경에 요양으로 군사를 파견하여 요동 도사(遼東 都司)를 두고 요동 지역의 초무(招撫)에 착수했다. 1409년에는 흑룡강 유역의 여진 제 부족을 초무하기 위해 노아간도사(奴兒干都司)를 설치했다. 원나라의 지배에서 벗어난 여진족은 강력한 명나라의 통제 아래 농업 생산과 목축 수렵에 종사하고 있었다. 명나라는 이들 여진족 지역에 위소(衛所)를 두고 도사(都司)로 하여금 관할하게 하며 이이제이책(以夷制夷策)을 통해 명나라에 귀부하는 여진족의 수장에 대해서는 도독(都督), 도지휘사(都指揮使), 지휘사(指揮使), 천백호(千百戶), 진무(鎭撫)등의 관직으로 회유했다.

당시 여진족은 만주 전역에 걸쳐 크게 3개 구역으로 나누어 살고 있었다.

개원(開原) 북쪽인 송화강 유역은 '해서여진(海西女眞)' 혹은 '호륜4부(扈倫四部)'라고 하는데, 북관의 여허부(葉赫部), 호이파부(輝發部)와 남관의 하다부(哈達部), 울라부(烏拉部) 등 4부가 있었다. 흑룡강 유역에 사는 여진은 '야인여진(野人女眞)'이라고 했는데, 와르카부(瓦爾喀部), 워지부(窩集部), 후르하부(瑚爾哈部) 등 3부가 있었다.

청나라 건국자인 누르하치의 선조가 되는 소극소호하부(蘇克蘇護河部)는 '건주여진(建州女眞)'에 속했다. 건주여진은 숙수후부(蘇子河部, 소극소호하부와 같은 뜻), 저천부(哲陳部), 후너허부(渾河部), 동고부(棟鄂部), 왕기야부(完顏部)의 5부가 있었다. 건주계인 장백산부는 너연부(訥殷部), 주셔리부(珠舍理部), 야루장부(鴨綠江部) 등이 있었다. 이들 여진족들은 이 지역을 기반으로 서로 이동하거나 소규모의 전쟁을 통해 통합과 분리를 거듭했고, 명말(明末)에 이르면 건주여진과 해서(호륜) 여진으로 크게 세력이 양분되면서 이 두 세력의 승리자가 여진족의 통일을 담당하게 되었다.

누르하치의 선조인 건주여진족은 처음 송화강 유역인 의란 지역에서 생활했다. 원나라는 이곳에 3개의 만호부를 설치하고 그곳 여진인에게 관작을 주어 다스리게 했다. 그중 우도리만호부(斡朶里萬戶府)의 만호직은 누르하치의 선조가 세습했다. 누르하치의 6대조가 되는 뭉거티무르(猛哥帖木兒)도 만호부의 직위를 세습했다. 원나라가 멸망하고 명나라는 홍무 20년(1387)경부터 송화강, 흑룡강 지역에 대한 초무를 본격화하기 시작했다. 이 지역에 살고 있던 우도리만호부의 뭉거티무르는 몽골족의 잦은 침략을 피해 우랑카이만호부(兀良哈萬戶府)의 만호인 꾸룬아하추(古論阿哈出)와 함께 이 지역으로 남하했다. 꾸룬아하추는 혼하 상류의 풍주(風州: 길림성 해룡현)에 거주했고 뭉거티무르는 더 남하하여 조선의 회령(會寧) 지방에 거주했다.

영락제 초(1403)에 명나라 정부는 본격적으로 이 지역의 여진족을 초무(招撫)하기 위해 각 여진 부족의 우두머리들에게 명나라 관작을 제수하여 이곳을 다스리도록 했다. 1403년 풍주에 거주하던 우랑카이부의 꾸룬아하추는 명나라에 귀부하여 건주위지휘사(建州衛指揮使)라는 관직을 제수받고 이 지역을 통치했다. 이로부터 명나라는 꾸룬아하추와 뭉거티무르의 세력을 합쳐 건주여진이라고 부르기 시작했다.

영락 9년(1411) 뭉거티무르는 회령을 떠나 풍주로 이동하여 우랑카이부와 합류했고, 이듬해인 1412년에 명나라에 귀부했다. 명나라는 이에 건주위에서 좌위(左衛)를 분리하여 그에게 건주좌위지휘사(建州左衛指揮使)를 제수했다. 이때 송화강 서쪽에 있던 몽골의 잔여 세력들이 자주 풍주를 침략하여 막대한 피해를 입히고 있었다. 이에 뭉거티무르는 다시금 회령 지역으로 이주했고, 우랑카이부 아하추의 손자인 이만주(李滿住)도 풍주를 떠나 파저강(婆猪江: 혼하) 일대로 이동했다. 회령에서 뭉거티무르는 20여 년간 명나라와 교류하면서 많은 공을 세워 도독첨사, 우도독으로 승진했고, 아하추의 아들인 뭉거뿌화(孟哥不花)도 도독의 직위를 제수받았다.

선덕 8년(1433), 개원천호(開原千戶)였던 해서(호륜) 여진의 우디거부(兀狄哈部)의 추장인 양무타우(楊木塔兀)를 수령으로 하는 7성 야인의 반란이 일어났다. 명나라에서는 요동 첨사 배준을 회령으로 파견하여 이를 진압케 했고, 뭉거티무르에게도 협공을 지원하도록 했다. 이 싸움에서 뭉거티무르와 그의 장자인 권두(權豆)는 전사했고, 차자인 동산(董山)은 포로로 잡혀갔다. 명나라에서는 이에 뭉거티무르의 동생인 범찰(凡察)로 하여금 건주좌위지휘사의 직위를 세습토록 했다. 건주여진의 이러한 고난의 시기는 동산이 포로 생활에서 빗어나 회령에 돌아올 때까지 계속되었다. 포로 생활에서 풀려난 동산은 아하추의 손자인 이만주의 허락을 얻어 혼하 상류 및 소자하 강변으로 이동하기로 했다. 이에 동산과 범찰은 명나라의 비준을 얻어 1440년 6월 부중 백성 3백여 호를 이끌고 소자하 강변의 연통산(烟筒山)으로 이주하여 부흥의 기초를 다지기 시작했다.

동산은 매우 용감하고 영명한 청년이었다. 그 부친의 직위가 숙부인 범찰에게 세습되자 그는 명나라 조정에 건의하여 부친의 직위를 환수하여 달라고 요정했다. 숙질 간의 경쟁이 심해지자 명나라 조정에서는 좌위(左衛)에서 우위(右衛)를 분리하기로 했다. 이에 범찰을 새로 설립한 건주우위도독동지(建州右衛都督同知)로 제수하고, 동산은 건주좌위도독동지로 임명했다. 이로써 이 지역은 이만주의 건주위, 범찰의 건주우위, 동산의 건주좌위 등 3위 체제가 성립되어 안정된 발전을 도모하게 되었다. 이만주와 동산의 영도 아래 건주 3위는 급속하게 발전했다.

이들은 점차 그 세력을 명나라의 변경과 조선으로 뻗쳐 백성들과 재물을 노략질했다. 조선 정부는 1433년(세종 15년)에 제1차 파저강 야인 토벌 작전을 전개하여 이만주의 우랑카이부(=건주위)를 진무하는 한편, 1437년(세종 19년)에는 총 병력 7,800명의 군사로 제2차 파저강 야인 토벌 작전을 전개하여 이들 세력을 혼하 상류인 소자하 강변으로 축출하고 4군 6진을 개척했다. 그러나 이들 세력이 이곳에서 계속 준동하자 명나라와 조선 정부는 이들 여진족에 대한 토벌을 합의하고 명나라 성화 3년(1467)에 명군 5만과 조선군 1만(강순과 남이 장군이 영도)으로 협공을 개시했다. 이 전투로 동산의 건주좌위는 1천여 명이 참살되고 포로가 된 동산은 광녕성(요녕성의 북진)으로 압송되어 참수되었다. 건주위의 이만주는 조선 관군에게 쫓기다 환인현에서 남이 장군이 이끄는 병력에 의해 체포되어 그의 병사 400여 명과 함께 참살되었다. 이 사건으로 건주3위는 그 세력이 급속히 약화되었다.

동산에게는 아들이 셋 있었다. 장남은 타라(妥羅), 2남은 의모(義謨), 3남은 석보제편고(錫寶齊篇古)였다. 명나라는 이 지역의 강대한 여진 세력을 꺾은 후에 이 지역의 초무를 중단할 수 없다고 판단하여 그의 장자인 타라에게 직위를 세습하게 했다. 참고로 누르하치의 가계도를 보면 다음과 같다.

누르하치의 가계도

- 1대: 포고리옹순(布庫里雍順)
- 2대: 뭉거티무르(猛哥帖木兒) - 장남, 범찰(凡察) - 2남
- 3대: 권두(權豆), 동산(董山) - 뭉거티무르의 두 아들
- 4대: 타라(妥羅), 의모(義謨), 석보제편고(錫寶齊篇古) - 동산의 세 아들

- 5대: 복만(福滿) - 석보제편고의 아들
- 6대: 덕세고(德世庫), 유천(劉闡), 색장아(索長阿), 기오창까(覺昌安), 포랑아(包郞阿), 보실(寶室) - 복만의 여섯 아들
- 7대: 리둔(禮敦), 어르연(額爾允), 계감(界堪), 탁시(塔克世), 탑찰편고(塔察篇古) - 기오창까의 다섯 아들
- 8대: 누르하치(努爾哈赤), 무르하치(穆爾哈赤), 쑤르하치(舒爾哈赤), 야르하치(雅爾哈赤), 빠야라(巴雅喇) - 탁시의 다섯 아들
- 9대: 주잉(1), 다이산(2), 탕구다이(4), 몽골대(5), 홍타이시(8), 아지거(12), 도르곤(14), 둬이(15) - 누르하치의 아들들

석보제편고의 아들인 복만(福滿)은 영민하고 위인됨이 걸출한 청년이었다. 복만은 혁도아랍에서 아이신길로(愛新覺羅)씨의 세력을 부흥하는 데 온 힘을 기울였다. 그에게는 여섯 명의 아들이 있었다. 그리하여 인근 부족들은 그들을 녕고탑패륵(寧古塔貝勒)이라고 불렀다. 녕고탑은 여진어로 여섯(六)을 말하고 패륵은 대인(大人), 추장, 왕의 뜻을 갖고 있다. 이 여섯 명의 대인 중에 넷째인 기오창까(覺昌安)가 건주좌위지휘사의 직위를 세습하고, 그의 장자인 리둔(禮敦) 및 조카 롱둔(龍敦)과 함께 인근 여러 부족을 격파하여 소자하 유역의 유력한 패자로 부상했다.

누르하치의 부족은 이로부터 성장의 기틀을 마련했고, 기오창까의 넷째 아들인 탁시(塔克世)에게서 청나라를 건국하게 되는 만주족의 영웅 누르하치(努爾哈赤)가 장자로 태어난다. 누르하치는 선조들이 겪은 쓰라린 멸족의 경험을 기반으로 주변 여러 나라의 정세를 주시하면서 세력을 점차적으로 구축한 다음, 1592년부터 시작된 7년간의 임진왜란으로 명나라와 조선이 전쟁의 소용돌이에 말려들자 일거에 여진 제 부족의 통일을 달성하여 중국을 지배할 군사적인 역량을 완성했다. 이어서 명나라 말기에 각지에서 일어난 농민 봉기의 혼란을 이용하여 만주 지역의 명나라 군사들을 산해관 지역으로 몰아내어 만주의 새로운 지배 민족이 되었다.

누르하치의 후금 창업

누르하치(努爾哈赤, 1559~1626)는 일반적으로 청 태조나 천명제란 명칭은 잘 사용하지 않고 휘(諱)인 누르하치로 불린다. 그들이 사용한 성(姓)인 아이신기오로(愛新覺羅)의 아이신(愛新)은 몽골어 어원의 알트에서 온 금(金)을 뜻하고, 기오로(覺羅)는 큰 여섯 부족을 말한다. 즉, 아이신기오로는 금(金) 부족이라는 뜻이다. 누르하치(努爾哈赤)의 뜻은 만주어로 '멧돼지 가죽'이라고 한다. 혹 우리나라 재야 사학계에서 청의 왕족의 성인 아이신기오로(愛新覺羅)의 뜻을 '신라를 사랑하고 기억한다'라고 해석하며 누르하치의 조상이 신라 왕족인 마의태자의 후손이라든가, 고려 경종의 왕비이자 목종의 모후였던 천추태후와 관계했던 신라 출신 김치양과의 사이에서 태어난 후손이라는 주장을 펼치기도 하나 이것의 근거는 매우 희박하다. 철(鐵)의 민족을 자부했던 거란족이 쇠퇴한 뒤 여진족들은 녹슬지 않고 영원히 빛나는 '금(金)'의 부족을 표방했고, 그 음차(音借)가 한자어 애신각라이기 때문에 생긴 오해일 뿐이다. 여러 사서(史書)에 애신은 애신(愛新) 외에 애신(愛紳), 애신(愛申) 그리고 각라는 각라(覺羅) 외에 각라(覺落) 표기도 엿보인다.

누르하치는 탁시의 장남으로 태어났고, 어릴 때부터 기골이 장대했다. 명나라의 문화적 영향 때문에 누르하치는 어릴 때부터 글(한문)을 배워 다른 정복 왕조 개창자처럼 문맹이 아니었고, 여진족이 살아가는 데 필수적이었던 말타기와 무예도 열심히 익혔다. 하지만 9세 때 생모가 죽고 아버지가 계모 하다나라씨를 맞자 아버지와 사이가 나빠졌다. 이후 통갸씨 가문의 딸과 결혼 후 18세에 집을 나가 처가에 머물렀다. 아버지는 가축 몇 필과 노비 몇 명을 주면서 누르하치를 분가시켰다. 이때 누르하치는 넉넉한 상태가 아니었고, 만주의 산에서 약초와 산삼을 캐내 명나라 상인들에게 파는 심마니 노릇으로 생계를 이었다. 이즈음 누르하치는 조선에서 인삼을 사서 명나라 상인에게 파는 중계 무역도 했는데, 인삼을 오래 보관하기 위해 산삼을 쪄서 보관하는 방법을 고안해 내었다는 설도 있다. 만약 사실이라면 그는 오늘날 '6년근 홍삼(紅蔘)'의 원조라고 할 수 있을 것이다. 누르하치는 이때 만주뿐만 아니라 명나라 북방의 여러 곳을 떠돌면서 중국어와 몽골어를 익혔다. 하지만 그는 이런 약초상 생활에 싫증이 나 요동 총병 이성량 휘하로 입대했다. 승마와 활쏘기에 재주가 있었기 때문에 그는 당장 이성량의 눈에 들었고 이성량 휘하에서 점점 승진했다.

1583년 24세 때, 누르하치의 삶에 큰 변화가 생겼다. 당시 여진의 한 추장인 아타이 장긴이 고성(古城)에서 명나라에 반란을 일으켰다. 이성량이 지휘하는 명나라군은 즉시 반란 진압에 나섰고, 이성량에 복속해 있던 누르하치의 조부와 부친인 탁시와 기오창가는 아타이 장긴을 설득하려 성안에 들어갔다. 그 이유는 아타이의 아내가 가오창가의 손녀, 즉 누르하치와는 사촌이었기 때문이었다. 하지만 누르하치가 속한 수극소허부의 족장(또는 대추장)인 니칸와이란은 이 기회에 그들을 처리하기 위해 명군을 설득했고, 명군의 선부른 공격에 반란군을 설득하러 성에 들어간 탁시와 기와창가는 반란군과 함께 사망하게 되었다. 설득하러 갔다가 오히려 아타이 장긴에 포로로 잡힌 두 부자를 명나라 군사들이 반란군으로 오인해 죽인 것이었다.

반란은 진압되었으나 누르하치는 이 때문에 이성량에게 크게 항의했다. 이성량은 누르하치에게 사과했고, 누르하치를 좌위지휘사로 승진시켰다. 한편, 명나라 조정은 30통의 칙령(교역 허가서)과 30필의 말을 누르하치에게 배상금조로 주었다. 그리고 조부와 부친의 시신을 정중히 누르하치에 인도했다. 누르하치는 아버지와 할아버지가 비명에 세상을 떠났지만, 벼슬도 높아졌고 재산도 불어났을 뿐만 아니라 아버지를 이어 자기 가문의 추장이 되는 행운을 갖게 되었다. 그렇다고 해서 누르하치가 이들의 죽음을 기뻐한 것은 아니며, 내적으로 명나라에 깊은 원한을 갖게 되었다.

누르하치는 이렇게 24세의 젊은 나이로 자기 일족의 추장(수러 바일러)에 올랐다. 누르하치는 자신의 일족을 푸순 동쪽 지방으로 옮기고 다스렸다. 하지만 누르하치가 추장에 오른 것에 반대한 누르하치의 일족도 많았는데, 이들은 누르하치의 원수인 부족장 니칸와이란과 손을 잡았다. 누르하치 부족은 규모가 크지 않아 100여 명에 불과했다. 이에 누르하치는 여동생 가하샤과 사르후 노미나의 부족과 동맹을 맺고 조부와 아버지의 원수인 니칸와이란을 죽이려고 했다.

1583년, 누르하치는 원수인 니칸와이란을 제거하기 위해 공격을 개시했지만, 니칸와이란은 번번이 도망쳤다. 누르하치는 자신의 작전이 자꾸 누설되는 것을 알고 동맹자인 노미나가 니칸와이란과 내통하고 있음을 알아차렸다. 결국 누르하치는 노미나를 계략으로 죽이고 사르후를 차지했다. 이어 니칸와이란을 계속 추격했으나 친족이 배신하여 다시 중지했다. 누르하치는 배신한 친족들을 토벌했고 1583년까지는 모든 친족의 반항을 진압한 뒤 이들에게 충성을 맹세 받았다. 그는 이렇게 건주여진을 통합하면서 강성해졌다.

1584년 동악부(동오 아이먼) 족장인 아하이는 확장하고 있는 누르하치를 두려워하여 먼저 싸움을 걸었고, 양측은 격렬한 전투를 벌였다. 누르하치는 이 전투에서 부상을 입고 본거지 허투알라에 돌아왔다. 상처를 회복한 누르하치는 자신을 견제하기 위해 뭉친 여러 여진 부족의 연합군을 격파하고 9월에는 후너허(渾河)부를 손에 넣었다.

1586년, 결국 누르하치는 니칸와이란의 거점을 공격해 함락시켰다. 니칸와이란은 명나라로 도망갔고, 누르하치는 명나라에 그를 인도해 줄 것을 요구했다. 당시 명나라 측의 지휘관이었던 이성량은 누르하치를 달랠 겸 니칸와이란의 이용 가치가 없다고 판단하여 누르하치에게 넘겨주었고, 누르하치는 그를 참수하여 할아버지와 아버지의 원수를 갚았다. 이렇게 세력을 키운 누르하치는 주변부를 공격하여 1587년에는 저천(哲陳)부, 1588년에는 마지막으로 완안부를 복속시켰다. 이로써 누르하치는 건주여진 8부를 모두 지배하게 되었다. 불과 100여 명의 병력을 가졌을 뿐이었던 누르하치는 단 5년 만에 1만 5천 명의 병력을 가진 건주여진 전체의 지도자가 되었다.

건주여진이 통합된 직후인 1592년에 임진왜란이 발발했다. 누르하치의 세력을 주시하던 명나라는 참전하여 공을 세우고 싶다는 누르하치의 청탁을 뿌리치고 직접 참전하기로 했다. 명나라군은 조선에 상륙한 왜군을 막기 위해 한반도로 향했고, 이 틈을 타서 누르하치는 동쪽에 있는 해서여진을 통합하기 위한 작전을 세우게 되었다. 해서여진의 주요 부족은 울라(烏拉)씨, 호이파(輝發)씨, 하다(哈達)씨, 예허(葉赫)씨 등 4부족이 있었다. 이들은 스스로 금나라의 후예라고 자칭하고 있었다. 당시까지만 해도 해서여진은 건주여진보다 세력이 더 컸고, 같은 여진 동족이지만 해서여진과 건주여진은 사이가 매우 좋지 않았다. 이는 명나라가 교역권을 매개로 양측과 각 부족 간의 갈등을 조장했기 때문이었으며, 누르하치 이전에도 두 여진 대부족의 사이에서는 크고 작은 전쟁이 끊이지 않았다.

명나라가 조선에서 전쟁에 정신이 팔린 동안, 누르하치의 건주여진은 해서여진과 치열한 전투를 벌였다. 해서여진는 구러산 전투에서 각 부에다 일부 몽골 부족과 연합해 9개 갈래로 나뉜 3만의 병력으로 1만~1만 5천 병력을 가진 건주여진을 공격했지만, 누르하치의 눈부신 지휘 끝에 건주여진이 승리했다. 이때부터 누르하치는 명나라의 주의를 끌게 되었으며, 명나라 측에서는 이후 "군대가 위세를 떨치며, 멀고 가까운 곳이 모두 복종하고 있다(軍威大震, 遠邇慴服)"라며 우려를 표하는 기록을 남겼다. 구러산 전투 이후 건주여진 내부에서 누르하치와 동생 슈르하치 사이가 나빠져 누르하치가 동생을 죽이는 등의 형제의 난이 일어나기도 했지만, 누르하치는 이후, 하다, 호이파, 울라씨를 차례차례 항복시켜 예허씨를 제외한 해서여진을 자기의 휘하에 복속시켰다. 이 시점부터 누르하치는 여진족 전체의 지도자가 되었다.

누르하치 초상

이때 조선 사신들도 북경에 갔다가 돌아오는 길에 누르하치의 군대를 목격하고 광해군에게 이들이 절대로 야만족의 군대가 아니라 군율이 엄정하며 모두 갑주(甲冑)를 입을 정도로 무장도 충실했다고 보고했다. 이 당시 조선 측은 누르하치를 '누르하치 추장'이라는 의미에 비하하는 의미의 노(奴)를 써서 노추(奴酋)라고 불렀다. 조선 조정의 광해군은 이들을 계속 주시하고 있었으며, 〈광해군 일기〉에 160번이나 나올 정도였다. 광해군은 함경도, 평안도 쪽의 경계를 소홀히 하지 말라는 명령을 계속 하달했다.

해서여진을 통합한 누르하치는 1616년 허투알라에서 후금의 건국을 선포하고, 수러 경옌 한으로 즉위했다. 생여진의 완안(完颜)부가 1115년 세운 옛 금나라를 계승해 국호를 아이신(aisin, 金)으로 정하고, 연호를 압카이 풀링아(天命)라고 했다.

사실 누르하치는 명나라의 요동 총병 이성량 휘하에서 성장한 인물이었다. 이성량이라는 인물은 '요동왕'이라는 별명을 가졌을 정도로 요동에 막강한 영향력을 행사했다. 누르하치는 이성량의 부대에서 두각을 나타냈고, 이성량의 양아들이라는 소문이 퍼져 있을 정도로 이성량과 사이가 좋았다. 명나라는 만주를 장악한 이래 이이제이와 분할 지배를 통해 여진족을 분열시켜 서로 싸움을 붙였으며, 일부 여진족은 명나라 편에 붙어서 동족을 공격하거나 북원(몽골) 원정에 동원되었다.

이성량은 능력이 출중해서 만주족을 분열시키고 북원의 좌익을 견제하는 공작을 성공적으로 해냈으며, 특히 북원의 칸인 차하르부의 투먼 칸의 공격을 몇 번이고 저지했다. 그래서 당시는 만력제의 재위 기간이었음에도 명나라의 북방은 안정되어 있었다. 이렇게 이성량은 막강한 영향력을 가지고 있었기 때문에 여진족들은 이성량을 두려워했고 누르하치조차 이성량이 좌천되기 전까지는 명나라에 직접적으로 도전하지 않았다. 그러나 이성량은 만주를 영지화하고 전횡을 일삼았으며, 정원이 10리에 달하고 기생 2천 명을 거느릴 정도로 사치도 엄청났다. 중앙 권력의 통제가 느슨해지자 이성량은 점점 독립 군벌처럼 행세하기 시작했다. 당시 암군(暗君) 만력제가 등극하고 있었음에도 군비를 마음대로 쓰며 만주를 개인 왕국화하는 이성량의 행태는 조정에서 두고 보기 힘들어졌다. 게다가 뿌리가 조선 출신이고 성주 이씨 출신인 이성량은 휘하 여진병을 이용하여 왜란으로 약화된 조선을 침공해 전주 이씨를 대체하고 한반도를 지배하려는 야심도 품고 있었다고 전해진다. 이런 이성량의 행태가 너무 심각하여 결국 1591년, 웅정필의 탄핵으로 관직을 박탈당했다. 임진왜란이 발발하자 다시 복직하여 이후 요동으로 돌아갔으나 왜란이 끝난 후인 1608년 다시 재탄핵되었고, 베이징에 돌아와 사망했다.

그러나 이성량을 해임한 것은 결과적으로 명나라의 섣부른 판단이었다. 이성량이 아무리 타락했다고 하더라도 그는 몽골이나 여진 같은 전투 민족들을 제대로 통제할 수 있는 유일한 인물이었다. 명 조정은 이성량을 파면시키고 경험도 없는 사람을 새로 임명했다. 새로운 인사들은 본국에서 들었던 것과 달리 예상외로 강한 누르하치의 세력에 놀랐고 함부로 제압하기 힘들었다.

여기서 누르하치의 선택은 대적이 아닌 뇌물이었다. 누르하치는 해서여진과 전쟁 중에 적을 동시에 여럿 만드는 어리석은 짓을 하지 않았다. 일단 명나라에는 굽신거리면서 이성량의 후임자들에게 뇌물을 바쳐 명나라를 안심시켰다. 게다가 건주여진과 해서여진이 싸우는 것은 명나라가 보기에는 그동안 여진족을 분열시키려 했던 이이제이책이 효과를 발휘하는 것으로 비쳤기 때문에 명나라는 누르하치를 그다지 경계하지 않았다. 하지만 누르하치는 예전의 건주-해서 전쟁과는 달리 아예 해서여진을 복속 및 합병하려고 했고, 명나라는 여기서 누르하치의 대전략을 읽는 데 실패했다. 그렇다고 해도 명나라는 당시의 건주여진 따위는 충분히 제압할 힘이 있었다. 그러나 건주여진이 이렇게 누르하치 휘하에서 흥기할 때쯤, 명나라는 1592년의 몽골 보바이의 난, 임진왜란과 정유재란, 그리고 1597년의 양응룡의 난 등 '만력 3대정'에 휘말렸다. 이 만력 3대정은 누르하치에게 있어서는 천재일우의 기회가 되었고, 이후 명나라의 시선은 전부 이 3대정에 집중되어 누르하치는 주목하지 않았다. 만력 3대정의 와중에 누르하치는 건주여진, 해서여진, 야인여진을 모두 통합했다. 이성량은 두 번이나 좌천되었어도 누르하치가 유일하게 두려워하고 존경한 명나라 장군이었다. 이성량이 죽은 다음에야 누르하치는 소위 '일곱 가지의 한(恨)'을 이야기하며 명나라에 정식으로 선전 포고했다. 훗날 조선으로 망명하지 않고 청나라에 남은 이성량의 후손들은 한인 팔기(八旗)에 소속되어 청나라에서도 대접을 받았다.

사르후 전투와 영원성 전투

이성량이 죽자 거칠 것이 없어진 누르하치는 1618년 '7가지의 한(恨)'(또는 칠대 한)을 내걸고 명나라에 선전포고를 했다. 원래 건주여진이 이름을 바꾼 후금은 명나라의 신하국을 자처했으나 이 7대 한을 발표한 시점에서는 명나라 침략을 공식적으로 밝힌 것이었다.

첫째, 명나라는 아무 이유 없이 나의 아버지와 할아버지를 죽였다.

둘째, 명나라는 해서여진을 우대하고 건주여진을 푸대접했다.

셋째, 명나라는 합의한 국경선을 멋대로 바꾸고, 이를 넘어온 건주여진인을 죽였다.

넷째, 명나라는 건주여진과 해서여진의 전쟁에서 해서여진을 도왔다.

다섯째, 명나라는 누르하치와 약혼한 예허부의 딸을 몽골 하르하부에 주도록 권했다.

여섯째, 명나라는 건주위가 개간한 땅과 토지를 파괴했다.

일곱째, 명나라는 만주를 모르는 소백지(蕭栢芝)를 파견하여 건주여진을 무시했다.

이후 누르하치는 후금의 수도인 허투알라 옆에 있는 명나라의 거점이자 여진족과 명의 교역 도시였던 푸순(무순)을 함락시켰다. 《조선왕조실록》〈광해군 일기〉 1618년 4월 16일 자 기록에 의하면, 누르하치의 군대는 상인으로 위장해서 무순에 입성한 후 약탈하고 도주하여 명나라 군대를 성밖으로 유인했고, 명나라 군대가 이를 추격하자 숨겨둔 복병으로 역습하여 섬멸시킨 후 무순에 입성했다고 했다. 무순을 함락시키면서 누르하치는 다른 유목 민족 왕조와는 다른 모습을 보여주는데, 군사력만 믿고 중국을 정복했다가 단명한 다른 유목 민족들과는 달리, 왕조를 오래 유지할 수 있도록 국가를 경영해보고 백성을 다스려 본 한족 인재들을 적극 포섭했다. 이때 이성량의 손자이자 명나라 유격이었던 이영방이 후금에 항복했다. 이영방은 후금의 후대를 받고 벼슬이 높아졌으며, 누르하치의 아들 아바타이의 딸과 재혼하여 손주사위가 되었다. 그 이후 사르후 전투에도 참가해 명나라군을 격파하는 데 공을 세우고, 정묘호란 때도 선봉에 서서 조선을 침공했다. 또한 누르하치는 한족 포로 중에서 대단한 지략을 가진 한족(漢族) 선비 범문정을 얻게 되었다.

일설에 의하면 범문정의 집안은 역모에 휘말려 만주로 귀양을 온 처지였는데, 명나라에 벼슬길이 막히자 명나라를 증오하여 만주족을 도와 출세를 결심했다고 한다. 제갈량에 비유되기도 했던 범문정은 강희제까지 네 명의 후금(청) 임금을 섬기면서 여러 계책을 내어 후금이 만주의 지방 정권에서 중화 제국으로 발돋움하는 데 큰 역할을 했다. 이렇게 누르하치는 민족을 가리지 않고 자신의 세력을 키울 수 있는 인재라면 파격적인 자리와 혜택을 주고 초빙하는 데 거리낌이 없었다. 여진족 특유의 군사력에 큰 그림을 그릴 수 있는 한족의 인재들까지 갖추게 되니 누르하치의 세력은 점점 커지게 되었다. 이 방침은 홍타이지 시대에 와서도 변함이 없었고, 이후에도 홍승주, 오삼계 및 모문룡의 부하들과 같은 명나라 측 장수들이 후금의 이런 후한 대접을 보고 편을 바꾸어 결과적으로 청나라가 대륙을 장악하는 데 선봉에 섰다. 그리고 명나라 잔당 및 남명을 멸망시키는 데도 큰 활약을 했다. 자신들이 점령한 명나라 도시들의 한족들도 "그대들도 나의 백성이니라" 하고 안심시키며 그대로 생업에 종사하도록 하는 한편, 점령된 도시의 명나라측 관원이 귀순 의사를 밝힐 경우 자리를 유지시켜주고 그대로 다스리게 했다. 그리고 별 효과는 없었지만 한족과 여진족을 함께 거주하게 했다. 누르하치는 시들어가는 명나라를 대신해 금나라를 재건하려는 큰 그림을 그리고 있었던 것이다.

1619년 4월, 명나라는 후금이 더 커지기 전에 싹을 잘라 버리기로 결심하고 임진왜란에도 출정한 바 있던 양호를 총대장으로 삼아 중국 전역에서 끌어모은 10~16만 명의 병력으로 동서남북 4면에서 후금의 수도인 허투알라를 포위 공격하려고 했다. 이를 위해 조선과 아직 후금에 복속하지 않은 예허부까지 끌어들였다. 이를 맞는 후금군은 약 6만에 불과했다. 하지만 후금은 황사 바람으로 인해 명나라군의 장기인 화력전을 효과적으로 펼칠 수 없게 된 틈을 이용하고, 명나라의 4개 부대가 손발이 안 맞는 허점을 파고들었다. 누르하치는 기병을 이용한 기동력으로 각개격파하는 방식으로 4개 부대를 차례대로 패퇴시켰다. 이 전투에서 전사한 후금군은 약 2천 명에 불과했지만, 명나라군은 4만7천 명의 전사자를 냈고, 전사한 장수만 3백 명이 넘었다. 1만5천 명의 병력을 투입한 조선군도 8천여 명이 전사하는 극심한 손해를 입었다. 이를 사르후 전투라고 하며, 이것으로 명나라가 '미개한 부족 연맹' 정도로 치부하던 후금은 확고히 위협적인 세력으로 자리잡게 되었다. 이어 누르하치는 후금에 복속하지 않던 예허부도 곧 정복했다. 1621년에는 만주에 마지막으로 남은 명나라 거점인 심양과 요양을 함락시켰다. 이것으로 누르하치는 요하 동쪽에서 명나라의 세력을 몰아내고 요동을 손에 넣었다.

사르후 전투 이후, 누르하치는 1621년 요양에서 약 5킬로미터 떨어진 지점에 동경성을 짓고 천도했다. 기존 수도 허투알라는 방어에 유리하지만 인구 부양 능력이 낮은 지역이라 포로 사냥과 정복으로 늘어난 인구를 부양할 수 없었기 때문이었다. 이 시기 누르하치는 여진인과 한족이 한집에서 동거하도록 조치했지만, 곧 심각한 민족 갈등으로 이어졌다. 한족들이, 여진족들이 이용하는 우물에 독을 푸는 등의 사건이 발생한 것이다. 결국 5년 동안 이런 크고 작은 갈등이 지속되자 인내심이 바닥난 누르하치는 극단적인 방법을 선택했다. 요양의 한족들을 대규모로 학살하고, 남은 이들을 노예로 삼은 뒤 동경성을 떠나 심양으로 천도했다. 이는 영원성 전투와 함께 그의 인생에서 몇 안 되는 실패 사례라고 할 수 있다.

후금은 만주를 거의 장악했지만, 명나라의 하급 무관이었던 모문룡은 명나라의 패잔병을 조직해 조선의 철산 가도에 주둔하여 '치고 빠지기' 수법으로 후금을 괴롭혔다. 특히 수군을 동원하여 요동반도와 요하강을 거슬러 올라가 후금의 심장부인 심양이나 푸순시까지도 공략하곤 했다. 이 때문에 후금은 전군을 대명전에 투입하지 못하고 요하강이나 요동반도 방면의 수비에 할당해야 했는데, 이것은 인구와 병력이 부족한 후금에게는 큰 문제였다. 마찬가지로 명나라도 1620년대부터 중국 전역에서 농민 반란이 발발하여 후금전에 전력을 투입할 수 없었다. 명나라는 수비 부담을 줄이기 위해 산해관 이북의 모든 병력을 이남으로 철수하여 만리장성을 방어하는 전략을 채택했다. 하지만 병부주사인 원숭환은 이에 반발하여 산해관과 만주의 중간에 있는 영원성에서 농성하자고 주장했다. 원숭환의 전략은, 영원성을 지키되 후금이 영원성을 우회하면 영원성에서 출진하여 후금의 보급로를 끊는 것이었다. 결국 원숭환의 주장은 채택되었으나 명나라에서는 만 명도 되지 않는 병력으로 원숭환에게 후금을 맞서게 했다. 1625년까지 후금군은 끈질기게 후방에서 괴롭히던 모문룡군을 몰아내고 뤼순을 탈환하여 요동반도를 평정했다.

이어 누르하치는 전 병력인 6만 명을 이끌고 서쪽으로 향하여 영원성을 공략했다. 원숭환이 지휘하는 수비 병력은 만 명도 되지 않았지만, 영원성은 성벽이 견고했고, 11문의 홍이포를 갖추고 있었다. 1626년 2월 10일부터 22일까지 벌어진 농성전 끝에 후금군은 큰 피해를 입고 물러났는데, 이를 영원성 전투라고 한다. 영원성 전투에서 후금군은 큰 피해를 입었지만, 재기 불능으로 피해를 입은 것은 아니었던 것으로 보인다. 사실 소수 정예의 철기병이 중심이 된 후금군은 공성전에 유달리 약했다. 요양, 심양을 공략할 때도 계략으로 명군을 성 밖으로 끌어내거나 혹은 성안의 세작으로 공작을 펼친 후 함락시킨 것이었다. 10여 년 이후 병자호란 때도 끝내 남한산성 자체는 함락시키지 못했지만, 강화도를 함락시켜 조선의 항복을 받아냈다. 송산 전투의 금주성도 포위만 하고 있다가 식량을 모두 소진시켜 항복을 받았다. 원숭환이 지키던 영원성도 마찬가지로 공략에 어려움을 겪었고, 산해관도 결국 명나라가 망하고 이를 지키던 장군인 오삼계가 항복하고서야 넘을 수 있었다. 영원성 전투에서 누르하치가 홍이포를 맞고 부상을 입어 그 후유증으로 사망했다는 설도 있지만, 이는 사실이 아닐 가능성이 더 크다. 영원성 전투 이후 겨우 3개월 만에 누르하치가 직접 군사를 이끌고 몽골 고원으로 진격했기 때문이다. 영원성 전투에서 일생 처음으로 참패하여 체면을 구긴 누르하치는 땅에 떨어진 후금군의 사기를 되살리려 했고, 영원성 전투 3개월 후인 5월 직접 내몽골로 친정하여 할하부를 정벌하고 이들의 항복을 받았다. 또한 6월에 몽골 귀족인 오오바 훵 타이지가 후금의 수도인 심양으로 찾아오자 직접 걸어나와 맞이한 행적도 있다.

누르하치는 1626년 8월 11일, 68세의 나이로 죽었다. 청나라의 기록에는 "병으로 죽었다"라고 기록되어 있다. 다만 《만주실록》 등의 기록에서 누르하치가 영원성 전투 패배를 자책하는 걸 보면 그 패배가 그에게 심리적인 타격을 입힌 것은 확실한 것 같다. 이런 좌절감이 병으로 이어져 사망에 이르렀을 가능성도 충분히 제기할 수 있다. 어쨌든 당시 평균 수명을 훨씬 넘긴 68세로 사망한 것을 보면 충분히 수명을 누린 후에 세상을 떠났다고 볼 수 있다. 그의 뒤를 여덟 번째 아들인 홍타이지가 이었다. 1636년, 홍타이지는 후금의 국명을 청으로 개칭했고, 누르하치는 청나라의 태조로 불리게 되었다. 사후 홍타이지는 누르하치를 복릉(福陵)에 안장했다.

누르하치의 조선 정책

누르하치는 명나라에 대해서는 굉장히 강경했지만, 조선에 대해서는 상당히 조심스러운 태도를 취했다. 건주여진을 통일한 후부터 조선에 우호관계를 맺자고 졸랐으나 조선은 여진을 역사적으로 얕잡아 보았기 때문에 대등한 관계를 맺자는 이야기에 호응하지 않았다. 《조선왕조실록》에서는 주로 누르하치를 '노예 노(奴)'를 써서 노추(奴酋)라고 기록하고 있다.

임진왜란 당시 누르하치는 원군(援軍) 지원을 두 차례나 제안하기도 했다. 1592년 8월, 누르하치는 조상의 나라 조선에 원병을 보내겠다고 제안했고, 당시 명나라에서 원군 지원에 소극적이었기 때문에 조선에는 가뭄의 단비와 같은 소식이었지만 명나라의 눈치를 보느라 조선은 이를 거절했다. 그리고 당시 여진 부족 간에는 명나라나 조선의 인정을 받기 위한 충성 경쟁이 있었는데, 명이나 조선에 인정을 받으면 다른 부족에 비해 정치적 우위를 점유할 수 있기 때문이었다. 이어 임진왜란이 거의 종료될 시점인 1598년 1월에도 누르하치는 조선을 '조상의 나라'라는 존칭까지 써가며 원군 파병을 제안했다. 물론 누르하치가 순수한 뜻에서 조선을 도우려 했을 리는 없으며, 임진왜란으로 조선이 전쟁 중인 틈을 타서 원군이란 명목으로 조선 영토에 영향력을 확대하려 한 의도일 가능성이 높다. 여진족을 통합해 후금을 세운 다음에도 누르하치는 조선과의 관계는 매우 조심스러워했다. 명나라에 대해서는 강경하게 7대 원한을 운운하며 선전 포고했지만, 조선은 별다른 군사적 행동으로 건드리지 않았다.

누르하치는 사르후 전투에서 명나라를 물리치고 요동을 장악했다. 조선이 명나라와 연합해 후금을 치려다 참패한 사르후 전투 이후, 강홍립이 투항하자 누르하치는 이를 받아들이고 강홍립을 억류했다. 하지만 처음에는 강홍립이 누르하치 앞에서 삼배구고두를 거부하자 불같이 화를 내며 조선 포로를 모두 학살하라는 명령을 내렸으나 강홍립과 조선군의 항복을 협상한 둘째 아들 아이신기오로 다이샨이 "포로를 살려주기로 약속했다"고 말리자 조선군 포로를 학살하려던 계획을 철회했다고 한다. 하지만 조선군 포로는 탈출하여 그중 일부가 여진 부락을 습격하고 강간 등 각종 사건 사고를 저질렀고, 이 와중에서 다수의 포로가 처형되었다. 그럼에도 사건에 연루되지 않은 포로는 살아서 조선에 돌아올 수 있었는데, 파병군 1만3천 명 중 3천 명 미만만 돌아올 수 있었다. 강홍립은 누르하치에게 "우리 조선은 명나라와의 의리를 지키기 위해 참전했을 뿐, 귀국과는 별다른 원한이 없다."라고 이야기했고, 누르하치는 이를 받아들여 강홍립 및 조선 장수 포로들을 비교적 후대했다.

누르하치는 건국 이후, 조선 조정에 계속 국서를 보냈다. 광해군은 이에 답서를 보내려고 했으나 광해군의 집권 기반인 대북파는 다른 당파보다도 오히려 더욱 극렬히 누르하치를 인정하지 않았다. 이에 몇 년간 광해군 명의의 답서는 누르하치에게 전달되지 못했고, 다만 평안도 감사의 명의로만 조선 조정의 뜻이 전달되었다.

당시 조선에서는 칸에 오른 누르하치를 '금국한(金國汗)' 대신 '건주위마법(建州衛馬法)'으로 칭했다. 광해군 또한 누르하치에게 서찰을 보낼 때 '건주위마법족하(建州衛馬法足下)'라고 써서 누르하치가 노발대발했다고 한다. 이 칭호는 누르하치를 동등한 군주의 위치로 보는 것이 아니라 일개 장수 및 지방관으로 하대하는 의미를 담고 있기 때문이었다. 이 일로 누르하치의 아들인 다이샨(온건파)과 홍타이지(급진파)가 사르후 전투 때 잡은 조선군 포로 처형을 두고 격렬히 다투었다. 누르하치가 다이샨 편을 들어 다행히 사태가 극단으로 치닫진 않았지만, 분위기가 심상치 않게 돌아가는 것을 눈치 챈 상당수 조선군 포로들이 탈출 시도를 하다 잡혀 죽었다고 한다.

누르하치는 자신을 무시하는 조선에 상당한 불쾌감을 가졌지만, 자신의 주적이 명나라이며 조선과의 마찰은 명나라에 어부지리를 안겨줄 것이라는 것을 정확히 알고 있었기에 조선에 대해서는 직접적인 대응을 자제했다. 후금의 직접적인 조선 침략은 누르하치의 아들인 홍타이지 시대가 되어서야 시작된다. 광해군 시기에는 누르하치가 조선과의 충돌을 피했고, 광해군도 명과 후금 사이에서의 중립을 지켜 조선과 후금 간의 충돌은 없었다. 다만 이후 인조 정권이 노골적인 반청 정책을 시행하면서 양국의 사이는 악화되었다.

누르하치의 업적

팔기(八旗) 제도 및 팔기군 확립

1601년 누르하치는 청나라 군대 조직의 근간이 되는 8기 제도(八旗制度)를 만들었다. 8기는 근본적으로는 군대 조직이었으나 만주족을 위한 행정 및 과세의 단위이기도 했다. 8기의 사령관과 행정관은 누르하치가 직접 임명했고, 이로써 여진족은 행정 조직을 갖게 되었다. 그는 세 아들과 조카에게 4기(四旗)의 책임자 자리를 맡겨 그 자신의 권위를 그대로 보존하는 가운데 가문의 전통을 이어나갔다. 1615년 당초부터 있던 4기에 4기가 더 보태어져 8기가 되었고, 이 추가된 4기도 그가 신임하는 인척들에게 책임자 자리를 맡겼다. 팔기군은 19세기가 되면서 무용지물이 되긴 했지만, 적어도 청나라 초기에 대륙을 장악하는 데는 혁혁한 공을 세웠다.

만주 문자 제정

누르하치는 여진어(만주어)를 기록하기 위한 만주 문자를 확립했다. 그는 여진족이 자신의 언어를 제대로 표기할 수 없는 현상을 안타깝게 여겼다. 여진족은 그 이전부터 몽골 문자로 여진어-만주어를 표기했지만, 표기법이 공식적으로 확정된 것이 아니어서 중구난방에 가까운 상태였다. 누르하치는 1599년 어르너니 박시와 가가이 자르쿠치를 시켜 몽골 문자를 기반으로 한 만주 문자를 개발했다. 이들은 몽골 문자에서 표기가 불가능한 만주어의 음을 표기할 수 있는 자모를 추가했다. 그리하여 만주어의 표기법을 공식적으로 확정지었고, 이 만주 문자는 이후 계속 쓰이지만, 19세기가 되면서 만주족 대부분이 모어(母語)로 한어(중국어)를 사용하면서 현저히 약화되었다.

국가 체제 정비

누르하치는 건주여진 시절부터 명나라의 관제를 모방하여 정부 기구를 구성하고, 조정과 6부를 두었다. 만주족이 북경을 점령한 후 그대로 명나라의 6부를 접수하여 대륙을 지배할 수 있게 되었다.

농업 장려

누르하치는 만주족이 미개 상태를 청산하고 문화 민족으로 발돋움하려면 농업을 일으켜야 한다는 생각을 가지고 있었고, 수렵-유목 민족이었던 여진족을 농경 민족화하려고 했다. 이를 위해 점령지에서 대규모 학살을 저질렀던 몽골과는 달리 점령지의 한족들을 그대로 두어 생업에 종사시켰다. 또한 후금 시절에는 만주를 개간하기 위해 화북에서 수많은 한족 포로들을 납치해 와서 농업에 종사시켰다. 반(半)유목 민족이었던 만주족을 정착 민족으로 만들기 위해서 지배층 만주족과 피지배층 한족을 함께 살게 했지만, 이는 민족 갈등을 부르는 역효과를 내기도 했다.

상업 장려

만주족은 물물 교환 시스템으로 유통하고 있었으나 누르하치는 화폐도 도입했다. 물론 당시 만주의 경제가 그다지 발달되지 않았던 데다 화폐를 주조할 기술력이 부족했기 때문에 이는 큰 효과를 거두지 못했다. 만주족이 본격적으로 화폐를 사용하게 된 것은 경제가 발달한 명나라를 점령한 이후였다.

대(對)몽골 정책

만주족의 전신인 여진족이 세운 금나라는 몽골의 흥기를 막지 못해 망해

버렸다. 누르하치는 이를 교훈 삼아 몽골족을 포섭하기 위해 노력했으며, 후금이나 청나라 황제는 스스로 몽골의 대칸을 자칭했다. 자신들에게 순응하는 몽골 부족들을 후금 체제로 끌어들여 팔기에 소속시켰다. 이들은 대대로 청나라 황실과의 결혼을 통해 청나라의 귀족 계급으로 자리잡았다. 몽골 기병들은 19세기까지도 청나라의 온전한 전투력으로 남았다. 이렇게 만주족 조정과 밀접한 관계를 맺고 있던 내몽골 여러 부족은 스스로를 중국의 일부라고 간주했고, 결국 20세기 외몽골 부족들이 몽골 공화국으로 중국에서 독립할 때도 중국에 남았다. 이 또한 넓게 보면 몽골을 포섭하려던 누르하치의 정책과도 관련이 있다.

평가

누르하치에게는 유비의 오호 대장군이나 칭기즈 칸의 사준사구와 비슷하게 후금 개국 오대신(五大臣)이 있었다. 이들은 누르하치와 의형제 사이였으며, 특히 누르하치 사후 후계 구도에서 이들이 중심을 잡아주었기 때문에 후금판 왕자의 난이 발발하지 않고 제8 왕자인 홍타이지가 안정적으로 칸위를 계승할 수 있었다고 한다.

누르하치는 개인의 전투력도 대단해서 승마와 활쏘기는 당시 여진족 가운데에서도 최고였다. 전투에서도 항상 진두에 섰으며, 완안부의 선두에서는 선두에서 달려드는 적병 100여 명을 쓰러뜨리고 적진에 돌진했다고 한다. 저천부와의 대결에서는 누르하치와 부하 두 명이 800여 명에 포위되었으나 순식간에 20명을 쓰러뜨리고 포위에서 빠져 나왔다.

약초상을 할 때, 그는 홍삼을 개발한 것으로 알려져 있다. 명나라 상인들이 조선 인삼의 값을 떨어뜨리려고 인삼이 썩을 때까지 사주지 않자 이를 쪄서 말려 가공하는 방법을 개발해 명나라 상인들의 얄팍한 수를 무너뜨렸다고 한다.

한편, 적에게 홀로 쫓길 때 자신이 키우던 개가 적의 군마 다리를 물어 쓰러뜨린 덕분에 위기 상황에서 달아날 수 있었다고 한다. 그 이후부터 만주족은 개고기 섭취를 금했다고 하며 오늘날까지 개를 먹지 않는 풍습이 있다.

여러 유목 민족 출신 정복 왕조 개창자와는 달리 누르하치는 문맹이 아니었고, 어렸을 때 한문을 배워 중국 고전을 읽을 수 있었다. 그리하여 삼국지에서 유비의 고사를 읽고 금나라를 부흥시키려는 포부를 가졌다고 한다. 조부와 부친의 원수를 갚고 분열된 부족을 통일해서 중화 제국을 공격하고 새로운 제국을 세웠다는 점에서는 칭기즈 칸과 비슷한 점이 많다. 또한 요나라의 창업자 야율아보기나 금나라의 창업자인 완안 아쿠타(아골타)와도 비슷하다. 하지만 누르하치가 이들과 결정적으로 다른 점이 있다면, 바로 적극적인 포용력이었다. 누르하치는 만주족이 대륙을 경영하기에는 실력이 모자란다는 것을 확실히 알고 있었고, 자신들보다 선진적인 한족의 인재나 문화를 적극적으로 흡수, 포용하여 300년 사직의 기틀을 이루었다.

이런 방침은 누르하치를 이은 홍타이지도 그대로 계승했다. 그는 적극적으로 명나라 항장(降將)들을 청나라의 신하로 받아들이고 명나라의 지배 기구를 그대로 접수하여 이자성군에게 멸망한 명나라를 이어 빠르게 대륙을 장악했다. 이후 청나라는 통일 왕조로서 번영을 누렸다. 이런 전성기는 다른 한족 왕조의 전성기보다 훨씬 더 길며 청나라는 다른 유목 제국의 왕조보다 훨씬 더 큰 영향력을 중국 역사에 남겼다.

이에 반해 거란국의 야율아보기, 금나라의 완안 아쿠타와 몽골의 보르지긴 테무친(칭기즈 칸)과 같은 유목 민족 출신 왕조의 시조들은 중국을 통일하지도 못했고, 통일했다고 해도 전성기는 매우 짧았으며, 통치 구조나 지배 구조가 매우 불안하여 중국 역사에 큰 영향력을 펼치지도 못했다. 결과적으로 한족 왕조에 비해 비교적 단명했다.

누르하치와 예허족의 악연

여진족 중 마지막으로 함락된 예허족과 누르하치 사이에는 상당한 사연이 있다. 《누르하치 비사(祕史)》라는 책에서는 이 야사를 집중적으로 다루고 있는데, 남녀 간 애정 문제와 정복 전쟁이라는 소재가 뭇 사람들의 흥미를 끈다.

당시에 만주족의 제일가는 미녀인 동가는 예허족이었다고 한다. 여러 부족의 남자들이 그녀를 사모하여 상사병에 걸리고 결혼을 원했으나 자존심이 강한 동가는 결코 쉽게 마음을 열지 않았다. 오히려 자신의 부족을 키우는 데 결혼을 미끼로 사용했다.

부족들을 통합하려던 누르하치는 이러한 부족 간의 분위기를 이용해 부족을 하나씩 정복하며 흡수해 나갔다. 그 과정이 치밀하고 치열했다. 만주를 통일하려던 누르하치에 저항해 예허족은 부족 연합군으로 참전했는데, 동가의 아버지도 전투에 참전했다가 막강한 누르하치 기병대에게 죽임을 당했다. 그 후 동가는 누르하치를 아버지를 죽인 원수로 생각했다. 누르하치도 자색을 겸비한 만주 제일의 미녀 동가를 무척이나 첩으로 맞이하고 싶어했지만, 동가는 이를 거부했다. 오히려 동가는 누르하치를 죽여준다면 그 남자와 결혼하겠다고 선언했다. 이에 동가를 흠모하던 여러 부족의 남자들이 누르하치와 맞서지만 결과는 그 부족의 멸망으로까지 이어지곤 했다.

누르하치에 맞설 부족이 하나씩 사라지고 자신의 부족인 예허족조차 존망의 위기에 처하자 동가의 오빠는 결국 동가를 누르하치에게 시집보내기로 약속했다. 그러나 동가가 완강히 거부하자 예허족을 살리기 위해 동가의 고모인 맹고를 동가인 척하며 누르하치에게 시집 보냈다. 그러나 결혼 후 곧 탄로났고, 맹고는 지혜롭게 이렇게 말했다고 한다.

"누르하치 당신도 부모들이 죽임을 당했을 때 부족을 위해 숨죽이지 않았는가. 부족을 살리기 위해 속일 수밖에 없었던 나를 이해해 달라."

이 말에 누르하치는 지혜로운 여인 맹고를 용서하게 되었고, 크게 총애하지는 못했지만, 맹고가 젊은 나이로 사망했을 때 지극 정성으로 3년 상을 치르며 슬퍼했다는 기록이 있다. 이 맹고의 아들이 바로 2대 황제인 홍타이지이다. 홍타이지가 황제가 되자 측실이었던 맹고 또한 후에 황후로 칭송받았다.

그럼, 동가는 어떻게 되었을까? 누르하치와의 약속을 거부하고 결국 몽골의 부족장에게 시집을 가게 되었고, 이 과정에서 명나라는 동가가 무사히 시집갈 수 있도록 예허족을 도왔다. 그러나 불행히도 동가는 1년 후에 죽게 되었고, 예허족 또한 노한 누르하치에 의해 귀속되었다. 누르하치는 예허족을 도왔다는 이유로 명나라를 치기로 마음먹었다.

동가와 그 오라비는 예허족이 누르하치에게 점령당하자 언젠가는 그 원수를 갚고 누르하치의 나라를 망하게 하겠다고 다짐했다고 한다. 뒷날 청나라의 문을 닫게 만든 망국(亡國)의 주역 서태후가 예허족 출신인 것은 우연치고는 조금 섬뜩하다.

제36강

홍타이지와 도르곤의 청 제국 수립

누르하치의 후계자 경쟁

만주족의 작은 부족에서 태어나 한족과 몽골족까지 제압하고 청나라의 근간을 세운 누르하치의 삶이 순탄한 것만은 아니었다. 원수를 갚으려고 하다가 도리어 볼모가 되어 죽다 살아나기도 했고, 자신의 친동생과 아들까지도 처형해야만 했다. 부족의 통합과 과업의 달성을 위해 피붙이들의 흠은 더욱 크게 단죄해야 했던 것 같다. 누르하치는 그 과정에서 다른 부족과 상호 결혼을 하며 연맹을 맺었는데, 그로 인해 여러 부족의 여인을 아내로 맞아들였다. 3명의 정비와 13명의 측실을 두었고, 그 슬하에 16명의 아들을 두었다. 그러나 아내들과 자식들 간에 보이지 않는 권력 다툼이 끊임없이 일어났다. 만주족은 남편이 사망하면 형세나 아들이 그 부인을 거두는 풍속이 있는데, 그로 인해 미인을 차지하기 위한 아들들 간의 싸움도 있었기에 누르하치는 혈육 간에 정분을 강하게 금지했다. 이를 어기고 눈 밖에 난 후 반정을 도모한 장남 대정을 누르하치는 직접 처형했고, 개국 공신인 친동생 수루하치 또한 자신의 야욕을 드러내다 공개 처형되었다. 누르하치는 동생 수루하치의 부인이 될 여인에게 반해 먼저 취하고 후회한 일이 있었으며, 이러한 정분 문제 역시 갈등의 씨앗이 되었다. 장남 대정의 공개 처형 역시, 이복형 사망 후 그의 부인을 차지하려다 형제에게 위해를 가하고 난동을 부린 일이 발단이 되었다. 이를 통해 권력을 가진 남자들에게 여인과 사랑이란 권력 투쟁의 연장선상에 있다고 볼 수 있다.

장남이 죽고 누르하치의 후계자로 낙점된 다이샨(대선)은 누르하치의 3대 정비인 아파해와의 염문 때문에 후계자 자리에서 물러났다. 누르하치의 총애를 받았던 아파해는 어린 나이에 시집왔기에 누르하치와는 한 세대의 나이 차가 났는데, 아름답고 지혜로워 다른 후실들의 견제에도 불구하고 그가 죽기 전까지 변함없는 사랑을 받고 정비의 자리까지 올랐다. 그러나 한 번의 염문이 있었으니 그 상대가 아들뻘인 다이샨(대선)이었다. 아파해는 3명의 어린 아들을 두었다. 그녀는 권력 투쟁이 치열할 것을 예상하고 누르하치 사후를 대비해 자신이 낳은 아들들의 안위를 위해 후계자인 다이샨과 가까이 지낸 것으로 보인다. 그것이 발각되어 폐위되고 다이샨은 권력 투쟁에서 밀리게 되었다. 그러나 누르하치는 아파해를 잊지 못해 다시 받아들였고, 아파해는 3대 정비까지 되어 누르하치가 죽기까지 행복한 생을 보냈다. 다이샨이 후계자에서 밀리자 남은 아들들 중 홍타이지와 도르곤이 두각을 나타내게 되는데, 홍타이지는 예허 부족을 살리기 위해 시집왔던 지혜로운 여인 맹고의 아들로 2대 황제가 된 인물이고, 도르곤은 아파해의 차남으로 뛰어난 활약을 했던 인물이다.

누르하치가 죽자 정비로서 황제의 총애를 받았던 아파해는 아들 도르곤을 권좌에 올리려 했고, 이를 견제하려던 다른 소생의 여러 형제들은 홍타이지를 지지하며 권력 투쟁이 벌어졌다. 결국 다수의 지지를 받은 홍타이지가 승리하게 되었다. 여기서 누르하치의 의중은 역사 속에 묻혔다. 마지막 임종을 지켰던 아파해는 누르하치가 후계자로 자신의 아들인 도르곤을 지명했다고 주장했고, 홍타이지 측은 누르하치가 여러 갈등의 씨앗이 될 아파해를 자신과 함께 순장시키라는 유언을 했다고 주장했다. 결국 아파해는 분위기를 파악하고 자신의 세 아들의 안위를 보장받는 대가로 누르하치와 함께 순장되기로 결심하고 그 약속을 지켰다.

아버지의 유업은 아들들에 의해 완수되었다. 청 태종이 된 홍타이지는 한족들까지도 과감히 포용하는 세련된 행정을 통해 민심을 규합했고, 병자호란으로 조선을 굴복시켰지만, 명의 함락을 눈앞에 두고 뇌출혈로 사망했다. 막내아들이었던 홍타이지는 황제가 되었으나 다른 형제들을 견제하고 분열과 독립을 막기 위해 노력해야 했다. 그 과정에서 자신과 함께한 4대 왕인 망고이태와 사촌 아민 등이 축출되었으나 왕위 경쟁자였던 아파해의 아들 도르곤은 오히려 그의 유능한 심복으로 아버지의 유업을 함께 이루게 되었다. 도르곤은 홍타이지의 갑작스러운 사망 후 6세밖에 안 된 홍타이지의 아들을 대신해 섭정왕이 되어 베이징을 정복하는 마지막 과업을 완수했다.

홍타이지(청 태종)의 등극

홍타이지 숭덕제(崇德帝, 1592~1643)는 후금의 제2대 칸이자 청나라의 창업 군주이다. 휘는 아이신 교로 홍타이지이고 묘호는 태종(太宗)이다. 후금 연호는 천총(天聰)이고, 청 제국 연호는 숭덕(崇德)이다. 홍타이지의 이름은 한문 사료에서 여러 표기로 등장하는데, 황태극(皇太極), 홍대시(紅歹是), 홍대시(洪大時), 홍타실(洪他失) 등이다. 홍타이지는 누르하치의 측복진(후궁)이었던 예허 부족 멩고의 소생으로, 누르하치의 여덟 번째 아들로 태어났다. 누르하치의 차남 다이샨, 누르하치의 아우인 수르하치의 차남 아민(阿敏), 누르하치의 5남 망굴타이(莽古爾泰) 등과 함께 4대 왕 중 한 사람으로 활동했다.

1622년 누르하치는 자신의 일곱 아들과 친동생 수루하치의 아들 아민을 부른 자리에서 자신의 후계자 조건에 대해 천명했다. 후계자는 힘센 자나 강한 자는 안 되고, 팔기의 기주(旗主) 여덟 명을 여덟 왕으로 삼게 하고, 여덟 왕이 논의하여 말을 잘 듣는 사람을 칸으로 추대해야 한다고 했다. 그리고 만약 칸이 여덟 왕의 의견을 묵살하고 폭정을 일삼는다면 칸을 교체하고, 만약 칸이 교체 의견을 거부한다면 폐위할 것을 당부했다.

1626년 9월 30일, 누르하치가 병사하자 요토가 그 동생 사하랸과 함께 다이샨에게 홍타이지를 받들어 칸의 지위를 이어받게 할 것을 청했다. 이미 여자 문제로 권력 투쟁에서 밀렸던 차남 다이샨은 자신의 후계를 포기하는 대신 여러 버이러에게 홍타이지를 강력하게 지지할 것을 부탁했다. 팔기군을 지휘하는 각 군의 우두머리를 패륵(貝勒), 즉 '버이러'라고 했는데, 홍타이지는 그들 다수의 추대를 받았다. 누르하치에 이어 새로운 칸으로 즉위한 홍타이지는 암바 버이러, 다이샨, 아민 버이러, 망굴타이 버이러를 형으로 대우하며 예를 다했다. 그는 이들을 항상 칸인 자신의 양측에 나란히 앉게 했고, 절대 자신보다 아래에 앉히지 않았다.

홍타이지는 후금의 식량과 물자의 부족을 타개하기 위하여 조선 연해의 가도(假島)에 근거지를 두고 배후를 위협하던 명나라 장수 모문룡을 친다는 명분을 내세워 1627년에 조선을 침공했으니 이것이 정묘호란이었다. 이때 홍타이지는 조선과의 관계를 공식화하고 대명 전쟁을 원활하게 진행하기 위한 목적에서 희생(犧牲)과 맹서(盟誓) 그리고 저주(詛呪)라는 형식을 수반하는 맹약을 강요하여 체결했고, 이 맹약을 통해 후금은 병자호란 이전까지 조선의 대외 관계를 상당히 제한하는 억압 정책을 사용했다. 홍타이지는 정묘호란을 통해 하늘이 우리를 사랑하여 조선을 항복시켰다고 선언했다.

1629년 홍타이지는 문서 처리 기구인 서방(書房)을 설립했고, 이 기구에 많은 한족 관료를 기용했다. 1631년에는 전형적인 중국식 정치 제도인 육부(六部)을 설치함으로써 국가 기구를 완비했다. 홍타이지에게 직속된 기구인 육부는 국가의 대소사를 논의했고, 이를 통해 기존의 팔기의 버이러들이 공동으로 수행하던 국가 통치의 영역을 잠식해 나갔다. 육부의 업무를 총괄한 것은 여섯 명의 버이러였지만, 그들 가운데 아바타이만이 홍타이지의 형이고 나머지는 모두 홍타이지의 아들과 조카였다.

1631년 12월부터 홍타이지는 직접 군대를 이끌고 처음으로 명나라를 침략했다. 청군은 요서를 지나치고 몽골 지역으로 우회하여 홍산구(洪山口)로 진격했다. 3개월 뒤 홍타이지는 묵던에 있던 아민과 쇼토를 불러 영평(永平)과 천안(遷安) 등 네 개의 성을 지키도록 했으나, 명군의 반격에 아민을 비롯한 야전 지휘관들은 거주민들을 관대하게 다루라는 홍타이지의 명령이 무색하게도 천안과 영평 주민들을 살육하고 회군해버렸다. 이 사건은 청의 대민 관계에 악영향을 미쳤고, 명 변방의 백성들을 회유하려던 홍타이지의 노력에 큰 흠집을 냈다. 이에 홍타이지는 죄를 범한 이들을 공개적인 재판을 통해 처벌했다. 의정왕대신회의는 아민이 명령을 거역하고, 교전도 없이 철수해 많은 병력을 잃는 등 16개 죄목으로 그의 사형을 의결했으나 홍타이지는 이를 감형하여 그를 유폐시켰다. 이로써 홍타이지는 양람기를 보유한 아민을 숙청하는 데 성공했다.

홍타이지는 1631년 9월 초를 전후로, 외번 몽골군과 만주군을 현재의 요령성 해안을 따라 견고하게 방어된 대릉하의 명군의 요새와 무역 도시 인근에 집결시켰다. 대릉하성의 병력이 보병 7천, 기마병 7천이라는 정보를 입수한 홍타이지는, 2만 이상의 병력으로 성을 포위했고, 포르투갈에서 갓 들여온 대포인 홍이포로 대릉하성을 공격했으며, 11월 21일 대릉하성은 식량이 고갈되어 많은 아사자를 내고 항복했다. 대릉하성 전투는 그 경제적 효과가 미미했지만 점차 새롭게 흥기하던 신흥국 청으로서는 중요한 승리였다. 이때 선투의 선봉에 선 낮에 병력 손실을 많이 본 망궐타이가 정람기로의 인원 보충 요구를 거부당하자 홍타이지에게 칼을 뽑아들었다. 이후 의정왕대신회의가 소집되어 홍타이지는 망굴타이를 일반 버이러로 강등했고, 정람기의 권력을 삭감하는 조치를 취했다.

1632년 1월 무렵, 홍타이지는 예부의 참정 이백용(李伯龍)의 건의를 받아들여 의정왕대신 회의를 소집하고 형인 다이샨과 홍타이지가 나란히 앉는 문제를 논의하도록 했다. 다이샨으로부터 이 자리에서 자신이 홍타이지의 신하이며, 망굴타이와 함께 지존(至尊)인 그를 보좌할 것이라는 발언을 받아냄으로써 자신에 대한 전폭적인 지지를 끌어냈다. 서서히 1인 체제를 확립해 나가기 시작한 것이다.

홍타이지는 1635년 도르곤, 요토, 사하랸, 호오거 등에게 차하르를 정벌하여 릭단 칸의 아들 어르커 어저이 콩고르와 수타이 태후의 항복을 받아내고, 수타이 태후의 처소에 있던 쿠빌라이 칸 이래 몽골 제국 칸의 권위를 상징하는 '제고지보(制誥之寶)'를 획득했다. 제고지보란 '대원전국(大元傳國)'이라는 이름의 한자가 새겨진 금으로 만든 도장이다. 1635년 홍타이지는 '주션'이라는 이름을 폐기하고 '만주'를 여진 종족들의 공식적이고 유일한 이름으로 선포했다.

1636년 홍타이지는 각각 이부 장관 도르곤, 코르친 투시예투 지농 바다리, 도원수 공유덕으로 대표되는 만주인, 몽골인, 한인으로 이루어진 버이러와 대신, 문무 명관들로부터 조선을 정복하고 몽골을 하나로 합쳤으며 또 옥새를 얻은 것은 천명이라는 명분으로 추대를 받았다. 그는 이를 근거로 스스로 '어질고 관대하고 온화하고 성스러운 군주(弘德彰武皇帝)'를 자칭했으며, 국호를 아이신 구룬에서 다이칭(大清) 구룬으로 개칭했다. 이에 따라 그는 만주인의 칸이자 요동 한인(漢人)의 황제, 몽골인의 칸이 되었다. 이는 곧 만주족이 한인, 몽골인과 공존하겠다는 의지를 선포한 것이었고, 다종족 국가의 표방을 의미했다. 사간 세첸의 《몽골원류》는 누르하치를 칭기즈 칸의 정치적 계승자로 인정하고 숭덕제가 정권을 장악했다고 기록하고 있는데, 이는 당시 몽골인들도 그러한 주장을 수용했음을 보여준다.

같은 해, 홍타이지는 명나라의 제도를 모방하여 감찰 기관인 도찰원(都察院)을 설립했다. 도찰원의 임무는 황제에게 간언하고, 버이러와 대신들의 불법을 규찰하며, 육부를 감찰하는 것이다. 또한 논의와 상주에 참여하며 사건을 심리하는 것이었다. 도찰원 설치는 버이러들의 권력을 잠식했다. 이로써 홍타이지는 더 이상 여러 친왕(親王)과 동등한 자리에 있지 않았다. 그는 이제 유일한 황제(천자)였고, 팔기(八旗)의 소유자들은 관료의 일부분이 되었다. 누르하치의 유언과 다른 이 조치는 적어도 두 가지 이유에서 중요했다. 첫째는, 남쪽의 광대한 땅을 정복하는 데에 적합한 최상의 정치 조직 형태를 제공했다는 점이고, 둘째는 명 황제에 대한 도전의 기회를 제공했다는 것이다.

1636년 당시 홍타이지가 제위에 올랐다고 선포하면서 내세운 근거 중 하나는, 10년 전 정묘호란으로 조선을 정복했다는 것이었다. 하지만 막상 묵던에서 열린 즉위 행사에 참석한 조선 사신들은 홍타이지에게 세 번 무릎 꿇고 아홉 번 머리를 조아린다는 삼궤구고두례(三跪九叩頭禮)를 거부했다. 홍타이지는 분노할 수밖에 없었고, 조선의 새 왕 인조(仁祖)도 이 사건을 계기로 화의가 단절되었다는 것을 자각했다. 예상했던 대로 홍타이지는 조선을 침략하여 병자호란을 일으켰다. 어쩌면 홍타이지는 조선 사신들의 거부로 인해 '미완(未完)'에 그치고 수모를 당했던 자신의 '황제 즉위식'을 정축년 정월 30일 삼전도에서 '완성'하고자 했던 것일지도 모른다. 그는 조선의 사신이 아니라 국왕인 인조를 출성시켜 의례의 현장에서 자신과 직접 대면하고 신하의 예를 갖추게 함으로써 묵던에서의 '황제 즉위식'보다 더 완성도가 높은 의례를 구현하고자 했던 것이다.

1638년 9월, 홍타이지는 1군 우익군 사령관으로 요토를, 2군 좌익군 봉명대장군으로 도르곤을 임명하여 동가구를 통해 요서를 우회하여 명나라를 침략했다. 청군은 북경을 포위하고 여덟 길로 남하하여 경기 지역을 무인지경으로 휩쓸어 40성을 함락시키고 한속 25만여 명을 사로잡아 청으로 끌고 갔다. 그러나 이 과정에서 청측의 1군 사령관인 요토가 병사했는데, 조카 요토의 사망을 접한 홍타이지는 3일간 단식했다. 산해관을 확보하지 못한 상황에서 대명 전쟁을 정복 전쟁으로 확장시킬 수 없었던 홍타이지는 산해관 외곽, 즉 금주, 송산, 행산, 탑산을 공략하고자 했다. 1640년 홍타이지는 지르가랑과 도도를 각각 좌·우익군의 대장으로 임명하여 금주 근방에 주둔시키고 둔전을 행하기 시작했다. 이듬해 9월 홍승주가 이끄는 명군이 청군을 상대로 승리하면서 송산(松山)·금주(錦州) 전투가 발발했고, 이에 9월 23일 홍타이지가 직접 자신의 병력을 이끌고 송산에 당도했다. 1642년 3월, 마침내 청군은 송산성을 함락하고, 5월에 금주성의 항복도 받아냈으며 7일에는 탑산성을 함락하고, 19일에는 행산성이 청군에게 항복했다. 청이 송산 금주 전투에서 최종적으로 승리를 거두고 요서 지역의 거점들을 줄줄이 확보하자 한족 관료들은 홍타이지에게 좀 더 과감하게 북경을 직접 공격할 것을 상주했다. 그러나 청군이 반복적으로 중국 도시들을 함락하고 밭의 곡식을 추수한 후 회군했다는 점에서 드러나듯이 청 제국은 중국 정복을 추진할 만큼 강력하지 않았다. 홍타이지는 무리해서 산해관을 장악하거나 북경을 점령할 의도가 없었고, 가능하다면 명나라와 화의를 맺고 청 내부의 문제를 우선적으로 해결하려 했다.

1642년 11월 초, 홍타이지는 아바타이를 봉명대장군(奉命大將軍)에 임명하여 명나라를 침공하도록 했다. 청군은 8개월간 18주, 67현 88성을 함락하고 황금 1만 2천여 량, 은 220만 냥, 한족 포로 37만, 타(駝)·말·노새·당나귀·소·양 32만여 마리를 노획했다. 그러나 홍타이지는 1643년 9월 21일 밤에 재위 17년 만에 52세로 급사했고 심양의 소릉(昭陵)에 안치되었다.

홍타이지가 붕어한 지 5일이 지난 후, 호쇼이 머르건 친왕 도르곤이 삼관묘에 이르러 소닌을 불러 새 황제 옹립에 대해 의논했다. 소닌은 홍타이지의 황자 중 한 명을 옹립하는 것 외에는 다른 대안이 없다고 했다. 당일 밤에 홍타이지의 1등 시위인 버이러 투 장긴 투라이 등은 황자를 옹립할 것을 결정했다.

다음 날, 홍타이지 직속 정황기와 양황기의 대신들이 대청문에서 맹세한 뒤, 무장한 두 황기 버이러 병력으로 하여금 궁전을 포위하고 숭정전까지 진입했다. 이때 여러 왕과 대신들이 동서의 복도에 열 지어 앉았는데, 소닌과 오보이는 황자를 옹립해야 한다고 주장했다. 이에 도르곤이 이들을 잠시 물러나게 했다.

이어 다이샨은 홍타이지의 장남 호오거를 추천했으나 호오거는 추천을 거절하고 자리를 박차고 나가버렸다. 직후 도르곤의 친동생인 군왕 아지거와 친왕 도도는 도르곤이 황위에 오르길 권했다. 도르곤이 꺼리자 도도는 누르하치의 유조에 자신의 이름이 있었다는 점을 명분으로 자신을 옹립해 줄 것을 주장했으나 도르곤은 파풍가 친왕 호오거의 이름 또한 있다는 이유로 거부했고, 도도의 추천을 받은 다이샨 또한 황위를 기피했다. 결국 의논을 통해 효장문 황후 보르지기트씨의 소생이자 홍타이지의 9남인 푸린의 옹립이 결정되었다. 소닌, 오보이, 투라이, 탄타이, 궁가다이, 시한은 삼관묘에서 어린 황제를 잘 보좌할 것을 맹세했다. 이후 도르곤을 비롯한 제왕(諸王), 버이러, 대신들은 함께 푸린의 즉위에 합의했다. 제왕과 버이러, 대신들은 의논을 통해 우전 친왕 지르가랑과 도르곤을 섭정으로 세웠다.

홍타이지는 청의 세력을 크게 확장시킨 것은 사실이지만 끝내 생전에 중국을 통일하지는 못했다. 때문에 누르하치와 더불어 묘호보다는 홍타이지로 더 많이 언급되는 편이다. 다만 조선의 경우 홍타이지가 칭제한 후에 병자호란이 일어났고 결국 청이 중국의 통일 왕조가 되었기에 그를 청 태종이라 언급하는 경우가 많다.

그는 원조(元朝)의 정통을 잇는다는 명분을 내세워 칭제했으며, 반발하는 조선을 신속하게 공격하여 항복을 받아내고 후방의 위협을 제거함으로써 대명 전쟁에 집중할 수 있는 환경을 공고히 했다. 이후 반간계를 이용해 숭정제로 하여금 원숭환을 죽이게 한 뒤 산해관 외성들을 함락했으나 산해관 본성까지 함락하지는 못했다. 이후 중원 진출의 기회를 노렸으나 얼마 못가 한창 나이에 급사했다. 결국 청의 중국 대륙 정복은 아직 어렸던 아들 아이신기오로 푸린의 섭정을 맡은 태종의 이복동생 호쇼이 예친왕 아이신기오로 도르곤(愛新覺羅 多爾袞)에 의해 이루어지게 되었다.

청나라의 왕조 체제는 도르곤에 의해 완성되었다고 해도 과언이 아니다. 홍타이지가 죽자 그의 정비는 도르곤의 부인이 되었고, 왕위에 오른 그녀의 아들은 조카였지만 아들 역할을 하게 되었으며 도르곤은 섭정왕이 되었다. 그 모자를 죽일 수도 있었으나 보호를 조건으로 정비가 자신을 받아들여 줄 것을 제안했고 수락받았다. 이 시절 여인들은 이런 고비에서 살아남기 위해 모든 수를 짜내야 하고 어쩔 수 없는 선택을 해야만 했다. 어린 왕이 성인이 될 때까지 도르곤은 실질적인 왕의 역할을 했다.

정묘호란과 병자호란

조선 침략에 대해서 부정적이었던 아버지 누르하치와 다르게 홍타이지는 즉위 전부터 조선을 정벌해야 한다고 주장했다. 광해군도 정충신을 시켜서 홍타이지를 반드시 회유하도록 밀명을 내리기도 했다. 즉 홍타이지를 지원하면서도 홍타이지가 다른 형제들과 권력 다툼에 빠지도록 이간책을 지시했으며, 동시에 후금에 대한 각종 정보들을 빼오도록 지시했다. 당시 중국 정세에 비교적 밝았던 광해군은, 홍타이지가 누르하치의 후계자가 될 가능성이 가장 높다고 판단해 홍타이지를 회유하라는 명령을 내렸던 것이다. 그러나 그 계획을 지시한 지 채 2년도 되지 않아 인조 반정으로 광해군은 몰락하고, 정충신 등이 담당하던 외교 관련 업무들은 거의 취소되어 버렸다. 홍타이지는 이미 누르하치의 아들로서 그 위험성이 부각되고 있었기에 정보에 밝은 광해군은 그를 미리 경계했다. 당장 홍타이지가 권력을 장악했다는 첩보를 듣자마자 광해군은 다급하게 철통 방비에 나서면서 후금과 전쟁을 각오하는 모습을 보였다. 당시 조선은 후금의 침략을 막을 방어력이 충분하다 못해 과할 정도였는데, 그만큼 광해군이 홍타이지를 경계했음을 보여준다. 홍타이지의 입장에서 광해군은 인조보다 더 난적이었다. 인조는 전쟁 대비는커녕 광해군의 흔적 지우기에만 골몰하며 결과적으로 후금이 침략하기 좋은 환경을 만들고 있었다. 즉, 광해군이 인조 반정으로 몰락한 것은 홍타이지에게 있어서는 정말 하늘이 내린 구원이나 다름없었다. 인조 반정은 광해군 내치의 무능함이 원인이었다고는 하지만 결과만 따지고 보면 아시아 최강대국인 청나라를 탄생시킨 나비 효과로 돌아오고 말았다. 당시 후금은 대기근이 닥쳐서 매우 힘든 상황이었기에 이괄의 난과 인조의 무능함이 아니었다면 정묘호란과 병자호란이라는 도박을 성공시키지 못하고 멸망했을 것이다.

1627년, 홍타이지는 대륙 침략을 위한 준비로 명에 우호적인 조선을 먼저 굴복시키고, 명 공략을 위한 물자를 확보하고자 했다. 그는 왕자 아민 등에 군사 3만여 명을 이끌게 하여 안주와 평양을 거쳐 평산으로 들이닥쳤다. 이에 인조와 대신들은 이미 강화도로 피난했고, 청의 위력에 눌려 제대로 싸워보지도 못한 채 군신들이 다 어찌할 바를 몰랐다. 이때 청은 은근히 강화의 뜻을 내비쳤다. 우리 조정에서도 최명길 등의 강화론이 우세하여 드디어 적과 교섭을 시작했다. 그 결과 형제의 맹약을 맺고 서로 침략하지 아니할 것과, 세공 및 무역 등의 몇 가지 조건을 허락하여 청군을 돌려보냈다. 이때 조선 장수로서 앞서 청나라에 투항한 강홍립 등도 종군 입국하여 화의 성립을 주선해 주었다. 이 해가 1627년이므로 이를 정묘호란(丁卯胡亂)이라고 한다.

정묘 · 병자 호란도

그런데 홍타이지는 조선을 굴복시킨 후 기어코 명나라를 타도하고자 조선에 병선의 징발과 기타 많은 액수의 공물을 요청했다. 또 형제의 약속을 변경하여 군신 관계를 강요했다. 그뿐만 아니라 청나라 세력들이 변경을 침범하여 조선 백성들의 재물을 약탈해가므로 청에 대한 조선 조정의 감정은 더욱더 악화되었다.

그동안 홍타이지는 내몽골에 침입하여 그곳의 여러 왕공으로부터 신성영무 칸(神聖英武汗)의 존호를 받았다. 그리고 1636년에는 자신을 황제라 일컬으며 국호를 정식으로 대청(大淸)이라고 했다. 또한 조선에 용골대, 마부대 등을 사신으로 보내어 명과 동등하게 청을 섬길 것을 요구했다. 당시 청은 조선에 세폐로 백금 1만 냥, 군마 3천 필을 요구했으나 조선은 그 요구를 들어주지 않았다. 아니, 들어 줄 형편이 못 되었다. 이제 청 태종이 된 홍타이지도 조선의 그러 사정을 알고 요구했을 것이다. 어쩌면 그냥 조선을 강하게 압박하여 버릇을 고치기 위한 구실이었을 수 있다. 청은 형제지맹을 군신지맹으로 하고 세폐를 늘리라고 요구했다. 이에 조선에서는 청의 태도에 격분하여 척화파(斥和派)의 주장이 크게 힘을 얻었다. 인조는 최명길의 주화론에도 불구하고 청사(淸使)의 인견도 불허하고 그 국서도 받지 않았다. 청 태종은 조선이 외교 결례를 범했다는 점을 직접적인 명분으로 삼아 재침공할 구실로 삼았다.

1636년 병자(丙子)년, 겨울철의 결빙기를 이용하여 청 태종은 친히 10만 대군을 이끌고 압록강을 건너 쳐들어왔다. 그는 조선의 명장 임경업(林慶業)이 지키는 의주성을 피하여 옆길로 돌아 파죽지세로 서울로 내리 닥쳤다. 그러자 12월 14일, 인조는 서둘러 세자빈과 봉림대군에게 종묘의 역대 신주와 각전의 비빈을 모시고 강화도로 떠나도록 했다. 이어서 인조 자신도 강화도로 향하려 했으나 양화진에서 이미 청병들이 길을 막고 있어 할 수 없이 소현세자와 제신들을 거느리고 남한산성으로 피신했다. 남한산성에 피신한 인조는 성 중의 군병 1만 3천 명을 여러 부대로 나누어 성첩을 방비하게 하는 동시에 각 도에 의병을 모집하게 하여 밖에서 지원하도록 했다. 청군은 한강을 건너 남한산성을 포위하고 공격을 개시했다. 그리고 한편으로는 회유하며 항복을 권하는 글을 보냈고, 간간이 맹렬한 홍이포 포격으로 성첩을 무너뜨렸다. 이때 우리 장병들 중에는 반감을 품고 조신(朝臣)을 불러내어 책망하는 등 인심이 자못 흉흉했다. 또 각 도의 의병도 남한산성과의 연락을 취하기 전에 중도에서 적군에 격파당하는 형편이었다.

충청감사 정세관이 거느리는 군사는 금천에서 산산이 부서졌다. 경상좌병사 허완(許完)은 우병사 민영과 함께 약세로 광주 쌍령에서 끝까지 싸우다가 전멸했다. 전라감사 김준용(金俊龍)은 광교산에서 적과 싸우다가 적장 양고리를 쓰러뜨렸으나 또한 패하여 전사했다. 평안감사 홍명기는 김화에서 전사했고, 부원수 신경원은 철옹산성에서 싸우다가 사로잡혔다. 이리하여 구원의 길이 끊긴 외로운 남한산성은 적군에게 겹겹이 에워싸여 밤낮을 적군의 함성과 위협 속에서 전전긍긍했다. 양식은 줄어들고 추위는 유난히 혹독했다. 얼어죽는 병사가 속출했고 왕과 왕세자는 울면서 하늘에 기도하는 것 외엔 할 수 있는 일이 없었다. 어느 궁녀가 기록한《산성일기》에 의하면 먹을 것도 떨어져 왕이 감자나 고구마 껍질을 먹기도 했다고 한다. 이때에도 반정 공신들은 왕보다 더 나은 식사를 했다고 궁녀들이 분노한 기록도 있다. 기아와 혹한에 시달리기 40일, 조정에서는 연일 주화(主和)와 주전(主戰)의 어수선한 논쟁만이 계속되고 있을 때 강화도가 함락되었다는 비보가 날아 들어왔다. 앞서 피난한 왕자와 비빈 궁녀들이 모두 청군의 포로가 되었다. 본시 강화도는 바다를 거쳐야 하는 요새지이므로 쉽사리 무너지지 않을 것이라고 믿었다. 그런데 방어사의 책임을 진 인조 반정 공신 김류의 아들 김경징이 오만불손하여 대군과 비빈 일행보다 자기 가족을 먼저 배에 태우고 이틀 동안 왕가 사람들을 나룻가에서 추위에 떨게 했다. 그는 자신이 신장(神將)을 부리는 재주가 있다며 매일 기생들을 옆에 끼고 술만 먹고 전혀 방비하지 않았다. 적장 용골대와 마부대가 거느리는 수천 명 군사가 뗏목을 엮어 타고 일제히 쳐들어가니 김경징은 부장 이민구와 도망가기에 바빴고, 강화도는 완전히 적의 수중에 들어갔다. 왕자와 비빈, 궁녀들은 모두 포로가 되었다. 강화도가 함락된 후 남한산성에서도 본격적인 항복 논의가 오고 갔다.

다음은 청 태종이 남한산성에 포위된 인조에게 보낸 편지이다.

대청국 관온인성황제(청 태종)는 조선 국왕(인조)에게 조서를 내려 유시한다. 우리 군대가 지난날 동쪽으로 우량하를 정벌했을 때 너희 나라가 군대를 일으켜 맞아 싸웠다. 그 뒤로 또 명나라를 도와서 우리에게 해를 끼쳤다. 그러나 우리는 이웃 나라와의 우호 관계를 생각해서 이를 마음에 두지 않았다. 우리가 요동을 점령하게 되자 너희는 다시 우리 백성들을 유인하여 명나라에 보냈다. 짐이 진노하여 정묘년에 군사를 일으켜 너희들을 벌한 것은 진실로 이 때문이다. 이것이 어찌 강대함을 믿고 약자를 업신여겨 이유없이 군대를 일으킨 것이라고 할 수 있겠는가? 너희는 또 무엇 때문에 너희 변방 신하에게 글을 보내 '사세가 부득이하여 무리한 요구에 얽혔지만, 이제는 정의로써 결단할 때이니 경은 여러 고을을 깨우쳐서 충의의 인사로 하여금 지략을 다하게 하고, 용감한 자로 하여금 정벌하는 대열에 따르게 하라'라고 했느냐?
이제 짐이 몸소 대군을 통솔해서 싸우러 왔다. 너희는 왜 지모 있는 자로 하여금 계책을 다하게 하고, 용감한 자로 하여금 싸우는 대열에 나서게 해서 친히 일전(一戰)을 시도하지 않느냐? 짐은 결코 힘의 강대함을 믿고서 남을 침범하려는 것이 아니다. 너희가 도리어 약소한 국력으로 우리의 변경을 소란하게 하고, 우리의 지경 안에서 인삼을 캐고 사냥을 했으니 이는 무슨 까닭인가? 그리고 짐의 백성으로 도망자가 있으면 너희가 이를 받아들여 명나라에 보냈으며, 명나라 장수 공유덕과 경중명 두 사람이 짐에게로 귀순코자 했을 때 짐의 군대가 그들을 맞이하러 나가자 너희 군대가 총을 쏘며 이를 가로막은 것은 또 무슨 까닭인가. 이번 전쟁의 원인은 실로 너희 나라에 있다.

짐의 아우와 조카 등 여러 왕들이 네게 글을 보냈으나 너희는 받아들이지 않았다. 지난 정묘년에 너희가 섬으로 도망가서 화친을 애걸했을 때 바로 그 왕들 앞으로 글을 보내지 않았더냐. 짐의 조카나 아우가 어찌 너만 못하단 말인가. 그리고 외번의 여러 왕들이 너희에게 글을 보냈는데 너는 여전히 거절하고 이를 받아들이지 않았다. 그들은 당당한 원나라 황제의 후손인데 어찌 또 너만 못하랴. 원나라 때 조선은 공물 바치기를 그치지 않았다. 어찌 하루아침에 이처럼 오만해졌단 말이냐. 그들이 보낸 글을 거절해서 받지 않은 것은 너희 혼암과 교만이 극도에 이른 것이다. 너희 조선은 요, 금, 원 세 나라에 대하여 해마다 공물을 받치고 신하라 일컬었고, 북쪽을 섬김으로써 평안을 보전하지 않은 때가 있었단 말이냐. 짐이 이미 너희 나라를 아우로 대했는데도 너희는 갈수록 배역하여 스스로 원수를 만들고 백성들을 도탄에 몰아넣었다.

성곽을 비우고 궁궐을 버린 채 처자와 헤어져 산성으로 도망쳐 들어갔으니 설사 목숨을 연장하여 천 년을 산들 무슨 이로움이 있겠느냐. 정묘년의 치욕을 씻겠다더니 지금의 이 치욕은 어떻게 씻을 것인가. 정묘년의 치욕을 씻겠다면서 무엇 때문에 몸을 움츠리고 들어앉아서 울타리 안에 사는 부녀자의 짓을 본받는단 말인가. 네가 비록 이 성안에 몸을 숨기고 구차스럽게 살기를 바라지만 짐이 어찌 그대를 그대로 두겠느냐. 짐의 내외 여러 왕과 문무의 신하들이 짐에게 황제의 칭호를 권하여 올렸다. 너는 이 말을 듣고 이르기를 "이것이 어찌 우리 군신이 차마 듣고 참을 수 있는 말인가." 했다는데 이는 또 무슨 까닭이냐. 무릇 황제의 칭호를 올리고 안 올리는 것은 너에게 달려 있지 않다. 하늘이 도우면 평범한 지아비도 천자가 될 수 있고 하늘이 재앙을 내리면 천자도 한 이름 없는 사내가 되는 것이니, 네가 한 말은 심히 방자하고 망령스럽다. 또한, 맹약을 어기고 성을 수축했으며, 우리이 사신을 접대하는 예이가 소홀했다. 또 우리의 사신이 가서 너희 나라 재상을 만났을 때 계교를 써서 우리 사신을 사로잡으려 한 것은 무슨 까닭인가? 명나라는 부모의 나라로 섬기면서 우리를 해치려 꾀하였으니 이는 또 무슨 이유인가?

이상은 너의 죄목 중에 큰 것을 들었을 뿐이다. 그 밖의 사소한 것은 이루 열거하기 어렵다. 이제 짐이 대군을 이끌고 와서 너의 8도를 무찌르려고 하는데, 네가 부모처럼 섬기는 명나라가 장차 어떻게 너희를 구해 주는지 보고 싶다. 자식의 위급함이 경각에 달려 있는데, 부모된 자가 어찌 구원하지 않을 수 있겠는가. 만일 그렇지 않다면 이는 네가 스스로 무고한 인민을 물불 속으로 몰아넣은 것이니, 억조의 많은 사람이 어찌 너를 탓하지 않으랴. 만일 할 말이 있거든 서슴지 말고 소상하게 알려라.

– 숭덕 2년 1월 2일, 대청국 관온인성 황제

이리하여 산성 안의 조선 조정은 더욱 당황하여 마침내 주화파 최명길 등의 의견에 따라 인조는 성문을 열고 송파 삼전도에 나아가 청 태종 앞에 무릎을 꿇고 항복하는 이른바 성하지맹(城下之盟)을 맺고야 말았다. 병자호란은 임진왜란같이 시간을 끄는 전투가 아니었다. 북방 민족 특유의 기동성을 발휘해 빠른 속도로 접근해온 청나라 군대에 의해 불과 두 달만에 전쟁은 끝났다. 조선은 통한의 삼전도의 치욕을 당하고 청나라의 신하국이 되어야 했다. 남한산성으로 도주했던 인조는 1637년 1월 28일, 용골대와 마부대의 아홉 가지 항복 조건을 받아들여 1월 30일에 세자 등 500여 명의 호행(扈行)과 함께 남한산성을 나가 삼전도에 만들어진 수항단(受降壇)에서 삼배구고두(三拜九叩頭)의 예를 다했다. 이후 삼학사를 비롯해 척화파들이 줄지어 잡혀가고 소현세자와 봉림대군, 그들의 가솔들도 척박한 심양으로 끌려가야 했다. 조선 왕조 사상 가장 치욕스러운 순간이었다. 선조 때에는 '자식'이라고 칭하고, 광해군 때는 초피(貂皮)를 바치곤 했던 여진족에게 이젠 무릎을 꿇어야 했던 것이다.

이후 청 태종은 조선에 11개 조항의 유지를 내렸다. 그 주요 내용은 다음과 같다.

1. 조선은 청에 대하여 신(臣)의 예를 행한다.
2. 조선 왕이 몸을 바쳐 투항한다는 뜻에서 왕세자와 다른 왕자 한 명(봉림대군) 및 대신들의 아들 또는 동생을 인질로 한다.
3. 조선은 명과의 관계를 단절함과 동시에 명으로부터 받은 고명과 책인을 바치고 다시는 그 연호를 사용하지 아니한다. (조선은 핑계를 대며 끝내 고명과 책인을 바치지 않았다.)

4. 조선은 대청의 정삭[正朔 - 청나라의 신력(新曆), 제후국들은 사대국의 달력을 가져다 써야 했다]을 받들고 세시의 공헌, 표하 및 왕래의 예의를 명의 제도와 같이한다.
5. 청이 전쟁을 벌이게 될 때에 군사를 징발하면 착오가 없도록 한다.
6. 조선은 조창수(鳥槍手), 궁전수(弓箭手) 등의 병사와 50척의 배를 동원하여 피도를 공격한다.
7. 조선은 청군이 청으로 끌고 간 뒤 도망친 조선인을 반드시 송환한다.
8. 양국은 통혼한다.
9. 조선은 성지(城池)를 수축할 수 없다.
10. 조선은 일본과 무역을 할 수 있으나 반드시 일본 사신으로 하여금 청에 조공토록 유도한다.
11. 조선은 청에 대해 다음과 같은 세폐를 보낸다. 황금 100냥, 백은 1000냥, 수우각(물소뿔) 200쌍, 표피 100장, 녹피 100장, 차 1000포, 수달피 400장, 청서피 300장, 후추 10두, 요도 26구, 소목 200근, 대지 1000권, 소지 1500권, 오조용석 4영, 각약 화석 40영, 백저포 200필, 각색 면주 2000필, 각색 세마포 400필, 각색세포 1만 필, 포 400필, 쌀 1만 포, 순도 20구

청 태종은 우리에게 한국사를 통해 더 친숙한 인물이다. 조선 인조 시기 청 태종은 정묘호란과 병자호란으로 두 차례 침공을 감행해 끝내 인조로부터 삼전도의 굴욕이라고도 불리는 삼배구고두(三拜九叩頭)의 굴욕을 주었다. 그럼에도 한국에서의 평가는 의외로 관대한 면이 있다. "조선은 사대주의로 명나라를 섬기다가 실기(失期)를 거듭하여 자멸했고, 홍타이지가 그래도 자비를 베풀어서 조선을 멸망시키지 않았다"는 속설이 퍼져 있는 것이다. 사학계 일부에서도 이와 유사한 해석이 존재한다. 이들은 일세 침략을 그렇게 평가하듯 여전히 때린 놈이 아니라 맞은 놈에게서 원인을 찾는다. 물론 인조 반정 이후의 조선 조정이 외교에 서툴렀다는 점은 누구나 인정한다. 그러나 어찌되었든 외세의 침략을 정당화하는 일은 매우 경계해야 한다. 굴

복하지 않는 약자(弱者)를 강자(强者)가 침략하는 것이 당연하다고 생각한다면 이 세계 역사상 어느 나라가 살아남아 독립을 유지할 수 있었겠는가. 흑역사이긴 하지만 여러 매체에서 역사물을 다룬 작품들 중 임진왜란과는 다르게 의외로 침략자에 대해 꽤나 관대하게 평가하는 묘한 흐름이 있는 것도 사실이다. 이는 당대부터 그랬던 측면도 있다. 예컨대 《박씨전》 같은 당대 대체 역사 소설에도 숭덕제는 대범한 인물로 묘사되어 있다. 이러한 현상은 어쩌면 숭덕제에 대한 일본 제국의 긍정적인 인식이 식민사관의 형식으로 한민족에게 이식된 것일 수도 있다. 무엇보다 대한제국 때 땅에 묻혔던 삼전도비를 다시 끄집어내어 세운 것도 일제 강점기 때 일본 제국이 저지른 일이었다. 이는 조선인들의 흑역사를 이용하여 민족의 체면을 깎기 위한 의도였다고 볼 수 있다. 즉 오랑캐라 불리던 청나라에 굴복한 역사가 있음에도 불구하고 왜 일본의 식민 지배는 거부하느냐는 비아냥도 있었을 것이다.

청 태종에게 굴복한 뒤 조선에서는 현실적으로 청나라의 힘에 뒤진다는 것을 인정하지 않을 수 없었다. 그러나 내심으로 언젠가는 반드시 복수하겠다는 마음을 먹었다. 결과론적으로 말하면 그것이 효종에 이르러 북벌운동으로 나타났지만, 결국 국제 정세에 어두운 상태에서 오로지 명분에만 집착하게 되었고, 결국 망국으로 가는 길이 되었다고 볼 수 있다.

병자호란을 통해 청나라는 조선을 침략해 승리했으나 멸망시키지는 않았다. 그 이유에 대해 천연두가 유행했기 때문이라는 설도 있다. 청 태종은 조선 정복 계획은 포기하고 자신의 대외적인 권위만 확립하고자 했기 때문에 인조도 퇴위시키지 않았다. 삼전도의 굴욕에서 삼궤구고두례(三跪九叩頭禮)가 끝난 후 청 태종은 "조선 왕은 일국의 국왕이니 짐의 아우들 사이에 앉히도록 하라."라고 명령했다. 이 명령을 시작으로 이후 청나라에서는 만주인 고관들만 조선에 칙사로 파견하는 정책을 유지했다. 또한 예친왕 도르곤과 인조가 서로 나눈 대화 등을 보면 청 태종은 단순히 조선을 신하국으로 삼는 데 그치지 않고, 명나라 시절과 같은 청 중심의 군신 관계를 유지하고 싶어하는 의도를 드러내고 있다.

조선은 속된 말로 병자호란을 통해 '삥을 뜯겼지만' 명나라처럼 점령당하지도 않았고, 한족들처럼 변발을 강요당하는 등 풍습에 변화를 겪지도 않았다. 이는 애초에 청나라의 주 목표가 조선의 영토 점령이 아니라 명나라 정벌을 위한 사전 정지 작업이었기 때문이다. 이는 쿠빌라이가 했던 불개토풍(不改土風, 고유 풍습을 바꾸지 않음)을 홍타이지가 흉내낸 것으로 보인다. 다만, 쿠빌라이는 이것을 잘 지켰지만, 홍타이지나 후대 황제는 잘 지키지 못했다.

일각에서는 청이 조선에 대해 매우 호감을 가졌다는 주장이 제기되기도 했다. 결론만 놓고 말하면 그렇지는 않다. 일단 조선은 병자호란 후 청나라에 바쳐야 했던 세폐가 어마어마한 수치로 늘었다. 이는 그 전에 보내던 조공품의 몇 배에 달하고 병자호란 이전에 보냈던 세폐의 3배에 달했다. 거기다 조공품을 바치면 내리는 하사품도 청나라에서는 제공하지 않아 조선이 부담해야 하는 세폐는 그야말로 등골 빠지는 수준이었다. 임란 이후 명 사신들이 와서 뜯어간 것을 고려해도 청나라의 요구로 세폐가 너무 크게 늘어서 조선이 지는 부담은 엄청나게 가중되었다. 이는 청이 세폐를 전쟁 배상금 명목으로 생각했기 때문이기도 하다. 여기서 주목할 점은, 정묘호란 전 명나라 장수 모문룡이 받아간 것이 병자호란 이후 후금이 받아간 세폐보다 몇 배나 많았고, 당시 동북아를 덮친 흉년과 냉해로 식량을 구하기 어려운 상황에서 조선은 막대한 부담을 떠안아야 했다. 결과적으로 병자호란 이후에 세폐가 몇 배로 늘었어도, 이전 명나라에서 받아가던 세폐 수준보다 적었다. 하사품에 대해서도 경제력에서 조선에 밀리던 청나라가 정상적인 하사품을 내리기는 힘들었다. 대신 청나라가 중원 점령 이후에는 세폐를 임진왜란 이전의 절반 수준, 답례는 비슷한 수준으로 했다.

청은 병자호란 직후 귀환할 때도 약탈을 해서 치를 떨었다는 기록이 남아 있다. 청군은 남하할 때 초토화된 서북 방면 대신 약탈을 피했던 함경도 방면으로 귀환했으며, 이 과정에서 계획적으로 강간과 약탈을 시도하는 모습을 보여 북도 일대의 피해는 가중되었다. 또한 당시 청군이 끌고 간 부녀자들은 당시 조선 사회에 큰 사회 문제가 되어 파장을 일으켰다. 이들 중 상당수가 나중에 조선으로 귀환했는데, 이들은 소위 환향녀(還鄕女)가 되어 시가(媤家)

를 다시 찾았지만 외면받았다. 인조는 그녀들이 당한 피해는 이혼의 대상이 아니라며 내치지 말라고 명령했지만, 사대부들은 그녀들을 내쳤고 결국 이들 대부분은 비구니가 되거나 친정으로 돌아가야 했다. 이도 저도 아닌 경우에는 창부(娼婦)나 주모(酒母)로 생계를 이어가게 되었다. 보다 못한 인조가 왕명으로 이들을 받아들일 것을 명했으나 현실에서는 이루어지지 않았다. 결국 명분도 실리도 없는 전쟁을 통해 여인들만 전쟁의 희생양이 된 것이다.

섭정왕 도르곤

아이신 교로 도르곤(愛新覺羅 多爾袞, 1612~1650)은 청조 제3대 황제인 순치제를 도와 나라를 다스렸던 최초의 섭정이었으며, 흔히 예친왕(睿親王)이라고 불린다. 도르곤은 청나라를 세운 태조 누르하치의 열네 번째 아들이다. 그는 1628년에 시작된 차하르 몽골족과의 전쟁에서 명성을 떨쳤으며, 황자들 가운데 최고의 지위인 예친왕(睿親王)에 봉해졌다. 1638~1639년, 명(明) 정복을 위한 청 태종의 출정 기간에 그는 만리장성을 돌파하고 허베이성[河北省]과 산둥성[山東省]의 40개 도시들을 점령한 팔기군(八旗軍)의 두 부대 중 한쪽을 지휘했다. 쑹산[嵩山]과 진저우[錦州]를 점령하는 데도 참여하여 후금의 세력을 넓히는 데 크게 이바지했다.

1643년, 누르하치의 대를 이었던 홍타이지가 죽었을 때 후계자 중 한 명으로 지명되었지만, 그는 이를 거절했을 정도로 강직한 인물이었다. 1644년 4월, 이자성(李自成)의 반란군이 베이징을 점령했을 때, 도르곤은 한족 고문관의 충고에 따라 원정군을 거느리고 중국 본토로 쳐들어갔다. 당시 명나라 장군 오삼계(吳三桂)는 이자성보다는 도르곤과 힘을 합치는 쪽을 택했고, 이들은 이자성의 군대를 크게 패배시켰다.

1644년 6월, 도르곤이 베이징으로 입성했을 때 명의 마지막 황제인 숭정제(崇禎帝)는 이미 목을 매달아 죽은 뒤였다. 이후 그는 이자성의 패잔병들을 몰아낸 후 신중하게 저명한 한족 전문가들의 협조를 받아가면서 정치적·행정적인 여러 제도를 정비하는 데 주의를 기울였다.

그는 베이징을 수도로 정하고 많은 한족 관습들을 받아들여 만주족이 중국을 지배하기 위한 토대를 마련했다. 또한 명나라의 매우 발달한 통치 체제를 그대로 받아들였고, 한족 관료들을 재등용하고 과거 제도를 통해 새로운 관리들을 등용했다. 독일인 예수회 선교사였던 아담 샬 폰 벨은 수학자로서 흠천감(欽天監: 국립천문기상대)의 감정(監正)과 대포제조 고문으로 그를 도왔다. 도르곤은 변발과 같은 만주 풍습을 강압적으로 도입하고 토지를 몰수했지만, 전반적으로 신중하게 통치하여 한족들이 새 왕조를 호의적으로 받아들일 수 있게 했다.

1650년 12월 31일, 도르곤은 만리장성 근처에 있는 카라호툰에서 사냥을 하던 도중에 급작스럽게 죽고 말았다. 사후에 그는 의황제 성종(義皇帝成宗)으로 추존되었다. 도르곤이 갑자기 죽자 제국 내에는 혼란과 무질서가 일어났다. 그에게는 아들이 없었기 때문에 그가 지휘하던 백기단(白旗團: 팔기군의 일부) 내에서 권력 기반을 유지했는데, 사후 그의 정적들이 정권을 장악하게 되었다. 그들의 압력으로 순치제는 1651년 도르곤을 제위 침탈의 뜻을 품었던 반역자로 선언하는 칙령을 반포했다. 1733년 건륭제(乾隆帝) 때에 비로소 새 제국 수립에 기여한 도르곤의 공로가 추인되어 방치되었던 그의 무덤이 복원되고, 그의 명예가 완전하게 회복되었다.

순치제와 예친왕 도르곤의 한족 지배 전략

이한제한(以漢制漢) 정책

청 태종이 급사하자 후계 문제를 두고 다소간의 마찰이 있었으나 겉으로 드러내지 않은 채 태종의 아홉 번째 아들 푸린(福臨)을 새 황제로 추대했다.

그가 3대 황제인 세조 순치제(1643~1661)다. 이때 순치제의 나이는 겨우 여섯 살이었다. 따라서 최대 실력자인 누르하치의 제14 자인 예친왕(睿親王) 도르곤과 누르하치의 동생인 수루하치의 제6 자인 정친왕(鄭親王) 지르하란이 보정왕(輔政王)이 되어 어린 황제를 보좌하기로 했다. 그러나 도르곤이 사실상 섭정(攝政)으로 정치를 주도했다. 그는 한인(漢人)들을 앞세워 베이징에 들어갔고, 중국을 지배하는 데 성공했다.

중국은 변방의 이민족을 지배 내지는 복속시키기 위해 두 가지 전형적인 방법을 사용했다. 즉 기미(羈縻) 정책과 이이제이(以夷制夷)의 두 가지 수법이었다. 기미(羈縻)란 말에 재갈을 물리고 소의 코뚜레를 끼우는 것을 말하는데, 재갈 물린 말이나 코를 꿰인 소가 주인이 고삐를 당기는 대로 움직이듯이, 종주권(宗主權)이라는 고삐만 쥐고 있으면 일정한 범위 안에서는 자유를 주어도 결코 멀리 벗어나지 못하게 하는 방식을 뜻한다. 이는 주로 농경사회에 적용하는 통치술이었다. 그러나 역학 관계가 복잡한 유목 사회에서는 이런 것이 통하지 않았다.

그래서 그들 서로 간에 물고 뜯고, 할퀴고 흠집 내도록 교묘히 조정하여 힘을 뺀 후에 정복하거나 복속시켜야 하는데, 이를 이이제이(以夷制夷) 술법이라고 한다. 몽골이나 만주를 다스리기 위해서 주로 이런 방법을 동원했다. 그런데 이런 낡은 중국의 전통을 청나라는 역이용하여 이한제한(以漢制漢), 곧 중국인으로서 중국인을 제압한다는 방침을 세웠고, 이 수법이 적중하여 이들은 쉽게 중국으로 들어가 중국을 지배 복속시키는 데 성공했다. 중국의 입장에서 보면 자기가 만들어 사용하던 덫에 자기가 걸려든 셈이다.

명나라가 이자성에 의해 망했다는 소식은 청나라 조정에도 빠르게 전해졌다. 이 소식을 들은 도르곤은 모든 병력을 서쪽으로 옮겨 산해관 동쪽 1백 킬로미터 지점에 위치한 영원(寧遠: 닝위안)까지 나갔다. 이곳은 1626년 누르하치가 산해관을 넘으려고 나갔다가 원숭환의 대포 세례를 받고 패하여 물러났던 곳이다. 이때 도르곤의 휘하에는 만주 8기와 몽골 8기, 그리고 중국인들로 구성된 한인 8기가 있었으며, 참모로는 포로가 되었다가 귀순한 명나라 장수 홍승주가 따르고 있었다. 만주에서 중원으로 들어가기 위해서는 베이징 동쪽 300 킬로미터 지점에 위치한 산해관(山海關)을 넘어야 했다. 산해관은 중국 장성(長城)의 동쪽 끝에 해당하며, 글자 그대로 산과 바다가 잇대어 있는 천험(天險)의 요새(要塞)였다. 일찍이 청 태종 홍타이지도 산해관 돌파를 여러 번 시도했으나 번번이 실패했다. 그런데 그가 죽은 후 반년이 겨우 지난 1644년 4월, 도르곤의 청나라 군대는 오삼계의 협조로 산해관을 넘어, 5월 2일에는 중국인들이 길에 향을 사르고 영접하는 가운데 당당히 베이징으로 들어갔다. 그리고 청나라 군대의 뒤를 따라 체두변발(剃頭辮髮)이라는 오랑캐의 머리 모습으로 변신한 오삼계 이하 명나라의 중국 장졸들이 뒤를 따랐다. 어떻게 이런 연출이 가능했을까? 여기에는 이런 사연들이 전해지고 있다.

1644년 3월 18일, 이자성의 유적(流賊) 집단이 베이징을 점령했을 때, 오삼계(吳三桂)가 이끄는 명의 최정예 부대는 산해관에서 더 동쪽으로 나아가 청과 대치하고 있었다. 오삼계가 이곳을 지키고 있는 한 청나라가 이를 쳐부수고 다시 산해관을 넘는다는 것은 참으로 어려운 일이었다. 그런데 일이 묘하게 돌아가기 시작했다. 이자성의 침입을 받게 된 명나라 조정은 너무도 급한 나머지 오삼계에게 전방을 비우고 베이징으로 돌아와 이자성을 막으라는 명령을 보냈다. 명령을 받은 오삼계는 베이징을 향해 군대를 돌렸으나 막상 그가 산해관쯤에 이르렀을 때 명나라 최후의 황제 의종(毅宗) 숭정제는 이미 자결한 후였다. 황제라는 구심점이 없는 마당에서 오삼계의 군대는 산해관에서 머뭇거릴 수밖에 없었다. 이런 난처한 입장에 처한 상황에서 이자성은 오삼계의 아버지 오양(吳襄)을 인질로 붙잡아 두고, 다시 은(銀) 4만 냥을 미끼로 오양(吳襄)을 시켜서 아들의 항복을 권유하는 편지를 쓰게 했고, 아버지의 편지를 받은 오삼계는 투항을 결심하고 산해관을 떠나 베이징으로 향했다. 그런데 어찌된 영문인지 막상 베이징 근교에 다

다르자 오삼계는 마음을 바꾸고 다시 산해관으로 되돌아갔다. 그리고 지금까지 적으로 싸웠던 청나라에 원조를 청하는 이런 편지를 보냈다.

"우리의 황제는 유적 이자성에게 살해되었다. 나는 이 원수를 갚기 위해 베이징으로 가야 하는데, 귀국의 병력을 빌렸으면 한다."

이런 제의를 받은 도르곤은 뛸 듯이 기뻤다. 면도칼보다 예리하다는 그가 이런 기회를 놓칠 리 없었다. 그래서 그는 "인의(仁義)의 군대를 동원하여 유적(流賊)을 멸하고, 중국의 백성을 구원한다"는 명분을 세우고 당장 군대를 이동하여 4월 5일, 그렇게도 염원했던 산해관에 피 한방울 흘리지 않고 처음으로 발을 들일 수 있었다.

한편 베이징의 이자성은 오삼계의 군대가 산해관으로 되돌아갔다는 소리를 듣고 친히 군대를 이끌고 오삼계를 잡기 위해 산해관 방면으로 나갔다. 4월 22일, 드디어 이자성과 오삼계의 군대가 정면충돌하여 전황이 급박할 때, 만주의 8기군이 이자성 진영으로 질풍처럼 달려들었다. 만주 기병 출현에 혼비백산한 이자성은 베이징으로 줄행랑쳤다가 오삼계의 아버지를 죽이고 약탈한 보물들은 시안(西安)으로 실어 보냈다. 그 후 4월 29일 그의 7대 조상까지 황제와 황후로 높이고 자금성을 불 지른 후 서쪽으로 달아났다.

이렇게 해서 5월 2일, 쉽게 베이징에 들어온 도르곤은, 약탈을 엄격히 금지시키고 비명에 죽은 마지막 명나라 황제 숭정제의 장례를 정중히 치러주었다. 그리고 방대한 군사비를 충당하기 위해서 만들었던 각종 세금을 폐지하고, 지세(地稅)에 대해서도 우선 1/3을 탕감한다고 발표하여 민심을 안정시켰다. 그리고 이전에 있었던 일체의 잘잘못은 묻지 않는다고 발표하고, 명나라의 제도와 관료들 대부분을 그대로 수용했으며, 과거를 열어 성리학의 정통성을 인정하는 동시에, 지식인들의 동참을 유도했다. 이를 통해 청나라는, 명나라를 멸망시킨 것은 이자성이라는 유적(流賊)이며, 만주족이 세운 청나라는 그런 악당으로부터 명나라 백성들을 보호하기 위해 온 사람들이라는 것을 보여준 것이다. 나아가 만주인들은 이리 떼처럼 사나운 약탈자가 아니라 예절과 도덕을 중시하는 빼어난 민족으로서 어려움에 처한 중국의 인민들을 보살피고 도와주는 해방군으로 들어오게 되었다는 것을 은연중에 강조했다.

한편 도르곤은 명나라의 멸망을 기정사실화하고 청나라가 정당하게 그 뒤를 이었다는 것을 알리기 위해 명사(明史)의 편찬을 서둘렀다. 전조(前朝)의 역사를 그 다음 왕조가 편찬하는 것은 정통성을 이어가는 중국의 관례였다. 명나라의 역사를 청나라가 이어 씀으로써 청나라가 중국 지배에 정통성을 확보했다는 것을 알리는 도르곤의 주도면밀한 계획이었다. 이보다 앞서 1636년, 조선에서는 병자호란이라는 홍역을 치렀고, 이듬해인 1637년에는 볼모로 잡혀 갔던 소현세자가 도르곤을 따라서 산해관을 넘어 북경까지 갔다. 국내외가 어느 정도 안정된 1644년 9월, 도르곤은 선양(瀋陽)에서 어린 순치제를 베이징으로 모셔왔다. 제법 차가운 가을비가 내리는 가운데 다시 황제의 즉위식을 거행했다. 비에 흠뻑 젖은 명나라의 관료들은 만세를 부르면서 새로운 자금성의 주인을 맞이했다. 이미 선양에서 즉위식을 올렸던 순치제가 다시 베이징의 자금성에서 즉위식을 올렸다는 것은, 청나라가 자금성의 주인이 되었다는 것을 다시 만천하에 알리는 것이었다.

청나라는 몽골족이 세웠던 원나라와는 달리 서방 세계와 접촉할 기회가 없었다. 따라서 이들은 중국의 전통 문화를 존중하고 그 수호자임을 자처했고, 명나라의 제도를 대부분 그대로 계승했다. 관료들의 사회에서도 같은 수의 만주인들을 복수로 채용하여 만·한 병용 정책을 추진했다. 이를 두고 후세의 사가(史家)들은, 시골뜨기 만주족을 데릴사위로 맞아들여 기울어져 가던 중국이라는 집안을 다시 일으켜 세웠다고 이야기하곤 한다. 그렇다고 수천 년간 이어온 중화라는 자존심이 여기서 단절된 것은 결코 아니다. 어떤 어려움에 처해도 그들은 서두르지 않고 다음 기회를 끈질기게 기다릴 줄 아는 지혜가 몸에 배어 있었다.

중국에서는 왕조의 교체를 혁명이라고 하고, 선양(禪讓)이라는 형식을 빌리지만, 실상은 많은 인명이 희생되고 유혈의 대가를 치른 뒤에야 왕조 교체가 마무리되었다. 그런데 단순한 왕조 교체의 범주를 넘어서 이민족이, 그것도 오랑캐라고 멸시했던 만주족이 큰 무리 없이 이런 혁명에 성공할 수 있었던 것은, 중국인들의 도움 없이는 불가능한 일이다. 중국에서는 적에게 빌붙어 나라를 그르치게 하는 매국노(賣國奴)를 한간(漢奸)이라고 한다. 성리학을 관학으로 삼았던 명나라가 망할 당시, 막상 숭정제를 따라 자결한 사람은 환관 한 사람뿐이었다. 반면, 황후의 친정 아버지를 비롯해서 수많은 관료들은 이자성 부하들의 흙발에 채이고 갖은 수모를 당하면서도 얼굴에는 비굴한 웃음기를 머금고 목숨만은 보전코자 했으나 많은 사람들이 죽어갔다. 그러다가 만주족이 들어오자 이들을 맞이하기 위해 향을 사르고 충성을 맹세하며 만세를 불렀다. 어떻게 보면 이들 모두가 한간(漢奸)들이었다. 만주족은 이런 형편없는 무리들에게는 돈이면 만사가 해결된다고 믿고 노예처럼 부릴 수 있었다. 그러나 여기에 빠져든다는 것은 깊은 수렁에 빠지는 것과 같아서 세월이 지나고 서로가 흉허물 없이 지내게 되었을 때는 사정이 달라졌다. 많은 중국인은 혁명 초기의 서슬 퍼런 예봉(銳鋒)은 일단 피하고 본다는 음흉하고도 간사한 계산속을 가지고 있었다. 그런 연후 사회가 안정되고 정의가 바로 서게 되면 이들은 고집을 부리기 시작했다. 아무리 달래고 얼러도 소신을 굽히지 않았다. 이런 것을 노회(老獪)하다고 하는데, 그래서 청나라가 망했을 때 만주족은 소리없이 사라진 반면, 한족은 다시 중국의 중심으로 남았다.

이 시기 대표적인 한간은 오삼계와 오삼계의 옛 상관이었던 홍승주, 그리고 명나라의 병부좌시랑으로 있다가 청조에서 다시 내각 수보를 지낸 김지준(金之俊) 등을 꼽을 수 있다. 오삼계가 조국을 배반하고 청나라에 붙게 된 사연은 여러 가지가 있다. 진원원(陳圓圓)이라는 기생과의 사랑 때문이라고도 하고, 옛 상관이었던 홍승주의 권유 때문이라고도 하는데, 특히 기생과의 사랑 이야기는 후대에 윤색 및 가필되어 흥미로운 작품의 소재가 되기도 했다.

애첩 진랑(陳娘)을 베이징에 두고 전선으로 떠났던 오삼계는 오매불망 그녀를 잊을 수가 없었다. 그러다가 항복을 권유하는 아버지의 편지를 받고 귀순하기로 결심하고 베이징 근교에 이르렀을 때, 그렇게도 보고 싶었던 진랑이 이미 이자성의 사람이 되었다는 소식을 듣게 되었다. 오삼계는 하늘이 무너지는 슬픔과 충격을 받고 산해관으로 되돌아가 청나라에 구원을 요청했다. 그러나 나라의 운명과 가족의 안위가 달려 있었고, 많은 부하를 거느린 상황에서 개인적인 사랑놀음 하나만으로 그렇게 했다고는 생각할 수 없는 일이다. 드라마나 역사 소설 속 개인의 애정사 내용이 독자들의 관심을 많이 끌다 보니 그런 내용이 후세의 기록들에서 확대 과장된 것으로 보인다. 다만 뭇 사나이들의 애간장을 녹였던 진원원이라는 기생이 오삼계의 애첩(愛妾)이었던 것은 사실이라고 한다.

홍승주는 푸젠성[福建省] 출신의 문관이면서도 뛰어난 군략가였다. 이자성 토벌에 큰 공을 세운 것이 인정되어 요동 지방의 총수로 임명되었던 인물이다. 그런데 당시의 요동 총수란, 원숭환의 사례가 보여 주었듯 전쟁에 이기면 시기를 받아 목숨을 잃고, 지면 문책을 받아 처형되는 죽음의 자리였다. 홍승주 역시 오삼계 등 부하 장졸을 이끌고 산해관 동쪽에서 청 태종과 싸우다가 포로가 되었고, 청 태종은 그를 지나칠 정도로 우대하여 마음을 돌렸다고 한다. 이에 관한 일화도 수없이 전해 오고 있지만, 그 진위를 알 수는 없다. 다만 그는 반청 세력의 토벌에 앞장섰고, 청조를 위해서 많은 전공을 세웠다.

김지준은 명나라에 출사했다가 다시 이자성 아래에서도 관직을 얻어 활동했다. 그러다가 청이 베이징에 입성하자 도르곤에게 10가지 조건을 제시하며, 그 조건이 받아들여지면 기꺼이 협조하겠다는 의사를 밝혀 기용되고 내각의 수보가 된 사람이다. 그가 제시했다는 열 가지 조건이란 당시로서 별 소용없는 수수께끼 같은 것들이있다.

1. 남자는 청나라 조정에 따르지만 여자는 따르지 않는다.
2. 산 사람은 따르되 죽은 사람은 따르지 않는다.

3. 남편은 따르되 아내는 따르지 않는다.
4. 관료는 따르되 아전은 따르지 않는다.
5. 노인은 따르되 젊은이는 따르지 않는다.
6. 유학자는 따르되 승려나 도사는 따르지 않는다.
7. 기생은 따르되 광대나 배우는 따르지 않는다.
8. 벼슬길은 따르되 혼인은 그 전대로 한다.
9. 나라 이름은 따르되 벼슬 이름은 그 전대로 한다.
10. 부역이나 납세는 따르되 말이나 글은 그 전대로 둔다.

얼핏 보기에 이것은 전혀 문제될 것이 없어 보인다. 도르곤은 이를 기꺼이 승낙하고 그를 내각 수보로 임명했다. 내각의 수보가 된 김지준은 다시 왕공은 수도를 벗어날 수 없고, 기인(旗人)은 상업에 종사할 수 없으며, 환관들이 궁성 밖으로 나오면 참형에 처한다는 법령을 만들었다. 이런 것이 당시로서는 아무 문제될 것이 없었으나 세월이 지나고 나서 보면 여기에는 엄청난 함정이 도사리고 있었다.

열 가지를 다시 요약해 보면 이런 결론이 나온다. 청나라 조정에 따르는 것은 남자에 한하며, 그것도 가장이나 지식 계층 및 고급 관리 등 책임 있는 사람들만 해당된다는 것이다. 반면 여자들과 젊은이들, 아전과 승려 및 도사들은 따를 필요가 없었다. 그리고 광대나 배우, 죽은 사람은 복속 대상에서 제외시켜 중국인들의 오락과 풍속, 장례 및 묘지에 관한 중국적인 문화와 전통에 대해서는 어떤 간섭도 하지 말라는 것이다. 결국 이 열 가지 조건이 받아들여짐에 따라 청나라 조정에서는 남자들에게 변발을 강요했듯이 여자들에게도 전족을 금지시켰으나 이는 소용이 없었다. 여자들은 따르지 않아도 되었기 때문이다. 그리고 장례나 묘지를 옛 습관대로 지키게 되어 중국인들은 조상에 대한 불효로부터 벗어날 수 있었다. 아전이 따르지 않는다는 것은 관(官)과 이(吏)가 하늘과 땅 만큼이나 차이가 있는 중국 사회지만, 말단 행정을 담당했던 아전이란 대대로 세습하면서 그 고장의 터줏대감으로 행세하고 있었던 것을 그대로 인정한다는 것이다. 황제는 이들을 파면하거나 새로 임명할 수 없었다. 따라서 황제의 명령은 그가 임명한 관(官)에서 그치고, 실제 지방 행정의 담당자인 이들 아전들에게는 먹혀들 수가 없었다.

또한 젊은 사람들은 병역의 의무에서 벗어났으며, 오랑캐가 싫은 이름 있는 지사나 학자 및 문인들은 승려나 도사가 되어 현실을 도피할 수 있는 길이 열렸고, 연극, 예술, 문자, 노래 등도 간섭에서 벗어나 정신적인 자유와 전통, 그리고 향락과 행복을 누릴 수 있는 여유와 공간을 확보할 수 있게 되었다. 이런 모든 것이 당장은 아무런 문제가 없었다. 그러나 70년이라는 세월을 지나 옹정·건륭 연간에 이르러 사정은 달라지기 시작했다. 특히 이와 별도로 김지준이 내각수보가 되어 만들었다는 "왕공은 도성을 벗어날 수 없고, 기인(旗人)들은 상업에 종사할 수 없다"는 등의 당시로서는 별 의미 없었던 이런 것들이, 천하의 악법이 되어 만주인들에게 족쇄를 채웠다. 이들은 땅을 치고 후회했지만 이미 때는 늦었다. 조법(祖法: 조상이 만든 법)은 한 자도 고칠 수 없다는 것이 또한 그들의 법이었기 때문이다.

한간들의 이야기를 좀 더 따라가 보자. 청의 중국 지배에 저항하는 세력은 세 부류로 나뉘었다. 첫째가 이자성의 잔당들이었고, 둘째가 이자성과 함께 반란을 일으켰던 장헌충의 무리들로서 이들은 사천성을 중심으로 건재하고 있었다. 셋째는, 강남의 곳곳에는 명의 황족을 모시고 18년간 줄기차게 부흥 운동을 일으킨 세력이 있었는데, 이들 전부를 남명(南明)이라고 한다. 도르곤은 이자성을 토벌하기 위해 즉각 정벌군을 편성했다. 청군의 추격을 피해 섬서(陝西)로 줄행랑을 쳤던 이자성의 60만 대군은 더 이상 달아날 곳이 없게 되자 산속을 헤매었다. 결국 이자성은 농민들에게 붙들려 살해되고 그 부하들은 대부분 항복했다. 이로써 순치 2년(1645) 이자성의 반란은 매듭을 지었다.

안후이(安徽), 후베이(湖北), 쓰촨(四川)을 휩쓸던 장헌충은 1644년 이자성이 베이징으로 들어가 대순황제가 되었을 때, 사천의 청뚜(成都)에서 대서국(大西國)을 세우고 스스로 황제를 잠칭했다. 그러다가 청의 토벌군이 밀어

닥치자 피에 주린 흡혈귀마냥 살육과 약탈을 거침없이 자행하는 광란(狂亂)을 펼쳤다. 그는 이곳 사람들이 아무리 깊은 산중에 숨어 들어가도 그 부하들을 시켜 수색한 뒤 죽이고 그 증거로 손을 잘라오게 했다. 많이 잘라 온 사람에게는 높은 벼슬을 주어 아예 사람의 씨를 말리기로 작정했다. 적군인 오랑캐에게 단 한 사람도 남겨줄 수 없다는 것이 이유였다. 그런가 하면 술을 좋아했던 그는 친구들이 찾아오면 융숭히 대접하고, 돌아갈 때는 많은 선물을 주어 보냈다. 그리고 나서 그의 부하들을 시켜 돌아가는 길목에서 목을 잘라오게 하여, 그 잘린 목을 옆에 두고 술친구로 삼았다고 한다.

이런 참혹한 양상은 이보다 1세기 후 편찬된 《촉벽(蜀碧)》이란 책의 내용에서 볼 수 있다. 사천에 청의 토벌군이 도착한 것은 순치 3년(1646) 말, 장헌충은 토벌군과 싸우다가 전사했고, 그 부하들은 윈난(雲南) 방면으로 달아났다. 사천 지방이 청의 지배하에 들어갔으나 운남으로 도망친 그 잔당들은 그 후에도 끈질기게 저항했다. 베이징에서 숭정제가 자결했다는 소식이 명의 배도(陪都: 준수도) 난징에 전해지자 신종의 손자가 되는 복왕(이자성에게 피살되었던 복왕의 아들)이 사가법(史可法) 등에게 옹립되어 연호를 홍광(弘光)으로 정하고 명을 계승한다고 선언했다. 그러나 이를 둘러싼 지배 계급 간에 분란이 일어났고, 수하 장졸 역시 오합지졸에 불과했다. 순치 2년(1645) 5월 15일, 난징은 함락되고 복왕은 도망치다가 난군의 손에 잡혀 죽었으며, 이곳의 문무 백관들은 머리를 깎고 변발을 했다. 이때 토벌군의 총수는 한간(漢奸) 홍승주였다. 최소한 강남 지역이나마 지키고자 했던 명나라 구신(舊臣)들의 소박한 꿈도, 결국은 또 다른 명나라의 옛 거물에게 짓밟히고 말았다.

그 후로도 명의 부흥 운동은 한동안 계속되어 명나라의 후손이었던 당왕(唐王)은 푸저우(福州)에서, 계왕(桂王)은 광둥(廣東)에서 의병을 일으키고 부흥을 도모했지만 모두 실패로 끝나고 말았다. 그중에서도 정성공(鄭成功, 1624~1662) 장황언(張煌言, 1620~1664) 등은 해상 세력을 동원하여 청군(淸軍)과 해전을 벌였으며, 이들은 자주 본토의 내륙 깊숙이 쳐들어 가기도 했다. 그러나 이곳 지리에 밝고 해전에도 익숙했던 홍승주가 난징에 진을 치고 마치 그물코를 잡아당기듯 속속들이 이들을 차례대로 토벌했다. 정성공은 결국 해적질을 하다 대만에 자리를 틀었고, 1662년 홍승주에게 밀린 계왕(桂王)은 운남(雲南)성의 곤명(昆明)까지 밀려났다. 계왕이 그곳에서 오삼계에게 붙들려 살해되자 18년간 계속되었던 부흥 운동도 막을 내렸다. 이로써 청의 중국 지배는 서서히 자리를 잡았다. 이제 청으로서는 사냥이 끝났으니 사냥개를 잡아 삶을 일만 남았다.

도르곤이 이끄는 청나라 군대가 베이징에 입성한 후 다른 것은 죄다 명의 유습을 존중하고 그대로 두었으나 복장과 머리털 모양만은 그네들의 방식을 따르라고 고집을 부리기 시작했다. 호복변발을 강요하고 이를 명령한 것이다. 이런 명령에 대해서 중국인들은 만주족의 복장인 호복(胡服)은 비교적 순순히 따랐다. 그러나 앞과 옆머리를 빡빡 깎고 뒷머리만 남겨 길게 땋아 늘어뜨리며, 수염도 콧수염만 좌우 열 개씩만 남기고, 나머지는 깎아 버리는 소위 체두변발(剃頭辮髮)에 대해서는 심한 반발과 물의(物議)가 여기저기서 일어났다. 의관(衣冠)이 곧 신분을 표시하던 동양적인 전근대 사회에서 각 민족은 머리털 모양을 매우 중시했다. 여기서 한 가지 재미있는 사실은 무인 중심의 정치 체제였던 흉노(체두: 剃頭)와 선비(삭두: 削頭), 그리고 몽골(개체: 開剃)이나 여진(체두: 剃頭), 일본(권발: 卷髮)에서는 그 형태는 조금씩 다르지만 남자들은 모두 머리를 깎았다는 사실이다. 반면 문신 중심의 정치를 했던 중국(長髮과 束髮)과 조선(結髮)에서는 유학의 가르침에 따라 내 몸과 터럭과 살갗은 부모로부터 물려받은 것이기에 감히 이를 손상하지 않고 잘 보존하는 것이 효도의 시작(身體髮膚 受之父母 不敢毁傷 孝之始也)으로 보았다. 특히 머리털과 수염을 깎는다는 것은 금기(禁忌) 중의 금기로 여기고 있었다.

이런 중국인들이, 몽골족이 세운 원의 지배하에서는 개체(開剃) 변발이라 하여 앞머리에서부터 뒤 꼭지까지는 빡빡 깎고 좌우 옆 머리만을 남겨 이를 두 가닥으로 길게 땋아 늘어뜨리는 치욕을 당했다가 명의 성립과 동시에 머리털도 중국 본래의 모습으로 돌아갈 수 있었다. 그런데 이번에는 만주족이 들어와 돼지꼬리 같은 머리 모양을 강요하자 거세게 반발한 것이다. 반발이 거세자 도르곤은 20여일 만에 명령을 취소하고 사태를 관망하다가 정세가 어느 정도 안정되었을 때 다시 변발을 강요했다.

그렇다면 왜 이들은 끈질기게 변발을 강요했을까? 여진 사회에서 머리를 기르는 것은 상중(喪中)임을 나타내는 의미가 있으며, 머리를 깎는 것 자체를 자랑으로 여겼다고 한다. 그래서 이들이 만주 시절부터 투항(投降)이나 귀화(歸化)해 온 외국인들에게도 어김없이 변발을 강요했고, 심지어 적군(敵軍)과 아군(我軍)을 머리털로 구별했다. 겨울이면 혹독한 추위를 막기 위해 털가죽으로 머리에서부터 발끝까지 감싸고, 여름이면 이를 벗어 던져 더위를 피하는 원초적인 생활 습관을 유지했다. 목욕은 고사하고 세수조차 제대로 하지 않았던 유목민인 이들에게 머리털은 귀찮은 존재일 뿐, 다른 아무런 가치도 찾을 수 없었던 것이다.

기후와 풍토가 만주와는 다른 중국에서 굳이 이를 강요한 것은, 복장과 머리털을 포함한 전래의 외형을 그들 스스로 지키고, 이를 중국인들에게 강요함으로써 중국에 동화되는 것을 막기 위한 원대한 포석이었다. 대다수의 사람은 힘에 못 이겨 별 수 없이 머리를 깎았다. 그런데 이것이 남쪽으로 올수록 반발이 심했다. 순치 2년(1645) 6월, 강소성(江蘇)에 변발 명령이 내렸을 때 이곳 사람들은 하루 만에 모두 머리를 깎았다. 그러나 양자강 남쪽 절강성(折江)에 같은 명령이 전달되자 지식인을 중심으로 일반 시민, 농민들이 가세하여 들고 일어나 어느 변란(變亂) 때보다도 강경하게 반항했다. 이들은 머리를 깎기 위해 내려온 만주인들을 몰아내고 일 년간은 머리털을 지켰다. 그러나 조직력이 없었던 이들은 그 이상 버티지 못하고 결국 차례대로 머리를 깎아야 했다. 그리하여 3년 후에는 전 중국인들이 체두변발과 호복 차림으로 거리를 메웠다. 마치 조선조의 단발령(斷髮令)과 같은 사태가 있었던 것이다. 그때 조선에도 망국의 한을 품은 의병보다 단발령에 항거해 봉기한 의병이 더 많았다는 기록이 있다.

물론 여기에도 예외는 있었다. 앞서 김지준이 제시한 열 가지 조건 중에

도사나 승려 등은 청의 관습에 따르지 않아도 된다는 조항이 적용되었고, 이들은 호복과 변발에서 제외되었다. 이 조항에 따라 자존심 강한 학자나 지사들 중에는 출가하여 만주족의 관습을 피하고 지조(志操)를 지켰다.

그런데 풍속이나 유행이란 참으로 묘한 것이다. 기존의 제도에서 이질적인 문화가 유입되면 처음에는 완강하게 이를 거부한다. 그러다가 세월이 지나면 언제 그랬느냐는 듯 까맣게 잊어버리고 그 이질 문화에 몰입되고 만다. 이것을 원래대로 복원하려면 이때는 다시 복원 자체를 거부한다. 실제로 1851년 청조에 반기를 들고 태평천국을 세웠던 홍수전(洪秀全)은 변발을 버리고 장발로 돌아가 이상 국가를 세우고자 했으나 실패했고, 1911년 신해혁명으로 청조가 무너지고 변발을 금지시키자 이번에는 그에 대한 반발이 다시 일어났다.

팔기군과 녹영

팔기(八旗)란 글자 그대로 여덟 개의 깃발을 말한다. 황·백·홍·남색의 4색 깃발과 각 색의 깃발에 테를 둘러 다시 네 개를 더 만들어 모두 여덟 개로 한 것에서 붙여진 이름이다. 이것은 원래 여러 부락이 공동으로 산을 에워싸고 몰이사냥을 할 때 만든 진형(陣形)을, 누르하치가 병농일치(兵農一致)의 행정·군사 제도로 변형 발전시킨 것이다.

그들의 몰이사냥 방법이란, 짐승이 달아날 수 있는 길목에는 황색기를 든 추장 이하 부락민이 자리하여 미리 지키고, 그 황색기를 중심으로 남색기를 든 부락민이 좌우로 갈려 타원형으로 진형을 이루고 산을 에워싼다. 여기에 홍색기와 백색기를 든 부락민들은 포위망 한가운데서 시작하여 각각 양쪽으로 포위망을 좁혀 짐승들을 황색기가 있는 곳으로 몰아내어 잡는 방법이다. 쉽게 이야기하면 백색기와 홍색기는 가운데서부터 몰이 역할을, 남색기는 옆으로 달아나지 못하게 하는 포위 역할을, 황색기는 한곳으로 몰려온 짐승들을 포획(捕獲)하는 역할을 각각 나누어 맡는데, 이런 집단 사냥 기술을 군대의 편제와 전투에 응용한 것이다.

1616년, 누르하치는 만주족에게 국민 개병제(皆兵制)를 실시하고, 모든 씨족을 팔기(八旗)에 소속시키고, 기(旗)를 구사(固山)라 불렀다. 구사의 우두머리를 구사에젠(額眞)이라 하여 그 일족을 배치했는데, 에젠이란 우두머리라는 뜻이고 훗날 도통이라고도 불렀다. 각 구사(固山/旗)에는 5갑라(甲喇: 잘란/무리라는 뜻)를 두었고, 각 갑라는 5우록(牛彔, 니루/화살이라는 뜻)으로 나누고 각 우록에는 3백 명의 장정이 속하게 했다. 따라서 하나의 구사(旗)에서 전투에 동원될 수 있는 장정은 7천5백 명에 달했고, 이들 장정들을 기인(旗人)이라 했다. 이들을 전부 합하면 6만 명이 된다. 처음에는 만주인들만으로 8기를 만들었다가 1635년 몽골인들로 구성된 몽골 8기가, 1642년에는 한인(漢人)들로 구성된 한인 8기가 만들어져 만주 8기에 준하는 권리와 의무를 지도록 했다. 이로써 8기의 총 병력은 18만 명이 되었다.

도르곤이 산해관을 넘어 중국에 들어 왔을 때, 팔기병의 총 병력은 10만이었다고 한다. 이들이 베이징에 들어와서 명의 병사들을 성안에서 몰아내고 궁궐 수비와 수도 치안을 맡으면서 천하를 장악하는 힘의 원천이 되었다. 그 후 수도에 주둔하면서 중앙을 수비했던 부대를 금려(禁旅) 8기라 했고, 지방의 요소에 배치된 부대를 주방(駐防) 8기라 했다. 8기에 소속된 기인(旗人)들은 파격적인 대우를 받았고, 그들의 지위가 자손에게 세습되어 특이한 무사 신분으로 발전했다. 그러한 배경 속에서 김지준은 기인(旗人)은 상업에 손을 대서는 안 된다는 법을 제정했다. 당시 기인은 국가의 후원 아래 생계를 유지하고 있었기에 이를 크게 문제로 여기지 않았다. 그러나 시간이 지나 사회가 안정되고 팔기군의 군사적 역할이 축소되어 이들의 생활이 어렵게 되었을 때 그 후손들은 이것이 얼마나 무서운 보복인가를 알았지만, 이미 때는 늦었다. 조법(祖法: 조상이 만든 법은 고칠 수가 없다)이라는 족쇄가 이들은 단단히 묶고 있었기 때문이다.

청나라가 명의 잔존 세력을 토벌하는 데는, 홍승주와 오삼계를 비롯한 중국인 장졸들을 앞장세우고, 그 뒤를 만주의 8기 병들이 따르면서 감시와 독전(督戰)을 병행하여 성공을 거둘 수 있었다. 청나라 군사의 핵심 정예(精銳)

는 기병(騎兵)들이었고, 이들이 사막이나 초원 지대에서는 십분 그 위력을 발휘할 수 있었지만, 중국의 본토에 들어서면 사정이 확연히 달라졌다. 산과 바다, 강과 호수가 많은 중국 지형에서는 우선 산악전(山岳戰)과 수상전(水上戰), 그리고 장기전(長期戰)을 기본으로 치러야 했고, 이런 전투에서 기병의 위력은 크게 떨어지기 때문이다. 특히 날씨가 무덥고 늪과 호수가 많은 남쪽 지방일수록 청나라 군사들은 맥을 못 썼다. 청나라는 이런 고민을 풀기 위해 중국 전래의 전투 방법을 채택했다. 명나라 군사 중 희망자를 따로 모아 이들의 깃발을 녹색(綠色)으로 하여 한인팔기(漢人八旗)와 구분하고, 깃발의 색깔에 따라 녹영(綠營)이라 불렀다. 녹영(綠營)은 명나라 군인이었던 사람들이 청이 중국을 지배하자 지원하여 다시 청나라 군대로 이름만 바꾼 사람들이 대부분을 차지했고, 부대의 편제나 편성도 명의 제도를 거의 그대로 계승했다. 청은 60만에 이르는 이들 녹영을 전국 요소에 배치하고 8기로 하여금 이를 감시하게 했다. 반청 세력과 잔적(殘賊)을 소탕하기 위해 군대를 파병했을 때 보병과 기병으로 구성된 녹영을 앞세우고 그 뒤를 8기가 따르게 했다. 그 후로도 강남 지방 일대에는 해적을 비롯한 반청 세력들이 고개를 숙이지 않고 계속 나타나자 청나라 조정에서는 유력한 한인(漢人) 출신의 군벌들을 왕으로 세워 이곳을 다스리게 했다. 이런 군벌로서 왕이 되었던 사람이 오삼계와 상가희(尙可喜), 그리고 경중명(耿仲明) 등이었다. 이들을 흔히 3번(三藩)이라 불렀다. 이들 3번이 강희제(康熙帝, 1661~1722) 때 난을 일으켜 청나라에 대항했다가 모두 토벌되었는데 이를 삼번의 난(1673~1681)이라고 한다.

남은 이야기 – 젊은 황세 순치제의 순애보

불과 여섯 살 나이에 황량한 만주 벌판에서 황제로 즉위한 순치제는 철저하게 중국식 유학 교육을 받고 자랐다. 자금성에 들어와서도 그 주위에는 이름 있는 학자들을 불러 모으고 이들과 담론을 즐기면서 더욱 유가적인 교양을 쌓았다. 황제라고는 하지만 실권은 그의 삼촌이자 섭정(攝政)인 도르곤이 가지고 있었기에, 그가 황제로서 치세한 기간은 도르곤이 사망한 1653년부터 1661년까지 햇수로 불과 8년 남짓하다.

그런데 그가 도르곤에게 실권을 맡기고 한창 유가적인 교양을 쌓고 있을 때 황당한 일이 생겼다. 몽골 출신의 순치제의 어머니, 즉 청 태종 홍타이지의 황후는 이때 황태후가 되었는데, 이 황태후가 그의 시동생이자 청 태종의 동생이며 순치제의 숙부(叔父)인 섭정(攝政) 도르곤과 재혼을 하게 된 것이다. 형이 죽으면 그 형수를 동생이 아내로 맞이하는 이른바 형사처수(兄死妻嫂)가 만몽(滿蒙) 사회에서는 일반적인 관습이었다. 《삼국지 위지 동이전》 부여조에도 "형이 죽으면 동생이 형수를 아내로 삼으니 이는 흉노와 같은 풍속(兄死妻嫂 匈奴同俗)"이라는 기록이 있는 것만 보더라도 이것은 오래전부터 유목민 사회에 전해 내려오던 그들의 풍속이었으며, 문제될 것은 없었다.

그러나 이런 일을 생전 처음 겪는 중국 관료들은 날벼락이라도 맞은 듯 속으로는 깜짝 놀랐지만, 겉으로는 웃으며 도르곤에게 축하한다고 머리를 조아렸다. 이들 중국인들이 더욱 놀랐던 것은, 비록 도르곤이 섭정으로서 모든 실권을 장악하고는 있었지만, 서열상 황태후보다는 분명히 몇 단계 아래인 신하의 신분이라는 사실이었다. 황태후가 어떻게 신하에 해당하는 사람과 내리 혼인(강혼, 降婚)을 할 수 있는가는 호기심 이상으로 이들을 어리둥절하게 만들었다.

나름대로 철이 들었고, 유가적인 교육으로 이미 중국적인 사고가 몸에 밴 순치제로서는 이를 매우 부끄럽게 생각했다. 여진족은 몽골족이 모든 면에서 그들보다는 높은 위치에 있다는 것을 스스로 인정하고, 몽골의 여자를 아내로 맞이하는 것을 자랑으로 여기고 있었다. 그래서 청나라 왕실에서는 몽골 여자를 황후로 삼는 것이 관례화되었다. 그러나 이 재혼 사건으로 인해 순치제는 몽골 출신의 어머니가 싫어졌고, 숙부에게 혐오감(嫌惡感)을 갖게 된 동시에 몽골족에게까지 반감을 갖게 되었다.

중국의 관습상 일부일처는 필부들에게나 해당되는 일이었고, 남자가 많은 처첩을 거느리는 것을 자랑으로 여겼다. 황제가 수많은 비빈을 거느리고 그 몸에서 수많은 자녀가 태어난 것은 역대 제왕들의 공통적인 사실이다. 그러나 유가적 태도를 습득한 순치제의 상심은 여기서 한 발 더 나아가 무분별한 정사(情事)를 경계했다. 그는 군주 독재권을 확립하기 위해 궁중 법도를 새로이 마련하여 조법으로 발표했는데, 그 내용은 대략 이런 것이다.

황제의 침실 관리는 경사방태감(敬事房太監)이란 환관이 담당했다. 이들은 저녁 수라가 끝날 무렵이면 커다란 은쟁반에 황제가 총애하는 비빈의 이름이 적힌 녹두패(錄頭牌)를 올려 황제에게 바쳤다. 황제가 이를 보고 생각이 없으면 그냥 물리고, 그중 하나를 뒤집어 놓으면 그날 밤의 행운(?)은 그 녹두패의 주인공이 차지하게 되었다. 선택된 비빈은 황제의 침실에 들며 정해진 시간 내에 일을 마친 후 즉시 자기 처소로 돌아가야 했다. 이때 경사방태감은 황제에게 수태(受胎) 여부를 물어보고 유념하라고 하면, 대장에 성명과 연월일시를 상세히 기록하여 후일 증거를 남기고, 그렇지 않을 때는 출산하지 못하게 조치했다. 평소 황제가 후궁의 처소를 찾아도 황후의 승인이 없으면 그 후궁은 황제에게 절대로 문을 열어 주어서는 안 된다. 이렇게 해서 아들이 태어나면 적서(嫡庶)의 차별없이 태어난 순서에 따라 제1 아고(황자), 제2 아고 하는 식으로 번호를 매겨 아고방이라는 곳에 같이 수용시키고 아무 차별없이 교육을 받게 한 후 그 중 가장 뛰어난 아고에게 다음 제위를 계승하게 했다. 이런 것이 순치제가 만든 조법이었다. 로맨틱한 장면이라고는 그림자조차 찾을 수 없었고, 씨받이 내지는 씨내림이 남녀 간 사랑의 전부라고 할 수 있는 이런 무미건조한 법을 만들어 후손들을 꼼짝 못하게 만들어 놓았다.

그러나 막상 자신은 한 여인을 사랑하다 24세의 젊은 나이에 요절했다. 1653년 도르곤이 죽자 죽은 그를 벌(罰) 주고, 몽골 출신의 황후를 폐위시킨다고 선언하여 신하들을 다시 한번 깜짝 놀라게 했다. 주위에서 아무리 간해도 소용이 없었다. 하는 수 없이 관습상 몽골 여자를 다시 황후로 세웠지만, 새 황후 역시 버릇없다는 핑계로 거들떠보지도 않았다. 이렇게 상심 속에 시름없이 지내던 이 젊은 황제 앞에 생명을 다 바쳐 사랑할 만한 여인이 나타났다. 그가 바로 동귀비(董貴妃)라고 불렀던, 기록상으로는 만주 출신의 여인이었다. 그러나 항간에 떠다니는 소문으로는 양주(陽州)에서 이름을 떨치던 어느 부호의 애첩 동소완(董小宛)이라는 미모의 여인이, 양주가 변란으로 시끄러울 때 포로가 되어 베이징으로 왔다가 어떤 연유로 궁중에 들어가 젊은 황제의 마음을 사로잡아 동귀비가 되었다고 한다. 젊은 황제 순치는 동귀비가 옆에 없으면 수저도 들지 않을 정도로 그녀를 사랑하고 아꼈다. 그런데 불행하게도 이 동귀비가 순치 17년(1660) 8월 병을 얻어 끝내 일어나지 못하고 그만 죽고 말았다. 비탄에 잠긴 황제가 이번에는 죽은 동귀비를 황후로 봉한다고 고집을 피웠다. 주위에서 부당함을 간곡하게 아뢰자 순치제는 인생무상을 느끼고 자금성의 황제 자리를 팽개치고 오대산으로 들어갔다고 한다. 아무리 신하들이 권해도 나오지 않자 할 수 없이 황제가 사망했다고 발표하고 어린 그의 아들을 다음 황제로 세워 이를 수습했다. 이런 것은 다만 민간에서 쉬쉬하는 가운데 소문으로만 전해졌을 뿐, 공식 기록에는 순치 18년(1661) 정월 초이튿날, 황제가 마마를 앓았다고 알려졌고, 뒤이어 24세의 젊은 황제의 죽음이 발표되었다. 곧 유조(遺詔)가 발표되고 순치제의 두 아들 가운데 둘째인 여덟 살의 현엽(玄燁)이 청의 4대 황제로 뒤를 이었는데, 이가 희대의 명군 성조 강희제(聖祖 康熙帝, 1661~1722)였다.

제37강

청의 개혁 군주 강희제

강희제의 등극과 삼번의 난

1661년 정월, 젊은 순치제가 죽고, 그의 둘째 아들 현엽(玄燁, 1654~1722)이 즉위하여 연호를 강희(康熙)로 개원했다. 강희제의 제위 계승과 관련된 소문에 따르면 원래 그는 제위 계승자의 서열에 들지도 못했는데, 여러 황자 가운데서 유일하게 천연두를 앓은 마마 자국이 있어 직계 황통이 단절될 것을 크게 염려한 순치제가 자신의 후계자로 강희제를 지목했다는 것이다. 그만큼 당시 천연두는 생명을 앗아가는 무서운 역병으로 인식되었다. 여덟 살에 청나라 제4대 황제가 된 강희제[康熙帝: 묘호(廟號)는 성조(聖祖)로 재위는 1661~1722)]는 아버지의 유조(遺詔)에 따라 섭정(攝政)을 두지 않고, 만주 시절부터 중신 자리를 지켜온 4명의 기인(旗人)들이 정치를 보좌했다. 그러다가 강희 8년(1669) 5월, 그의 나이 16세가 되었을 때 스스로 친정(親政)을 선언하고 과감하게 보좌 정치를 폐지하여 젊은 황제가 모든 정사를 담당했다. 그러나 자신만만한 이런 젊은 황제에게, 어쩌면 만주족 전체의 운명까지 가늠할 중대한 시련이 찾아 들게 되었으니 바로 삼번(藩)의 난(亂)이다.

거의 공짜로 산해관을 넘어 중원으로 들어와 자금성의 주인이 될 수 있었던 만주족은, '공짜가 없다'는 것을 증명이라도 해주듯 30여 년 세월을 보낸 후 엄청난 대가를 요구받았다.

번(藩)이란 변방을 지키기 위해 설치한 청나라의 특이한 행정 구역으로, 정복 왕조로 들어온 청나라가 처음에는 중국의 남쪽, 즉 화남 지방을 다스리기 위해서 설치했다. 이후 북서쪽의 신강(新疆), 청해(青海), 서장(西臟, 티베트)을 정복한 후 이곳에도 번을 설치하여 직할령과 구분했다. 다시 말하면, 청나라는 중국과 만주, 몽골은 직할령으로 하여 직접 통치하고, 멀리 떨어진 변경에는 그 지역에 밝은 유력한 인사나 현지인에게 어느 정도 실권을 주어 다스리게 했는데, 이를 번(藩)이라고 했다. 그리고 이 번을 관장하기 위해서 통상적인 통치 기구와는 별도로 이번원을 설치하여 번(藩)에 관한 일을 맡도록 하는 2원적 통치 구조를 가지고 있었다. 화남 지방에 3번을 설치하게 된 것은, 청으로서는 이한제한(以漢制漢)의 고육지책(苦肉之策)이었다. 명나라 때부터 이곳 바다에서는 해적들이 우글거렸고, 육지로 올라서면 정부에 반항하는 세력들이 곳곳에 흩어져 있었다. 그리고 그 남쪽 운남(雲南)에는 사나운 묘족(苗族)들이 빈틈을 노리고 한몫 챙기기 위해 언제나 여념이 없었다. 실제로 명이 망하고 청이 들어섰을 때, 명의 부흥을 빌미로 곳곳에 정권을 세우고 공공연히 청조에 반기를 든 곳도 이 지방이었다. 그러나 인구도 적고 병력도 제한된 만주 8기만으로는 북방 방어조차 힘에 겨웠고, 그 넓은 남쪽에까지 주둔시킬 병력도 없었다. 더구나 남쪽의 더위와 풍토에 만주인들이 적응하기도 힘들었기 때문에 이곳에 번을 세워 한인(漢人)들로 하여금 한인(漢人)들을 다스리게 하는 이른바 이한제한(以漢制漢)의 묘책을 강구했다.

명의 부흥 세력들인 남명(南明)이 어느 정도 평정된 순치 16년(1659), 이 화남 지방을 크게 세 개의 군관구로 나누고 번을 설치했으며, 한인(漢人)으로서 청에 귀부(歸附)하여 공을 세운 유력한 군벌들에게 왕의 봉작(封爵)을 주어 각각 다스리게 했다.

광동(廣東)에는 평남왕(平南王) 상가희(尙可喜)가, 복건(福建)에는 정남왕(靖

南王) 경중명(耿仲明, ?~1649)의 아들 경계무(耿繼茂)가, 운남(雲南)에는 평서왕(平西王) 오삼계가 자리를 잡게 되었는데, 이를 3번이라고 했다. 이 가운데 오삼계의 세력이 가장 강했다. 상가희와 경중명은 요양(遼陽) 출신의 한인(漢人)들로서 명에 입사(入仕)하여 요동 지방을 지키다가 1633년 청 태종 홍타이지에게 패하고, 그 휘하에 들어갔던 사람들이었다. 이들은 병자호란 때 조선에도 들어왔고, 명과의 싸움에서 많은 공을 세워 한인(漢人) 8기의 우두머리가 된 사람들이었다. 명나라 입장에서 보면 매국노(한간 漢奸)였지만, 청나라에 대한 충성심은 어느 누구보다도 강했던 사람들이었다. 이들은 청나라 체제에 철저히 편입되어 화남 지방을 정복한 공으로 순치 6년(1649) 각각 평남왕과 정남왕으로 봉해졌다. 정남왕 경중명이 부하의 잘못을 부끄럽게 여겨 자결하자 왕작(王爵)을 그 아들 계무가 잇게 되었다. 오삼계 역시 요동 출신의 한인으로서 산해관을 수비하다가 청으로 돌아서서 이자성과 장헌충의 잔적(殘賊) 소탕에 앞장섰고, 1662년 지금의 미얀마까지 피해간 명의 마지막 세력인 계왕(桂王)을 끝까지 추격했다. 이에 겁을 먹은 미얀마에서 계왕을 잡아 보내자 이를 살해하여 명나라 최후의 숨통을 끊었다. 이 공로로 청나라 조정에서는 그에게 아부하듯 그 해 청 태종의 딸을 혼인시키고 평서친왕(平西親王)의 봉작을 내렸다.

원래 명나라 최강의 정예를 이끌고 있었던 오삼계는 청나라 조정으로부터 운남(雲南)과 귀주(貴州)의 병권과 문무 관료의 임명권 등 방대한 권한을 부여받아 이곳을 통치했다. 그는 장헌충의 잔당 및 이곳 묘족(苗族)들을 소탕하는 과정에서 그 무리들까지 합세하여 속칭 10만의 군대를 거느리는 최대의 군벌로 성장했다. 이렇게 군벌로 성장한 오삼계는 조정으로부터는 거액의 군사비를 받았고, 티베트와는 무역을 했으며, 토착민에게는 세금을 걷었다. 게다가 남해 무역까지 관장하여 큰돈을 모았다. 막대한 부(富)를 축적하자 계왕이 있었던 오화산 궁전을 개축하여 자금성을 흉내내고, 경국의 미색 진원원(陳圓圓)을 위시하여 4면 관음, 8면 관음 등 야릇한 이름을 붙인 천여 명의 처첩을 거느리면서 사치스러운 생활로 거들먹거렸다.

그런데 여기에 반청적(反淸的) 중국 인사들이 공공연히 모여 들었다. 청나라 조정에서 그를 당할 군사적 실력자가 없다는 것을 잘 알고 있던 오삼계는, 엉뚱한 야망까지 키워가고 있었다. 베이징의 청 조정으로서는 멀리 떨어져 있는 이런 오삼계가 위협적인 존재가 아닐 수 없었다.

강희 12년(1873) 3월, 광동(廣東)의 평남왕(平南王) 상가희(尙可喜, 1604~1676)가 70 고령에 접어들자 그 자리를 맏아들 지신(之信)에게 물려주고, 고향인 요양으로 돌아가기를 원하는 청원을 올렸다. 이 상소를 계기로 조정 내에서는 3번 자체를 폐지하자는 논의가 조심스럽게 대두되었다. 이미 명의 부흥 세력과 잔적들이 사라진 마당에 구태여 조정 예산의 절반이나 되는 매년 3천만 냥의 거금을 들이면서까지 삼번을 두어야 할 이유가 없다는 것이 폐지론자들의 주장이었다. 반면, 신중론자들은 섣불리 이를 폐지한다는 것은 아직도 불순 세력이 남아 있고, 낮잠을 즐기는 맹수와 같은 번왕(藩王)들의 코털을 건드리는 것과 같은 결과를 만들어 더 큰 환란(患亂)을 불러올 수도 있다고 주장했다. 이런 조정의 양론에 대해서 젊은 강희제는 삼번을 폐지하기로 용단을 내렸다.

이런 급보가 오삼계의 귀에 들어가자 그는 곧 반란을 결심했다. 그러나 반란이 성공을 거두려면 각처에 산재해 있는 군벌들과 민중들의 지지를 받을 수 있는 그럴듯한 명분이 필요했다. 그러나 이미 명(明)을 상징하는 계왕을 자신이 살해한 뒤라 명나라를 회복한다는 명분은 내세우기 어려웠다. 상황을 좌시할 수 없었던 그는 결국 염치 없이 '배만복명(排滿復明)'이라는 격문을 각처에 띄우고 행동을 개시했다. 만주족이 세운 청나라를 물리치고 명나라를 되찾자는 것이었다. 비록 합당한 명분은 얻지 못했지만, 그는 노련한 장군답게 우선 운남과 귀주를 장악하고 군세를 곧 바로 호남(湖南)으로 향했다. 이에 호응해서 사천(四川)과 광서(廣西)에 있던 녹영(綠營)의 장군들이 가세했고, 이듬해 3월에는 복건(福建) 경정충의 군사들이, 12월에는 광동(廣東) 상지신의 군사들까지 가담해 마침내 3번의 군사를 합한 오삼계는 크게 위력을 떨쳤다. 이에 맞서 자금성의 강희제는, 티베트의 중재 요청과 몽골의 지원을 정중히 거절한 후 8기군과 그 지배하에 있었던 녹영의 군사들을 동원했다. 그리고 예수회 선교사로서 베이징에 머물고 있던 베르비스트(Ferdinand Veriest, 南懷仁)에게 명령하여 경량(輕量)의 대포를 만들어 각 전선에 보내고, 특별 통신망을 조직하여 친히 작전을 지휘했다. 이렇게 해서 동쪽으로는 복건(福建)의 해안으로부터 서쪽의 감숙(甘肅)에 이르기까지 중국 대륙을 횡단하는 장장 수천 킬로미터의 전선이 형성되었고, 한 치 앞도 내다 볼 수 없는 긴박한 정황으로 중국 대륙이 다시 술렁이게 되었다.

청나라로서는 최대의 위기였다. 녹영(綠營)의 군사들이란 그 뿌리가 명나라였다. 따라서 이들이 언제 돌아설지 누구도 장담할 수 없었다. 그런가 하면 이미 귀족화한 만주 2세들로 구성된 8기군은 더위와 낯선 풍토에 지레 겁을 먹고, 강을 건너 남쪽으로 가는 것을 몹시 두려워했다. 이에 젊은 황제는 하루에도 3~4백 통씩 시시각각으로 들어오는 전황을 일일이 분석하여 정확한 판단을 내리고, 잘못이 있으면 만주의 왕족이라 할지라도 가차 없이 벌을 주었다. 녹영의 장군들을 교묘히 추켜세우거나 경쟁심을 유발하여 반란군의 돌파구를 막는 데 일단 성공하고, 버티기 작전인 장기전으로 돌입했다. 오삼계는 이미 70 고령을 바라보는 나이가 약점이었다. 수하 장졸들이 베이징으로의 진격이나 강남 점령을 권해도 양쯔강 이남의 확보에만 급급할 뿐 한 발도 더 나갈 생각을 하지 않았다. 명분이 약한 반군 연합 세력으로서는 초조하지 않을 수 없었다.

1676년, 광동에서는 상가희가 그 아들 상지신이 반란에 가담한 것을 부끄럽게 여겨 자살하자 그 군세가 무너지기 시작했다. 복건에서는 1671년 경계무가 죽고, 그의 아들 경정충(耿精忠, ?~1682)이 뒤를 이어 반란에 가담했다가 청군의 공격을 받고 항복한 후, 이번에는 청군에 가세하여 반군 토벌에 앞상을 섰다.

고립된 오삼계는 1678년 5월 호남(湖南)의 형양(衡陽)에서 황제에 올라 국호를 주(周)라 하고, 소무(昭武)라 건원(建元) 했으나 그해 8월 병이 들어 황망(慌忙)히 저승길로 갔다. 그의 손자 오세번이 홍화(洪化)라 개원하고 뒤를 이었지만, 1681년 10월 곤명(昆明)에서 청군에 포위되어 자살함으로써 8년간에 걸친 3번의 난은 막을 내렸다. 강희제가 성급한 기마 민족답지 않게 지구전을 펼친 것이 승리의 요인으로 보인다.

한편 당시 조선은 북벌론을 주장하던 시기와 맞물려 있었다. 숙종 때 윤휴(尹鑴)가 북벌을 주장한 까닭 중 하나가 "오랑캐들을 봐라. 지금 삼번이 저토록 난리를 치고 있지 않은가. 우리도 협력해서 치욕을 씻어야 한다!"는 것이었다. 당시 《조선왕조실록》을 보면 조선도 삼번의 난을 이용해서 대만 정씨 왕국이나 삼번과 연대하자는 의견도 많았으나 결국 흐지부지되었다. 사실 조선은 군사를 내고 싶어도 시도할 수가 없었다. 당시 조선의 사정이 말이 아니었기 때문이었다. 조선은 왜란과 호란을 거치면서 인구가 격감했고, 여기에 한반도 최악의 기근인 현종(顯宗)조 경신 대기근(1670~1671)까지 닥친 뒤라 군사를 동원할 여력이 없었다. 당장 백성부터 먹여 살리는 것이 급선무였다. 그뿐만 아니라 당시 조선 사신들은 매년 북경을 다녀와서 청나라의 강대함을 조정에 보고하고 있었다. 삼번의 난이 마무리된 이후 조선 숙종(肅宗) 때에는 다시 을병 대기근(1695~1699)이 닥쳐 오히려 식량을 원조해달라고 요청할 정도였고, 강희제는 5만 석의 식량을 조선에 보냈다. 더구나 조선을 지배하는 성리학자들은 명나라의 유신들과 마찬가지로 삼번 세력을 좋게 보지 않았다. 특히 삼번의 우두머리였던 상가희와 경중명은 모문룡의 부하들로서 가도에 주둔할 때 조선에 해적질을 하면서 큰 피해를 끼쳤고, 오삼계는 청군에 산해관을 열어주어 만주족의 대륙 지배를 도운 일등 공신인 데다가 남명의 황제 주유랑을 직접 체포해 처형한 자였다. 아무리 복수의 기회가 왔다고 하지만 성리학자들이 주류를 이룬 조선이 이런 배신자들과 호응할 수는 없었을 것이다. 게다가 장강 이남은 반만주족 감정이 극심한데다가 원래부터 번왕(藩王)들이 정복한 지역이기 때문에 주민들의 지지로 오삼계군이 쉽게 공략할 수 있었다. 이와 달리 조선이 국경을 맞댄 만주는 만주족의 본거지고, 화북 지역은 청조에 대한 지지세가 확고했기 때문에 조선이 침공해도 별다른 성과를 내지 못했을 것이다. 이런 상황에서 군사를 냈다가 청나라 측의 역공을 당하게 되면 병자호란 때 겪은 삼전도의 치욕 이상의 보복을 받고 멸망했을 가능성도 있었다. 삼번의 난 발생 70년 후 준가르부가 청나라에 반란을 일으켰다가 아예 민족 자체가 말살당한 것이 좋은 예이다.

숙종 시기, 삼번의 난이 마무리된 직후(1683년) 청나라에 사신으로 다녀온 우의정 김석주는 숙종 임금에게 보고하기를, 삼번의 반란군은 모두 타도되었고, 반란의 수괴들은 모두 북경에 끌려와 참형을 당했으며, 명나라 유신들의 자손들이 지금 모두 청나라에서 벼슬하고 있다고 전했다. 또한 일본 측에서 전해온 바에 의하면 대만의 정성공 세력도 이미 타도되어 대세는 청나라에 기울었고, 천하는 명나라를 잊은 지 오래되었다고 보고했다. 《숙종실록》에 기록된 이런 내용으로 인하여 효종 즉위 이후인 1650부터 시작해서 숙종대인 1670년대까지 계속 이어져 오던 조선 조정 차원의 북벌론은 자취를 감추게 되었다.

여담(餘談) 하나 추가하면, 이 전쟁의 여파로 송나라 이래 세계 최대의 도자기 생산지 경덕진이 전란으로 초토화되었다. 덕분에 중국에서 도자기를 수입하던 유럽인들은 다른 매입처를 찾아야 했고, 그 후보로 떠오른 1순위가 조선, 2순위가 일본이었던 것으로 보인다. 당시 인도네시아에 본부를 두고 동북아에 관심을 두고 있던 네덜란드 동인도 회사는 《하멜 표류기》의 사례에서 보듯 조선과는 소통에 실패했고, 일본과 무역을 했다. 조선도 도자기 기술을 가지고 있었지만, 지리적으로 볼 때 유럽 상인들이 가까운 일본을 거르고 유럽과 왕래가 없던 조선을 택하기는 어려웠을 것이다. 더욱이 임진왜란 이후 일본군이 이삼평 등 조선의 도공들을 일본으로 데려가 조선의 도자기 기술을 일본이 거의 따라잡았던 상황이었다. 그들은 에도 막부의 허가를 받아 그동안 포르투갈이 사용했던 나가사끼 인근의 데지마섬에 자리를 잡고 일본에 도자기를 주문했다. 1670년대부터는 거의 중국 경덕진 수준에 이르는 도자기가 생산되기 시작했고, 그 이후에는 도자기에 서양인들이 좋아하는 다양한 채색까지 입혀 유럽에서 호평을 받았다. 이러한 사정으로 한동안 일본산 도자기가 유럽 시장을 휩쓸었다. 1684년부터 경덕진이 복구되어 유럽 시장에서 중국 자기와 일본 자기가 다시 경쟁하게 되었으나 이미 일본 자기가 우위를 점하고 있었다. 물론 그 이후는 유럽이 자체적으로 제조 기술을 갖추었고, 본 차이나 등으로 경쟁력을 확보하게 되었다. 일본은 그런 과정에서 네덜란드를 배우자는 난학(蘭學)이 유행했고, 그 후 명치유신으로 이어지는 근대화의 시발점이 마련되었다.

청의 대만 정복

중국 복건성(福建)에서 타이완 해협을 사이에 두고 동쪽으로 약 150킬로미터 해상에는 큰 고구마 모양을 하고 남북으로 뻗어 있는 섬, 대만(臺灣)이 있다. 중국의 사서(史書)에 등장한 것은 기원 전후 동한(후한) 시대부터이다. 한서(漢書)에 동곤(東鯤)으로, 삼국지에 이주(夷州)라고 한 것이 지금의 타이완이라고 하는데, 명대까지만 해도 말레이-폴리네시아계 원주민들이 산간에 거주했을 뿐 중국의 직접 지배를 받지는 않았다. 16세기 이래 동지나 해상에는 포르투갈, 에스파냐, 네덜란드의 무역선들이 무수히 내왕했고, 여기에 중국의 밀수업자나 해적들이 바다를 누비면서 이곳에도 많은 사람이 드나들게 되었다.

1590년, 일찍 이곳을 찾은 포르투갈인들은 이 섬을 '일라 포모사(Ilha Formosa)'라고 불렀는데, 포르투갈어로 '아름다운 섬'이라고 한다. 이후 네덜란드가 1622년 자바로부터 북상하여 펑후제도(澎湖諸島)를 점령했다가 푸젠군(福建軍)에게 쫓기자 1624년 타이난(臺南)의 안핑(安平)에 들어와 이곳을 타이오완이라 부른 것이 청대 이후 섬 전체를 타이완이라고 부르게 된 연유가 되었다. 네덜란드는 타이난의 서쪽 약 4 킬로미터 지점의 외항 안핑을 점령하고 이곳에 유럽풍의 성채(城砦)를 쌓고, 그들의 본국 북부 지방에 있는 주의 이름을 따서 제란디아성(城)이라 했다. 그 후 에스파냐도 들어와 거점을 구축했으나 1642년 네덜란드에 쫓겨나고 네덜란드가 단독 식민지 경영에 나섰다.

한편 이 무렵, 중국 대륙에서는 푸젠(福建)을 중심으로 정성공(鄭成功, 1624~1662)이란 자가 강대한 해상 세력을 이끌고 명나라의 부흥 정권을 도우면서 청나라에 대항하고 있었다. 정성공의 아버지 정지룡(鄭芝龍)은 푸젠(福建) 출신으로 원래 해상 밀무역자였으나 명나라 조정에서 총병관으로 임명하여 밀무역의 단속을 맡겼다. 정지룡은 밀무역을 독점하고 해상의 통행세도 징수하여 막대한 이익을 남겼다. 1644년 명나라가 망하자 정지룡의 아들 정성공은 남명 당왕의 부흥 정권으로부터 관직을 받았다. 그렇지만 푸젠(福建)에 청의 홍승주가 들이닥쳐 하나하나 토벌하자 정지룡은 홍승주에게 힘을 보탰다.

그러나 아들 정성공은 일찍이 난징의 태학에서 성리학을 배우면서 대의명분을 몸에 익혔고, 당왕으로부터 받은 분에 넘친 호의를 배반할 수 없다며 완강히 저항하고 공공연히 청에 도전했다. 그러던 중 아버지 정지룡이 1650년 청군에게 인질로 잡히고 말았다. 청(淸)나라는 그의 아버지를 통하여 회유했으나 정성공은 이를 물리치고, 오히려 아버지의 해상권을 이어받아 진먼섬(金門島)과 샤먼(廈門)을 근거지로 무역을 하여 군비를 충당하는 한편, 자주 본토의 연안을 공략하고 반격의 기회를 노렸다. 1658년과 그다음 해까지 그가 벌였던 난징 공략은 기사회생의 일대 결전이었으나 패하여 아모이로 철수했다. 순치 18년(1661년), 청나라가 연안 백성을 내지(內地)로 강제 이주시키는 천계령(遷界令)을 선포하여 정성공과의 교류를 차단하자 그는 타이완(臺灣)을 눈여겨보게 되었다. 그는 타이완을 공략하여 새로운 기지를 확보하고 항청복명(抗淸復明)과 대륙 반격의 근거지로 삼고자 했다.

정성공은 그해 4월, 2만 5천의 병력과 5백 척의 선단을 이끌고 타이완으로 들어가 네덜란드인들이 세운 프로빈시아성을 우선 점령하고, 이듬해 제란디아성을 함락하여 네덜란드인들을 섬에서 추방했고, 타이완에 독자 정권을 수립하여 개발에 착수했다. 한편 그의 아들 정경(鄭經)을 진먼섬(金門島)과 샤먼(廈門)에 주재시켜 대륙 진출의 시기를 노렸으나 뜻을 이루지 못하고 39세에 요절했다. 일설에 정성공이 일본 나가사키현(長崎縣) 히라도(平戶) 출생으로 어머니는 일본 여자였다고 한다. 당시 중국 남해안에는 많은 일본인이 중국 해적에 고용되어 수시로 양국 사이를 왕래했고, 정지룡이라는 거물이 일본에 자주 들락거리면서 현지처(?)를 두었을 가능성이 있지만, 그 진위는 확실하지 않다. 다만 조선 선비 박제가가 당시 청의 화가 나빙과 교류할 때 정성공에 관한 그림을 그린 것이 남아 있기도 하다. 정성공이 7세 때 아버지의 부름을 받고 일본으로부터 혼자 명나라에 건너가 난징의 태학에 들어갔고, 거기서 전겸익(錢謙益)이라는 당대의 대학자에게 사사했던 것은 사실이라고 한다.

박제가 作 연평초령의모도

그 후 정성공의 후계자들은 삼번의 난 때 일시 본토에 출격했으나 난이 평정되자 타이완섬에 틀어박혀 상속 싸움이나 벌이고 있었다. 삼번의 난이 평정된 후 청나라에서 본격적으로 타이완섬을 공격하자 강희 22년(1683) 7월, 정성공의 손자는 호복 변발 차림으로 청나라에 항복했다. 타이완은 비로소 청나라의 영토가 되었다. 남쪽의 거센 바람을 잠재운 강희제는 말머리를 서북쪽으로 돌려 남진해온 러시아를 막고, 톈산북로에 있었던 준가르부 정복에 나섰다. 그가 추구한 것은 왕도 정치(王道政治)의 꿈을 실현하는 것이었다.

중국 강역(疆域)의 확장

암석과 모래와 초원으로 형성된 넓은 유라시아 북쪽 몽골 고원 일대는 고비 사막을 경계로 내몽골와 외몽골로 나뉜다. 유목(遊牧)과 기마(騎馬), 이동을 전제로 살아가는 민족들에게 피할 수 없는 여러 가지 어려움이 따랐는데, 그중에서도 힘에 의한 약탈, 피가 피를 부르는 무서운 보복, 살육이 정당화되는 풍조 속에서 한시도 편하게 살기 어렵다는 점은 간과할 수 없다. 이런 관행이 오랜 경험을 통해서 모두에게 해가 된다는 것을 알게 되었다. 이에 따라 사람들은 풍토에 알맞은 신을 모시고, 인간이 거스를 수 없는 신의 법을 마련하여 그 계율을 지킴으로써 서로 간의 행복을 보장받기를 원했다. 샤머니즘을 숭배하던 몽골족에게도 불교가 전래되었다. 윤회(輪廻)와 전생(轉生)의 불교적 가치관이 큰 매력으로 다가왔으나 살생 금지의 계율만은 도저히 지킬 수 없었다. 이에 몽골은 교묘히 불교를 변형 발전시켜 이른바 라마 불교를 만들었다. 물론 라마교의 본산은 티베트이며, 수도 라싸의 포탈라궁에는 달라이 라마가 정교(政敎) 양권을 쥐고 활불(活佛)로서 유목민들의 정신계에 군림하고 있었다. 이들의 언어에서 라마란 스승 중의 스승, 즉 사장(師長)과 상인(上人)을 의미하고, 달라이는 바다라는 뜻이라고 한다.

이 시기 몽골 부족의 새 지도자가 된 알탄 칸은 오이라트 부족을 더 서쪽으로 내몰고 카라코럼과 청해를 차지한 뒤 티베트까지 들어가 라마교를 받아들였다. 이때부터 늑대보다 더 사납던 몽골족이 양처럼 순해진 불가사의한 현상이 나타났다. 아마도 윤회와 전생에 대해 배운 뒤 그 믿음에 대한 두려움에 기인한 것으로 보인다. 즉, 라마교가 본격적으로 몽골 사회에 퍼지게 된 것은 16세기 중반으로, 알탄칸으로부터 왕공 귀족들까지 모두 그 후원자가 되었고, 넓은 초원 곳곳에 흰색의 라마 사원이 들어서기 시작했다.

한편, 샤머니즘을 믿고 있던 만주족들은 불교를 받아들인 후로는 그들의 칸을 문수보살의 화신으로 생각했고, 중국에 들어가서는 유교(유학)의 가르침에 따랐다. 그러다가 달라이 라마가 관음보살의 화신이라고 믿는 라마교 역시 아무 부담 없이 받아들였다. 이런 것이 동이계 인종의 종교적 특징이다. 농경 정착 생활을 했던 중국인들은 살아 있는 동안 행복(福)과 재화(祿), 장수(壽)를 바랄 뿐 윤회나 전생은 속임수에 불과하다는 것이 그들의 전통적 생각이었다. 따라서 만주족들이 아무 신앙이나 받아들여 종교를 이용한 지배력을 강화하려 한다는 비난은 어찌 보면 당연하다.

17세기 청나라가 성립될 무렵, 내몽골 일대에는 차하르 부족이, 외몽골 일대에는 할하 부족이 그 서쪽에는 중가르 부족이 비교적 큰 세력을 펼치고 있었다. 그러다가 강희제가 삼번의 난을 진압하고 안정기에 접어들었을 때 중가르 부족에서는 갈단이란 자가 나타나 몽골과 티베트를 연결한 라마 왕국의 꿈을 키웠다.

강희 35년(1696년), 갈단이 다시 침입하자 강희제는 친히 군사를 이끌고 고비 사막을 넘어 차오모도(昭草多)에서 갈단을 격파했는데, 황제가 직접 고비 사막을 넘은 것은 명의 영락제에 이어 강희제가 두 번째였다. 한편 라마 왕국 건설과 몽골 통일의 꿈이 무너진 갈단은 이듬해 알타이 산중에서 독을 마시고 자살했다. 그 후 갈단의 아들 손자 대에 다시 티베트를 침공하고 끈질기게 라마 왕국을 실현하고자 했으나 결국 청의 옹정, 건륭제에게 토벌되었다. 이후 중가르부와 티베트는 중국의 영토가 되어 지금에 이르고 있다.

갈단이 패사(敗死)한 뒤 할하 부족은 다시 외몽골로 돌아갔고 청나라는 이를 번부로 삼아 이번원(理藩院)에서 관할했다. 그러다가 1911년 신해혁명 이후 청조가 무너지고 1924년 소비에트의 지원으로 독립하여 소련에 이어 세계에서 두 번째로 공산 국가가 되었다. 소련 해체 후 서방에 문호를 개방하여 몽골 인민 공화국이라는 이름으로 지금까지 이어오고 있다.

네르친스크 조약

16세기 이후 러시아는 모스크바를 중심으로 세력을 계속 확장했다. 1598년 류리크 왕조가 단절되고, 1613년 로마노프 왕조가 갓 성립되었으나 내란으로 편할 날이 없었다. 러시아의 동진(東進)은 이때 시작되었다. 러시아가 모스크바를 중심으로 중앙 집권을 강화하고 주변을 통합하자 카자크(코자크)족은 이에 반발해서 변경 지대에 모여 그들만의 사회를 만들고, 정부의 간섭에서 벗어나 약탈과 용병으로, 때로는 반란으로 위력을 발휘했다. 기마 전투에 능숙했던 카자크족은 점차 동쪽으로 밀려나면서 러시아인들의 동방 진출을 선도했다. 카자크의 수령 예르마크(?~1584)는 처음에 볼가강, 돈강 상류지역에서 약탈을 생업으로 일삼다가 이반 4세의 토벌을 피해 카마강 상류로 도주했고, 그곳에서 페르미의 스트로가노프가(家)의 보호를 받았다. 광대한 영지를 소유한 스트로가노프가(Stroganov family)는 시베리아 경영의 전진 기지로서 정부의 지지를 받았고, 영지 내에 요새를 구축하고 사병을 거느릴 수 있는 허가를 받았다. 이 스트로가노프가에서 예르마크에게 시베리아 정복을 맡겼다. 곰처럼 한겨울의 눈 속에서도 노숙할 수 있는 카자크 기병대를 이끌고 예르마크는 1581년 우랄산맥을 넘어 동쪽으로 향하여 이르티시강 유역의 시비르칸국을 공략해 왕 쿠춤의 군대와 이르티슈강변에서 싸워 크게 이겼다. 이듬해 수도 시비르(이스케르)를 점령하여 정복지역을 이반 4세에 바치고 원조를 구했다. 시베리아(Siberia)라는 어원은 이 시비르에서 비롯되었다고 한다. 그러나 1584년 8월, 예마르크는 갑자기 나타난 쿠춤군의 기습을 받아 이르티슈강으로 쫓기다가 익사하여 스트로가노프가의 동진은 잠시 주춤했다. 당시의 북만주에 금과 은 그리고 모피가 풍부하다는 소문은 이미 널리 퍼져 상업 자본가로 성장한 스트로가노프가에는 포기할 수 없는 유혹이었다. 러시아 세력은 시베리아 원주민들과의 싸움, 극심한 추위를 극복하며, 원시림으로 뒤덮인 시베리아 땅 동쪽으로 계속 전진하여, 1638년에는 오오츠크해에 도달했다. 여기서 러시아의 군인들과 상인들은 방향을 남으로 돌려 수렵족인 퉁구스계 원주민들을 압박하면서 흑룡강으로 진출해 네르친스크와 아르바진에 전진 기지를 구축했다. 러시아가 알류산 열도와 베링해를 건너 알래스카로 진출한 것은 이보다 훨씬 후의 일이었다. 한편, 북만주에 진출한 러시아인들은 질 나쁜 보드카(vodka)로 원주민을 취하게 만든 뒤, 토지와 모피를 약탈했고 이들 원주민들은 반항하면서도 힘에 밀려 남쪽으로 밀려났다.

만주의 중남부 지역은 청조의 발상지인 동시에 8기의 영지(領地)라 하여 중국 본토와 분리해서 특별한 군정 구역으로 두고 매우 신성시했다. 그러나 외(外) 싱안링(興安嶺)산맥을 넘어 흑룡강과 송화강이 도도히 흐르는 북만주 일대는 만몽(滿蒙)계의 여러 종족이 유목이나 수렵에 종사하는 원시적인 생활을 이어가고 있었다. 청나라에서는 그들을 같은 종족이라 하여 수시로 징발해 전투 시에 소모된 만주 8기의 보충병으로 충당했으나 평시에 이곳은 그들의 자치에 맡기고 있었다. 이런 신비에 가까운 태고 그대로의 땅에 금발(金髮)과 벽안(碧眼)의 백인종들이 일확천금을 노리면서 나타나 소박한 원주민 사회가 무법천지로 변해갔다.

강희제는 정식으로 러시아 정부에 항의하며 곧 철수할 것을 요구했다. 이에 러시아는 베이징에 사절을 보내어 선물을 진상하고 통상 이외에는 딴 뜻이 없음을 천명했다. 서양식 외교를 몰랐던 강희제는 이를 조공으로 받아들이고 신하의 예를 갖춘 것으로 생각하고 일단 양해했다. 그러나 러시아는 계속 주둔하면서 송화강까지 침략의 손길을 뻗치자 일확천금을 노리고 몰려드는 러시아인들의 숫자도 날이 갈수록 늘어만 갔다. 이렇게 러시아의 침략이 한창이던 약 30년간, 조선 효종(孝宗)도 청의 요청에 따라 신유(申瀏) 장군을 파견하여 두 차례 이들의 토벌 길에 올랐는데, 이를 나선 정벌이라고 한다.

삼번의 난과 대만 정벌, 갈단의 침략을 저지한 청나라에서는 드디어 적극책으로 돌아서 강희 28년(1689) 대군을 파견하여 아르바진을 공격하는 한편, 외교 교섭도 병행하여 네르친스크에서 양측 대표가 담판에 들어갔다.

이리하여 청과 러시아의 국경선은 외싱안령, 즉 야블로노이와 스타노보이 두 산맥, 아루군강으로 확정되었고, 이 조약은 러시아, 만주, 중국, 라틴의 4개 국어로 작성되었다. 이것을 네르친스크 조약이라고 한다.

당시 러시아의 로마노프 왕조는 섭정 소피아가 정권을 잡고 있다가 총병대의 반란으로 실각하고 표트르 1세가 제위에 복귀했으나 그는 아직 17세로 나이가 어려 그 모후가 정치를 담당하고 있었다. 러시아의 국내외 정세가 몹시 불안한 상태였기 때문에 담판은 청나라의 요구가 대부분 수용되었다. 이로써 청나라는 중국 역사상 유례없은 명확한 북방 국경선을 갖게 되었다. 그리고 이때 베이징에 머물고 있었던 벨기에 출신의 예수회 선교사 베르비스트 등은 강희제로부터 두터운 신임을 받았으나, 러시아 측에 스파이 역할을 했다는 의혹도 있다고 한다.

네르친스크 조약이 체결된 1689년은 강희제가 서른을 맞이한 해였다. 같은 시기, 러시아의 표트르 대제는 17세의 소년 황제였고, 프랑스의 루이 14세는 마흔한 살이었다. 동서양이라는 공간적 거리가 있음에도 불구하고 대왕 혹은 대제 소리를 들었던 이들 간에는 공통점이 있었다. 이들은 모두 열 살 이전의 어린 나이에 제위에 올랐고, 아버지로부터 물려받은 유산을 잘 지켰을 뿐만 아니라 더욱 큰 살림으로 늘렸다. 그리고 이들은 어떤 루트였던 간에 서로 통하고 있었다. 다만 강희제는 중국인들이 혐오(嫌惡)하는 동이(東夷)계 이적(夷狄) 출신의 오랑캐로 태어났다. 자신의 힘으로 나라를 세운 창업의 군주도 아니고, 새로운 정치 모델을 창안한 것도 없었다. 그뿐만 아니라 루이 14세나 표트르 대제처럼 어린 시절 혹독한 시련이나 큰 고난을 당하지도 않았다. 그러나 오랑캐 출신의 이 황제는, 공자의 수제자가 되기 위해서 중국 역대 황제 중 어느 누구도 흉내조차 내기 힘들 만큼 철저한 금욕 생활로, 수신제가치국평천하(修身齊家治國平天下)의 꿈을 키웠다. 주자가 가르친 성리학에 따르면 오랑캐는 오랑캐일 뿐 결코 성인이 될 수는 없었다. 그럼에도 불구하고 성천자가 되기 위한 그의 희생적인 노력은 황제가 아닌 일반인들도 하기 힘든 것들이 너무도 많았다. 그에 관한 일화와 역사의 평가는 수없이 많다.

성천자(聖天子) 강희제

중국인들을 대상으로 역사상 가장 위대한 군주를 묻는 여론 조사에서 늘 1등을 차지하는 사람은 만주족 황제인 강희제이다. 왜 강희제인가? 오늘날 중국 지도부가 가장 벤치마킹하고 싶어하는 인물이 있다면 과연 누구일까? 진 시황제, 한 고조 유방, 한 무제, 당 태종, 원 태조 칭기즈 칸, 명 태조 주원장? 이 모두가 아니다. 다름 아닌 '강희제'이다. 권불십년(權不十年)이란 말이 있다. 권력은 10년을 넘기기 어렵다는 말이다. 그런데 60년 넘게 권력을 유지했을 뿐 아니라 그 권력을 그 다음 대(代)에도 탄탄대로 반석 위에 올라서게 만든 믿기지 않는 인물이 바로 강희제였다.

강희제 초상과 친필 및 그가 주도하여 편찬한 《강희자전》

중국 청나라의 제4대 황제인 강희제는 1661년부터 1722년까지 무려 61년간 중국을 다스렸다. 춘추 전국 시대를 통일한 진시황제(秦始皇帝)로부터 청나라의 마지막 황제인 선통제(宣統帝) 부의(溥儀)에 이르기까지 220명에 달하는 중국 역대 황제 중에서 가장 오랫동안 황제 자리에 앉아 있었던 사람이 바로 그다. 재위 기간만 길었던 것이 아니다. 청나라를 세운 누르하치의 증손자인 강희제는, 치세 동안 만주족이 세운 청 왕조의 기반을 중국 전체에 걸쳐 그 통치 기반을 공고히 다졌다. 50~60만 명 남짓한 소수 민족 만주족이 그 300배가 넘는 1억 5천 만 명의 한족을 안정적으로 통치한 믿기지 않는 리더십의 주인공이 바로 강희제다.

청 왕조의 태조 누르하치가 만주 일대를 평정한 후 2대 태종 홍타이지 때를 거쳐 3대 세조 순치제에 이르기까지 만주족 전사들은 명 왕조와 전쟁을 계속했다. 결국 명 왕조를 군사적으로 복속은 시켰지만 한족들의 자존심은 만주족 출신의 청 왕조에 협력하기를 꺼려했다. 그 완강한 민족적 저항의 벽을 뚫고 거대 한족의 에너지를 새로운 국가 건설에 동원한 리더십을 발휘한 인물이 바로 강희제다.

만주족 전사들이 명 왕조를 무너뜨리고 베이징에 입성해 중국 전체를 평정하게 된 것은 역사적으로 볼 때 분명 기적이었다. 하지만 그 기적을 지속시켜 청 왕조를 단단한 반석 위에 올려놓고 강희제-옹정제-건륭제로 이어지는 3대 130여 년간의 찬란한 전성기를 연 것은 기적 그 이상의 일이었다. 강희제는 찬란했던 전성기를 구가하게 만든 주인공이자 시발점이었다.

강희제는 타이완과 티베트를 복속시켜 오늘의 중국 지도를 그린 인물이다. 또한 만주족 출신으로서 모국어가 아닌 중국어를 몸소 익혀 훗날 '강희자전(康熙字典)'으로 널리 알려진 방대한 중국어 사전을 편찬해 중국어의 기반을 확립한 인물이기도 하다. 그는 힘으로 영토를 넓힌 무력 군주이면서 동시에 문화적 고풍을 진작시킨 탁월한 문화 군주였다. 한마디로 그 유례를 찾아보기 힘들 만큼 믿기지 않는 문무겸전(文武兼全)의 리더였다.

강희제는 어떻게 변방의 만주족을 이끌고 거대 민족 한족을 268년간이나 통치할 기반을 마련할 수 있었던 것일까? 게다가 61년이란 긴 세월 동안 황제로서의 리더십을 지속해서 발휘할 수 있었던 그 믿기지 않는 힘의 원천은 무엇이었을까? 문무겸전의 믿기지 않는 리더십의 비밀은 어디에 있었던 것일까? 이런 물음을 던지며 '강희제 리더십'의 실체와 만나보도록 하자.

천자(天子)로 불린 중국의 황제는 특별한 존재였다. 오직 황제만이 얼굴을 남쪽으로 향해 남면(南面)할 수 있었고, 모든 신하들은 북쪽으로 얼굴을 향해 그를 우러러 보아야 했다. 또 황제만이 붉은 먹물로 글씨를 썼으며 모든 신하는 검은 먹물만 써야 했다. 그뿐만 아니라 '황제(皇帝)'라는 글자는 어떤 문서에서나 줄을 바꾸어 새로 시작해야 했고 다른 줄의 첫머리보다 반드시 올려서 써야만 했다. 더구나 아무리 높은 대신이라 할지라도 천자를 알현하기 위해서는 황성의 첫 번째 문인 대청문을 지나 모두 7개의 문을 거쳐 약 2킬로미터의 거리를 걸어가야 했다. 그런가 하면 예로부터 천자는 일일만기(一日萬機), 곧 하루에 1만 건의 사무를 처리한다고 이야기되었다. 다소 과장된 것 같지만 실제로 황제의 하루는 눈코 뜰새 없이 바빴다.

황제는 매일 새벽 4시에 기상해서 선대의 가르침을 담은 조칙과 보훈을 읽는 것으로 하루를 시작했다. 그리고 아침 7시부터는 대신들과 만나서 정치를 논의하고 연이은 접견을 오후까지 계속했다. 늦은 오후에는 학자들을 불러 경서와 역사 강의를 듣고 저녁 7~8시부터는 지방관들이 보내온 주접(奏摺, 관료들이 황제에게 직접 보고하는 일종의 비밀 통신)을 읽고 답장, 즉 유지를 썼다. 결국 제대로 하려면 황제의 임무는 엄청난 격무일 수밖에 없었다. 청 왕조를 연 태조 누르하치와 그다음 대인 태종 홍타이지까지는 만주에서 살았다. 그들은 그들의 조상들이 그러했듯이 들판을 쏘다니며 사냥을 일삼았기에 조정의 격무와는 거리가 멀었다. 하지만 3대 세조 순치제는 명 왕조를 멸망시킨 뒤 베이징에 입성한 후 스물넷의 한창 나이에 요절하고 말았다. 그 순치제의 아들로 청 왕조의 4대 황제가 된 이가 바로 성조 강희제였다. 여덟살 나이에 황제에 오른 강희제는 5년간의 섭정 체제를 거친 후 재임 6년 차부터는 직접 통치를 시작했다. 그리고 61년 동안 청 왕조를 이끌었다.

그는 사상 유례없이 장수한 황제였다.

사실 중국의 황제들은 대부분 장수와는 거리가 멀었다. 강희제가 말년에 자신의 상유(上諭), 곧 미리 써 놓은 유서에서도 언급했듯이 중국 황제들 중에 흰 수염이 날 때까지 살아 있었던 경우가 많지 않다고 하지 않았던가. 그만큼 중국 황제들은 장수하지 못하고 대부분 단명했다. 진시황제가 불로초를 찾으라고 그토록 독려했다지만 그 역시 환갑을 넘기지 못했다. 대부분의 중국 황제들이 장수하지 못하고 단명한 까닭은 두 가지 상반된 이유로 해석된다. 하나는 격무 탓이고 또 다른 하나는 지나친 방사(房事) 탓이다. 국정에 충실하려던 황제의 경우에는 격무에 시달리다 죽기 일쑤였고, 환관과 대신들에게 실질적인 국정을 찬탈당한 황제의 경우에는 그저 궁 안에서 볼모나 마찬가지 신세로 방사(房事)나 즐기다 조로(早老)하는 경우가 허다했다. 강희제는 이 두 가지 함정을 모두 피해갔다. 그는 환관과 대신들에 둘러싸인 명목상의 황제가 아니었다. 격무에 시달렸지만 문약(文弱)에 빠지지 않았고, 광야를 누비던 만주족의 핏줄답게 틈나는 대로 사냥을 즐기며 그것을 견뎌낼 만한 체력을 유지했다.

서양 선교사들이 “황제의 키는 조금 크며, 약간 살이 찐 얼굴에는 마마 자국이 있고, 이마는 넓고 코와 눈은 중국인들처럼 작으며, 그 동작은 부드럽고 정중했다”라고 전하는 것을 보면 그는 전형적인 퉁구스계 남성이었다.

노년기 황제 자신이 스스로 말하기를, 어려서부터 사냥을 시작하여 호랑이 135마리, 곰 20마리, 표범 25마리, 늑대 96마리, 그 밖에는 셀 수도 없을 정도의 짐승을 잡아 사냥 솜씨를 자랑했다고 한다. 이것이 사실이라면 뛰어난 자만이 칸이 될 수 있었던 그들 수렵 사회에서 황제로서의 자질에 손색이 없었음을 증명하는 것이나. 한 가시 분명한 것은 장정이 꼼짝달싹도 못하는 강궁(强弓)을 강희제는 손수 매기고 능히 당기는 활의 명수였다고 한다. 그래서 그렇게 많은 호랑이도 잡을 수 있었던 것 같다. 말년에 가서 다소 몸이 쇠하긴 했지만, 그래도 강희제는 강건한 인물이었다. 칭하이(淸海)

에서 티베트로 진격해 그것을 복속시켰던 것이 강희 59년, 즉 67세 때였으니 말이다.

또한 강희제는 대단한 호기심의 소유자였다. 그는 사물들이 무엇으로 만들어졌는지, 또 어떻게 작동하는지를 탐구하는 것을 즐겼다. 그래서 유달리 천문학, 지도 제작, 광학, 의학, 대수학 등에 남다른 관심을 보였다. 아울러 그는 개방적이고 유연한 사고방식을 좋아했다. 그는 몽골 원정 중 말라리아에 걸렸을 때 선교사들의 도움으로 살아난 이후 서방에서 온 예수회 선교사들과도 자주 어울리곤 했다. 그는 선교사들로부터 공학적, 의학적, 예술적, 물리 천문학적 지식을 습득했고, 클래식 음악에다가 라틴어로 된 고전도 익혔으며 서양 역사도 배웠다. 대수학(代數學)과 기하학도 익혀 수학 문제도 풀었고, 심지어는 파스칼이 고안한 당시의 최첨단 기계식 계산기도 다룰 줄 알았다고 한다. 그들의 기량을 높이 평가하고 이들을 적극 활용했지만, 그러나 그들의 사상까지 수용하지는 않았다.

당시 교황 클레멘스 11세는 중국으로 가는 외방(外方) 선교사들에게 '중국 포교의 7원칙'을 제시하며, 중국의 제사 문화를 우상 숭배로 규정하며 로마 정통 방식에 따른 포교를 강요했다. 이로 인해 이미 중국에 들어와 잘 적응하고 있는 예수회 선교사들은 압박을 받게 되었다. 이러한 입장을 대표하여 특사로 파견된 인물이 추기경 투르농이었다. 그는 강희제에게 교황의 친서를 전달하며 자기가 교황의 신임장을 지닌 정통 대표임을 자처하며 유학을 인정하고 제사를 용인하는 타 선교사들을 부정하는 발언을 했다. 강희제는 그를 점잖게 타일렀다.

"공자는 중국인들의 위대한 스승이기에 존경받는 것이지 너희들처럼 행복이나 벼슬, 재물을 얻으려고 공자의 이름을 부르며 기도하지는 않는다. 조상 숭배는 사랑과 추모의 정을 기리기 위한 것이지 조상의 은덕을 받기 위한 것이 아니다. 한낱 미물조차도 죽은 어미를 위해 여러 날을 슬퍼하는데, 돌아가신 어버이에 대해 무관심한 서양인들은 금수만도 못한 자들이다. 그런 자들을 어찌 중국인에 견주겠는가. 조상의 위패를 모시지만 그 안에 조상의 영혼이 거(居)한다고 믿지 않는다. 우리가 공자를 존경하는 이유는 덕을 숭상한 그의 원칙과 교육 체계, 그리고 '윗사람과 조상을 공경하라'는 가르침 때문이다. 너희가 너희의 성인을 존경하는 것도 그들의 고귀한 행위 때문이 아니더냐."

그 이후 계속 중국을 부정하던 추기경 투르농과 선교사 매그노는 결국 마카오로 추방되고 말았다.

한편, 강희제는 서양 신부들의 손을 빌려 10년 만에 청나라의 실측 지도를 만들었다. 황여전람도(皇輿全覽圖)라고 이름 붙인 그 원도는 오늘날 전해지지는 않지만, 프랑스 왕실 기사 당밀이 이를 바탕으로 제작한 동판 지도, 즉 '당밀의 지나(支那) 지도'가 프랑스에 전하고 있다. 당시 중국인들은 지구는 네모로 되어 고정되어 있고, 해와 달을 비롯한 천체가 이 방형(方形)의 지구를 돌고 있다고 생각했다. 구체천동설이 아니라 방형천동설을 믿고 있었던 것이다.

강희제가 처음으로 거리를 재고 그것을 네모로 된 종이에 옮겨 보니 위와 아래가 맞지 않았다. 그래서 서양 선교사들에게 명령해서 천체를 기준으로 삼각 측량을 하고 경 위도를 그려서 중국의 실측 지도를 만든 것이 황여전람도였다.

강희 16년(1677), 강희제는 자금성의 건청궁 서쪽에 학문소를 열고 이름을 남서방(南書房)이라 했다. 황제는 틈틈이 이 남서방에 들러 출사한 사람들을 상대로 역사, 학문, 예술 등 다방면에 걸쳐 이야기하고, 이야기에 흥취가 돋으면 밤이 가는 줄도 몰랐다.

사실 강희제는 청소년기가 되어서야 한자를 배웠지만, 열심히 한학을 배운 덕에 웬만한 학자 못지않은 상당한 한학 실력을 갖추었고 글씨도 달필이었다. 우리가 잘 아는 소림사 현판도 강희제의 글씨라고 한다. 더구나 강희제는 주자학과 수학, 자연과학 등에 정통한 호학인(好學人)으로 4만 9천여 자가 담긴 중국 최고 최대의 사전인 《강희자전(康熙字典)》을 비롯해 당시(唐詩)를 모은 《전당시(全唐詩)》, 성리학의 핵심 문헌을 모은 《주자전서》와 《성리대전》 등을 편찬한 탁월한 문화 군주이기도 했다. 게다가 강희제는 학구 열까지 대단한 사람이었다. 책을 보다가 피를 토할 정도로 면학에 힘썼는가 하면 한인 출신의 유학자에게서 주자학을, 예수회 출신의 서양인 신부로부터 자연과학을 전수 받는 등 배움에 있어서 물불을 가리지 않았다. 바로 강희제의 이런 호학과 향학열 그리고 호기심에 대한 끊임없는 추구가 청 왕조의 문화적 전성기를 이뤄낸 바탕이었음에 틀림없다. 하지만 강희제는 결코 문약(文弱)에 기운 황제가 아니었다. 그는 대단한 무력을 과시한 황제이기도 했다. 1681년에 '삼번(三藩)의 난'을 진압하고 2년 후인 1683년에는 타이완을 병합했다. 그 2년 후인 1685년 러시아 군대를 패퇴시키고 네르친스크 조약(1689)을 통해 러시아의 남하를 저지했는가 하면 1696년과 1697년에는 준가르 전사들의 지도자 갈단을 정벌하여 그를 자결케 했고 사망 두 해 전인 1722년에는 티베트를 공략해 복속시켰다. 현재 러시아 다음으로 넓은 영토를 확보하고 있는 중국의 지도는 이 시기에 대체적인 윤곽을 잡았다고 볼 수 있다.

강희제의 치세를 세계사적으로 비교해 보자. 러시아의 표트르 대제가 즉위한 것은 강희 21년, 즉 1682년이었다. 그런가 하면 프랑스의 태양왕 루이 14세가 사망한 것은 강희 54년, 즉 1715년이었다. 결국 강희제의 시대는 유럽의 절대주의 왕정과 맞물리는 시기였다. 하지만 당시 청 왕조는 러시아는 물론 유럽 최강이었던 프랑스보다도 국부(國富) 면에서 앞섰다. 한마디로 강희제는 그의 치세 동안 지구상에서 가장 크고 강대한 나라의 CEO로 61년을 지낸 셈이었다. 바로 문무 겸전의 리더십을 발휘하면서 말이다.

청 왕조를 세운 만주족과 그 지배를 받게 된 한족 간에는 음식 문화에 차이가 있었다. 더구나 청 왕조 초기에는 이른바 만주족의 만식(滿式)과 한족의 한식(漢式) 간의 차이만큼이나 만주족과 한족 간의 민족적 갈등과 불화도 적지 않았다. 더구나 만주족은 50여만 명에 불과했고, 한족은 그 수 백배가 넘는 1억 5천만 명이었다. 청 왕조를 유지하고 발전시키기 위해서는 한족의 참여가 절실했다. 그런 이유로 강희제는 만주족과 한족 간의 갈등과 불화를 씻고 민족 간 화해와 통합을 이루기 위해 고민하지 않을 수 없었다. 그런 고민 끝에 던져진 강희제의 카드는 언뜻 보기에 의외의 것이었다. 다름 아니라 상호 이질적인 만주족의 만식과 한족의 한식을 한데 모아 놓으라는 것이었다. 강희제는 만주족과 한족 간의 민족적 화해와 화합을 이루기 위해 전국적으로 만주족과 한족의 고유한 먹거리들을 모아 올리도록 지시했다. 그리고 이들 중에서 요리 비법, 색상, 맛과 향, 건강식의 네 가지 기준을 적용해 108가지의 음식을 골라 차려 놓았다. 그리고 이 음식들이 차려진 자리에 만주족 출신과 한족 출신 관료들을 함께 불러 모아 대연회를 연 것이다. 이것이 이름하여 '만한전석(滿漢全席)'이다. 강희제가 만한전석을 통해 얻고자 한 것은 한마디로 음식의 나눔을 통한 민족 간의 화해와 통합이었다. 먹거리의 통합을 통해 만주족과 한족 간의 화합을 꾀한 그 발상이 참으로 탁월하지 않은가. 아무리 서로 으르렁거리고 질시하다가도 먹는 자리에 와서는 서로에 대해 너그러워지고 친밀감을 느끼게 되는 것은 인지상정이다. 강희제는 바로 그것을 노렸을 것이다. 결국 강희제의 이런 감각 있는 화해와 통합의 노력 덕택에 소수 부족이었던 만주족이 수백 배가 넘는 한족을 268년간이나 지배할 수 있었던 것이 아니었을까 싶다. 아니, 단지 지배한 것에 그친 것이 아니라 만주족의 에너지와 한족의 에너지를 뒤섞어 내어 대중화(大中華)의 시너지를 이뤄낸 것이다. 조선의 정조 대왕도 어머니 회갑연을 호화롭게 열고 자주 아버지 묘원을 참배했다. 그 과정에 노인을 초대하고 남은 음식을 백성들과 나누는 한편 격쟁을 받아 민원을 해결했다고 하니 아마도 음식을 통해 나눔을 실천하고 민심을 다독였다는 점에서 강희제를 벤치마킹한 측면도 있었을 것이다.

강희제가 중국사에서 손꼽히는 명군(名君)이 될 수 있었던 것은 그의 독특한 통치 철학에 힘입은 바가 컸다. 강희제의 통치 철학은 한마디로 '국궁진력(鞠躬盡力)'으로 요약된다. 국궁(鞠躬)은 존경하는 마음으로 몸을 구부린다는 뜻이고, 진력(盡力)은 온 힘을 다한다는 의미이다. 결국 '국궁진력'이란 존경하는 마음으로 몸을 구부려 온 힘을 다한다는 뜻이다. 하지만 아무리 곱씹어 해석해 봐도 이 말은 절대 권력을 휘두르는 황제가 쓸 수 있는 말이 아니다. 당시 동아시아 왕조 국가에서는 그 어디서도 있을 수 없는 발상이었다. 당연히 신하들이 "국궁진력이란 말은 신하가 쓰는 말이므로 황제가 쓰기에는 적당치 않다."며 진언을 거듭해 올렸지만, 강희제는 뜻을 굽히지 않았다. 그리고 오히려 한술 더 떠 "짐은 하늘의 종이기 때문에 어떤 일 하나도 소홀히 할 수 없다. 군주라는 것은 죽을 때까지 쉴 수가 없는 것이다."라면서 묵묵히 하늘과 백성을 향해 국궁진력을 실천하는 것이 황제의 소임임을 강조했다고 한다. 이처럼 진심으로 국궁진력을 다했던 그였기에 강희제는 오늘날에도 중국 지도부가 "신중국 건설을 위해 강희제를 배우자."라고 입을 모을 만큼 감동 어린 리더십의 전형으로 부각되고 있다. 국궁진력은 오늘날의 '서번트 리더십(Servant leadership)', 곧 '섬김의 리더십'으로 볼 수 있다.

강희제는 죽기 5년 전인 1717년 건청궁(乾清宮)에 신료들을 모아 놓고 사실상의 유언인 '고별상유(上諭)'를 남겼다. 60여 년의 치세를 돌아보며 남긴 고별상유 치고는 너무나도 짧은 글이었지만 강희제는 그 짧은 상유를 남기기 위해 10년 동안 고민했다고 고백하는 것도 모자라 "간을 드러내고 쓸개를 끄집어내며 오장을 보여주는 것처럼 진심을 털어 놓았노라."라고 말하고 있다. 강희제는 이 상유에서 다음과 같이 이야기했다.

"짐은 어렸을 때 책을 읽으면서 주색(酒色)을 조심해야 하며 백성을 보호해야 한다는 점을 깨우쳤다. 이후 평생을 하루도 편히 쉬지 못하고 나의 마음을 천하를 보살피는 데 다 쏟아 부었다."

그는 유학을 신봉하고 과학을 공부한 황제답게 일반에 떠도는 미신이나 조짐을 믿지 않았다.

"짐이 태어났을 때 결코 신령스럽거나 기이한 징조들은 보이지 않았다. 또 자랄 때에도 그랬고 8세에 제위(帝位)에 올랐을 때도 그러했고, 그로부터 57년이 지난 지금도 그렇다. 역사책에 실려 있는 상서로운 별이나 구름, 기린과 봉황, 지초(芝草)가 나타나는 경사라든가 궁궐 앞에 불타는 진주나 옥이 나타나거나 천서(天瑞)가 하늘에서 내려왔다는 따위의 '상서로운 조짐'은 아예 말하지도 보고하지도 못하게 했다. 이는 모두 헛된 말일 뿐이다. 짐은 감히 잘 다스렸다고 말하지는 못하겠다. 다만 하루하루의 일상을 진실된 마음을 갖고 백성의 실제 생활에 도움이 되도록 다스렸을 뿐이다"

그는 "한 가지 일에 부지런하지 않으면 온 천하에 근심을 끼치고, 한순간을 부지런하지 않으면 천대 백대에 우환거리를 남긴다."는 구절과 함께 "늙은 대신들이 짐에게 이제 물러가 쉬고 싶다며 사직을 상주(上奏)할 때마다 눈물을 흘리지 않을 때가 없다. 너희들은 물러가 쉴 곳이라도 있지만 짐은 물러가 쉴 곳이 어디 있는가. 늙어서도 한순간도 쉬지 못하게 되자 천하가 마치 낡아서 못 신게 된 신발 같고 부귀가 진흙이나 모래처럼 생각되었다. 이제 무사히 평온하게 죽는 것을 원하며 그것으로 족하다"라고 끝맺고 있다. 그의 백성을 위한 평생의 헌신은 오늘의 리더들이 진정 마음 깊이 새겨야 할 경구가 아닐까 싶다. 그런 의미에서 강희제는 뒷마무리가 깔끔하고 끝이 좋은 리더였다. 신중국 건설을 위해서는 강희제를 배워야 한다고 말한 이유가 여기 있다.

제38강

옹정제와 건륭제 이야기

재능을 숨겨 왕이 된 옹정제(雍正帝, 1678~1735)

왕조 시대에 후계자로 지정되지 않은 황자(皇子)가 권력을 탈취하는 방법은 몇 가지가 있었다.

첫 번째는 군사 반란이다. 하지만 많은 황자가 각축하는 권력 투쟁에서 군사 반란은 그만큼 위험이 따른다. 확고한 군사 기반이 없거나 적절한 시기를 놓치면 실패하기 십상이다. 당 태종 이세민은 적은 병력으로 시기를 제대로 잡아 '현무문의 변'이라는 군사 반란을 성공시켰다. 적의 우두머리를 먼저 제압하여 기선을 잡는 계책이다. 그런가 하면 명 영락제 주체는 20명이 넘는 번왕(藩王)의 세력 가운데 가장 우세한 무력을 기반으로 군사 반란을 성공시켜 명(明)의 세 번째 황제가 될 수 있었다. 근래 사우디아라비아의 실권자 무함마드 빈 살만도 같은 작전으로 수백 명의 왕가(王家) 형제들을 제압하고 실권을 잡는 데 성공했다.

두 번째는 황제를 암살하는 방법이다. 이 방법은 아주 은밀하게 진행되어야 하고 암살 사실을 은폐할 수 있어야 한다. 암살 후 자신이 주도권을 잡는다는 보장이 없다면 매우 위험한 선택이다. 하지만 수 양제(隋煬帝, 604~618) 양광(楊廣)은 이런 위험 속에서 아버지를 독살하고 황제의 자리를 차지했다고 알려져 있다. 그는 수 문제(隋文帝, 581~604) 양견(楊堅)의 둘째 아들로 먼저 큰형인 황태자 양용(楊勇)을 몰아내고 자신이 황태자의 자리에 올랐다. 2단계로 시기를 엿보다가 변덕이 심하고 자신을 의심하는 부황(父皇)을 끝내는 독살하고 최고의 권력을 거머쥐었다. 조금 형태는 다르지만 우리 현대사에서 10.26의 박정희 사후 12.12를 통해 군권을 장악하고 5.18을 거쳐 최규하 대통령 하야를 만들어낸 전두환 신군부의 기나긴 쿠데타가 해당한다고 볼 수 있다.

세 번째는 정변을 성공시킨 다음에 상황을 은폐하고 정적(政敵)을 일시에 제거한 후 서서히 장막을 걷는 방법이 있다. 이는 권력의 중심부에서 어느 정도 지지 세력이나 집단을 형성해야 가능성이 높은 방식이다. 이런 때 보통 부황(父皇)은 태상황(太上皇)으로 모셔져 꼭두각시로 전락한다. 대표적인 예는 안록산의 난 당시 난세를 이용해 피난길을 떠난 아버지 현종을 대신하여 저항군을 만들고 그 힘을 이용해 결국 황제에 오른 당나라 숙종과 조선 태종 이방원이 있다. 태종 이방원은 1차 왕자의 난을 통해 권력을 잡고 형을 정종(定宗)으로 추대한 후 2차 왕자의 난에서는 정적을 확실히 제거했다. 그리고 시기가 무르익자 그때서야 왕위(王位)에 올랐다. 그래서 태종 시절에는 두 명의 상왕이 있었다.

형제가 많을 경우 황위를 물려받는 가장 좋은 방법은 황제가 황제 자리를 내린다는 확실한 유조(遺詔)를 하는 것이다. 유조가 거짓이란 사실을 증명하지 않는 한 선황(先皇)이 내린 유조는 어느 누구도 반항할 수 없다. 이것이 여러 왕자들을 제치고 안선하게 황제를 차시하는 가장 효과적인 방법일 수도 있다. 다만 승리를 위해서는 피말리는 암투와 인내가 요구되며, 승부 자체가 마지막 순간까지 불확정성을 내포한다. 옹정제의 즉위 과정은 아마 마지막 경우에 해당할 것이다.

중국의 역사에서 황제와 자식, 황자(皇子)들 사이에서 가장 치열한 권력 다툼을 벌인 시대는 청나라 강희제(康熙帝) 년간(1661~1722)이었다. 그 원인은 참으로 웃지 못할 이유에 있었다. 바로 강희 황제가 너무나 많은 자식을 낳았고, 62년이라는 긴 기간 황제 노릇을 했기 때문이다. 강희제는 평생에 모두 55명의 자녀를 낳았다. 그중에 아들은 35명, 딸은 20명이었다. 아들 가운데 20명이 장성했고, 딸은 8명이 장성했다. 옛날부터 다자(多子)와 장수(長壽)는 정말로 얻기 힘든 복(福)이었다. 그러나 황실에서는 때때로 재난이 되기도 한다. 강희제는 여덟살 때에 황제가 되어 무려 62년간 재위하면서 중국의 역대 황제 중에서 가장 오래 임금 노릇을 한 기록을 세웠다. 그가 살아 있을 때 성년을 넘긴 황자들만도 20명이었다. 그들은 아버지가 일찍 죽지 않고 살아 있는 동안, 오로지 살아남기 위하여 치열한 암투를 벌였다. 황제와 황자(皇子)들, 그리고 황자들 사이에 벌어지는 치열한 권력 각축은 서로 뒤엉켜 복잡한 과정을 연출했다.

비슷한 시기 조선에서도 21대 임금인 영조가 무려 52년(1724~1776)이라는 길고 긴 세월 동안 왕 노릇하면서 아들인 사도세자를 죽이는 일이 있었는데, 이런 사례는 청나라도 예외는 아니었다. 강희제는 자식들이 자신의 권좌를 호시탐탐 넘보는 광경을 보면서 상심하고, 두려워했다. 그럼에도 불구하고 눈 하나 깜짝하지 않고 자식들의 도전을 물리치고 황제의 자리를 지켰다.

강희제는 여덟 살 어린 나이에 제위에 올랐지만 매우 현명하고 결단력이 있는 황제였다. 그는 열네 살 때에 조정의 권신(權臣)인 오배(鰲拜)를 숙청했고, 스무 살 때에는 운남성에서 오삼계가 반란을 일으키자 친히 수십만 대군을 지휘하여 8년 동안의 전투 끝에 그를 제압했다. 일생의 업적을 따진다면 정치 군사 방면뿐만 아니라 문화 사업, 산업 부흥에 이르기까지 헤아릴 수 없다. 그러나 강희제는 오히려 자식들 때문에 상심한 날이 한두 번이 아니었고, 때때로 그 문제로 인하여 눈물을 흘린 적이 많았다. 그는 일찌기 대신들에게 장수(長壽)에 대하여 이렇게 말했다.

"사람의 복 중에서 부귀영화는 그렇게 중요하지 않소. 역시 가장 얻기 어려운 것은 장수(長壽)와 편안히 죽는 일이오. 하지만 자식들 때문에 제 명에 죽지 못한다면 이 얼마나 억울한 일이겠소?"

강희제는 계승권 문제로 분쟁이 일어날 것으로 판단하고 일찍부터 대비책을 세워 놓았다. 그는 22세 때인 1676년에 겨우 한 살에 불과한 둘째 아들 적장자(嫡長子) 윤잉(胤礽/允礽)을 황태자로 세웠다. 윤잉의 생모가 난산 끝에 사망해 어린 아들에 대한 동정심이 한몫했을 것이다. 하지만 강희제도 미처 생각하지 못한 일이 있었다. 어린아이는 누구에게나 귀여움을 받지만, 자라나면 상황은 달라진다. 그 까닭은 태자의 특수한 지위에 있었다. 대신들은 자신의 앞날을 고려하여 황제와 태자 사이에서 미래를 저울질하기 마련이다. 그렇게 시간이 지나면 어느덧 태자의 세력이 서서히 형성되어 황제의 권력을 위협한다. 두 사람의 모순은 격화되고 일시에 충돌이 발생한다. 윤잉은 어릴 때 태자에 책봉되었고, 그는 성장하면서 자신이 장차 황제가 될 것으로 믿어 의심치 않았다. 하지만 그는 30여 년 동안 태자의 지위에 머물렀지만, 끝내 황제가 되지 못했다. 윤잉은 자신이 황제가 될 것이라는 꿈에 부풀어 있다가 삼십 년이 되어가도 뜻을 이루지 못하자 투덜거렸다.

"사십 년을 천자 노릇하는 사람이 어디 있담?"

윤잉은 아버지 강희제가 빨리 죽지 않는다고 푸념했고, 이를 알아차린 강희제는 아들을 미워했다. 두 사람의 모순은 이로부터 점점 격화되었다. 강희제는 태자와 함께 순행을 나갔다가 태자가 자신을 감시하고 있음을 발견하고, 저녁에 불안하여 잠을 이룰 수 없었다. 언제 태자가 자신을 죽일지 모른다는 불안감이 그를 공포에 떨게 했다. 강희제는 태자가 마땅히 갖추어야 할 세 가지 덕목을 생각했다.

첫째는 부황(父皇)에게 절대적인 충성을 바쳐야 하며, 결코 사당(私黨)을 만들어 제위(帝位)를 강제로 뺏으려는 행동은 하지 않을 것. 둘째는 성품이 어질고(仁) 의로워서(義) 훗날 백성을 위한 민본 정치를 할 수 있는 자질이 있어야 할 것. 셋째는 부모에게 효도하고 형제 간에 우애가 깊어 혈족 간에 다툼이 없어야 할 것. 이 세 가지 정도는 충분히 갖추어야 태자의 자격이 있다고 생각했다.

이런 점에서 황태자 윤잉은 자격 미달이었다. 그는 더 이상 참지 못하고 강희 47년(1708년)에 태자를 폐출했다. 윤잉이 태자의 자리에서 쫓겨나자 다른 자식들이 활기를 띄기 시작했다. 당시에 태자 자리에서 쫓겨난 윤잉을 포함하여 황제의 자리를 노리는 황자(皇子)들은 모두 17명이었다. 서장자(庶長子)인 윤지(胤禔), 2자인 황태자 윤잉(胤礽), 3자인 윤지(胤祉), 4자인 윤진(胤禛), 5자인 윤기(胤祺), 6자인 윤조(胤祚), 7자인 윤우(胤祐), 8자인 윤사(胤祀), 9자인 윤당(胤禟), 10자인 윤아(胤示我), 11자인 윤자(胤禌), 12자인 윤도(胤祹), 13자인 윤상(胤祥), 14자인 윤지/제(胤禵), 15자인 윤우(胤禑), 16자인 윤록(胤祿), 18자인 윤개(胤祄)이다.

그중에서 선두는 대아가(大阿哥, 만주어로 황제의 큰아들) 윤지(允禔)였다. 그는 태자였던 윤잉보다 네 살이 많았으나 황후의 소생이 아니라 혜비(惠妃)의 소생으로 서자(庶子)였다. 하지만 서자라도 결코 태자가 되지 못하라는 법은 없었다. 만일 서자의 어머니가 황후가 되면 서자는 적장자의 지위로 바뀌었다. 윤지는 어려서부터 강희제의 귀여움을 많이 받았다. 강희제를 따라 전쟁에도 출정했고, 강희제는 때때로 업무를 그에게 맡겨 처리하게 했다. 윤지는 황자(皇子) 중에서 가장 나이가 많은 장자이면서도 적자와 서자라는 구별에 의해서 태자가 되지 못한다는 사실에 불만이 있었다. 그는 끊임없이 기회를 찾았다. 심지어 라마(喇嘛)를 초청하여 윤잉을 저주하는 축주(祝呪)를 벌였다. 윤잉이 태자의 자리에서 쫓겨나자 윤지는 강희제에게 나아가 윤잉을 죽여 후환을 없애야 한다고 주장했다. 흥분이 지나친 그는 자신에게 윤잉을 죽이는 임무를 맡겨 달라고 요청했다. 윤잉이 아무리 죽을 죄를 지었다 하더라도 강희제와는 아버지와 아들 사이였고, 또한 강희제가 현명한 군주라는 사실을 윤지는 고려하지 않았다. 더욱이 강희제는 아들을 죽였다는 더러운 이름을 후세에 남기고 싶지 않았다. 강희제는 윤지의 흉악하고 비정한 요청에 극도의 혐오감을 드러내며 곧바로 윤지에게 '난신적자(亂臣賊子)'라는 죄명을 내리고, 감금을 명했다. 윤잉과 윤지가 밀려나자 황위 계승권에 가장 충분한 조건을 갖춘 사람은 여덟째 윤사(允祀)로 좁혀졌다. 그는 총명하고 재능이 뛰어났으며, 인품과 행동이 우아하고 단정했다. 특히 그는 다른 사람을 끌어들이는 매력이 풍부했다. 조정의 대부분 신하들과 많은 황족(皇族)들은 적극적으로 윤사를 지지했다. 특히 아홉째 윤당, 열넷째 윤지가 그와 절친했다. 태자 윤잉이 폐위되고 대아가 윤지가 구금된 후 얼마 지나지 않아 황제는 대신들을 소집하고, 두 명을 제외한 황자(皇子)들 중에서 황태자를 한 명 추천하라고 지시했다.

여덟째 윤사와 가장 절친한 관계를 유지하고 있던 영시위내대신(領侍衛內大臣) 아령아(阿靈阿)와 예부시랑(禮部侍郎) 규서(揆敍)는 대신들과 상의하여 각자의 손바닥에 여덟 팔(八)자를 그려 황제 앞에 펴 보이자고 결의했다. 그들은 여덟째 윤사를 황태자로 추대하는 데 의견 일치를 보았다. 윤사가 태자가 되는 일은 이제 절차만 남은 셈이었다. 그러나 대신들은 하나를 생각하지 못했다. 그들은 권력의 각축에서 황제가 누리는 지위와 고독과 불안을 염두에 두지 않았다. 이 일은 결코 성공할 수가 없을 뿐더러 오히려 여덟째 윤사의 앞길을 가로막는 장애물이 되었다. 도대체 어디에 문제가 있었단 말인가? 강희제는 비록 황태자를 내세우고 언젠가는 황제의 자리를 물려주려고 생각했지만, 대신들의 절대적인 지지를 받는 태자는 원치 않았다. 황제가 느끼기에 윤사를 지지하는 세력이 현실적으로 황제의 권력을 위협하기에 충분하다고 생각했다. 강희제는 경사(經史)에 밝은 임금으로 송대 사마광이 저술한 《자치통감(資治通鑑)》에도 달통한 사람이었다. 그는 역사 이래로 아버지를 죽이고 황제가 된 사례를 많이 알고 있었다. 태자 윤잉이 폐위된 표면상의 이유는 불인불효(不仁不孝)였지만 이는 구실에 불과했고, 실질적인 까닭은 태자를 지지하는 세력이 확대되자 황제가 불안을 느꼈기 때문이다. 대아가 윤지가 구금된 것도, 혈육도 마다않고 죽이는 그런 성격의 태자라면 어느 때고 아버지마저 죽일 수 있다는 염려에서였다. 여덟째 윤사가 조정 대신들의 절대적인 지지를 받고 태자에 천거되자 강희제는 윤잉의 세력과 비교하여 윤사가 결코 뒤지지 않는다고 생각했다. 그것은 하루아침에 형성된 세력이 결코 아니라는 믿음 때문이었다. 강희제는 자신이 윤잉과 세력 다툼을 벌이고 있던 시기에 여덟째 윤사가 은밀하게 세력을 확장했으리라고 판단했다. 강희제의 입장에서 어떻게 이를 용서할 수 있단 말인가? 이튿날, 윤사는 태자에 임명한다는 황제의 조서를 기다리고 있다가 청천벽력과도 같은 소식을 전해들었다.

"적장자 윤잉을 다시 태자로 임명한다."

강희제는 윤잉을 내세워 윤사의 세력을 견제하게 만들고, 자신은 직접 윤사를 통제했다. 그래도 윤사의 세력이 여전히 줄어들지 않고 기세를 떨쳐가자 어느 날 윤사를 불러 소리쳤다.

"아직도 죄를 뉘우치지 않고 음모를 꾸미고 있다니 너와 부자의 인연을 끊겠다."

강희제는 더 나아가 윤사를 지지했던 관리들을 색출하여 내쫓았다. 이렇게 볼 때 윤사가 태자가 될 수 있는 가능성은 강희제의 마음속에 아예 존재하지 않았다. 그러나 윤사의 정치 세력은 완전히 소멸되지 않았고, 강희제 말년에 이르러 공개적으로 여덟째가 가장 어질고 총명하다고 선전했다. 태자 윤잉이 폐위되었다가 복권된 것은 단지 윤사의 세력을 제압하기 위한 수단일 뿐이었다.

강희제와 윤잉의 근본적인 모순은 여전히 해결이 되지 않은 상태였다. 두 사람의 모순은 강희제 51(1712년)년에 폭발했다. 이 해에 강희제는 태자가 사당(私黨)을 결성하여 여러 가지 음모를 꾸미고, 조정을 문란케 한 죄를 물어 다시 폐위시키고 구금했다. 이후 강희제는 태자를 한동안 내세우지 않았다. 그는 전권을 휘두르면서도 의심이 많아 태자를 내세우는 일에 두려움을 느꼈다.

봉건 전제 정치에서 황위 계승권은 중요한 의미를 갖는다. 만일 계승자를 정하지 못하고 이 문제를 오래 끌면 끌수록 조정과 황실의 혼란은 가중되기 마련이다. 현재 황위(皇位)를 계승할 수 있는 가능성이 있는 황자는 성인이 된 십여 명의 황자와 이미 폐출된 윤잉, 여덟째 윤사도 포함된다. 특히 윤잉과 윤사는 비록 감금되어 있다 하더라도 황제가 갑자기 죽는 특수한 상황이 발생하면 일정한 정치 세력이 있기 때문에 재기할 가능성을 배제할 수 없었다. 더욱이 청나라는 중원에 들어온 지 얼마 되지 않아 정치 제도 속에 부락 연맹 시대의 잔재가 많이 남아 있었다. 이 때문에 어떤 황자는 팔기병을 직접 지배하고 있었다. 만일 정치적인 혼란이 일시에 벌어진다면 강희제도 막을 수 없는 돌발적인 문제가 이들 황자에게서 발생할 수도 있었다. 강희 57년(1718년), 서서히 조짐이 보이기 시작했다. 조짐의 선두는 열넷째 윤지/제였다. 이 해에 강희제는 윤지/제를 무원대장군(撫遠大將軍)으로 삼았다.

강희제 이래 중국의 북방에 있던 몽골족이 서서히 강성하기 시작하여 청나라에 반기를 들었다. 몽골족은 강희제 50년(1711년) 이후, 내몽골의 서부, 청해, 신강, 티베트 일대를 통제하고, 점차 섬서, 감숙, 사천, 운남을 위협했다. 14자 윤지/제의 출정은 매우 중대한 시점에서 이루어진 당시 가장 첨예한 정치적, 군사적 임무였다. 강희제는 가장 믿을 만한 장수를 보내어 이 지역을 장악해야 하는 부담을 가지고 있었다. 태자가 없는 상황에서 강희제는 열넷째 윤지/제를 대장군으로 삼아 출정시켰다.

청나라를 세운 만주족은 누르하치의 십삼기병(十三騎兵)에서 출발하여 마상(馬上)에서 천하를 획득한 민족으로 전공(戰功)을 매우 중시했다. 만일 출정한 황자가 빛나는 전공을 세운다면 그의 지위와 영향력은 상당히 커지고, 그 위세와 신망으로 황위의 계승권자까지 이를 수 있었다. 강희제는 어떤 의도로 열넷째 윤지/제를 선택했을까? 그는 황후의 소생으로 적출이었다. 정치적 재간이 뛰어나고, 위인됨이 중후하고 충직했다. 강희제는 이 점을 고려했다. 그렇지만 보다 중요한 것은 윤지/제는 성인이 된 황자 중에서 가장 나이가 어리고 직위도 낮고, 그를 지지하는 세력이 거의 없다는 섯이었다. 특히 수년 전부터 황위 계승권을 둘러싼 암투에서 그는 적극적으로 참여하지 않은 점이 강희제의 눈에 띄었다. 청나라의 황자는 직급이 친왕(親王), 군왕(郡王), 패륵(貝勒), 패자(貝子)로 나뉘어졌다. 통상적으로 승급은 나이가 들면서 한 계단씩 올라갔다. 윤지/제는 이때 가장 낮은 직급인 패자였다. 그보다 나이가 많은 여러 황자는 대부분이 정치적 재간이 부족하여, 어떤 황자는 행동이 활발하지 못해 강희제의 눈에 들지 못했다. 강희제는 나이가 예순여섯에 이르자 자신이 얼마 살지 못한다고 생각했다. 이제는 후사(後嗣)를 생각하지 않을 수 없었다. 그렇지만 의심이 많아 당장에 권력을 내놓을 수 없었다. 이렇게 해서 가장 세력이 약한 윤지/제가 황위 계승권자로 낙점을 받게 되었다. 이때 윤지/제의 나이 겨우 서른이었다. 강희제는 윤지/제가 나이가 어리고 세력이 없으므로 그에게 특수한 공적을 쌓을 기회를 부여했다. 우선 그는 윤지/제를 출정시키기에 앞서서 대신들에게 선언했다.

"과인은 이미 태자를 세우는 문제를 고려했소. 믿을 만한 황자를 내세울 테니 모두 복종하기 바라오."

얼마 후 강희제는 열넷 째 윤지/제를 무원대장군으로 삼고 출정을 시켰다. 이 사건은 많은 사람들의 주의를 끌었다. 강희제는 출정에 앞서 윤지/제에게 왕(王)이 사용하는 깃발을 하사하고, 또한 '대장군왕(大將軍王)'이라는 호칭도 내렸다. 게다가 매우 웅장하고 성대한 출정식을 거행했다. 이는 윤지/제가 비록 패자의 신분이지만 이미 왕(王)과 같은 서열에 올라 있음을 표시하며, 바야흐로 태자의 직위를 계승한다는 암시였다. 조정의 대신들과 황족들은 강희제의 의도를 간파하고 윤지/제를 태자처럼 대우했다. 강희 60년(1721년), 대장군 윤지/제가 강희제의 부름을 받고 전선에서 북경으로 돌아왔다. 이때 수많은 대신들이 성 밖에까지 나가 윤지/제를 영접했다. 아포란(阿布蘭)이라고 불리는 어느 종실은 그에게 무릎을 꿇고 인사를 올렸다. 직위를 갖고 말한다면 아포란은 윤지/제의 위였는데, 그런 그가 윤지/제에게 예를 올린 행동은 보는 사람들로 하여금 놀라움을 금치 못하게 하는 대사건이었다. 아포란은 윤지/제를 태자처럼 여기고 미리 눈도장 찍기를 했던 것이다. 이때 여덟째 윤사를 지지했던 정치 세력은, 윤사와 가깝게 지냈던 윤지/제의 지위가 점차 올라가자 매우 기뻐했다. 윤지/제는 무원대장군으로 임명되고 무려 4년이나 전선에 있으면서 티베트를 청나라의 관할로 만드는 데 중대한 전과를 올렸다. 이때 강희제는 몽골 부족과 강화를 맺고 서북 지역을 안정시키려 했다. 이에 윤지/제는 몽골족과 평화적으로 협정을 맺고 북경으로 회군했다. 그러나 윤지/제는 공로를 세우고 돌아오는 도중에 강희제가 서거했다는 급보를 받았다. 그리고 뜻밖에도 황제의 자리는 넷째 윤진(允禛)에게 돌아갔다는 소식이 이어졌다. 대부분의 사람들은 이제까지 넷째 윤진을 눈여겨 보지 않았다. 윤잉이 두 번째로 폐출을 당하고, 대아가가 미움을 받아 감금되었을 때 사람들은 여덟째를 주시했다. 사람들은 셋째 윤지와 마찬가지로 넷째 윤진에게도 정치적인 재간이 없다고 생각했다. 윤진도 처음에는 여느 황자들처럼 강희제의 의심을 받아 활동에서 제약을 받고 있었다. 이런 이유에서인지 그는 정치적인 관심보다는 혈육의 정이나 인간미를 중시하고 강희제나 형제들에게 따스하게 대했다. 윤사가 정치 세력을 키우다가 발각되어 엄한 벌을 받았을 때도 윤진은 강희제 앞에서 혈육의 정(情)을 들먹이며 죄를 가볍게 해달라고 요청했다. 윤사가 황위 계승권에서 물러나고, 많은 황자들이 다시 연합하여 다투고 있을 때도 그는 전혀 정치에 관심을 기울이지 않았다. 강희제는 황자들이 사당(私黨)을 결성하는지 여부를 비밀리에 조사했지만, 넷째 윤진의 옹정부(雍正府)는 항상 드나드는 사람 없이 조용하다는 보고만 올라왔다. 그러나 윤진은 바보가 아니었다. 그는 부친의 권력욕과 두려움을 일찌감치 파악하고 쉽게 눈에 띄는 행동은 자제했을 뿐이었다. 이것이 훗날 옹정제가 되는 윤진이 자신의 운명을 건 첫 번째 선택이었다.

윤진의 참모인 대택(戴鐸)은 윤진에게 자주 경고했다.

"폐하는 영명하지만, 의심이 많습니다. 눈에 띄는 행동을 자제하십시오. 가능한 재능을 숨기고, 결정적인 순간에 이길 수 있는 고리를 장악하십시오."

윤진은 처음에 자신의 재능을 발휘하여 강희제의 환심을 사고, 태자가 되려는 야심을 가졌다. 하지만 점차로 강희제의 성격을 알고부터 적극적으로 몸을 사리게 되었다. 그렇다고 그냥 앉아 세월만 기다리지는 않았다. 윤진은 참모의 조언에 따라 많은 대신들과 교분을 피했고, 세력을 내세우지도 않았다. 다만 조정에서 가장 중요한 대신 두 명과 사귀었다. 한 명은 융과다(隆科多)였다. 그는 황후의 동모형(同母兄)으로 윤진의 외삼촌이었고, 보병의 최고 지휘관으로 북경을 수비하는 임무를 맡고 있었다. 다른 한 사람은 연갱요(年羹堯)였다. 그는 사천(四川) 지방의 순무(巡撫)로서, 몽골족의 침입이 있었을 때 상당한 공로를 세운 주요 장군의 하나였다. 만일 혼란이 일어났을 때 열넷째 윤지/제를 통제할 수 있는 유일한 인물은 바로 그였다. 윤진은 오랜 기간 동안 황위 계승권에 끼어들지 않았지만, 단 한 번의 예측하지 못한 사건이 일어났을 때 흐름을 장악하고 최후의 승리자가 되었다. 윤진은 권력 각축에서 이것이 가장 중요한 원칙임을 파악했던 것이다.

강희 61년(1722) 10월 말, 서북쪽의 몽골족이 대규모의 병력으로 북경을 압박했다. 강희제는 그들과 평화 협정을 맺고 오랜 기간의 전투를 끝내고자 했다. 이 해 11월 초이레, 강희제는 북경의 서북쪽 교외에 있는 창춘원(暢春園)에 행차했다. 다음 날, 강희제는 갑자기 풍한(風寒)에 들어 자리에 누웠다. 이 달 열흘에서 보름까지는 동지(冬至) 대제(大祭)가 있었다. 재계(齋戒)는 우선 천지신명(天地神明)과 조상에게 제례를 올리기 전에 몸과 마음을 깨끗하게 하기 위하여 물로 몸을 씻는 예식이었다. 이때 강희제는 추위에 몸을 씻다가 풍한에 걸려 자리에 눕고 말았다. 넷째 윤진은 기회가 왔다고 판단했다. 그는 끊임없이 창춘원으로 사람을 보내 강희제의 병세를 파악했다. 강희제의 병세는 점점 악화되어 갔다. 13일 아침, 강희제의 병은 더 이상 나을 수 없는 선까지 이르렀다. 황제의 신변을 보호하는 임무를 맡고 있는 융과다는 강희제의 조서를 받아 셋째 윤지, 여덟째 윤사, 아홉째 윤당과 넷째 윤진을 창춘원으로 먼저 불러들이고, 이어서 나머지 황자들도 불러들였다. 윤진은 가장 나중에 도착했다. 윤진이 들어가자 창춘원은 엄밀한 경계가 내려졌고 어느 누구도 출입할 수 없게 막았다. 13일 이 날, 창춘원의 공기는 심상치 않았다. 입궁한 황자들은 어느 누구도 강희제의 말을 들을 수 없었다. 강희제는 이미 혼수상태였기 때문이었다. 황자들은 불안하고 초조한 마음을 달랠 수 없었다. 태자의 자리가 아직 정해지지 않았고, 또한 태자의 자리에 가장 근접한 열넷째 윤지/제가 지금 서북 지방에 있었기 때문에, 강희제가 아무런 유조(遺詔)도 내리지 않고 죽는다면 사태는 걷잡을 수 없이 혼란에 빠질 것은 묻지 않아도 알 수 있는 일이었다. 또한 황자들은 감히 자리를 떠나고 싶어도 떠날 수 없었다. 강희제가 갑자기 깨어나 유언을 남길지도 모르기 때문이었다. 황자들은 강희제의 곁을 떠나지 못하고 침전 밖에서 무작정 기다려야만 했다. 그 중에서 여덟째 윤사는 황자들 중에서 가장 기민하고 감각이 뛰어난 사람이었다. 그는 어떤 이상한 낌새를 느끼고 황자들을 면밀하게 살폈다. 그의 시선은 넷째 윤진에게 쏠렸다. 윤진은 매우 평화스러운 모습을 하고 등을 기대어 눈을 감고 있었다. 이날 저녁, 여덟째 윤사는 창춘원을 떠날 준비를 했다. 대문을 나서려고 하는 찰나에 융과다가 그의 앞을 막았다.

"폐하의 병세는 누구도 예측할 수 없습니다. 만일 폐하께서 불예(不豫, 죽음을 이르는 용어)를 당한다면 어떻게 하겠습니까?"

융과다의 뒤에는 수백 명의 위사들이 창과 칼을 들고 무언의 위협을 가했다. 윤사는 도저히 창춘원을 나갈 수 없다고 판단하고 다시 발길을 돌렸다. 이날 술시(戌時, 오후 7~9시)가 조금 지났을 때, 어전 태감이 강희제의 침전에서 급히 나오며 무릎을 꿇었다. 황자들은 직감으로 강희제가 세상을 떠났음을 알았다. 황자들이 안으로 달려 들어가니 강희제는 이미 숨이 끊어져 있었다. 황자들은 눈물도 흘리지 않은 채 서로의 얼굴을 바라보았다. 비록 말은 하지 않고 있었지만, 느끼는 공통점은 하나였다.

"누가 태자가 되느냐?"

황자 중에서 나이가 가장 많은 윤지가 밖에 나가 이 문제를 상의하자고 제의했다. 이때 융과다가 안으로 들어오며 황제의 유체(遺體)에 절을 올리고, 여러 황자들에게 입을 열었다.

"폐하의 유조를 전하겠습니다. 대통은 넷째 윤진에게 이으라고 했습니다."

황자들은 융과다가 유조를 발표하자 너무나 놀라 벌린 입을 다물지 못했다.

"유조가 어디에 있단 말이오?"

"폐하께서는 구조(口詔, 말로 명령을 남김)를 남기셨습니다."

여덟째 윤사는 그제서야 융과다가 출입을 통제하고 늦은 시각에 유조를 발표한 저의를 깨닫고 소리쳤다.

"그렇다면 어찌하여 아침에 말하지 않았소?"

융과다가 눈 한번 꿈쩍이지 않고 말했다.

"그때는 폐하께서 살아 계셨는데 소신이 어찌 사사로이 발표할 수 있겠습니까?"

윤사는 융과다의 대답에 할 말을 잃고 바닥에 털썩 주저앉았다. 평소에 윤진과 친근하게 지냈던 황자들이 모두 공손한 표정을 지으며 윤진의 주위를 에워쌌다. 그들은 윤진에게 상례(喪禮)를 주관하도록 재촉했다. 열넷째 윤지/제를 지지했던 아홉째 윤당도 대세가 윤진에게 기울자 아무런 말도 꺼내지 않았다. 여덟째 윤사는 융과다와 윤진을 번갈아 보면서 부득부득 이를 갈았다. 황자들이 모두 윤진에게 복종을 표시하자 그는 자리를 박차고 일어나면서 소리쳤다.

"윤진, 정말로 대담하고 치밀한 음모로군."

윤사는 허탈한 심정으로 패배를 자인했다. 이로써 창춘원의 13일은 윤진의 승리 속에 저물어갔다. 이 날 늦은 밤에 융과다는 북경성의 병권을 장악하고, 윤진을 반대하는 황족과 대신을 통제했다. 윤진은 강희제의 유해를 이끌고 이날 밤에 궁성으로 돌아왔다. 윤진을 제외한 모든 황자들은 황궁의 출입이 7일간 금지되었다. 이 7일 동안 윤진은 정식으로 황제의 자리에 올랐다. 이듬해 정월 초하루, 윤진은 연호를 옹정(雍正)으로 했다.

드라마의 단골 소재이기도 한 옹정제의 즉위와 관련하여서는 세 가지 설이 있다. 첫째는 유조 계위설(유조에 따라 황위를 승계받았다는 설), 둘째는 개조 찬위설(유조를 고쳐서 황위를 빼앗았다는 설), 셋째는 무조 탈위설(아무런 유조를 남기지 않았으며 황위를 빼앗았다는 설)이다.

먼저, 유조 계위설이다. 이러한 설을 주장하는 사람들은 옹정제(雍正帝)가 강희제의 유지(遺旨)에 따라 정통성을 갖고 황위를 계승했다고 본다. 이들의 주장은 다음과 같다.

하나, 옹정은 황부 강희제의 신임을 받았으며, 강희제는 천단에 강희를 대신하여 윤진을 보내어 하늘에 제사지내도록 했는데, 이것은 강희가 임종 전에 옹친왕 윤진에게 황위를 승계할 생각이 있었다는 것을 보여주는 것이다.

둘, 강희의 유지가 증거이다. 강희 61년(1722년) 11월 13일, 강희는 병이 엄중했는데, 《청성조인황제실록》의 기재에 따르면 황삼자 성친왕 윤지, 황칠자 순군왕 윤우, 황팔자 패륵 윤사, 황구자 패자 윤당, 황십자 돈군왕 윤아, 황십이자 패자 윤도, 황십삼자 윤상, 이번원 상서 융과다(롱커뚜어)를 어탑 앞에 부른 후 말하기를 "황사자 윤진은 인품이 귀중하고 내 뜻을 잘 알며 능히 대통을 이을 만하니 짐을 이어 등극하여 황제의 자리에 오르도록 하라"라고 했다.

셋, 강희의 유조를 근거로 한다. 〈강희유조〉는 중국 역사 기록관에 보관되어 있으며 상면에는 "황사자 윤진, 인품이 귀중하고 내 뜻을 잘 알며, 능히 대통을 이을 만하니 짐을 이어 등극하여 황제의 자리에 오르도록 하라"라는 내용이 기재되어 있다.

둘째, 개조 찬위설이다. 이러한 설을 주장하는 사람들의 주장은 다음과 같다.

하나, 윤진은 비록 강희에게 좋은 인상을 준 것은 사실이지만, 그로 하여금 천단에서 하늘에 제사지내게 했다는 것으로 강희제가 그에게 황제위를 계승하게 할 의사가 있었던 것으로 볼 수는 없다. 강희 황제는 윤진에게 한 번도 군사와 관련된 업무를 하도록 시키지 않았는데, 만일 후계자로 삼으려고 미리 교육시켰다면 군사 직위를 부여하지 않았을 리 없다. 이에 비하여 황십사자 윤지/제의 경우에는 대장군왕에 봉하여 몽골, 서역 등을 정벌하여 공을 세울 기회를 주었다.

둘, 강희제의 임종 당일(13일) 인시에 황삼자, 황칠자, 황팔자, 황구자, 황십자, 황십이자, 황십삼자, 이렇게 모두 7명의 황자와 융과다를 입궁하게 하여 그들에게 "황사자 윤진은 인품이 귀중하고 내 뜻을 잘 알며 능히 대통을 이을 만하니 짐을 이어 등극하여 황제의 자리에 오르도록 하라"라는 말을 했다는 것이다. 그러나 이런 중요한 결정을 이 일곱 황자와 융과다가 있는 데서 하면서 왜 당사자인 황사자 윤진은 부르지 않은 것인지에 대해 어떤 학자들은 이 이야기가 사후에 날조된 것이라고 보기도 한다.

셋, 당일 실록 기록에 따르면 윤진은 세 번이나 강희의 어탑에 불려간 것으로 되어 있다. 아침 8시부터 저녁 8시까지 세 번이나 윤진을 불렀다는 것은 그때까지 정신이 멀쩡했다는 것을 의미한다고 볼 수 있다. 그 12시간 동안 세 번이나 불렀으면서 정작 윤진 본인에게는 황위를 계승할 것임을 밝히지 않았다는 것은 상리에 맞지 않는다. 이것은 거꾸로 강희가 일곱 명의 황자에게도 윤진에게 계승한다는 유지를 말하지 않았다는 것을 증명하는 것이 된다.

넷, 강희제가 사망한 후 왜 융과다 혼자서 윤진에게 황사자가 계승한다는 유조를 읽었는지, 왜 그때 다른 형제들이나 왕공 대신들은 자리에 없었는지에 대해 어떤 학자들은 강희제의 유조가 조작되었을 가능성을 제기한다. 강희 유조의 작성 일자가 13일인데, 그날은 강희가 사망한 날이다. 결국 강희가 직접 유조를 작성했다고는 볼 수 없고, 누군가 대신 써주었다고 볼 수밖에 없다. 그 인물로 지목되는 사람이 융과다이다. 청나라 자료에 의하면 즉위 시 옹정이 융과다에게 보낸 글에서 '짐의 공신', '보기 드문 신하'라는 내용이 있는데, 즉위 과정에서 어떤 공을 세웠기에 그렇게 표현했는지는 모른다.

다섯, 강희제가 사망했다는 소식이 전해지자 경성의 9개 문은 모두 6일간 닫혀 있었다. 각 왕은 영이 없으면 대궐에 입궁하지 못했고, 이것은 사람들로 하여금 옹정 정변의 가능성을 의심하게 만들었다.

여섯, 〈강희유조〉는 강희제가 죽을 때 이미 정한 것이고 강희제가 작성한 것이므로 당연히 강희제가 사망한 13일 당일에 선포되었어야 한다. 그런데

16일이 되어서야 공포되었다. 이 같은 시간 차로 볼 때 위조의 혐의를 벗기 힘들다.

일곱, 청사 연구 전문가에 의하면 이 <강희유조>는 강희 54년(1715년) 11월 21일의 유지에 약간의 수정을 가하여 작성된 것으로 보인다. 〈강희유조〉에는 헛점이 너무 많아 진본으로 보기 어렵다는 의견이 제기된다.

여덟, 어떤 사람은 옹정이 사후에 청동릉에 묻히지 않고 청서릉에 묻혔다는 점을 주목한다. 이것은 그가 황위를 적법한 방법으로 얻은 것이 아니므로 지하에서 황부 강희와 조부 순치를 볼 면목이 없었기 때문이었다고 한다. 옹정은 즉위 후 강희제가 좋아하던 곳에는 가지 않았다고 한다. 궁도 강희가 머물던 창춘궁에 머물지 않고 다시 원명원을 만들어 거기에 머물렀다. 그리고 강희가 그렇게 가기 좋아하던 승덕의 피서 산장에 옹정은 한 번도 가지 않았다.

아홉, 옹정은 여러 형제에 대하여 처형하거나 감금하는 등 '살인멸구(죽여서 입을 막는 것)' 혹은 '입을 못 열게 하는 조치'를 취했는데, 이것도 의심의 근거로 삼는다.

열, 옹정은 즉위 후 연갱요와 융과다를 살해하는데, 이것도 살인멸구로 해석될 수 있다.

열하나, 옹정은 《대의멸미록》을 만들어 자신에 관한 10가지 나쁜 소문에 대한 입장을 밝히고 자신을 변호했다. 이것은 마치 '여기에 금괴를 묻지 않았음'이라고 쓴 말뚝을 박아두는 것과 비슷한 효과를 내었다.

대체로 이 설을 주장하는 사람들은 윤진이 동모 형제인 황십사자 윤지/제의 황제위를 찬탈한 것으로 얘기한다. 그렇게 주장하는 근거는 다음과 같다.

하나, 강희가 생각한 후계자는 황십사사 윤시/제였으며, 그를 무원내장군으로 봉한 것은 그에게 군공을 세워서 군권을 장악한 후 황위를 이어받으라는 의미였다는 것이다.

둘, 어떤 학자는 강희가 죽기 전에 옹정이 즉위하라는 유지를 남긴 바 없으며 소위 〈강희유조〉는 위조된 것이라고 주장한다. 강희가 막 죽은 후에 옹정 쪽의 사람이 '전위십사자(傳位十四子)'라는 글자를 '전위우사자(傳位于四子)'로 고쳤다는 소문이 돌았다. 이에 관해서는 윤진이 유조를 고쳤다는 설, 융과다가 고쳤다는 설, 연갱요가 고쳤다는 설의 3개 설이 떠돌았다. 강희 황제가 임종 전에 서녕에 가 있던 무원대장군 황십사자 윤지/제를 북경으로 불렀는데, 이 명을 융과다가 발송하지 않고 유조를 고쳤다고도 한다. 이것은 소문에 불과하며 사실로 증명된 것은 아니다. 그러나 유조를 고쳤다는 것은 성립되기 힘들다고 본다. 첫째, 당시 번체자로 쓰는 경우에 '우(于)'는 '어(於)'로 써야 하는데, 십(十)을 어(於)로 고치기는 어렵다. 둘째, 당시 글의 규범은 황○자로 쓰는 것인데, 이것은 우(于)와 사(四) 사이에 황 자를 넣어야 하므로 고치기가 어렵다. 셋째, 청나라의 국서는 중요한 경우 만주어와 한자를 동시에 쓰는데, 한자는 고친다고 하더라도 만주어는 고칠 방법이 없다.

셋, 옹정이 이름을 고쳤는가? 어떤 사람은 강희의 유조에는 '윤정(胤禎, 황14자의 원래 이름)'으로 되어 있었는데, 이를 윤진(胤禛)으로 고쳤다는 것이다. 이는 진과 정의 글자가 비슷함으로 인하여 일어난 의심이다. 옹정제는 후에 황14 자의 이름을 윤정에서 윤지/제(胤禵)로 고치도록 명하는데, 그 이유도 이것 때문이라고 본다. 그러나 이것은 윤진의 진이나 윤정의 정이나 한자 발음으로 쩐[Zhen]으로 같기 때문에 피휘를 위해서 바꾸게 한 것이라고 보는 것이 일반적이다. 이때 형제들의 돌림자도 윤(胤)에서 윤(允)으로 바꾸게 한다.

셋째, 무조 탈위설이다. 이 설을 주장하는 사람들은 옹정이 유조에 따라 즉위했다는 것은 여러 가지 모순으로 해석이 명확하지 않다고 보고 그러한 설은 유지되기 힘들다고 보는 것이다. 또한 옹정이 유조를 고쳐서 즉위했다는 것도 증거가 명백히 부족하다고 본다. 이 견해에 따르면 옹정이 즉위한 것은 그가 황권 경쟁에서 승리했기 때문이라는 것이다. 이러한 황위 경쟁은 드러나거나 감추어지거나 간에 40여 년에 걸쳐 이어져 왔으며, 결과적으로 태자당 그룹도 8아거 그룹도 실패하고 결국 4아거 그룹이 승리했다는 것이다.

옹정제의 황위는 바르게 취득한 것인가, 탈취한 것인가? 이 문제는 옹정이 등극한 후 300여 년이 지났지만, 여전히 학계에서는 뜨거운 논란이 되고 있으며 드라마 등에서도 자주 다루어지는 주제이다. 역사에는 이에 관해 더 이상 기록되어 있지 않다. 역사는 승리자의 것이다. 정사에는 절대 옹정이 황위 취득과 관련하여 조금이라도 올바르지 않은 일을 했다고 적어놓지는 않았다. 강희제는 생전에 황위 계승의 유조를 내린 적이 없고, 조금이라도 황위 계승과 관련한 문건을 남기지 않았다고 알려졌다.

그러나 이런 모든 논란을 잠재울 수 있는 문서가 2013년에 발견되었다. 만주어, 몽골어, 한문 3개 언어로 쓰인 위조할 수 없는 강희제의 친필 유조가 발견되어 공개되면서 옹정제를 후계자로 정한 것은 강희제 본인이었다는 것이 밝혀졌다.

옹정제는 즉위 초기에 내정(內政)을 강화하기 위하여 적대 세력을 포용했다. 많은 황자들은 강희제 시대와 마찬가지로 동등한 지위를 누렸다. 어느 정도 통치 기반을 확립한 옹정제는 독재 권력을 강화하기 시작했다. 그는 우선 황족의 세력 기반을 약화시키는 조치를 취했다. 열넷째인 무원대장군 윤지/제는 북경으로 소환되고, 그 자리는 옹정제의 일등 공신인 연갱요가 대신했다. 윤지/제는 옹정제에 대해서 줄기차게 합법성을 의심하여 죽을 때까지 감금 생활을 벗어나지 못했다. 여덟째 윤사와 아홉째 윤당도 끊임없이 강희제의 죽음과 유조(遺詔)에 의문을 품었다. 옹정제는 두 사람을 체포하고 평민의 이름인 아기나(阿其那, 만주어로 돼지)와 색사흑(塞思黑, 만주어로 개)으로 개명시키고 변방에 유배시켰다. 두 사람은 그곳에서 비참한 일생을 마쳤다. 융과다와 연갱요의 밀로도 비침했다. 두 사람은 옹정제의 일등 공신이었지만, 황제의 비밀을 너무나도 자세히 알고 있었다. 옹정제는 두 사람이 권세를 믿고 재물을 약탈하고 백성을 도탄에 빠트렸다는 죄명을 씌워 융과다는 평생 감금했고, 연갱요는 사형에 처했다. 옹정제가 즉위한 후 세상에는 많은 유언비어가 나돌았다. 대부분 반대파들이 옹정제를 모함하기 위하여 퍼트린 내용들이었다.

옹정제의 치세

내치와 외치

옹정제는 정치적 음모에 능했고, 어느 음모가보다 한 단계 높았다. 이와 같은 성격의 윤진이었기에 그는 황제가 되어서는 철저한 전제 군주의 면모를 과시했다. 옹정제는 즉위하자마자 자신에게 반대한 형제들을 제거하기 시작했다. 형제들이 자신을 너무나 많이 음해한 것을 잘 아는 옹정제는 자신의 정책 실행과 그 안정을 위해 형제들을 제거할 수밖에 없었을 것이다. 일단 옹정제는 자신을 제외한 모든 형제의 돌림자인 '윤(胤)'을 역시 발음이 같은 '윤(允)' 자로 고치게 했다. 또한 자신을 황제로 올리는 데 크게 기여한 두 사람을 죽여 부담을 덜었다. 먼저 융과다는 모든 권력과 작위가 박탈되고 아기나(돼지)로 불렸던 윤사와 다시 접촉하자 군주 기만죄로 가택 연금되었으며, 이로 인해 융과다는 1728년(옹정 6년) 화병으로 사망했다. 그 전에 막강한 군권을 틀어쥐고 오만방자하게 굴던 서북의 대장군 연갱요에 대해서는 작위를 박탈하고 1725년(옹정 3년) 스스로 독주를 마시고 자결하도록 명했다.

옹정제는 권력을 확실히 틀어쥘 때까지 은인자중했다. 그래서 그는 몽골의 여러 부족과 전쟁을 통해 문제를 해결하기보다는 당분간 평화 상태를 유지하는 것이 낫다는 판단을 했다. 더불어 자신의 취약한 권력을 강화하기 위해 티베트의 정치적, 종교적 수장인 제5세 달라이라마 로짱갸초(1612~1682)를 북경으로 초대하여 라마 불교를 국교로 삼고 있는 몽골족을 간접 통치하는 수준 높은 외교 전략을 추진했다. 이로써 그는 외치의 힘으로 내치를 제압하고 전제 군주의 커다란 첫걸음을 내디뎠다. 이러한 외교적 과정을 통해 권력 탈취에 담긴 불순한 유언비어를 잠재운 그는 이후 무자비하게 정적을 제거하고 권력의 각축 상대인 황족(皇族)들을 누른 후 아버지인 강희제와 자신의 아들인 건륭제(乾隆帝)에 이르는 100여 년간의 황금 시대를 열어간 가교 역할을 수행한 군주가 되었다.

황제 권력의 강화에 있어서 더욱 중요한 조치는 친왕(親王: 皇族)들이 청조의 핵심적인 군사 조직인 팔기군(八旗軍)을 지휘하지 못하게 한 것이었다. 옹정제가 제위에 올랐을 때 8기 가운데 3기는 황제 직속으로 되어 있었지만, 나머지는 친왕들의 지배 아래에 있었다. 그는 자신이 제위에 오를 때처럼 친왕들이 군사력을 이용해 개인적인 야심을 채울까 우려해 모든 친왕들을 궁정 내 특별 학교에 다니게 하여 황제에 대한 충성심을 교육시켰다. 그 결과 팔기군은 청조 내내 황실에 대해 충성을 다했다.

1729년 옹정제는 행정적인 측면에서 중앙 집권을 강화했다. 최고 행정 기구였던 내각을 없애고 이전의 비공식 기구였던 군기처를 두었다. 5~6명의 군기처 대신들이 황제와 함께 일했으며, 황제는 매일 이들을 만나 정사를 논했다. 그들의 일은 신속하고도 비밀리에 처리되었으므로 황제는 모든 중요한 정사(政事)에 대해 친히 검토하고 지시를 내렸다. 유능한 통치자였던 그는 관료의 부정을 감찰할 관료 기구를 만들어 후세에 남겨주었으며, 제국의 법률을 강력하게 시행했다. 또한 재정을 재정비하여 국가의 수입을 증대시켰다. 세속적인 업적 외에도 종교 연구를 꾸준히 하여 선(禪)불교에 관한 광범위한 저술을 남겼다.

옹정제는 자신에게 순종하지 않는 여러 민족이 있다는 것을 잘 알고 있었다. 사천성과 청해성 분지와 티베트에는 청나라에 반대하는 세력이 존재했다. 티베트는 이미 1717년(강희 56년)에 팔기군이 원정을 다녀와 승리했으나 반대 세력은 완전히 와해되지 않았다. 1722년(옹정 1년), 옹정제는 일단 자신의 심복이자 과거 사천 순무로 그 곳 사정을 잘 알던 연갱요(年羹堯)를 무원대장군으로 삼고 23만 명의 군사를 보내 티베트군과 싸우게 했다. 얼마 안가 연갱요는 티베트와 싸워 대승했고, 티베트군은 다시 높은 티베트 고원 지대로 숨었다. 이 승리가 계기가 되어 훗날 옹정제의 아들 건륭제는 군사를 보내어 중가르와 위구르를 모두 평정하고 중국 역사상 영토를 최대로 넓혔다.

안으로는 강희제가 약화시켰던 의정왕대신회의(議政王大臣會議)를 더욱 축소시키고 1729년(옹정 7년) 군수방(軍需房)을 설치했으나 곧 군기처로 확대·개편했다. 군기처는 처음 대신들이 교대로 군사에 관한 기밀 사무를 도맡아 보는 곳이었으나 점차 대신들이 교대로 각지에서 들어오는 정보를 수집하는 곳으로 변모했다. 옹정제는 정보를 시시각각 황제에게 보고하게 했고 받은 정보에 대해서는 답을 달아 다시 육부로 보내어 이를 처리하게 했다. 본래 대신들이 정사를 논의하는 곳은 상서방으로 태화전 근처에 있었으나 옹정제는 군기처를 자신의 침전인 양심전 근처에 두었다. 이는 대신들을 시시각각 감시하여 한 대신이 육부를 조종하는 강력한 신권을 차단하고 신하들이 자신의 명령에 따라 복종하도록 하기 위함이었다. 한편 자신과 같이 검소한 사람을 좋아하던 옹정제는 자신에게 충성스럽고 검소한 신하들에게 양렴전(良廉錢)을 지급하여 가난 걱정 없이 편히 살 수 있게 도와주기도 했다.

옹정제는 중국 역사에서 제갈량과 쌍벽을 이룰 법한 지독한 워커홀릭이었고 신하들에게도 이를 강요해 악덕 고용주와 같은 군주였다. 옹정제는 13년 재위 기간 동안 선제인 강희제를 본받아 정무에 주력했는데, 근면함이 도를 넘어 잠을 4시간밖에 자지 않는 정도로까지 심해졌다. 매일 새벽 4시에 일어나 정무를 보기 시작해 늦은 밤까지 대신들조차 질릴 만큼 철저하게 집무에 임했다. 특히 제위에 오른 이후 죽을 때까지 한 번도 순행을 가지 않았고 수도인 북경에서 일만 계속했다. 아직 어린아이였던 8세에 즉위해 16세에 친정을 시작한 아버지 강희제나 팔팔한 청년이었던 25세에 즉위한 아들 건륭제와 달리 장년기인 44세에 즉위했음에도 재위 13년 만에 57세로 사망한 것은 과도할 만큼 세심하게 정무를 집행했기 때문이라고 보는 견해가 많다. 이를 통해 옹정제의 죽음을 과로사로 추정하기도 한다.

옹정제는 철저하게 지방관을 관리 감독하고 이중 삼중으로 감시망을 펼쳤다. 늘 모반 가능성을 염두에 두어 세밀하게 관리들을 통제했으며 전국의 수많은 관리가 보내는 보고서를 빠짐없이 읽고 주석을 덧붙이는 방식으로 업무를 보았다. 이때 옹정제는 황제만이 쓸 수 있었던 붉은 먹으로 쓴 글씨, 즉 주필(朱筆)로 답장을 보냈는데, 그 답장을 주비유지(朱批諭旨)라고 불렀다. 이 주비유지는 전달되자 마자 바로 시행되었고 이것은 옹정제와 말단인 신하들까지도 연결하는 중요한 매개체가 되었다. 옹정제는 공식적인 보고 경로와 독자적인 보고 경로를 함께 활용하여 양쪽이 맞지 않으면 추궁하는 식으로 지방관들을 장악했다. 이 주비유지를 나중에 모아 책으로 엮어 옹정주비유지(雍正朱批諭旨)라고 부르고 지방 관리의 참고서로 삼게 했다. 이것은 또한 주접(朱摺)이라고 하여 이후 청 황제 업무의 표준이 되었고 지금까지 많은 주접이 남아 있어 청나라 연구에 큰 역할을 하고 있다. 그것은 말하자면'황제표 공포의 빨간펜'으로 선제인 강희제가 먼저 도입했지만, 옹정제는 아버지가 만든 이 제도를 매우 적극적으로 사용했다. 이런 것을 보면 옹정제는 그야말로 신하들을 한계치까지 몰아붙인 공포의 황제였다. 오죽했으면 청나라의 어떤 문인이 "옹정제 때 관리들 평가를 보면 부지런하고 유능했다는 이야기가 많이 나오는데, 이건 칭찬할 것이 못 된다. 그 시대에는 그러지 못했으면 관직 생활을 못 했으니까."라는 말을 했겠는가.

주접을 통한 정치는 신하에게도 부담이었지만, 옹정제 본인에게도 엄청난 신체적 무리를 주었다. 옹정제는 하루에도 수십 통씩 날아오는 주접에 모두 친히 답서를 작성했다. 이처럼 근면한 황제는 옹정제 이후 다시는 나타나지 않았다. 주접에는 정책 관련의 진지한 답변은 물론 옹정제 개인의 이야기도 있었다. 형편없이 일하는 관리에게 '월급만 축내는 밥버러지'라며 대놓고 면박하는 글까지 있다. 원문에는 '無知(멍청한 놈)', '無識小人(무식한 소인배)', '覽, 笑之(쭉 훑어봤는데 웃기는구나)' 등의 표현들이 있다. 마치 뒷날 조선의 정조가 신하 심환지에게 보낸 비밀 어찰에서 왕답지 않은 육두문자를 마음대로 쓴 것을 연상케 하는 수준이다. 이것들을 보면 옹정제는 상당한 독설가였던 것 같다. 또한 내용을 누락하거나 쓸데없이 장황하여 핵심을 놓치면 옹정제는 귀신같이 알고 문책했다. 총신 중의 한 사람이었던 전문경은 정말 글 잘 쓰는 사람들에게 대필을 맡겨서 글을 적절히 꾸며 옹정제를 속이기도 했다니 세상에 완벽한 것은 없는 듯하다.

관리에 대한 철저한 감독, 감시에는 많은 이야깃거리가 있다. 하루는 한 신하가 신나게 마작을 하고 놀다가 마작 패 하나가 사라져서 찾다가 그냥 집으로 돌아왔다. 다음 날 입궁했을 때 황제가 그를 불러 "어제 뭐하고 놀았느냐?" 하고 물어 신하는 어쩔 수 없이 마작을 했다고 이실직고했다. 그러자 황제가 갑자기 사라진 마작 패를 던지면서 솔직하게 말했으니 이번만은 봐주겠다고 말했다고 한다. 이에 그 신하는 공포에 질려서 그 뒤로는 도박할 엄두를 못냈다고 한다.

또 다른 일화가 있다. 형부(刑部)의 신하가 옹정제를 알현하자 황제가 형부가 어떻게 돌아가는지를 물었다. 그 신하는 대충 "잘 돌아갑니다."라고 대답했다. 조금 뒤 황제는 다시 "그래, 거기에 걸린 현판도 잘 있더냐?" 하고 묻자 신하는 "예, 제대로 걸려 있습니다."라고 말했다. 그러자 황제는 그 관청 건물에 걸려 있던 현판을 가져오게 해 그 신하 앞에 던졌다. 황제가 전날 밤에 측근을 시켜 관청의 현판을 떼어 가져오게 했던 것이다. 형부의 현판은 한동안 원위치로 돌아가지 못했다고 한다.

옹정제가 신하들 중 가장 믿고 신임했던 3총독은 하남 총독 전문경, 절강 총독 이위, 운귀광 총독 시린교로 오르타이 3명이었다. 그중에서도 시린교로 오르타이는 만주인이라 유달리 옹정제의 신임이 두터웠다. 오르타이에게 옹정제는 대략 "흐흐흐, 너의 편지를 읽으면서 야밤에 눈물을 흘렸다. 너 같은 착한 놈은 조상님들도 9대조까지 극락왕생하실 거야", "네 글은 진짜 정성이 느껴진다. 한 글자 한 글자 읽을 때마다 각 잡고 읽는 중!", "천지신명이시여, 우리 오르타이 무병장수하고 자손만대 부귀영화 대박나게 해주세요. 우리 오르타이 하고 싶은 거 다해" 같은 편지를 보내며 남몰래 주접을 떨었던 기록이 있다. 하지만 옹정제가 자손대대로 부귀영화를 누릴 거라던 오르타이는 옹정제 사후 10년 만에 후손들이 문자의 옥에 휘말려 오르타이의 위패까지 태묘에서 쫓겨났다는 것이 아이러니하다.

옹정제는 아버지인 강희제가 구축한 청나라의 전성기인 강건성세(康乾盛世)를 더욱 발전시키고 안정시켜 명군으로 칭송받았다. 그는 강희제가 시작한 지정은제를 전국적으로 확대했다. 지정은제는 과세 대상을 토지로 옮기고, 당시 보급하던 은으로 납세 방법을 일원화한 제도로 백성의 노고를 덜어주었다. 옹정제는 강희제 말기부터 시작되어 온 재정 개혁을 단행하여 1721년(강희 60년) 700만 냥밖에 없던 국고를 1730년(옹정 8년)에는 3천만 냥, 그 후 말년인 1735년(옹정 13년)에는 은자 6천만 냥까지 확충했다. 옹정제의 치세 동안 티베트 원정이 있었고 1년 동안의 군비가 100만 냥이었음에도 불구하고 옹정제의 강력하고 안정적인 내치로 재정 위기 사태는 일어나지 않았다.

문자의 옥(獄)

옹정제는 아버지 때에 비해 대대적인 문자의 옥을 일으켰다. 1726년(옹정 4년), 강서성 과거를 책임지는 관리로 내려가 있던 시험관 사사정(査嗣庭)이 과거의 시제로 《시경》의 '유민소지(維民所止)'를 택했다. 그러나 이 시제는 엄청난 파란을 몰고 왔다. 바로 '유(維)' 자와 '지(止)' 자가 옹정제의 연호인 '옹정(雍正)'에서 위의 변만 뺀 것으로 이것이 옹정제의 목을 베겠다는 암시로 받아들여져 분노한 옹정제가 사사정과 그 구족을 처형했다.

또한 한림원 학사 서준(徐駿)이 올린 상소문 중 '폐하(陛下)'의 '폐(陛)' 자를 들개를 뜻하는 '폐(狴)' 자로 바꾸어 써서 삭탈관직되었다. 이에 분노한 서준이 문자도 모르면서 자기 마음대로 뜯어고친다면서 옹정제를 비아냥거리는 내용의 시를 짓자 진노한 옹정제가 서준을 참수형에 처했다.

한편 강남의 선비 중 증정(曾靜)은 노골적으로 청나라와 만주족의 정통성을 비난했고, 남송의 명장 악비의 후손으로 절강 총독으로 있던 악종기(岳鍾琪)에게 편지를 보내 "옹정제의 즉위는 찬탈이며, 악비의 후손으로서 청나라의 편에 서는 것이 옳은 것이냐"라며 옹정제를 신랄하게 비판했다. 이에 악종기는 증정을 잡아 북경으로 압송했고, 옹정제는 누가 그런 짓을 사주했는지 심문했다. 증정은 이미 죽은 명나라 말엽의 학자 여유량(呂留良)의 화이론(華夷論)에 감명받아 날조했다고 실토했다. 이에 옹정제는 증정과 나눈 대화를 바탕으로 《대의각미록(大義覺迷錄)》이라는 책을 지어 청나라가 왜 중국의 정통성을 가지는지 정당한 이유를 주장했다. 옹정제는 모든 사실을 실토하고 반성한 증정을 살려주었지만 증정에게 영감을 준 여유량의 가문을 모두 잡아들여 그 구족을 멸하고 여유량의 시체를 부관참시했다. 하지만 증정 또한 이후 건륭제 시기에 능지처참형을 당했다. 소위 성군(聖君)이라 일컫는 임금들이 이런 '언론 탄압'을 하는 경우가 많았는데, 조선조의 정조 임금이 박지원 등에 대해 내린 '문체반정(文體反正)'도 그런 예가 될 것이다.

옹정제는 교육도 중요하게 여겨 서당에 <성유광훈(聖諭廣訓)>이라는 헌장을 내려 시험 때마다 암송하게 했다. 그리고 지주의 착취 등으로 부당하게 천민이 된 사람들을 조사한 뒤 그 호적을 제거한 후 모두 양민으로 신분을 높여주었다. 반면 악덕 지주에게는 징역형, 유배형을 내리기도 했고 심지어 그 수탈과 착취가 상당한 지주에게는 사형을 내리고 그 재산을 천민이 된 양민들에게 다시 돌려주었다.

옹정제는 황위 계승과 관련해 아버지 강희제가 정치적 혼란을 겪은 것을 잘 알고 있었다. 그래서 그는 제일 능력이 뛰어난 황자의 이름을 건청궁 '정대광명(正大光明)' 현판 안에 봉인된 상자와 자신의 품에 보관하다가 황제 사후에 공개하도록 했다. 두 곳에 봉인된 이름이 같으면 다음 황위에 올리도록 하는 것이다. 이것이 유명한 저위비건법(儲位秘建法)이다. 본래 강희제부터 시작했으나 옹정제는 봉인된 교지와 내무부에 봉인된 밀지가 모두 맞아야 황위를 승계할 수 있는 방법으로 바꾸었다. 이때 이미 옹정제는 자신의 후계자로 제4 황자 홍력을 낙점하고 홍력을 보친왕(寶親王)으로 삼아 국사를 처리하게 했다.

1735년(옹정 13년) 10월, 옹정제는 과로로 인하여 심신이 많이 지쳐 이궁인 원명원에서 요양하며 지냈다. 옹정제는 아버지가 매우 좋아하던 창춘원 대신 아버지가 자신에게 하사한 원명원을 더욱 좋아했다. 그는 황위에 오른 이래 한 번도 순행을 떠난 적이 없고 북경에서만 정사를 의논했다. 심신이 지쳤을 때는 남방에서 가져온 식물들을 보면서 마음을 가라앉혔다. 그러나 오랫동안 4시간밖에 자지 않고 정무에 몰두한 탓인지 기력이 급격히 쇠약해져갔다. 《세종헌황제실록》에 따르면 1735년(옹정 13년) 10월 5일까지는 건청궁에서 조회를 주관하며 일일이 대신들에게 질의를 했으나 다음 날인 10월 6일에 병세가 나타나 그다음 날인 10월 7일에는 걷잡을 수 없이 위독해졌다고 한다. 그리하여 1735년(옹정 13년) 10월 8일 새벽에 옹정제는 58세로 붕어했다고 공식 발표되었다.

이후 옹정제의 죽음을 둘러싸고 암살설과 독살설 등 여러 설이 제기되었다. 그중 가장 널리 알려진 암살설은, 옹정제에 대하여 비판적인 글을 기고하여 문자의 옥으로 멸문을 당한 산동성 출신의 학자 여유량의 손녀 여사랑(呂四娘)이, 명나라 말기의 학자 황종희의 아들과 명나라 황실의 후손인 여협 오인법사에게 무술을 배워 원명원 궁녀로 잠입해 시해했다는 설이 가장 유명하고 유력하다. 그러나 공식적으로 밝혀진 것은 아무것도 없다. 또 다른 설로는 옹정제가 도교의 가르침에 심취해 진시황처럼 불로장생을 꿈꾸다가 수은이 들어간 단약(丹藥)에 중독되어 사망했다는 설이다. 실제로 옹정제 사후 건륭제는 도사들을 궁정에서 몰아냈다.

한편 옹정제는 무슨 일인지 조부 순치제와 부황 강희제가 모두 묻힌 청동릉을 버리고 북경에서 서남쪽으로 300리 떨어져 있는 곳에 묻혔다. 이후의 황제들은 이곳과 청동릉에 번갈아가며 묻혔는데, 청동릉과 구별하기 위해 이 황릉군을 '청서릉(淸西陵)'으로 불렀다.

통치 철학과 사상

옹정제는 아버지 강희제와 마찬가지로 학문을 매우 좋아했다. 그러나 유교를 숭상했던 아버지와 달리 옹정제는 오히려 불교를 숭상했다. 옹정제는 어릴 때부터 참선하고 승려들과 불도(佛道)에 대해 토론하여 불가의 학문에 정통해 못 외우는 불경이 없었다고 한다. 강희제 탄신일에 다른 황자들은 언제나 고가의 진귀한 보물들을 바친 반면, 옹정제는 자신이 손수 금가루로 쓴 불경을 선물했다는 것은 옹정제의 불심과 성실함, 그리고 검소함을 잘 보여준다. 불교에 대한 옹정제의 믿음은 조부인 순치제와도 비슷했다. 옹정제는 정책에 있어서 불법을 바탕으로 했고, 민생을 중요하게 여겼다. 또한 1712년(강희 51년)과 1713년(강희 52년) 사이에는 무려 일곱 번이나 법회를 주관하여 자신의 깊은 불심을 증명했다. 과거 자신이 황자 시절에 살았던 잠저 옹친왕부를 대대적으로 중수하여 반은 행궁으로, 반은 라마교 사원으로 만드니 이것이 옹화궁이다.

옹정제는 아버지와는 다르게 예수회 선교사를 그리 총애하지 않았다. 1724년(옹정 2년), 그는 기독교 포교 규제를 더욱 강화했고 예수회와 가톨릭 선교사들을 추방했다. 또한 대부분의 선교사들을 마카오로 강제 이주시켜 그들이 더 이상 궁정에서 일할 수 없게 했다. 다만, 오랫동안 궁정에서 일하며 중국어에도 능통했던 주세페 카스틸리오네 등 일부 선교사들은 자리를 지켰다.

옹정제가 예수회를 추방한 이유는, 이들이 종교의 자유를 부정했고 예수회, 성도미니크회, 성프란체스코회, 재속 신부들이 서로 비방하며 왕자를 꾀어내 달아난 사건에도 연루되었기 때문이다. 예수회 선교사들의 《진귀한 편지》라는 책에서 옹정제는 예수회 회원들에게 이렇게 말했다.

"짐은 당신네 종교가 다른 사람들의 종교를 인정하지 않는다는 사실을 알고 있소. 당신네가 마닐라와 일본에서 어떻게 했는지도 아오. 당신들은 선황이셨던 부친을 기만했소. 짐까지 속일 수 있으리라고는 기대하지 마시오."

그러나 옹정제는 이들을 추방할 때도 온화하고 편안히 귀국할 수 있도록 했고, 도중에 성난 백성들에게 봉변을 당하지 않도록 배려를 아끼지 않았다. 프랑스의 철학자 볼테르는 이러한 옹정제의 태도를 관용과 인류애의 본보기로 높이 평가했다.

또한 옹정제는 강력한 황권을 주창하여 설령 형제나 아들일지라도 황제인 자신 앞에서는 엄연히 군신지간임을 강조했다. 염친왕 윤사와 혁군왕 윤당이 군신지간의 예를 허물어 다른 황족들과 모의를 꾸며 옹정제를 음해하자 옹정제는 형이 아닌 황제로서 그들에게 엄벌을 내리고 유교적 질서를 바로잡으려 했다. 옹정제의 이러한 조치 이후 황족들은 정무에서 큰 규제를 받게 되어서 황족들의 입지가 크게 위축되는 결과를 가져왔다. 한편으로 옹정제는 인재를 찾는 데에 크게 주력했다. 지방이나 현장에서의 목소리를 듣기 위해 번거로이 황제를 찾아와 일일이 고하는 대신 표문을 올려 바치도록 했다. 자신은 북경에서 주필을 써서 보내 결과적으로 국부의 낭비를 일부라도 막게 되었다.

불심도 깊었던 옹정제는 성실함에 있어서도 누구에게 뒤지지 않았다. 하루 4시간에서 5시간밖에 자지 않았고 정무에 몰두하여 1년 내내 쉬는 날이 없이 바쁘게 지냈다. 바로 이런 이유 때문에 어떤 학자들은 옹정제의 사인을 과로사로 보기도 한다. 후대의 학자들은 옹정제를 비난하든 칭송하든 모두 '역사상 가장 근면한 황제'로 불렀다. 옹정제는 자신이 거처하던 양심전(養心殿)의 대청에 '원이일인치천하 부이천하봉일인(愿以一人治天下 不以天下奉一人)', 즉 "천하가 다스려지는 데에는 한 사람의 책임에 달린 것이며, 자신의 한 몸을 위해 천하를 희생시키지는 않으리라"라는 글귀를 걸어 자신의 좌우명으로 삼고 묵묵히 정무를 이행했다. 한편 옹정제는 양심전에 '중정인화(中正仁和)'라는 편액을 남겨 대청 중앙에 걸어놓고 황제는 중립적이고 정직하며 인자하고 화애로움을 갖춰야 한다고 역설했다.

옹정제는 아버지 강희제가 이뤄놓은 전성기를 더욱 발전시켜 아들인 건륭제에게 안전하게 넘겨주었다. 옹정제 역시 걸출한 황제였으나 문자의 옥을 일으켜 독재성을 강화했다는 이유로, 그리고 아버지 강희제와 아들 건륭제가 각각 61년과 60년간 재위했으나 자신은 13년이라는 짧은 재위 기간을 가지고 있었다는 이유로 크게 주목받지 못했다. 또한 즉위 과정에서의 석연찮은 점 때문에 옹정제가 아버지 강희제를 죽이고 황위를 찬탈했다는 소문도 있었다. 옹정제는 대외적으로 티베트 원정을 성공적으로 이끌어 제국의 안정적 기반을 마련했고, 이는 훗날 건륭제가 영토를 몽골 제국 이후 최대로 확장하는 기반이 되었다.

옹정제는 통치 체제를 완성하고 황제의 독재권을 강화하여 신하들의 권한을 축소했다. 아버지 강희제는 일하면서 여가를 즐겼으나 옹정제는 그리하지 않았다. 그는 하루에 20시간을 모두 정무에 매진했고 식사 중에도 언제나 결재 서류를 곁에 두었을 정도였다고 한다. 당시 강희제 이후로 선비들, 즉 신사층의 힘이 강해져 백성들에 대한 착취가 심하자 옹정제는 선비들을 억압했고, 마찬가지로 착취를 일삼는 대(大)상인들도 경제적으로 제재하여 백성들에게 좋은 정책을 펼치려 했다. 그러나 선비들과 부유한 대상인들은 자신들을 억압한 황제를 미워하여 옹정제와 관련된 나쁜 소문을 퍼뜨렸는데, 옹정제가 강희제를 시해하고 즉위했다는 소문도 이들에게서 비롯된 것이었다.

옹정제는 문무를 겸비한 유능한 군주였으나 상대적으로 외적인 측면에서 국력을 과시한 아버지 강희제나 아들 건륭제보다는 내치에 힘써 겉으로 드러나는 치적이 상대적으로 적었다. 또한 아우가 오를 제위를 빼앗아 자신이 대신 올랐다는 소문 등으로 인해 근현대까지만 해도 폭군 이미지가 강해 평가가 그리 좋지 않았다. 현재 옹정제에 대한 평가는 달라졌다. 과거에는 옹정제의 집권 과정, 그중 야사에서 강조한 강희제 시해와 형제들의 숙청 등만을 부각해 옹정제를 잔인하고 나쁜 군주로 내몰았다면 오늘날에는 《청사고》 등의 정사 자료와 야사를 함께 검토하여 균형 잡힌 재평가가 이루어지고 있다. 정사에 적힌 옹정제의 치세와 통치 스타일까지 고루 따져볼 때 옹정제는 성군은 아니지만 적어도 명군으로 보는 시각이 확산되고 있다. 옹정제의 황위 집권 과정은 몇 세기를 거친 후 텔레비전 드라마와 영화로도 만들어졌다.

십전노인 건륭제(乾隆帝, 1711~1799)

건륭제의 등장

즉위를 두고 여러 가지 말들이 많았던 옹정제는 매사 빈틈없는 그 성격대로 황위 계승에 대한 논란을 없애기 위해 태자밀건법(太子密建法)이라는 제위계승법을 고심하여 만들었다. 적장자(嫡長子)를 우선으로 황태자를 책봉했다가 황제가 죽고 나면 내각수보가 작성한 유조(遺詔)가 발표되고, 이에 따라 황위를 계승하는 명(明)대의 중국식 제도를 만주족 출신 옹정제는 그대로 수용할 수 없었다. 만주에서는 최소한 영웅 칭호를 가졌거나 우러러볼 만한 인물을 추대하여 선거로서 칸(Khan)을 뽑는 것이 유습이었다. 옹정제는 이런 만주 전래의 전통을 바탕으로 중국의 상속 제도를 절충하여 밀건법을 창안했다. 밀건법 내용은 대략 이러했다.

황후와 여러 후비(后妃)의 몸에서 황자(皇子/아고)가 태어나면 우선은 너 나 할 것 없이 모두 내서방(內書房)이라는 황자들의 글방에 보내어 교육하고, 이들 간에 학문과 무예의 성적을 매겨 경쟁시켰다. 그러는 과정에서 됨됨이를 보고 가장 황제에 적합하다고 판단되는 황자의 이름을 비밀리에 적어 작은 상자에 넣고 밀봉(密封)하도록 했다. 이것을 건청궁의 높이 5미터 이상인 편액[순치제가 친필로 정대광명(正大光明)이라고 씀] 뒤에 놓아두었다가 황제 사후 대신들이 이를 꺼내 후계자를 발표하게 했다.

옹정제가 사망한 5일 후, 밀건법의 유서가 발표되었고, 이에 따라 25세의 혈기 왕성한 보친왕(寶親王) 홍력(弘曆)이 즉위하여 건륭제가 되었다. 건륭제는 이렇듯 순조롭게 왕위를 이어 받았으나 사실 그의 탄생은 조금 남달랐다.

그의 어머니는 열하(熱河)에 주둔하고 있던 보잘것없는 만주 기인(旗人)의 딸이었다. 그녀의 나이 13세 때 우연히 베이징에 들렀는데, 공교롭게도 수녀(秀女)를 뽑는 시기와 맞물렸다. 곱게 차려입은 한 무리의 소녀들이 조잘대며 궁성으로 들어가는 것을 넋을 잃고 바라보고 있던 이 시골 소녀에게, 궁성 문지기가 그녀도 수녀 지망생인줄 잘못 알고 궁성 안으로 불러들여서 소녀는 황실 어른들을 알현하게 되었다. 수수한 옷차림과 총명한 눈빛, 단아한 용모가 황실 어른들의 눈에 들어 수녀로 뽑혔고, 후일 옹정제가 되는 옹친왕 처소에 배치되었다. 이 수녀가 곧 건륭제의 모후가 되는 유호록(紐祜祿)이다.

어느 날 옹친왕이 전염병으로 심하게 앓았다. 남들이 병구완을 꺼리자 그녀는 지극한 정성으로 옹친왕을 보살펴 기적적으로 옹친왕이 살아났다. 옹정제가 이 어린 소녀를 아끼고 사랑하여 건륭제가 탄생했다.

옹정제가 건륭제를 태자로 지명한 것은, 건륭제 본인의 자질도 황제로서 손색이 없었지만, 만주 출신의 소박한 여인을 아끼고 사랑해 그 몸에서 태어난 황자가 더욱 예뻐 보였기 때문이었다는 것이 후일의 중론(衆論)이다.

1795년, 건륭제의 나이 85세, 제위 기간 60년, 여전히 정정했던 건륭제는 그의 열다섯째 아들 영염(永琰)에게 제위를 물려주고, 그 이듬해부터 연호를 가경(嘉慶)으로 고쳐 부르게 했다. 이로 인해 외견상 청의 7대 황제 인종(仁宗) 가경제(嘉慶帝, 1760~1820)가 즉위했다. 건륭제는 조부 강희제의 치세 기간 61년을 넘기지 않겠다는 뜻으로 양위했으나 그의 아버지 옹정제가 만든 밀건법을 스스로 어기고 사후가 아니라 생전에 후계자를 세웠다. 그리하여 자신은 태상황제(太上皇帝)가 되어 4년간 실권을 더 행사하다가 1799년 89세로 타계했다.

십전노인(十全老人) 건륭제와 대외 원정

건륭제는 25세에 청나라 황제가 되었으며, 말년에는 스스로 십전노인(十全老人)이라 칭하고, 이를 도장(圖章)에 새겨 자신만이 세계 제국의 완성자임을 은근히 자랑했다. 십전(十全)이란, 열 번의 대외 원정에서 완전히 승리하여 결함이 없다는 뜻으로, 중국뿐만 아니라 주변 지역도 자신의 위엄(威嚴)과 덕화(德化)가 완전하게 펴졌다는 것이다. 자신이 원정해서 평정되었다는 열 번이란, 중가르(2회/1754·57), 위구르(1759), 대금천(大金川/1749), 대·소금천(大小金川/1776), 타이완(臺灣/1788), 미얀마(1778), 베트남(1789), 네팔(2회/1790, 92) 등을 말한다. 이런 열 번의 무공(武功)을 십전기(十全記)라는 이름으로 자신이 직접 쓰고, 이를 돌에 새겨 티베트의 수도 라싸의 포탈라 궁전 언덕에 있던 조부 강희제의 평정서장비(平定西藏碑) 옆에 나란히 세웠다. 그런데 이를 곰곰이 들여다보면 강희·옹정 부조(父祖) 2대에 걸쳐 피와 땀으로 땅을 일구어 씨앗을 뿌리고 가꾼 것을 건륭제가 거두는 데 지나지 않았으나 엄청난 대가를 치러야 해서 얻는 것에 비해서 잃는 것도 많았다.

청나라는 만주인, 한인(漢人), 몽고인의 3족 협화의 평등주의와 상호주의에서 출발했기에 중국의 풍요로움을 수탈의 대상으로 삼았던 원나라와는 시작점이 달랐다. 강희제의 성천자라는 이상적인 꿈과 옹정제의 냉엄한 현실적 금욕주의에 이어 건륭제에 이르러서는 10만 수가 넘는 자작시를 남길 정도의 여유 속에서 다시 위구르(Uighur)와 티베트(Tibet)를 정복하고 5족 협화의 세계 제국으로 올라섰다. 지금도 중국은 한족(漢族)을 주축으로 56개의 민족으로 구성된 다민족(多民族) 1국가 형태의 나라다. 따라서 중국인 학자들 중에는 청나라가 정복 왕조라는 말 자체를 거부하는 사람도 있다. 중국이라는 다민족 국가에서 만주족 출신이 천자가 되었을 뿐 누가 정복하고 정복 당한 것이 아니라는 것이다.

건륭제(乾隆帝)는 풍류천자답게 그의 치세 기간 남쪽 순행(巡行) 길에 오른 것이 강희제와 같은 여섯 번이었다. 그 외 다른 곳에도 여러 차례 순행했는데, 그 비용은 할아버지인 강희제의 열 배가 넘었으니 아버지 옹정제가 정무에 골몰하여 궁성을 벗어나지 못했던 것과 비교하면 엄청난 호화 여행이라고 할 수 있다. 그렇다고 건륭제는 탕아적인 군주가 아니었다. 선제(先帝)들 못지않게 정무(政務)에 몰두했으며, 시(詩)를 썼는가 하면 널리 고전(古典)을 읽고 교양을 쌓았고, 수많은 시(詩)를 남길 만큼 뛰어난 언어 능력도 가지고 있었다.

만리장성의 서쪽 끝인 가욕관(嘉峪關)을 지나 더 서쪽으로 나가면 감숙성(甘肅省)의 돈황(敦煌)에 이르고, 조금 더 나가면 감숙과 신강의 경계 지점 옥문관(玉門關)에 다다른다. 당의 수도였던 장안(西安)에서 이곳 옥문관(玉門關)까지는 2,400 킬로미터, 실크로드라고 부르는 텐산 남북로의 시작이자 끝이 되는 곳이다. 서역(西域)이라고 불렀던 이곳에는 당나라 중기 이후 중국이 철수한 후 이른바 호마(胡馬)가 구슬피 우는 오랑캐의 땅으로 피가 피를 부르는 처절한 싸움이 계속되었다. 그로부터 천 년이 지나 이곳에 청나라 군대가 들어갔고, 오늘날까지 중국의 영토가 되는 기적 같은 일이 일어났다. 건륭제가 이곳을 새로이 얻은 땅이라 하여 신강(新疆)이란 이름을 붙였지만, 우루무치를 주도(州都)로 하는 이 신강성은 천산산맥(天山山脈)을 기준으로 그 남과 북은 전혀 형편이 달랐다. 텐산 북쪽에는 중가르 초원 지대가 있고 그 서쪽에는 이리 분지(伊犁盆地)가 있다. 이곳에는 중가르·티베트 연합의 세계 제국을 염원했던 갈단과 그 후손들인 중가르 부족이 세력을 떨쳤으나 강희·옹정 년간 청의 공격을 받고 그 세력이 현저히 약화된 가운데 내분까지 겹쳐 건륭 19년(1754)과 건륭 22년(1757) 두 차례의 출병으로 쉽게 청나라의 수중으로 들어왔다.

텐산 북쪽이 라마교의 세계라면 그 남쪽은 이슬람의 세계다. 이곳에는 일찍부터 유목 생활에서 정착 농경으로 생활을 바꾼 투르크계 위구르(Uighur/回紇)·회골(回鶻)족들이 부족 단위로 성곽 국가를 이루고 있었으나 역시 종교적인 분열로 통합을 이루지 못하고 있었다. 건륭제는 중가르 정복의 여세를 몰아 건륭 23년(1758) 군대를 출병하여 그 이듬해까지 이곳에 산재해 있던 오아시스 도시 국가들을 평정했다. 이렇게 해서 오늘날 우리들에게는 황사(黃砂)의 진원지로 알려진 신강성 전체가 청나라의 세력 판도에 들어왔다. 북쪽으로는 쿤룬산맥이 남쪽으로는 히말라야산맥이 가로막고 있는 티베트고원은 지구상 최대이자 최고(最高)의 고원 지대이다. 건륭 55년(1790)과 57년, 청은 두 차례의 원정으로 티베트를 완전 복속함으로써 사상 유례없는 1,150만 제곱킬로미터의 방대한 영토를 소유하게 되었다. 지금의 중국 영토가 대략 960만 제곱킬로미터라고 하는데, 이와 비교해도 건륭제 때의 영토가 이보다는 훨씬 넓었다는 것을 알 수 있다. 청나라가 티베트를 정복한 것은 라마교와 달라이 라마(Dalai-Lama) 문제를 교묘히 이용한 정치적 전략이 있었고, 현재까지도 전생(轉生)과 활불(活佛)이라는 특이한 티베트식 불교가 티베트 사람들을 결속시키고 있어 독립을 주장하는 목소리 또한 강하게 남아 있다.

원래 중국은 천명(天命)을 받은 천자(天子)가 다스리는 나라라는 생각에서 화이관(華夷觀)이라는 관념으로 중화(中華)와 이적(夷狄)만 구분했을 뿐, 지리적 국경이라는 개념은 없었다. 정복이라는 개념도 땅을 얻기 위해서가 아니라 사람들을 정신적으로 지배하려는 것이 근본 목적이었다. 따라서 상대가 신하의 예와 조공만 바치면 그것으로 만족했는데, 이를 종주권(宗主權)이라 한다. 이러한 사고방식은 청대에 이르러 서양 세력의 압력과 접촉 속에서 변화를 맞이하게 되었다. 특히, 러시아인(人)들이 밀려오자 청은 서양인들과의 문화적인 장벽을 세울 필요를 느껴 명확한 선을 긋기 시작했는데, 이것이 결과적으로 서구적인 국경선이 되고 말았다. 하지만 이때까지만 해도 이런 서양인들의 출입을 청으로서는 일종의 국경 무역인 마시(馬市)나 조공(朝貢) 정도로 간주했다.

예를 들면, 영국 사절이 베이징에 들어올 때도 '영이조공(英夷朝貢)'이라는 깃발을 앞세우게 했는데, 이는 영국 오랑캐가 조공을 바치러 왔다는 뜻이었다. 러시아와 맺은 네르친스크 조약(1689)이나 캬흐타 조약(1727) 등도 러시아인들이 분별 없이 밀려들자 이들의 출입을 어느 한 곳으로 제한하고,

조공을 바친다는 전제하에서 마시(馬市)를 허용한 것쯤으로 생각했다. 사정이야 어떻든 외국과 대등한 일 대 일 개념의 배타적인 국경선이 생겼다는 것은 대단한 변화라고 볼 수 있었다. 이러한 시대적 배경 속에서 건륭제는 많은 영토를 중국 지도에 편입시킨 황제였다.

그러나 주로 종주권(宗主權)를 지키거나 뺏기 위해 치렀던 이런 대외 원정에 쏟은 전비(戰費)는 가히 천문학적 규모였다. 그러면서도 재정에 큰 무리 없이 국정을 운영할 수 있었던 것은, 그만큼 청나라의 경제가 비약적으로 발전했음을 의미했다. 사회는 안정되고 대량 생산이 이루어졌으며 외국과의 무역에서 막대한 무역 흑자를 얻어 멕시코산 은화가 유럽을 거쳐 마구 중국으로 유입되었다. 이런 변화에 잘 대처하지 못했던 청나라는 건륭제 말기부터 체제의 모순이 노출되었고, 서세동점(西勢東漸)과 거대한 제국주의 물줄기 앞에서 방향을 잃고 말았다. 19세기 중반을 고비로 청(淸) 제국은 열강의 식민 혹은 반(半)식민 상태로 들어갔다.

사고전서(四庫全書)의 편찬

중국에서 황제가 백성들에게 인기를 얻기 위해서는 통치 못지않게 조칙(詔勅)을 잘 써야 한다. 비록 행위 자체는 보잘것없고 이치에 맞지 않는다 해도 다른 사람을 시켜서라도 기가 막히게 명문장(名文章)을 만들어 발표하면 줄줄이 백성들이 따르는 요술 같은 위력이 일어난다.

만주에서 들어온 청나라 통치자들은 자신들을 욕하는 한인(漢人) 지식인들을 '문자의 옥(獄)'을 통해 철저히 탄압했지만, 이들 지식인들의 협조 없이는 거대한 중국 대륙을 통치하는 것 자체가 불가능하다는 사실을 잘 알고 있었다. 순치제가 중국인 학자들을 스승으로 모시고 열심히 유학에 정진한 것이나 강희제가 남서방을 열고 중국인 학자들을 우대한 일, 옹정제가 고금도서집성(古今圖書集成)이라는 대규모 편찬 사업을 한인(漢人) 지식인들의 손을 빌려 마무리 지었던 일도 이런 것과 일맥상통(一脈相通)하는 처사라 할 수 있다.

건륭제 역시 풍부한 재정을 바탕으로 대규모 문화 사업을 펼쳤다. 그 가운데 대표적인 것이 《사고전서(四庫全書)》라는 중국 사상 최대 규모의 편찬 사업이었다. 사고(四庫)란 경(經), 사(史), 자(子), 집(集) 네 부류 서적을 일컫는 말로, 경(經)이란 사서오경(四書五經) 등 유학의 모든 경전(經典)을 말하고, 사(史)는 역사, 자(子)는 공자와 맹자를 비롯한 제자백가의 사상, 집(集)은 개인들의 문학을 포함한 문집(文集)을 말한다.

건륭 6년(1741), 건륭제는 천하에 흩어져 있는 모든 서적을, 이를테면 이미 간행된 것(旣刊)과 아직 간행되지 못한 것(未刊)을 구분하지 않고 수집한다는 조칙(詔勅)을 발표했다. 이렇게 해서 많은 책들이 산더미처럼 모이게 되었다.

젊은 날의 건륭제와 그의 명령으로 편찬된 《사고전서》 목록집

건륭 37년(1772)에는 사고전서관(四庫全書館)이라는 편찬소(編纂所)를 열고 300명의 학자를 등용하여 작업에 착수했다. 우선 책의 정본(定本)을 만들고, 다시 이를 정서(淨書)하여 경(經)은 노랑색, 사(史)는 빨강색, 자(子)는 푸른색, 집(集)은 회색으로 표지를 구분했다. 10년 고심 끝에 1781년 7만 9천 여 권을 수천 책(冊)으로 우선 한 벌을 완성했다. 이런 전집류에 사고전서(四庫全書)라는 이름을 붙였던 것이다.

그 후 네 벌을 만들어서 자금성(紫禁城)을 비롯하여 열하(熱河) 이궁, 원명원(圓明園), 심양(瀋陽) 등 각기 다른 곳에 소장케 했으며, 민간인 열람용으로 다시 세 벌을 더 만들어 양주(揚州)와 항주(抗州) 등 강남(江南)의 문화 중심지에 서고를 세우고 일반인도 열람케 하여 모두 일곱 벌이 되었다. 사고전서에 수록된 책은 3,458종, 7만 9,582권에 이르렀는데, 편집 과정에서 청 왕조(淸 王朝)의 마음에 들지 않는 것은 소각하거나 판목(版木)을 부수는 등 이른바 발금몰수(發禁沒收)가 된 것도 많았다. 일부 수록된 책 중에서도 부분적으로 고쳐진 것도 있었다고 한다. 《사고전서》는 학술적으로 건륭제의 문화 업적임에는 틀림없으나 이를 통해서 천하의 책을 모아 이미 반만(反滿) 사상을 통제했던 소위 '문자의 옥'의 연장선상에 있었으며, 불온 서적을 단속하는 기회로 이용했다는 점에서 옥의 티라고 할 것이다.

향비에 얽힌 사랑 이야기

건륭제 역시 여느 황제들처럼 많은 후비(后妃)를 두었고, 이들로부터 아들 17명, 딸 10명 등 모두 27명의 자녀를 두었다. 그러나 그는 젊은 시절 향비(香妃)라는 아리따운 한 여인을 두고 애간장을 태웠지만, 황제의 권위와 위엄으로도 한 여인의 마음을 돌릴 수는 없었다. 그녀의 죽음으로 이 희대(稀代)의 로맨스는 애절한 추억으로 건륭제의 가슴속에 남게 되어 후세 사람들을 더욱 숙연하게 만들었다. 향비 이야기는 그 후 다양한 드라마로 만들어지기도 했다.

지금의 중국 신강성에 있는 타클라마칸 사막(타림 분지라고도 함)을 사이에 두고 북쪽의 텐산산맥 남쪽 기슭의 여러 오아시스 도시 국가들을 거쳐 서쪽으로 나가거나 타클라마칸 사막 남쪽, 즉 쿤룬산맥 북쪽 사면을 따라 역시 오아시스 국가들을 지나 서쪽으로 나가면 이 두 곳이 만나게 되는데, 이곳이 이른바 실크로드의 서쪽 출발이자 동쪽에서는 종착지가 되는 카슈가르(Kashgar)라는 곳이다. 이곳은 이미 한(漢)나라 때부터 소륵국(疏勒國)이란 이름으로 중국 사서(史書)에 등장했던 곳으로 튀르크계 사람들이 대상(隊商) 무역을 상대로 숙영지를 제공하거나 중계 무역을 통하여 번창하고 있었다. 이후 이슬람 세력의 동진(東進)에 따라 이슬람화되었고, 이슬람 세계에서는 이곳을 발판으로 세력을 확장하는 전진 기지로 삼고 있었다. 이슬람화된 튀르크계 사람들은 중국에서 위구르(Uighur)인이라 불렀다. 회교(回敎), 즉 이슬람을 신봉하는 사람들이란 뜻이다.

16세기 무렵, 이곳에는 위구르인들이 카슈가르 한국(汗國)이라는 나라를 세우고 독립을 유지하고 있었다. 건륭 년간 청나라 군대가 여기에 이르자 이곳 주민들은 완강하게 저항했지만, 결국은 힘에 부쳐 나라가 망하고 말았다. 이 망국의 서러움 속에서 향비라는 위구르 왕족 출신의 여자가 등장했다. 그녀는 태어날 때부터 선녀처럼 아름다운 몸에서 그윽한 향기까지 풍기는 절세의 미인이었다고 한다. 청나라의 원정 사령관은 이 절세의 미인을 베이징의 건륭제에게 보냈다. 일설에는 이렇게 아름다운 여인이 있다는 소문을 듣고 건륭제가 이 여인을 얻기 위해 이곳에 출병했고, 이 여인을 사로잡아 보낸다는 연락을 받고는 안절부절못했다고도 한다. 머나먼 길을 오는 도중 행여 향기가 사라질까 고심했다는 것이다. 그러나 막상 향비 본인은 베이징에 도착해서 아무런 표정 없이 매우 담담했다. 황제가 접근하자 냉정하게 돌아앉았다. 애가 탄 건륭제는 말 잘하는 궁녀를 보내 달래보았지만 소용이 없었다. 황제가 접근하면 칼로 찌르고 자신도 스스로 목숨을 끊겠다고 매정하게 잘라 버렸다. 이제나 저제나 향비의 마음이 돌아서기를 기다리던 황제는 향비의 주변만 서성일 뿐 번번이 헛걸음만 했다. 그러면서도 그녀의 처소 앞에 이슬람풍의 거리를 만들고 향수(鄕愁)를 달래도록 세심한 배려를 하는 등 그녀의 마음이 돌아서기를 끈질기게 기다렸다. 이런 아들의 애처로운 모습을 보다 못한 황제의 어머니(母后)는 단념하라고 충고했지만 역시 소용이 없었다. 이 절세의 미인을 결코 잊을 수도, 포기할 수도 없다는 것이 아들인 황제의 대답이었다.

답답하기는 어머니인 모후도 마찬가지였다. 결국 모후는 결단을 내렸다. 어느 날 황제가 하늘에 제사를 올리기 위해 자금성을 나간 사이, 모후는 향비의 소원대로 자결을 허용했고, 향비는 스스로 목숨을 끊었다고 한다. 일설에는 모후가 궁녀를 시켜 향비를 목 졸라 죽였다고도 한다. 향비의 죽음 소식을 듣고 건륭제는 허둥지둥 달려왔다. 그가 향비의 시신을 바라보았을 때, 향비는 살아 있을 때와 마찬가지로 몸에서는 향기를 내뿜었고, 살갗은 더욱 싱싱했으며, 앵두같은 붉은 입술은 조용한 미소를 머금고 있었다고 한다. 그 전 같았으면 상상조차 할 수 없었던 절대 군주의 이런 사랑 이야기가 건륭제 때 나타났다는 것은, 또 다른 그의 모습이라 할 수 있다.

건륭제는 할아버지 강희제와 마찬가지로 서양 선교사들에 대해서 그 지식과 기술만 빌렸을 뿐 카톨릭에 대해서는 전혀 관심이 없었다. 그는 이탈리아 밀라노 출신 예수회 선교사로서 건륭제의 신임을 받고 베이징에 머물고 있었던 카스틸리오네(1688~1766)에게 명하여 향비의 요염한 자태와 조용한 슬픔, 그리고 군장(軍裝)을 한 반신상, 건륭제와 나란히 말을 타고 사냥을 즐기는 그림들을 그리게 하여 만년에 이를 추억으로 간직했다고 전한다. 그러나 이런 것은 전하는 이야기일 뿐, 향비가 언제 어떤 경로로 얼마나 베이징에 머물렀는가는 확실하게 기록된 것이 없다. 다만 건륭제가 위구르를 정복한 것은 1759년으로 그때 건륭제의 나이는 49세였다.

베이징의 동릉에는 건륭제와 비빈들의 무덤이 있고 그 가운데 용비(容妃)라는 이름의 무덤이 있는데, 이것이 향비의 무덤이라고 한다. 한편, 카슈가르에는 향비의 무덤이라는 묘당(廟堂)이 있으며, 그 규모는 인도의 타지마할보다는 작지만, 이곳 사람들은 향비를 성녀(聖女)로 모시며 지금도 제사 지내고 있고, 수많은 참배객들이 줄을 잇는다고 한다.

청조에서 이름을 떨친 한인(韓人)들

지구상의 수많은 사람들 가운데 인종과 언어학의 관점에서 분류하면 우리와 가장 유사한 집단이 만주족이라고 한다. 일례로 고구려를 우리나라에서는 고대사의 한 국가로 잡고 있지만 중국에서도 자국의 변방 여러 곳 중 하나로 고구려사(史)를 엮고 있다. 그런 사실에 분노하여 중국의 역사관을 비판하는 사람들도 있지만, 고구려 옛 영토의 대부분이 현재 중국 영토가 되어 있는 이상 그들이 역사에서 고구려를 다루는 것은 어쩌면 당연한 일이기도 하다. 세계 모든 나라는 현재 자국 영토에서 과거에 살았던 사람들의 기록을 그들의 역사로 다루기 때문이다. 언어로 문화로 심지어 DNA로 규정해도 실체가 모호한 '민족'이라는 추상적 개념으로 역사를 다루는 우리가 오히려 세계적으로는 희귀한 경우에 해당할 수 있다.

고구려와 백제 멸망 이후 통일 신라 시대의 강역은 대동강 남쪽에 머물렀고, 고려 태조의 북진 정책으로 청천강 유역까지 북상했다가 거란 침입 후 서쪽으로는 압록강까지 올라갔다. 그러나 지금의 함경도 지방은 전과 다름없이 여진족들이 부족 단위로 살고 있었고, 이것이 조선 초기까지 이어졌다. 조선을 세운 이성계는 그의 5대조가 함경도로 이주한 후 대대로 그곳에서 살았다고 스스로 밝히고 있으며, 그의 막하(幕下)에는 퉁두란[나중 이지란(李之蘭)으로 개명]을 비롯한 많은 여진인이 군사적인 힘을 보태고 있었던 것이 사실이다. 그렇다면 이런저런 여러 경로를 통해 조선과 여진의 혼혈은 불가피했을 것이다. 그 후 조선은 성리학과 함께 중국적인 화이관(華夷觀)을 받아들였고, 조선의 사대부들은 정묘·병자 호란을 당하여 그들의 지배하에 들게 되었다. 그러자 사상적으로 더욱 단단히 무장하고 오기까지 발동하여 지배를 받으면서도 더욱 얕잡아 보는 자기 모순에 빠져 들게 되었다.

연암(燕巖) 박지원(朴趾源, 1737~1805)은 건륭 45년(정조 4년, 1780) 6월, 그의 종형(從兄) 박명원(朴明源, 英祖 3女 和平翁主 駙馬錦城尉)이 건륭제의 칠순(七旬) 축하 사절로 베이징에 갔을 때 자제군관으로 따라갔다가 돌아와서 《열하일기(熱河日記)》라는 상세한 견문기를 남겼다. 그의 《열하일기》 〈심세편(審勢編)〉에 따르면 당시의 연행(燕行) 사신과 그 일행은 조공을 바치러 가는 형편에서도 만주인들을 오랑캐로 얕잡아 보았다고 하며, 연암(燕巖)은 이런 것을 오망(五妄), 육불가(六不可)라고 하여 경계했다. 그중 오망(五妄)이란, 자신의 지체나 벼슬, 신분 또는 학식, 새력을 외국에 가서도 뽐내고 과시하는 것이 일망(一妄)이요, 붉은 모자, 이상한 옷소매 등 우리와 다른 풍속이나 문물을 깔보고 비웃는 것이 이망(二妄)이며, 비록 대국을 지배하고 있을망정 오랑캐라고 하여 교만하게 그들의 문물을 거들떠보지도 않고 고고한 체하는 것을 삼망(三妄)이라고 했다. 배운 글 내부분이 중국 글이기에 글을 소금 안다 하여 상대편의 시문(詩文)을 얕보고 헐뜯는 것이 사망(四妄)이고, 한족(漢族)이면서 오랑캐 황제의 은택을 자랑하는 것을 보고 춘추(春秋)의 의리를 망각했다고 의분하는 따위가 오망(五妄)이라 했다.

청나라의 공식 기록에 따르면, 조선인으로서 청조에 귀화한 성씨가 42개나 된다. 귀화한 조선인들을 청나라는 만주 8기에 배속시켰는데, 그 가운데 두드러지게 이름을 떨친 성씨로 김씨, 한씨, 박씨, 안씨 등이 있었다. 당시 청나라의 거부(巨富) 중에는 소금 전매업자가 많았다. 조선 출신 안기(安岐, 1683~?)라는 사람도 소금 전매권(專賣權)을 얻어 큰 재산을 모았는데, 그는 가난한 문인들과 불우한 사람들을 많이 도와주었을 뿐 아니라 많은 골동서화를 수집하여 감식가로서도 당대 제일인자였다. 특히 동진 시대(東晋時代, 317~419) 고개지(顧愷之)가 그렸다는 여사잠도(女史箴圖)라는 족자(簇子) 그림은 원래가 안기의 소장품이었다. 그런데 그의 사후 건륭제에게 넘어 갔다가 1900년 의화단 사건 때 다시 영국인 손으로 넘어가게 되었고, 지금은 이 귀중한 동양 최고의 신품(神品)이 엉뚱하게도 런던 대영 박물관에서 소장하고 있다. 안기의 자(字)는 의주(儀周), 호는 녹촌(麓邨) 또는 송천노인(松泉老人)이며, 그가 남긴 서화 목록인 묵연휘관(墨緣彙觀)은 진(晉)·당(唐) 이래 서화의 최고 감식 준칙으로 여겨지며, 중국과 미국의 동양화 연구가들에게 널리 알려져 있다. 정작 한국인들만 안기가 어떤 인물인지 잘 모른다.

의주(義州) 출신 김남해(金南海)란 사람은 병자호란 때 가족이 몰살당했으나 청 태종을 따라 만주로 들어가 공을 세워 내무부 3기화기 도총관의 벼슬을 얻었다. 그의 손자 김상명(金常明)은 세종 옹정제로부터 두터운 신임을 받고 어전대신 등 요직을 두루 거쳤다. 옹정제가 그와 의논할 때는 김상명과 함께 다락에 오른 뒤 사다리를 치우고 누구도 접근하지 못하게 한 다음 독대(獨對)할 정도로 그를 신임했다고 한다. 김상명의 조카딸은 건륭제의 잠저(潛邸) 시절 귀인(貴人)이 되었고, 건륭제 즉위 후 가귀비(嘉貴妃)로 승차되었다. 그녀가 출산한 네 명의 황자 중 11황자 성친왕은 시문과 서법에 뛰어나 청의 4대가로 꼽힐 정도였다. 가귀비의 오빠는 김간(金簡, ?~1794)이란 사람으로 건륭제 때 대신과 공부, 호부, 이부의 상서(尙書)를 역임했고, 특히 인쇄와 제책 담당인 무영전(武英殿)의 장(長)으로 있을 때 동자(銅字) 사용을 건의하고, 6개월 동안 25만 3,500 자의 목활자를 완성했다.

이괄의 난(1624) 때 이괄에게 가담했던 구성 부사 한명련은 이천에서 부하에게 피살되었지만, 그의 두 아들 윤(潤)과 난(灤)은 청나라로 망명했다. 두 형제는 청에서 형은 한운(韓雲)으로 동생은 한니(韓尼)로 개명하고, 1632년 송산(松山) 싸움에서 크게 공을 세웠다. 그 후 청나라가 산해관을 넘어 중국에 들어갔을 때, 유적(流謫) 소탕에 큰 공을 세우고 형제 모두 일등경차도위(一等輕車都尉)를 제수받았다. 한니의 셋째 아들 한걸도(韓傑都)는 호군참령(護軍參領)으로 여러 전투에 참가했다가 전사했다고 하는데, 청나라에서는 이를 매우 애석하게 여겨 벼슬을 높여 주고 나라에서 제사를 지내 주었다고 한다.

의주 출신 박동안(朴東安)은 청 태종을 따라 만주로 건너가서 대신까지 지냈으며 그 후손들도 크게 번창했다. 이 외에도 많은 조선인이 청나라로 건너가 군공(軍功)을 세운 이가 많았고, 나라에서 받드는 제사(祭祀)에 이름이 오른 사람도 많았다고 한다.

남은 이야기 – 티베트(Tibet)

지금 중국이 장악하고 있는 티베트와 그 곳의 지도자였던 달라이 라마(현재 인도 북부 다람살라에 거주 중) 간에 갈등이 노출되고 있다. 여기에 이해관계가 얽힌 국제 사회가 이를 직간접으로 관여하고 있기 때문에 이곳의 과거를 잠시 더듬어 보자.

파미르고원과 더불어 세계의 지붕이라고 부르는 이곳 대부분 지역은 해발 고도 4,000미터가 넘는다. 수억년 전 아마도 아프리카에서 떨어져 나온 인도 대륙판이 유라시아판과 부딪히면서 히말라야산맥이 생겨났다. 인도양에서 습기를 머금은 바람은 이 산맥에 부딪혀 많은 비를 내려 인도 북부의 아샘 지방 등은 세계 최고의 강수량을 나타내고 있으니, 비를 쏟아낸 마른 바람이 부는 산맥 동쪽인 티베트 지방은 건조한 곳이 될 수밖에 없었다. 따라서 티베트는 위도상으로는 북위 27~37도 사이에 해당하나 고도에 따른 기후 변화가 매우 심하여 대체적으로 겨울은 춥고 여름은 서늘하며 바람이 몹시 강하게 부는 곳이다. 원래 바다였던 분지 안에는 나무호(納木湖)

를 비롯한 많은 함수호(鹹水湖/鹽湖)가 형성되어 있고, 남쪽인 짱난(藏南) 골짜기에 해당하는 동부에는 연평균 강수량이 1,000 밀리미터가 넘고 있으나 그 외 지역은 200 밀리미터 이하의 건조 지대에 해당한다. 이런 자연환경은 초원을 만들어 일찍부터 유목민들이 자리잡고 있었다. 한(漢)나라에서부터 위진·남북조 시대에 걸쳐 오호(五胡)라는 이름으로 중국 역사에 등장한 저(氐)족과 강(羌)족이 티베트계 유목민으로 추정되고 있다.

이런 유목 사회에서, 7세기 초 중앙 티베트를 중심으로 손챈 감포왕(Srong btsan sgam po, 643~49)이라는 걸물이 등장하여 티베트족을 통합하고 통일 국가를 이루었다. 이를 당시의 당나라에서는 토번(吐蕃)이라고 불렀다. 당(唐) 태종(太宗, 626~49)은 이들을 회유하기 위해 문성공주(文成公主)를 감포왕에게 시집 보냈고, 이 문성공주가 석가모니 불상(佛像)을 가져가 라싸에 사원을 세우고 불상을 모신 것이 티베트에 불교를 전파한 계기가 되었다고 한다. 또한 공주가 데리고 간 기술자에 의해서 주조(酒造)와 제지(製紙) 등의 중국 문화가 티베트에 전파되었다.

티베트 사회에서도 여느 유목 사회와 같이 원시적 정령(精靈)을 숭배하는 주술 신앙(呪術信仰)을 믿고 있었는데, 이것을 본교(Bon)라고 한다. 그 후 여러 경로를 통해 들어온 불교가 이들 토착 신앙과 밀착하는 것은 어쩔 수 없는 일이었다. 티베트 불교가 토착 신앙인 본교와 경쟁하면서 현교(顯教)보다는 밀교(密教)로 발전했는데, 이는 신비적인 요소가 다분히 내포된 밀교(密教)가 이들에게는 친근했기 때문이다.

9세기 전반 랄파첸왕(재위 815~838)은 지나치게 불교를 옹호하여 사원 건립과 불사에 많은 돈을 뿌렸고, 불교 신자라면 병역 면제의 특전까지 부여해 국가 경제 기반과 군사력에 일대 위기를 불러일으켰다. 이 틈을 노려 왕의 형인 랑다르마(809~842)는 본(Bon)교의 지지자들과 공모하여 랄파첸왕을 암살하고 왕위에 오른 뒤 모든 사원들을 허물고, 승려들을 강제로 환속시키는 등 철저하게 불교를 탄압했다. 그러나 그가 842년 한 승려에 의해 살해되고 티베트의 정통 왕조는 사라졌다. 이후 약 400년간 몽골 군대가 이곳에 들어오기까지 티베트고원은 군웅할거의 무정부 상태가 되었다. 이른바 랑다르마왕의 법난(法難)이 있었던 80년 후, 다시 티베트에서는 불교 재건의 기운이 높아지고, 인도 사호르 왕국의 왕자 출신 아티샤(982~1054) 스님을 초빙하여 불교 쇄신 운동을 펼쳤다. 이렇게 해서 티베트에는 다시 불교가 융성하게 되었다. 이 아티샤 직계 제자들을 카담파라고 불렀는데, 이들이 전교를 위해 황색 모자를 썼기 때문에 후일 황모파(黃帽派)라고 불렀다. 이에 반해 불교 탄압 이전에 티베트에 있었던 기존의 불교 계열을 닝마파라고 했다.

그 외에 카규파와 사캬파라는 종파가 생겨 크게 티베트 불교는 4파로 갈라졌는데, 이런 새로운 종파들은 기존 닝마파의 성격을 반쯤 유지하면서 인도로부터 새로 유입된 밀교의 성격이 가미되어 그들만의 가르침을 펴고 수행을 했다. 현재 가장 교세가 강한 겔룩파는 카담파의 정신을 이어 받아 14세기 후반에 새로 생긴 종파라고 한다. 유목 사회에 칭기즈 칸이 등장해 사방을 누빌 때 티베트에도 1253년 후일 원(元)나라 헌종(憲宗)이 된 몽케가 군대를 보내어 티베트 전역을 장악하고 이곳에 선위사(宣慰使)를 두었다. 원(元)을 세운 세조(世祖) 쿠빌라이는 1253년 사캬파의 고승 파스파를 모셔와 중용하고 그의 스승으로 삼았다는 것은 유명한 이야기이다.

1578년 티베트의 소남 갸초(Sonam Gyatso, 1543~1588)가 몽골 알탄 칸의 초청을 받고 칭하이(靑海)에 갔을 때, 알탄 칸은 소남 갸초를 달라이 라마라고 불렀고, 이후 달라이 라마는 티베트 사회에서 정(政)·교(敎) 일치의 종교적 지배자가 되었다. 그런데 문제는 달라이 라마가 세속 권력까지 장악하게 되자 그 계승법(繼承法)을 두고 분쟁이 일어났다. 원나라 때까지는 라마가 아내를 거느리는 것을 인정하고 교주(敎主)의 세습을 허락했다. 이들을 카르마파에서 분파된 홍모파(紅帽派, 시바 마르파)라고 한다. 이런 홍모파가 타락하자 황모파(黃帽派, 시바 세르파)에서는 새로운 계율을 정하고 홍모파를 몰아냈다. 청대 초기에는 황모파(黃帽派)가 지배권을 장악했으며 청 태조(太祖) 누르하치는 그 지배자에게 달라이 라마라는 칭호를 부여했다. 이들은 라마가 아내를 두는 것을 금하고 법왕격인 달라이 라마의 계승은 전생활불(轉生活佛)이라는 특이한 방법을 채택했다. 전생(轉生)이란 육신(肉身)의 죽음과 동시에 정신은 다른 육체에 옮겨가서 거듭 사는 것을 말하고, 활불(活佛)이란 살아 있는 부처라는 뜻이다. 다시 말하면 중생을 제도하기 위해서 부처님께서는 라마라는 사람의 육신을 빌려서 이 세상에 오는데, 달라이 라마는 관음보살의 화신이고, 판첸라마(Panchen Lama)는 아미타 부처님의 화신이라는 것이다. 다시 이들 육신이 사라지면 다른 사람의 육신으로 영혼이 옮겨 간다고 믿었다.

티베트 사회는 관음보살의 화신인 달라이 라마를 성(聖)·속(俗) 최고의 지배자로 삼았고, 아미타불의 화신인 판첸 라마(판첸 고르드니, 清 太宗이 내린 칭호)를 그 다음의 지배자로 삼았다. 그리고 이들 2대 활불(活佛)에게 종교와 속세를 모두 지배하게 했다. 말하자면 달라이 라마는 법왕, 판첸라마는 부법왕으로 삼고 이들에게 그 지역의 지배권을 주었다. 따라서 달라이 라마가 활불로서 이들 유목 사회의 정신적 지주가 되자 중가르 부족들을 위시해서 많은 유목 사회가 이를 이용하여 칭기즈 칸 이래의 유목 국가 형성에 꿈을 키웠고, 그때마다 청나라는 집요하게 이를 방해했다. 이들과 연결되면 무서운 종교적인 힘이 발동될 수 있기 때문이다. 이런 달라이 라마를 청나라는 교묘히 이용하여 옹정제는 티베트 주재 대신인 주장대신(駐藏大臣)을 라싸에 두고 이들을 감독하게 했다. 그러나 청나라가 직접 지배하거나 내정을 간섭하지는 않았다.

그런데 건륭제에 이르러 티베트에서 5대 달라이 라마가 사망하자 그 후계자 문제를 두고 심각한 내분이 일어났다. 각 파벌을 배경으로 소위 자신이 전생(轉生) 활불(活佛)이라고 주장하는 달라이 라마 후보가 세 명이나 동시에 등장한 것이다. 당연히 진짜와 가짜를 두고 서로 간에 공방이 오고 갔다. 여기에 음모가 등장하고 외세까지 동원하여 혼란이 가중되자 내분을 틈타 네팔에서는 판첸라마가 있는 타실룬포사원을 침입하여 티베트의 내정(內政)에 끼어들었다. 건륭 55년(1790) 청나라 군대는 다시 티베트의 수도 라싸에 들어갔고, 2년 후에는 히말라야산맥을 넘어 네팔의 수도 카트만두

(Katmandu)까지 육박하여 사태를 수습했다.

건륭제는 내정 불간섭이 결국 이런 분쟁을 더욱 조장시키는 것으로 보고, 주장대신에게 티베트의 행정, 외교, 군사상의 지배권을 부여했다. 또한 달라이 라마의 권력 기관으로 가샤(티베트 지방 정부) 조직을 정하고, 그 계승법을 확립하여 전횡을 막는 일대 개혁을 단행했다. 달라이 라마의 계승은 전생했다고 하는 활불들의 이름을 모두 적어서 황금함에 넣고 라마승이 7일간 독경한 후에 주장대신의 입회 아래 제비를 뽑아 그 진부(眞否)를 가리는 방법을 택함으로써 무사공평을 기했다. 그러나 그 결과 달라이 라마와 티베트는 주권을 상실하고 청의 지배하에 들어가게 되었다.

1911년, 신해혁명으로 청나라가 망하고 1차 대전 후 외몽골과 함께 티베트의 달라이 라마는 주권을 찾고 독립 정권을 세웠다. 그러나 국민당 정부에서는 1930년부터 관리를 파견했고 34년에는 라싸에 몽장(蒙藏) 위원회 주(駐)티베트 사무소를 설치하여 몽골과 함께 중국의 종주권을 유지하고자 했다. 제2차 세계대전 때 중립을 지킨 티베트는 종전 이후에도 독립 정부를 구성하고 있었으나 1950년 10월, 중국 공산당 정부는 티베트를 침공했고, 51년 5월 중국의 종주권과 티베트의 자치권을 인정하는 17개 항의 평화 협정을 다시 체결했다. 이 협정에 대해 국제 사회에서는 논란이 많았으나 당시 한국 전쟁으로 미국을 위시한 국제 사회가 이를 간섭할 형편이 되지 못했다. 이후 중국인들이 대거 티베트 사회에 몰려 들었고, 티베트인들에 대한 차별이 심화되자 이에 반발한 티베트인들이 1959년 14대 달라이 라마를 지도자로 하여 중국에 대규모 반란을 일으켰으나 실패했다. 달라이 라마와 그 추종자들은 히말라야산맥을 넘어 인도로 망명하여 오늘에 이르고 있다. 그리고 티베트에는 이 사건을 계기로 본격적으로 중국 체제가 도입되었다.

14대 달라이 라마

그 후 중국은 새로이 판첸 라마를 세우고 수많은 불교 사찰 가운데 일부만 남기고 모두 철폐했다. 라마승에게 탄압을 가하자 승려들의 대부분은 피신하거나 투옥되었다. 1961년과 1962년에는 티베트에 기근이 닥치자 다시 민중 봉기가 일어났고, 이 과정에서 판첸 라마도 그 자리에서 쫓겨났다. 이를 두고 국제 사회가 중국을 비난하자 1965년 중국 정부는 티베트를 자치구로 만들어 민족 자치를 인정했으며, 1980년대 중반에는 동서 해빙의 기운을 타고 중국의 강압 통치도 완화되었다. 1989년 스웨덴의 한림원에서는 망명 중인 14대 달라이 라마에게 노벨 평화상을 수여했는데, 수상 이유는 비폭력이라고 한다. 이 14대 달라이 라마의 망명 정권은 지금도 중국 당국을 긴장시키고 있다.

제39강

서태후와 청제국의 황혼

기울기 시작한 청나라

7대 가경제(嘉慶帝, 1760~1820)

가경제(嘉慶帝)는 청 제국의 제7대 황제(재위 1796~1820)이다. 제6대 황제인 건륭제의 15번째 아들로 건륭제의 후궁 출신인 효의순황후 워이갸씨의 소생이다. 건륭제가 늦은 나이에 본 아들이어서 건륭제의 총애를 받아 어린 나이에 이미 후계자로 낙점되었다. 가경제는 1795년(건륭 60년) 건륭제의 양위로 황제에 올랐으나 즉위 초기 4년은 태상황제로서 여전히 실권을 가지고 있던 건륭제의 그늘 속에서 별다른 실권도 없이 재위 기간을 보냈다.

그러나 건륭제의 붕어 후, 건륭제의 비호 아래 조정을 장악하고 있던 화신(和珅)을 체포하여 자결케 했으며, 일시적으로 황권을 공고히 하여 건륭제 치세 말기의 부정부패와 사치를 타파하기 위해 노력했다. 화신이 자진한 이후 가경제는 그의 재산을 모두 몰수했는데, 당시 화신의 재산은 국가 총수입의 20년 치에 다다를 만큼 엄청난 양이었다. 그러나 가경제는 부정부패를 철저히 척결할 의지가 없었다. 화신을 제거한 뒤 화신의 재산을 국고에 보내지 않고 모조리 가져가서 자신의 내탕금으로 썼다. 당시 백성들은 "화신이 죽으니 가경이 배부르게 먹었다(和珅跌倒 嘉慶吃飽)"라고 하면서 가경제의 행동을 비꼬았다.

가경제가 황위에 오른 1796년(가경 원년)부터 곳곳에서 반란이 일어나기 시작했다. 건륭제의 치세 중기부터 강희제와 옹정제가 구축해 놓은 부(富)를 지출하기 시작하여 북경의 귀족들은 사치와 향락에 젖어들었고, 이로 인해 지방 관리들의 감독에 소홀해져서 지방 관리들은 백성들에게 무거운 세금을 매기는 등 온갖 횡포를 부렸다.

가경제가 즉위한 뒤 처음으로 반란을 일으킨 사람은 제림(齊林)이었다. 그러나 거사를 일으키기 전에 관군에게 발각되어 처형당한 후 그의 아내인 왕총아(王聰兒)가 남편의 뜻을 이어 1796년(가경 원년)에 반란을 일으키니 이것이 백련교도의 난이다. 무거운 세금을 견디지 못한 많은 백성이 반란에 호응했고, 그 결과 호북성에서 시작된 반란은 사천성, 섬서성, 하남성까지 영향을 끼쳤다. 조정에서는 화신과 건륭제의 처남이었던 복강안을 총사령관으로 삼아 백련교도들을 궤멸하려 했으나 사천성과 호북성 등 험준한 지세에 익숙했던 백련교도들은 오히려 조정의 군대를 교란시키며 몇 차례의 승리를 거두었다. 그러나 청군의 계속적인 포위와 더불어 반란군의 양식마저 점점 바닥이 나자 사기가 떨어져 청군이 승기를 잡기 시작했고, 1798년(가경 3년) 왕총아는 결국 절벽에서 투신하여 자살하고 호북성에서의 반란은 멈추었다. 하지만 그 잔당들은 여전히 사천성, 섬서성에서 청군에게 항거하다가 1804년(가경 9년) 8월에야 완전히 토벌되었다.

백련교도의 난이 일어나자 운남성에 주로 거주하던 묘족(苗族)도 이에 호응하여 반란을 일으켰다. 묘족 역시 건륭제 이후 지방 관리들이 인종 차별 정책을 펴는 등 묘족을 무시하자 이에 반발하여 반란을 일으킨 것이다. 조정은 이번에도 운남성으로 군사를 파견했으나 운남성의 지세가 험준하고 고온다습한 남방 기후로 인해 북방 출신이 상당수인 청군은 진압에 어려움을 겪었다. 하지만 지속적으로 군사를 파견한 끝에 1806년(가경 11년), 묘족의 반란도 진압되었다. 9년에 걸친 백련교도의 난과 10년에 걸친 묘족의 난으로 청나라 조정은 2억 냥 이상의 은을 지출했고, 이는 재정에 막대한 부담을 가져오게 되는 계기가 되었다.

한편, 백련교 이외에도 백련교의 일파였던 천리교(天理敎) 역시 백성들에게 널리 퍼져 있었다. 천리교도 역시 백련교도들과 비슷하게 각지에서 소규모의 세력을 규합하여 조정에 항거하려 했다. 1813년(가경 18년), 천리교의 두령 임청(林淸)과 이문성(李文成) 등은 백련교도의 난과 달리 이번엔 천리교도를 은밀히 궁궐에 보내어 황궁 내의 환관들까지 포섭했다. 그 해 7월 18일, 가경제가 가을 사냥을 하기 위해 피서산장으로 떠난 사이에 자금성을 탈취하기 위해 거사를 결행했다. 9월 14일 밤, 환관들은 자금성의 동문인 동화문(東華門), 서문인 서화문(西華門)을 몰래 열어 약 200명의 천리교도들과 내응하여 황궁인 자금성에 진입시켰다. 자금성으로 들어온 천리교도들은 곧바로 내전인 양심전으로 향했으나 당시 황궁을 지키던 제2황자 면녕(綿寧)이 곧바로 궁궐과 황성을 지키는 금군과 금의위를 소집한 후 직접 천리교도 두 명을 총으로 격살한 뒤 천리교도들을 격퇴시켰다. 놀란 가경제는 그 다음날에 곧바로 환궁하여 자금성을 지켜낸 면녕을 지친왕(智親王)에 책봉했고, 군사들을 대대적으로 풀어 임청과 그 수하들을 체포한 뒤 곧바로 대역죄를 물어 능지형과 참수형에 처했다. 이문성은 거사가 실패하자 바로 자결했다. 이 사건이 바로 1813년, 계유년에 일어난 계유지변이다. 이후 가경제는 자신의 죄를 쓴 죄기조(罪己詔)를 써서 천하에 공표했으나 별다른 반향은 없었다.

건륭제 치세 때 이미 인구가 3억 명을 돌파했고, 이후에도 청나라의 인구는 계속해서 증가하고 있었다. 1805년(가경 10년), 청나라의 인구는 시상 최대인 3억 3,200만 명을 넘어섰으나 이를 뒷받침할 만한 재정 상태가 되지 못했다. 건륭제 말기의 부패와 사치로 조정 대신들과 지방 관리들의 기강은 이미 무너졌고, 지방 관리들은 옹정제 때나 건륭제 치세의 초기처럼 황제에게 시시각각 보고를 올리지도 않았다. 부패가 계속되자 가경제는 부패를 근절하기 위해 건륭제 이후 유야무야해진 주필 제도를 다시 제도화하여 황제에게 보고하도록 했다. 또한 세금을 인상하여 고갈된 국고를 어느 정도 채웠으나 수많은 백성들을 부양하기엔 턱없이 부족한 액수였다. 세금이 인상되자 백성들의 불만도 계속되었다. 설상가상으로 몇 차례의 기근이 발생하여 10년 뒤인 1815년(가경 20년)에는 3억 2,600만 명으로 인구가 감소했다. 일부 백성들은 기근으로 무거운 세금을 납세할 수 없게 되어 감옥에 갇히는 경우가 빈번했다. 섬서성의 백성들은 관리들의 수탈을 견디지 못하고 1백만 명 이상이나 유랑 생활을 하다가 그나마 기근의 영향을 덜 받았던 산해관 동쪽 요동이나 고비 사막으로 도망쳤다.

이 시기 아편도 본격적으로 들어오기 시작했다. 영국과의 교역이 활발해지면서 영국 상인들은 돈을 더 벌기 위해 인도에서 아편을 가져와 중국에 팔기 시작했다. 본래 1729년(옹정 7년)에 이미 금지령이 내려졌고, 1731년(옹정 9년)부터는 아편 흡연자와 판매자를 가차없이 처형하는 등 단속을 대폭 강화하는 강경책을 썼다. 그러나 건륭제 치세를 거치며 통제는 점차 느슨해졌고, 지방 관리들 역시 영국 상인들에게 뇌물을 받으며 아편에 대한 제재가 크게 약화되어 아편이 다시 들어오기 시작했다. 가경제 치세 때 상황은 더욱 악화되어 민간은 물론 중앙과 지방 관리들도 아편을 복용했다. 아편 수입량은 1816년(가경 21년) 5천 상자로 시작으로 가경제 말년인 1820년(가경 25년)에는 이미 1만 상자에 육박할 정도로 많은 양의 아편이 들어왔다.

만년에 이르러 가경제는 여러 번 전국 순행을 떠나면서 백성들을 위무했다. 1819년(가경 24년), 가경제는 자신의 육순 만수절(萬壽節)을 축하하기 위해 자금성 안에서 큰 연회를 베풀고 이미 지친왕이 된 면녕을 제외한 모든 황자들의 작위를 친왕으로 올려주었다. 그러나 이듬해인 1820년(가경 25년)부터 몸이 부쩍 쇠약해졌다. 가경제는 승덕의 피서 산장으로 자주 사냥을 떠나 몸을 추스렸다. 그 해 여름에도 가경제는 더위를 앓은 이후 담에 걸렸고 피로가 쌓여 피서산장으로 행차하여 피접을 했다. 하지만 가경제는 호전되지 못했고, 1820년(가경 25년) 9월 2일에 피서산장에서 붕어하니 향년 61세였다. 가경제의 유조에 따라 다음 황위는 계유지변 때 자금성을 지켜냈던 제2황자 지친왕 면녕이 이었다.

8대 도광제(道光帝)와 아편 전쟁

도광제(道光帝, 1782~1850)는 제8대 황제로 1820년 도광이라는 연호로 즉위했다. 재위 기간 동안 기울어가는 국세를 바로잡으려 했으나 별로 성과를 거두지 못했다. 그는 이전 황제들의 통치 기간에 크게 줄어들었던 황실 재정을 개인적인 검약을 통해 복구하고자 애썼다. 그가 제위에 있을 때 홍수와 기근을 막기 위해 황허강[黃河]의 제방을 고치고 대운하를 수리하는 일이 절박해졌다. 이는 당시 대운하가 중국 남부에서 수도 베이징[北京]까지 쌀을 운송하는 중요한 수단이었기 때문이다. 그러나 부패한 관리들은 운하의 수리비를 횡령했고, 이러한 상황에서 운하 공사에 투입되는 노동자 수를 줄이면 오히려 상황이 악화될 것을 우려하여 인력 감축을 꺼렸다. 1849년에 이르러서는 대운하의 통행이 불가능한 상태가 되었기 때문에 해적들의 위협이 도사리고 있는 해상으로 쌀을 운반하게 되었다. 또한 일자리를 잃은 수천 명의 운하 선원들이 소요의 불길을 부추겼다.

한편 서양 상인들의 아편 무역을 막으려 한 도광제의 조치가 불씨가 되어(1838) 영국과의 제1차 아편 전쟁(1839~1842)이 일어났고, 이에 따른 전쟁 비용과 평화 협정 조건에 따라 영국에 지불한 막대한 배상금이 국내의 불만을 더욱 키웠다. 도광제는 태평천국운동(1850~1864)으로 알려진 대규모 정치적·종교적 성격을 띤 소요가 중국 남부를 휩쓸기 시작하던 무렵에 사망했다.

아편 전쟁(阿片戰爭)은 사실 제1차 중·영 전쟁이라고 할 수 있다. 전쟁의 빌미가 된 것은 아편 문제였으므로 일반적으로는 아편 전쟁이라고 부른다.

19세기 산업 혁명으로 공산품을 대량 생산하게 된 영국은 상품의 판매 시장을 인도에서 중국으로 확장하려고 했지만, 가장 큰 장애는 광둥[廣東] 무역 체제였다. 광둥 무역 체제하에서는 대외 무역이 광저우[廣州] 한 항구에 국한되었고, 청나라의 허가를 얻은 공행(公行)이라는 독점적 상인 길드를 통해서만 무역이 가능했다. 영국은 공행의 자의적인 관세 부과와 외국 상인에 대한 무역 제한 및 무역항의 제한을 무역 신장의 장애로 여겼다. 따라서 아편 전쟁에 이르기까지 여러 차례 사신들을 파견하여 광둥 무역 체제를 타파하고 무역을 확대하고자 했으나 중국은 이를 거부했다.

당시 청의 최대 수출품은 차(茶)였고, 영국의 주요 수출품은 모직물과 인도 면화였다. 청 당국은 "우리는 대국(大國)이고 모든 것을 자급자족하기 때문에 너희들과 무역을 하지 않아도 전혀 지장이 없다"는 입장이었다. 양국의 무역 수지는 대체로 청의 수출 초과로 나타났고, 영국으로서는 차 수입을 결제할 은(銀)이 부족했다. 이에 영국은 은의 지불 없이 차를 수입할 방안을 모색했고 그에 따른 대체 수출품이 곧 아편이었다. 즉 인도에서 재배한 아편을 지방 무역 상인이 청에 밀수출하여 벌어들인 은으로 청나라의 차를 수입한 것이다. 1820년대 후반부터는 아편 수입으로 인해 청이 은의 유입국에서 유출국으로 바뀌었다. 당연히 청나라 내 아편의 확산은 여러 가지 문제를 불러일으켰다. 빈민층의 아편 흡식은 농촌 경제의 파탄과 구매력의 상실을 가져왔고, 관료와 병사의 아편 흡식은 국가의 기능을 마비시킬 지경이었다. 또 은의 유출이 커짐에 따라 은값이 오르게 되었고, 은으로 조세를 납부해야 하는 농민들의 부담이 커져 조세 미납 사태가 발생해 재정 궁핍이 초래되었다. 아편 중독의 만연과 은의 유출로 인해 청나라는 정치적·사회적·경제적 위기에 직면하게 되었고, 조정에서는 이를 타개하기 위한 대책을 논의했다. 이에 황제는 아편 전면 금지를 주장하는 강경파 관료 임칙서(林則徐)를 흠차대신(欽差大臣)으로 임명하여 광둥에 파견해 아편 문제를 처리하도록 했다.

1839년 3월, 광저우에 도착한 임칙서는 단호한 조치를 취했다. 중국인 아편 관련자의 처벌은 물론이고 외국인 아편 소지자에게도 아편과 서약서의 제출을 요구했다. 외국 상인들이 미온적 반응을 보이자 임칙서는 외국 상관(商館)을 무력으로 봉쇄하여 아편을 몰수·파기했다. 영국 상인들은 서약서의 제출을 거부한 채 마카오로 철수했고, 영국 정부는 10월 원정군 파견을 결정했다.

한편 주룽[九龍]에서 술에 취한 영국인 선원들에게 중국 농부 임유희(林維喜)가 살해된 사건(1839. 7. 7.)은 전쟁 발발의 또다른 계기가 되었다. 임칙서는 사건 책임자를 인도할 것을 무역 감독관 찰스 엘리엇에게 요구했으나 엘리엇은 거부했다. 이에 8월 16일, 임칙서는 마카오를 무력으로 봉쇄했으며, 57가구의 영국인은 포르투갈의 압력으로 홍콩과 주룽 사이의 바다로 이주했다. 9월 4일, 압박 해제를 요구하러 주룽에 갔던 엘리엇의 함대와 중국 해군 사이에 충돌이 일어나 첫 발포가 일어났다. 이어 11월 3일, 촨비[川鼻]에서 양국 해군간에 전투가 벌어졌고 중국이 참패했다. 이로써 선전 포고 없이 전쟁이 시작되었다.

12월 6일, 임칙서는 영국과의 통상 정지를 선포했다. 이미 10월에 개전을 결정한 바 있던 영국 정부는 1840년 2월 조지 엘리엇을 전권 대표로, 브레머를 사령관으로 하는 원정군을 파견했다. 의회에서도 4월에 전쟁을 승인했는데, 여기에는 자본가 집단의 압력이 작용했다.

영국 원정군이 1840년 6월, 마카오 해역에 도착하면서부터 전쟁은 정식으로 시작되었으며, 전쟁은 크게 3단계로 나눌 수 있다. 제1 단계는 1841년 1월까지로, 영국군이 다구[大沽]까지 북상하여 직례총독(直隸總督) 기선(琦善)과 협상을 진행했다. 그 뒤 남하하여 촨비에서 조약을 강요하며 홍콩을 점령했다. 제2 단계는 중국 측이 조인하지 않은 촨비 가조약을 영국이 일방적으로 선포하고 홍콩을 강점하여 영국 영토임을 선언했다.(1841. 2. 1.) 청나라가 다시 전쟁에 돌입한 때부터 8월까지의 기간이다. 영국은 선제 공격을 가해 승리를 거두고 청나라로부터 새로운 정전 조약인 '광저우 화약(和約)'을 얻어냈다. 제3 단계는 1841년 8월, 신임 전권 대사 헨리 포틴저가 도착하면서부터 난징 조약[南京 條約]에 이르는 시기이다. 포틴저는 곧바로 북상하여 양쯔강[揚子江]의 요지를 점령했고, 1841년 7월 양쯔강과 베이징[北京]으로

가는 주요 수송로인 대운하와의 교차점 전장[鎭江]을 함락시킴으로써 대세를 판가름냈다. 청나라는 영국의 포화 위협 속에서 8월 29일 콘월리스호 선상에서 영국의 요구를 그대로 받아들여 난징 조약에 조인했다.

난징 조약의 요점은 홍콩의 할양, 광저우·샤먼[廈門]·푸저우[福州]·닝푸[寧浦]·상하이[上海]의 개항, 개항장에 영사(領事) 설치, 배상금 지불(2,100만 달러), 공행 상인 폐지, 관세 협의, 양국 관리 간의 대등한 문서 왕복 등이었다. 5구 통상 장정에서는 영사 재판권이 규정되었고, 후먼 조약에서는 최혜국 대우 조관이 추가되었다.

미국과 프랑스도 청과 영국 간의 통상 조약과 유사한 망하(望廈) 조약(1844. 7. 3.), 황푸[黃埔] 조약(1844. 8. 14.)을 맺었다. 특히, 황푸 조약에서 프랑스는 개항장에서의 포교권을 인정받았다. 이들 조약에는 모두 관세 자주권의 상실(협정 관세), 영사 재판권, 최혜국 대우 등의 규정이 포함되어 있어 중국은 서구 열강과의 불평등한 조약 체제에 편입되었다. 그리고 이들 조약은 이후 서구 열강의 제국주의적 침략의 발판이 되었다. 홍콩의 할양이라든가 5개 항의 개항은 중국 진출 기반의 확보를 의미했다. 통상 항구에 군함을 파견하거나 순찰할 수 있다고 규정함으로써 외국 군함이 중국 영해에 자유로이 진입하게 되었고, 개항장에 땅을 빌려 집을 짓고 영원히 거주할 수 있게 함으로써(후먼 조약) 영사 재판권의 확보와 함께 조계 제도(租界制度)의 기반이 마련되었다. 이로써 중국 사회의 반(半)식민지화 기반이 닦인 셈이었다.

제1차 중·영 전쟁 이후 광둥을 중심으로 한 민중의 배영 운동(排英運動)과 영국 측의 조약 개정 요구가 제2차 중·영 전쟁의 배경이 되었다. 배영 운동의 직접적 요인은 영국인들의 오만과 행패였다. 가장 대표적인 배영 운동은 대규모로 장기에 걸쳐 일어난 영국인의 광저우 입성(入城) 저지 운동이었다. 외교상의 교섭으로도 입성에 실패한 영국은 다시 한번 중국을 무력으로 굴복시킬 필요성을 느끼게 되었다. 게다가 불평등 조약 체제의 출현에도 불구하고 제1차 중·영 전쟁의 주요인이었던 중국 무역이 뜻대로 신장되지 않자 영국은 자국의 공업 제품 수출을 증대시키기 위해 중국 내륙 깊숙이 진입하고 북쪽 항구를 개방시킬 필요를 느꼈다. 이를 위해 청나라에 조약 개정을 요구했으나 청나라가 이에 응하지 않았다. 영국은 무력을 사용할 빌미를 찾고 있던 중 애로호 사건이 일어나자 전쟁을 일으켰고, 이는 제2차 중·영 전쟁으로 이어졌다.

1856년 10월 8일, 광저우 앞 주장강[珠江]에 정박하고 있던 범선 애로호에 청나라 관헌이 올라가서 청나라 승무원 12명을 해적 혐의로 연행해갔다. 애로호는 청나라인 소유의 배로, 선원도 청나라 사람이었지만, 선장이 영국인으로 선적(船籍)을 홍콩에 두고 있었다. 광저우의 영국 영사는 승무원을 즉각 송환하고 배에 걸려 있던 영국기를 함부로 내린 데 대해 공개 사과할 것을 요구했다. 양광총독(兩廣總督)은 당시 배에 영국 국기가 걸려 있지도 않았고 청나라 사람 소유의 배이므로 영국이 나설 까닭이 없다고 일축했다. 사실 배의 선적 등록 만기가 지나 있어서 영국 배일 수가 없었는데도 이 사실을 숨긴 채 영국 영사가 교섭에 나섰다. 이런 것을 보면 영국이 의도적으로 이 사건을 전쟁의 빌미로 삼으려 했음을 알 수 있다. 청나라 측이 승무원들을 모두 영국 영사관으로 보냈는데도 영사는 접수를 거부했으며, 이튿날 돌연 영국군이 광저우를 공격하고 총독 관저에까지 침입함으로써 전쟁이 발발했다.

프랑스는 1856년 광시성[廣西省]에서 불법적으로 포교하고 있던 선교사가 청나라 관리에게 처형된 사건을 명목으로 영국과 공동으로 군대를 파견했다. 미국과 러시아도 직접적인 군사 개입은 하지 않았지만, 조약 개정 교섭에는 참가하기로 했다. 1857년 12월 12일 양광 총독이 영국과 프랑스의 최후 통첩을 거부하자 연합군은 28일 공격을 개시하여 이튿날 광저우를 점령하고 양광 총독을 포로로 잡아갔다. 그 후 두항한 광둥[廣東] 순무(巡撫)를 내세워 광저우에 약 3년 동안 괴뢰 정권을 세웠으나 청나라는 이를 관망했다. 전쟁 발발부터 괴뢰 정권 성립 때까지가 전쟁의 제1 단계였다.

제2 단계는 이때부터 1858년 7월 톈진[天津] 조약 및 11월 상하이에서 해관세칙(海關稅則)이 맺어질 때까지이다. 광저우를 점령한 다음달, 영국, 프랑스, 미국, 러시아 4국 대표들이 상하이에서 요구한 조약 개정 교섭이 받아들여지지 않자 영국과 프랑스 연합군은 4월에 북상하여 톈진으로 진격했다. 여기서 청나라가 파견한 관리들과 톈진 조약을 맺었다. 조약은 러시아, 미국, 영국, 프랑스순으로 맺었는데, 주요 내용은 외국 공사의 베이징 주재, 양쯔강 유역과 북부 및 기타 지역의 10개 항구 개항, 내지에서의 여행·통상·포교의 자유, 영사 재판권의 확대, 양쯔강 및 각 통상항으로의 군함 진입권, 배상금 등이 포함되었다. 해관 세칙은 아편 무역의 승인, 관세율의 고정과 내지 통과세의 경감, 해관 세무 때 외국인 초빙 등의 내용이 포함되었다. 그러나 톈진 조약의 비준서 교환 장소를 둘러싼 분규로 인하여 전쟁은 제3 단계로 접어들었다. 외국 사절의 수도 입성을 꺼린 청나라가 톈진 조약의 규정에 있는 베이징 대신 상하이에서 비준서를 교환하려 하자 영국·프랑스군은 1859년 6월 베이징에서의 비준을 강행하기 위해 북상했다. 그러나 다구에서 청나라 포대의 포격을 받아 대파 당했다. 그 후 영국·프랑스군은 1860년 10월 대규모 병력으로 베이징을 함락하고 베이징 조약을 맺었다. 이 조약에서는 톈진 조약을 인정한 동시에 톈진을 추가로 개항하며 청나라 노동자의 이민을 허가하고 주룽쓰[九龍司]를 영국에 할양하도록 했다. 또한 몰수한 가톨릭 교회당을 반환하고 교회가 각 성의 토지를 임대·구매하여 교회를 건립할 수 있게 했으며, 배상금을 증액시켰다.

제1·2차 중국 영국 전쟁은 무력 충돌을 넘어 청나라가 서구 열강과의 불평등 조약 체제에 편입되고 이를 심화 확대시키는 결정적 계기가 되었다. 이 전쟁이 미친 영향은 정치, 경제, 사회, 문화, 군사 등 다양한 영역에서 나타났다.

우선 정치적으로 보아 홍콩과 주룽반도가 영국에, 헤이룽강[黑龍江] 유역의 방대한 영토가 러시아에 할양되었을 뿐 아니라 공사관, 조계, 외국인 세무사 제도가 생겨나 외교 행정의 주권을 침해 받았다. 사회적·경제적 측면에서 보면, 개항장이 도합 16개로 확대되고 내지 여행권, 내해(內海) 항행권이 보장되면서 청나라는 서양의 상품 시장 및 원료 시장화되었다. 특히 외국 상품에 대한 내지 통관세의 경감은 중국 민족 경제에 큰 타격을 입혔다. 아편 무역과 쿨리 무역의 합법화는 제국주의적 침략의 무자비함을 단적으로 드러냈다. 사상적·문화적 측면에서도 외국 선교사가 자유로이 교회를 설립하고 포교할 수 있게 되어, 이후 제국주의의 청나라 침략에 중요한 일익을 담당하면서 중국인의 반그리스도교 운동을 유발했다. 또한 군사적으로는 외국 군함이 연해 및 내하(內河)까지 항행할 수 있게 되어 이는 청의 영토 주권에 큰 위협이 되었다. 이로써 청나라는 세계 자본주의 체제 속에 종속적 시장으로 편입되는 반(半)식민지화의 길로 들어섰다.

9대 함풍제(咸豊帝)와 태평천국의 난

함풍제(咸豊帝, 1831~1861)는 청조의 제9대 황제(재위 1850~1861)로 도광제(道光帝)의 넷째 아들이다. 당시 청의 정치 상황은 부패한 데다 내우외환으로 시달리고 있었다. 1853년 태평천국군은 난징[南京]에 수도를 정하고 북벌을 위해 출병하여 베이징[北京]을 위협했다. 청 조정은 전국의 팔기(八旗) 녹영(綠營: 청대 한족 출신 정규군)의 군사와 상군(湘軍)을 소집하여 태평군과 싸웠으며, 대외적으로는 타협적으로 투항했다.

1856년 제2차 아편 전쟁이 일어났다. 1858년 영국·프랑스 연합군이 다구[大沽] 포대를 점령했을 때 함풍제는 계량(桂良)과 화사납(花沙納)을 파견하여 영국, 프랑스, 러시아, 미국과 톈진 조약[天津條約]을 체결했다.

1860년 영국·프랑스 연합군이 베이징을 침공했을 때 원명원(圓明園)이 불타버렸고, 함풍제는 러허[熱河: 지금의 청더]로 도망갔다. 동생 혁흔이 베이징에 남아 영국·프랑스와 각각 베이징 조약을 맺어 화약했다. 제2차 아편 전쟁 중에 러시아와 아이훈 조약[璦琿條約], 베이징 조약을 체결했다. 함풍제는 1861년 8월 러허의 행궁에서 병으로 죽었다.

제1차 아편 전쟁에서 패한 후 청나라는 열강과 굴욕적인 조약을 맺으면서 청나라의 위신은 땅에 떨어졌다. 청 조정의 추락은 곧 사회 불안을 불러 일으켰다. 이러한 현상은 사실 건륭제 때부터 축적되어 온 것이었다. 집권 세력의 부패와 무능, 소수 지배층의 집중적인 토지 소유로 인한 농민층의 몰락 등으로 사회가 불안해지고 아편 전쟁의 패배가 더해지면서 반란으로 확산되었다. 특히 다섯 개의 무역항을 개항하면서 광둥성에는 경기 불황이 닥치고 실업자가 양산되었다. 거액의 배상금을 지불하기 위해 증세를 한 것 또한 반란의 기폭제가 되었다. 극도로 궁핍해진 백성들은 곳곳에서 반란을 일으켰다. 그중 가장 큰 반란 세력은 기독교도 홍수전(洪秀全)이 이끈 태평천국으로, 아편 전쟁이 끝난 지 8년째인 1850년에 폭발했다.

태평천국의 지도자 홍수전은 광둥성의 객가(客家, 다른 지역에서 이주해 온 한족을 일컬음) 출신이었다. 그는 몇 차례 과거 시험에 응했으나 낙방했다. 낙방의 울분을 이기지 못한 그는 열병에 걸려 혼수상태에 빠졌다. 40여 일 후 혼수상태에서 깨어난 홍수전은 금발 노인에게 계시를 받았다는 이야기를 했다. 그로부터 6년 후, 그는 우연히 서양 기독교 선교사들에게 얻은 기독교 입문서 《권세양언(勸世良言)》을 읽게 되었다. 그제야 그는 비로소 자신의 신기한 꿈을 이해했다. 자신이 꿈속에서 만난 노인은 바로 천부(天父)이자 상제(上帝)인 여호와이며, 중년 남자는 천형(天兄), 즉 예수 그리스도이고, 자신은 천부의 둘째 아들이자 예수의 동생이라고 생각했다. 그리고 모세와 예수의 뒤를 이어 세상을 구원하라는 명을 받은 구세주로서 세상의 악마를 몰아낼 것을 다짐했다. 홍수전은 배상제회(拜上帝會, 하느님을 모시는 모임)를 만들어 그리스도교 전도를 시작했다. 그는 객가 사람들을 중심으로 빈농, 난민, 광산 노동자, 실업자, 일부 소지주 등을 포교해 회원을 확보했다. 그는 유일신인 상제를 숭배하여 유교, 불교, 도

태평천국의 난을 일으킨 홍수전

교 등과 관련된 우상을 일체 금지하고, 아편을 배격했다. 또한 모세의 십계(十戒)를 본받아 음주, 간음, 살인, 절도를 비난하며 금욕적인 생활을 주장했다. 이처럼 초창기 배상제회는 청조 타도의 정치적 목적보다 종교적 구원에 치중하는 모습을 보였다.

홍수전은 친구이자 객가 출신인 풍운산(馮雲山)과 함께 광시성 계평현(桂平縣) 자형산(紫荊山) 부근으로 근거지를 옮기고 포교 활동을 벌여 약 3천여 명의 교도를 얻었다. 이어 풍운산은 홍수전을 지도자로 삼고, 새로 입회한 석달개(石達開), 양수청(楊秀清), 소조귀(蕭朝貴), 위창휘(韋昌輝) 등을 중심으로 배상제회를 조직화했다. 배상제회는 모든 사람은 평등하다는 사상을 널리 알리며 급속도로 성장했다. 이로써 배상제회와 공권력, 지방 유력자와의 충돌을 피할 수 없게 되었다.

1850년, 광시성에 거주하는 2만여 명의 배상제회 회원들이 자형산 근처의 금전촌(金田村)에 모였다. 당시 성인 남자는 3천 명에 불과했지만, 청나라 지방군과의 충돌은 불가피했다. 1851년 1월 11일, 홍수전은 자신의 생일에 배상제회를 태평천국이라 칭하고, 스스로 천왕(天王)에 올랐다. 그리고 종교적 천국의 지상 설립을 목적으로 했으니, 배상제회의 목적이 종교적 구원에서 청조 타도라는 정치적 목적으로 바뀌는 순간이었다. 또한 양수청, 소조귀, 풍운산, 위창휘를 동서남북 왕으로 봉하고, 석달개를 익왕으로 봉해 정권 체제를 갖추었다. 태평군의 수는 금세 50만 명까지 늘어났다. 이는 평등한 재산 분배, 형제자매 의식, 지방 지배층에 대한 항거라는 교리가 호응을 얻었기 때문이었다. 태평군은 청나라군과의 전투에서 매번 승리를 거두었는데, 이는 청나라 군대가 제1차 아편 전쟁에서 국력을 소모했기 때문이었다.

1853년, 태평천국군은 계속 북진하여 남경을 함락했다. 태평천국군은 남경을 태평천국의 수도로 정하고 천경(天京)이라고 개명했다. 이렇게 기반을 마련한 태평천국은 천조전무제도(天朝田畝制度)를 반포하여 정치, 경제, 사회 생활에 관한 일련의 제도를 마련해 통치 체계를 구축했다. 천조전무 제도에서 주목해야 할 점은 토지 제도를 개혁하여 농민의 욕구를 만족시킨다는 점이다. "논밭이 있으면 같이 갈고, 밥이 있으면 같이 먹으며, 옷이 있으면 같이 입고, 돈이 있으면 같이 쓰자"라는 강령을 내세웠는데, 이는 경작지의 사유를 금지하고, 토지를 균등하게 분배하며, 모든 생산물을 국가가 관리 분배하고, 잉여 생산물은 국고에 납입시킨다는 것이었다. 또한 매매혼, 축첩, 노비, 창기, 전족 등을 금지시키고 과거 제도를 폐지했다. 그러나 태평천국은 실제로 이러한 제도를 실행에 옮기지는 않았다.

이와 함께 일정한 통치 영역을 확보하지 못한 태평천국은 영토 건설에 주력하여 북쪽과 서쪽으로 각각 대규모 군대를 보냈다. 먼저 북벌군은 진강(鎭江), 양주(揚州)를 점령하고 톈진을 공격했다. 북벌군은 승승장구하여 청 조정을 발칵 뒤집어 놓았다. 청 조정은 남경 부근으로 군대를 이동시켜 베이징을 방어하게 하고, 북상하던 태평천국군의 보급로를 차단하는 한편, 태평천국군을 분산시키는 작전을 펼쳤다. 이 때문에 보급도 받지 못하고 지리에 어두웠던 북벌군은 청군에게 격파당했다. 반면 태평천국의 서정군은 석달개의 지휘 아래 증국번(曾國藩)의 상군(湘軍)을 물리치고, 1855년 무창을 다시 점령하여 위세를 크게 떨쳤다. 비록 북벌군은 궤멸 당했으나 서정군의 승리로 태평천국은 건재해 보였다.

그러나 1856년에 태평천국 지도부에서 권력을 쟁취하려는 내분이 발생했다. 남왕 풍운산과 서왕 소조귀가 전사한 상태에서 천왕 홍수전과 동왕 양수청이 대립했고, 양수청에 대해 북왕 위창휘가 쿠데타를 일으켰으며, 익왕 석달개는 태평천국에서 독립했다. 이것이 바로 '천경사변(天京事變)'이며, 이 내분으로 태평천국의 역량은 크게 줄어들었다.

분열의 틈을 이용해 청나라 군대는 서양 열강들의 원조를 받아 전면적인 반격을 시작했다. 특히 증국번이 이끄는 상군의 활약이 매우 컸다. 홍수전은 난국을 타개하고자 진옥성(陳玉成), 이수성(李秀成) 등의 젊은 장수들을 등용해 어느 정도 승리를 거두었다. 그러나 태평천국은 현격한 군사력의 차이를 극복하지 못하고, 1861년에 태평천국의 중요 거점이던 안경(安慶)을 내주었다. 1863년에 소주, 1864년에 항주를 빼앗긴 태평천국은 결국 수도 남경까지 포위당했다. 1864년 6월에 천왕 홍수전이 병사하고 얼마 지나지 않아 태평천국의 수도 남경이 함락됐다. 이로써 14년 가까이 지속된 태평천국의 반란이 진압되었다.

태평천국 운동이 발발했을 당시 청 조정은 이에 대응할 만한 능력이 전무한 상태였다. 그럼에도 태평천국 운동이 실패로 끝난 데는 서구 열강의 간섭이 큰 역할을 했다. 열강들은 1861년 말부터 청나라를 적극 지원하기 시작했다. 태평천국을 실질적인 정권으로 인정했던 열강들은 처음에 태평천국과 청나라의 대립을 관망하며 양국에 무기를 팔아 이익을 챙겼다. 그러던 중 1860년에 제2차 아편 전쟁을 끝내며 체결한 베이징 조약을 통해 필요한 모든 이권을 챙긴 뒤에는 조약 이행을 위해 청나라가 반드시 존속해야 한다고 판단했다. 또한 태평천국의 기독교 교리 왜곡, 아편 무역 엄금 정책 등도 거슬렸다. 한편 태평천국 지도층의 내분과 부정부패, 체제 이념의 상실, 한인 신사층의 지지 확보 실패, 현실과 동떨어진 태평천국의 이념 등도 실패 요인으로 작용했다.

태평천국의 난이 진압 완료되기 전, 청나라는 국내외적으로 전환점을 맞이했다. 제2차 아편 전쟁으로 피란길에 올랐던 함풍제가 사망했고, 뒤를 이어 동치제(同治帝)가 어린 나이로 황제에 즉위했으며, 어린 황제를 보좌한다는 명목으로 서태후와 공친왕이 실권을 장악했다. 공친왕은 태평천국 운동 진압 과정과 제2차 아편 전쟁을 통해 서구 문물의 우수성을 눈으로 확인한 인물이었다. 그는 서구 문물을 수용하자는 의견을 적극 받아들여 열강과의 외교를 전담하는 총리아문을 신설했다. 서양에 대한 청 조정의 태도가 변하자 태평천국을 진압하는 데 큰 공을 세운 고위 관리들은 서구식 근대화를 목표로 양무운동을 추진해 나갔다.

청나라의 또 다른 변화는 신사층의 확대였다. 태평천국을 진압하는 과정에서 청 조정은 민간 의용군인 상군에 크게 의존했다. 청 조정은 상군의 모집과 유지를 위해 과거 급제 자격, 관료 직함, 신사 자격 부여 등을 남발했다. 또한 상군, 회군 등은 독자적으로 세금을 징수할 수 있는 권한까지 얻었다. 이는 곧 농민들의 세 부담으로 이어졌고, 백성의 삶은 여전히 궁핍했다. 이로써 지방군은 청나라의 중앙 정부가 아니라 한인 고위 관리자인 지방군 지도자에게 충성을 다짐했다. 이후 청 조정이 지방군에 대한 통제력을 상실하면서 지방 분권화가 가속화되었고, 대규모 지방군은 중국 각지에서 형성되는 군벌의 토대가 되었다.

10대 동치제(同治帝)와 양무운동(洋務運動)

동치제는(同治帝, 1856~1875) 청나라 제10대 황제이다. 동치제는 어머니 서태후의 섭정으로 실제 정치에 크게 관여하지 못했다. 여러 가지 문제에 시달리고 있던 청은 동치제가 제위에 있을 때 잠시나마 안정을 되찾았다. 이를 일컬어 '동치중흥'이라 한다. 그는 6세에 즉위해 어머니 서태후(西太后, 1835~1908)가 중심이 된 3인 섭정 체제에서 재위 기간의 대부분을 보냈다. 동치 원년(1861)에 청 정부는 당시 중국 남부를 위협하던 태평천국 운동(1850~1864)을 마침내 수습하고 중국 북부에서 일어났던 염군의 난(1853~1868)을 진압했다. 황실 재정이 복구되었으며 훌륭한 인재들을 관직에 새로이 등용했다. 오랫동안 반군의 지배를 받았던 지역에 다시 과거 시험을 실시했다. 또 농민에게 씨앗과 농기구를 나누어주고 토지 개간을 장려해 농업 생산을 다시 활성화시켰다. 여전히 유교 경전을 공부하는 것만이 관리로 출세하는 유일한 길이었기 때문에 외국 기술을 받아들이려는 노력은 피상적인 성공에 그쳤지만, 서양 무기 제조 계획이 실시되었다. 외교 문제를 다루기 위해 총리아문을 새로이 설치했으며 서양에 대해 알고 대응하기 위한 노력을 시작했다.

양무운동(洋務運動)은 중체서용(中體西用), 즉 중화의 우월한 정신 문명을 기초로 하되 서양의 기술만을 이용하자는 이념 아래 추진된 청 말의 근대화 개혁 운동이다. 이는 서구 문물을 전면적으로 수용할 것이 아니라 무기 제조 및 군사력 강화 등 실용 기술에 한정하여 서양 기술을 도입하자는 것이었다. 이 운동은 임칙서의 유지(遺志)를 이어받은 증국번, 좌종당, 이홍장 등이 앞장섰다.

제2차 아편 전쟁과 태평천국 운동을 계기로 서구의 무기를 주목하게 된 청의 관리들은 1860년대 중반에 부국강병을 목표로 군수 산업을 시작했다. 이런 시도는 차츰 민수 부문으로 확산되어 광공업의 발전, 전신선과 철도 부설, 해군 양성과 유학생 파견, 신식 교육 기관 설립까지 광범위하게 서구식 개혁을 도모했다.

양무운동 초기에는 청조가 반란 진압에 성공하여 동치중흥(同治中興)이라고까지 회자됐지만 대외 전쟁(1884년 청불 전쟁, 1894년 청일 전쟁)에서 패배하면서 양무운동의 한계가 드러났다. 또한 다수의 양무 기업들이 괄목할 만한 성과를 거두지 못해 1894년 청일 전쟁에 패할 무렵에는 부국강병이라는 목표 달성에 실패했다는 평가가 나왔다. 양무운동 실패 요인과 한계는 여러 가지로 나타났다. 관료의 기업 통제에서 야기되는 부패와 비능률, 전통적으로 이어져 내려오는 경제 구조의 폐해, 운동 추진 주체가 지역에만 머물렀다는 점 등 한계를 뛰어넘지 못한 점이 주요 원인이었다. 특히 개혁을 지향하는 관리들이 통일된 전략 없이 개별적으로 사업을 추진하여 급변하는 정세 변화에 효율적으로 대처하지 못한 점이 커다란 문제였다.

동치제가 17세가 되던 1873년, 친정을 시작해 가장 먼저 취한 조치 가운데 하나는 6개국의 대표들에게 자신을 알현할 수 있도록 해준 것이었다. 동치제는 중국 역사상 처음으로 외국 사절이 황제를 알현할 때 개두 의식(간청의 표시로 이마를 3번 바닥에 대고 절하는 의식)을 요구하지 않았다. 그리고 톈진 조약[天津條約, 1858]과 베이징 조약[北京條約, 1860]을 맺어 서양 세력들과의 긴장을 완화시키기도 했으나 병약하고 정치에 무관심해 계속해서 서태후의 간섭을 받았다. 그는 친정을 시작한 지 2년이 조금 지나서 사망했다.

11대 광서제(光緒帝)와 의화단 사건

광서제(光緒帝, 1871~1908)는 청제국의 실질적인 마지막 황제로 청나라 역사상 최초의 방계 혈통 출신 제왕이었다. 4세에 황위에 올라 34년간 재위했고, 38세에 의문의 죽음을 맞았다. 1874년 병에 시달리던 제10대 동치제(同治帝)가 19세 나이로 숨을 거두자 후사가 없어 누가 대통을 계승하느냐가 중요했다. 이에 당시 실권을 쥐고 있던 큰어머니인 동태후[東太后, 자안황태후(慈安皇太后), 제9대 함풍제의 황후]와 또 다른 큰어머니이자 이모인 서태후[西太后, 자희황태후(慈禧皇太后), 함풍제의 후궁이고 동치제의 생모]는 함풍제의 동생인 순친왕의 네 살배기 아들 재첨(載湉)을 함풍제(咸豊帝)의 양자로 들여 대통을 잇게 했다. 수렴청정을 통해 권력을 이어가고자 했던 서태후는 도광제의 7남 순현친왕(醇賢親王) 혁현의 적차남(嫡次男)인 재첨(載湉)을 후사로 정하니 그가 바로 광서제였다. 재첨의 황위 계승은 만주 귀족 회의를 통한 천거도 태자밀건법에 의한 것도 아닌 오직 '황태후의 한마디'로 정해진 것이었고, 이는 광서제의 앞길에 드리워진 파란을 예고하는 것이기도 했다. 서태후는 혁현의 5남인 재풍의 아들을 다시 광서제의 후임으로 내세우니 그가 바로 청제국 마지막 제12대 황제 선통제(宣統帝) 부의(溥儀)였다.

광서제 재위 기간 중 1875년부터 1881년까지는 큰어머니인 동태후와 서태후가 공동으로 섭정했고, 동태후가 사망한 후인 1881년부터 1889년까지는 서태후가 섭정을 했다. 실질적인 광서제의 친정(親政)은 1889년부터 1898년까지였다. 무술변법에 대한 반발로 1898년 서태후가 일으킨 궁중 정변으로 인해 광서제는 유폐되어 1908년 붕어할 때까지 허수아비 임금 신세로 지내야 했다.

광서제는 학문을 좋아하여 능동적으로 학습했다. 규정된 시간 외에도 휴식이나 과외 시간에도 배움을 게을리하지 않았고 언제나 손에서 책을 놓지 않았다. 입에선 경전(經), 역사(史), 제자백가(子), 문집(集)의 구절이 떠날 줄 몰랐다. 광서제의 문장에는 언제나 웅대한 뜻이 담겨 있었는데, <을유년(1885년) 어제문(御製文)>에서 "윗사람으로서 먼저 백성을 아끼는 마음이 있은 뒤에 백성을 걱정하는 마음이 있어야 한다. 사랑할수록 걱정하는 마음이 더 간절하다. 걱정하는 마음이 간절하기 때문에 백성이 배곯으면 곧바로 내 배가 고프고 백성이 추위에 떨면 곧바로 내가 춥다. 무릇 백성들이 할 수만 있다면 혼신을 다해 이르게 하고, 백성의 힘으로 벅차다면 정성을 다해 이룩할 수 있게 해야 한다"라며 좋은 황제가 되고 싶은 뜻을 표하기도 했다. 이때 지은 시로 '위로(圍爐)'가 있는데 변방을 생각하고 민초들의 고초를 걱정하는 심리를 엿볼 수 있다.

서 북 명 적 설
西北明積雪　　서북은 쌓인 눈으로 밝지만

만 호 늠 한 비
萬戶凜寒飛　　백성들은 휘날리는 눈보라에 떠는구나

유 유 심 궁 리
惟有沈宮里　　오로지 깊은 대궐 속에서

금 로 수 탄 홍
金爐獸炭紅　　육포를 굽는 황금 난로의 재만 붉구나

광서 15년인 1889년, 광서제는 대혼(大婚)을 치렀다. 그러나 황후와 비첩 두 명을 모두 서태후가 선택했다. 융유황후(隆裕皇后)는 서태후의 남동생인 계상(桂祥)의 여식으로 미인이 아닌데다 체구도 빈약하고 허리까지 약간 굽었다. 서태후가 자신의 조카를 황후로 들인 이유는 대궐 내에서 황제를 통제하고 조종하며 수렴청정의 기초를 마련하기 위함이었다. 이런 혼인 뒤의 계략을 알고 있는 광서제는 줄곧 황후와 불만족스러운 혼인 생활을 영위해야만 했다. 두 명의 비첩인 근비(瑾妃)와 진비(珍妃)는 친자매 지간이지만 생김새와 성격은 달랐다. 근비는 수수한 외모에 성격도 온화하고 나약했지만, 진비는 열정적이고 성격 또한 시원시원하여 광서제의 총애를 한몸에 받았다. 하지만 이런 광서제와 진비의 사랑은 서태후와 황후에게는 달갑지 않았다.

광서제는 황후에 대해서는 관심은커녕 혐오감을 느낄 정도였기에, 황후와 진비의 감정의 골은 깊어만 갔고, 급기야 원한 관계로 변해 버렸다. 그래서 훗날 광서 26년 1900년 의화단의 난 당시 8국 연합군이 북경을 공략하자 서태후는 광서제를 대동하고 시안(西安)으로 도주했다. 이때 서태후는 내관 최옥귀에게 진비를 영수궁 외곽 우물에 빠뜨려 죽이라고 명령했다.

사실 여부를 떠나 이 무렵 진비는 죽음을 맞이했고, 이후 자료에서도 진비 관련 기록은 보이지 않았다.

의화단 운동(義和團 運動)은 청나라 말기 1899년 11월 2일부터 1901년 9월 7일까지 산동(山東), 화북(華北) 지역에서 의화단(義和團)이 일으킨 외세 배척 운동이었다. '부청멸양(扶清滅洋)'을 구호로 내건 본격적인 의화단 운동은 독일 로마 가톨릭 교회의 선교 활동이 왕성했던 산둥성의 북부 지역에서 시작했다. 이 해 여름부터 비가 오지 않는 날이 계속되어 가뭄 피해가 극심해지자 많은 유민이 발생했는데, 이들이 대거 의화단에 가입했다. 1899년 12월에 새로 부임한 산동순무(山東巡撫) 원세개(袁世凱)는 열강의 요구에 따라 의화단을 강력히 탄압했고, 이것이 의화단 세력이 하북성(河北省)으로 번지는 계기가 되면서 의화단 운동이 더욱 격렬해졌다. 의화단은 철도, 교회, 전선 등 모든 외래적인 것을 파괴하기 시작했고 기독교도를 학살하기도 했다. 당시 의화단과 그들을 따르는 민중들의 분노는 극단적인 폭력으로 표출되었다. 서양 남녀를 벗겨서 남성의 성기를 자르거나 여성의 음부를 짓뭉개는 좌용(銼舂), 남녀를 벗겨서 불 속에 넣어 아주 태우지 않고 익혀서 먹을 정도로 굽는 소마(燒磨), 물속에 넣고 삶아서 익혀 썰어먹는 포팽(炮烹) 등이 벌어졌으며, 그 외에도 사람을 산 채로 묻어 죽이고(活埋), 팔과 다리의 각을 뜨고(支解), 칼이나 작두로 머리나 허리를 통째로 싹둑 자르는(腰殺) 등의 잔인하고 엽기적인 살해 방식이 이루어졌다.

1900년 1월, 서태후는 황제인 광서제를 폐위시키려고 했다. 그러나 열강이 서태후의 의도를 간파하고 공동으로 압력을 가해 그 의도를 좌절시켰다. 이 때문에 청나라 정부의 수구파는 의화단의 배외(排外) 운동을 고무해서 열강에 압력을 가하고자 했다. 1900년 6월에 의화단이 베이징에 있는 외국 공관을 포위 공격하자 서태후는 그들을 의민(義民)으로 규정하고 열강에 선전 포고했다. 이에 러시아, 일본, 독일, 영국, 미국, 이탈리아, 오스트리아, 프랑스 8개국이 파병해서 베이징을 비롯해 양쯔강 이북 지역을 대부분 점령했다. 열강은 중국을 분할하지 않는 대신 청 조정과의 협상을 거쳐 1901년 9월 7일에 강화 조약인 신축 조약(辛丑條約, 베이징 의정서)을 체결했다. 그 내용은 청나라가 제국주의 열강에 거액의 배상금을 지급하는 동시에 열강의 중국 내 군대 주둔권을 인정하는 것이었다. 이 사건으로 인해 중국의 반식민지 상태가 더욱 심화되었다.

서태후는 광서제를 엄격히 교육하는 한편, 사소한 부분까지 직접 신경 쓰며 돈독하게 모자 관계를 유지하려 애썼다. 하지만 광서제에게 서태후는 혈육으로는 이모이자 자신을 제위에 세운 은인인 동시에, 자신의 애첩 진비를 죽게 한 원수이고 자신의 황권을 쥐고 흔들며 언제든지 자신을 폐위시킬 수 있는 두렵기만 한 정적이었다.

광서 12년 1886년, 소년 천자 생활을 거쳐 광서제가 친정(親政)에 나설 나이가 되었다. 1887년부터 광서 24년 1898년 서태후가 또다시 수렴청정에 나서는 시기까지 12년간이 광서제의 친정 시기였다. 광서제가 친정에 나선 시기에는 제국주의 열강들이 박을 쪼개듯 청나라를 분할할 때였다. 이런 친정 기간에도 여전히 서태후는 국정을 통제했다. 특히나 자안태후(동태후)가 죽은 이후에는 서태후가 전권을 휘둘렀다. 황제로 하여금 격일로 정무를 보고하게 하고 훈시를 받도록 규정하는 등 광서제는 이름만 황제일 뿐 사실은 꼭두각시에 지나지 않았다. 서태후는 광서제의 권한을 제한하고 모든 국사는 반드시 자신의 의지에 따라 처리하도록 하는 한편 자신의 조카인 융유황후와 심복인 내관 이련영(李蓮英)을 통해 광서제의 행동을 감시했다.

국내외에서 광서제가 부딪쳤던 어려움은 상상을 초월했다. 권력욕이 강한 서태후는 이미 광서 10년 1884년 청불 전쟁 기간에 순현친왕 혁현과 협력하여 공친왕 혁흔을 중심으로 하는 다섯 명(공친왕 혁흔, 보윤, 이홍주, 경렴, 옹동화)의 군기내신을 몰아내고 그 자리에 평범한 재능을 가진 예친왕 세탁, 손육문, 액륵화부 등을 임명했다. 이때부터 조정은 황제파와 태후파로 갈려 대립하며 서로의 세력을 형성했다. 청일 전쟁 때는 주전(主戰)과 주화(主和)로, 변법 유신 개혁 때에는 유신(維新)과 법조(法祖)를 각각 주장하며 서로 맞섰다. 광서제를 중심으로 하는 황제파는 대학사 군기대신 옹동화, 이홍조 등이 중심 인물이었고, 서태후를 중심으로 하는 태후파는 대학사 병부상서 겸 보군초령 영록과 군기대신 손육문, 서용의 등이 대표적 인물이었다.

당시 청을 둘러싼 국제 정세는 심각했다. 메이지 유신을 통해 급성장한 일본은 대외로 세력을 팽창했다. 그 방향은 조선과 청나라 동북 지역이었다. 극동 지역과 청나라의 북쪽 지역 전반을 향해서 끊임없이 러시아의 세력 팽창 시도가 있었고, 영국과 프랑스 등의 서구 열강들은 해상을 통해 청나라에 대한 침략을 감행했다. 한편, 조선에서는 1894년 갑오 동학 농민 혁명이 일어났다. 이를 제대로 해결하지 못한 조선 조정은 청나라에 도움을 청했고 청군이 파병되었다. 그런데 이 전인 1882년 임오군란 때 청나라와 일본 사이에 전투가 발생했고 그 결과 톈진 조약을 맺었는데, 그 조약에는 "청나라와 일본 중 어느 일방이 군대를 조선에 파병하면 상대편도 파병할 수 있다"라는 조항이 있었다. 이에 따라 일본 역시 조선에 군대를 파병했다. 당시 일본은 조선에 대한 지배권을 장악하기 위해 만반의 준비를 이미 마친 상태였다.

1884년 프랑스와의 전쟁이 끝나고 청나라는 공친왕을 중심으로 해군아문(海軍衙門)을 창립하여 북양, 남양, 복건, 광동 등에 4대 수사(水師, 해군사령부)를 설치하고 대소 군함 70여 척을 갖는 등 해군 군비 확충에 박차를 가했다. 이것은 이른바 서양 군수 기술을 도입하여 근대화를 추진하는 동도서기(東道西器) 정신을 바탕으로 한 양무운동(洋務運動)이었다. 특히 청나라의 북양 수사는 20여 척의 군함을 가졌고 주력함은 영국과 독일에서 수입했다. 이에 일본도 메이지 유신 이후 연합 해군 함대를 창설했다. 일본의 침략 야욕이 구체화되자 광서제는 일본과의 항전을 강력하게 주장했다. 당시 서태후는 자신의 60세 생일 축전을 위해 이화원을 건축하는 기금으로 수천만 냥의 해군비를 전용했고, 그녀가 신임하던 환관들은 공금 횡령 등 불법 행위를 자행했다. 이런 상황에서 조선에 먼저 들어온 청군과 뒤늦게 상륙한 일본군 사이에 동학 농민군을 진압한 이후 충돌이 벌어졌다. 일본은 1894년 9월 15일 천황의 인솔로 대본영을 히로시마에 진출시키고 일사불란한 지휘 체계와 대대적인 병력 증강 등 국가 차원에서 청일 전쟁을 수행했다. 9월 16일에는 평양을 점령함으로써 조선 전체를 제압하고 이어 9월 17일 황해 해전에서 승리해 황해의 제해권을 장악했다.

대본영은 중국 진출을 지시하고 전장을 중국 본토로 옮겼다. 일본군의 압도적인 승리가 이어지는 전황 속에서 마지막 기대를 짊어지고 북양 함대가 웨이하이웨이(威海衛)를 출발했으나 동양 최대 독일제 전함 '정원(定遠)'마저 전투 능력을 상실하고 2월 5일 자폭하여 침몰함으로써 믿고 의지할 모든 게 사라져 버렸다. 이홍장에게 전권을 위임한 청 조정은 마침내 화의에 응한 일본 측의 요구대로 조선의 독립 승인, 요동반도와 대만, 팽호(澎湖) 열도 및 인근 도서 할양을 약속했다. 그러나 이는 일본의 세력 팽창을 견제하려는 러시아, 독일, 프랑스의 3국 간섭으로 다시 반환되었다. 이를 본 조선에서는 일본 세력을 압도하는 러시아 세력에 의탁하게 되는 아관파천(俄館播遷)이 일어나게 되었다. 청나라는 3년 재정 수입에 맞먹는 은화 2억 냥을 일본에 배상했다. 그 외에 외국과 똑같은 통상적 특권을 주요 내용으로 하는 굴욕적인 '시모노세키 조약'을 체결했다.

청일 전쟁에서 패배하자 양무자강 운동을 주도했던 이홍장은 실각하고, 서태후를 중심으로 한 보수 세력이 정권을 장악함으로써 정국이 더욱 혼미하게 되었다. 이는 곧 30여 년간 추진한 양무자강 운동의 실패를 의미했다. 이후 일본, 러시아, 독일, 프랑스 등이 철도 부설권과 광산 이권의 쟁탈, 중요 도시의 조차 등의 침략 행위를 자행함으로써 청나라는 이들 열강의 반식민지로 전락하게 되었다. 한편 청나라 내부에서는 강렬한 구국 의식이 고조되어 변법 운동과 반제국주의 운동, 나아가 혁명 운동의 출현을 예고하고 있었다.

이대로는 안 되겠다는 판단 아래 광서제는 내정을 개혁하고 국력을 신장시키기 위해 일대 정치 개혁을 단행했다. 광서 24년인 1898년 무술년, 광서제는 서태후의 동의를 얻어 개혁 지향을 표명하는 '국시를 정하여 알리는 조서[定國是詔]'를 발표했다. 이른바 무술 변법자강 운동(變法自彊 運動)이었다. 이 변법이 진행되던 103일 동안 광서제는 184개의 유지를 내려 온 사회에 널리 알렸다. 그 전에 풍부한 정치 경험을 가진 서태후는 광서제의 변법을 막을 조치를 이미 취하고 있었다.

광서제는 개혁적인 캉유웨이(康有爲, 1856~1927), 량치차오(梁啓超, 1873~1929), 탄스퉁(譚嗣同, 1865~1898)을 등용하여 개혁을 추진했다. 이들은 일본의 메이지 유신과 같은 급진적인 개혁 정책을 취했다. 단순한 무기 도입이나 신식 군대의 설립보다는 부국강병의 바탕이 되는 제도 개혁에 관심을 기울였다. 이때 캉유웨이의 중요한 활동은 황제에게 개혁 내용을 건의하는 일이었다. 개혁 내용을 보면 '제도국' 개설, 개혁파 관리의 임용, 사민(士民)의 상서(上書) 허용, 상업 진흥, 신식 학교 설치와 자유로운 의복 제도 등이었다. 개혁 운동의 중심이 되는 '제도국' 설치는 보수적인 대신들의 반대에 부딪혀 진전이 없었으나 과거제에서 팔고문(八股文, 여덟 개의 짝으로 이루어진 한시 문체. 중국 명나라 초기에서 청나라 말기에 이르기까지 과거의 답안을 기술하는 데에 썼다)의 폐지, 서원의 학당 전환 등 몇 가지 개혁은 추진되었다.

캉유웨이는 1898년 7월 19일 개혁에 방해가 되는 수구파 대신의 숙청을 요청했고, 광서제는 예부상서를 비롯한 고급 관리를 서태후의 재가도 없이 파직시켰다. 이어 탄스퉁 등 개혁파 관리를 '군기장경(軍機章京)'으로 임명하고 제도국 설치를 통해 행정 개편을 추진했다. 이리하여 7월 27일에는 '제2차 개혁'을 단행했다. 개혁 내용으로는 유명무실한 관료 기구의 철폐, 제도국의 성격을 갖는 '무근전(懋勤殿)'을 개설하고 황제의 군사력을 강화할 목적으로 친위군 창설, '신건육군(新建陸軍)'의 창설자인 위안스카이(袁世凱 1859~1916)를 발탁하여 친위군을 맡기고 톈진(天津)에 주둔하던 신식 무기와 훈련을 받은 정무군(定武軍)을 신건육군(新建陸軍)으로 개편하는 내용이 담겼다.

그러나 위안스카이는 나라의 군대를 사병화하여 많은 심복을 양성했다.

그들은 훗날 북양 군벌의 군벌들로 또는 중화민국 초기 정계 및 군계 인물로 활약했다. 변법파는 서태후의 간섭을 받는 광서제의 신임만으로는 한계가 있었기에 무력을 얻기 위해 위안스카이를 끌어들이려 했다. 위안스카이는 탄스퉁의 제의에 넘어가는 척했으나 곧바로 영록을 비롯한 수구파에게 변법파가 자신을 끌어들이려 했다고 밀고했다. 군권을 장악한 서태후의 10만 대군을 상대하는 광서제의 개혁가들은 단지 나약한 선비 몇 명에 불과했다. 사실 개혁 유신파의 주장은 너무 급진적이고 이상적이어서 현실과 동떨어져 서양의 제도를 그대로 받아들이면 개혁이 되리라고 생각한 부분이 많았고, 실제 행동보다는 말뿐인 개혁들이 많았다. 그들은 광서제의 이름을 빌려 하나씩 개혁을 단행하면 쉽게 변법유신 운동에 성공할 것으로 생각했지만, 청 조정의 완고하고 보수적인 관료들은 전력을 다해 개혁을 저지했고, 각 성의 총독과 순무 대부분도 개혁 내용을 이행하지 않았다. 개혁에 대한 광서제의 결심은 결코 충동적이지 않았다. 하지만 광서제는 개혁을 받아들일 준비가 되지 않았던 서태후의 인사권을 침해하면서 그녀의 심기를 건드렸고, 이에 위기감을 느낀 서태후는 자신의 권리를 지키기 위해 잔인한 방법으로 그들을 진압했다.

서태후를 정점으로 하는 수구 세력은 결속했고, 개혁을 강행하다가는 광서제의 제위까지 위태롭다는 불안감이 확산되었다. 이에 군권을 쥐고 있던 서태후는 8월 4일 수구파의 정변(무술 정변)으로 광서제를 중난하이(中南海)에 있는 영대에 연금했다. 8월 6일 캉유웨이 체포령을 내리고 이른바 '무술육군자(戊戌六君子)'인 탄스퉁, 양예(楊銳), 유광제(劉光第), 임욱(林旭) 등 4명의 군기사경(軍機四卿)과 캉유웨이의 아우인 강광인(康廣仁), 어사 양심수(楊深秀) 등을 처형했다. 변법자강 운동 주도자인 캉유웨이와 양계초는 영국인의 도움으로 가까스로 일본으로 피신했다.

무술 변법은 메이지 유신이나 조선의 갑신 정변처럼 엘리트 위주의 개혁으로 민중의 지지를 얻지 못했기 때문에 실패했다고 하지만, 중요한 것은 그것이 아니었다. 무력을 갖지 못하는 개혁은 결코 성공할 수 없음을 무술 변법이 확인시켜 준 것이다. 유폐된 황제 광서제는 하늘을 바라보며 "내가 정녕 한헌제(漢獻帝)보다도 못하구나!"라며 한숨만 내쉬었다.

무술 변법은 실패로 끝났지만 당시 사회 발전에 큰 영향을 미쳤다. 정치 분야에서 광서제는 변법 요강을 전면적으로 받아들여 언론 출판의 자유를 주어 전통적인 사고에서 벗어날 수 있는 길을 터 주었다. 경제 분야에서 민족 자본주의 발전을 위한 노선 정비 이외에도 학당을 열고 과거 제도를 개혁하고, 외국 시찰단을 파견하여 지식인들의 시야를 넓혀주었다. 광서제는 근대 중국에서 처음으로 서구를 본받아 중국을 변혁하려 한 진보적인 황제였다. 하지만 오랫동안 깊숙한 궁전에만 머물러 있었던 탓에 정치 경험이 부족하여 노회한 서태후의 적수가 되지 못했다.

이어서 일어난 의화단의 난과 8국 연합군의 북경 점령이 초래한 피해는 고스란히 백성들과 국가 그리고 민족에게 돌아갔다. 무술 변법 이후 개혁은 이제 정치 체제의 변혁을 추구하게 되었다. 입헌 군주제가 되었든 공화제가 되었든 전제 군주정을 종식시켜야만 했고, 청 황실과 만주 귀족은 '혁명의 대상'이 되었다. 청나라는 변화를 거절하면서 망국의 길로 가게 되었다. 광서 34년인 1908년 광서제는 영대(瀛臺)의 함원전(涵元殿)에서 승하했다. 38세 황제의 죽음은 그가 유독성 화학물로 절명했을 가능성을 보여주고 있다. 즉 서태후 측에 의해 독살 당했을 가능성이 컸다.

광서제를 끝으로 청나라는 실질적인 명운이 다했다. 이때부터 18세기 유럽에서 시작된 군주 정치(왕정)의 붕괴 조짐이 전 지구촌에 급속하게 퍼져나가 계급 제도가 타파되는 대변혁이 일어나기 시작했다. 청조(淸朝)는 1911년 손문(孫文)의 신해혁명으로 역사 무대에서 자취를 감추었고, 러시아의 차르 체제는 1917년 레닌의 볼셰비키 혁명이 성공함으로써 니콜라이(Nikolai) 2세를 마지막으로 그 종막을 고했다. 제1차 세계 대전에서 패한 독일과 오스트리아에서도 군주정이 붕괴되고 공화정이 들어섰다. 영국 등 군주제가 유지된 극소수 나라는 왕의 실권이 없는 입헌 군주제로 바뀌었다.

청나라의 끝판 여왕 서태후

청나라 후기는 아편 전쟁을 시점으로 해서 내우외환의 혼란한 시대였다. 이런 혼란의 와중에 노래를 잘 부르고 부드러운 목소리와 몸짓으로 사람을 감동시키는 사랑스럽고 영리한, 하지만 권력욕이 강하고 권모술수에 능한 한 여인이 청 제국의 운명을 좌지우지하게 되었다. 바로 자희태후 또는 서태후(西太后)로 불리는 인물이었다. 1835년생인 서태후의 본명은 엽혁나랍(葉赫那拉) 난아(蘭兒)로 만주 양남기(만주의 팔기군 체제 중 하나) 출신이며 부친은 엽혁나랍 혜정으로 이부에서 필첩식(筆帖式, 인사부의 비서에 해당)을 지내다 승진되었다. 서태후는 이런 성장 배경 아래에서 어린 시절부터 관직 사회의 생리를 터득하며 자랐다. 어려서는 유복하게 생활했으나 도광 27년(1847) 아버지가 호부에 재직할 때 진 빚을 갚지 못해 파직되어 화병으로 세상을 떠나자 허드렛일로 생계를 꾸려나갔다. 그러나 수려한 외모로 열여섯 살 때 하위 계급의 궁녀인 수녀(秀女)로 선발되어 황궁에 들어갔다. 이때부터는 자희(慈喜)라는 이름으로 불리게 되었다.

당시 청 제국은 9대 함풍제(咸豊帝) 혁저(奕詝)의 치세였다. 함풍제는 평화로운 시기였다면 백성을 위한 좋은 군주가 될 수 있었겠지만, 침략 욕구에 불타는 서구 열강들에 맞서기에는 유약한 성격의 소유자였다. 자희는 처세에 능했고, 고속으로 승진하여 의빈(懿嬪, 1854년), 의비(懿妃, 1856년)가 되었다가 함풍제의 유일한 아들인 재순(載淳)을 스물한 살에 낳았다. 재순은 후에 동치제(同治帝)가 된다. 1857년 의귀비(懿貴妃)로 책봉되어 그 지위가 황후인 유호록씨(紐祜錄氏) 자안태후(慈安太后) 바로 다음이었고, 함풍제의 총애를 받아 정사에 관여하기 시작했다.

그녀는 책을 많이 읽었으며 글 짓는 솜씨도 뛰어났고, 주도면밀한 계획 아래에서 움직이기를 좋아하던 여인이었다. 이 시기 청은 급속한 몰락의 길로 들어서고 있었다. 마침 '태평천국(太平天國)의 난'이 일어나 한때 무적을 자랑하던 팔기군(八旗軍)은 제대로 싸워보지도 못하고 무너졌다. 이에 증국번(曾國藩)과 이홍장(李鴻章) 등의 한족 출신들이 지휘하는 군대로 가까스로 버티고 있던 중이었다. 1860년에는 영국 상선 애로우(Arrow)호 사건을 빌미로 제2차 아편 전쟁이 발발했다. 영국의 빅토리아 여왕과 프랑스의 나폴레옹 3세가 청에 대한 침략을 본격화한 것이다. 영불 연합군에 의해 북경이 점령당하고 원명원까지 침략당했다. 북경의 인후(咽喉)에 해당하는 천진을 개방해야 했고, 홍콩 섬을 마주보고 있는 주룽반도까지 영국에 할양하고 엄청난 배상금을 지불하고 나서야 북경 조약을 맺을 수 있었다. 자포자기에 빠진 함풍제는 정사를 돌보지 않고 주색잡기에 몰두하다 열하에서 31세로 병사했다. 그는 죽기 전에야 조서를 내려 장남인 재순을 황태자로 삼고 재원, 단화, 숙순(肅順) 등 8명을 찬양정무대신으로 임명해 보좌하도록 함으로써 자신의 사후 여러 세력들이 서로 견제하게 하는 구도를 만들었다.

당시 26세의 자희는 이 찬양정무대신들의 특권에 불만을 품었다. 그리하여 강력한 카리스마를 가지고 있으며 추종자도 많이 거느리고 있어 제위에 도전할 가능성이 큰 함풍제의 동생 공친왕 혁흔 등 귀족 관료들과 합세하여 북경에서 신유정변(辛酉 政變)을 일으켰다. 이 정변을 통해 숙순을 대표로 하는 재원, 단화를 죽이고 나머지 5명은 실각시켜 버렸다. 그리고 두 태후는 재순(載淳)을 제위에 올리고 황제의 연호를 동치(同治)로 했으며 자희는 양심전(養心殿)에서 수렴청정을 실시했다. 이 시기부터 자안 태후는 동태후(東太后)로, 자희 태후는 서태후(西太后)로 불리게 되었다. 함풍제의 정실 황후였던 자안 황태후는 동쪽의 종수궁(鍾粹宮)에 기거했고, 자희 태후라 불리던 서태후는 서쪽의 저수궁(儲秀宮)에 기거했기 때문이다. 공친왕은 의정왕(議政王) 겸 군기대신으로 임명되었으며, 새로 설립된 총리각국사무아문(總理各國事務衙門)을 책임지며 대외 업무를 총괄하게 되었다. 이로써 세 사람이 권력을 분점해서 서로 균형을 유지하는 상황이 된 것이다.

두 태후의 갈등을 강조하는 갖가지 소설이나 영화에서와는 달리 정사의 기록에 의하면 자안과 자희 두 사람의 사이는 좋은 편이었다고 한다. 공친왕 혁흔까지 가세한 이 삼두 체제의 리더는 서태후가 아니라 동태후 자안이었다. 서태후는 분주하게 갖가지 정사에 직접 관여하고 사람을 모아 파당도 만들었지만, 자안의 경우에는 가만히 있어도 사람을 끌어들이는 마력이 있어 강력한 카리스마를 자랑하는 공친왕조차 그녀를 어려워했다. 자안은 평소에는 온화하고 자애로운 성격이었고 정사에 적극적으로 관여하려고 하지도 않았지만, 정도를 벗어난 경우에는 가차 없이 처단했다. 그렇기 때문에 어려운 순간에 결정을 내리는 일은 항상 그녀의 몫이었다. 그녀는 전형적인 외유내강의 성격을 가지고 있었다. 신유정변의 와중에 황실의 종친인 숙손의 신병을 처리하면서 자희와 공친왕은 그의 신분 때문에 쉽게 결정을 내리지 못하고 있었지만, 자안은 그가 황실의 권위에 도전했다는 이유로 단호하게 참수형으로 다스렸다. 역사적으로 유래가 드문 두 황후의 동시 수렴청정, 여기에 실질적으로는 공친왕까지 세 사람이 동시에 국가를 이끌던 시기는 무려 20년간이나 유지되었다. 이 시기를 역사는 동치중흥(同治中興)이라고 부른다.

이 기간 태평천국의 난을 진압했던 증국번과 이홍장을 필두로 장지동(張之洞), 좌종당(左宗棠)과 같은 개방주의자들이 발탁되어 양무운동(洋務運動)이라고 하는 개혁 정책을 주도했다. 이 개혁은 위로부터의 개혁이었다는 한계는 있지만, 서양 열강의 산업을 받아들이는 근대적이고 점진적인 변혁이라는 특징이 있다. 동치제 치세 기간인 1860년대를 기점으로 하여 광공업, 해운, 조선 등의 분야에서 근대적인 산업을 도입했다. 새로운 교육 체제가 도입되고 해외 유학생들이 파견되기 시작했다. 아편 전쟁에서 쓰라린 패배를 당하며 서구의 근대적 포함(砲艦)에 놀란 경험이 있기에 가장 심혈을 기울인 부분은 해군 함정 도입과 같은 군비 확충이었다. 서구 열강들도 양무운동에 우호적이었으며 특히 영국은 세 사람의 권력자들과 밀접한 관계를 유지했다.

그렇지만 동치중흥은 동태후의 급작스러운 죽음으로 갑자기 방향을 잃고 말았다. 동태후 자안이 급작스럽게 사망한 시기는 광서 7년(1881년)이었다. 당연히 서태후의 암살 배후설이 제기되었으나 밝혀진 바는 없었다. 만약 동태후의 죽음에 서태후가 관련이 있다면 이는 권력 축의 이동 때문이었을 것이다. 당시 동태후와 공친왕은 점점 더 긴밀해져 가고 있었으며, 서태후는 서서히 밀려나고 있었다. 그것은 두 여인의 성격 차이에 기인한 자연스러운 현상이었다고 할 수 있다. 동치제조차 철이 들고 나서는 친어머니인 서태후와는 소원해지면서 동태후와 가까워져 문안 인사를 가서도 오래도록 동태후와 함께 머물곤 했다고 한다. 동태후의 죽음을 계기로 권력은 서태후에게로 이동하기 시작했다. 이때부터 권력욕을 노골적으로 드러낸 서태후는 공친왕을 제거할 기회만 노리고 있었다.

당시 청나라는 서구 열강들의 눈치만 보고 있었고, 공친왕은 20년 이상 외교 책임자로 일하면서 영국을 위시한 서구 열강들의 신뢰를 받고 있던 인물이었다. 그러던 중 동태후가 사망하고 3년 후에 프랑스가 베트남을 침공하면서 그곳에 주둔 중이던 청나라 군대가 쫓겨나자 1884년 프랑스와의 전쟁이 발발했다. 이 전쟁과 관련해서 서태후는 공친왕에게 책임을 물어 그를 해임하고 권력을 독점하는 데 성공했다. 그런 다음 공친왕 혁흔 자리에 광서제의 아버지인 순현친왕(醇賢親王) 혁현을 앉혔다. 백성 및 서양 대표들과도 친분이 있고, 자신의 군대를 갖고 있던 공친왕보다는 성격도 심약하고 아들이 볼모나 다름없는 상태로 황위에 있는 순현친왕 쪽이 다루기 쉽다는 계산에서였다. 하지만 서태후의 권력 독점은 청 제국 몰락의 신호탄이 되었다.

서태후는 첫 위기부터 제대로 수습하지 못했다. 프랑스와의 전쟁을 전적으로 두 나라의 문제로 간주한 다른 열강들은 중립적인 태도를 취했고, 청나라의 군사들과 백성들은 단결하여 놀라운 투지를 발휘해서 근대적인 프랑스군을 상대로 연승을 거두며 전쟁을 주도하고 있었다. 이런 와중에 서태후는 갑자기 이홍장에게 서둘러 종전 협상을 벌이도록 지시했다. 결국 서태후는 자신의 안위, 자신과 서구 제국과의 관계만을 생각해 이기고 있는 전쟁에서 굴욕적인 협상을 선택한 것이다. 그녀에게는 자신의 권력이 민족적인 자긍심보다 우선이었다. 이 전쟁의 여파로 서태후는 민중들로부터의 신망을 잃게 되었지만, 달콤한 권력의 맛에 빠진 그녀는 이 점을 전혀 의식하지 못했다.

그녀는 끼니마다 100가지의 요리를 차리도록 했다. 그러니 매일 그녀의 식비로만 은화 200냥이 지출되었다. 당시 서민들 100명의 월급에 해당하는 금액이 서태후의 하루 식비로 책정된 것이다. 또한 프랑스와의 전쟁이 한창일 때 서태후는 거금을 들여 자신의 거처인 저수궁을 신축했다. 또한 자신의 은퇴를 위해 광서제에게 명 왕조부터 조성되어 있던 황실의 휴양지인 서원(西苑)을 대대적으로 확장해 줄 것을 요구했다. 서태후의 은퇴 이후를 대비한 건설 공사에 당시 북양대신(北洋大臣) 이홍장이 혼신의 노력으로 확보한 북양 함대에 투입된 비용의 4배 이상을 지출해야 했다. 이 부담은 훗날 청일 전쟁의 참패를 가져오게 했다.

만년의 서태후

1895년은 서태후가 환갑을 맞이하는 해였다. 2년 전부터 거국적으로 행사 준비를 했지만 이 해에 청일 전쟁이 발발했다. 이홍장의 북양 함대는 일본 해군의 기습을 받아 전멸했고, 일본군이 대련항에 상륙해서 대대적인 민간인 살육과 약탈 행위를 벌이고 있는 동안, 서태후는 청나라 역사상 가장 호화스러운 축하연을 그것도 3일 동안이나 즐기고 있었다.

청일 전쟁에서 당한 참패는 전 세계적으로 큰 충격을 주었다. 거액의 전쟁 배상금과 함께 요동반도까지 일본에 할양하는 조건으로 시모노세키 조약을 체결했다. 비록 요동반도는 러시아, 독일, 프랑스의 삼국 간섭으로 돌려받았지만, 백성들은 분노했다. 이제 민중들은 청나라를 도와 서양을 물리치자는 부청멸양(扶淸滅洋)의 기치를 내걸고 의화단(義和團) 운동을 전개했다. 중국의 민중은 이 패전을 계기로 각성하기 시작했지만, 당연히 패전의 책임을 져야 하는 서태후는 각성과는 거리가 멀었다.

광서 11년, 황제는 열다섯 살이 되었다. 청나라 황실의 전통에 따르면 이 시기가 되면 당연히 수렴청정을 거두어야 했다. 하지만 훈정(訓政)이라는 이름으로 계속 정치에 관여하던 서태후는 광서제가 장성해서 혼례를 치른 이후에도, 또 그 이후에도 계속 중요한 사안에 대해서는 자신이 직접 재가하고 있었다. 청일 전쟁 당시 광서제의 나이는 스물네 살이었고, 열혈 청년이었다. 황제의 권위에 대한 의식도 뚜렷했고 백성들에 대한 애정도 강했던 이상주의자였다. 다만 그 이상을 실천할 만한 실질적인 권력이 없는 것이 문제였다.

광서 24년인 1898년 황제는 강유위(康有爲) 등 개혁주의자들을 중용하면서 무술변법자강운동(戊戌變法 自疆運動)을 시작했지만 이 개혁은 불과 100일 만에 좌절되었다. 서태후는 야심가인 위안스카이(遠世凱)를 움직여 쿠데타를 일으켜 개혁파를 모두 숙청하고, 광서제를 감금해 버렸다. 서태후는 또 다시 훈정을 선포하고 광서제를 폐위시키려 했지만, 지방의 총독과 순무, 그리고 외국 사신들의 반대로 단왕 재의의 아들 부준을 황태자로 삼는 데 그쳤다.

1900년 의화단 운동이 확산될 당시, 서태후는 진압 명령을 내렸지만 성과를 거두지 못하자 마지못해 진압에서 회유로 정책을 바꾸었다. 또한 의화단의 반제국주의 애국 열정을 이용해 대외 전쟁을 선포했다. 하지만 이것은 일종의 도박이었다. 이런 선전포고는 서구 열강의 힘으로 의화단을 분쇄하려는 비열한 노림수였다. 청군과 의화단은 연합해서 서구의 군대와 전면전을 벌일 것처럼 보였지만, 그 전에 밀사를 각국 공사관으로 파견하여 공사관을 보호할 것을 확약하고 경친왕과 이홍장을 시켜 서양 연합군과의 화의 교섭을 명했다. 7월 20일 8개국 연합군이 북경을 공격해 오자 21일 서태후는 변장한 채 광서제만 데리고 서안(西安)으로 도피하면서 다시 의화단 진압 명령을 내렸다.

1901년 신축년, 청나라는 독일, 오스트리아, 벨기에, 스페인, 미국, 영국, 프랑스, 이탈리아, 일본 등의 국가와 신축조약을 맺고 각국에 4억 5천 냥을 배상했다. 이를 위해 주요 재정원인 관세와 염세(鹽稅)는 모두 차압당했고, 외국군이 주요 도시에 진주하게 되었다. 이런 중에 광서제는 영대에 또다시 감금되었고, 서태후는 예전의 호사스럽고 안락한 생활로 돌아갔다.

한편 청 정부는 그동안의 쇄국 정책 노선을 변경하여 근대화 작업에 착수하기 시작했다. 대표적으로 만주족과 한족의 혼가(混嫁)를 허용하고 여인들의 전족(纏足)을 금지시켰다. 남자들의 단발이 허락되었고 인신 매매와 아편을 금지한다는 등의 각종 개혁 내용이 속속 발표되었다. 그러나 이런 변화는 때늦은 조치였다.

영대에 감금되어 산 송장처럼 고통스러운 나날을 보내던 비운의 황제 광서제는 유폐 10년 만인 1908년 무신년 11월 14일 급작스러운 죽음을 맞이했다. 이에 서태후는 순친왕(醇親王) 재풍의 세 살 먹은 아들 부의(溥儀)를 선통제(宣統帝)로 세웠다. 세 번째 수렴청정을 시도하기 위해서였지만, 그녀는 광서제를 따라가듯 자신처럼 여인이 정사에 관여하는 일이 없도록 하라는 유조를 남기고 광서제 사후 이튿날인 11월 15일 향년 74세로 사망했다. 서태후 추종 세력은 120만 냥에 달하는 금액을 들여 성대하게 그녀의 장례를 치렀고, 수천 명의 사람이 동원되었다. 이후 청나라는 신해혁명에 의해 1912년 2월 12일 종말을 고했다. 이는 대청 제국뿐 아니라 동양의 제왕 문화가 막을 내리는 순간이기도 했다.

서태후가 권력을 잡고 있던 기간은 48년으로 청 제국 268년 역사에서 보면 짧지 않은 기간이었다. 권력을 독점했던 기간도 무려 28년이나 되었다. 실질적으로 청 제국의 마지막 통치자였던 서태후(西太后)는 여러 가지 면에서 당(唐) 제국의 측천무후와 비교되는 인물이다. 그렇지만 측천무후가 '사악한 찬탈자'인 동시에 '훌륭한 통치자'였던 반면, 서태후는 '사악한 찬탈자'라는 점은 같지만 국익보다는 자신의 권력과 개인적인 사치에 우선한 '탐욕스러운 통치자'였다는 근본적인 차이점이 있다. 그녀로 인해 청 제국의 붕괴가 가속화되었다는 견해가 지배적이다. 천박하고 덕이 없는 부녀자가 중국의 운명을 50여 년간 손아귀에 쥐고 있었다거나 여우 같은 외모에 범이나 이리 같은 마음을 가진 악독하고 무지막지한 여자라는 혹평 등이 대표적 평가이다.

반대로 그녀로 인해서 왕조의 몰락이 반세기 정도 늦춰졌다는 견해도 있다. 즉 서태후는 동치중흥이라는 역사적 시기에 있어서 동치중흥을 이끈 사람 중 한 명이었고, 부녀자 해방 문제에 대해서도 진취적인 견해를 가지고 있었다. 예를 들어, 만주족과 한족을 평등하게 대해 국초부터 제약하던 통혼을 허락하게 한다든지 여성의 인권을 유린하는 전족을 금지하는 등의 조치를 취했다. 또한 광서제 유폐 후에는 진심이었든 부득이한 것이었든 개혁 정치를 표방했다. 구체적으로는 과거제 개편, 학당 설립, 군사 제도 개편, 상업과 광산업 추진 그리고 1916년에 입헌 군주제 실시를 공개적으로 선포하기도 했다.

사람을 대할 때는 두 개의 서로 다른 측면을 함께 고려해야 한다. 50여 년간 노련한 정치인으로 살았던 서태후. 그녀가 자신의 능력과 권력을 사욕(私慾)을 채우는 일보다는 좀 더 공적인 일에 사용했다면, 자신이 세운 동치제나 광서제와 협력하여 나라의 중흥을 이끌었다면 그녀에 대한 평가는 사뭇 달라지지 않았을까?

울퉁불퉁 중국인 이야기

제8장

새로운 중국의 등장

제40강

신해혁명과 쑨원

신해혁명 전후의 주요 인물들

임칙서(林則徐, 1785~1850)

임칙서(린쩌쉬)는 푸젠성[福建省] 출신의 청나라 관리로 아편 전쟁과 관련하여 빠질 수 없는 인물이다. 그는 망해가는 중국의 자존심을 지키기 위해 노력했으나 실패한 인물로 평가된다. 청나라의 고위 관료 가운데 드물게 청렴하고 유능했던 인물이었고, 청나라에 들어오는 영국의 아편 밀수를 강력하게 단속하며 명성을 날렸다. 그의 아편에 대한 강경책은 본격적으로 청나라 몰락을 유발시킨 제1차 아편 전쟁의 원인이 되었지만, 속절없이 무너져가는 청나라의 기강을 어떻게든 유지하고자 했던 인물로서 현재까지도 높게 평가받는다. 그는 중국의 전통 사상과 제도의 활성화를 주창했으며, 이것은 나중에 자강(自强) 운동으로 이어졌다.

임칙서는 뛰어난 조직가이자 야심 많은 관료로서 영국과 중국 사이에 행해지던 아편 밀수입을 합법화하자는 조정의 의견을 상소를 올려 비난했다. 황제는 그의 상소를 받아들이고 그를 아편 밀수의 중심 지역이었던 광둥성에 파견했다. 그곳에서 아편 밀수를 막기 위한 그의 업무 수행은 지나치게 성공적이어서 중국에서 이권을 유지하려는 영국 정부를 자극하게 되었다. 이로 인해 영국의 무력 간섭인 아편 전쟁이 발생했다. 황제는 난국 수습을 위해 그를 변방으로 좌천시켰으나 얼마 후 베이징에서 요직을 맡았다가 1850년 태평천국 운동을 진압하러 가던 도중에 병사했다.

임칙서의 아버지는 시골 훈장으로 비록 가난했으나 자식들을 과거에 급제시키기 위해 유교 경전의 기본을 가르쳤다. 당시 과거는 관리로 입신할 수 있는 유일한 출세 수단이었다. 둘째 아들이었던 임칙서는 뛰어난 재능을 나타내어 1804년에 향시(鄕試)에 합격했다. 이어서 푸젠성 총독의 보좌관으로 선발되어 그동안 받아왔던 추상적·도덕적·문학적 교육에 실제의 경험을 보태어 현실 감각을 익히는 훈련을 받게 되었다. 1811년 전시(殿試)에 합격하여 진사가 되었으며, 황제에게 조언하고 문서의 초안을 작성하는 한림원(翰林院)에 들어갔다.

1820년, 임칙서는 처음으로 정규 행정직을 맡게 되었고, 관료 체제 내에서 가장 중요한 보직을 두루 거치면서 승진했다. 소금 전매 업무부터 시작하여 여러 지방의 치수(治水) 사업을 감독했고, 세금의 징수를 관장했으며, 지방의 판관으로 근무하기도 했다. 판관으로 근무할 때에는 명쾌한 판결로 인해 '임청천(林靑天)'이라는 존칭을 얻었다.

1830년대 중반 도광제(道光帝)는 영국과 중국 상인 사이에 행해지던 아편 밀수입이 급증하는 것을 크게 우려했다. 그 이유는 첫째, 아편 수입이 밀무역으로 이루어진다는 것이었고, 둘째, 거래 형태가 비록 밀수입이기는 하나 그 대가는 은으로 치르게 되어 있어 중국의 은이 다량으로 유출된다는 점이었다. 이것의 해결 방안으로 조정의 한편에서는 아편 수입을 합법화하자는 의견이 나왔으나 임칙서는 상소를 올려 이에 대해 맹렬히 비난했다.

그는 자신이 총독으로 있는 후광 지방에서 아편 밀수를 막기 위해 취하고 있는 조치들을 열거하며 주장을 굽히지 않았다. 약 20년 동안 아편 밀수를 억제하려고 노력했으나 별 성과를 거두지 못했던 도광제는 1838년 말 그의 상소를 받아들이고 그를 흠차대신(欽差大臣)으로 임명했다. 이례적으로 황제와 열아홉 번에 걸쳐 독대한 후 그는 아편 밀수의 중심 지역이었던 광둥성으로 파견되었다.

이 시기에 그가 쓴 일기가 남아 있어서 당시 중국 관리의 근무 상황을 생생히 전해주고 있다. 이 일기에는 베이징[北京]에서 임지로의 험난한 여정, 황제가 내린 조칙을 맞아 광둥의 아열대성 기후에도 불구하고 땀을 흘리며 머리를 조아려 예를 표한 일, 영국 상인과 관리들을 소환하여 엄중히 훈계한 일, 아편 업자들로부터 뇌물을 받은 부패한 관리 혹은 아편 그 자체에 중독되어 버린 관리들에게 공무를 성실히 수행하라고 독려했으나 성과가 없었던 일, 압수한 아편을 바다에 버려 물을 더럽혔기 때문에 바다의 신에게 사죄의 글을 써서 바친 일 등이 자세하게 기록되어 있다.

임칙서와 중국 곳곳에 서 있는 그의 동상

임칙서의 업무 수행은 성공적이었다. 그는 외국 상인들이 가지고 있는 아편 전부를 압수하여 폐기시키고, 다시는 아편을 수입하지 않겠다는 서약서를 제출하라고 압력을 가했다. 그러나 이런 조치들은 청나라 내에서 자국의 이권을 유지하고 확충하려는 영국 정부에 무력 개입의 빌미를 주어 결국 아편 전쟁이 발발하도록 했다. 그 결과 영국군은 청나라 남부 도시들을 공격해 점령했고, 임칙서의 아편 엄금론(嚴禁論)을 친히 승인했던 도광제는 그를 흠차대신에서 해임하여 북서쪽의 변방으로 좌천시켰다. 따지고 보면 임칙서는 관리로서 당연한 업무였던 아편 단속을 핑곗거리로 삼은 무도한 영국 정부와 무능한 청나라 정부 사이의 부당한 타협에 희생된 것이었다.

좌천당한 임칙서는 유배지인 신장(위구르)에서 농지 개혁을 추진하는 한편 남하하는 러시아 제국의 위협을 간파하고 "영국은 경제 이득만 원하기에 문제가 아니지만 영토를 탐내는 러시아가 문제다. 나는 늙었지만 너희들은 그것을 보게 될 것이다."라고 경고했다. 실제로 러시아는 청나라의 영토였던 탄누투바와 연해주를 비롯한 외만주를 지금까지 영구히 가져갔고, 오늘날 카자흐스탄 동부 지역인 이리 지역도 가져갔으며, 몽골의 독립을 적극 지원해 위성국화시킨 점을 생각하면 임칙서의 예언은 정확했다.

이후 그는 다시 베이징으로 소환되어 요직을 맡게 되었으며, 윈난성[雲南省]의 이슬람교도 반란을 진압한 공로로 태자태부(太子太傅)에 임명되었다. 그러나 1850년, 태평천국 운동을 진압하러 가던 도중에 병사했다.

중국 역사에서 임칙서가 차지하는 비중은 그의 정치 경력을 훨씬 뛰어넘는다. 그는 소수이지만 큰 영향력을 가진 개혁 지향의 관리학자 무리에 속했으며, 이들의 목표는 "옛것에서 오늘날의 개혁에 대한 해답을 찾자"는 것이었다. 이 통치술 학파는 실제 외교 행정에 이용하기 위해 지리와 역사를 포함한 여러 분야의 외국 정보를 수집하려고 한 최초의 중국인들이었다. 그러나 당시 외국에 대해 가장 잘 알고 많은 정보를 가졌던 임칙서도 자신이 광둥에서 아편 밀수를 금지시키고자 한 노력이 서유럽 열강의 무자비하고도 모욕적인 무력 개입을 야기시켜 결과적으로 청조의 멸망을 초래하게 되리라고는 상상조차 하지 못했다. 유교적 영향을 받은 동아시아 대부분의 국가 지도자들이 그러했듯 세상 물정에 너무 순진했거나 아니면 민주주의를 표방하는 서구 국가들에 대한 과도한 믿음을 가지고 있었다고도 볼 수 있다.

광둥의 임지에 도착한 후에도 임칙서는 영국이 청나라에 의존해야만 살

수 있는 나라로 생각했고, 중국의 차와 대황을 수입해가지 못하면 영국 국민은 변비에 걸려 큰 고통을 받게 되리라고 굳게 믿고 있었다. 그는 광둥에서 영국의 빅토리아 여왕에게 편지를 보내어 여왕이라면 이처럼 사람에게 해로운 물품을 수입하도록 허가하겠느냐고 반문하며 영국 국민들이 아편을 중국에 들여오지 못하도록 금지시켜 달라고 요구했다. 그 내용은 다음과 같다.

> Let us suppose that foreigners came from another country, and brought opium into England, and seduced the people of your country to smoke it, would not you, the sovereign of the said country, look upon such a procedure with anger, and in your just indignation endeavor to get rid of it?
>
> 만약 다른 나라에서 온 외국인들이 영국에 아편을 가져와 영국인들이 아편을 피우도록 부추긴다면 여왕께서도 크게 분노하시며 이를 제거하려는 방법을 찾지 않겠습니까?

임칙서가 엄격한 도덕적 태도를 취하면서 영국 상인들을 무자비하게 다루자 영국 정부는 모욕을 당했다고 트집을 잡았다. 그러한 과정에서 임칙서가 깨달은 유일한 사실은, 이 야만인들에게서도 배울 것이 있으며 그들의 기술을 도입해야 한다는 것이었다. 그러나 그는 서유럽 열강의 위협을 이해하지 못했고, 동료 관리들의 나약함이나 보수파의 저항을 극복하지도 못했다. 그의 개혁안은 후에 일어난 자강 운동에서 채택되었다. 그보다 훨씬 뒷날의 혁명 세대는 중국을 구하기 위해 전통 문화의 일부를 포기하기는 했으나 영국에 대항하여 보여준 임칙서의 용기와 태도를 높이 평가하여 그를 국민적 영웅으로 받들었다.

세계사를 피상적으로 훑은 사람들에게는 임칙서가 망해가는 청나라 관리로 주제도 모르고 영국에 싸움을 걸어 아편 전쟁의 발단을 만든 원흉 정도의 취급을 받고 있지만, 아편 전쟁의 내용과 경과 과정을 제대로 공부하면 청나라 후반 관리들 중에서도 보기 드문 개혁적인 인물이었다는 것을 알게 될 것이다. 당시 청나라 GDP가 영국의 다섯 배였다는 것을 생각하면 중국이 힘을 모으지 못해 그런 결과가 초래되었다는 것을 알 수 있다.

실제로 현실적인 개혁을 주장한 그를 양무운동의 사상적 토대를 만든 개화파의 시조로 평가하기도 한다. 만약 임칙서가 파면되지 않고 계속 청나라의 고관직을 맡고 있었다면 청나라의 미래가 조금은 달라졌을지도 모른다. 정치적 숙청을 당한 탓에 끝내 조국을 완전히 구해내지는 못한 점은 명나라의 원숭환과 비슷하고, 정치적 숙청을 당했음에도 불구하고 복직 후 재기하여 공을 세운 점은 조선의 이순신과 비슷하다. 그의 유지를 계승한 인물이 이후 상군을 조직한 증국번과 북양대신 이홍장, 좌종당이다.

근대 일본의 소위 개화파 지식인인 후쿠자와 유키치는 임칙서를 두고 "신중하지 못한 자가 쓸데없이 아편을 태웠다가 전쟁을 자초하여 망신만 당했다."라는 식으로 조롱했는데, 사실 이건 후쿠자와 유키치 자체가 탈아입구(脫亞入歐)를 주장할 만큼 극렬 혐한(嫌韓), 혐중(嫌中)의 인물이라 그랬다는 것을 염두에 두어야 한다. 실제 임칙서는 매우 선각자적인 인물로 수구적이라고 섣불리 비난당할 인물은 아니다. 게다가 아편 문제는 영국에서조차 "아편으로 전쟁을 일으키는 것은 부당하다"라는 의견이 대두되어 영국 의회에서 찬성과 반대가 비등비등한 사안이었으니 중국으로서는 충분히 반발할 사유가 된다.

1980년대 미중 관계가 우호적이었던 시절, 중국계 미국인들의 사회 진출이 크게 이루어지며 동시에 미국이 마약과의 전쟁을 겪던 시기에 미중 우호와 반마약 운동의 상징으로 현대 뉴욕 차이나타운의 복판인 채텀 스퀘어에 임칙서의 동상이 세워졌다.

증국번(曾國藩, 1811~1872)

증국번(쩡궈판)은 청 말기의 정치가이자 주자학자이며 유교 이념을 앞세운 보수주의자이다. 1851년 태평천국의 난 당시 농민으로 이루어진 '향용(鄉勇)'을 조직해 반란 진압에 기여했다. 19세기 중국의 대표적인 근대화 운동인 양무운동을 추진했다. 중국 현대사를 주름잡은 마오쩌둥과 장제스는 사상적으로는 차이를 가지고 있었지만, 두 사람이 공통적으로 흠모하던 인물이 바로 증국번이었다. 마오쩌둥은 "중국 역사상 큰 공을 세웠거나 훌륭한 사상과 성품으로 후대에 큰 영향을 미친 사람은 많지만, 이 두 가지를 모두 겸비한 인물은 오직 범중엄(范仲淹, 북송 시대의 재상)과 증국번뿐이다. 나는 근대 인사 중 오로지 증국번만을 존경한다."라고 말했다. 또한 장제스는 "천지의 정기를 배양하고 고금의 완벽한 인물을 본받아야 한다."라고 했는데, 여기에서 '완벽한 인물'이 증국번을 가리키며, 그는 증국번을 자신의 사상적 스승으로 여겼다. 증국번은 1851년에 시작되어 14년간 지속된 태평천국의 반란군을 진압하여 청나라를 존폐 위기에서 구해냈고, 서양의 근대적인 무기들을 적극적으로 수입하고 공장을 설립하는 등 중국의 근대화를 추진했다.

증국번의 자는 백함(伯涵), 호는 척정(滌正)으로, 호남성 상향현(湘鄉縣)의 평범한 농가에서 태어났다. 조부 증옥병(曾玉屛)은 장남인 증린서(曾麟書)가 급제하여 집안을 일으킬 것을 기대했으나 증린서는 매번 낙방했다. 증국번도 열네 살이 되던 해 부친 증린서와 함께 과거를 보았지만 함께 낙방했다. 그러나 증국번은 열여섯 살에 지역별 예비 시험인 동생시(童生試)에 합격했고, 두 번의 낙방 끝에 마침내 1838년 회시에서 급제하여 진사가 되었다. 그는 곧 황세가 주관하는 전시(殿試)에 응해 한림원 서길사에 임명되었고, 1840년에는 한림원 검토가 되었다. 그는 1842년부터 1851년에 이르기까지 승진을 거듭하여 요직인 한림원 시강, 예부우시, 병부좌시랑, 공부우시랑 등을 지냈다.

1851년 증국번의 삶에 결정적인 전환점으로 작용하는 사건이 일어났다. '태평천국의 난'이다. 당시 청나라는 국내외로 많은 어려움을 겪고 있었다. 청 조정은 1840년에 발생한 제1차 아편 전쟁의 패배로 인한 거액의 배상금을 지불하기 위해 가혹한 세금을 거둬들이고 있었다. 이에 농민들의 불만은 쌓여갔고, 홍수전(洪秀全)이 이런 농민들의 누적된 불만을 이용하여 난을 일으켜 태평천국을 세웠다. 함풍제는 임칙서(林則徐)와 새상아(賽尙阿)를 차례대로 흠차대신으로 삼아 태평천국군을 진압하려 했으나 둘 다 대패하고 말았다. 태평천국군의 사기가 충천한 것도 이유였겠지만, 무엇보다 당시 청나라 군대가 극심하게 부패해 있었기 때문이었다. 증국번은 함풍제에게 상소를 올려 당시의 부패상과 타개책을 진언했지만, 함풍제는 그의 의견을 받아들이지 않았다.

1852년 증국번은 강서성 향시의 시험관으로 임명되어 임지로 내려가던 중 모친의 부음 소식을 듣고 고향으로 돌아왔다. 얼마 지나지 않아 태평천국군이 그의 고향인 호남성까지 접근하자 청 조정은 그에게 태평천국군 진압 명령을 내렸다. 이에 증국번은 촌락 단위의 소규모 군대를 구성하던 기존 방식에서 벗어나 성 단위의 직업적인 의용군을 조직하여 '상군(湘軍)'이라고 칭했다. 증국번은 '충군애국(忠君愛國)' 정신이 강한 사대부를 중심으로 상군을 구성하여 군비를 안정적으로 확보했다. 또한 부패한 청나라군에서 독립하여 독자적인 지휘 체계를 확립하고, 함선과 수군을 집중적으로 육성했다. 1853년 태평천국군은 남경을 점령하여 천경(天京)으로 개칭하고, 수도로 삼았다. 이에 놀란 청 조정은 증국번에게 당장 출정할 것을 명했으나 그는 준비되지 않은 군대를 출정시키는 것은 백전백패의 결과를 초래한다며 출전하지 않았다. 그는 그다음 해인 1854년 대포를 장착한 함선을 확보한 후 3만여 명의 상군을 이끌고 출정했다. 증국번의 상군은 호남성에서 호북성으로 공격해 들어가 우한을 점령했다. 1855년 그는 구강(九江)을 공격하려 했지만 태평천국군의 반격이 거세 강서성 남창(南昌)에서 패잔병들을 모아 방어에 진력했다.

그러나 이러한 공적에도 청 조정은 증국번에게 상군 지휘에 관한 전권을 부여하지 않았다. 이는 막강한 군사력을 보유한 상군을 한인 출신인 증국번에게 전적으로 위임하는 것이 불안했기 때문이었다. 증국번은 여러 번의 상소와 군 이탈, 부친상을 이유로 한 귀향 등으로 불만을 표시했지만, 함풍제는 그의 의견을 쉽게 받아들이지 않았다. 1858년 절강에서 태평천국군이 세력을 크게 떨치면서 증국번의 복귀를 원하는 사람들이 급증하자 함풍제는 결국 그의 상군 복귀를 허락했다. 여기에는 증국번의 정치적 태도 변화도 큰 몫을 차지했다. 그는 "온유한 것이 강한 것이고, 몸을 굽힘으로써 앞으로 뻗어 나가는 것이다."라며 청 조정에 대한 반감이 누그러진 태도를 보였다. 1858년 증국번은 상군의 병권을 장악했다.

증국번

1860년 증국번은 강서성 탈환의 공을 인정받아 양강(兩江) 총독에 제수되었고, 강소, 절강, 안휘, 강서 등 4개 성을 다스렸다. 같은 해에 태평천국군이 소주와 상주를 함락하고 항주를 포위하자 증국번은 호림익(胡林翼)의 계책을 받아들여 강소, 강서, 절강 3성에 휘하의 관료를 보내 다스리게 하고, 남, 북, 서, 세 방향에서 천경을 포위했다. 증국번이 이끄는 상군은 호북을 손에 넣고 안정적인 근거지를 확보한 뒤, 1861년 안경(安慶)을 탈환했다. 이후 그는 세력을 나누어 태평천국의 수도 천경과 저장성을 공격했으며, 그의 참모 이홍장(李鴻章)은 회군(淮軍)을 이끌고 절강성을 공격하도록 했다. 1864년, 마침내 태평천국의 수도 천경이 상군에게 함락되었다. 그 공로로 증국번은 태자태보에 임명되었고, 의용후에 봉해졌다. 청나라 역사상 최초의 한인 후작이었다. 이후 그는 5만여 명에 이르는 상군을 해체했다.

1865년 태평천국의 잔당과 합세한 염군(捻軍)이 발호했고, 증국번은 다시 상군을 데리고 염군 토벌에 나섰다. 증국번의 상군이 출정했음에도 이듬해까지 염군의 세력은 점점 확대되었다. 증국번은 이홍장을 흠차대신으로 삼아 염군을 토벌하게 했고, 1867년 이홍장은 염군을 완전히 소탕했다.

1868년 증국번은 직례총독에 임명되었다. 청나라 건국 이래 이토록 막강한 권력을 가진 한인은 없었다. 1869년 그는 대신들을 대표하여 서태후와 동치제에게 신년 인사를 올리기도 했다. 그러나 그는 자신을 경계하는 만주족 출신 관료들의 끊임없는 시기 속에서 한인의 한계를 절감했고, 2년간의 직례총독 생활을 정리하고 다시 양강 총독으로 자리를 옮겼다. 1872년 증국번은 건강이 악화되어 다리와 혀가 마비되었고, 그해 2월 총독 군영의 경내에서 62세의 나이로 숨을 거두었다.

증국번은 태평천국을 진압한 지도자라는 평가와 함께 양무운동의 초기 추진자라는 평가도 받았다. 애로호 사건 당시 임칙서 등이 서양의 선진 기술을 받아들일 것을 주장했지만, 이는 주장에만 그쳤을 뿐 정책으로 추진하지는 못했다. 하지만 증국번은 이런 주장들을 공식적인 국가 정책으로 추진했다. 그는 또한 태평천국과의 전투에서 대포의 위력을 확인한 후 서양의 근대화된 병기들을 적극적으로 수입했다. 1862년 말에는 사상 최초로 서양식 무기 공장인 안경군계소를 세웠으며, 상해에 공장을 세우고 미국에서 기계를 수입하여 기선을 제조했다. 그뿐만 아니라 증국번을 비롯한 양무운동의 추진 세력은 근대적인 교육 기관을 설립하고 구미 각국으로 유학생을 파견하기도 했다. 특히 외국어와 자연과학을 가르칠 목적으로 세워진 동문관과 광방언관은 증국번의 주장을 수용한 결과물이었다.

증국번은 중국 최고의 애국적 사상가로 높이 평가받기도 한다. 이는 그가 태평천국의 난을 진압한 후 그의 추종 세력이었던 증국전(曾國荃), 팽옥린(彭玉麟), 좌종당(左宗棠), 포초(鮑超), 왕개운(王闓運) 등이 그를 황제로 옹립하려 했지만 이에 응하지 않고 청나라의 신하로 남았기 때문이다. 반면에 그는 이민족인 만주족이 세운 청나라에 충성하여 농민 운동인 태평천국의 난을 진압했다는 이유로 '한간(漢奸)'이라는 혹평을 받기도 한다.

이홍장(李鴻章, 1823~1901)

이홍장(리훙장)은 증국번에 이어 1870년 직례총독에 임명되어 이 직책을 25년간 맡았다. 이 기간에 여러 상공업 근대화 계획을 추진했고, 오랜 기간에 걸쳐 서구 열강을 상대로 외교 문제를 담당했다. 1870년 이래 그는 서구인에게 가장 잘 알려진 중국 측 협상자가 되었다.

이홍장은 25년의 재임 기간 여러 가지 중요한 근대화 사업을 일으켰다. 톈진에 무기 제조 공장을 설립했으며, 축성술을 향상시켰고, 신기술 습득을 위해 청나라 학생들을 미국에 유학보냈다. 청대 말(19세기)의 근대화 운동은 청조와 그 유교 전통을 지키기 위해 시작되었으나 제도적 반발에 의해 무참하게 짓밟혔다. 이홍장의 정치 역정은 이것을 가장 잘 설명해주고 있다.

이홍장의 아버지는 나중에 이홍장의 후견인이 된 증국번과 같은 해에 진사(進士) 시험에 합격했다. 이홍장은 1844년부터 증국번의 지도 아래 베이징에서 관리 생활을 시작했고, 1847년 진사가 되었다. 1850년에 일어난 대규모 종교적·정치적 봉기인 태평천국 운동은 청조를 위협했는데, 이홍장과 그의 아버지는 고향인 안후이성이 위협을 받자 지방 민병대를 구성했다. 이홍장은 진압 작전에 몰두한 나머지 1855년 아버지가 죽었음에도 불구하고 전통적인 거상(居喪) 기간을 지키지 못하고 비공식적으로 진압 업무를 계속 수행해나갔다.

1856년 이홍장은 판관(判官)이 되었다. 그는 1860년 양강[兩江: 장시성(江西省)·장쑤성(江蘇省), 안후이성] 지방의 총독인 증국번이 태평천국 토벌을 위한 비정규 군대인 상군(湘軍)을 조직하자 나중에 그의 막료가 되었다. 1862년에는 장쑤성의 총독 대리가 되어 자신의 군대인 회군(淮軍)을 인솔하여 증기선을 빌려 타고 상하이로 갔다. 그 당시 서구 열강들은 중국과 벌인 두 차례의 전쟁(1839~1842, 1856~1860)에서 증기선을 이용하여 우위를 점할 수 있었다. 이 전쟁에서 패한 중국은 불평등 조약을 맺을 수밖에 없었고, 그 결과 관세 자치, 치외 법권 등의 특권을 내주게 되었다.

이홍장은 40세도 채 안 되어 고관이 되었을 뿐만 아니라 독립된 군대를 지휘할 수 있게 되었다. 이는 태평천국 운동이라는 난세 속에서 빠른 승진을 할 수 있었기 때문이었다. 그는 1862년 이후 몇 년 동안 상하이 주변의 태평천국군을 토벌하면서 외국인 용병과 그들이 사용하는 무기에 대해 잘 알게 되었다. 그래서 증국번과 함께 청의 부국강병을 위한 양무운동 등을 주도했다. 양무운동 추진의 핵심 기반은 이홍장이 태평천국의 난을 진압할 당시 거느렸던 회군이었다. 그는 양무운동을 통한 기술 혁신과 서태후의 후원, 영국, 러시아, 독일 등의 지지에 힘입어 회군을 서양의 기술과 무기로 무장시켰다. 회군은 북양대신이던 이홍장의 직위를 따 북양군이라고 불렀으며, 북양 함대는 북경과 천진을 방어하는 주축이었다.

그는 주로 외교적 업무에 종사했는데, 그때 만난 외국인들 가운데 가장 잘 알려진 사람은 찰스 조지 고든이라는 당시 30세 된 영국군 장교였고, 그는 상승군(常勝軍)을 이끌고 있었다. 이 외국인 용병 군대는 나중에 이홍장 휘하에 편입되었다. 서구 사람들은 태평천국 운동의 진압을 외국 용병의 공이라고 보는 경향이 있으나 실제 진압 작전을 성공적으로 수행한 주인공은 증국번과 그 휘하 이홍장 등의 막료들이었다.

1864년 태평천국의 수도인 난징[南京]을 함락시키기 위해 토벌군이 파견되었을 때 그 현지 사령관은 증국번의 아우였다. 이홍장은 그 토벌 작전에 참가하라는 증국번의 지시를 의도적으로 무시했다. 나중에 전공(戰功)을 놓고 시기심이 생길 수도 있다고 생각했기 때문이었다. 이러한 사실은 그의 인품이 대단히 사려깊음을 보여준다.

1865~1870년, 이홍장은 중국의 중부, 북부, 서부 지역에서 여러 반란을 진압하기 위한 중책을 맡아 잘 수행해냈다. 그리고 난징과 상하이에 그가 세운 서구식 무기 제조 공장에 꾸준한 관심을 보였다. 그는 서구 열강과 일본의 침략에 대응하여 중국을 부강하게 만들고자 노력했고, 특히 1860년대 후반 근대화에 성공을 거둔 일본의 사례에 크게 고무되었다.

1870년 이홍장은 수도 베이징이 있는 직례성의 총독 및 내각대학사(內閣大學士)로 임명되었다. 또한 북부 지방 무역독판(貿易督辦)이 되어 양쯔강 이

북의 조약항(條約港)에서 행해지는 서구와의 무역을 관리하게 되었다. 서방 세계와의 외교 문제를 전담하는 총리아문(總理衙門)이라는 공식 기구가 있었음에도 불구하고, 그는 서구인에게 가장 잘 알려진 중국 측 협상자가 되었다. 이렇게 하여 중앙과 지방 정부에 명실공히 영향력을 행사했고 자신의 군대를 휘하에 두었으며, 해외에서의 명성도 높아져갔다. 그 결과 직례 총독을 25년이나 역임하는 전무후무한 기록을 남겼다.

이 오랜 기간 이홍장은 여러 가지 중요한 근대화 사업을 일으켰다. 1884년에는 서구에서 함선을 사들여 북양 함대, 남양 함대, 복건 함대를 창설했다. 이를 위해 젊은이들을 선발하여 독일, 미국, 영국 등으로 유학을 보냈으며, 서양에서 전문 인력을 초빙하여 기술을 전수받음으로써 군사상 발전을 이룩했다.

북양대신 이홍장

군수 공장 설립은 광산 개발로 이어졌다. 공장을 가동하고 무기를 만들 재료와 연료를 채굴하기 위해 이홍장은 중국 곳곳의 광산을 관리·개발하고, 외국에서 관련 전문가들을 초빙했으며, 철 생산에 박차를 가했다. 그러나 불행히도 이를 통해 생산된 원료의 품질은 좋지 않았다. 또한 외국으로부터 받아들인 기술 수준도 이홍장이 바라는 것만큼 높지 않았다. 이곳에서 생산된 무기들은 후에 청일 전쟁 등에서 이홍장의 북양 함대가 제 역할을 하지 못하는 데 일조했다.

이홍장은 상업 증기선, 탄광, 철도, 통신선, 군관 학교, 면방직 공장, 서구식 전함(戰艦), 근대적인 조폐창(造幣廠), 2개의 근대적인 해군 기지 등을 설치했다. 또한 시대착오적인 유교식 과거 시험 제도의 개혁에 대해서도 논의했다. 그러나 이 같은 개혁에 관심을 나타내는 청나라 관리들은 별로 없었다. 이 기간 동안 이홍장은 일본, 영국, 프랑스 및 기타 조약 국가들과의 협상에 자주 참여했으나 외교적 노력이 성과를 거두지 못했는데, 이는 청의 국력이 점차 쇠약해져가고 있었기 때문이었다. 그 자신도 이 점을 잘 깨닫고 자강(自强)의 노력을 끊임없이 펴나갔다. 1876년 중국은 한 영국 관리의 피살 사건과 관련하여 영국에 사죄하기 위한 사절단을 파견했다. 같은 해 일본은 중국을 무시하고 조선과 조약을 맺었다. 그뒤 조선과 미국 간에 통상 수호 조약이 맺어질 때에도 이홍장은 미국으로부터 조선에 대한 청의 종주권을 인정받지 못했다.

1879년, 청은 류큐 열도에 대한 종주권을 일본에 빼앗겼다. 이홍장은 베트남에 대한 청의 종주권을 프랑스가 인정해주기를 바랐으나 결과적으로는 청·불 전쟁(1883~1885)으로 인해 종주권이 프랑스로 넘어가버렸다. 1882년에는 위안스카이(袁世凱)를 조선에 파견하여 내정에 간섭하고 일본을 견제하게 하는 등 국내외 정계에 막강한 영향력을 행사했다. 조선에서 중국의 위신을 지키려던 이홍장의 노력은 일본에 의해 저지당했고, 1885년에는 그와 일본의 이토 히로부미[伊藤博文] 사이에 한반도를 공동 보호령으로 한다는 합의를 했다.

1894년, 일본은 조선 문제로 중국에 선전 포고하여 청일 전쟁이 발발했다. 청일 전쟁(1894~1895)에서는 이홍장의 북양(北洋) 해군이 대부분의 전역(戰役)을 담당했으나 중국에 있던 두 개의 다른 현대식 해군 부대는 거의 지원하지 않았다. 중국은 해전으로 결판이 난 청일 전쟁에서 패하여 타이완을 일본에 할양했다. 또 랴오둥반도[遼東半島]의 조차권과 막대한 규모의 전쟁 보상금을 일본에 지급하고, 서구 열강들이 불평등 조약에 의해 누렸던 모든 특권을 일본에도 인정하며, 조선의 독립을 승인해야만 했다. 이홍장은 이 전쟁을 피하려 했지만, 그러한 회피적 태도 때문에 정치적 영향력이 크게 줄었다.

1895년 3월, 친히 일본으로 가서 강화 회담에 참석했던 이홍장은 한 일본인 애국 청년의 피습으로 부상당했다. 이 사태로 일본인들의 동정 여론이 일어나 가혹한 강화 조건을 다소나마 완화시킬 수 있었다. 이후 러시아를 포함한 서구 열강들은 일본에 랴오둥반도를 반환하라고 압력을 가해 일본이 할 수 없이 이를 돌려주었지만, 1898년 러시아가 랴오둥반도를 실제적으로 조차했다.

많은 서구인에게 이홍장은 일급 정치가임에 틀림없었다. 1896년 그는 러시아 체류 중 양국 간에 비밀 동맹 조약을 맺었는데, 이것은 청이 첫 번째로 맺은 평등 조약이었다. 그는 국빈의 자격으로 유럽을 여행했고, 또 미국 워싱턴에서는 그로버 클리블랜드 대통령의 영접을 받았지만, 막상 그가 귀국했을 때 청에서의 반응은 냉담했다. 서태후(西太后)가 영향력을 행사하여 그를 보호했다고 하지만, 일설에 의하면 이 같은 보호를 위해 서태후에게 거액의 뇌물을 상납했다고 한다. 귀국 후에도 이홍장은 여전히 무역독판직을 유지했고, 1899년에는 양광(兩廣: 광둥성[廣東省], 광시성[廣西省])의 총독대리가 되었다.

그의 영향력은 여전히 대단하여 1900년 의화단(義和團) 사건이 벌어진 뒤에 이에 분노한 서구 열강을 상대할 협상 대표로 선임되어 다시 한번 국치(國恥)의 현장에 나서게 되었다.

이홍장은 유교적 미덕을 모두 갖춘 사람은 아니었다. 증국번처럼 금전 문제에 깨끗하다는 명성도 없었고, 그가 벌인 대부분의 근대화 사업도 사리사욕과 관련이 있었다. 그러나 이것만 가지고는 청의 유교적 국가 체제가 몰락한 것에 대한 충분한 설명이 되지 않는다. 그와 그의 몇몇 동료들은 옛 체제를 수호하기 위해 청의 일부를 근대화시켰지만, 독특한 가치관과 구조를 그대로 유지하고 있었던 체제하에서는 막상 근대적 제도가 도입되더라도 충분한 위력을 발휘할 수 없었다. 그는 이 같은 모순을 어렴풋이 인식했다. 그래서 과거 제도를 개혁하면 과학적 제도를 도입할 수 있으리라고 보았으나 그의 제안은 받아들여지지 않았고, 그러한 제안을 내놓는 사람도 거의 없고 이홍장뿐이었다. 또한 중국 학생의 해외 유학을 지지했으나 궁정의 보수파들이 그것이 유교 교리를 해치는 일이라고 매도하고 나서자, 그는 정치 생명을 걸면서까지 해외 유학 제도를 지지할 필요는 없다고 판단했다. 그 결과 1881년, 학생들의 해외 유학은 중단되었다. 그는 청의 체제를 능숙하게 관리해나갔고, 그 체제에 충성을 바쳤다.

위안스카이(袁世凱, 1859~1916)

위안스카이(원세개)는 청나라 말기의 대군벌로 임오군란 당시 군사를 이끌고 조선에 입국해 흥선 대원군을 텐진으로 압송하는 등 내정에 관여했던 인물이다. 그는 청일 전쟁 이후 청나라의 신식 군대 창설을 주도한 이홍장을 도와 북양군을 창설했다. 그러나 이홍장 사후 북양군을 사병화하여 훗날 중국 군벌의 효시가 된 인물이기도 하다. 그는 총독, 내각총리대신, 후작까지 오르며 요직을 차지하는 동안 음모와 배신을 거듭하여 권력을 유지했고, 결국 쑨원의 중화민국 정부와 연합하여 선통제를 제위에서 끌어내렸다. 신해혁명 이후 중국혁명동맹회를 이끄는 쑨원과의 약조에 따라 선통제를 폐위시킴으로써 청 왕조를 멸망시킨 후 중화민국 임시 대총통이 되었다. 그러나 이후 스스로 황제에 오르려고 하면서 국내외적으로 고립되었다.

위안스카이는 허난성(河南省) 샹청(項城)의 명문가에서 태어나 어린 시절 학문에는 뜻이 없어 1876년과 1879년 향시에서 거듭 낙방했다. 이후 군인이 되어 경군통령 우장칭(吳長慶)의 휘하에서 군사적 재능을 펴기 시작했다. 그의 첫 번째 중요한 기회는 1882년 조선에서 일어난 임오군란이었다. 상관이던 우장칭이 임오군란을 진압하기 위해 조선에 파견되자 위안스카이가 동행하게 된 것이다. 그는 임오군란에 직접 참여하여 반란을 진압했으며, 흥선 대원군을 청나라로 압송하는 등 적극적으로 활약했고, 이로써 '동지'라는 직책에 올랐다. 이어 1884년 갑신정변이 일어났을 때 고종을 구출하는 등의 활약을 하며 이듬해 이홍장으로부터 주차조선총리교섭통상사의에 임명되었다. 이른바 청나라의 대조선 정책을 도맡은 것이다.

위인스카이는 자신을 조선 총독이라 생각하고 조선의 내정에 적극적으로 간섭했다. 또한 조선 정부의 공식 행사에서 왕보다 상석에 앉았고, 궁궐

내에서 말과 가마를 타고 다녔으며, 러시아 세력을 이용해 청나라를 견제하려던 고종을 폐위시키려는 음모까지 꾸미는 등 오만방자한 행동을 일삼았다. 조선에서 책략을 거듭하던 그가 귀국한 것은 1894년 6월 21일, 청일 전쟁이 발발하기 직전이었다. 청과 일본 사이에 위험한 기류가 흐르자 일본의 청나라 침공에 중간 전투지가 될 조선에서 재빨리 피신한 것이다.

자신의 안위를 위해 도망친 그에게 또다시 기회가 찾아왔다. 청일 전쟁에서 청나라가 패하자 청 정부가 새롭게 군대를 양성하고자 한 것이다. 이 기회를 놓치지 않고 위안스카이는 휘하에 있던 북양군을 서양식 군대로 육성했다. 북양군은 원래 이홍장이 자신의 안휘 부대를 현대화하여 북양군과 북양 함대로 재조직한 것인데, 이홍장 사후 위안스카이가 맡으면서 더욱 현대적으로 성장시켰다. 위안스카이의 북양군은 이후 군벌로 성장해 중국에 거대한 영향력을 행사했다.

그 사이 위안스카이는 1898년 무술변법에서 개혁파를 배반하여 서태후의 신임을 얻었고, 의화단의 난을 진압하면서 열강의 신임까지 얻었다. 또한 1901년에는 이홍장의 뒤를 이어 직례총독과 북양대신이 되었다. 이렇게 그의 위세가 높아지자 이홍장 등 청나라 귀족들의 시기를 한몸에 받아 1908년 선통제가 즉위하고 아버지 순친왕의 섭정 체제하에서는 정계에서 잠시 물러나야 했다. 그러나 1911년 신해혁명으로 위안스카이는 다시 군사적 전권을 장악했다. 난징의 중화민국 정부와 청 정부 사이에서 조율하던 그는 청 정부를 배신하고 쑨원의 중화민국 정부와 연합하여 선통제를 스스로 퇴위하게 했다. 이후 그는 쑨원을 대신하여 중화민국 임시 총통 자리에 오르고 수도를 베이징으로 옮겼다.

위안스카이

위안스카이는 마침내 황제가 되고자 하는 야심을 드러내기 시작했다. 그는 국민당을 탄압하기 시작했으며, 1913년 3월에는 국민당 임시 대리인 쑹자오런(宋教仁)을 암살했다. 이로 인해 혁명이 일어났으나 위안스카이는 이를 제압하고 1913년 10월, 정식으로 중화민국 대총통에 취임했다.

국민당을 해산시키고 독재 체제를 확립한 그는 이듬해 5월 중화민국 임시 약법까지 폐지하고 봉건적 의미의 대총통이 되었다. 하지만 그의 야심은 여기에서 끝나지 않았다. 그는 결국 황제 제도를 부활시켜 스스로 황제가 되고자 했다. 독재에 대한 국민의 반대가 거세지자 일본, 영국, 프랑스, 러시아 등 열강을 끌어들여 이를 해결하고자 했다. 이에 같은 해인 1915년 1월, 급기야 일본은 위안스카이에게 중국 내의 이권에 대한 광범위한 요구 사항을 담은 대중국 21개조 요구안을 제시했다. 이 요구안은 모두 5호 21개 조항으로 이루어져 있다.

제1호 산둥 지역에 대한 일체의 권리와 이익을 일본 정부에 넘겨준다.
제2호 남만주와 동부 내몽골 지역에 대해 일본이 우선권을 가진다.
제3호 중국은 일본과 한야평공사를 설립하며, 광산 채굴에 있어 일본의 허가를 받는다.
제4호 중국 연해의 도서와 항만은 타국에 양도할 수 없다.
제5호 중국 군사와 재정 부분에 일본인 고문을 배치하고, 경찰과 군대에도 일본인을 고용하며 일본이 무기를 공급한다.

21개조의 내용이 알려지면서 중국 내에서 반대 여론이 들끓었으나 일본의 경제적, 정치적 지원이 필요했던 위안스카이는 결국 일본의 요구를 수용했다. 이로써 막대한 권리가 일본으로 넘어갔으며, 중국 국민 사이에서는 일본과 위안스카이에 대한 반대 운동이 더욱 거세졌다. 그럼에도 그는 같은 해 12월 11일 참정원의 추대를 받아 황제로 등극했고, 이듬해 1월에는 스스로 황제라 칭하고 연호를 '홍헌(洪憲)'으로 개원한다고 선언했다. 그의 이와 같은 행보는 중국 국민은 물론 지지 세력이었던 북양 군벌까지 등을 돌리게 하는 결과를 낳았다. 또한 서구 열강 역시 지원을 중단했다. 국내외적으로 고립된 위안스카이는 결국 1916년 3월, 스스로 자리에서 물러났고, 같은 해 6월 사망했다.

캉유웨이(康有爲, 1858~1927)

캉유웨이(강유위)는 광둥성[廣東省]에서 태어난 개혁 사상가로, 서세동점의 시대에 중국 전통의 개혁을 통해 새로운 중국을 건설하고자 하는 변법 자강 운동을 주장했다. 청조 말기와 중화민국 초기에 그는 중국의 도덕적 타락과 무분별한 서구화를 막아낼 정신적 지주로서 유교를 널리 전파하고자 했다. 캉유웨이는 광둥성 난하이현[南海縣]의 학인신사(學人紳士) 가문 출신이었다. 그는 전통적인 인습, 주자학적 권위주의, 과거 제도에 대해 반기를 들었다. 독서를 통해 외국을 알게 되면서 서양 문화를 숭상하게 되었고, 1880년대에는 역사의 진보, 사회적 평등, 세계 정부 및 우주의 본성 등과 같은 몇 가지 자신의 기본적 이념을 구상하기 시작했다.

청(淸)의 쇠퇴로 인해 그와 기타 우국지사들은 근본적인 제도 개혁을 더욱 촉구하게 되었다. 1883년 캉유웨이는 사회 개혁의 첫 번째 시도로 마을에서 부녀자들의 전족풍습을 폐지시키고자 했다. 1888년 중국의 구원을 위한 자신의 계획들을 조정에 상소했으나 이것이 받아들여지지 않자 지식층의 동조를 얻는 한편 민중들을 각성시키기 위한 일을 시작했다. 그는 1890년 광저우[廣州]에 학교를 개설하고 신식 학문을 가르쳤고, 그의 개혁 운동에 동참한 량치차오[梁啓超]를 포함한 제자들의 도움을 받아 《신학위경고(新學僞經考)》(1891)를 저술했다. 이 책에 이어 《공자개제고(孔子改制考)》(1897)가 출간되었는데, 이 책에는 공자가 자기 당대의 문제에 관심을 가지고 변혁을 위해 노력했으며, 또한 인류의 역사는 필연적으로 진보하기 마련이라는

캉유웨이

캉유웨이의 믿음을 상세히 서술했다. 공자의 가르침에 대한 해석이나 고대 유교 경전에 대한 그의 연구는 후일 중국의 과거를 재평가하는 근대적 학풍을 불러일으켰다.

청일 전쟁에서 일본에 패하자 캉유웨이는 굴욕적인 강화 조약의 내용에 항의하고 중국을 부강하게 만들기 위한 광범위한 개혁을 청원했다. 사람들에게 중국이 처해 있는 위기를 일깨우기 위해 캉유웨이와 그의 동료들은 신문을 발간하고 강학회를 조직했는데, 이 학회는 근대 중국 정당의 원형이 되었다. 1898년 열강이 중국을 분할 통치할지도 모르는 위협적인 상황에서 캉유웨이와 그의 추종자들은 러시아의 남침을 저지하기 위해 영국, 일본과 연맹할 것을 제안했고, 제도 개혁만이 중국을 구원할 수 있다고 주장했다. 그는 여론 표출의 통로를 열고 의회 소집을 촉구했으며, 국민 주권과 국가 권력의 분리를 수용해야 한다고 주장했다. 또한 지지 기반을 모으기 위해 보국회(保國會)를 조직했고, 마침내 광서제(光緖帝)를 설득하여 개혁 사업을 추진하게 했다.

황제의 명령으로 선포된 많은 조처 중에는 정부 조직의 개편, 군사력 증강, 과거 제도 개혁, 상공업 진흥, 베이징 대학교와 신식 학교 개설 등이 포함되어 있었다. 그러나 서태후(1835~1908)가 지배권을 다시 강화하면서 개혁 조치는 모두 폐지되었다. 광서제는 유폐되었고 캉유웨이의 동생을 포함한 개혁 지도자 여섯 명이 처형되었으며 다수가 체포되었다. 캉유웨이와 량치차오는 일본으로 망명했다.

1900년 개혁파들이 광서제를 복위시키기 위해 일으킨 폭동이 실패로 끝난 후 캉유웨이는 다시 망명 생활을 하면서 저술 활동에 전념했다. 이 시기에 완성된 가장 중요한 저작은 《대동서(大同書)》였다. 이 책에서는 인류 역사의 지속적인 발전 단계를 거친 후 도달할 이상적인 세계, 즉 인종 간, 종교 간, 국가 간, 계급 간, 성별 간, 가족 간의 장벽이 제거된, 세계 정부하의 평등한 공동체 사회를 그리고 있다.

1914년 곤경에 처한 조국에 돌아온 후 캉유웨이는 곧 위안스카이[袁世凱]

의 제제(帝制) 운동을 반대하는 투쟁에 참여했다. 민주 공화국으로 가기 위한 과도기로서 입헌 군주정이 필요하다는 자신의 이론에 따라 1917년 청의 마지막 황제를 복위시키려는 운동에 가담했다. 그러나 이 운동은 실패로 끝났다. 그 후 중국이 분단될지도 모른다는 우려에서 혁명 지도자 쑨원(孫文: 1866~1925)이 남부 중국에 세운 정부에도 반대했다. 캉유웨이는 중국 전통의 정수를 보존하고 공교(孔教)의 교회를 세워 국민을 정신적으로 지도하자고 주장했다.

변법 자강 운동은 캉유웨이의 사상적인 면, 즉《공자개제고(孔子改制考)》와 같은 공교주의에 치우친 측면이 있어 조야의 지지를 많이 얻지 못했다. 문화 대혁명 당시 홍위병들은 캉유웨이의 묘를 파헤쳐 시신을 꺼내 조리돌림하며 여기저기 거리에서 끌고 다녔고, 캉유웨이 시신의 머리를 잘라 따로 청도시(青島市)의 조반유리(造反有理) 전람회에 보내 전시했다.

량치차오(梁啓超, 1873~1929)

량치차오(양계초)는 청나라 말기의 사상가이며 캉유웨이의 제자로 스승을 이어 변법 자강 운동을 주도했다.《만국공보》,《시무보》등의 잡지에 중국의 구사상을 비판하고 애국주의를 강조한 정치 논설을 실었고, 계몽주의에 입각한 잡지를 발행하는 등 중국의 개화에 앞장섰다.

량치차오는 17세에 향시에 합격하여 거인(擧人)이 되었다. 1890년 그는 처음으로 번역 서적을 통해 서양의 신지식을 접하게 되었는데, 이때 당시의 저명한 학자 캉유웨이를 만났다. 그는 캉유웨이를 스승으로 모시고 만목초당을 세워 일반 경사서(經史書), 선진(先秦) 제자백가서와 불교 경전뿐만 아니라 서양의 신학문을 배우고 익혔다.

그가 태어난 광동은 중국 역사에서 문화의 변두리에 해당하는 지역이었으나 아편 전쟁 이후 서양 세계와의 접촉이 빈번하게 이루어져 서양의 지식이나 문물이 유입되는 집결지 같은 곳이었다. 그 때문에 량치차오는 다른 사상이나 이론에 대해 상대적으로 거부감을 느끼지 않고 모든 학문을 흡수할 수 있었다.

1894년, 량치차오는 과거를 보기 위해 북경으로 향했다. 그 해 청나라는 청일 전쟁에서 일본에 패하고 그 이듬해 치욕적인 시모노세키 조약에 조인했다. 이에 온 나라의 지식인들이 분개하며 청 정부에 격렬하게 항의했다. 이러한 충격에서 량치차오는 스승과 함께 북경에 과거를 보러 온 약 1,200명의 사람들을 규합하고 서명을 받아 황제에게 '강화 거부, 천도, 변법'을 주장하는 상소를 올렸다. 이것이 바로 '공차상서(公車上書)'였다. 이들의 요구는 받아들여지지 않았지만 그들의 진보된 사상은 중국 전역에 전파되었으며, 이것은 변법 자강 운동의 시작이었다.

량치차오

1895년 량치차오는 캉유웨이와 함께 '변법 유신'을 주장하는 '강학회'라는 단체를 만들었다. 이듬해인 1896년에는 상해에 강학회 분회를 설립하여 개혁 사상의 전도지인《시무보(時務報)》를 창간했다. 그는 주필로서 "변화하고자 해도 변하고, 변화하고자 하지 않더라도 변한다."라는 논리를 내세워 중국의 정치 개혁을 강력히 주장했다. 일 년 후 그는 시무 학당의 강사를 지내면서 과거 제도를 폐지하고 학교를 설립하며 입헌 정치를 추진하여 중국의 위기를 극복하자는 내용의 논문들을 썼다. 그의 이런 주장들은 외세의 압력과 부패한 정부로 인해 불안을 느끼던 백성들에게 큰 힘이 되었다.

1898년, 광서제가 캉유웨이의 변법 유신 주장이 타당하다고 인정하고 량치차오를 등용했다. 이것이 백일 유신의 시작으로, 량치차오는 대학당 역서국의 사무를 담당하게 되었다. 그러나 이 정치 혁명은 서태후와 보수적인 기존 세력의 반대에 부딪혀 정확히 103일 만에 종지부를 찍었다. 게다가 서태후 등 개혁 반대 세력은 광서제를 영대에 감금하고 변법 유신을 주장하는 개혁파를 체포하여 처형했다.

개혁 반대 세력의 군사 행동을 사전에 알았던 량치차오는 일본으로 망명했다. 일본으로 망명한 량치차오는 언론 활동을 통해 계몽 사상을 전파하는 데 노력했다. 1901년 그는《청의보(清義報)》,《신민총보(新民叢報)》,《국풍보(國風報)》 등의 잡지를 창간해 계몽 사상이 담긴 논설들을 발표하고 입헌 군주제의 도입을 적극적으로 주장했다. 또한 그는 언론 활동과 더불어 학자로서 연구 활동도 병행하여 서구의 정치학을 소개하는 등 지식인들에게 큰 영향을 주었다.

1911년, 신해혁명이 성공하여 쑨원을 대총통으로 한 중화민국이 건국되었다. 그리하여 량치차오는 일본 망명 생활을 마치고 조국으로 돌아올 수 있게 되었고, 진보당을 만들어 쑨원, 위안스카이와 행동을 같이했다.

1913년, 량치차오는 중화민국 정부의 사법 총장에 임명되었다. 그러나 1915년 위안스카이가 정권을 찬탈해 황위에 올랐다. 이에 량치차오는 '이상하도다! 소위 국체라는 문제는'이라는 글로 위안스카이가 황제에 오르는 것을 반대했다. 1918년에는 고찰단(考察團)이라는 조직을 만들어 유럽으로 떠났다. 그의 목적은 서양의 장점을 배워 중국의 단점을 보완하려던 것이었으나 제1차 세계 대전 직후 유럽이 안고 있던 각종 문제점이 표출되는 모습을 본 량치차오는 서양 문명의 우수성과 진보성에 대한 믿음을 잃어버렸다. 유럽에서 돌아온 후 량치차오는 정계에서 물러나 오로지 전통 학술 재건을 위해 학술 연구에만 매진했다. 1920년 이후에는 남경에서 중국 정치사상사를 강의했고, 1922년에는 칭화(清華) 대학교, 난카이(南開) 대학교에서 학생들을 가르쳤다. 그러다가 1929년 그는 '중국 문화사'라는 책의 목차만 정해놓고 갑자기 세상을 떠나고 말았다. 량치차오는 "오늘 나를 아까워하지 않고, 어제의 나와 싸운다."라는 평소 신념대로 자신의 착오를 인정하고 끊임없이 자신을 개혁하면서 살았던, 활동하는 지식인의 표상으로 남았다. 조선인을 대개 부정적으로 보았으나 그는 퇴계 이황을 찬양하는 시를 쓰기도 했다. 1연 내용부터가 "아득하여라 이부자(李夫子)님이시여"라고 시작할 정도로 퇴계를 성인(聖人)으로 칭하기도 했다.

쑨원과 신해혁명

쑨원[손문(孫文), 1866~1925]은 중국 혁명의 선도자로 1911년 신해혁명을 이끈 인물이다. 그는 중화민국 초대 임시 총통을 지냈고, 1923~1925년 중국의 실질적인 통치자였다. 이후 격변기의 중국 정치의 중요한 축을 이루었으며 국민당 정부를 세워 이끌다가 1925년 암으로 사망했다.

쑨원

쑨원의 정치 이념은 중국 혁명의 이념적 토대가 된 삼민주의로 요약된다. 삼민주의는 민족주의, 민권주의, 민생주의의 3원칙으로 구성되어 있으며, 이 3원칙은 하나로 연결되어 통일된 사상 체계를 형성했다. 나아가 "중국의 국제적 지위의 평등, 정치적 지위의 평등, 경제적 지위의 평등을 촉진하여 중국을 영원한 세계의 독립 국가로서 생존하게 하기 위한 것이다"라고 말하기도 했다. 여기에 민족, 민권, 민생주의의 일반적 특색이 나타나 있다.

첫째 원칙인 민족주의는 국족주의(國族主義)라고도 한다. 쑨원은 중국이 가족과 종족 단위의 공동체만 존재할 뿐 국가적 민족으로는 통합되지 못했기 때문에 여러 외국의 식민지가 되어 빈약한 나라로 전락했다고 보았다. 이러한 중국을 망국의 위기에서 구하기 위해 민족주의를 제창하고 민족 정신을 중흥시키지 않으면 안 된다고 주장한 것이다. 둘째 원칙인 민권주의, 즉 '국민의 권리'는 '민주주의'라고도 하는데, 쑨원은 선거, 발의권, 국민투표, 소환권 등과 같은 수단을 통해 중국 인민들에게 자신의 정부를 통제할 수 있는 권리를 부여함으로써 민권주의가 달성될 수 있다고 했다. 세 번째 원칙인 민생주의, 즉 종종 '사회주의'로 통하는 '인민의 생활권'은 이 3원칙

가운데 가장 의미가 모호하다. 그러나 쑨원은 올바른 과세 제도를 통한 토지 소유의 균등 사상을 염두에 두고 민생주의라는 용어를 사용한 것으로 보인다.

쑨원은 1866년 중국 남부 지방인 광둥성 샹산의 가난한 농가에서 태어났다. 그는 전통적인 정치 수업을 받은 적은 없지만 야망이 있었으며, 1879년에는 노동자로 하와이에 건너갔던 맏형 쑨메이[孫眉]가 그를 하와이로 데려갔다. 그곳의 영국계 미션 스쿨에서 3년, 미국 학교인 오아후 대학에서 2년 동안 공부하면서 그는 서구 문물을 처음 접하게 되었다. 그러나 그의 형이 쑨원이 그리스도교에 열중하는 것을 반대했기 때문에 1883년 고향 마을로 돌아왔고, 다음 해 가을 홍콩에 있는 미션계 학교로 유학을 떠났다. 1885년 그는 퀸스 칼리지로 전학했고 부모가 정해준 여인과 결혼하여 아들과 딸을 하나씩 얻었다. 1884(또는 1885년)년에는 한 미국인 선교사로부터 세례를 받았다. 이후 하와이를 다시 방문한 뒤 1886년 광저우[廣州]의 박제의원(博濟醫院) 부속 의학교에 입학했다가 홍콩에 있는 서의서원(西醫書院: 홍콩대학교 의학부의 전신)으로 전학하여 1892년에 졸업했다.

쑨원은 전통적인 정치 수업을 받은 적은 없지만 나라를 구하겠다는 꿈이 있었고 당시의 중국이 처한 상황에 대해 괴로워하고 있었다. 당시 중국은 보수적인 청 정부의 지도 아래 전통적인 방식에만 집착해 기술적으로 앞선 선진국들로부터 수모를 받고 있었다. 쑨원은 정계에 입문하기 위해 1894년 북부로 갔다. 그리고 당시 청의 북양대신이며 직례성(直隸省) 총독이었던 이홍장에게 장문의 편지를 보내 중국을 부강하게 만들기 위한 자신의 견해를 피력했다. 그러나 이홍장으로부터 받은 회답은 농업과 양잠을 함께 추진하는 농업 개혁안에 내한 형식적인 시시뿐이었나. 이 같은 비비한 시시를 바탕으로 1894년 10월 하와이로 건너가 흥중회(興中會)를 결성했는데, 이것은 훗날 쑨원이 이끌게 되는 비밀 혁명 결사의 전신이 되었다. 흥중회의 구성원은 광둥 출신들로 사무원, 농민, 장인(匠人) 등 주로 사회 하층 계급 사람들로 이루어졌다. 그들의 주장은 만주족의 중국 지배에 대한 반대라는 종족주의적 한계를 가진 것이기는 하나 만주족 왕조, 곧 청조의 타도와 민국(民國), 곧 공화국의 건설을 처음으로 내세웠다는 점에서 이른바 공화 혁명 운동의 출발점으로 받아들여지고 있다.

청일 전쟁(1894~1895)에서 청이 패하고 그 뒤에 위기가 계속되는 틈을 이용하여 쑨원은 1895년 홍콩으로 가서 자신이 태어난 광둥성의 성도 광저우에서의 무장봉기를 계획했다. 그러나 이 계획은 실패로 돌아갔고, 그는 16년에 걸친 해외 망명 생활을 시작하게 되었다. 1896년 쑨원은 런던 주재 중국 공사관에 13일 동안 억류되었는데, 이 사건의 구체적 경위는 분명하지 않았다. 그가 공사관 직원으로 일하던 고향 사람을 우연히 알게 되어 변장을 하고 공사관으로 그 사람을 만나러 갔다가 신원이 노출되어 붙잡힌 것이 아닌가 추측된다. 공사관 측은 그를 중국으로 압송시킬 계획이었으나 이를 알아차린 쑨원이 중국 공사관에 근무하는 영국인 직원을 자기편으로 만들어 공사관 측의 의도를 전(前) 홍콩 서의서원 원장이었던 제임스 캔틀리에게 알리게 했다. 그 결과 영국 외무성이 개입하여 그는 억류에서 풀려나게 되었다. 이 사태는 여론의 커다란 반향을 일으켰고 그의 정치 역정에 큰 힘이 되었다. 그 후 8개월 동안 대영 박물관에서 독서로 소일하던 쑨원은 그 뒤 캐나다를 경유하여 일본으로 갔다.

1897년 7월, 쑨원은 일본에 도착하여 그의 런던 사건을 잘 알고 그의 정치 활동을 돕겠다고 나선 미야자키 도텐[宮崎滔天]의 영접을 받았다. 미야자키는 오쿠마 시게노부[大隈重信], 소에지마 다네오미[副島種臣], 이누카이 쓰요시[犬養毅] 등의 많은 영향력 있는 일본인들에게 쑨원을 소개시켰고, 쑨원은 후에 이들 가운데 몇몇 인사로부터 정치적·재정적 지원을 받게 되었다.

1900년의 혼란한 사회 상황 속에서 쑨원은 홍콩 총독 헨리 블레이크와 홍콩 지역의 영향력 있는 중국인을 끌어들여 비밀 작전을 진행했다. 그들의 목적은 이홍장을 설득하여 청으로부터 독립을 선포하게 한다는 것이었다. 쑨원은 이홍장의 부하 직원이 보낸 초청장에 응하여 홍콩으로 갔지만 함정을 두려워하여 상륙하지는 않았다. 그 대신 미야자키 도텐과 두 명의 다른 일본인 동료를 회의에 참석시켰으나 소득은 없었다. 이보다 앞서 쑨원은 광둥의 비적들 및 비밀 결사들과도 접촉을 가졌다. 이 세력들은 1900년 10월 후이저우[惠州]에서 봉기했다. 12일간 지속된 이 봉기는 쑨원 자신이 1895년부터 1911년 사이에 일어났다고 주장한 10회의 봉기 중 두 번째였다.

이 시기 그의 혁명 활동은 해외 화교들을 중심으로 반청 혁명을 선전하고 혁명 자금을 모금하여 국내에서 반청의 기운을 일으키는 데에 집중되어 있었다. 그러나 해외 화교들을 혁명의 지지 세력으로 끌어들이는 일은 결코 순조롭지만은 않았다. 그것은 변법운동의 지도자로 역시 해외에 망명했던 캉유웨이(康有爲) 중심의 입헌운동을 통한 개혁 세력과의 경쟁 때문이기도 했지만, 여러 차례 반복되는 무장봉기의 실패로 인해 혁명의 방법을 둘러싸고 일어난 혁명파 내의 내분 또한 심각했기 때문이었다.

1903년은 쑨원의 정치 경력에서 전환점이 되는 중요한 해였다. 이때부터 중국 내의 가장 권위 있고 영향력 있는 지식인 계급이 대거 그의 운동에 가세하기 시작했다. 이 같은 결정적인 변화가 일어나게 된 것은 다음의 두 가지 요인 때문이었다. 첫째, 청조의 쇠퇴가 꾸준히 계속되었다는 것이고, 둘째, 량치차오[梁啓超]의 강력한 선전 활동 덕택이었다. 량치차오는 1898년 일본으로 도피한 개혁 운동가로서 일본에서 중국어 신문을 발간하여 큰 성공을 거두었다. 량치차오는 청조의 체제에 반대한 것은 아니었으나 당시 중국의 통치자인 서태후(西太后)를 끊임없이 공격하여 그 체제에 손상을 입혔고, 혁명만이 유일한 논리적 선택이라고 주장했다. 그 결과 중국의 해외 유학생 사이에서 쑨원의 주가는 꾸준히 오르게 되었다.

1904년, 쑨원은 유럽 내의 여러 지역에 혁명 조직을 심어놓을 수 있었고, 1905년에는 도쿄 소재의 동맹회의 총리로 선출되었다. 동맹회는 쑨원의 흥중회, 황싱[黃興]·쑹자오런[宋敎仁] 등의 화흥회, 장빙린[章炳麟] 등의 광복회가 한데 뭉쳐 결성한 연합 혁명 단체였다. 그 뒤 3년 동안 이 단체는 기관지인 《민바오(民報)》를 통해 효과적인 선전 활동을 펼 수 있었다.

쑨원은 정치적 환경이 좋아지는 만큼 그 이상의 많은 어려움에 직면하게 되었다. 동맹회는 그 조직이 매우 느슨하여 그에게는 개개 구성원에 대한 감독권이 없었다. 더욱 심각한 문제는 그와 다른 혁명 동지들이 벌인 반란이 모두 실패했다는 것이다. 동맹 회원들은 절망에 빠졌고 외부의 기탁금도 현저히 줄어들었다. 더욱이 청 정부가 취한 압력 조치의 여파로 외국 정부들이 점점 더 그를 기피하게 되었다. 1907년 일본 정부는 그에게 상당액의 돈을 내놓으면서 일본을 떠나줄 것을 요청했다. 1년 뒤 그가 혁명 모의를 했던 프랑스령 인도차이나에서도 완전히 추방당했다. 홍콩과 그밖의 여러 지역들도 마찬가지로 그를 환영하지 않았다. 그러한 상황에서 쑨원은 1909~1910년 유럽과 미국을 떠돌면서 시간을 보냈다.

1910년 6월, 쑨원은 잠깐 돌아와 여러 혁명 동지들과 여러 차례 회합을 가지고 광저우를 무력으로 탈취하려는 대규모 봉기를 모의했다. 같은 해 12월, 쑨원은 다시 서구로 여행을 떠났는데, 이번에는 미국과 캐나다에서 더 많은 돈을 모금했다. 그러나 광저우에서 일어난 4·27 봉기(중국 역법에 따라 3·29 혁명으로 알려져 있음)는 이전의 봉기와 마찬가지로 별 성공을 거두지 못했다. 이리하여 혁명이 성공할 가능성은 점점 더 멀어져가는 듯했다.

그러다가 청 정부가 그의 혁명에 도움을 주는 국면이 도래했다. 청 정부는 1901년 이후 자구책으로 점진적 개혁을 실시해왔다. 그 뒤 몇 년 동안에 청 정부는 군대를 개편하고, 학교 제도를 신설했으며, 전통 유교 경전 학습에 바탕을 둔 과거 제도를 폐지했다. 또 많은 정부 기관을 재조직했고, 각 지방과 수도에 의회를 구성했다. 그럼에도 불구하고 교육받은 계급은 변화의 속도가 느린 것을 못마땅하게 여겼고, 그 결과 청 정부는 위기 상황을 수습할 능력을 급속히 잃어가고 있었다.

1911년, 청 정부는 간선 철도를 모두 국유화한다는 방침을 확정했는데, 이것이 각 지방의 철도 관계 사업자들을 격분시켰다. 쓰촨성[四川省]에서 무장 폭동이 일어났지만, 청 정부는 그것을 효과적으로 진압하지 못하여 더 많은 폭동을 불러일으켰다. 같은 해 10월, 우한[武漢]에서 혁명군이 또 다른 반란을 시도했는데, 여러 가지 협조가 미흡했음에도 불구하고 뜻하지 않게 성(省) 정부를 전복시키는 데 성공했다. 이 성공을 계기로 다른 성들에서도 성 정부에 대한 전복이 계속되었다.

쑨원은 미국 콜로라도주 덴버시에서 신문을 통해 우한 혁명이 성공했다는 사실을 알았다. 그는 당시 미국에서 화교들을 상대로 혁명을 선전하는 일을 하고 있다가 우창 봉기 발발 이후 두 달 반이 지난 1911년 12월 말에 중국으로 돌아왔다. 이런 까닭에 그가 우창 기의(起義), 곧 신해혁명의 실질적 지도자가 아니었다는 주장도 제기되었다. 그러나 귀국 직후 난징에서 열린 각 성 혁명 정부 대표들의 회의에서 초대 임시 대총통에 선출된 것은, 혁명 운동 세력 내에서 최고 지도자로서의 위상과 명망을 보여주기에 충분했다.

쑨원은 1912년 1월 1일, 아시아 최초의 공화국인 중화민국의 첫 번째 임시 대총통에 올랐다. 그러나 자신의 정부가 취약하다는 사실을 잘 알고 있던 그는 조정으로부터 전권을 위임받았던 북양대신 위안스카이[袁世凱]와 협상을 벌였다. 청 황제의 퇴위를 조건으로 대총통의 자리를 위안스카이에게 넘겨주는 정치적 거래를 할 수밖에 없었는데, 이는 당시 혁명 세력의 기반이 취약했음을 보여준다.

1912년 2월 12일, 황제는 폐위되었다. 다음날 쑨원은 임시 총통직을 사임했고, 2월 14일 위안스카이가 총통에 취임했다. 위안스카이는 쑨원을 전국 철도 감독에 임명했다.

1913년 3월, 동맹회를 재편하여 국민당을 만들었는데, 그 당수로 활약했던 쑹자오런[宋敎仁]이 위안스카이의 사주를 받은 자에 의해 암살당하는 사건이 발생했다. 이 사건을 분기점으로 하여 쑨원과 위안스카이의 협소 제제는 붕괴되었다. 이로 인해 제2차 혁명 전선이 형성되었고 쑨원은 위안스카이에게 반기를 들게 되었다. 위안스카이가 약속을 어긴 채 국회를 해산하고 임시약법(臨時約法)을 철폐하자 공화국 수호를 위한 전쟁을 일으키지만 실패했고, 그는 다시 일본으로 도피했다. 일본에서 쑨원은 추후 중국에 대한 광대한 조차권을 주겠다는 약속을 하여 일본의 도움을 얻어내려 했지만, 여의치 못했다. 또한 혁명 동지들에게 자신에 대한 개인적인 충성을 맹세하라고 강요함으로써 많은 혁명가가 그에게서 등을 돌리게 되었다. '주권 의식을 가진 국민'이라는 지지 기반을 확보하지 못한 공화 혁명의 한계가 명확히 드러났다는 점에서 신해혁명을 '미완의 공화 혁명'이라고 부르기도 한다. 게다가 1914년 11월, 쑨원은 전처와 이혼도 하지 않은 채 자신의 비서인 쑹칭링[宋慶齡]과 결혼함으로써 크게 비난을 받았다.

내부의 저항과 외부의 압력이 한데 어우러져 위안스카이는 1916년 좌절 속에서 병으로 사망했다. 쑨원은 그다음 해 상하이에서 광둥으로 가서 국무원 총리인 돤치루이[段祺瑞]에 대항하는 운동을 전개했다. 그해 7월 쑨원은 광둥 정부의 총통으로 선출되었으나 1918년 중반 그 직책을 사임하고 다시 상하이로 돌아갔다. 그 이유는 광둥 지방의 군벌(軍閥)인 루룽팅[陸榮廷]의 지지를 얻지 못했기 때문이었다.

그보다 앞서 루룽팅은 쑨원의 군대가 광둥 지역 밖에 주둔하는 조건으로 쑨원이 20개 대대(大隊)의 작전권을 갖는 데 동의했다. 쑨원은 이 조건을 받아들여 천중밍[陳炯明]을 이 군대의 사령관으로 임명했고, 그 군대를 푸젠성[福建省]에 파견했다. 천중밍을 설득하여 루룽팅과 싸우게 함으로써 그는 총통직에 복직하여 16개월 동안 버틸 수 있었으나 그 뒤 천중밍이 반란을 일으키자 다시 상하이로 도피했다. 1922년 6월에 일어난 광둥 군벌 청중밍(陳炯明)의 반란 사건은 당시 그의 정치적 입지가 얼마나 좁았는지를 적나라하게 보여주었다. 쑨원은 혁명 정권을 바탕으로 군벌들에 대한 정벌 전쟁(북벌)을 통해 전국적 통일을 꾀했지만, 오히려 한때 혁명 정권을 지지하던 군벌들과의 대립과 충돌이 격화되어 혁명 정권의 존립마저 위협받기에 이르렀다. 쑨원은 상하이에서 장시[江西]와 윈난[雲南]의 군대를 불러들여 이 군대의 힘으로 다시 광둥으로 돌아올 수 있었다. 1923년 2월, 그는 새로운 체제의 총통으로 취임했다.

한편 쑨원의 정치 무대에 새로운 변수가 생겨났다. 서구와 일본으로부터 원조를 얻어내는 데 실패하자 그는 1917년 러시아 혁명으로 집권한 소비에트 정부에 점점 더 눈길을 돌리게 되었다. 소련의 외교관인 아돌프 요페가 1922년과 1923년 두 차례에 걸쳐 상하이로 그를 찾아왔다. 이런 상황에서 시작된 소비에트 러시아의 중국 혁명에 대한 지원 정책은 새로운 희망이 되기에 족했다. 중국의 경우 코민테른의 지원은 공산당 창당과 국민당과의 연합이라는 두 가지 방향에서 진행되었다. 1922년부터 본격화된 국민당과 신생 공산당과의 연합, 곧 첫 번째 국공 합작은 이렇게 하여 시작되었다.

1923년, 쑨원과 요페는 공동 성명서를 발표했다. 그 내용은 공산 체제는 중국에 적합하지 않으며, 소련은 중국에서의 모든 특권을 포기함과 동시에 외몽골 이남 지역에 대하여 영향력을 행사할 의사가 없다는 내용이 포함되었다.

한편 소련의 권유로 중국 공산당은 국민당과 협력하기로 결정했다. 1923년 10월, 코민테른의 대표인 미하일 보로딘이 광둥을 방문하며 곧 쑨원의 신임을 얻었다. 1924년 초, 쑨원은 소비에트 공산당의 조직을 모델로 하여 상명하달식(上命下達式)의 기강이 엄격한 조직으로 국민당을 개편했다. 그의 지시에 따라 국민당은 전당 대회에서 중앙 집행 위원으로 3명의 공산당원을 선임했고, 교장으로 장제스[蔣介石]를 임명하는 조건으로 군관 학교의 설립을 승인했다. 국민당 재건 노력은, 쑨원이 그의 정치 철학인 삼민주의(三民主義)에 대한 강연 내용에도 이미 언급되었던 것이다. 이 같은 조치를 통해 국민당은 조직이 훨씬 강화되었지만, 1925년 3월 쑨원이 베이징에서 암으로 사망했을 때 그의 권위에 도전하는 세력 또한 만만치 않았다. 그의 시신(屍身)은 1929년까지 베이징 근처의 비윈사[碧雲寺]에 매장되지 않은 채 안치되었다가 이후 난징으로 옮겨져 중산링[中山陵]에 매장되었다.

한국 독립운동가들과 중국 혁명 세력 간의 관계는 1905년 도쿄에서 만들어진 혁명 단체인 중국혁명동맹회 시기로까지 거슬러 올라간다. 당시 일본에 유학했던 조소앙(趙素昂)을 비롯한 한국 유학생들과 따이지타오(戴季陶)

를 중심으로 하는 중국 유학생 간의 긴밀한 교류가 확인되고 있기 때문이다. 이어서 한인들의 중국 망명과 중국에서 이루어진 혁명 세력과의 교류는 공화 혁명, 곧 신해혁명이 발발하기 이전인 1908년경 상하이로 망명하여 중국 혁명에 참여했던 김규흥(金奎興)의 경우를 통하여 확인할 수 있다. 그러나 본격적인 의미에서 한인 지사들의 중국 망명과 중국 혁명 세력과의 교류가 이루어진 것은 1911년 10월 신해혁명 이후부터였다고 할 수 있다. 신해혁명의 성공 소식을 들은 직후 중국으로 망명해간 것으로 확인되는 신규식(申圭植), 김규식(金奎植) 등 한인 망명 지사들은 혁명의 중심지인 상하이, 난징 지역에서 중국 혁명에 직접 참여하거나 지지를 표명하는 등의 활동을 하면서, 중국 혁명 지도자들과 밀접하게 교류하기 시작했다.

3·1 운동 직후인 1919년 4월, 상하이에서 만들어진 대한민국 임시 정부 또한 중국 혁명 세력과 밀접한 교류를 가지고 있었음이 확인된다. 한국 임시 정부와 중국 혁명 세력과의 교류 협력은 여러 형태로 나타나고 있었지만, 그 가운데서도 1921년 9월에서 10월에 있었던 상하이 임시 정부 법무총장 신규식의 광저우 호법 정부(廣州護法政府) 방문과 회담은 한국 독립에 대한 지원을 보여주는 가장 대표적인 사례로 흔히 언급되어 왔다. 특히 신규식과의 회담에서 상하이 임시 정부와 호법 정부가 상호 간에 외교적 승인을 하기로 했다는 점은, 한국 독립운동에 대한 관심과 적극적 지원을 보여주는 중요한 사실로 지적되어 왔다. 그러나 신규식의 광저우 방문 일정을 자세하게 추적한 연구에 의하면 당시 광저우의 비상 국회(非常國會)에서 다룬 것은 임시 정부에 대한 승인안이 아니라 한국 독립을 지지하는 결의안이었고, 임시 정부나 임시 의정원에서도 호법 정부 승인안을 처리한 흔적이 보이지 않고 있다. 따라서 임시 정부와 호법 정부 사이의 승인은, 구두에 의한 '사실상의 승인' 정도였을 가능성이 높다.

이와 동시에 같은 시기 임시 정부의 주요 지도자들은 중국 혁명 세력 인사들과도 밀접한 교류 관계를 맺고 있었음이 확인되고 있다. 특히 당시 상하이를 중심으로 활동하던 여운형(呂運亨)과의 긴밀한 교류는, 앞에서 언급한 반제국주의 연대의 일환으로서 중국, 한국, 베트남, 인도의 혁명가들 사이에 추진되고 있었던 국제 연대 활동들과 밀접한 관련이 있다. 또 중국에서 활동하던 한국 독립운동가들과 중국 혁명 세력 인사들과의 연대를 위한 단체 결성도 나타나고 있었으니 1912년에 신규식을 중심으로 만들어진 신아동제사(新亞同濟社)나 1921년 상하이, 광저우, 창사(長沙) 등지에서 만들어졌던 중한호조사(中韓互助社) 같은 조직이 이에 속한다. 이들 조직을 통해 중국 혁명가들이 한국 독립운동가들의 활동을 지원하고, 한국 독립운동가들이 중국 혁명에 적극 참여했다. 대한민국 정부는 1968년 신규식에게 건국훈장 대한민국장을 추서했다.

쑨원의 정치 일생 가운데 가장 이해하기 어려운 대목은, 서구 열강과 일본의 침탈 아래 독립국의 지위마저 유지하기 어려운 상황 속에서 국가적 독립의 회복을 가장 중요한 목표로 삼으면서 동시에 열강들의 지원을 얻기 위해 많은 노력을 경주했다는 사실이다. 그는 열강들의 중국 침탈을 비판하는 것과 동시에 열강들로부터의 재정적 외교적 도움을 구하고 있었는데, 그 자체로만 보자면 도저히 이해할 수 없는 행동처럼 보일 수 있다. 예컨대 신해혁명 직후 일본의 일부 기업가들과 벌인 협상에서 만주 지역을 일본에 할양하는 대가로 군사 자금을 마련하려고 시도한 것은 군사적 기반을 갖지 못한 상황에서 청조 타도를 최고의 목표로 삼고 있었기에 할 수 있었던 하나의 정치적 승부수라고 볼 수도 있다. 하지만 그렇게 비판하던 제국주의 열강과 손을 잡는 일종의 무모한 정치적 투기라는 평가를 피하기 어렵다.

필자의 견해는 한마디로 "쑨원은 현대 중국의 국부(國父)라는 칭호를 받기엔 다소 함량 미달이다"라고 말하고 싶다. 쑨원이 청(淸) 왕조를 무너뜨리고 제대로 된 민주 국가를 만들고자 했던 것은 인정한다 하더라도 그 방법론에서 끊임없이 중국을 노리는 강대국들의 힘을 빌리려 했고, 어렵고 힘든 난국에서 자기 희생의 태도를 앞세워 앞장서 타개하기보다는 늘 현장에서 도망치는 듯한 느낌을 주는 것도 사실이다. 그런 점에서 그는 마오쩌둥과도 다르고 장제스와도 다른 먹물(?) 혁명가로 보인다. 사실 우리나라 역사는 그를 상당히 과대평가하고 있다는 생각이다. 그렇게 된 이유는 짐작건대 아마도 이승만과의 동질성 때문으로 보인다. 이승만은 상해 임시 정부를 박차고 나간 뒤 외국, 특히 미국에서 교포들이 모아준 성금으로 미국 신문에 기고하여 조선의 독립을 주장했다. 그러다가 해방 후 미 군정(軍政)이 시작되면서 영어 능력과 미국 인맥을 무기로 중국이나 국내에서 목숨걸고 투쟁했던 임시 정부 구성원을 비롯한 수많은 애국 지사들을 제치고 냉전 체제라는 새로운 시대로 전략을 수정한 미국의 지원과 자신의 정치적 술수로 초대 대통령의 자리에 올랐다. 이런 행적은 외국으로 끊임없이 떠돌다 신해혁명 후 총통으로 추대된 쑨원과 유사성이 많다.

제41강

군벌들의 발호와 국공 합작

군벌의 발호

청나라 멸망을 가져온 신해혁명을 전후한 시기, 중국 대륙은 혁명을 한 쑨원의 세상이라기보다는 각지에서 군대를 통솔하던 지휘관들이 저마다 군벌(軍閥)로 변화해 군웅할거하던 시절이기도 했다. 군벌이란 청나라가 멸망한 이후, 자기가 지휘하던 군사력을 기반으로 전국 또는 지방의 일부에 웅거(雄據)하면서 실질적으로 권력을 행사한 중국의 고급 군인 및 그들의 병력을 뜻한다.

가장 대표적인 세력은 위안스카이의 북양 군벌이었다. 북양 군벌은 수도 북경이 속한 지역인 직례성(直隷省)의 총독을 지낸 이홍장이 25년 동안 공들여 만든 북양 함대를 기반으로 형성되었으며, 이홍장 사후 위안스카이가 1901년에 청나라 조정에서 북양대신(北洋大臣)으로 임명되면서 동북 삼성(三省)의 군권을 장악했다. 북양 군벌이라는 명칭은 위안스카이의 북양군에서 따 온 이름이다.

1909년, 위안스카이는 잠시 해임되어 군권을 잃었지만, 북양군은 이미 위안스카이의 심복들에 의해서 장악되어 있었다. 북양군은 1912년에 청나라가 멸망한 후에도 위안스카이의 기반이 되어 주었으나 1915년 12월, 위안스카이가 무리하게 중화 제국의 황제를 자칭하다가 극렬한 비난 속에 실각한 후에는 여러 계파로 갈라지며 군벌들의 전국(戰國) 시대라고 할 만한 치열한 내전을 시작했다. 그 와중에 두 차례 국공 합작을 행하는 등 유명한 여러 역사적 사건의 주체가 되었다. 북양 군벌에는 계파에 따라서 직례 군벌, 안휘 군벌, 봉천(봉계) 군벌 등의 파벌이 있었고, 이들은 이합집산을 거듭하면서 여러 차례 서로 전쟁을 벌인 바 있다.

안휘성(安徽省)파는 위안스카이 사후 직례파와 함께 주도권을 잡은 파벌이다. 주요 인물은 돤치루이(段棋瑞), 쉬수정(徐樹錚)이다. 안휘파의 지도자격인 돤치루이는 일본의 지원을 받고 있었다. 그러나 구성원들이 이해관계에 따라 갈라져 조직력이 떨어졌고, 대부분이 군 실무직이 아닌 고위층에 위치한 탓에 실제적인 지휘자가 부족해 군권이 약했다. 위안스카이 사후 총통이 된 리위안훙(黎元洪)이 정치적인 위기를 타개하기 위해 안휘도독 장쉰(張勳)을 1917년 베이징에 불러들였으나 오히려 장쉰이 왕정 복고 쿠데타를 일으켜 정부를 장악했다. 이 무렵 쑨원이 광둥에서 남부 군벌 세력과 손잡고 호법군 정부를 세워 북양 군벌에 대항했으나 돤치루이가 추진한 대규모 남정 계획은 직례파가 동의하지 않아 무산되었다. 그 후 돤치루이는 봉천파를 끌어들여 직례파를 압박해 다시 한번 남정을 준비하다 역시 직례파의 반대로 좌절되었다. 결국 독자적인 군사력 확보를 위해 일본의 차관으로 참전군을 조직하지만, 이미 전쟁이 끝난 뒤에야 조직을 창설할 수 있었다. 이런 과정에서 갈등이 심해진 직례파와 안휘파의 대립으로 1920년 7월 14일 안직(安直) 전쟁이 발발했다. 협조 외교 노선을 지향하던 일본이 안휘파 대신 봉천파를 선택함에 따라 안휘파는 사면초가에 빠져 전쟁에서 패배한 뒤 실권을 잃었다.

직례(直隷)파는 안휘파와 연합해 권력을 잡은 파벌이다. 주요 인물은 펑궈장(馮國璋), 차오쿤(曹錕), 우페이푸(吳佩孚)가 있다. 안휘파와 달리 직례파는 차오쿤, 우페이푸 등이 부대 지휘관으로 있어 실질적인 힘이 강했다. 이들은 안휘파와 달리 광둥의 호법군 토벌에는 관심이 없었고, 호법군과 협상을 통해 베이징 정부의 정당성을 인정받는 쪽에 관심이 있어 안휘파와 마찰을 일으켰다. 직례파는 결국 안직 전쟁이 발발해 일본의 지원을 받던 안휘파를 견제하는 영국과 미국의 지지를 얻었고, 끝내 승리를 거둬 봉천파와 함께 베이징 정부를 장악했다. 그러나 얼마 지나지 않아 남부 진출을 노리던 봉천파 군벌 장쭤린과 갈등이 발생했고, 1922년 제1차 직봉(直奉) 전쟁이 발발했으나 직례파가 승리를 거두고 대세를 장악했다. 그러나 1924년 다시 힘을 기른 봉천파 장쭤린의 반격으로 제2차 직봉 전쟁이 발발했으며 펑위샹의 예상치 못한 배반으로 베이징 정부의 실권을 봉천파에 내어주게 되었다.

봉천(奉天)파는 만주를 기반으로 한 군벌이었다. 다른 두 군벌과 달리 북양군이 아니라 마적단에 기반해 출발했다. 주요 인물은 장쭤린(張作霖)과 그의 아들 장쉐량(張學良)이었다. 이들은 안휘파를 지원하던 일본의 지원을 받았는데, 일본은 만주 진출을 위해 이들을 지원했다. 본래 마적단 출신이었던 장쭤린은 신해혁명 당시 동북 지역의 혁명군을 진압하고 지역 군권을 장악해 위안스카이의 황제 취임 당시 위안스카이를 위협해 봉천, 길림, 흑룡강 등 동쪽 삼성의 총독직을 차지했다. 그러나 장쭤린은 애초에 베이징 정부 정권 장악과 베이징 진출이 꿈이었기에 때에 따라 안휘파, 직례파 양쪽을 오가며 기회를 노렸다. 결국 베이징 정부를 장악한 직례파와 두 차례에 걸친 직봉 전쟁을 벌여 베이징을 장악했다. 그러나 장쭤린은 직례파를 배신하고 베이징을 장악한 펑위샹(馮玉祥)에 의해 위협받게 되었고, 펑위샹은 장쭤린의 부하 궈쑹링(郭松齡)을 끌어들여 장쭤린에 대항했다.

한편 봉천 남부에서 새로운 군벌 쑨촨팡(孫傳芳)이 유력하게 떠올라 위기에 빠졌다. 그러나 소련과 가까웠던 펑위샹을 염려한 일본의 개입으로 다시 힘을 모아 반란을 진압하고 펑위샹 토벌에 나섰고, 장쭝창, 옌시산 등 다른 군벌들의 지지를 얻어 최종적으로 장쭤린은 베이징 정부를 장악했다.

국민당의 북벌 당시 국민 혁명군의 주적으로서 우페이푸, 쑨촨팡 등 다른 군벌들과 함께 국민당군에 맞섰으나 전세는 불리한 편이었다. 장쭤린은 지속적으로 국민당과 협상을 시도했으나 무위로 돌아갔고, 제남(濟南)까지 진격한 국민당군을 일본군이 막아주는 사이 일본의 제안으로 장쭤린은 북경 지배를 포기하고 만주로 귀환했다. 그러나 1928년 6월 4일 장쭤린이 탄 열차에서 폭탄이 터져 그는 사망했고, 그 뒤를 이은 아들 장쉐량이 장제스의 국민당과 협조하기로 하면서 국민당과의 대립을 끝냈다. 그 뒤 장쉐량이 시안에서 장제스를 연금하고 국공 합작을 강요해 제2차 합작을 하도록 한 '시안 사변'은 유명한 사건이다.

후일담을 보태자면 우리나라에도 잘 알려진 장쉐량은 1936년의 이 사건 이후 장제스에게 체포되어 타이완까지 끌려가 가택 연금 상태에 있다가 1990년대 중반 리덩후이 총통 시절에 겨우 풀려났다. 그 후 그는 가족이 살고 있던 하와이로 옮겨 살다가 2001년 100세의 나이에 사망했다.

위의 굵직한 군벌들 외에 지방 군벌들도 곳곳에 퍼져 있었다. 각 지방의 군벌들을 간단히 소개한다. 산서(山西) 군벌은 이름 그대로 현재의 산시성에 위치했던 군벌이고, 서북(西北) 군벌은 현재의 칭하이성과 간쑤성 북쪽을 포함했던 군벌이며, 신강(新疆) 군벌은 이름 그대로 현재의 신장 위구르 자치구에 위치했던 군벌이었다.

남부에 위치했던 군벌로는 계계(桂系) 군벌이 있었다. 그들은 광둥성과 광서성에 기반한 군벌이다. 이들은 다시 광둥 군벌과 광서 군벌로 나눌 수 있으며 광서 군벌은 구(舊)광서, 신(新)광서로 나뉘어 있었다. 주요 인물은 광둥성의 천중밍(陳炯明), 광서성의 루룽팅(陸榮廷), 리쭝런(李宗仁)이 있었다. 이들은 1917년 귀국한 쑨원과 협력하다가 '뒤통수 때리기'를 여러 차례 반복하기도 했다. 북벌이 종료된 뒤에도 장제스의 국민 정부에 매우 비협조적이라 1929년 장제스가 대세를 장악하는 편견(編遣) 회의 문제로 한 차례 국지전을 벌였고, 1930년에는 옌시산, 펑위샹과 연합하여 중원 대전을 일으켰으며, 1931년 광저우 국민 정부 선언 이후에는 거의 반독립 상태였다. 1937년 또다시 장제스의 국민 정부와 갈등을 일으켜 국지전을 벌일 뻔했으나 일본의 침입에 공동으로 맞서겠다는 장제스의 약조를 받은 뒤 리쭝런이 군대를 철수하여 전쟁 위기를 넘겼다.

윈난(雲南) 군벌은 윈난성에 기반한 군벌이었다. 주요 인물은 탕지야오(唐繼堯), 룽윈(龍雲)이 있었다. 민국 초기 위안스카이의 독재 정치에 대항하여 1916년 호국 전쟁을 전개한 군벌 세력이다. 일본 육사를 졸업한 탕지야오는 한국 독립운동가들을 적극 지원하고 육군 강무당을 세워 군사 지도자를 키워 내기도 했는데, 중국 공산당의 주더와 펑더화이 그리고 철기 이범석 장군이 그곳 출신으로, 후일 한국 정부는 그에게 건국 훈장을 추서하기도 했다. 1927년 룽윈이 탕지야오의 권력에 대항하여 쿠데타를 일으켜 몰아낸 뒤 권력을 장악했으며, 이후 장제스에 대해 대체적으로 협력하는 경향을 보였다. 지역적 특성 덕분에 중일 전쟁이 끝나는 시점까지도 세력을 온전히 유지할 수 있었다. 그러나 제2차 국공 내전 시기에 지도자인 룽윈이 장제스의 압력으로 홍콩으로 피신하면서 조직이 와해되었다.

쓰촨(泗川) 군벌은 쓰촨성에 기반한 군벌이다. 주요 인물은 충칭의 류샹(劉湘), 청두의 류원후이(劉文輝)가 있었다. 그 외에도 여러 군벌이 난립해 신해혁명 이후 쓰촨성은 군벌 난립 시대로 인해 엄청난 혼란을 겪었다. 항일전 승리 이후 쓰촨과 쓰촨군은 장제스 직속 관할이 되었으나 국민당은 국공 내전에서 패배하고 말았다.

1916년부터 계속된 이러한 군벌들의 심각한 내전은 1928년 장제스가 북경에 진입할 때까지 계속되었다. 1928년 이후 표면적인 내전은 종식되었지만, 서로 간의 반목과 의견 차는 1950년대 장제스가 대만으로 이동할 때까지도 계속되었던 것으로 보인다.

국공 합작(國共合作)

제1차 국공 합작(1924. 1.~1927. 7.)은 1920년 코민테른 제2차 대회에서 채택된 '식민지와 민족 문제에 관한 테제'에 따라 추진되었다. 이 테제에서는 프롤레타리아 계급의 세력이 미약한 상황에서 일시적으로 부르주아 민주주의 세력과 제휴하여 제국주의를 몰아낸다는 방침이 마련되었다. 이런 방침에 따라 중국 공산당은 제2회 전국대표대회에서 코민테른 대표 마링의 지시하에 국민당과의 합작을 결의했다. 한편 국민당에서도 소련의 원조와 혁명의 대중적 기초 마련을 위해 쑨원이 공산당과의 합작을 결정했다.

그 결과 1924년 1월의 국민당 제1회 전국대표대회에서 공산당원은 개인 자격으로 국민당에 입당하기로 했고, 국민당은 소련과의 제휴[連蘇], 공산당과의 제휴[容共], 노동자·농민에 대한 원조[扶助農工] 등의 정책을 채택했다. 이 대회에서 국민당의 조직 개편이 이루어지면서 소련인 보르딘과 몇몇 공산당원이 국민당의 요직에 취임하게 되었다. 공산당은 합작 후 중국 시위대를 향한 영국 경찰의 발포로 벌어진 5·30 사건과 사지[沙基] 사건 등으로 생긴 반제국주의적인 민심과 북벌(北伐) 등을 통해 당세를 급속히 팽창시켰다. 또한 국민당은 합작 후 소련의 경제·군사적 원조를 얻어 광동성에 대한 지배를 확고히 하고 대중의 조직화에도 진전을 보았다. 그러나 합작 후 공산당의 세력이 급격히 증가하게 되자 국민당 내의 반공 우파(右派)세력이 쑨원 사망 후에 분리되어 나갔다.

북벌의 진행 과정에서 국민당은 상하이 노동자들의 봉기로 촉발된 4·12 정변(1927)을 계기로 장제스의 반공적인 난징 정부와 국공 합작을 견지하려던 왕징웨이[汪精衛]의 우한[武漢] 정부로 갈라졌다. 장제스 정부는 공산당원들을 체포 구금하는 등 숙청과 탄압을 시작했고, 반대하던 우한 정부에서도 결국 1927년 7월 공산당원을 축출하여 제1차 국공 합작은 깨지게 되었다. 1차 국공 합작의 특색은, 공산당이 독자적인 군대 없이 코민테른의 지시에 의해 합작을 결정하고 개인 자격으로 국민당에 입당했기 때문에 결국 세력에서 밀렸고, 1925년 중심을 잡아주던 쑨원의 사망 이후 반공(反共)을 노골화한 장제스에 의해 쫓겨났다고 볼 수 있다.

제2차 국공 합작(1937. 9.~1945. 8.)은 1차 국공 합작이 깨진 지 10년 만에 다시 반강제로 시행되었다. 1927년에 1차 국공 합작이 결렬된 이후 중국 공산당은 농촌에 소비에트 건설을 추진했고, 이에 국민당은 몇 차례에 걸쳐 소비에트 지역을 포위하여 공격했다. 국민당군의 거듭된 공격을 견디지 못한 공산당의 홍군(紅軍)은 중국 변방으로 쫓겨다니는 장정(長征: 1934~1935) 끝에 산시[陝西] 북부 지역으로 이동했다. 이후 국민당 정부군은 총력을 모아 마지막 제6차 공격을 준비했으나 이 시기에 일본군의 침략이 노골화되자 중국 내에서는 거국적인 항일 여론이 고조되었다. 공산당은 일찍이 장정 도중인 1935년에 코민테른의 반(反)파시즘을 위한 인민 전선 채택에 부응하여 거국적인 항일을 호소하는 8·1 선언을 발표하고 이어 1936년에 국민당에 제휴를 제안했었다. 1936년에는 장쉐량이 시안 사건을 일으켜 장제스를 연금하며 내전 중지를 요구했고, 이를 계기로 국공 간 내전이 일시적으로 중지되었으며, 양당의 담판 끝에 중일 전쟁이 발발한 후 2차 국공 합작이 성립되었다. 2차 국공 합작의 결과, 국민당 정부는 공산당의 합법적인 지위를 인정했고 정치범을 석방했다. 1938년에는 국민참정회를 두어 공산당 및 기타 당파와 각계 인사들을 초빙하여 자문 기구로 삼았다. 공산당은 국민당의 요구에 따라 토지 혁명 중지, 소비에트 정부 해체, 국민 정부 산하 지방 정부로의 편입 등을 받아들였다.

중일 전쟁 초기에 국민당 정부군이 패배 및 후퇴를 거듭한 데 반해, 공산당은 전투 구역과 일본군 후방에서 활약하여 세력을 신장했고, 이 과정에서 공산당의 홍군은 국민당 정부군 산하의 팔로군(八路軍)과 신사군(新四軍)으로 확장하여 편성되었다. 이에 불안을 느낀 국민당은 우한 함락(1938. 10.) 이후 또 다시 반공산당 작전을 전개했다.

1941년 들어 2차 국공 합작 결렬의 결정적 요인이 된 신사군(新四軍) 사건

또는 원난(皖南) 사건이 일어났다. 2차 국공 합작으로 일본과 함께 싸우던 중국 공산당과 중국 국민당은 이 사건으로 사실상 갈라섰으며 2차 국공 합작은 형식적으로만 존재하게 되었다. 이 사건을 두고 지금도 대만과 중국의 역사가들의 평가가 나뉘는데, 대만의 중화민국 쪽에서는 이를 공산군의 불복종에 대한 징벌이라고 보는 반면, 대륙의 중국 정부 쪽에서는 국민당의 배신 행위라고 보고 있다.

제2차 국공 합작 이후 양쯔강 남쪽에서는 공산당의 지휘를 받는 신사군이 일본군과 유격전을 벌이고 있었다. 공산군과 공산당의 세력이 점차 강해지는 것에 불안을 느낀 장제스는 점차 공산군과의 협력을 꺼리게 되었고, 1940년 12월 신사군에 안후이성 및 저장성에서 철수하라는 명령을 내렸다. 공산당 지휘부는 이에 동의하고 병력을 양쯔강 이북으로 이동하라고 명령했다. 당초 신사군의 젊은 장교들은 이 명령에 반발했으나 결국 지휘부의 당부로 이동에 합의했다. 이에 따라 예팅(葉挺)이 이끄는 신사군의 정예 병력 9천 명은 3개 방면으로 나눠 양쯔강을 도하하기 시작해 1월 5일 도하를 마치고 집결했다. 그런데 이때 갑자기 8만 명의 국민당군이 나타나 이들을 포위하고 공격을 개시했다. 수적 열세에 밀려 신사군은 병력의 상당수를 잃었고, 부대장 예팅은 부하를 살리기 위해 1월 13일 국민당군 측과 협상을 시도했다. 예팅이 협상하러 오자 국민당 측은 그를 체포해 버렸고, 결국 신사군의 부부대장도 전사하고 2천 명의 병사만 살아서 포위망을 돌파했다.

1월 17일, 장제스는 신사군의 해체를 명령했고 예팅은 군법 회의에 넘겨졌다. 이 신사군 사건으로 사실상 제2차 국공 합작은 결렬되었고, 국민당은 항일 전선을 깨뜨렸다는 비난에 직면한 반면 공산당은 항일의 영웅으로 인식되었다. 공산당은 이 사건으로 인해 양쯔강 남쪽의 영토에 대한 영향력을 상실했지만, 인민의 지지를 얻을 수 있었다. 게다가 1943년 국민당 정부군이 공산당의 근거지를 포위하여 양당의 관계가 더욱 악화되었다.

1945년 일본의 항복으로 2차 대전 종전과 아울러 공동의 적을 잃게 된 양당은 일본 점령지의 분배를 둘러싸고 무력 충돌을 하게 되었고, 결국 합작이 결렬되어 내전에 들어가게 되었다. 옌안[延安]의 공산당 군사위원회는 신사군 부대를 재건하기로 결정하고 천이가 새로운 부대장이 되었다. 신사군은 7개 사단 및 1개 여단으로 구성된 9만 병력의 규모로 재편되어 공산당 군사력의 중심이 되었다. 2차 국공 합작의 특색은 자신의 무력(武力)을 갖추게 된 공산당이 독자적인 판단으로 국민당과 대등하게 합작했다는 점이다. 합작을 통해 공산당은 기반을 공고히 하여 궁극적으로 중화인민공화국을 수립할 수 있게 되었다. 1981년 중화인민공화국은 타이완의 국민 정부를 향해 평화적 통일을 위한 제3차 국공 합작을 제의한 바 있다.

왕징웨이의 괴뢰 정부

왕징웨이(汪精衛, 1883~1944)는 1883년 5월 4일 청나라 광동성 삼수현에서 출생했다. 한때 광동성 포산에서 잠시 유아기를 보냈으며 그 후 청나라 절강성 소흥에서 유년기를 보낸 적이 있다. 본명은 왕자오밍(汪兆銘)이다. 그는 청나라 관비 유학생으로 일본 호세이 대학교 법학부를 나온 후 청나라로 귀국했다. 또한 1940년대 일본군이 중국 점령지에 세운 친일 괴뢰 정권의 주석(主席)을 지낸 인물로 그가 수반으로 있던 정부를 난징 국민 정부, 혹은 그의 본명을 따 왕자오밍 정권이라고도 했다.

일본에 유학 가서 서양 사상을 공부하던 왕징웨이는 쑨원이 새로 만든 혁명당 동맹회에 가입하여 그 단체의 주요 이론가가 되었다. 1910년 무정부주의의 영향을 받아 동맹회에 활기를 불어넣기 위해 순친왕(醇親王)으로 푸이[溥儀]의 아버지이자 섭정왕인 재풍(載灃)을 암살하기로 결정했다. 그러나 폭탄 불발로 암살 시도는 실패하고 투옥되었다. 섭정왕은 그러나 처형을 앞두고도 의연한 그의 용기에 감복하여 무기징역으로 감형시켰다. 그러다가 1911년 신해혁명으로 청조(淸朝)가 무너지자 영웅이 되어 감옥에서 풀려났다.

쑨원은 1911년 이후 중국을 지배하고 있던 군벌들에 불만을 품고 새로운 혁명 정당을 조직하려고 했으며, 1917년 왕징웨이는 그에게 합류했다. 그 후 7년간 왕징웨이는 쑨원의 개인적인 조력자로서 쑨원이 새로 조직한 국민당의 주요 직책을 맡았다. 1925년 쑨원이 사망할 당시 국민당은 군벌을 타도하고 중국을 통일하기 위해 북벌을 준비하고 있었다. 왕징웨이는 국민당 정부의 새로운 주석이 되었다. 그러나 북벌이 성공적으로 진척되어 가면서 국민당 우파는 그보다 군대를 지배하고 있던 장제스를 더 지지하게 되었고, 마침내 이들 우파는 중국 남부에 있는 난징에 독자적인 정권을 세웠다. 한편 국민당 좌파는 공산당과 연합하여 중국 중부에 있는 우한에서 왕징웨이를 당수로 하는 정권을 따로 세웠다. 그러나 왕징웨이는 공산당과의 합작이 점점 어려워짐을 깨닫고, 1927년 7월 공산당원을 숙청했다. 이후 국민당 좌파의 대부분은 군사력을 장악하고 있던 장제스에게 대부분 흡수되었다.

중일 전쟁이 발발하자 장제스는 충칭으로 수도를 옮기고 항일전을 계속했다. 이때 국민당 좌파의 대표 영수였던 왕징웨이는 극우파를 조직하여 유럽 파시스트와의 연합을 꾀했다. 왕징웨이는 1930년대 초 국민당 정부의 외교부장으로 독일에 가서 나치 정권의 아돌프 히틀러와 동맹 관계를 유지려고 노력했으나 장제스와는 계속 대립 관계에 있었다. 자신의 정치적 기반이 독일 나치, 이탈리아 등 유럽 파시스트와 연결되어 있는 관계로 왕징웨이는 이 시기부터 점차 일본과 평화 조약을 맺고 전쟁을 그만 두어야 한다는 의견을 발표하기 시작했다. 그는 항일 전쟁에 반대하며 '화평 운동'을 시작했고, 중국군이 점차 일본군에 밀리고 전세가 불리해지자 목소리를 더욱 높였다. 장제스는 이러한 왕징웨이의 의견을 정치적 도전으로 보았고 두 사람 사이의 알력은 더욱 커졌다.

1938년 12월, 왕징웨이는 갑자기 충칭을 탈출하여 윈난성 쿤밍을 거쳐 베트남의 하노이로 도망쳤다가 일본군 점령 지역인 상하이로 입국했다. 1940년 3월, 왕징웨이는 상하이에서 일본의 괴뢰 정권인 새로운 국민당 정권을 세우고 그 정권의 수반이 되었으며, 독일과 이탈리아의 파시스트와의 연계는 계속되었다. 그러나 일본군의 꼭두각시에 불과했던 그의 괴뢰 정권은 인민의 신임을 잃었다. 전쟁 기간 중 왕징웨이는 주로 일본에 거주했는데, 이는 골수암을 일본에서 치료해야 했기 때문이었다. 일본이 패망하기 전인 1944년 11월 10일, 왕징웨이는 일본 나고야에서 사망했다. 왕징웨이가 죽은 후 일본 군부대는 비행기를 보내어 그의 유해를 중국으로 운송해 난징에 묻었다. 일본군은 그의 묘가 파묘될까 봐 우려되어 매장 후 콘크리트로 감쌌다고 한다. 국민당 정부는 난징에 입성한 후 그의 묘를 폭파시키고 그의 유해는 강가에 버렸다.

제42강

장제스와 국민당

장제스(蔣介石, 1887~1975)의 자는 중정(中正)으로 1887년 10월 31일 중국 저장성(浙江省) 펑화현(奉化縣) 씨커우(溪口)에서 소금 상인의 아들로 태어났다. 어려서 고향의 사숙(私塾)에서 전통 교육을 받았으며 16세 때인 1903년부터 고향의 학당에서 신식 교육을 받기 시작했다. 성장기 당시 중국의 혼란한 정치 상황 속에서 군벌이 득세하자 그는 군사적 능력을 갖는 것이 유리할 것으로 판단하여 1906년 바오딩 군관 학교에 입학했다. 1908년에는 일본으로 건너가 도쿄의 일본 육군 사관 학교 예비 학교인 진무(振武) 학교에 들어갔다. 그는 1910년 12월부터 니가타현(新潟縣) 다카다(高田)에 있는 일본 육군 포병 부대에서 사관 후보생으로 복무했다. 어릴 때 받은 유교 교육과 일본에서의 엄격한 군사 훈련은 이후 정치 성향에 커다란 영향을 미쳤다. 그는 존경하는 인물로 왕양밍(王陽明)과 쩡궈판(曾國藩)을 꼽았고, 1930년대에 주도한 신생활 운동(新生活運動)에서도 유교적 덕목을 목표로 하는 국민적 훈련을 강조했다는 사실은 잘 알려져 있다. 예의염치(禮義廉恥)라고 하는 유교적 덕목과 규율, 청결 등을 국민 생활의 기본 수칙으로 강조하며 이를 통해 유교적 훈도와 절도 있는 군대식 훈련을 국민에게 요구하는 전근대적 성격을 지녔다는 평가를 받았다. 이런 점은 그의 유교적인 정치 사상과 정치 스타일을 잘 보여주는 사례로 지적된다.

장제스는 일본 유학 시절 중국혁명동맹회(약칭 동맹회)에 가입하면서 쑨원(孫文)을 추종하여 혁명 운동에 발을 디뎠다. 1911년 10월, 신해혁명이 발발하자 근무 중이던 다카다 포병 부대를 임의로 이탈하여 곧바로 귀국한 다음 천치메이(陳其美)를 중심으로 하는 상하이(上海)와 저장 지역 혁명 운동에 가담했다. 이후 천치메이 사후 군사 방면의 전문가가 절대적으로 부족하던 쑨원에게 접근하여 측근으로 자리 잡게 되었다. 그는 당시 국민당 인사 중 흔치 않은 정규 군사 교육을 받은 경력으로 혁명군을 이끌며 쑨원의 눈에 들게 되었다. 이후 1918년 쑨원과 부인 쑹칭링을 암살 시도로부터 구해내면서 정식으로 쑨원 휘하에 들어갔다. 쑨원이 제1차 국공 합작을 결정할 때 소련에 파견되어 트로츠키 등 코민테른 지도자들을 만나고 군사 자문을 얻는 역할을 했고, 러시아에서 귀국해서는 쑨원이 혁명군을 키우기 위해 세운 황푸 군관 학교에 초대 교장으로 취임했다. 그는 이 군관 학교의 교장으로 임명되면서 자신의 군사적 기반을 가질 수 있는 절호의 기회를 얻게 되었다. 말하자면 황푸 군관 학교를 자기 성장의 기초로 삼은 것이다. 황푸 군관 학교를 기반으로 하여 만들어진 국민당 군대, 곧 국민 혁명군의 총사령에 취임하여 명실공히 군사적 정치적 기반을 확실하게 가지게 되었고, 국민 혁명군을 바탕으로 하여 전개된 혁명을 통하여 1928년 전국을 통일한 뒤 난징 국민 정부를 수립하고 그 주석에 취임할 수 있었다.

1925년 3월 12일, 쑨원이 사망했을 때 국공 합작으로 국민당 내에 유입되었던 공산당 세력들이 이미 하나의 파벌을 형성하고 있었다. 이로써 국민당은 공산주의자들이 규합한 좌파와 쑨원을 계승한 우파로 분리되었다. 쑨원의 계승자임을 자처한 장제스는 황푸 군관 학교 출신 부하들의 지지를 바탕으로 국민당 내의 주도권을 장악했다. 장제스는 그해 국민 혁명군을 창설하고 이듬해 총사령관으로 취임했으며, 청나라 말기부터 중국 각지에서 득세한 군벌들을 척결하기 위해 북벌(北伐)을 선언했다. 그는 이때부터 국민당 좌파까지 척결해야 한다는 생각을 갖게 되었다.

1924년부터 시작된 제1차 국공 합작 초기부터 군사적 정치적 주도권을 둘러싸고 소련 고문 및 중국 공산당 측과 마찰을 빚었다. 1926년 3월 발생한 중산함(中山艦) 사건을 통해 장제스는 자신의 반공적 입장을 노골적으로 드러내기 시작했다. 중산함 사건이란 왕징웨이와 공산당 세력이 중산함을 통해 자신을 암살하려 음모를 꾸몄다는 이유로 장제스의 부하들이 중산함을 장악하고 공산당원들을 체포한 사건을 말한다. 사실 장제스의 반공적 입장은 황푸 군관 학교 창립 시기부터 나타났다. 초기에는 군사 재정적 주도권을 가지고 있는 소련 고문들과의 마찰을 피하면서 중도파로서의 입장을 표명했다. 그러나 1926년 7월, 북벌(北伐) 개시 이후에는 이러한 입장이 점차 변해 갔다. 북벌을 개시한 지 1년도 되지 않은 1927년 3월, 양자강 유역의 중심지이며 중국 최대의 경제 발전 지역인 난징과 상하이 지역을 점령하게 된 국민 혁명군은, 상하이에서 노동 운동 조직을 통하여 정치적 주도권을 장악하려고 시도하고 있던 공산당과 국민당 좌파 세력을 몰아내고 그 지도자들을 대거 체포해 처형하는 일련의 군사 정변을 일으켰다. 이 사건이 4·12 정변 혹은 상하이 쿠데타이다. 흔히 4·12 정변으로 불리는 이 군사 정변은 결국 국민당과 공산당 간의 합작이 파기되는 결정적인 계기가 되었다.

4·12 정변은 장제스의 군사적 정치적 권력이 독립적인 기반을 갖게 되는 전환점이 되었다. 4·12 정변 이후 몇 달간 우한에서 독자적인 국민당 정권을 유지하던 왕징웨이 휘하의 국민당 좌파 세력도 1927년 8월 결국에는 소련 고문, 공산당과의 분열을 공식화함으로써 제1차 국공 합작은 종지부를 찍게 되었다. 이어 벌어진 이른바 영한 합작(寧漢 合作)으로 불리는 난징 측과 우한 측의 통합으로 통일된 국민당 정권인 난징 국민당 정부가 수립되기에 이르렀다.

결국 공산주의 세력을 일거에 소탕한 장제스의 다음 목표는 중국 통일이었다. 이후 제2차 북벌을 통하여 1928년 6월, 베이징을 점령했고, 동북을 장악하고 있던 장쉐량이 국민당에 복속을 선언하는 '동북역치(東北易幟)'를 마지막으로 전국적인 통일을 이룩함으로써 1928년 난징을 수도로 하는 중앙 집권적 국민 국가를 건설하는 성과를 올렸다. 장제스는 국가 주석 및 총사령관에 취임했으며, 계속해서 공산주의자와 좌파 인사들을 탄압하고 언론을 통제했다. 1928년 난징 국민 정부 수립 이후부터 전개된 대대적인 군사 토벌 작전은 공산당 세력에게 커다란 타격을 입혔다.

한편 이 시기에 장제스는 가톨릭으로 개종하고 서구화된 유명한 가문 송가(宋家)의 막내딸 쑹메이링(宋美齡)과 두 번째 결혼을 하면서 쑹(宋) 가문의 힘까지 등에 업게 되었다. 쑹메이링의 아버지 쑹자수(宋嘉樹)는 일찍이 미국에 건너가 감리교 신학 대를 졸업하고 돌아와 성경 출판 및 제분업(製粉業) 등을 통해 부를 축적한 뒤, 3남 2녀를 모두 미국 명문대에 유학시킨 개화적 상인이었다. 맏딸 쑹아이링(宋靄齡, 송애령)은 쑨원의 비서를 지내다 당시 중국 최고 재벌 쿵샹시(孔祥熙, 공상희)의 부인이 되었고, 둘째 쑹칭링(宋慶齡, 송경령)은 언니가 하던 쑨원의 비서 자리를 물려받았다가 쑨원의 부인이 되었다. 말하자면 장제스는 당대 최고 가문의 사위가 되고 당대 최고의 권력자와 당대 최고의 재벌과 동서(同壻) 사이가 된 것이다. 참고로 말하면 나중에 맏딸 쑹아이링은 미국 사람이 되었고, 둘째 쑹칭링은 쑨원 사후 열렬한 공산주의자가 되어 중국에서 공산당 간부 활동을 하며 만년을 보냈다. 막내 쑹메이링은 남편 장제스를 따라 대만에서 일생을 마치는 등 송가의 세 자매는 각각 다른 길을 갔다.

장제스의 생애에서 쑹메이링과의 결혼과 함께 언급되어야 할 중요한 전환점은 기독교로의 개종이었다. 사실 기독교 입교는 쑹메이링과의 결혼 조건으로 쑹메이링의 어머니로부터 요구받았으므로 자발적인 것은 아니었다. 그러나 1930년대 초 장제스에 반대하는 여러 지역 군벌들이 연합하여 일으킨 전국적 규모의 반장 전쟁(反蔣 戰爭)에서 커다란 어려움을 겪는 과정에서 자신만의 종교적 체험을 가지게 된 다음부터 독실한 신앙심을 가지게 되었다. 이후 일생 동안 기독교도로서의 삶을 살게 되었다. 한때 자신이 번역하고 감수한 성경을 출판할 만큼 성경에 대한 지식도 해박한 것으로 알려져 있다.

당시 장제스 정부가 당면한 문제는 만주를 점령하고 중국으로 침범할 야욕을 노골적으로 비치는 일본과 농촌 지역을 중심으로 급속히 세력을 확장하는 공산당이었다. 이에 장제스는 중국에 비해 월등한 군사력을 가진 일본에는 외교 협상을 통해 장기적으로 대응하도록 하고, 우선적으로 국내의 공산당 세력을 척결하기로 했다. 그러나 장제스의 이러한 판단은 국민들의 거부감을 일으켜 중국 내에서 거센 비난을 받았다. 그는 새로운 국민 정부의 주석으로서 사회 개혁 정책을 굳건하게 지지했으나 그 정책의 대부분은 탁상공론에 그치고 말았다. 이는 그가 중국 대륙을 완전히 장악하지 못했기 때문이었다. 그는 각 지방의 군벌들을 진압했다기보다는 중립화시키는 데 그쳤고, 군벌들은 여전히 그의 권위를 인정하려 들지 않았다. 농촌의 요새로 퇴각하여 그들 나름의 정부와 군대를 조직한 공산당원들도 또다른 위협이었다. 게다가 1931년 만주 사변 이래 중국 본토를 침략할 의도를 노골적으로 드러낸 일본과 전쟁을 치러야 할 처지에 놓이게 되었다. 그는 공산당을 섬멸하기 전까지는 일본의 침략에 저항하지 않기로 결정함으로써 많은 항의를 받았다. 특히 공산당에 대한 완전 섬멸이 계속 이루어지지 않아 더욱 곤경에 처하게 되었다.

이에 더해 일본의 공격으로 만주 지역을 잃은 만주 군벌 장쉐량도 장제스에게 불만을 갖기 시작했다. 장쉐량은 장제스 휘하에서 동북군 원수로 활동했던 인물로 국공 내전보다 외세에 대한 항일 구국 운동이 우선이라고 생각하고 있었다. 그는 항일 투쟁에 소극적인 장제스에게 불만을 가지게 되었다. 1936년 두 사람 사이의 긴장은 점점 고조되었고, 중국 전역에서 반일 감정 역시 높아졌다. 장제스는 이에 아랑곳하지 않고 직접 군대를 동원해 대규모 공산당 토벌을 준비했고, 내전에 반대하는 동북군 지휘관들까지 교체하려는 계획을 세웠다. 결국 장쉐량을 주축으로 한 동북군은 1936년 12월 12일 시안을 완전히 장악하고 장제스를 체포하여 감금하는 데 성공했다. 이들은 장제스를 풀어 주는 조건으로 난징 정부의 개편, 내전 중지, 무력 항일 투쟁, 쑨원의 유지 이행 등을 내걸었고, 장제스는 이를 받아들이고서야 풀려날 수 있었다. 그러나 그렇게 강요되다시피 시행된 제2차 국공 합작 또한 제1차 국공 합작과 마찬가지로 내부적으로 많은 대립과 모순을 안고 있었으니 8년간의 일본과의 전면전 기간 동안에도 국공 간의 충돌은 빈번히 발생했다. 그럼에도 불구하고 제2차 국공 합작은 8년 전쟁을 가능하게 하는 커다란 원동력이 되었다. 광범한 농촌과 산악 지역을 배경으로 하는 공산당 주도의 유격전은 일본군에게 커다란 타격을 주는 역할을 수행했던 것이다.

1937년 7월 7일, 펑타이에 주둔해 있던 일본군 진지에서 야간 군사 훈련을 하던 중에 사병 한 사람이 약 20분간 행방불명되었다가 복귀하는 일이 일어났다. 일본군은 이 사건을 그 부근에 주둔하던 쑹저위안(宋哲元)의 중국 29군에게 사격을 받은 것으로 간주하고 다음날 루거우차오(盧溝橋, 노구교) 다리를 점령했다. 일본은 이 사건을 중국과 전쟁을 벌이는 구실로 삼았고, 그 해 12월 13일 난징 대학살을 자행하면서 중국과 일본 사이에 피할 수 없는 전쟁이 일어났다. 이에 장제스는 다시 공산당과 협력하여 일본 제국주의에 대항했지만, 파죽지세로 밀려오는 일본군을 막지 못하고 오히려 난징에 이어 우한마저 내주며 쓰촨성으로 후퇴했다. 이어서 일본은 독일, 이탈리아와 삼국 동맹을 맺고 진주만을 공격하며 본격적인 침략 전쟁에 나섰다.

조작된 노구교 사건으로 1937년 중일 전쟁이 발발하자 장제스는 시안 사건에서 약속한 대로 공산당 섬멸 작전을 중단하고 국공 합작을 통해 일본 침략군에 맞서 싸우게 되었다. 이후 8년간에 걸친 일본과의 전면전 가운데 결정적인 분기점은 1941년 12월 일본의 진주만 공습 뒤 이루어진 미국의 참전이었다. 당시 "이제 승리하게 되었다"라고 장제스가 자신의 일기에 적은 것을 보면 미국의 참전이 중국에 얼마나 중요한 일이었는지를 짐작케 한다. 8년간의 항일전 승리는 장제스를 국민적 영웅으로 만들었다. 그러나 그의 정부는 내부적으로 부패의 징조를 보였다. 일본이 미국에 항복하고 이어 1946년 국공 내전이 다시 시작되자 그 정도는 더욱 심해졌다.

중국 현대사의 가장 결정적인 전환점 중 하나인 국공 내전에서 국민 정부가 패하게 된 원인에 대해서는 여러 가지 해석이 있다. 일반적으로 공산당이 점령지에서 대대적인 토지 개혁을 실시해 농민들의 폭넓은 지지를 확보한 반면, 국민당은 군대 및 관료들의 심각한 부패, 상하이를 비롯한 대도시에서의 심각한 인플레이션 등 정부 경제 정책의 파탄을 초래한 것이 중요 원인으로 꼽히고 있다.

장제스가 공산당에 패배한 이유 가운데 가장 자주 거론되는 것은, 자신의 정부 내에 부패가 만연하도록 방관했다는 점이고, 또다른 이유는 그가 외부 사정의 변화에 신축성 있게 대응하지 못했다는 점이다. 세월이 흘러갈수록 그의 지도력은 점점 더 경직되었고, 민심의 움직임과 새로운 사고에 효율적으로 대처하지 못했다. 뒤로 갈수록 재능보다 충성심을 더 높이 사게 되었고, 조직보다는 개인적인 유대 관계에 의존했다. 심복들만을 중용하는 경향은 군 인사에도 나타나 많은 재능 있는 장교들을 제치고 편협한 보수주의적 장교들이 중용되었다. 자신을 위한 충성 경쟁을 유도하여 지방 군벌들을 서로 경쟁시키고 국민당 내의 정적들끼리 서로 싸우게 했다. 그러나 대외적으로는 미국과의 외교에서 수완을 발휘해 미국으로부터 군사적·외교적·재정적 지원을 받아냄으로써 중국의 최고 지도자 자리를 유지했다.

국공 내전 패배의 또 다른 원인은, 제2차 세계 대전 때 그가 세운 전략에서 찾아볼 수 있다. 장제스는 일본군과 싸우는 과정에서 미국이 결국 일본에 승리할 것이라는 믿음으로 미국의 장비를 갖춘 자신의 주력군을 적극적으로 투입하지 않았다. 그는 자신의 군대를 아껴두었다가 중일 전쟁 후에 자신의 군대를 총동원하여 공산당을 일거에 격멸한다는 전략을 세웠다. 그러나 실제 내전의 단계에 들어가자 이런 전략은 역효과를 냈다. 그가 일본의 침략에 수동적인 자세를 취함으로써 국가 지도자로서의 지도력이 떨어지고 국민의 신뢰를 약화시켰다. 반면, 중국 공산당은 일본에 대항하여 맹렬히 싸움으로써 국민의 신뢰를 얻었다. 국민당 군대는 중국 남서부 지역에서 주둔하며 장기 대기하는 동안 사기와 전투력이 떨어진 반면, 중국 공산당군은 중국 국민의 애국심에 호소하면서 치열한 전투를 벌여 대규모의 정예 군대가 되었다.

더욱이 장제스에게는 중국 사회를 20세기로 진입시키기 위해 필요한 포괄적이고 일관된 사회·경제 개혁에 대한 높은 안목과 계획이 없었기 때문에 중국 대륙을 잃는 결과를 가져왔다. 1927년 국민당에서 공산 당원들을 몰아내고 그 후 지주 및 상인 계급과 밀착 관계를 유지해 왔으므로, 학대받고 궁핍한 일반 국민들을 무자비하게 억압하는 보수적 노선으로 걸어갈 수밖에 없었다. 그러나 당시의 중국은 농민들이 인구의 90%를 차지하는 나라였다. 다수의 농민을 외면하고 일부 기득권층을 옹호한 그의 노선은 결국 실패할 수밖에 없었다. 중국 공산당의 승리로 입증된 바와 같이 중국 농민들이 공산당을 지지했기 때문에 강력한 중앙 정부가 수립될 수 있었고, 그로 인해 현대 중국의 통일이 가능했던 것이다.

1949년 장제스는 결국 중국 대륙을 공산당에 내어주어 중국 대륙에는 중화인민공화국이 수립되었다. 이후 장제스는 타이완(대만)으로 정부를 이전하여 국민 정부를 유지했으나 군사적 억압 통치의 성격을 강하게 띠고 있어서 1947년 2·28 사건과 같은 국민적 저항을 불러일으켰고, 민주화 운동을 촉발시키는 원인이 되었다.

장제스의 타이완 통치 기간 많은 정치인이 구속되었고, 중국 대륙의 침공에 대비한다는 명목 아래 군사 체엄이 계속하여 유지되었다. 언론, 출판, 집회의 자유가 전면적으로 통제되었으며 이에 대한 저항은 무자비하게 탄압되었다. 그러나 강력한 정부를 중심으로 급속한 경제 발전을 이룬 부분은 긍정적 평가의 대상이 되고 있다. 시련을 겪은 장제스는 한때 부패했던 국민당 조직을 개편했고, 미국의 원조에 힘입어 그 후 20년 동안 타이완의 경제 발전을 실현하는 데 성공했다.

1955년 미국은 국민 정부와 타이완 방위를 보장하는 협정을 체결했다. 그러나 1972년 초 헨리 키신저 미국 국무장관과 저우언라이 총리 사이의 소위 핑퐁 외교의 결과로 닉슨 대통령이 중국을 방문하면서 미중 관계가 개선되면서 이 협정의 효력과 타이완 정부의 미래에 대한 심각한 의문이 제기되었다. 1979년 미국은 마침내 중화인민공화국과 전면적인 국교를 수립하기 위해 타이완과의 외교 관계를 단절했으나 장제스는 그때까지 생존하지 못했다. 1975년 그가 사망하자 아들 장징궈[蔣經國]가 국민당 주석 및 타이완 정부 수반으로 그 뒤를 이었다.

중국 공산당과 타이완 정부 사이는, 국민당 정부 시절에는 양안(兩岸) 관계가 무난했으나 타이완 독립을 주장하는 민진당이 집권한 이후에는 미국의 개입이 심해지며 양안 관계가 껄끄러운 상태였다. 장기 집권하던 국민당은 2005년 총통 선거에서 타이완 분리 독립을 지지하는 천수이볜 총통에게 패배한 바 있었고, 자신들의 정치적 입지를 회복할 계기를 모색하고 있었다. 중국 공산당 정부 역시 분리 독립을 공공연히 추구하는 민주진보당이 눈엣가시였고, 2005년 3월에는 '비평화적 수단(즉, 군사적 수단 포함)을 통한 타이완 통일 가능성'을 명시한 '반분열국가법'을 제정하기까지 했다. 타이완에서는 국민당이 주도하는 대중국 화해, 협력 정책이 도리어 중국에 대한 종속도를 높이고 타이완의 자주성을 침해한다는 비판이 고조되어 국민당의 입지를 좁히고 있는 상황이 거듭되었다. 이러한 타이완 내부의 여론은 2014년 말 홍콩 민주화 시위에서 드러난 중화인민공화국의 자기 중심적 일국양제 강요를 통해 타이완 국민들의 불안감을 불러일으키며 더욱 강화되었다. 그런 영향으로 타이완에서는 특히 정치적인 면에서 중국과의 협력을 최소화하거나 거부하는 형태로 나타나기 시작했다. 중국의 경제가 비약적으로 성장하고 미국 특유의 2인자 견제가 시작되면서 현재 중국과 대만 사이의 양안(兩岸)은 세계적 긴장 지역이 되어 가고 있다.

장제스는 한국과 각별한 관계를 유지했다. 초창기 황푸 군관 학교는 6개월짜리 속성 과정으로 단기간에 다수의 군관을 양성하는 것을 목표로 했다. 이 과정에서 1925년 여름에 입학한 3기생을 시작으로 이후 많은 수의 한인(韓人) 청년들이 황푸 군관 학교에 입교했다. 당시 상당수 한인들이 가명을 사용하고 있었다는 점 때문에 정확한 숫자를 밝히기는 어렵지만, 4기생의 경우에는 24명의 한인 명단이 확인될 만큼 상당수의 한인들이 입교했다. 또 1927년 2월에 문을 연 황푸 군관 학교 우한 분교의 경우, 1927년 말 광저우 봉기로 문을 닫을 때까지 200여 명의 한인들이 재학하고 있었을 정도로 그 숫자가 크게 증가했다.

이들 한인 학생 가운데에는 약산(若山) 김원봉(金元鳳)을 비롯한 상당수의 의열단(義烈團) 단원이 포함되어 있었고, 임시 정부 대통령을 지낸 박은식(朴殷植)의 장자 박시창(朴始昌)처럼 재중 한인 독립운동가들의 자녀들도 다수 포함되어 있었다. 황푸 군관 학교 출신의 한인 청년 장교들은 이후 국민 혁명군에 편성되어 북벌 등 중국 혁명에 참가했고 중일 전쟁 발발 이후에는 항일 전쟁에 적극 참가하여 많은 공훈을 남기기도 했다. 그러나 1927년 4·12 정변 이후 본격화된 국공 대립과 좌우 대립의 와중에서 많은 희생자를 내기도 했고, 1945년 해방 이후에는 상당수가 북한으로 귀환하여 정치적 숙청을 당하는 등 고초를 겪기도 했다.

한인(韓人)들의 황푸 군관 학교 입교와 중국 혁명 참가는 기본적으로 당시 코민테른이 추진하던 '연합 전선'과 식민지 약소 민족 간의 협력 체제 구축 시도에서 나온 것이었다. 동시에 이는 중국 국민당(中國國民黨) 측의 주변 약소 민족에 대한 태도나 지원 정책과도 밀접한 연관이 있다. 그러나 삼민주의(三民主義), 특히 민족주의 내지 대아시아주의로 대표되는 국민당의 약소 민족 정책 속에는 지원을 통한 영향력 확보라는 전통적 중화주의적 태도가 깔려 있었다는 점을 부인하기는 어렵다.

1919년 상하이에서 수립된 대한민국 임시 정부는 1932년 1·28 상하이 전쟁 발발 후인 4월 말에 윤봉길(尹奉吉)의 폭탄 투척 의거 이후 일제의 탄압을 피하여 상하이를 떠나야 했다. 이후 항저우(杭州)와 전장(鎭江)으로 임시 정부를 옮겼다가 다시 7·7 사변 이후에 창사(長沙), 광저우, 류저우(柳州)로 옮겼고, 1940년에는 최종적으로 국민당 정부가 있던 충칭에 정착했다.

대한민국 임시 정부는 8년여 동안 유랑을 할 수밖에 없었다. 당시 윤봉길 의사의 의거는 임시 정부와 한국 독립운동에 대한 중국 정부의 인식을 크게 변화시키고 지원을 확대하도록 만드는 결정적인 계기가 되었다. 이 시기에 국민당 정부는 김구 등 임시 정부 요인들의 피난과 보호에 적극적인 지원에 나섰으며, 임시 정부가 여러 지역을 거쳐 충칭에 정착하는 과정에서도 국민당 정부의 지원이 있었던 것으로 알려져 있다.

충칭 이전(移轉) 이후에도 임시 정부에 대한 지원은 계속되었다. 사실상 독자적 기반을 가지지 못한 채 중국 내의 망명 정부로 존재해야 했던 임시 정부로서는 거의 유일한 존립 기반이 장세스와 국민당 정부의 지원이었다. 그러나 이러한 지원 안에는 중한호조(中韓互助)로 표현되는 긍정적 의미만 있었던 것은 아니었다.

당시 충칭의 대한민국 임시 정부의 가장 중점적인 활동 목표는, 한국의 자주적 독립을 추진하는 데에 기여할 수 있는 군사 조직을 만드는 것과 외교 활동을 통해 임시 정부에 대한 국제적 승인을 얻는 것 두 가지였다.

우선 한국광복군 창설을 둘러싼 한국 임시 정부와 중국 국민 정부 사이에 벌어진 논의는 1940년 대한민국 임시 정부의 충칭 정착 이후부터 본격적으로 추진되었다. 이때부터 임시 정부와 국민당 정부 사이에 주도권을 둘러싼 첨예한 논의가 발생했다. 한마디로 임시 정부의 독자적 운영권 확보 노력과 이에 대한 중국 측의 견제 및 통제 정책이 그것이다. 중국 측에서는 한국광복군 행동 9개 준승(準繩)의 제정을 통하여 광복군을 중국 군사위원회에 예속시키고 그 실제적 운영도 군사위원회에서 파견한 중국 장교들이 장악하도록 했다. 중국 측의 이러한 정책은, 중국 내에서 활동하는 외국군의 통제라는 시각에서 출발하고 있는 것으로 일면 타당성은 있다. 하지만 한국인의 입장에서 본다면 이러한 조치는 항일을 위한 연대라는 중한호조의 측면이나 한국 망명 정부에 대한 인도적 지원이라는 측면보다는 주변 약소민족에 대한 통제와 예속이라는 측면을 더 잘 보여준다고 해석할 수 있다.

한편, 1941년 말 태평양 전쟁 발발 이후 한중(韓中) 간에 중요 현안으로 떠오른 임시 정부에 대한 승인 문제에 있어서도 국민당 정부 측에서는 적극적인 승인 의지보다는 소극적이고 관망적인 태도를 보여주었다. 국민당 정부의 이러한 신중한 태도의 이면에는, 한국 독립운동 세력 내부의 분쟁이 워낙 심하여 임시 정부가 한국 독립운동 세력을 충분하게 대표하지 못하고 있다는 판단과 미국과 소련 등 주요 열강의 입장을 고려해야 한다는 중국 측의 입장이 들어 있었다. 중국 측에서는 임시 정부에 대한 승인을 통하여 전후 한반도에서의 영향력을 확보하려는 의도와 함께 임시 정부에 대한 견제와 통제, 그리고 미국을 비롯한 열강과의 관계를 고려해야만 하는 복잡한 상황에 처해 있었다. 그런 까닭에 대한민국 임시 정부 승인 문제는 결코 간단한 문제가 아니었다.

항저우 대한민국 임시 정부 유적지

특히 1943년 11월 카이로 회담을 통하여, 미국의 외교 전략에 따라 강대국 지위를 갖게 된 중국으로서는 국제 공동 관리(신탁 통치)에 의한 전후 한반도 문제 해결이라는 미국 주도의 방안에 동조하는 것으로 한반도 문제에 대한 입장을 정리하게 되었다. 따라서 카이로 회담 이후 중국의 독자적인 임시 정부 승인이란 불가능하게 되었다. 그럼에도 불구하고 중국 측에서는 종선을 앞누고 농맹군의 한국 진공 시에 중국군도 참여하는 방안을 내부적으로 검토했고, 재정적 원조와 민간 투자의 확대 등을 포함한 한국에 대한 지원 확대를 검토하기도 했다. 아울러 국민 정부는 카이로 회담에서 명시한 한국 독립에 대한 '적당한 시기(in due course)'를 실현하기 위해 외교와 국방을 중국인 고문이 담당하는 고문 정치를 검토하는 등 적극적인 개입 의사를 분명히 하고 있었음이 확인되었다. 중국 측의 이러한 적극적인 한반도 개입 정책은 일본 패망 이후 미국과 소련에 의해 한반도 분할 점령이 이루어진 이후 단계까지 계속되었다는 것이 확인되었다.

요컨대 중일 전쟁 시기, 장제스가 이끄는 국민당 정부의 대한반도 정책은 그간에 중국(혹은 타이완) 학계나 한국 학계에서 강조해왔던 것과는 달리 동병상련(同病相憐)에서 나온 순수한 지원이라고만 보기 어려운 부정적인 측면들을 적지 않게 가지고 있었다. 이것은 전후 강대국의 지위를 회복할 중국이 구상하는 아시아 국제 질서의 일부로서 중국의 영향력 확보를 목표로 한 것이었다. 그런 점에서 '약소 민족에 대한 호혜적 지원'이나 한국과 중국 간의 호혜적 연대, 곧'한중호조'로 보기만은 어렵다. 또 중국의 한국 독립운동 지원은 종종'지원을 통한 통제'라는 '중화주의적' 입장을 강하게 보이고 있어서 조심스러운 접근과 평가가 요구되고 있다. 애초에 장제스가 상하이 임시 정부를 지원한 것은 그가 쑨원의 정통 후계자임을 표방했기 때문이었다. 쑨원이 임시 정부를 승인했기 때문에 장제스 역시 그 정책을 계승한 것이다.

그러나 1932년 이봉창, 윤봉길 의사의 의거를 계기로 장제스는 적극적으로 임시 정부를 지원하기 시작했다. 특히 카이로 회담에서는 한국을 독립시키겠다는 합의를 주도하기도 했다. 한국이 해방을 맞이하고 임시 정부 요인들이 귀국하게 되자 그는 김구에게 현재의 20억 원의 가치에 해당하는 20만 달러를 지원하기까지 했으나 미 군정(軍政)의 반대로 김구는 이 돈을 한국 내로 반입하는 데 실패했다. 대한민국이 수립되고 이승만이 초대 대통령으로 선출되자 경상도 진해를 방문해 정상 회담을 갖기도 했다. 1953년 이승만은 장제스에게 대한민국 건국 훈장 대한민국장을 수여했다.

제43강

마오쩌둥과 중국 공산당

마오쩌둥(毛澤東)의 성장기

마오쩌둥(모택동, 1893~1976)은 1893년 12월 26일 후난성[湖南省] 샹탄[湘潭]에서 빈농의 아들로 태어났으나 그 후 아버지 모순생(毛順生)이 농업과 곡물상 등을 하면서 가세를 일으켜 부농이 되었다. 8세 때 마을 서당에 입학하여 유교 경전의 기초 지식을 익혔다. 그의 아버지는 공부는 문자를 익혀 문서를 기록하거나 손익 계산을 할 줄만 알면 된다는 소박한 교육관을 가지고 있었다. 그래서 13세 때부터 아버지의 일방적 강요로 학업을 중단하고 집안의 농장에서 하루종일 일하게 되었다. 그러나 학업에 갈증을 느낀 마오쩌둥은 아버지의 뜻을 거역하고 집을 뛰쳐나와 마을 가까이에 있는 현립(縣立) 동신 고등 소학교에 입학했고, 이어 성도(省都)인 창사[長沙] 소재의 상향 중학교로 전학했다. 그곳에서 서구의 새로운 사상들을 접할 수 있게 되었고 량치차오[梁啓超]의 개혁 사상과 쑨원[孫文]의 민족 혁명 사상의 영향을 강하게 받았다. 그가 이런 혁명 사상에 관심을 기울이며 공부하던 무렵에 신해혁명이라는 실제 상황이 벌어졌다. 1911년 10월 10일 우창[武昌]에서 청조(淸朝)에 대한 반란이 일어났고, 2주일도 못 되어 그 반란은 그가 중학교를 다니던 창사까지 확대되었다. 마오쩌둥은 후난성 혁명군 소속의 한 부대에 배속되어 사병으로 6개월을 보냈다. 1912년 봄이 되어 새로운 중화민국이 탄생했고 마오쩌둥의 군복무도 끝났다. 그뒤 1년 동안 경찰, 법률, 상업 학교 등을 전전하며 이것저것에 손을 대면서 방황의 시절을 보냈다. 중학교에서 역사를 공부하기도 했고 현립 도서관에서 서양 자유주의 사상이 담겨 있는 고전들을 읽으면서 여러 달을 보내기도 했다. 이 같은 모색과 방황은 그의 성격이 우유부단해서라기보다는 당시 중국의 상황이 그만큼 불안정했음을 나타내는 것이다. 1905년 과거 제도가 폐지되고 서양의 학문이 현대식 학교에 부분적으로 수용되고 있었기 때문에 중국의 젊은이들은 사회나 관직에 진출하는 데 있어서 서양 학문과 중국의 전통 학문 중 어떤 것을 공부해야 할지 불확실한 상태에 있었다.

마오쩌둥은 마침내 1918년 후난성 창사 소재의 성립 제일 사범 학교를 졸업한 뒤 중국 지성의 산실인 베이징 대학교로 갔다. 베이징 대학교 도서관 사서보(司書補)로 일한 6개월은 그의 장래를 결정짓는 데 엄청난 영향을 미쳤다. 이곳에서 그는 후일 중국 공산당 창설의 두 주역이 되는 리다자오[李大釗]와 천두슈[陳獨秀]로부터 감화를 받았다. 특히, 그가 베이징 대학교에서 근무하던 기간에 5·4 운동이 일어났다. 5·4 운동은 한국의 반식민지 운동인 3.1 만세 의거에 자극 받고, 1차 대전 종전 협정인 파리 강화 회의에 모인 서구 열강들이 중국 인민의 요구를 거부하고 일본 제국주의의 편을 들면서 일어난 운동이었다. 이 운동은 그 후 50년 동안 중국에서 벌어지는 모든 변화의 사상적 원천이 되었다.

1919년 여름, 마오쩌둥은 창사에서 농민을 제외한 학생, 상인, 노동자들의 연대 조직을 결성해 무기력한 중국 정부에 항일 운동을 요구하는 시위를 벌였다. 이 시기에 그가 쓴 글들을 보면, 전 세계에 '홍위병(紅衛兵)'의 창설을 촉구하고 러시아 혁명을 찬양하는 내용이 대부분이었다.

마오쩌둥이 혁명의 철학적 배경으로 마르크스 사상을 수용하게 된 것은 그 이후인 1921년 1월이었다. 1920년 9월, 마오쩌둥은 창사 소학교의 교장이 되었고, 10월에는 그곳에 사회주의 청년 동맹의 지부를 결성했다. 그해 겨울에는 윤리학을 가르쳤던 은사 양창제(楊昌濟)의 딸 양카이후이[楊開慧]와 결혼했다. 1921년 7월에는 중국 각지의 공산주의 단체 대표자들과 함께 제1차 중국 공산당 전당 대회에 참가했다. 이 대회에는 모스크바에 본부를 둔 코민테른(제3 인터내셔널)의 대표자 두 명도 참가했다.

1923년 중국 공산당이 쑨원 휘하의 국민당과 제휴하게 되었을 때 마오쩌둥도 국민당에 입당하여 활동했다. 그는 1924년 전반기에 아내와 두 명의 어린 아들을 데리고 상하이에 살면서 국민당 집행부의 임원으로 일했다. 1924~1925년 겨울, 고향인 사오산[韶山]으로 다시 돌아와 휴양하면서 문득 농민들 속에 내재된 혁명적 잠재력에 눈뜨게 되었다. 그 자신이 농촌 출신이었지만 마오쩌둥은 학생 시절 이래로 노동자와 농민은 무식하고 더럽다는 중국 지식인의 전통적인 견해를 가지고 있었다. 그러나 마르크스주의자가 되면서 노동자들에 대한 선입견은 어느 정도 바뀌었지만 농민에 대한 전통적인 견해는 여전해 그들은 낙후되고 조직화할 수 없는 계급이라는 마르크스의 이론에 동조하고 있었다.

그러던 그가 태도를 바꾸어 고향의 농민들이야말로 중국을 소생시킬 수 있는 자원이라는 생각을 하게 되었다. 국민당에서 일하고 있던 다른 공산주의자들도 이미 농민 조직 결성에 착수하고 있었는데, 마오쩌둥은 이들의 뒤를 좇아 후난성 농민들의 불만을 수렴하는 조직인 농민협회를 결성했다. 농민협회 활동으로 후난성 군벌인 장경(張敬)의 박해를 받게 된 마오쩌둥은 할 수 없이 고향을 떠나 도시로 나와 국민당의 본거지인 광저우[廣州]에서 1년간 활약했다. 비록 광저우에서 살고 있었지만, 그의 관심은 여전히 농촌에 있었다. 국민당 선전 부장 대리로 일하기도 했고 광저우 농민 운동 강습소에서도 근무했다.

1925년 쑨원이 사망한 뒤, 국민당의 지도자가 된 장제스는 1926년 5월,

국민당 내의 주요 보직을 맡고 있던 공산주의자들을 대부분 숙청했으나 마오쩌둥은 1926년 10월까지 농민 운동 강습소의 소장직을 유지할 수 있었다. 이때 그가 훈련시킨 젊은 농민 운동가들은 후일 모두 농촌에서 근무하면서 공산당 조직을 강화하는 역할을 했다.

1926년 11월 마오쩌둥은 고향인 후난성으로 다시 돌아갔다. 1927년 1월과 2월 고향의 농민 운동을 살펴본 그는 가까운 장래에 수억 명의 중국 농민들이 폭풍처럼 봉기할 것이라고 결론지었다. 그는 농민의 힘이 너무나 엄청나고 폭발적이기 때문에 아무리 커다란 세력이라도 그것을 억누르지 못할 것이라고 예측했는데, 엄밀하게 말해 이 예측은 빗나가고 말았다. 수억의 농민이 자발적으로 참여하는 형태의 혁명은 가까운 시일 내에 일어나지 않았다.

도시와 농촌의 부유층 및 지주 계급과의 제휴를 추진 중이던 장제스는 노동자와 농민 혁명에 등을 돌렸다. 1927년 국공 합작이 깨지면서 국민당은 노동자와 혁명 세력에게서 등을 돌리고 상하이, 우한 등에서 공산당을 대거 축출했다. 4월에는 국민당의 상하이 입성을 도와주었던 상하이 노동자들을 학살했다. 국민당과 제휴해 중국에 프롤레타리아 혁명을 완수하려는 스탈린의 전략은 수포로 돌아갔고, 중국 공산당은 도시에서 거의 전멸하고 지방에서는 1/10 이상이 붕괴되었다.

1927년, 공산당 세력이 괴멸되자 상황을 타개하기 위해 그해 8월, 저우언라이(周恩來), 주더(朱德), 류보청(劉伯承) 등이 난창에서 봉기를 일으키고 중국 인민 해방군을 발족했다. 마오쩌둥은 다음 달인 9월, 후난에서 농민 무장봉기를 일으켰다. 추수기에 맞춰 일어나 추수 봉기라고 불리는 이 사건은 공산당의 지도하에 농민과 노동자들이 군대를 조직하여 봉기를 일으킨 것이었다. 그러나 이 봉기는 국민당의 토벌로 금세 진압되었다.

1927년 10월, 마오쩌둥은 후난의 추수 봉기에서 살아남은 수백 명의 농민을 이끌고 장시성[江西]과 후난성 접경 지역에 있는 징강산[井崗山]으로 후퇴했다. 이때 마오쩌둥 휘하에 있던 천여 명의 농민들이 홍군(紅軍)의 중심이 되었다. 혁명 실패로 인한 후퇴였으나 농민들의 지지를 얻게 되는 전화

위복의 기회이기도 했다. 그는 지역 농민들을 규합하여 홍군의 세력을 점차 확대하고, 점점 많은 농민들의 지지를 얻어 장제스 정권을 자극했다. 마오쩌둥은 농촌 지방에서 새로운 형태의 혁명 전쟁을 수행했다. 이 전쟁에서는 홍군(紅軍)이 중추적 역할을 하지만, 이때부터 천하의 민심이 바뀌어 수억 명의 농민들 대부분이 혁명 전쟁에 동조하거나 지지했다. 이 때문에 마오쩌둥은 내전을 수행해 나가면서 외곽 지방에서 도시를 포위할 수 있었고, 마침내 장제스를 패퇴시키고 중국을 장악할 수 있는 근본적인 힘을 기를 수 있었다.

1927년부터 3년간 마오쩌둥와 군 총사령관인 주더[朱德]는 지방의 근거지를 기반으로 하여 게릴라전을 성공적으로 수행했다. 그러나 상하이의 중앙위원회, 심지어 모스크바의 코민테른까지도 지방의 게릴라전은 도시 지역에서 또 다른 혁명 봉기가 일어나기 전까지 현상을 유지하는 미봉책에 불과한 것으로 여겼다. 1930년 여름 중앙위원회는 홍군에게 중국 중남부의 여러 주요 도시들을 장악하라는 지시를 내리는데, 그 목적은 도시 노동자들에 의한 혁명 봉기를 부추기려는 것이었다. 그러나 계속된 도시 장악 시도가 인명 손실만 가중시킨다는 사실이 명확해지자 마오쩌둥은 그 지시에 불복하여 전투를 포기하고 장시성 남부의 근거지로 돌아갔다. 같은 해에 마오쩌둥의 아내 양카이후이가 국민당에 의해 체포되어 처형되자 마오쩌둥은 1928년부터 동거하고 있던 허쯔전[賀子貞]과 재혼했다.

1931년 11월, 장시성의 일부 지역에 마오쩌둥을 주석으로 하는 소비에트 성격의 정부(혹은 루이진[瑞金] 정부)를 수립했다. 도시 지역에서는 혁명에 대한 지지가 별로 없었기 때문에 최종 승리를 거두려면 농촌을 기반으로 근거지를 서서히 확장해 갈 수밖에 없었다. 장시 정부는 곧 수백만 명의 인구를 통솔하게 되었다. 1931년 무렵 홍군의 수는 20여만 명에 이르렀다. 마오쩌둥과 홍군의 세력 확장을 막기 위해 장제스는 공산당의 근거지인 장시 소비에트를 네 차례에 걸쳐 공격했으나 마오쩌둥의 홍군은 허약한 토벌군을 손쉽게 물리칠 수 있었다. 그러나 70만 대군을 앞세운 장제스의 다섯 번째 공격에 결국 대패하여 홍군은 궤멸 상태에 이르렀다. 이에 마오쩌둥은 1934년 10월, 살아남은 10만의 병력을 이끌고 서북부 지역으로 9천7백 킬로미터의 대장정에 나섰다.

일 년간 이어진 대장정은 국민당 군대와의 계속된 전투, 굶주림, 질병 등으로 매우 고달프고 힘든 여정이었다. 1935년 10월, 대장정의 목적지인 서북 지역 산시에 도착했을 때 남은 병사는 고작 1만여 명도 되지 않았다. 그러나 대장정 동안 마오쩌둥은 공산당 내에서 지도권을 되찾을 기반을 마련하고 산시 지역에 주둔하며 군인을 모았으며, 주더, 장궈타오(張國燾)가 합류하여 홍군을 재건했다. 1936년 12월에 마오쩌둥과 공산당은 본부를 산시성 옌안(延安)으로 옮겼다.

1936년 미국의 언론인 에드가 스노우(Edgar Snow, 1905~1972)가 바오안(保安: 현재의 옌안시 쯔단현)에 있던 마오쩌둥 일행을 찾아왔다. 누더기 옷을 입은 채 동굴 속에서 나와 인터뷰에 응했던 젊은 '붉은 비적(匪賊)'들과의 만남은 그 후 오랫동안 이어졌고, 그들의 이야기는 그 다음해 유럽과 미국에서 《중국의 붉은 별(Red Star Over China)》이란 이름의 책으로 출판되어 서방 세계에 최초로 중국 공산당의 실체를 알리게 되었다. 당시만 해도 대장정(大長程)이란 이름으로 장제스군에 쫓겨 도망다니던 일부 세력에 불과하던 이 공산주의자들의 과거와 현재, 신념과 행동 방식, 미래에 대한 확신까지를 담고 있는 이 책은, 그 이후 중국을 이해하는 입문서 역할을 했다. 이 무렵 남편과 동행했던 에드가 스노우의 아내인 님 웨일즈(Nym Wales)가 황포 군관 학교 교사 출신인 한국의 독립운동가 김산(金山, 1905~1938, 본명 장지락)과 만나 그의 일대기를 쓴 《아리랑(Song of Arirang)》도 그 후 베스트 셀러가 되었다.

마오쩌둥은 생전 네 명의 아내를 만났다. 공교롭게도 아내, 아들, 딸이 죄다 각각 네 명씩이다. 처음 만난 여자는 뤄이씨우(라일수, 羅一秀, 1889~1910)로 몇 년 함께 지냈지만, 둘 사이에서 부부관계는 없었다고 하며 태어난 자녀는 없었다. 마오쩌둥은 뤄 씨를 자신의 아내로 여긴 적이 없었다고 주장했다. 제대로 된 첫 번째 부인은 스승 양창제 교수의 딸인 양카이후이였다. 양카이후이와는 1921년에 결혼했으나 1927년까지 부부로 지내다가 헤어져서 살았다. 그 후 양카이후이는 창사 폭동 직후인 1930년 10월, 호남성 국민당 정부 주석 허젠에게 체포되어 남편과 의절할 것을 요구받았으나 거절했다가 11월 처형당했다. 마오쩌둥과 양카이후이는 호남 사범의 동급생이었고 아이는 셋을 낳았다. 이 중 장남 마오안잉(毛岸英)은 6.25 전쟁에서 전사했고, 차남 마오안칭(毛岸青 1923~2007)만 유일하게 천수를 누렸으며, 3남 마오안롱(毛岸龍, 1927~1931)은 양카이후이가 처형된 후 보살핌을 받지 못해 만 4세의 아주 어린 나이에 요절했다.

마오쩌둥은 자신의 장남인 마오안잉을 6.25 전쟁 때 중공군으로 참전시켰다. 사령관 펑더화이는 마오안잉이 전선에서 잘못될 경우 자신이 피해를 볼 것으로 생각해 반대했지만, 마오쩌둥과 마오안잉의 고집으로 어쩔 수 없이 참전시켰다. 마오안잉이 소대장이 될 경우 전선에 앞장서게 되고 위험한 위치에 노출된다는 점을 우려한 펑더화이는 마오안잉을 소대장이 아닌 통역 장교로 배치했다. 하지만 이게 오히려 독이 되었다. 당시의 전선 상황은 연합군이든 공산군이든 상관없이 사령부가 직접 타격을 받을 정도로 많이 위태로웠다. 마오안잉은 펑더화이를 보좌하면서 참모부에 근무하다가 미군기의 공습으로 전사했다. 2003년 중국 인민해방군이 발간한 비망록에 따르면 이는 방공 수칙을 어기고 막사에서 계란볶음밥을 만들다가 위치가 노출되어 발생한 사건이었다. 그러나 2020년 중국 역사 연구원은 '부대 사령부의 무전이 노출됐기 때문'이라며 '마오안잉의 죽음을 희화화하는 헛소문'이라고 '볶음밥 사망설'을 일축했다. 그러나 마오안잉이 볶음밥을 조리하다 사망했다는 이야기는 과거 중국 공산당이 펴낸 기록에 분명히 나오는 이야기이다.

펑더화이는 이 사실을 보고 받은 후 마오쩌둥에게 전화를 걸어 전사 소식을 알린 뒤 시체를 후송하려 했다. 그러나 마오쩌둥은 다른 인민의 죽은 자식들도 있는데 자기 자식만 후송할 수는 없다며 그 자리에 묘를 조성하도록 지시했다. 이후 마오쩌둥은 며느리의 개가를 주선해주고 결혼식 때 거액의 축의금을 주었다고 한다. 마오안잉(毛岸英)의 영구는 중화인민공화국과 북한의 우호의 상징이 되었다.

그다음 아내 허쯔전(賀子珍, 하자진, 1910~1984)과는 1928년에 결혼해서 1939년까지 부부로 지냈는데, 사실상 양카이후이와 헤어지자마자 바로 결혼한 것이다. 허쯔전은 단순한 아내 역할만 한 것이 아니라 전우(戰友)이기도 했다. 여자이지만, 홍군의 명사수였다고 하며, 장정도 같이 했다. 마오쩌둥과의 사이에서 무려 여섯 명의 아이들을 낳았으나 너무 어렸던 넷은 장정 중 인근 농가에 맡겼다가 세 명이 행방불명되었다. 맡겨진 아이들 중에서 리민이라는 아이는 후에 천하를 통일한 아버지가 기어코 찾아내어 베이징으로 데려왔다. 그러나 허쯔전과도 사이가 별로 좋지 않아 1937년 허쯔전은 모스크바로 갔고, 이후 마오쩌둥은 장칭과 결혼하기 위해 허쯔전과 이혼했다. 마지막 아내 장칭(江靑, 강청, 1914~1991)과는 1939년에 결혼했으며, 마오쩌둥이 죽을 때까지 장칭은 마오쩌둥의 아내였다. 둘 사이에서는 리나(李訥, 이눌, 1940~?) 한 명만 태어났다.

마오쩌둥은 엄청난 골초였다. 하루 세 갑씩 60년 동안 피웠는데도 불구하고 83세까지 장수한 것을 보면 건강은 타고난 것 같다. 장제스가 유교 경전을 독파했듯이 마오쩌둥은 고전 역사서, 특히 《자치통감》과 《손자병법》을 자주 읽었다. 특히 마오쩌둥의 자치통감 사랑은 대단해서 대장정 중에도 끼고 다녔을 뿐 아니라 엄청난 분량에도 불구하고 일생 17번이나 완독하고 몸소 평론까지 쓸 정도로 즐겨 읽었다. 게다가 《삼국지연의》를 무척 좋아하여 늘 삼국지연의를 끼고 살았다고 한다. 그중 유난히 조조를 좋아해 마오쩌둥 시기에 유비 대신 조조를 주인공으로 만들어 새로 편집한 삼국지연의가 나오기도 했다. 마오쩌둥은 루쉰의 소설도 매우 좋아했다고 한다. 그는 옌안(延安) 시절에 루쉰의 책을 밤새도록 읽어서 사람들이 루쉰의 소설을 '마오의 성서'라고까지 표현할 정도였다. 심지어 마오쩌둥은 루쉰을 현대 중국의 성인이라고 평했을 정도였다. 루쉰과 전혀 다른 생각을 가진 무협 소설 작가 진융(김용, 金庸, 1924)의 작품도 즐겨 읽었다고 한다. 진융은 과거 부르주아 성분이라는 이유로 공산당 정권에 의해 피해를 입고 홍콩으로 망명한 상태였는데, 마오쩌둥은 훗날 그의 작품을 몰래 들여와 읽었다고 덩사오핑 등이 증언하기도 했다. 진융은 공산 독재에 비판적인 입장이어서 그의 《소오강호》, 《녹정기》 같은 작품에서 마오쩌둥이 벌인 문화 대혁명을 간접적으로 풍자하기도 했다.

중국 공산당 장악

마오쩌둥은 장정 중이던 1935년 1월, 쭌이[遵義]에서 열린 당 중앙정치국 확대 회의에서 사실상의 당 지도권을 장악하지만 당 주석이라는 공식 칭호는 그때까지도 얻지 못했다. 마오쩌둥의 당권 장악은 1935년 가을, 장정의 온갖 역경을 이겨낸 약 8,000명의 공산군이 중국 북서부 지역인 산시성[陝西省]에 도착했을 때부터 시작되었다. 이때가 항일(抗日)을 위한 국민당과 공산당의 합작, 마오쩌둥의 당권 장악이 완성된 시기였다. 이를 흔히 옌안[延安] 시기라고 하는데, 실제 마오쩌둥은 1936년 12월이 되어서야 당시 공산당 본부가 있었던 옌안에 도착했다. 그 전 해인 1935년 8월, 모스크바에서 열린 코민테른 제7차 전당 대회는 반(反)파시스트 연합 전선 원칙을 공표했고, 1936년 5월에 중국 공산당은 처음으로 이 같은 연합 전선에 장제스도 포함될 수 있다는 가능성을 시인했다. 이어 1936년 12월에 있었던 시안[西安] 사건은 국공 합작을 가속화시켰다. 1937년 7월 들어 일본은 중일 전쟁을 일으키고 중국 전역을 장악하려는 기도를 노골적으로 드러내기 시작했다. 이 무렵 1차적인 항일 전선을 구축하기 위한 국공 합작의 여러 조건이 사실상 타결되었고, 1937년 9월 공식 합의서가 발표되었다.

중일 전쟁이 진행되는 과정에서 공산당은 그들의 군대를 대부분 소규모

부대로 분할하여 일본군의 후방에 침투시켜 게릴라전의 세포로 활용했다. 이 부대들은 농촌의 광대한 지역을 효과적으로 장악하면서 일본군 점령하의 도시들과 보급로 사이를 교란시켰다. 그 결과 공산당은 일본이 항복할 당시 군의 규모를 약 50만~100만 명으로 증강시켰을 뿐만 아니라 9천만 명에 이르는 인구를 정치적으로 통제할 수 있게 되어 확고한 대중적 기반을 형성했다. 농촌 인구의 지지를 확보하게 된 것은 중일 전쟁 수행 중 민족 감정에 호소한 것이 주효했기 때문이라는 주장도 있지만, 사실은 공산당의 농업 정책이 농민의 폭넓은 지지를 받았던 결과로 볼 수 있다.

1936~1940년 마오쩌둥은 1920년대 이래 처음으로 사색과 저작에 몰두하는 시간적 여유를 갖게 되었다. 그가 변증법적 유물론에 대한 설명으로 내놓은 책자들 가운데 가장 잘 알려진 것이 《실천론(實踐論)》과 《모순론(矛盾論)》이다. 더욱이 그는 자신의 혁명 투쟁 경험과 연합 전선의 상황하에서 어떻게 혁명이 수행될 것인가에 대한 예견을 종합한 대표적 저서들을 속속 발간했다. 먼저 군사 문제를 다룬 저서로는 《중국 혁명 전쟁의 전략적 문제》가 있다. 이 책은 1936년 12월에 쓰여진 것으로, 장시 시기의 교훈을 요약했고, 당시 그가 취한 군사 노선이 정당했다는 주장으로 구성되어 있다. 1938년에 쓴 《지구전론(持久戰論)》과 기타의 저작은 항일전의 전략에 대해 언급한 것이다.

1939~1940년 겨울 마오쩌둥은 급변하는 국내외 정세를 이유로 강경 노선을 내세우면서 공산당 내의 주도권을 장악하려 나섰다. 마오쩌둥의 주장은 이러했다. 국제적으로 볼 때 중국 혁명은 제국주의에 대항하는 세계 프롤레타리아 혁명의 일부분이고 국내적으로 중국은 항일 연합 전선에 속하는 '제(諸) 정당의 공동 독재'에 의해 통치되어야 한다는 것이었다. 그러나 당분간은 공산당과 국민당의 목표가 항일이라는 측면에서 일치한다고 느꼈기 때문에 공산당이 사회주의 건설을 너무 급속히 재촉하여 연합 전선을 붕괴시켜서는 안 된다는 입장을 취했다. 연합 전선의 주도권을 둘러싼 국민당과 공산당 간의 경쟁 관계는 중국 공산당 내부의 권력 투쟁과도 긴밀

히 연결되어 있었다. 마오쩌둥의 두 정적(政敵)인 왕밍[王明]과 장궈타오[張國燾]는 모두 국민당에 아첨한다는 비난을 받았다.

마오쩌둥이 공산당 내의 제1인자로 부상하게 된 핵심 사건은 1938년 10월, '마르크스주의의 중국화'라는 문제였다. 즉 마르크스주의는 중국의 상황에 알맞게 변형되어야 하고 중국인의 국민성과 문화 전통을 수용해야 한다는 것이었다. 마오쩌둥은 중국 공산당 내의 일부 지도자들과는 달리 소련 내의 공산당 운영 방식에 대한 직접적인 지식도 없었고, 마르크스나 레닌의 저서를 원어로 읽을 수도 없었다. 그러나 그는 자신이 중국의 사정은 더 잘 알고 있다고 주장했다. 마오쩌둥과 유소파(留蘇派: 소련 지향적인 공산주의자들) 사이의 불화는 1942~1943년의 정풍 운동(整風 運動)에서 표면화되었다. 이 운동은 1937년 이래 늘어난 수만 명의 신규 공산당원들에게 당 조직에 대한 마르크스 이론과 레닌의 원칙을 설명해주는 기본 교육을 제공하는 것이었다. 그러나 이에 못지않은 2차적인 목표는 마오쩌둥이 말하는 이른바 '외국 교조주의', 즉 소련의 방식을 무조건 답습하고 소련의 지령에 맹종하는 태도를 버리게 하는 것이었다.

마오쩌둥

1943년 3월, 마오쩌둥은 사무국과 정치국의 주석이 되면서 처음으로 공산당을 공식적으로 장악했다. 바로 그 직후 정풍 운동은 마오쩌둥에게 충성하지 않는 자들을 가혹하게 숙청하는 형태로 진행되었다. 이러한 상황 속에서 마오쩌둥이 농촌 지방에서 벌인 혁명 전쟁이 제4기, 즉 마지막 시기로서 국민당과의 내전 시기로 접어들었을 때 스탈린이 중국 공산당의 내전 승리에 별로 흥미를 보이지 않았던 것은 놀라운 일도 아니다. 그 당시 스탈린이 보여준 일련의 공식적인 조치들을 보면 이 사실을 잘 알 수 있다. 대표적인 사례로, 인민 해방군이 1949년 4월, 난징을 점령했을 때 광둥으로 퇴각하는 국민당 군대를 따라간 외교 사절은 소련 대사뿐이었다.

그러나 중국 공산당이 중국 전역을 장악했을 때 마오쩌둥과 스탈린은 새로운 상황에 적절히 대응할 수밖에 없었다. 1949년 10월 1일, 마오쩌둥은 중화인민공화국의 수립을 선포하고 국가 주석이 되었고, 1949년 12월 모스크바를 공식 방문했다. 그곳에서 2개월간의 열띤 타협 끝에 한정적인 경제 원조가 부수된 상호 원조 협약에 스탈린의 서명을 받아냈다. 그러나 중국은 경제 발전을 위해 설치한 시설들로부터 혜택을 받기도 전에 평양의 친소련 정권을 지원하기 위해 한국 전쟁에 참여하게 되었다. 마오쩌둥의 회고에 따르면 스탈린은 이 같은 한국전의 시련을 겪고 난 뒤에야 마오쩌둥을 신임하기 시작했다고 한다.

모스크바와의 긴장 관계에도 불구하고 중화인민공화국 초기의 정책들은 여러 가지 측면에서 소련의 방식을 따랐다. 마오쩌둥과 그의 동료들은 게릴라전, 시골의 농민 동원, 대중적인 정치 조직 결성 등에는 경험이 있었으나 국가의 경영이나 대규모 경제 발전 계획에는 직접적인 지식이나 경험이 없었다. 이러한 상황에서 소련이 유일한 모델이었다. 소련의 지도 아래 수립된 5개년 경제 개발 계획은 1953년에 실시되었다. 이 계획에는 소련의 기술 지원과 여러 개의 산업용 공장 완공이 포함되어 있었다. 그러나 그 뒤 2년 내에 마오쩌둥은 소련과의 정치적 이념적 연대를 단절하는 조치를 취했다.

1949년 봄, 마오쩌둥은 지금까지 중국 혁명은 지방으로부터 도시를 포위하는 비정통적인 노선을 걸어왔으나 앞으로는 도시가 지방을 이끌어가는 정통 노선을 걷게 될 것이라고 공표했다. 1950년, 그는 이러한 노선에 발맞추어 농촌 집단화는 중국의 중공업이 기계화에 필요한 장비를 제공할 수 있을 때만 가능하다는 류사오치[劉少奇]의 견해에 동의했다. 그러나 1955년 7월의 한 보고서에서 마오쩌둥은 이 같은 입장을 바꾸어 중국에서는 사회 변혁이 기계 변혁보다 앞설 수 있다고 주장했다. 근본적으로 외부의 지원을 전혀 받지 않고 물질적인 조건들을 향상시킨 일부 집단 농장들의 업적에 깊은 감명을 받아 중국 인민들의 무한한 잠재력을 믿게 된 것이다. 특히 혁명을 위해 동원되는 농촌 대중들은 임의로 자연과 그들의 사회 관계를 변모시킬 수 있는 잠재력을 갖고 있다고 생각했다. 이 같은 견해에 동의하지 않는 일부 지도자들은 마오쩌둥에 의해 '전족을 한 노파'라고 매도당했다. 이때부터 당 간부들의 집단적 의사 결정 과정을 무시하고 마오쩌둥의 임의대로 정책을 추진해 나가는 경향은 날이 갈수록 심해졌다.

마오쩌둥의 정책과 문화 대혁명

1956년 2월, 제20회 당 대회에서 스탈린을 비판하는 흐루쇼프의 비밀 연설이 있기도 전에 마오쩌둥과 그 동료들은 새 중국을 건설하는 데 지식인들을 자발적으로 참여시키기 위한 사기 진작책을 검토했다. 1956년 4월 말, 마오쩌둥은 '백화제방 정책(百花齊放政策: 여러 가지 다양한 사상을 자유롭게 표현하는 정책)'을 발표해 중국에 스탈린 치하의 소련과 비슷한 탄압적인 정치 분위기가 생겨나지 않도록 했다. 폴란드와 헝가리에서 탈(脫)스탈린화로 인해 빚어지는 사회적 혼란을 목도하면서도 이 정책을 포기하지 않고 과감하게 밀고 나갔다. 고위급 동료들이 이 정책을 실시하지 말라고 조언했으나 마오쩌둥은 중국 사회에 그때까지 존재하는 갈등 사항들은 대체로 적대적인 것이 아니라 수습 혹은 통합 가능한 것이라고 믿었다. 그 결과 벌어진 '백화제방(百花齊放)과 백가쟁명(百家爭鳴)'이 걷잡을 수 없는 상태로 되어가자 이러한 개방적인 당 노선에 대한 비판이 제기되었다. 마오쩌둥은 지식 계급에 의해 배신당했다는 느낌을 받고 그들을 무자비하게 탄압했다. 그때 이후 마오쩌둥은 근대화의 주역은 대중 서민과 그들의 창조성이라고 믿게 되었다. 해당 분야의 지식인이나 전문가들도 당성(黨性)이 충분하지 못하면 오히려 하방(下放)이란 제도를 이용하여 농촌으로 보내 노동을 시킴으로써 그들의 당성을 개조시켰다. 이러한 배경 아래 마오쩌둥은 1957~1958년 겨울에 대약진 운동이라는 정책을 입안해 1958년 5월 공식적으로 시행했다.

마오쩌둥의 농업 중시 경제 정책이 일방적이고 단세포적인 것은 결코 아니었다. 마오쩌둥은 공업화와 기술 혁명이 여전히 자신의 목표라고 공언했으나 기술 발전의 결과가 가져온 부정부패적 측면에 대해서는 끊임없이 불안을 느꼈다. 이러한 맥락에서 대약진 운동의 일환으로 인민공사(人民公社)의 설립을 지지하고 촉진한 것은 당연한 일이었다. 그러나 그 결과, 1955~1956년 협동 농장 단위로, 이어 1956~1957년 사회주의 집단 농장 단위로 구성되었던 농민들은 1958년에 다시 혼란스럽게 재편되는 상황을 경험했다. 결국 이러한 변화의 결과는 사회적 혼란과 경제적 파탄만을 가져왔다.

1958~1959년 겨울, 마오쩌둥은 전략의 일부 수정이 필요하다는 것을 인식해 인민공사의 구성원에게로 소유권을 분산시키고 공업과 농업에서 비현실적이고 과도한 생산 목표를 하향 조정하도록 했다. 그러면서도 인민공사를 비롯한 새로운 중국식 사회주의 노선이 크게 볼 때는 정당한 것이라고 주장했다. 1959년 7~8월, 루산[廬山]에서 개최된 제8회 전국대표대회 제8차 중앙위원회 전체 회의에서 당시 국방 장관이던 펑더화이는 대약진 운동의 부조리와 그에 따른 경제적 손실을 비판했다. 이에 펑더화이는 곧바로 모든 관직을 박탈당하고 감금 생활을 하다가 문화 대혁명 때 죽었다.

1960년, 마오쩌둥은 인민 해방군 내에 새로운 권력 기반을 구축하기 시작했고, 펑더화이에 이은 신임 국방 장관 린뱌오[林彪]는 군대를 마오쩌둥의 사상을 가르치는 위대한 학교로 개조시키는 작업에 착수했다. 동시에 마오쩌둥은 소련뿐만 아니라 중국 내에서도 정부 및 당 관료, 기술 및 예술 분야 엘리트 등의 특권 계급 사이에 새로운 부르주아 계급이 생겨나고 있다고 비난했다. 1963년에 이르러 중소(中蘇) 관계는 회복 불가능할 정도로 악화되었는데, 그 주된 이유는 무엇보다도 대약진 운동에 대해 소련이 비웃는 듯한 반응을 보였기 때문이었다. 마오쩌둥의 인민공사 설립안이 이념적으로 볼 때 근거 없는 것이라고 생각했던 흐루쇼프는 그 안(案)에 대해 조소를 퍼부었다. 1960년 흐루쇼프는 소련의 기술 지원단을 철수시켜 마오쩌둥에 대한 불쾌감을 표시했고, 이로 인해 소련의 지도와 원조 아래 건설되던 중국 내의 많은 대규모 공장들은 건설이 중단되었다. 흐루쇼프는 또한 타이완이나 인도에 대한 정책, 그리고 여타 외교 문제와 관련해서도 중국에 압력을 가했다. 마오쩌둥은 자신과 중국의 위신에 대한 모욕, 그리고 그로 인한 경제적 손실을 오랫동안 잊지 못했다.

마오쩌둥은 중국 내의 계급 투쟁에 대해서도 소련식 수정주의 노선이 제기되지 않을까 우려했다. 이 같은 우려는 1960년대 초반 대약진 운동의 경제적 파탄을 수습하기 위한 정책이 제시되면서 더욱 커져 갔다. 대약진 운동의 실패와 소련의 경제 원조 중단으로 인해 중국 내에 큰 기근이 일어났고, 수백만 명의 사람들이 굶어죽었다. 이러한 상황에 대처하기 위해 류사오치와 덩샤오핑[鄧小平], 그리고 기타 경제 계획 입안가들은 물질적인 동기를 부여하고 농업 생산에 있어서 개인 가계의 역할을 강화하자고 주장하고 나섰다. 처음에는 마오쩌둥도 이 같은 조치가 필요하다고 마지 못해 시인했으나 1962년 전반기에 류사오치 등의 경제 회복안들이 대약진 정책의 전부를 부정하고 나서는 것임을 깊이 인식하게 되었다. 이에 대한 직접적 대응으로 마오쩌둥은 1962년 9월에 개최된 8전대회 10중전회에서 계급 투쟁을 절대로 잊지 말 것을 촉구했다. 그 후 3년 동안 주로 마오쩌둥은 지방에서 사회주의 교육 운동을 통해 계급 투쟁을 전개해 나갔다. 이 같은 운동의 수행 방침을 놓고도 중국 지도층 내에서 치열한 권력 투쟁이 벌어졌다. 1964년 말, 류사오치가 당내 주자파(走資派)를 투쟁의 주목표로 삼자는 마오쩌둥의 요구를 거절하자 마오쩌둥은 그를 숙청해야겠다고 결심했고, 그것은 문화 대혁명으로 이어졌다.

문화 대혁명 운동은 당내 숙청 운동의 범위를 넘어서서 당내의 관료적 부패를 일거에 척결하기 위한 보다 과감하고 새로운 정책으로서, 마오쩌둥이 앞장서서 주창한 것이었다. 이것은 또한 마오쩌둥의 권위에 감히 도전했던 지도층 내의 인사들을 제거하기 위한 의도적인 운동이기도 했다. 이로 인해 제거된 인물들 중에는 국가 주석이었던 류사오치도 있었는데, 그는 가택 연금을 당한 뒤 지병이 악화되었으나 변변한 치료도 받지 못하고 병사했다.

문화 대혁명의 선봉에 섰던 홍위병들은 “반란을 일으키는 것은 정당하다”라고 외치면서 1966년의 여름 정국을 주도했다. 이로 인해 당 간부의 영향력뿐만 아니라 모든 권위가 도전받고 있다는 것을 보여주었다.

마오쩌둥은 1956년, 말로는 탈집중화가 강력한 사회주의 국가 건설에 필요하다고 주장했지만, 여전히 자신을 중심으로 한 강력한 중앙 정부 권력을 선호하고 있음을 드러냈다. 상하이의 급진주의자이며 이후에 4인방의 일원이 된 장춘차오[張春橋]와 야오원위안[姚文元]이 상하이 코뮌을 설립한 직후인 1967년 2월, 마오쩌둥을 방문했을 때 마오쩌둥은 우두머리(지도자)를 철폐하라는 주장은 극단적인 무정부주의이고 가장 보수적이고 반동적인 것이라고 주장하면서 언제나 우두머리가 있어야 한다고 역설했다. 그는 또 코뮌이 반혁명을 분쇄하기에는 너무 취약하다고 주장하면서 어떤 경우든 당 지도부의 역할이 있어야 한다고 강조했다. 이에 따라 상하이 코뮌은 해산되었고 혁명위원회로 대치되었다. 전(前) 당간부, 젊은 행동가, 인민해방군 대표들의 세력 균형에 바탕을 둔 이 혁명위원회는 마오쩌둥이 죽은 2년 뒤까지 존속되었다. 처음에는 군부가 위원회를 주로 장악했다. 1969년의 9전대회를 계기로 당재건 작업이 시행되었으나 린뱌오의 사망으로 군부의 영향력은 감소되었다. 1971~1972년에는 저우언라이[周恩來]를 주축으로 하여 문화 대혁명의 가치관과 1966년 이전의 정치 경제 질서 사이에서 일종의 절충이 시도되는 듯했다. 그러나 1976년 1월, 저우언라이가 사망하기 이전에 이미 이 같은 절충은 실패로 끝났고 말았다.

마오쩌둥이 전문 기술의 중요성을 인정했음에도 불구하고 그것은 문화대혁명 기간 홍위병들의 광란적인 정치적 수사에 묻혀버렸고, 외국에서 온 것은 모두 반혁명적인 것으로 간주되었다. 마오쩌둥의 마지막 10년은 파리 코뮌을 지향하는 대중 민주주의의 선언문으로 개막되었다. 그러나 가장 중앙 집권적인 독재자였던 진(秦)의 시황제를 연상케 할 정도로 마오쩌둥 자신에 대한 칭송 일색으로 막을 내렸다. 홍위병들의 비림비공(非林非孔)이란 구호에서 드러나듯, 린뱌오의 배신 이후 마오쩌둥은 전통적인 유교적 가치관마저 공격하여 실제로 공자의 흔적과 그를 숭상한 지식 분자들까지 모두 조리돌림하는 어처구니없는 막장 폭력을 휘둘렀다. 이로 인해 중국의 전통 문화를 철저히 파괴해 버리는 상태에까지 이르게 되었다.

마오쩌둥에 대한 평가

1949년(중화인민공화국 건국) 이후 마오쩌둥의 업적에 대한 평가는 명확하지 않다. 1981년 6월에 나온 중국 측의 공식적 평가에 따르면, 마오쩌둥의 지도 노선은 1957년 여름까지는 근본적으로 정당한 것이었으나 1957년 이후에는 옳고 그름이 혼재했으며, 심각한 잘못도 많았다는 것이다. 마오쩌둥의 두 가지 개혁 정책인 '대약진 운동'과 '문화 대혁명'은 잘못된 것이었고, 끔찍한 결과를 가져왔다는 것은 의심할 여지가 없다. 관료 제도를 견제하고 대중의 정치 참여를 유도한 점, 중국의 자립을 강조한 것은 대체로 칭송할 만한 것이지만, 이를 실현하기 위한 방법들은 과감하고 상상력에 넘치는 것이었음에도 불구하고 대체로 자멸적인 것이었다.

마오쩌둥의 전 생애를 놓고 볼 때 그의 부정적인 측면과 긍정적인 측면을 정확한 수치로 제시한다는 것은 쉬운 일이 아니다. 토지를 얻게 된 농민들의 행복과 내전 중에 희생된 수백만 명의 죽음을 어떻게 저울질할 수 있겠는가? 1949년 이후에 거둔 실제적인 경제 발전과 대약진 운동이 가져온 엄청난 기근, 그리고 문화 대혁명이 가져온 끔찍한 혼란을 어떻게 저울질할 수 있겠는가? 말년의 과오에도 불구하고 마오쩌둥의 공이 과를 덮고도 남는다는 공식적인 평판은 대체로 무난한 것 같다.

마오쩌둥은 장제스와의 국공 내전에서 승리한 후 베이징을 중심으로 중화인민공화국을 수립한 주역으로 높은 평가를 받는 반면, 대약진 운동의 실패, 문화 대혁명, 톈안먼 사태 등으로 많은 비판을 받아 극과 극으로 평가가 엇갈리는 정치 지도자로 꼽힌다. 그러나 1976년 저우언라이 수상 사망 후 벌어진 1차 톈안먼 사태는 혼수상태인 마오쩌둥을 등에 업고 4인방이 벌인 사건이지 마오쩌둥이 직접 지시한 것은 아니었다. 공산주의 혁명의 주체 세력을 농민으로 보고, 농촌에서의 계몽을 통한 공산주의 전파에 주력한 그의 사상은 레닌주의를 중국의 현실에 맞게 수정한 것으로, 레닌주의와 비교하여 마오쩌둥주의라고 일컬어진다.

마오쩌둥은 1959년 국가 주석을 사퇴하고 중국 공산당 당 주석이 되어 이후 1976년 9월 9일 84세의 나이로 사망할 때까지 중국 공산당을 장악했다. 마오쩌둥은 20세기 초 중국에 등장하여 공산주의 사상으로 인민들을 규합하고, 계급 투쟁을 통해 구시대적인 봉건제를 타파하여 농민들을 위한 사회주의 국가를 건설하고자 했다. 이로 인해 중국은 혼란에서 벗어나 경제적으로 큰 발전을 이루었다. 농민을 중요시한 그의 사상은 이후 세계 공산주의 혁명에 사상적인 토대를 제공했다. 그러나 한편으로는 정치, 문화, 사회적으로 무모한 정책을 펼쳐 많은 사람을 죽음으로 몰아넣었다는 비난을 받고 있기도 하다.

마오쩌둥의 마지막 20년 집권 형태를 놓고 볼 때 문화 대혁명은 발생될 수밖에 없는 논리적 귀결이었다. 그러나 그것이 마오쩌둥의 혁명 노선에서 나올 수 있는 유일한 결과는 결코 아니었다. 그의 전체 업적에 대한 평가는 마지막 집권 기간에만 한정되어서는 안 된다. 마오쩌둥은 지방에서의 게릴라전을 바탕으로 한 투쟁 노선을 설정해 내전에서 궁극적인 승리를 거두었고, 그로 인해 국민당 정부를 전복시켰다. 또한 농민들에게 토지를 분배하고 중국의 독립과 주권을 회복시킨 점 등에 있어서는 대단한 기여를 했다. 이 점을 부인하는 사람은 아무도 없다. 공산 혁명 이전 중국 사회 내에 팽배했던 불공정과 부정부패, 외세에 의한 국토 유린으로 인한 굴욕감 등을 놓고 볼 때 마오쩌둥의 중국 통일 업적은 충분한 평가를 받아야 한다.

한국에서는 그저 유명한 공산주의 정치가 정도로 알려져 있지만, 마오쩌둥은 사실은 그보다 훨씬 복잡한 인물이다. 이념과 진영에 관계없이 마오쩌둥은 권력의 흐름과 대중의 심리를 정확히 읽어내는 탁월한 감각과 대중을 압도하는 카리스마, 뛰어난 문장력으로 수많은 이들을 매혹시켰으며, 이렇게 모은 추종자들을 바탕으로 평생 권력을 손에서 놓지 않았다. 또한 현대 게릴라 전술을 완성한 군인이자 중국 대륙 통일의 위업을 달성한 정치 지도자이면서 농민을 혁명의 주력으로 내세운 중국식 공산주의 이론을 창시한 사상가였다. 동시에 그는 뛰어난 문장력을 자랑하는 저술가이자 시인이었다.

소련의 흐루쇼프가 스탈린을 격하시킨 것과 달리 마오쩌둥이 죽은 뒤 새로운 중국의 절대자로 등극한 덩샤오핑은 마오쩌둥과는 정반대의 정책을 실시했지만, "마오쩌둥의 공과는 7:3"이라고 주장하며 그를 신화적 위치에서 끌어내리지 않았다. 소련에는 스탈린이 없어도 레닌이 있었기 때문에 스탈린에 대한 비판이 가능했다. 1956년 이전에는 주요 관공서에 레닌과 스탈린의 초상화가 함께 걸려 있었으나 흐루쇼프의 탈스탈린화 이후 스탈린의 초상화와 동상 등 선전물은 모두 철거되고 레닌이 소련의 절대적인 우상이 되었다. 러시아 내의 공산주의자들 사이에서 레닌과 함께 스탈린이 다시 우상이 된 것은 소련 붕괴 이후의 일이다. 반면 마오쩌둥의 위상은 중국의 다른 인물로는 대체 불가능한 수준이었기 때문에 아직까지도 그에 대한 비판에 민감하다. 마오쩌둥 이전에도 천두슈 등 중국 공산당을 창당한 창당 1세대들도 있었다. 하지만 이들은 중화인민공화국이 건국되기 전에 모두 사망했거나, 쑨원 사후 장제스의 등장으로 시작된 국민당 정권의 정치적 탄압 속에서 급성장한 마오쩌둥, 주더, 저우언라이, 펑더화이 등의 신진 세력들에게 정당 내 주도권을 잃고 비공산주의자들로 전향했다.

마오쩌둥은 공식적으로는 현대 공산 중국을 탄생시킨 국부의 위치에 있기 때문에 모든 위안화의 앞면에는 그의 초상화가 그려져 있고, 베이징에 있는 톈안먼(천안문) 광장에는 그의 초상화가 걸려 있다. 현재의 중국 사회에서 마오쩌둥은 시간이 갈수록 오히려 더 중요한 인물로 신격화되는 경지에 이르고 있다. 마오쩌둥에 대한 그들의 존경심을 서방 세계의 비판적인 시각으로 훼손할 필요는 없다. 이는 중국 사회가 북한 사회와는 달리 국가적으로 우상 숭배를 강요하는 사회적 분위기는 아니기 때문이다.

마오쩌둥의 후계자

마오쩌둥이 공산당 당 주석으로 권력을 장악한 후 구성한 최초의 중앙위 상무위원은 다음과 같다. 국가 주석에 류사오치[劉少奇], 국무원 총리에 저우언라이[周恩來], 부주석에 주더[朱德], 당 총서기 덩샤오핑[鄧小平], 나머지 부주석에 죽은 런비스를 대신한 천윈[陳雲], 그리고 나중에 추가된 인물인 린뱌오[林彪]가 있었다. 마오쩌둥을 비롯한 총 7명의 중앙 상무위원들이 집단 지도 체제로 중국 공산당을 이끌어 나가는 것으로 되어 있었지만, 사실상 마오쩌둥이 거의 전권을 가지고 있었다.

마오쩌둥이 처음 후계자로 점찍었던 사람은 고향 후배 류사오치였다. 류사오치는 대장정 중의 쭌이 회의에서 마오쩌둥을 지지하여 마오쩌둥이 당권을 되찾는 데 큰 역할을 했기 때문에 그를 신임하게 되었다. 그리고 류사오치는 홍구파인 다른 중국 공산당 중앙의 주류들과 달리 도시 노동자 운동을 전개한 백구파 지도자였고, 농촌에 기반했다는 이유로 '마가린 공산주의'라고 비판하는 스탈린을 설득하기에도 좋은 선택이었다. 따라서 1945년, 7차 당 대회 이후 류사오치는 마오쩌둥이 휴가나 외유를 떠날 때마다 중앙위원회 주석직을 대행하면서 마오쩌둥의 후계자로 행동했다. 하지만 중국 공산당 내부에서 강력한 카리스마를 구축했던 마오쩌둥은 류사오치가 독립적인 후계자로 군림하도록 할 생각이 전혀 없었고, 얼굴 마담 정도로 적절히 이용하여 자신에게 복종하도록 했다.

대약진 운동 시기, 마오쩌둥은 반대 의견을 내세운 저우언라이와 천윈을 견제하면서 국무원을 마비시키는 동시에 류사오치와 덩샤오핑의 서기처에 대약진 운동 집행을 맡기는 등 류사오치의 위상은 더욱 향상되었다. 대약진 운동이 한창이던 1959년 4월 27일, 마오쩌둥은 국가 주석직을 류사오치에게 넘겨주었다. 그러나 권력의 중핵인 당중앙위원회 주석 및 군사위 주석직은 여전히 가지고 있었다.

그러나 1960년 이후 대약진 운동이 중앙 지도부의 상상을 초월하는 대참사임이 드러나게 되자 마오쩌둥은 총노선은 옳았고, 성공이 9할, 실패가 1할이라는 입장을 굽히지 않았다. 하지만 류사오치는 천재(天災)가 3할, 인재(人災)가 7할이라는 주장을 하면서 마오쩌둥에게 맞섰다. 이 시기 류사오치는 국가 주석으로서 '류 주석'으로 불리며 위상이 급격히 상승해 중국은 마치 두 개의 태양이 떠 있는 듯한 형상이 되었다. 반면, 마오쩌둥의 권위는 상당한 타격을 입어 1962년 '7천인 대회'에서 펑전이 마오쩌둥의 자아비판을 요구하는 초유의 사태가 벌어졌다. 마오쩌둥은 마지못해 자아비판을 해야 했지만, 그는 복수를 준비하고 있었다. 1964년, 소련의 흐루쇼프가 실각하자 마오쩌둥은 류사오치가 자신에게도 같은 짓을 할 것이라고 의심하여 1965년에 그를 후계 선상에서 완전히 배제했고, 문화 대혁명을 통해 숙청했다. 류사오치는 문화 대혁명으로 실각하고 홍위병들에게 조리돌림당한 다음 비참하게 삶을 마감했다.

마오쩌둥은 류사오치를 배제한 이후 펑전과 덩샤오핑 중에 한 사람을 후계자로 삼으려 했으나 펑전이 7천인 대회에서 반기를 들자 그를 즉각 배제하고 역시 문화 대혁명을 통해 숙청했다. 덩샤오핑 역시 류사오치급 배신자는 아니지만 교정이 필요하다는 이유로 지방으로 하방시켰다. 그 이후 떠오른 것은 린뱌오[林彪]였다.

린뱌오는 정강산 투쟁에 젊은 나이로 참전한 오랜 전우로, 마오쩌둥에 대한 충성심은 제일 확고했다. 그는 군 내에서 마오쩌둥 우상화를 적극 추진했으며, 펑더화이, 류사오치, 덩샤오핑, 펑전, 루닝이 등 마오쩌둥의 눈 밖에 난 동지들을 가차없이 공격하면서 진가를 발휘했다. 여기에 국방부장 재임 시에 중국과 인도 간 분쟁에서 인도군을 대파해 군사적 공로도 있었다. 덕분에 린뱌오는 1966년 8월, 8기 11중전회에서 유일한 부주석으로 선출되어 '마오 주석의 친밀한 전우'로 떠올랐다. 하지만 린뱌오는 국가 주석직 폐지 문제를 놓고 마오쩌둥과 갈등을 빚다가 1970년 9기 2중전회에서 제대로 타격을 맞았다. 그 후 린뱌오의 아들과 부하 등이 주도한 마오쩌둥 암살 계획이라는 '571 공정'이 폭로되면서 비행기로 도망하던 중 사고로 사망했다. 한편, 마오쩌둥은 린뱌오의 군권이 지나치게 강화된 것 때문에 어차피 그를 숙청할 계획이었다는 해석도 있으며, 571 공정의 실체에 대해서도 많은 의문이 제기되고 있다.

문화 대혁명 과정을 통해 원로들은 점차 뒤로 밀려났다. 이미 판단력이 흐려진 마오쩌둥 주변에는 듣기 좋은 소리만 하던 아내 장칭[江青]을 비롯한 여오원위안[姚文元], 왕훙원[王洪文], 장춘차오[張春橋] 등이 있었다. 세상에서는 이들을 4인방(幇)이라 하여 간신 무리처럼 취급했다.

그중 가장 먼저 떠오른 인물이 왕훙원[王洪文]이었다. 초등학교를 중퇴한 일자무식의 왕훙원은 문화 대혁명 당시 상하이에서 학생 운동과 노동 운동을 결합한 소위 '조반(造反) 운동'을 하며 떠올랐고, 곧 문화 대혁명의 중심 인물이 되었다. 마오쩌둥은 중앙 정계로 들어선 그를 눈여겨보다가 후계자로 삼으려고 여러 책임을 맡겼다. 하지만 그릇이 아니었던 왕훙원은 마오쩌둥의 기대를 저버리고 중앙 정계에서 권력에 탐닉했고, 여러 실무에서 무능을 보이며 마오쩌둥의 눈 밖에 났다. 왕훙원에게 실망한 마오쩌둥은 다시 덩샤오핑을 데려왔지만 덩샤오핑이 실용적 관점에서 실시한 개혁인 정돈 사업이 부르주아적이라고 불만을 품게 되었다. 마오쩌둥은 이때 파킨슨병 증세가 나타나기 시작했고, 간병(看病) 및 연락을 담당한 장칭과 조카 마오웬신[毛遠新]의 밀실 권력이 커져 갔다. 이들은 판단력이 이미 흐려진 마오쩌둥 옆에서 덩샤오핑이 주자파 반동이라고 열심히 세뇌하여 1976년 4월 7일 정치국 회의에서 덩샤오핑을 숙청했다.

마지막으로 마오쩌둥이 선택한 사람은 후난성 고향 후배인 화궈펑[華國鋒]이었다. 당시 화궈펑은 후난성 당서기를 맡고 있었을 뿐 중앙 정계에서는 무명에 가까운 인물이었다. 마오쩌둥은 그가 문화 대혁명을 계속하면서도 장칭에게 지나치게 놀아나지 않고 어느 정도 중용의 노선을 걸으리라고 기대하고 그를 저우언라이의 후임 총리 및 중앙위원회 제1부주석으로 보선하면서 후계자로 지명했다. 마오쩌둥 사후에 화궈펑은 극력 저항하는 장칭을 비롯한 4인방을 숙청하고 권력을 공고히 하는 듯했으나 당에서의 위상이 훨씬 높았던 덩샤오핑에게는 역부족이어서 권력을 빼앗기고 말았다. 결국 마오쩌둥이 지명한 후계자들은 하나같이 모두 실패하고 말았다. 결과론적으로 말하면 그 실패가 중국을 부흥하게 만든 계기가 되기도 했다.

마오주의

마오주의(Maoism)라고 불리는 마오쩌둥식 사회주의는 마오쩌둥 사후 사라지기는커녕 전 세계의 혁명 이론으로 퍼져나갔다. 마오이즘은 정통적인 마르크스-레닌주의와는 달리 도시의 노동자들이 아닌 농촌의 농민들을 혁명의 기반으로 파악한 마오쩌둥 특유의 사상이었다. 일명 '농민들의 마르크시즘'으로 불리며 한때는 제3 세계의 혁명가들에게 '빛나는 길'을 열어주었다. 68 혁명 시기에는 서구에서도 급진적 무장 투쟁 조직인 바더 마인호프가 마오이즘에 영향을 받기도 했다. 그러나 현재는 사회주의 세력의 전반적인 퇴조로 네팔 등지에서만 일부 수용되고 있다.

마오쩌둥 사상은 스스로는 유물 변증법을 토대로 했다고 하나 마르크스주의보다는 중국의 전통 사상에 훨씬 더 영향을 받았다. 여담이지만 북한의 주체 사상은 마오쩌둥 사상의 영향을 크게 받은 것으로 보인다. 북한 스스로는 부정하지만 우상화를 통한 수령론 같은 것은 마오주의와 판박이다.

마오쩌둥의 사회주의가 소련식의 마르크스주의인 레닌주의(사실은 스탈린주의)와 다른 이유는 중국의 특수한 상황 때문이기도 했다. 혁명 당시 러시아는 농업 국가이기는 했어도 도시에는 충분한 수의 노동 계급이 형성되어 있었고, 정부 기관이 도시에 몰려 있었기 때문에 도시 노동자만 잘 조직해도 혁명을 이룰 수 있었다. 그래서 레닌주의에서는 도시의 노동 계급을 혁명의 주체로 보았다. 그러나 중국은 러시아보다도 훨씬 뒤처진 농업 국가였고, 노동자와 도시화는 거의 존재하지 않았기 때문에 이를 그대로 적용해서 사회주의 혁명을 하는 것은 무리였다. 실제로 1차 국공 합작이 붕괴된 후 소련 유학생 출신들이 중국 공산당의 당권을 잡고 소련식의 전략을 차용했다가 모두 망하고 말았다. 이렇게 되어 마오쩌둥에게 자연스럽게 당권이 돌아왔다. 반면, 마오쩌둥은 소련의 혁명 이론 대신 중국 고유의 농민 반란의 역사에 주목하여 농민을 사회주의 혁명의 주체로 삼는 전략을 마련했다. 홍수취안이 일으켰던 '태평천국의 난'에 많은 영향을 받았다는 설도 있다. 그리하여 마오쩌둥은 도시의 직접 봉기 대신에 농촌에서 세력을 넓혀서 도시를 포위하는 전법을 사용해야 한다고 주장했다. 이런 전략은 전근대적 사회에 매우 효과적이었고, 한동안 여러 제3세계의 혁명가들이 차용하여 많은 성공을 거두었다.

대표적인 것이 네팔과 인도 산악 지대의 마오주의자들이며, 농촌 중심의 혁명 전략을 세운 그들의 사상은 아직도 많은 추종자를 이끌고 있다. 현재에도 마오주의자를 자처하는 게릴라가 남미와 같은 저개발 국가에서 활약하고 있고, 특히 네팔에서는 이들이 게릴라전을 벌여 결국 왕정을 폐지하고 공화국을 세우는 데 일조했다. 참고로 중국에서는 이들의 적인 네팔의 왕정을 지원했기 때문에 이들을 마오주의자라고 보도하지 않고 '비적(匪賊)'이라고 보도했다. 비적은 국민당이 공산당을 부를 때 쓰던 말이다. 인도에서도 마오주의자들이 정부와 간간이 전투를 벌이고 있다.

마오쩌둥은 마르크스-레닌주의나 그것을 변용한 스탈린주의에 입각한 소련식 교조적 공산주의 이론을 "(비료로 쓸 수 있는) 똥보다도 못하다"고 경멸했다. 이런 점 때문에 마오쩌둥은 서구의 사상을 도입한 인물이 아니라 멀리는 한 고조 유방부터 명나라를 건국한 주원장에 이르기까지 중국사에서 난세마다 등장하는 농민 반란군의 계보를 잇는 인물로 볼 수 있다. 그러나 문화 대혁명 때 홍위병을 부추겨 중국의 전통을 모조리 파괴하려 했던 것을 고려하면 이러한 평가가 아이러니하게 비칠 수도 있다. 마오쩌둥의 이론은 소련식의 사회주의와는 완전히 다른 것이었기 때문에 스탈린은 마오쩌둥을 국공 내전의 말기까지도 신뢰하지 않았고, 오히려 장제스에게 엄청난 원조를 해주기도 했다. 소련 측은 마오쩌둥을 '마가린(가짜) 사회주의자'로 공공연히 무시했는데, 결국 이것은 후에 중국-소련 간의 갈등과 국경 분쟁의 원인이 되기도 했다.

마오쩌둥은 "권력은 총구(銃口)에서 나온다"는 말을 남겼고, 숙적 장제스와 함께 군사적 사고를 가졌던 지도자로 알려져 있다. 차이점이라면 장제스는 제대로 된 군관 학교에서 수학했고 일본 유학까지 다녀온 정형화된 사관 학교 장교 출신이라면, 마오쩌둥은 비록 정식 교육을 받은 적은 없지만 게릴라, 빨치산 활동을 통해 실전에서 경험을 쌓은 전략가라고 할 수 있다.

마오쩌둥의 군사 이론은 중국의 고대 병법과 클라우제비츠의 《전쟁론》을 결합한 독특한 것이었다. 클라우제비츠는 '중심의 유린'을 중시했지만, 마오쩌둥은 일단 자신의 역량이 뒤처질 때는 주변부를 장악하면서 중심을 포위하여 고립시킨 후, 적의 역량이 감소하고 자신의 역량이 우월해졌을 때 적의 중심을 쳐야 한다고 주장했다. 이 때문에 마오쩌둥은 전술 차원에서든지 전략 차원에서든지 자신의 역량이 뒤처질 때는 적의 주력과 대결하는 것은 피했고, 결정적 순간에 압도적인 병력을 집중시켜 적을 섬멸하는 것을 목표로 했다.

마오쩌둥의 군사 이론은 혁명 이론과 불가분의 관계에 있다. 마오쩌둥은 게릴라와 농민의 관계를 물고기와 물의 관계, 수어지교(水魚之交)라고 했다. 젊은 시절 《삼국지연의》를 거의 강박증에 가깝게 탐독했는데, 거기서 권력은 민심을 장악하는 자의 것이라는 것을 배웠을 것이다. 즉 게릴라는 기층 민중, 다수 민중의 지지가 필수적이고 중국의 경우는 다수가 농민이라는 것이다. 이러한 이론 때문에 기계화보다는 보병의 과감한 기동력과 수적 우위를 중시했고, 무기의 성능보다는 인간의 의지와 민중의 각성을 더욱 강조했다. 소련이나 미국과 같은 침략자가 중국에 쳐들어오면 중일 전쟁처럼 대규모의 게릴라전을 펼쳐 적을 '인민의 바다'에 빠뜨려 수장시킨다는 것이다. 이런 유격 전술을 마오쩌둥은 인민의 전쟁이라고 불렀다.

게릴라와 보병 중심의 기동을 중시하는 이러한 전술은, 복잡한 상층 구조를 갖춘 현대 국가를 엎어버리는 혁명군의 입장에서는 지극히 유용했지만, 거대한 현대 국가를 운용하는 단계에서는 당연히 사용할 수 없는 것이었다. 건국 후 국가의 기틀을 다지고 있는 시점에 기존의 체제를 포기하고 인민 전쟁을 한다는 것은 무의미한 것이었다. 그리하여 전문적으로 소련에서 군사 교육을 받았고 6.25 전쟁에서 중공군을 지휘하며 미국의 군사적 위력을 경험했던 국방부장 펑더화이는 마오쩌둥 이론에 반기를 들었다. 1950년대 말 펑더화이는 "이제 우리도 미국이나 소련처럼 전문적인 장교단이 지휘하고 첨단 무기로 무장한 인민 해방군을 건설해야 한다"고 주장했다. 이는 마오쩌둥의 군사 이론과는 모순되는 것이었고, 결국 이것은 펑더화이가 실각한 한 이유가 되었다.

마오쩌둥은 새로운 시대에 따른 변화를 거부하고 극좌적 혁명 지속론을 고수했고, 이는 결국 중국 인민들을 오랫동안 고통에 밀어 넣었다. 그는 부르주아적인 안정화에 대해 반대하며 외교를 제외하고는 정치, 경제, 군사를 모두 초기의 이상적 혁명 이론에 따라 운용했다. 인민의 무제한적 동원이 기술과 자본을 능가할 것이라고 믿었던 대약진 운동과 일부 반동 주자파만 숙청하면 나머지 인민들이 올바른 프롤레타리아 신문화를 설립할 것이라고 믿었던 문화 대혁명 모두 이러한 맥락에서 이루어졌다. 실용적인 입장에서 인민의 삶과 국가의 변화를 주장하며 마오쩌둥과 여러 차례 충돌했던 펑더화이의 숙청은 마오쩌둥이 살아 있는 한 예고된 일이었다. 그것은 이후 주자파(走資派) 숙청 등으로 이어지며 중국 사회를 벼랑으로 몰아넣는 단초가 되었다.

제44강

중화인민공화국의 창업자들

영원한 총리 저우언라이(周恩來, 1898~1976)

1898년 장쑤성 화이안(淮安)의 관료 집안에서 태어난 저우언라이(주은래)는 태어난 지 얼마 지나지 않아 작은할아버지의 양자로 입양되었다. 그러나 열 살 때 친부모를 비롯해 양부모까지 잃고 고아가 되어 저장성 사오싱(소흥, 紹興)의 큰아버지 댁에 몸을 의탁했다. 어린 시절에 그는 서당에 다니며 유교 교육을 받았지만, 사오싱에서 서구 사상을 접하면서 반정부 의식을 키우게 되었다. 1913년 톈진에 있는 난카이 중학교에 입학해 수학했고, 졸업 후인 1917년 일본으로 유학을 떠나 공부를 계속했다. 그는 중국에 대한 일본의 압력이 점점 커지자 귀국하여 난카이 대학교를 다녔다. 그러나 5.4 운동에 적극적으로 참여한 일로 체포되어 투옥되었고, 대학에서는 퇴학당했다. 그럼에도 그는 톈진학생연합, 각오사(覺悟社) 등을 조직하면서 학생을 중심으로 한 항일 운동을 계속했다. 그는 각오사 활동을 통해 공산당 정치가인 덩잉차오(鄧穎超)를 만났고, 두 사람은 저우언라이가 프랑스 유학을 다녀온 후인 1925년에 결혼했다.

1920년, 저우언라이는 프랑스로 유학을 떠나 파리 대학교에서 정치학을 전공했다. 파리에서 그는 유럽을 휩쓰는 개혁의 물결을 목도하며 다양한 혁명 사상을 받아들였다. 그가 특히 심취했던 것은 공산주의로, 1921년 중국 공산당이 창당되자 1922년에 파리에서 중국 공산당 지부를 조직했다. 그는 독일, 벨기에 등 유럽 각국을 거쳐 공산주의 청년단을 선발했고, 1924년에는 국공 합작을 위해 귀국했다.

귀국 후 저우언라이는 황푸 군관 학교에서 정치부 주임으로 교관 생활을 시작했다. 황푸 군관 학교는 중국 최초의 현대식 군사 학교로 정식 명칭은 중국 국민당 육군 군관 학교다. 반군벌, 반제국주의를 위해 혁명군이 필요하다는 사실을 절감한 쑨원이 소련의 학교를 본떠 학제를 편성하고, 코민테른이 무기와 군사 고문 등을 지원하여 완성된 현대식 군사 학교였다. 1924년 6월 16일, 광둥성 광저우 황푸[黃浦]에서 설립식이 개최되어 황푸 군관 학교라고 불리게 되었다. 이듬해 쑨원이 사망하고 1927년 국공 합작이 결렬되자 학교도 문을 닫았지만, 이곳에서 배출한 군사들은 북벌, 중일 전쟁, 국공 내전에서 활약하며 중국 근대사에 족적을 남겼다.

저우언라이는 이 시기 군인 지도자를 양성하는 한편, 1925년에 광저우를 점령한 군벌 천충밍(陳總明)을 토벌하여 장제스의 신임을 얻고 학교 내 군법회의 위원장으로 임명되었다. 또한 교내 공산주의자를 선발하여 공산당의 세력을 늘린 공으로 1927년 우한에서 열린 중국 공산당 제5차 전국대표대회에서 중앙 위원 및 정치국 위원으로 선출되었다. 그러나 쑨원 사후 국민당을 장악한 장제스는 국민당 내 좌파와 공산당을 경계하여 1927년 4월 12일 상하이에서 공산당을 대대적으로 숙청했다. 국공 합작은 결렬되었고, 중국 공산당 역시 무력으로 국민당에 대항하는 방향으로 선회했다.

저우언라이는 1927년 7월 국민당의 북벌군이 주둔하고 있는 난창[南昌]을 점령하는 데 성공했다. 그러나 닷새 만에 국민당 군대에게 패퇴했고, 광저우, 상하이 등지에서 연달아 봉기를 일으키며 괴멸된 조직을 재건하는 데 주력했지만, 이 역시 별다른 성과를 거두지 못했다. 당시 저우언라이는 대도시를 전면 공격하여 무력으로 탈취하는 소련식 군사 작전을 시행했는데,

봉기가 연달아 실패하자 대도시를 상대로 한 소련식 전술에 회의를 갖게 되었다.

저우언라이는 결국 상하이를 떠나 장시로 향했다. 장시는 1931년 11월 7일 마오쩌둥과 주더가 소비에트 정부를 수립한 지역으로, 장제스 정부의 계속된 탄압을 피해 공산주의자들이 속속 모여들고 있었다. 장시 소비에트에 도착한 저우언라이는 이곳에서 홍군 정치 위원이 되었다. 이때부터 저우언라이는 마오쩌둥이 주장한 '농민에 의한 혁명' 사상을 지지하고, 주더의 소규모 게릴라 전술을 채택했다. 1934년 마오쩌둥의 대장정이 시작되자 그는 마오쩌둥의 지도력을 확인하고 군사위원회에서 물러났다. 또한 과거 홍군의 전술이 잘못되었음을 인정하고 "마오쩌둥은 언제나 옳았다."라며 2인자 역할을 자처했고, 마오쩌둥을 보좌하기 시작했다. 이후 지도자 마오쩌둥의 이념과 식견을 인정하고 언제나 그를 지지함으로써 공산당 내부의 분열을 막고 중국을 개혁하는 데 박차를 가했다.

저우언라이

국민당과 공산당이 계속하여 대립하는 가운데 일본의 침략 위험이 거세지자 중국 내 항일 운동의 기운도 점차 높아지기 시작했다. 그러나 장제스가 외세에 대적하기보다 내전에 주력하자 동북군 지도자 장쉐량이 장제스를 억류하는 시안 사건이 발생했다. 이때 저우언라이는 반란군을 설득하여 장제스의 구금을 풀어 주고, 다시 국공 연합 전선을 구축하는 데 일조했다. 또한 중일 전쟁 당시 공산당을 대표해 외교적인 역할을 도맡았으며 이후 국민당과 협상하는 최선봉에 섰다.

1949년 중화인민공화국이 수립되자 저우언라이는 초대 총리와 외교부장을 맡아 노련하고 실용적인 외교 노선을 견지했다. 그는 마오쩌둥이 추진한 대약진 운동, 문화 대혁명 등 급진적인 정책을 완화시켰으며, 1972년에는 중국을 방문한 닉슨 대통령과 회담을 통해 미중 국교 정상화를 주도했다. 그는 문화 대혁명 당시 숙청 인사들을 보호했으며, 덩샤오핑이 정치 일선에 복귀하는 데 도움을 주었다. 또한 홍위군의 무자비한 파괴에 앞서 문화유산을 보호하는 데도 노력했다. 이 때문에 그는 4인방의 공격을 받았으나 주변의 만류로 총리직을 유지할 수 있었고, 사망하기 바로 전까지도 정무를 수행했다고 한다. 그는 1976년 1월, 마오쩌둥에 앞서 사망했으며 유언에 따라 그의 유해는 화장되었다.

중화인민공화국의 초대 총리 저우언라이는 마오쩌둥의 충실한 오른팔로 활동하면서 공산당 내 2인자로 군림했다. 그러나 그는 권력에 욕심을 내지 않고 국가를 사랑한 정치가로서 지금까지 많은 중국인의 존경을 받고 있다. 그는 평생 '6무(無)' 여섯 가지를 하지 않겠다고 결심했고 평생을 실천했다.

1. 死不留灰 (사불유회) 사망 후 유골을 남기지 않는다.
2. 生而無後 (생이무후) 살아서 후손을 두지 않는다.
3. 官而無型 (관이무형) 관직에 있지만 드러내지 않는다.
4. 黨而無私 (당이무사) 당을 조직했어도 사조직은 꾸리지 않는다.
5. 勞而不怨 (노이불원) 고생은 했어도 원망하지 않는다.
6. 死不留言 (사불유언) 죽어서 유언을 남기지 않아 정치 풍파를 막는다.

저우언라이는 마오쩌둥 사망에 앞서 1976년 1월 15일 별세했다. 유해는 그의 유언대로 화장을 마친 뒤 비행기에 태워 그가 모든 삶을 바쳐 사랑했던 조국 강토 위에 뿌려졌다. 이날 미국 뉴욕의 유엔 본부에는 이례적으로 조기(弔旗)가 걸렸다. 격동의 78년을 살아온 대륙의 혁명가이자 권력의 2인자인 그는 추도식을 크게 치르지 말 것과 부부이기에 앞서 영원한 혁명 동지인 덩잉차오(鄧穎超)는 아내로서보다는 전우의 자격으로 추도식에 참석해 줄 것, 모든 재산을 당에 기부할 것을 유언장을 통해 당부했다. 자녀가 없었던 저우언라이는 또 조카들을 향해 이렇게 유언했다.

"반드시 기억해라. 혁명의 길 위에서 친척이라는 이유로 특권을 누려서는 안 된다."

가난한 중국의 살림살이를 꾸려나가는 총리이지만 암으로 투병하고 있었던 그는 눈을 감기 직전 친척들에게도 자신의 장례식과 관련해 다음과 같은 유언을 했다.

"친척들은 각자의 자리를 지키며 직무를 다하도록 하고, 장례식 참석을 위해 베이징에 오지 마라. 만약 반드시 베이징에 오려고 한다면 마땅히 스스로 차비를 부담하게 하라. 단돈 1원도 정부에서 지출해서는 안 된다."

1972년 미국 국가 원수로서는 처음으로 역사적인 중국 방문을 했던 닉슨 전 대통령은 "마오쩌둥이 없었더라면 중국 혁명이라는 불은 발화되지 않았을 것이다. 그러나 저우언라이가 없었으면 불은 이미 다 타서 재가 되었을 것"이라는 유명한 말을 남겼다. 닉슨은 새로운 세계를 창조하기 위한 '위대한 파괴자 마오쩌둥'보다 새로운 세계를 건설한 '위대한 설계사 저우언라이'를 더 높게 평가한 것이다.

미국과 영국이 지원하는 장제스(蔣介石)의 국민당 군대에 비해 열세였던 마오쩌눙의 홍군이 결국 승리하고 오늘의 신중국을 세웠던 동력은 무엇이었을까? 지금까지 수많은 분석이 쏟아져 나왔고, 베트남의 사례에서도 나타났듯, 오늘의 중국이 있기까지의 동력 가운데 하나는 당시 지도자 그룹의 도덕성 때문으로 볼 수 있다. 그 대표적인 인물로 저우언라이는 국공 내전과 항일 전쟁 중에시도 그의 진 재산은 옷 두 빌과 딤요 한 장이 전부였다. 1949년 10월, 지금의 신중국이 성립된 후 그가 세상을 뜨기까지 30여 년 동안 중국의 총리이자 최고 권력의 자리에 있었지만 나무 침대에서 잤고 두 가지 요리와 탕 하나로 식사했다. 매주 두 끼 식사는 거친 잡곡을 먹었다. 중국 경제가 어려웠던 불황기에는 몇 달이고 고기 식사를 하지 않았으며, 옷을 꿰매고 또 꿰매어 입었다.

1958년 가을, 저우언라이 총리가 하남성 정저우(鄭州)를 방문했을 때의 일이다. 총리 수행원이 소매와 옷깃이 꿰맨 자국으로 너덜너덜한 옷을 복무원에게 세탁을 부탁했다. 옷을 받아든 세탁 복무원은 "총리를 수행해 외국에도 나가는 분이 이런 낡은 옷을 입고 다닙니까?"라고 물었다. 그러자 수행원은 "내 것이 아니라 총리가 속에 입는 옷입니다"라고 말했다. 전쟁 중에는 옷 두 벌과 담요 하나로 살았다. 저우언라이의 잠옷 중에서 한 벌은 1950년에 산 것이었다. 바느질 자국투성이었지만 1976년 1월 그가 세상을 뜰 때까지 입고 있었다. 1949년 중화인민공화국이 성립되고 얼마 지나지 않았던 당시, 저우언라이 총리는 조카인 주이휘가 장쑤성 양주에서 중학교를 다니고 있었는데, 집안 형편이 매우 어려웠다. 조카 주이휘는 처음에는 장학금을 받았지만, 저우언라이 총리는 그 사실을 알고 그에게 장학금을 받지 못하게 하는 대신에 총리 월급에서 그의 생활비를 댔다. 1952년 조카 주이휘가 베이징 공립 중학교에 입학하기 전 저우 총리는 조카에게 "말을 할 때나 생활기록부를 작성할 때든 언제든지 총리의 조카임을 밝히지 말 것"을 거듭 당부했다. 또한 "네가 내 조카인 것을 사람들이 알면 무슨 일을 하든지 너를 봐줄 것이고, 네가 못하더라도 그냥 넘어갈 것이다. 그렇게 되면 너는 우월감을 갖게 될 것이고, 너의 발전 또한 느릴 것이다."라고 말했다고 한다. 조카 주이휘는 중학교를 졸업하고 베이징 철강 대학에 진학할 때까지 누구에게도 총리의 조카임을 밝히지 않았다. 주이휘가 공산당에 입당할 때가 되어서 당 조직에서는 그의 가정 출신과 가족 관계를 조사했는데, 그때서야 주이휘가 총리의 조카임을 알게 되었다.

5천 년을 이어온 장구한 중국의 역사 속에는 수많은 위대한 사상가뿐 아니라 불세출의 영웅호걸들이 등장했다. 그러나 현대 중국에서 저우언라이만큼 인민들의 존경과 사랑을 받고 있는 지도자는 없다고 해도 지나친 표현은 아닐 것이다. 2천 년 전 삼황오제와 하·은·주 시대부터 한 무제 때까지 3천 년의 역사를 기록한 사마천은 '가장 못나고 무능한 정치가는 백성들과 다투는 자'라고 규정했다. 사마천은 정치는 '자연스러움을 따르는 것'이라며 정치의 본질을 정의했고, '백성들을 평안하게 하는 것이 바로 정치'라고 했다. 저우언라이는 사마천이 말한 정치인으로서 조건을 갖춘 인물이었다. 저우언라이를 압축해 소개한다면 '권력의 자리에 있었지만 청렴하고 검소했으며 스스로 특권을 거부하고 솔선수범했다.'는 것이다. 특히 '죽의 장막'으로 고립된 중국을 세계사 전면에 다시 등장시킨 주인공이 바로 저우언라이였다. 총리와 외교부장을 겸한 그는 1970년대 외교 일선에서 실용주의적인 실사구시의 태도로 갈등과 대결보다는 화해와 타협을 추구함으로써 중국을 국제 사회로 복귀할 수 있게 만들었다. 중재의 달인이자 온건하고 성실한 자세가 미국 등 서구 지도자들로부터 신뢰를 이끌어낸 것이다. 1972년 닉슨 미 대통령이 중국을 방문했을 때 저우언라이 총리는《논어》의 구절인 '친구가 있어 먼 곳에서 찾아오니 또한 즐겁지 아니한가!(有朋 自遠方來 不亦樂乎)'를 인용해 환영사를 한 것으로도 유명하다.

그는 생각하기를 "최고의 재능이란 최고의 인물이 되는 것이 아니라 경쟁하는 인물끼리 서로 협력하게 만드는 것"이라고 했다. 그래서 지배가 아니라 설득으로 중국의 지도층을 단합시켰고 당내 파벌 싸움이나 분쟁을 해결하는 데 탁월한 능력을 발휘했다. 미국의 역사학자 페어뱅크(J. K. Fairbank)는 "언제나 조직의 단합을 추구했고 결코 최고의 자리를 노리는 경쟁자가 되려고 하지 않는 분별력을 지니고 있었다"며 저우언라이를 회고했다. "천하의 흥망이 어떤 인물을 기용하느냐에 달려 있다"고 지적한 사마천의 명언이 적중한 것은 저우언라이를 기용한 마오쩌둥이었다고 할 것이다.

대장정 과정인 1935년부터 40여 년 동안 중국 권력의 1인자 자리를 지키고 있었던 마오쩌둥은 2인자인 저우언라이를 가리켜 "사리사욕이 전혀 없는, 고상하고 순수하며 도덕적인 사람이자 인민 해방을 위해 자신을 완전히 헌신한 사람"이라고 평가했다. 류사오치 주석 등 마오쩌둥의 혁명 동지들이 홍위병들에게 반동으로 몰려 억울한 죽음과 고통을 당하고 있던 문화 혁명 와중인 1974년, 장칭과 왕홍원, 장춘차오, 여어원위안 등 4인방은 저우언라이를 제거할 한 가지 모사(謀事)를 꾸몄다. 그해 11월 마오쩌둥을 면담하는 자리에서 왕홍원은 "저우언라이 총리가 여러 간부들을 만나는 등 비밀 음모를 획책하고 있다"고 고자질했다. 이 말을 들은 마오쩌둥은 냉소를 지으며 "저우언라이 총리는 음모를 꾸미지 않는다"며 일언지하에 무시해 버렸다.

그의 아내 덩잉차오(등령초, 鄧穎超, 1904~1992)는 저우언라이의 아내이기 전에 중앙정치국 위원으로 저명한 사회 정치 활동가이며 부녀 운동 지도자였다. 그녀는 광시성[廣西省] 난닝[南寧]에서 태어났으며, 원적은 허난성[河南省]이다. 1913~1920년에 베이징[北京]과 톈진[天津]에서 초등 교육과 사범 교육을 받고 초등학교 교사가 되었다. 1919년 5·4 운동이 일어나자 저우언라이, 마쥔[馬駿], 궈룽전[郭隆眞] 등과 함께 톈진 학생 애국 운동을 주도했으며, 1920년 다시 이들과 함께 '각오사'라는 진보 단체를 조직했다. 1924년에는 톈진 여성계 국민회의 촉성회를 만들었다. 그녀는 톈진의 초기 공산주의 청년 단원이었고, 1925년 중국 공산당의 당원이 되었다. 그해에 광둥[廣東]으로 가 중국 공산당 광둥 지구 위원회 위원 겸 부녀 부장을 맡았고, 또 저우언라이와 결혼했다.

태산(泰山) 정상의 덩잉차오 글씨

당시 국민당과 공산당의 합작이 이루어져 공산당원은 개인 신분 자격으로 국민당에 가담하게 되었는데, 그녀는 1926년 거행된 국민당 제2차 전국대표자대회에서 중앙 집행 위원 후보로 선출되었다. 1927년에 국공 합작이 깨어지자 상하이[上海]에서 비밀 공작 사업을 하면서 동시에 중공 중앙부녀위원회 서기를 맡았다. 1932년 장시성[江西省] 남부와 푸젠성[福建省] 서부에 있는 중국 공산당의 중앙 근거지로 들어가 몇 안 되는 여성 참가자로서

1934년부터 홍군과 함께 장정의 길에 올랐다.

1937년 제2차 국공 합작이 이루어진 후 국민당 중앙 정부의 전시 소재지였던 우한과 충칭에서 각계의 부녀자들과 함께 전시아동보육회를 조직하여 전쟁 지역 어린이의 생명과 안전을 지켰다. 1956년부터 줄곧 중앙 위원을 지냈으며, 장칭[江青] 일파가 제거된 뒤 1976년 겨울 전국인민대표자대회 상무위원회 부위원장으로 선출되었다. 1978년 중국 공산당의 제11회 제3차 중앙위원회 전체회의(약칭 三中全會)에서 중앙정치국 위원 겸 중앙기율검사위원회 제2 서기로 선출되었다. 1983년에는 전국인민정치협상회의 제6차 전국위원회 1차 회의에서 전국정치협상회의의 주석으로 뽑혔다. 1988년 3월에 이 직책에서 물러났고 1992년 세상을 떠났다.

펑더화이(彭德懷, 1898~1974)

펑더화이(팽덕회)는 후난성[湖南省] 샹탄[湘潭] 출신으로 원래는 장제스 휘하의 군사 지휘관으로 있다가 1927년 장제스가 국민당에서 공산당 및 좌파를 숙청할 때 장제스에게서 떨어져 나왔다. 1928년 공산당원이 되었고 그 후 얼마 안 되어 게릴라전에 참여해 일련의 농민 폭동을 이끌었다. 마오쩌둥 휘하에서 고위급 군 지휘관이 되어 중국 남동부에서 북서부로 9만 6,558킬로미터에 걸쳐 퇴각한 공산당의 장정(長征: 1934~1935)에 참여했다.

펑더화이는 1937년 중일 전쟁의 발발 때부터 1954년까지 공산당 군 서열 2인자였다. 6·25 전쟁 당시 중국군을 지휘했고, 1953년 7월 27일 판문점에서 체결된 휴전 협정에서 중국 대표로 서명했다. 1954년에는 국방부장 겸 중국 공산당 정치국원이 되었다. 그러나 1959년 군사 장비와 경제 분야에서의 전문 기술보다는 이념적인 엄격성을 강조하는 마오쩌둥의 대약진 운동 정책이 비실용적이라고 비판했기 때문에 관직과 당원직을 박탈당하고 숙청되었다. 그러나 그의 사후인 1978년에 복권되었다.

1949년 중화인민공화국 설립 이후 1년도 안 되어 한국 전쟁이 발발했다. 전쟁 개입을 망설이는 주요 지도부 인사들과 달리 펑더화이는 마오쩌둥의 개입 방침을 간결히 지지했다. 중국 인민 지원군 총사령직을 수락한 펑더화이는 곧바로 한국 전쟁에 참전했다. 다섯 차례 전역(戰役)을 통해 UN군과 밀고 밀리는 공방전을 치르고 1953년 7월 휴전을 이끌어낸 뒤, 펑더화이는 중국으로 돌아가 부총리 겸 국방부장으로 군의 현대화에 힘썼다.

젊은 날의 펑더화이

펑더화이의 《한국 전쟁 참전 회고록》은 중국 측 입장에서 바라본 한국 전쟁에 관한 기록으로 균형잡힌 전쟁사를 연구하는 데 좋은 자료가 되고 있다. 그는 당 간부들 대부분이 참전을 반대하는 가운데 마오쩌뚱만이 "우리가 어려운 사정이긴 하지만 위급한 사정에 있는 이웃을 외면할 수 없다"는 요지의 발언을 하여 자신도 찬동하고 직접 군사를 이끌고 참가하게 되었다고 참전 배경을 설명하고 있다. 그는 비교적 객관적 입장에서 소위 '항미 원조 전쟁'의 전 과정을 기술했으며 자신들의 승리와 미군의 막강한 군사력 등을 가감없이 서술하고 있다.

문화 대혁명기의 펑더화이

펑더화이의 기록은 자기중심적으로 쓰여 있지만, 문제는 자발적으로 참전했다는 중국군들이 나중에 UN군에 포로로 잡힌 뒤 중국 본토로의 송환을 거부했다는 것이다. 북한군에 강제 징집된 남한 출신 반공 포로들처럼 포로 송환이 되면 대만의 중화민국으로 보내 달라는 자들이 반 이상이 되었다. 나름 인민 해방의 명분으로 중국 본토를 장악한 중국 공산당 입장에서는 당황스럽기 이를 데 없었다. 중국 측은 무조건 제네바 협정대로 본국으로 송환하라고 주장했으나 이것은 포로에게 선택권을 주자는 UN군과의 사이에 정전 협상이 길어진 이유가 되었다.

사실 6.25 남침과 9.28 수복 그리고 북진과 중공군의 개입으로 인한 1.4 후퇴와 서울 수복 후 전쟁은 끝난 것이나 마찬가지였고, 이후 정전 협상이 시작되었다. 그런 측면에서 동북아에 계속 미군을 주둔시키고 그 사이에 동유럽을 집어삼키려는 스탈린의 전략적 구상에 따라 중국 공산당이나 북한 김일성 집단이나 반대편의 미국이나 이승만 정부도 이용당한 측면이 있었다. 물론 그런 와중에 수없이 죽어간 남북한 국민과 참전 군인들의 억울함은 구천에 사무칠 것이다.

류사오치(劉少奇, 1898~1969)

류사오치(유소기)는 1898년 중국 후난성 닝샹현에서 태어났다. 그는 농민 가정에서 태어나 학업 능력이 우수했으며, 특히 사회 과학과 정치 이론에 깊은 관심을 보였다. 그는 일본으로 유학을 떠나 서구식 교육을 받으며 현대적 사상을 접하게 되었고, 그 과정에서 사회주의와 마르크스주의에 눈을 떴다. 1921년, 류사오치는 중국 공산당에 가입했다. 당시 중국은 군벌 혼전과 외세의 침탈로 매우 불안정한 시기를 겪고 있었고, 사회주의와 공산주의 사상은 이러한 혼란 속에서 새로운 질서를 꿈꾸는 많은 젊은이들에게 큰 매력으로 다가갔다. 류사오치는 이러한 흐름 속에서 혁명 활동에 뛰어들었고, 특히 노동 운동에서 두각을 나타내기 시작했다. 그는 상하이와 다른 대도시에서 노동조합을 조직하고, 노동자들의 권리 향상을 위해 투쟁했다. 그의 이런 활동은 곧바로 당 내부에서 중요한 역할을 맡게 되는 계기가 되었으며, 이는 그가 중국 혁명에서 중요한 인물이 되는 출발점이 되었다.

1920년대는 중국 공산당이 소수 엘리트 그룹에서 전국적인 혁명 조직으로 성장하던 시기였다. 류사오치는 노동자들을 조직하고 그들의 권리를 대변하는 데 있어 매우 유능한 조직가였고, 이는 그의 당내 입지를 높이는 데 크게 기여했다. 1927년, 국민당과 공산당의 일시적 동맹이 붕괴되고 장제스의 반공(反共) 활동이 시작되었을 때, 류사오치는 당의 조직을 재정비하고 노동자 계급의 혁명적 잠재력을 강화하는 데 힘썼다. 그는 1920년대 말부터 1930년대 초까지 소련에 머물며 혁명 이론과 전략을 학습하기도 했는데, 이때의 경험은 그가 후에 중국 내에서 독자적인 정치적 이념을 발전시키는 데 중요한 밑거름이 되었다.

1930년대에 접어들면서 류사오치는 중국 공산당 내에서 더욱 두드러진 역할을 맡게 되었다. 그는 당 조직과 대중 동원에서 중요한 역할을 했으며, 1934년에는 당의 지도부에 합류했다. 이 시기는 중국 공산당이 국민당과의 대결에서 결정적인 패배를 겪고 장정(長征)을 단행하던 시기였다. 장정은 중국 공산당에게 있어 생사의 갈림길이었고, 이 과정에서 류사오치는 당의 조직력과 결속력을 유지하는 데 중요한 역할을 했다. 장정이 끝난 후, 공산당은 산시성 옌안에 자리 잡고 세력을 재정비했다. 이 시기 동안 류사오치는 마오쩌둥을 중심으로 한 당의 통일성과 지도력을 확립하는 데 중요한 역할을 했으며, 동시에 자신만의 정치적 입지를 굳건히 다져 나갔다. 그의 지지 기반은 당의 조직적 능력과 혁명적 원칙을 따르는 노선에서 비롯되었으며, 이는 그가 나중에 당내에서 마오쩌둥과 충돌하는 원인이 되기도 했다.

류사오치

1959년, 류사오치는 마오쩌둥의 후임으로 중국 국가 주석에 취임했다. 당시 중국은 대약진 운동의 실패로 인해 심각한 경제적 어려움과 사회적 혼란을 겪고 있었다. 류사오치는 이러한 상황을 수습하고 중국을 재건해야 하는 책임을 맡았으며, 실용적이고 온건한 정책을 통해 경제를 안정시키려 했다. 그는 소련의 계획 경제와 중앙 집권적 통제 시스템에 깊은 영향을 받았고, 이를 중국의 상황에 맞게 적용하려는 노력을 기울였다. 류사오치는 대약진 운동 실패 이후 보다 현실적이고 실용적인 경제 정책을 추진했다. 그는 농업과 공업 부문에서 중앙 집권적 계획보다는 지역 자율성을 확대하고, 소규모 자작농 경제를 허용하는 등 유연한 접근을 시도했다. 이는 당시 마오쩌둥이 주도했던 급진적인 경제 정책과는 대조적인 것이었다. 그의 정책은 일정 부분 경제를 회복시키는 데 성공했지만, 동시에 마오쩌둥의 정치적 노선과는 점점 더 충돌하게 되었다. 특히 마오쩌둥은 류사오치의 정책이 사회주의 혁명의 근본적인 이념에서 벗어나고 있다고 비판했다. 이러한 갈등은 후에 문화 대혁명이라는 대대적인 정치적 격변으로 이어지게 되었다.

1966년, 마오쩌둥은 문화 대혁명을 시작하며 당내 권력 구조를 대대적으로 재편하려 했다. 이 운동의 목표는 마오쩌둥의 권위를 강화하고 부르주아적 요소를 제거하는 것이었다. 그러나 실제로는 당내 권력 투쟁의 일환으로 사용되었고, 이 과정에서 류사오치는 가장 큰 희생양이 되었다. 류사오치는 문화 대혁명 초기부터 마오쩌둥의 공격 대상이 되었고, 그는 당의 배신자로 낙인찍혔다. 그의 실용적인 경제 정책과 온건한 정치 노선은 마오쩌둥의 급진적인 혁명 이념과 상충되었고, 이는 그를 정치적으로 고립시키는 결과를 초래했다. 마오쩌둥이 주도한 문화 대혁명이 시작되자 권력 회복을 노리는 마오쩌둥과 그를 맹목적으로 따르는 홍위병의 표적이 되어 '주자파(走資派, 친자본주의적 인물)의 우두머리', '반혁명 분자'로 비판을 받았고, 1966년에는 당 부주석에서 물러났다. 1968년 중앙 정부에서 실각한 데다가 당에서 제명당했고, 베이징에서 가택 연금 상태에 있었다. 이해 7월 18일에는 홍위병이 자택을 습격하여 두 시간 동안 폭행, 폭언을 당했다. 이후 카이펑으로 옮겼으나 난방도 되지 않은 주택에서 별다른 의료 처치를 받지 못하여 당뇨병, 폐렴 등의 지병이 악화되어 1969년 11월 12일 사망했다. 유해는 화장되었고, 중국 정부는 그의 사인을 병사라고 발표했다. 그의 죽음은 공식적으로 국가적 의례 없이 조용히 처리되었으며, 그의 업적과 기여는 모두 부정당했다.

류사오치는 그의 생애 동안 중국 혁명과 건국 과정에서 중요한 역할을 맡았지만, 그가 겪은 몰락은 중국 공산당 내부의 복잡한 권력 다툼과 이념적 갈등을 상징적으로 보여준다. 1980년대에 들어서면서 중국 정부는 류사오치의 명예를 회복시키고, 그에 대한 역사적 재평가를 시도했다. 그의 정치적 유산은 단지 중국 혁명의 성공뿐만 아니라 실용주의와 이념적 융통성이 어떻게 현대 국가 건설에 기여할 수 있는지를 보여주는 중요한 사례로 남아 있다. 그의 인생은 중국 혁명의 성공과 동시에 그 내부의 권력 투쟁이 얼마나 치열하고 비극적이었는지를 보여주는 중요한 사례였다. 덩샤오핑에 의하여 1981년 전국인민대표대회에서 무죄로 인정되어 류사오치의 사후 복권(復權)이 전격 선언되었다. 1987년에 발행된 중국의 런민비 지폐에는 마오쩌둥, 저우언라이, 주더와 함께 4인의 '건국의 아버지'로서 류사오치의 초상이 실렸다.

린뱌오(林彪, 1907~1971)

후베이(湖北)성 황강의 소지주 계급에서 태어난 린뱌오(임표)는 어린 시절 소학교에서 교육을 받았으며, 중학교에 진학하여 사회주의와 공산주의를 처음 접했다. 그가 사회주의 청년단, 곧 공산당에 입당한 것은 중학교를 졸업한 1925년으로, 그는 입당과 동시에 광둥에 있는 황푸 군관 학교에 진학했다. 그는 이곳에서 저우언라이의 지도를 받았다. 1926년 장제스가 국민 혁명군을 창설하고 북벌을 선언했을 때 린뱌오도 여기에 참여했다. 당시 그는 짧은 기간 교육받았음에도 군사적인 재능을 보이며 크게 활약했다. 그러나 1927년 장제스가 국공 합작을 깨뜨리고 상하이 쿠데타를 일으켜 공산주의자를 대대적으로 숙청하자 그는 황푸 군관 학교에서 나와 공산당에 합류했다.

1928년, 그는 장시성 징강산으로 피신해 있던 마오쩌둥과 주더의 홍군에 합류하여 두각을 드러냈다. 1931년 장시 소비에트가 수립될 때까지 그는 장시성 내에서 국민당의 공격을 막으며 공산당의 세력 범위를 확대했고,

1934년에는 마오쩌둥의 대장정에 참가해 홍군의 이동에 큰 역할을 했다. 홍군 안에서 유능한 야전 사령관으로 꼽힌 그는 대장정이 끝날 무렵에는 28세의 젊은 나이로 상승장군(常勝將軍)이라고 불릴 정도로 명성이 높아졌고, 주더와 펑더화이에 이어 중요 지도자가 되었다. 2년여의 장정 끝에 산시성에 도착했을 때 홍군은 8만여 명에서 2만여 명으로 줄어든 상태였다. 공산당은 군인 지도자를 육성하고자 산시성에 홍군 군관 학교를 설립했고, 린뱌오가 이 학교의 교장이 되었다.

1937년 7월 7일, 루거우차오 사건을 계기로 중일 전쟁이 발발하자 제2차 국공 합작이 이루어졌다. 공산당은 홍군을 중국 국민 혁명군 제8로군, 약칭 팔로군으로 개칭하고, 주더를 총지휘관, 펑더화이를 부총지휘관에 임명했다. 팔로군은 린뱌오가 사단장인 115사, 허룽의 110사, 류보청의 129사 등 3개 사로 구성되어 항일 전투를 담당했는데, 이 중 115사는 핑싱관 전투에서 일본 관동군을 격파하고 승리를 거두었다. 그러나 린뱌오는 전쟁 중 부상을 입고 일선에서 물러나 중국 공산당 교육원 부교장을 지내면서 태평양 전쟁 말기에 공산당 중앙위원회 44명의 위원 중 한 명으로 선출되었다. 일본이 항복하고 제2차 세계 대전이 끝나자 중국에서는 국공 내전이 재개되었다.

린뱌오

린뱌오는 동북 제4 야전군 사령원으로 만주에 주둔하게 되었으며, 당의 방침대로 도시를 포기하고 공산당의 게릴라 전법을 이용해 농촌의 민심을 얻는 데 성공했다. 그리하여 린뱌오의 군대는 처음보다 8배가 늘어난 80만 명에 이르러 만주 전 지역을 장악했으며, 이에 따라 장제스의 국민당은 급속도로 그 세가 줄어들었다. 그는 1949년 1월 베이징, 5월 우한, 10월 광둥을 차례로 점령하며 국민당을 몰아내면서 대활약했다. 1949년 10월 중화인민공화국이 수립되면서 린뱌오는 그 공로를 인정받아 중화인민공화국 원수, 중남군정위원회 주석, 중앙중남국 제1서기를 거쳐 1954년에는 국무원 부총리, 국방위원회 부주석이 되었으며, 1958년에는 정치국 상무위원회 상무위원이 되는 등 당과 정부의 요직을 두루 거쳤다.

1958년 11월, 마오쩌둥이 대약진 운동 실패의 책임을 지고 국가 주석직을 사임했다. 이듬해 7월 루산 회의에서 린뱌오는 마오쩌둥을 적극 지지했으며, 대약진 운동을 비판하다 실각한 펑더화이를 대신해 1959년 9월 국방장관이 되었다. 이에 더해 역시 마오쩌둥을 비판하던 류사오치에 맞서면서 마오쩌둥의 전폭적인 신임을 얻게 되었다. 이를 기반으로 1966년부터 마오쩌둥이 제창한 문화 대혁명을 주도해 그는 마오쩌둥의 후계자였던 류사오치를 대신하여 새로운 후계자로 떠올랐다. 1969년 4월 중국 공산당 제9차 전국대표대회에서는 자신이 후계자임을 당 규약으로 명기했다.

린뱌오가 군부의 지지를 바탕으로 세력을 확대하자 마오쩌둥은 점차 위기감을 느끼고 오히려 그를 견제하게 되었다. 마오쩌둥이 자신을 제거할 기미를 보이자 위험을 느낀 린뱌오는 1971년 9월 마오쩌둥 암살을 시도하며 선수를 쳤으나 실패했다. 린뱌오는 중국을 탈출하여 소련으로 망명하던 중에 몽골 상공에서 비행기가 추락하며 죽음을 맞이했다. 공식적으로는 비행기 추락 사고로 사망했다고 발표되었으나 갑작스러운 쿠데타와 망명, 죽음은 많은 의문을 남겼다. 이후 그는 당적에서 삭제되었으며 덩샤오핑의 집권기에도 복권되지 못했다.

주더(朱德, 1886~1976)

주더(주덕)는 1886년 쓰촨성 이룽(儀隴)에서 농민의 아들로 태어났다. 사숙(私熟)에서 유교를 공부했으며, 일찍이 과거에도 합격했으나 관직 생활은 하지 않았다. 1906년에는 쓰촨성 청두의 고등 사범 학교에 진학하여 체육을 공부한 후 체육 교사로 재직했다. 이후 윈난성 강무학당에 입학하여 군사학을 배웠으며, 1911년에 졸업한 후 교관으로 일했다. 이 시기에 그는 쑨원을 알게 되어 쑨원이 조직한 중국동맹회에 가입했다.

1911년 신해혁명이 일어나 쑨원을 대총통으로 하는 중화민국 정부가 수립되자 주더 역시 신해혁명에 가담하여 군벌을 토벌하는 데 일조해 쓰촨과 윈난 등의 지역 호국군 제13 혼성여단장의 자리에 올랐다. 또한 위안스카이의 황제 체제에 반대하는 차이어(蔡鍔)의 군벌군에 들어가 여단장을 역임하며 명성을 얻었으나 그들의 사치와 향락적인 생활에 염증을 느끼고 상하이로 건너갔다. 이곳에서 마르크스주의를 접한 주더는 천두슈를 만나 공산당에 입당하려 했으나 군벌 경력 때문에 입당이 거부되었다. 그가 공산당에 입당한 것은 그로부터 4년이 지난 1925년이었다. 그 사이 주더는 독일로 건너가 괴팅겐에서 마르크스주의를 본격적으로 공부했고, 독일 현지에 조직되어 있던 중국 공산당에 입당해 적극적으로 활동했다. 이 때문에 독일에서 추방당했지만 중국으로 돌아와 저우언라이의 추천으로 중국 공산당에 입당했다. 이듬해에는 소련에서 군사학을 공부했으며, 국공 합작이 이루어지자 국민당군을 지휘했다. 1927년 국공 합작이 결렬되자 주더는 윈난 군관 학교와 공안에서 일하면서 뒤로는 저우언라이 등과 같이 반군을 조직했다. 그러나 반군이 국민당에 패하면서 쫓기는 신세가 되자 그는 남은 병력을 모아 마오쩌둥에게 합류했다. 주더와 마오쩌둥은 곧 중국 공산당 홍군을 창설했으며, 주더는 1930년에 홍군 총사령관을 맡았다. 이후 마오쩌둥의 대장정이 시작되면서 홍군의 세력은 급격하게 늘어났고, 홍군은

대장정 시절의 마오(왼쪽)와 주더(오른쪽)

대장정 이후 국민당 군대에 맞서는 데 큰 역할을 했다.

대장정 이후 홍군이 활약한 데는 주더의 획기적인 전술이 큰 역할을 했다. 특히 농촌 지방을 중심으로 시작된 게릴라 유격 전술은 그가 고안한 것으로, 주더는 중국의 현재 상황에서는 도시에서의 대규모 전투보다 농촌 지역에서 지지를 얻고 이를 바탕으로 한 장기적 지구전이 효과적이라고 생각했다. 이런 게릴라 전술은 수적, 화력적으로 유리했던 국민당군에 효과적으로 대응할 수 있었다.

국민당은 여러 차례에 걸쳐 공산당 토벌 작전을 시행하여 공산당을 압박했다. 홍군은 국민당의 4차 토벌 작전에서 승리를 거두고 장시 소비에트를 구성했으나 5차 토벌 작전에서 대패하면서 마오쩌둥의 지휘 아래 대장정에 나서야 했다. 제2방면군을 맡은 주더는 마오쩌둥의 제1방면군의 원호 작전을 수행했다가 마오쩌둥이 산시성에 근거를 마련하자 장정을 시작하여 장궈타오(張國燾)가 지휘하는 제4방면군과 시캉성에서 합류했다. 이후 1936년 18개에 이르는 산맥을 넘어 간쑤성에서 제1방면군과 합류함으로써 대장정을 완수했다. 이로 인해 훗날 그는 마오쩌둥, 저우언라이와 함께 신중국 건설에 공헌했다.

1937년 중일 전쟁이 발발하자 항일 투쟁을 위해 공산당과 국민당 간에 제2차 국공 합작이 이루어졌다. 홍군은 국민 혁명군 제8로군, 즉 팔로군으로 개칭하고 주더는 팔로군의 총지휘관이 되어 전쟁의 선두에 섰다. 그러나 제2차 세계 대전에서 일본이 패망하고 물러가고 말았다. 공산당과 국민당 사이에 다시 내전이 일어났다. 팔로군은 인민해방군으로 이름을 바꾸었고, 주더는 다시 인민해방군의 총사령관이 되어 국민당과의 전쟁을 승리로 이끌었다.

1949년 중국에서는 공산당 정권이 정식으로 수립되었고, 1954년에 주더는 국가 부주석과 국방위원회 부주석, 1959년에는 전국인민대표회의 의장에 오르는 등 공산당의 요직을 거치면서 마오쩌둥의 측근으로 활동했다. 그러나 문화 대혁명으로 인해 실각했고, 이후 마오쩌둥의 후계자로 떠오른 린뱌오가 쿠데타를 계획하다 실패한 후 1975년 전국인민대표회의에서 복권되어 상임위원장(국가 주석)을 지냈다.

중국 공산당에서는 중화인민공화국을 수립하는 데 큰 공을 세운 열 사람을 선정하여 이들을 개국 원수, 혹은 인민해방군 대장이라고 불렀다. 주더, 펑더화이(彭德懷), 린뱌오, 류보청, 허룽(賀龍), 천이(陳毅), 뤄룽환(羅榮桓), 쉬샹첸(徐向前), 녜룽전(聶榮臻), 예젠잉(葉劍英)이 그 주인공으로, 1955년 공산당 정부는 이들에게 '대원수'의 칭호를 부여했다. 이 열 명의 대원수는 공산당 혁명과 전쟁을 함께한 인물들로, 지금까지 중국 전역에서 동상과 기념관을 통해 이들을 기억하고 있다. 이들의 제일 첫머리에 주더가 있다.

제45강

덩샤오핑과 개혁 개방

덩샤오핑(鄧小平)의 생애

덩샤오핑(등소평, 1904~1997)은 쓰촨성에서 태어났다. 아버지가 엘리트 계층이었던 덕에 그는 1921년 프랑스로 유학을 떠날 수 있었다. 파리에서 공산주의를 처음 접한 그는 공산주의 청년 동맹에 가입하면서부터 공산주의 운동을 시작했다. 귀국하여 잠시 중산 대학에 다니던 덩샤오핑은 국공 합작 결과 1926년 말에 당대 중국의 군벌 펑위샹(풍옥상, 馮玉祥, 1882~1948) 밑으로 들어가서 정치적 선동 부분의 일을 맡아서 공산주의에 대한 강의를 하며 지냈다. 그러나 펑위샹은 소련과 연계하면서도 반공을 표방한 장제스와 합작하기로 결정했고, 국공 합작이 깨어지면서 난징 국민 정부에 합류하면서 덩샤오핑을 군에서 내쫓았다.

1927년 7월, 덩샤오핑은 당시 중국 공산당의 본거지였던 우한으로 가서 당의 중앙에서 일하게 되었다. 같은 해 8월, 8·7 긴급 회의에 서기로 참석하여 마오쩌둥을 처음 만났다. 그 후 몇 개월 뒤 당 중앙을 상하이로 옮기자 덩샤오핑도 같이 따라갔으며, 1928년 초에 중산 대학에서 같이 수학했던 동지 장시위안(張錫媛)과 결혼했다. 하지만 안타깝게도 2년 뒤 장시위안이 사망하게 되어 그의 첫 번째 결혼 생활은 끝이 났다. 1933년에는 당시 비주류였던 마오쩌둥을 지지하고 홍군의 정치 장교로 근무했으며, 대장정에도 참여했다. 덩샤오핑은 항일전 내내 공산당의 팔로군(八路軍)에서 정치 장교를 맡았다.

덩샤오핑은 군신(群神), 또는 한 눈을 다쳐'독안룡(獨眼龍)'이라고 불리던 팔로군 명장 류보청(유백승, 劉伯承, 1892~1986)과 함께 129사단을 이끌고 팔로군 주류와 떨어져 옌안을 떠나 중원으로 이동하여 일본군 배후에서 항일 전쟁을 치렀다. 류보청과 덩사오핑의 첫 글자를 따서 류덩군이라고 불린 이 129사단은 큰 성공을 거두었으며, 덩샤오핑의 군사적 재능도 높이 평가받았다. 국공 내전이 시작되자 팔로군은 인민해방군으로 이름을 바꾸었고 129사단은 확대 개편되어 제2야전군이 되었다. 항일전 초기 수백 명으로 시작했던 129사단은 항일 전쟁이 끝난 무렵에는 12만 명 규모로 불어났다.

국공 내전 초기에 인민해방군은 전체적으로 국민당군에 밀리고 있었으나 류덩군은 중원에서 국민당군을 견제하면서 산둥반도를 본거지로 하여 후방을 교란했다. 류덩군은 산둥반도를 장악했고, 1948년 말부터 전쟁은 전체적으로 역전되어 인민해방군이 국민당군을 몰아붙이기 시작했다. 1949년에는 장강(長江) 도하 작전과 난징 점령을 지도하여 중화인민공화국 수립에 공을 세웠다. 이때의 공적 덕분에 덩샤오핑은 중국 군부로부터 절대적인 신임을 얻었고, 이 시기에 군부에 만들어 놓은 인맥들, 특히 생사고락을 같이하던 제2야전군 출신들은 훗날 그의 권력 탈환에 큰 힘이 되었다. 문화 대혁명 시기에 류사오치를 지지하던 군부 인사들이 류의 실각과 함께 숙청당했던 반면, 덩샤오핑의 인맥이었던 군부 인사들은 문화 대혁명 시기에도 실권을 가진 현직에 남아 있었다. 덩사오핑이 최고 지도자가 되는 1980년대 이후 제2야전군 출신들이 군의 주류가 되었다.

1949년 10월 19일, 중앙인민정부 산하에 중국 전역의 군사 실력자들을 통제하기 위한 인민혁명군사위원회가 설치되었고, 덩샤오핑은 군사위원으로 선출되었다. 11월 23일, 그는 공산당 중앙서남국이 설치되면서 서남국 제1서기가 되어 서남 지역의 당무를 장악하게 되었다. 1950년 2월 8일에는 충칭에서 류보청을 주석으로 하는 서남군정위원회가 설립되면서 허룽, 슝커우, 류원후이, 룽윈 등과 함께 부주석으로 추대되었다. 그러나 허룽을 제외하면 대부분 항복한 사천 군벌 지휘관들을 명예직으로 임명한 것이었으므로 덩샤오핑이 실세였다. 그해 2월 22일, 서남군구가 설립되면서 덩샤오핑은 초대 정치위원에 임명되었다.

그는 스스로 군 경력을 매우 자랑스럽게 생각했는지 최고 권좌에 오른 후 "어떤 전공을 공부하셨습니까?"라는 서방 기자의 질문에 "특별히 없습니다만, 굳이 하나 말하자면 군사라고 할 수 있지요."라고 대답했다.

1949년 중화인민공화국이 건국되었지만, 서부에는 1950년대 초반까지 국민당군 40여만 명이 후쭝난(호종남, 胡宗南, 1896~1962) 지휘 아래 남아 있었다. 류덩군은 서부로 진격했고, 1949년 12월 청두를 함락시켜 대륙에 남아 있던 최후의 국민당 근거지를 점령했다. 국민당군은 쓰촨에서 밀려났지만, 쓰촨성 서부에서 끈질기게 저항했다. 류덩군은 1950년 말부터 벌어진 6.25 전쟁에 참전하지 않고 이곳에 주둔하면서 서남군구로 개편되었다. 여기서 덩샤오핑은 서남군구 정치 장교, 서남군정위원회 부주석을 맡아보았고, 이후에는 군에서 제대해 충칭 시장을 역임하면서 토지 개혁, 아편 거래 근절, 국민당 잔당 토벌 등의 여러 조치를 실시했다. 이 토지 개혁은 무상 몰수, 무상 분배의 원칙이었기 때문에 토지를 가진 지주들이 폭동까지 일으킬 정도로 저항했으나 덩샤오핑은 무자비하게 무력으로 진압했다. 덩샤오핑은 이때 저항하는 지주 계급 및 아편 유통업자, 기타 국민당 잔당들을 합해 10만 명 이상을 처형했다고 알려져 있다.

덩샤오핑은 과감하면서도 잡음이 없게 일처리를 했기 때문에 중앙에서 주목하게 되었다. 뛰어난 행정 능력으로 그는 3년 후 중앙으로 전임되어 1952년 정무원(政務院) 부총리, 1954년 당 중앙위원회 비서장, 1955년 정치국 위원이 되었다. 국공 내전 말에 그와 지위가 비슷하거나 그보다 훨씬 높았던 인물들이 많았음에도 꾸준히 승진하여 지도부까지 오를 수 있었던 이유는 앞에서 언급했듯이 서남 지구에서 능력과 리더십을 보여주었기 때문이었다.

참고로, 윈난성 끝자락까지 몰려 쫓기던 국민당 93사단의 잔당들은 국경을 넘어 태국 북부의 버마와 라오스 접경 지점에 자리 잡았다. 이후 한국 전쟁이 일어나고 냉전 체제가 되자 이들의 이용 가치를 발견한 미국 CIA와 장제스가 무기 지원을 해주었고, 상당한 무장 능력을 갖추게 된 잔당들은 그곳의 공산당 정부와 싸우게 되었다. 전쟁 후 이들은 각국 정부의 군사력이 미치지 못하는 그곳에 소위 '황금의 삼각 지대(Golden Triangle)'라는 양귀비 재배 단지를 만들어 전 세계 마약 생산과 공급 단지로 자리잡아 내내 골치를 썩이게 되었다. 당시 신문에도 자주 등장하던 '마약왕 쿤사'라는 인물이 그 마지막 잔당이었다.

1957년, 덩샤오핑은 중국 공산당의 총서기가 되어 국정 일반 업무를 수행하게 되었다. 다만 마오쩌둥이 당 주석으로 군림하고 있어서 직함은 총서기지만 당직 중에서는 주석 다음의 서열 2위였고, 상무위원단 내에서의 서열은 6위였다. 대약진 운동 실패로 마오쩌둥에게 비판의 화살이 쏟아지자 덩샤오핑은 좀 더 큰 권력을 장악할 수 있게 되었다. 마오쩌둥이 대약진 운동 실패의 책임을 지고 국가 주석을 사퇴하자 뒤를 이어 류사오치가 국가 주석 및 중앙군사위원회 주석이 되었다. 그는 마오쩌둥의 기존 정책을 비판하면서 "생산보다 구매가 더 좋고, 구매보다는 대여가 더 좋다."라며 시장 경제 정책 도입을 설파했다. 그는 경제 발전을 위해서는 물질적으로 보상하는 제도를 갖추고, 부르주아 엘리트를 양성해야 한다고 주장했다.

당시 덩샤오핑은 중국 공산당과 중국 인민해방군 및 국무원에 강한 영향력을 가지고 있었는데, 당시 중국 지도사들 중에서 낭-군-성 모누에서 덩샤오핑보다 더 강한 영향력을 가진 사람은 마오쩌둥 단 한 사람뿐이었다. 다른 지도자들은 특정 분야에서만 영향력을 행사하는 데 그쳤다.

상무위원단 내 서열과 명망에서 류사오치가 명목상 서열 2위로서 마오쩌둥의 후계자로 간주되었다. 그러나 당이 모든 분야를 지도하는 중국에서 마오쩌둥을 대리해 당을 총괄한 덩샤오핑의 실제 위상은 저우언라이, 류사오치와 대등했다고 보아도 무방하다. 류사오치와 덩샤오핑은 최종적으로 권력을 장악하고 마오쩌둥을 '명목상의 지도자'로 앉히려는 계획을 세우고 경제 개혁을 실시했다. 이러한 움직임을 통해 당 조직과 전체 인민들 사이에서 덩샤오핑과 류사오치는 세력을 키울 수 있었다.

1960년, 중국과 소련이 결별하자 덩샤오핑은 공산 국가들이 모인 여러 회의에서 마오주의를 설파하고 소련을 '수정주의'로 비판하여 마오쩌둥의 신임을 얻었다. 마오쩌둥의 신임은 덩샤오핑이 실각하더라도 다시 복귀할 수 있는 큰 원동력이 되었다. 하지만 국가 주석에서 물러난 마오쩌둥은 류사오치, 덩샤오핑이 자신이 죽으면 흐루쇼프가 스탈린을 격하했듯이 자신을 격하할 것이라고 생각했다. 그래서 이들을 당내에서 자본주의를 추구하는 반혁명 분자이자 주자파로 규정하고 제거하고자 했다. 이 과정에서 마오쩌둥의 부인인 장칭이 적극적으로 마오쩌둥을 부추겼다고 한다.

당시 마오쩌둥은 실권을 잡은 덩샤오핑에 대해 "(덩샤오핑은) 나를 죽은 아버지 모시듯이 한다."라고 비꼬았다. 즉, 겉으로는 마오쩌둥을 최고위직인 당 주석 자리에 올려놓고 극진히 모시지만, 대부분의 의사 결정을 내릴 때는 "이 정도 일로 주석을 귀찮게 할 필요가 있겠습니까?" 하며 정치국 상무위에서 알아서 처리해 버리는 식으로 마오쩌둥을 배제해 버렸다.

결국 1965년 야오원위안이 연극 '해서파관'이 마오쩌둥을 비판한 내용이라고 모함한 사건을 시작으로 해서 1966년 8월, 베이징의 학생들이 마오쩌둥의 격려에 힘입어 교사를 구타하는 등 과격해지기 시작한 '8월 폭풍 사건'이 벌어지면서 본격적인 문화 대혁명이 시작되었다. 이로 인해 중국 전역은 홍위병들의 살육과 파괴, 약탈로 점철되는 생지옥으로 변모했다. 류사오치도 이때 숙청당했다. 이후 중국 전역에서 문화 대혁명으로 인한 혼돈이 발생했다. 류사오치는 마오쩌둥을 홍위병의 분란을 핑계로 당 대회에서 투표로 추방하려는 계획을 세웠지만, 아이러니하게도 성사 직전 덩샤오핑으로 인해 파탄에 이르렀다. 당시 덩샤오핑은 "마오 주석의 지시는 반드시 이행되어야 한다."면서 지방에 있던 마오쩌둥 지지자들을 베이징으로 옮기려던 린뱌오의 작업을 지지했다. 그 결과 류사오치와 펑더화이, 허룽, 리리싼 등은 고초를 겪었으나 덩샤오핑은 주자파의 2인자라는 낙인이 찍히고도 살아남을 수 있었다. 그러나 얼마 뒤 덩샤오핑도 '반마오 주자파(反毛走資派)의 수괴'라는 비판을 받고 실각하여 당직에서 물러나야 했다.

문화 대혁명 당시, 덩샤오핑의 큰아들인 덩푸팡(등박방, 登樸方)도 장애인이 되었다. 홍위병의 모진 고문을 견디다 못해 2층 베란다에서 투신자살을 기도했고, 척추 골절로 인한 영구적 하반신 마비가 되었다. 덩샤오핑은 이 일을 자신의 생애 중에서 가장 슬픈 사건으로 기억했다고 한다. 이 때문에 덩샤오핑은 장애인 인권에 대해 관심을 갖게 되었고, 이후 주석이 되어서도 앞장서서 장애인 인식 개선에 힘써 오늘날 중국은 사회주의 국가 중에서 장애인 인권이 어느 정도 잘 보장된 국가로 평가받고 있다.

덩샤오핑은 결국 장시성 시골의 트랙터 공장으로 쫓겨나 생산 노동자로 4년이나 일해야 했다. 이 정도면 사실상의 정치적인 사형 선고지만, 덩샤오핑은 언제일지 모를 재기를 기약하며 이 기간을 묵묵히 견뎌냈다. 일부 문헌에 따르면 4년 내내 24사를 읽으면서 지냈다고도 한다.

1973년, 은둔 생활을 하던 덩샤오핑에게 저우언라이(周恩來) 총리가 손을 내밀었다. 저우언라이의 추천으로 국무원 부수상으로 복귀된 덩샤오핑은 당 중앙위원회 부주석, 정치국위원회 총참모장 등을 지내며 다시 공산당 정치 세력의 중추가 되었지만, 이 역시 오래가지 못했다. 정부를 효율적으로 이끌어간 덩샤오핑은 저우언라이의 후계자로 널리 알려졌으나 1976년 1월 저우언라이가 죽자 마오쩌둥의 추종자였던 4인방(四人幇)에 의해 다시 권좌에서 밀려났다. 인기 있던 총리의 죽음에 군중은 그와 대척점에 섰던 4인방의 처벌을 요구했지만, 4인방은 빈소 설치 금지, 검은 옷 착용 금지 등으로 대응했다. 이때 저우언라이의 추도식에서 추도사를 낭독한 사람이 덩샤오핑이었다. 이 일로 덩샤오핑은 저우언라이의 명실상부한 후계자로 대중에게 인식되었다. 이후 4인방은 덩샤오핑을 향한 견제를 더욱 강화했으며, 마오쩌둥의 조카 마오위안신(毛遠新)을 움직여 마오쩌둥에게 덩샤오핑이 문화 대혁명을 인색하게 평가하고 있다고 모함하도록 했다. 문화 대혁명은 마오쩌둥의 역린(逆鱗)과 같은 것이었기에 마오쩌둥의 불신이 깊어졌다.

이런 상황 속에서 톈안먼 사태가 발발하자 덩샤오핑은 그 책임을 지고 다시 모든 직위에서 밀려났다. 그러나 당적 보유만은 허락되었다. 이때 덩샤오핑의 대담함을 알게 해 주는 일화가 있다. 마오쩌둥은 덩샤오핑이 문화 대혁명을 긍정적으로 평가해주길 기대했으나 덩샤오핑은 끝까지 문화 대혁명을 공식적으로 긍정적으로 평가하는 말을 하지 않았다. 일단 마오쩌둥의 건강이 급격히 악화되고 있다는 것을 알았고, 문화 대혁명을 긍정적으로 평가했다가 마오쩌둥 사후 자신의 국정 운영에 발목이 잡힐 수 있었기 때문이었다. "나는 문화 대혁명 당시에 시골에서 노동을 하고 있었기 때문에 잘 모르겠습니다."라는 식으로 어떻게든 넘어가려고 했다. 마오쩌둥의 명령이 곧 황제의 명령과 같은 시기였기 때문에 덩샤오핑의 이런 태도는 마오쩌둥은 물론 당내 지도 세력들의 주목을 끌기에 충분했다. 어쨌든 덩샤오핑은 자신의 고집을 꺾지 않았다. 대신 수차례 자아비판을 하고 마오쩌둥에게 반성문을 보냈다. 하지만 이미 마음이 돌아선 마오쩌둥은 그런 덩샤오핑의 반성의 마음을 받아들이지 않았다.

그러나 마오쩌둥는 덩샤오핑의 재주를 아꼈다고 한다. 덩샤오핑의 중앙 관직은 박탈했지만 그런 와중에도 그 이상의 탄압은 막아주었다. 덩샤오핑이 계속 당권을 보유할 수 있도록 명령한 것도 마오쩌둥이었고, 4인방을 비롯한 급진파들이 덩샤오핑을 숙청하자고 수십 차례 건의해도 끝까지 최소한의 보호를 해주었던 사람도 마오쩌둥이었다. 과거 펑더화이나 류사오치 같은 인사들이 마오쩌둥에게 대항했다가 어떤 비참한 최후를 맞이했는지를 생각해 보면 덩샤오핑에게만은 인간적인 모습을 보여준 셈이다.

이후 1976년 9월, 마오쩌둥이 죽고 4인방이 숙청된 후 비로소 마오쩌둥의 후계자인 화궈펑[華國鋒]의 동의를 얻어 덩샤오핑이 복직되었다. 마오쩌둥이 사망한 후 주석이 된 화궈펑은 혼란한 정국을 수습하기 위해 이듬해 7월 그를 복직시켰다. 마오쩌둥의 후계자로 주석 자리에 오른 화궈펑은 문화 대혁명을 주도했던 4인방의 처단이라는 역사적 숙제를 해결해야만 했다. 문화 대혁명에서 살아남은 10원수 출신의 예젠잉(葉劍英), 특무 부대장인 왕둥싱(汪東興)과 결탁하여 4인방을 숙청했으나 문화 대혁명을 기반으로 급성장한 화궈펑이 문화 대혁명의 주도자인 4인방을 숙청한 것은 결국 제 발등을 찧는 결과를 가져왔다. 화궈펑 정권은 출발 당시부터 '비(非)4인방적 문혁파 그룹', '예젠잉(葉劍英)과 리센녠(李先念)을 필두로 한 반문혁·비문혁 온건파', '실무 관료 그룹', '4인방의 도시 민병 정책이나 군부에 대한 개입을 반대하는 군인 그룹' 등의 세력 다툼 속에서 탄생되었고, 마오쩌둥을 지지한 문화 대혁명파 출신이라는 한계에서 벗어날 수 없었다. 그래서 덩샤오핑의 지지가 절실하게 필요하여 그를 복권시켰던 것이다.

그러나 이 일로 화궈펑은 호랑이를 둥지로 불러들인 격이 되었다. 화궈펑은 정치적 경험이 부족한데다 어지럽게 난립한 세력을 통제할 힘이 없었고, 국민들의 지지 역시 돌아온 덩샤오핑에게로 향하고 있었다. 덩샤오핑은 중국 공산당 내에 있는 그의 지지자들을 조심스럽게 선동하여 애초 마오쩌둥의 후계자로 지목되었던 화궈펑을 교묘하게 따돌렸다. 결국 화궈펑은 1980년과 1981년에 총리직과 주석직을 내놓아야만 했고, 그 자리는 덩샤오핑 휘하의 인물들에게 돌아갔다. 자오쯔양(趙紫陽)이 정부 총리가 되었고, 후야오방(胡耀邦)이 중국 공산당 총서기가 되었으며, 덩샤오핑은 군사위원회 주석을 맡아 중국 공산당의 실질적인 주인 자리를 차지했다.

덩샤오핑은 결혼을 세 번 했다. 첫 번째 부인은 장시위안(張錫媛, 1907~1930)으로 노동자 집안에서 태어난 여성이었다. 장시위안은 바오딩 사범 학교를 졸업하고 중국 공산당원으로 활동하다가 당의 추천으로 모스크바 유학을 떠났다. 1927년 상하이에서 덩샤오핑을 만난 인연으로 1928년 결혼했으나 1930년 산욕열로 사산하고 사망했다.

두 번째 부인 진웨이잉(金維映, 1904~1941)은 저장성 사람이었다. 1926년 공산당에 입당하고 혁명 운동에 뛰어들었으며, 1931년 첫 번째 아내와 사별했던 덩샤오핑과 결혼했다. 하지만 1933년 덩샤오핑과 2년 만에 당내 모종의 사건으로 이혼했고, 다시 고위 당직자였던 리웨이한(李維漢, 1896~1984)과 결혼하여 대장정까지 마쳤다. 그녀는 국공 합작이 체결되자 소련으로 요양을 갔으나 독소 전쟁 당시 간호사로 근무하다가 독일군의 모스크바 폭격 때 사망했다. 덩샤오핑은 이 두 번째 결혼을 언급하는 것을 매우 싫어했다고 하는데, 일설에 의하면 당의 강요에 의한 이혼이었기 때문이라고 한다. 진웨이잉의 재혼 남편인 리웨이한은 문화 대혁명 때 덩샤오핑처럼 숙청되었지만 덩샤오핑 집권하에서 복권되어 고위 관리로 활약했다. 세 번째 부인은 줘린(卓琳, 1916~2009)으로 베이징 대학 물리학과 학생이었으나 중국 공산당 본거지 옌안으로 갔다. 1939년 옌안에서 마오쩌둥의 주례로 덩샤오핑과 결혼했다. 덩샤오핑의 2남 3녀는 줘린과의 사이에서 낳았다. 덩샤오핑의 장남인 덩푸팡(1944)은 베이징 대학 시절 홍위병의 습격을 받아 투신자살을 기도했다가 장애인이 되었다. 그 후 덩푸팡은 중국 장애인 협회의 주석을 지내기도 했다. 장쩌민 시절 덩푸팡은 부정부패 사건에 연루되어 투옥될 뻔 했으나 장쩌민은 은인의 아들을 구해주었고, 자리를 사직하는 것으로 유야무야시켰다. 덩샤오핑의 막내아들 덩즈팡(1952)은 미국 로체스터 대학교에서 양자 물리로 물리학 박사 학위를 받은 물리학자였다. 이후 귀국하여 중국 통신 회사에서 근무했다. 장녀 덩린(1941)은 화가였고, 아버지의 전기를 펴내기도 했다. 이녀 덩난(1945)과 삼녀 덩룽(1950)은 의사로 활동했다. 덩난은 중국 공산당 당 대회에서 중앙위원회 위원에 선출되기도 했다.

실용주의 노선 흑묘백묘론(黑猫白猫論)

덩샤오핑은 공산당 내의 실권을 장악하자 중국의 경제 발전을 위해 자신의 독자적인 정책을 실행해나가기 시작했다. 그는 합의, 타협, 설득 등의 방법을 써서 중국의 정치·경제 생활의 거의 모든 분야에 걸친 중대한 개혁을 도모했다. 그는 경제 운영에 있어서 지방 분권적인 방향을 설정했다. 그리고 효과적이고 통제적인 경제 성장을 이룩하기 위해 합리적이고 융통성 있는 장기적인 계획을 세웠다.

농민들에게는 자신의 생산물과 이윤에 대해 개인적으로 관리하고 책임을 지게 했는데, 그 결과 1981년 이 정책이 시행된 이래 몇 년 만에 농업 생산성이 크게 증가했다. 경제에 관한 결정을 내릴 때도 개인의 책임에 비중을 두었고 근면과 창의력에 대한 물질적인 보상을 강조했다. 개인의 이익 보장이라는 자본주의적 요소의 도입은 고질적인 중국 농업 생산의 문제를 단번에 해결해 주었다. 또한 덩샤오핑은 고등 교육을 받아 중국 발전의 선봉에 설 기술자와 경영자들을 양성하는 데 주안점을 두었다. 많은 기업체를 중앙정부의 통제와 감독에서 벗어나게 했고, 공장 경영자들에게는 생산량을 결정하고 이윤을 추구할 권한을 부여했다. 대외 정책에서는 서구와의 무역 및 문화적 유대를 강화했고 중국 기업에 대한 외국의 투자를 허용했다.

덩샤오핑은 당과 정부 내에서의 최고위직을 피했다. 그러나 강력한 정치국 상임위원회 위원 겸 중국 공산당 중앙군사위원회 주석으로 있으면서 군대에 대한 지배권을 장악하고 있었다. 또한 중국 공산당 부주석이기도 했다. 그가 당내에서 차지하고 있었던 직위와 주장은 권위가 있어서 1980년대 내내 덩샤오핑은 중국의 주요 정책 결정자였다.

덩샤오핑은 정치, 경제, 사회 전 분야의 개혁을 단행해 경제 발전을 이룩하며 중국식 사회주의 체제를 완성하는 데 주력했다. 중국식 사회주의란 정치적으로는 사회주의를 고수하고, 경제 정책에서는 실용주의 노선을 따라 시장 경제를 부분적으로 도입하는 것이었다. 덩샤오핑은 이념에 관계없이 효과적인 정책을 받아들여 중국을 근대화시키는 것이 목표였다.

덩샤오핑의 근대화는 농업의 근대화, 공업의 근대화, 과학의 근대화, 기술의 근대화 등 4대 목표로 요약할 수 있었다. 네 가지 근대화를 완성하기 위해서는 마르크스주의를 중국식으로 해석하는 것이 필요하며, 모든 정책은 사회주의적 가치관에 부합되지 않더라도 보다 효율적으로 이루어진다면 우선순위를 두고 채택되었다. 따라서 그는 각 지역으로부터 제안된 개혁 정책이 서방의 자본주의와 비슷하더라도 성공적이라면 도입했다. 이러한 개혁 정책은 마오쩌둥의 '농민으로부터의 개혁'과도 달랐고 위에서부터 아래로 이어진 소련 고르바초프의 페레스트로이카와도 차별화되는 것이었다. 즉 덩샤오핑의 개혁은 지역에서 중앙으로 이어진 아래로부터의 개혁이자 국가의 직접적인 개입을 줄이고 시장 경제를 통해 스스로 움직이는 방식이었다.

덩샤오핑이 취한 중국의 실용주의적인 경제 정책을 '흑묘백묘론(黑猫白猫論)'이라고 한다. 이는 덩샤오핑이 1979년 미국 방문 후 귀국하여 "검은 고양이든 흰 고양이든 쥐를 잘 잡는 것이 좋은 고양이(不管黑猫白猫, 捉到老鼠就是好猫)."라는 중국 속담을 빌려 표현한 데서 비롯되었다. 그는 합의, 타협, 설득 등의 방법을 써서 중국의 정치·경제 생활의 거의 모든 분야에 걸친 중대한 개혁을 도모했다.

당시 덩샤오핑은 "마오 주석은 공이 과보다 많다."라고 말하며 현재 중국 공산당의 마오쩌둥에 대한 공식적인 평가인 '공칠과삼(功七過三)'을 처음 제시했다. 이는 마오쩌둥이 항일전과 국공 내전을 승리로 이끌고 공산당이 대륙을 차지하게 한 공(功)이 있으나 대약진 운동과 문화 대혁명의 과(過)가 있다는 평가였다. 이를 통해 마오쩌둥의 권위를 이용하면서도 그의 기존 정책은 뒤엎을 수 있었다. 그는 공칠과삼(功七過三)이라는 말로 마오쩌둥의 권위를 보호해주는 척하면서 실질적으로 마오쩌둥을 계승한 문화 대혁명 당시 성장한 마오쩌둥의 직계들을 차례차례 제거했다. 마오쩌둥을 잃은 문화 대혁명 지지 세력에는 권위나 경력에서 덩샤오핑을 상대할 인물이 없었기에 이것은 아주 쉬운 일이었다. 덩샤오핑은 문화 대혁명에 대한 대중의 비판 여론을 활용하여 정치적 책임이 있는 사람들의 입지를 약화시키고, 그 시기에 고통받았던 자신과 같은 인물들의 지위를 강화했다. 대부분의 역사가들은 이 두 행동은 덩샤오핑이 정적을 제거하기 위한 주요 전략 중의 일부였다고 믿고 있다. 즉, 중국판 '역사 바로 세우기 운동'이었던 것이다.

그럼에도 불구하고 덩샤오핑은 스스로 개인 숭배에 빠지지 않았다. 전임 화궈펑만 하더라도 그 짧은 집권기 동안 자신을 찬양하는 포스터나 노래, 선전물을 무수히 제작했지만, 덩샤오핑은 개인 숭배를 멀리하고 자신과 관련된 동상이나 포스터를 절대로 제작하지 못하게 했다. 그 결과 그의 동상과 선전화는 그의 사후에야 나올 수 있었다.

덩샤오핑이 자신의 권력을 확고히 다지던 무렵, 중국의 가장 큰 문제는 농업 부문의 전근대화 및 문화 대혁명과 하방 정책의 부작용으로 인한 농촌 지역 인력 과잉이었다. 생산성 또한 저조해서 상당량의 식량을 외국에서 수입해야 했으며 그나마도 배급제로 운영되었다. 배급제 특성상 공급이 충분하지 않아 생활의 불편이 심각했고, 당시 중국의 인구 증가 속도를 고려할 때 생산성 문제를 해결하지 않으면 더 많은 식량을 수입해야 했기 때문에 이로 인한 외화 낭비도 묵과할 수 없는 문제였다. 이러한 상황에서 덩샤오핑은 1980년대 초반에 농업 개혁을 시행해서 결국 수년 내에 식량의 자급자족을 이루어내는 데 성공했다.

중국은 광활한 영토를 가지고 있었지만, 사막과 산악 지대 등 사람이 살 수 없는 지역이 많았고 도시화가 진행된 2000년 이후와 다르게 개혁 개방이 막 시작되었을 당시에는 중국 인구의 대부분이 농촌에서 주거했기 때문에 실제 1인당 경지 면적은 그리 높은 편이 아니었다. 이 과정에서 덩샤오핑은 중국 공산당의 상징적 성과물인 중국농업인민공사(통칭 인민공사)에 의한 중앙 통제적 농업을 과감히 버리고, 가구별 의사 결정에 따른 자율적 농업 및 잉여 농산물의 시장 판매를 허용했다. 이는 강경파 공산주의자들의 반대에 부딪혔으나 그의 강력한 카리스마와 그가 계획적으로 양성한 정치적 친위 부대의 지원을 통해 극복할 수 있었다. 안후이성에서 시범적으로 시행된 농업 개혁은 3년 만에 생산량이 3배가 된 곳도 있었으며, 1981년에는 식량의 자급자족에 성공했다. 이를 통해 안후이성을 시찰한 중국 지도부가 "드디어 인민이 진심으로 행복해하고 있다"는 확신을 가지고 전국적으로 정책을 확대 시행하게 되었다.

내부적으로 식량 문제가 어느 정도 해결되자 덩샤오핑은 눈을 바깥으로 돌렸다. 농업보다 한 단계 높은 '기초적인 생산과 공업'을 육성하고자 했으나 이를 내부적으로 추진할 생산 수단이나 자금이 없었다. 그는 이를 서방의 여러 국가로부터 들여오기로 결정하고, 사전 단계로서 1979년 카터 대통령 시절 미국과 전격적으로 수교했다. 대신 중국은 미국에 중화민국과 단교하라고 요구했다. 이것은 '하나의 중국' 원칙에 따라 타이완은 자국의 영토에 불과하다는 논리였으며, 미국은 고민한 끝에 이를 수용했다. 대신 미국 의회는 '타이완 관계법'을 제정하여 타이완의 군사적 안전을 간접적으로 보증했다.

미국과의 수교 직후에는 자신이 구상한 경제 개발 모델을 시험할 경제 특구를 네 군데 지정했다. 이 네 곳의 경제 특구는 모두 남동쪽 해안가에 위치했다. 이것은 물자의 유통 및 수송이 편하고, 자본주의의 영향을 내륙으로 퍼지지 않게 관리하기 위함이었다. 덩샤오핑은 홍콩과 인접해 있고 광저우와도 그리 멀지 않았으나 당시로써는 그저 시골 어촌 마을이었던 선전(深圳)을 경제 특구로 개방했다. 선전의 성공을 확인한 후에는 경제 특구를 총 20곳 지정했다. 이 지역들은 밀려드는 서방의 돈과 생산 기술, 시설을 활용하여 급속하게 성장했고, 중국 전체에 성공과 부를 전시하는 표본으로 기능했다.

서방과의 관계도 확연히 증진되었다. 미중 수교 과정은 1970년대 초반 소위 닉슨의 핑퐁 외교로부터 진행되어 왔고, 1979년 1월 미국과 공식 수교가 이루어졌다. 그해 9월에는 덩샤오핑이 중국 지도자로서는 최초로 미국을 방문하여 강한 인상을 남겼다. 방미 당시 친 자유중국 시위대의 덩샤오핑 반대 시위가 벌어졌으나 덩샤오핑은 이때 카우보이 모자를 눌러쓰고 로데오 경기를 관람하는가 하면, 공식 석상에서 엘비스 프레슬리의 '러브미 텐더(Love Me Tender)'를 열창하는 등 미국인에게 친근하게 다가가려는 모습을 보였다. 백악관에서 지미 카터 대통령과 만나기도 했다. 당시 덩샤오핑은 국무원 부총리였으나 미국은 사실상의 국가 원수로 대우했다.

덩샤오핑과 중국 지도부는 보잉사 등 미국 내 주요 산업 시설을 돌아보고 큰 문화 충격과 경제 개발에 대한 강한 자극을 받았다. 이후 1984년 12월 19일, 영국과 중국 간에 중영 공동 선언을 이끌어내어 이 조약에 따라서 홍콩이 1997년에 중국에 반환되었다.

반면 소련과의 관계는 이념 및 국제 정세의 문제로 인해 냉랭했다. 실제로 당시의 중국은 냉전이 최정점이던 1980년대 초반, 1980년 모스크바 올림픽을 같은 공산권 국가였음에도 제1 세계 친미 국가들을 따라 보이콧하고 1984년 로스앤젤레스 올림픽에는 참여하는 등, 제2 세계 진영의 국가가 아닌 제1 세계 진영의 국가들과 우호적인 관계를 유지하려고 노력했다. 이는 1960년 중소 영토 분쟁과 수정주의 논쟁으로 같은 공산주의 진영임에도 불구하고 소련과는 격렬하게 대립해온 결과였다. 미국과의 수교 역시 소련을 견제하기 위한 전략적 의도가 내포되어 있었으며, 이 또한 덩샤오핑이 의도한 바였다.

덩샤오핑

1985년, 비교적 온건한 고르바초프가 집권하면서 중국과 소련의 관계는 다시 회복되었다. 한편 베트남 역시 사회주의 국가였지만 당시 중국과 베트남은 전쟁을 했고 베트남에 살던 화교들은 강제 추방되거나 '보트 피플'로 중국에 유입되는 일이 발생해 중국과 베트남의 관계는 마냥 좋지만은 않았다.

톈안먼(天安門) 사건

1987년, 덩샤오핑은 중국 공산당 중앙위원회에서 사직함으로써 정치국과 정치국 내의 막강한 상임위원회 직위에서 물러났다. 이렇게 함으로써 자신의 개혁에 반대하던 많은 연로한 당 지도자들이 동반 은퇴하도록 만들었으며, 같은 해 후야오방도 총서기직에서 물러나야만 했다. 그러나 덩샤오핑은 군사위원 주석직을 유지하며 당내에서의 결정적인 영향력을 행사했다.

1989년 4월, 민주화된 정부를 요구하는 학생 시위가 베이징의 톈안먼에서부터 기타 도시로 번지기 시작하자 덩샤오핑은 지도권에 대한 중대한 시련에 직면했다. 덩샤오핑은 톈안먼 시위에 대한 무력 진압을 지시하고 학생 지도자들과 시위 가담자들에 대한 재판과 그들에 대한 처형을 승인했다. 이는 평소 덩샤오핑의 정책과는 다른 강경책이었다.

"피해는 최소화해야 하지만, 어느 정도의 피는 반드시 봐라."

"20만 명의 목숨을 희생시키는 한이 있더라도 20년간의 평화를 손에 넣자."

덩샤오핑이 총리 리펑에게 톈안먼 6.4 항쟁 시위대를 무력으로 진압하라는 명령을 내리면서 한 말이라고 한다. 당연히 강경 진압에 대한 국내외 여론은 악화되었다. 덩샤오핑의 정치적 거취도 불안해 보였으나 부도옹(不倒翁)이라는 별명에 걸맞게 위기를 잘 극복하여 덩샤오핑은 중국 정계의 최고 실권자임을 증명했다. 덩샤오핑은 1992년 10월 12일에 개최된 제14회 전국대표대회 제1차 중앙위원회 전체회의에서 양상쿤[楊尙昆] 등의 고위급 정치가들을 요직에서 퇴진시키고, 개혁파 주룽지[朱鎔基] 부총리 등을 선출하여 개혁·개방 정책을 이끌 새로운 지도 체제를 출범시켰다.

덩샤오핑은 국가 주석이나 당 총서기직에 올랐던 적이 없었지만, 중국군을 지배하는 권한을 가진 중앙 군사위 주석 자리를 가지고 있었다. 마오쩌둥이 "권력은 총부리에서 나온다"고 설파했듯이 덩샤오핑도 충실하게 이 주장에 따라 군 인사권을 가진 군사위 주석이라는 자리와 당의 최고 원로 중 한 명이라는 지위를 이용해 공산당과 중국 정부를 간접적으로 지배했다. 그는 자신의 심복을 요직에 앉혀 후일을 대비했다. 명목상의 국가 원수인 국가 주석에는 류덩군 시절부터 친구였던 원로 리셴녠[李先念]을 앉히고,

행정부의 수장인 국무원 총리는 자오쯔양, 당 총서기는 후야오방을 앉혔다. 호야오방은 1980년대 한때 덩의 후계자로 거론되었으나 다당제 등의 강력한 민주적 정치 개혁을 주장했고, 이에 보수파의 역공을 받아 실각했을 뿐만 아니라 그 충격으로 사망했다. 1989년 2차 톈안먼 사태는 그의 죽음을 계기로 톈안먼 광장에 집결한 추모 대열이 시위로 번지면서 시작되었다.

후야오방(胡耀邦, 1915~1989), 자오쯔양(趙紫陽, 1919~2005) 등 비교적 젊은 민주 개혁가들과는 달리 덩샤오핑은 무조건적인 서구식 민주화를 추구하지는 않았다. 이는 1989년 톈안먼 민주화 운동에서 드러났다. 학생 운동에서 시작한 이때의 시위는 사망한 개혁파 후야오방의 명예 회복 요구로 시작하여 민주화 운동으로 발전했지만, 이 사건에 대해 덩샤오핑은 시위대를 난동꾼이라고 비난하며 유혈 진압을 단행했다. 한편, 당시 덩샤오핑을 포함한 중국 원로들이 이런 학생 운동이나 대중 운동에 대해 특히 과민 반응을 보인 것은, 민주화에 따른 중국 공산당 실각에 대한 두려움도 있었겠지만, 그 외 이들이 문화 대혁명의 시련을 겪은 당사자들이었기 때문이라는 시선도 있다. 문화 대혁명 역시 당시 홍위병이 주체가 된 학생 운동으로부터 시작되었기 때문이다. 물론 홍위병의 실질적 배후는 언론을 통해 이들을 선동한 마오쩌둥 및 4인방이었지만, 어쨌든 그 주체는 각급 학교의 학생들이었다. 당시 덩샤오핑의 진압 성명문이나 자오쯔양의 회고록에서도 이러한 우려가 명확하게 나타나고 있으며, 지도부는 이런 운동이 일파만파로 전개되어 제2의 문화 대혁명 같은 혼란으로 이어질까 경계했다. 덩샤오핑을 비롯한 중국 공산당의 다른 원로들은 문화 대혁명 당시 시골로 끌려가서 노동했던 경험이 있었기 때문에 이런 대중 운동을 더욱더 불신하고 있었다. 일부에서는 문화 대혁명을 소련식 대숙청과 같은 정부 주도의 변란으로 알고 있는데, 전혀 사실이 아니다. 문화 대혁명은 최고 지도자 마오쩌둥이 정권을 잡기 위해 대중을 선동해 벌인 일종의 친위 쿠데타 성격이 강했다. 정부 기관은 한 켠으로 물러 서 있는 가운데 순수 민간 조직인 홍위병이 언론 기관을 장악한 4인방의 선동에 이끌려 나선 것이다. 그렇기 때문에 문화 대혁명 때 고생한 당시 중국 지도부들은 대부분 대중 운동에 반감을 가지고 있었고, 이때의 두려움이나 경험을 살려 톈안먼 사태를 무자비하게 진압했던 것이다. 사태가 더 악화되기 전에 진압하자는 강경론이 당내에서 득세했지만, 이에 동조하지 않은 사람들 역시 있었다. 당시 덩샤오핑의 유력한 후계자로 거론되었던 총리 자오쯔양은 덩샤오핑의 지시로 군 투입이 결정되자 톈안먼 광장에 나타나 군중들에게 “제가 너무 늦게 왔습니다. 군이 곧 투입될 것이니 빨리 해산해주십시오”라고 눈물로 호소했지만, 그곳에 모인 군중은 해산하지 않았고 탱크를 앞세운 군대에 진압되었다. 이때 진압 과정에서 수백 수천 명이 사망했다.

시위대에게 눈물로 호소했던 자오쯔양의 이런 행동은 그가 시위대에 동조하는 것으로 비춰졌다. 그 때문에 덩샤오핑의 눈 밖에 나서 후계 구도에서 완전히 탈락했고, 모든 직위를 빼앗겼을 뿐만 아니라 사망할 때까지 약 20년간을 가택 연금 상태에 놓이게 되었다. 그 와중에도 당국 몰래 《국가의 죄수》라는 회고록을 통해 자신의 주장이 옳았다고 주장했다.

톈안먼 사건 이후 덩샤오핑은 후야오방과 자오쯔양을 축출하고 시위대에 강경한 태도를 보인 장쩌민을 당 총서기에 임명하는 등 권력 승계 작업을 계속 진행했다. 또한 티베트인들의 반중 시위를 현장에서 철모를 쓰고 강경 유혈 진압한 후진타오를 중앙당 정치국 상무위원으로 발탁했다. 후진타오는 대외적으로는 개방적 태도를 유지하면서 내부 문제에서는 강경파로 덩샤오핑과 보수파 양쪽에서 인정받았다. 덩샤오핑은 톈안먼 민주화 운동으로 보수파의 요구를 받아들여 개방에 회의적이던 장쩌민을 후계자로 지명했으나 장쩌민의 후임은 개방을 적극 지지하던 후진타오로 내정되었다.

무력으로 위기를 이겨 낸 덩샤오핑은 계속해서 개혁 개방 정책을 추진했으며, 기존 보수파를 대신하여 개혁파인 주룽지(朱鎔基) 등을 발탁했다. 덩샤오핑은 제14회 전국대표대회 제1차 중앙위원회 전체회의에서 양상쿤(楊尙昆) 등의 고위 정치가들을 요직에서 퇴진시키고, 개혁파 주룽지 부총리 등을 선출하여 개혁·개방 정책을 이끌 새로운 지도 체제를 출범시켰다. 덩샤오핑은 1997년 장쩌민을 권력의 중심에 올려놓은 후 지병으로 사망했다.

톈안먼 사건에 대해 유혈 진압을 지시한 덩샤오핑에 대한 서방 세계의 평가는 냉혹하기 이를 데 없지만, 필자의 생각은 조금 다르다. 그렇다고 민주적인 시위를 유혈 진압한 것을 긍정적으로 보는 것은 아니다. 어느 나라나 그 나라의 당대 수준에 걸맞은 정책과 대응이 필요하다는 마키아벨리식 정치론의 입장에서 그렇다는 뜻이다. 특히 냉전 체제 해체와 독일 통일 이후 나란히 시장 경제를 받아들이고 있던 중국과 소련의 개방 정책 차이를 보면 덩샤오핑의 선택은 어쩌면 중국 발전의 검은 토대가 되었다고 볼 수 있다.

소련은 고르바초프의 소련 연방 해체 이후 옐친 대통령 시기에 급격하게 자본주의 시장 경제와 민주적 정치 제도를 함께 도입했으나 그 결과 실패와 혼란을 겪었고, 이후 푸틴의 강경 정권이 등장했다. 반면에 중국은 강력한 국가 사회주의 체제에서 시장 경제를 도입하고 서서히 민주적 제도를 도입하는 일종의 연착륙(軟着陸), 즉 Soft Landing 정책을 선택했다. 그 결과 비교적 잡음없이 경제 성장의 과정을 추진해 나갈 수 있었다고 볼 수 있다. 토대가 부족한 개발도상국이 국가 자본주의 형태로 시장 경제의 초기 기반을 마련할 때, 효율성이라는 측면에서 일사불란한 독재적인 체제가 유리한지, 아니면 다양한 의견을 수렴하는 민주주의 체제가 유리한지는 여전히 유효한 논쟁이라고 본다. 우리나라의 박정희 대통령, 싱가폴의 리콴유 수상, 중국의 덩샤오핑이 모두 이런 논쟁의 한가운데 있는 인물인 것은 분명하다.

남순강화(南巡講話)와 개혁 개방의 지속

1989년의 톈안먼 사건과 그 후폭풍으로 중국 내에서는 경제 개혁과 개방을 반대하는 세력이 강해지기 시작했다. 이들은 개혁 개방을 계속 밀어붙이면 소련처럼 나라가 산산조각 나고 공산당 독재 체제의 붕괴를 재촉할 것이라고 우려했다. 보수파들은 개혁 개방, 자본주의 시장 경제 도입을 여기서 멈추고 당에 의한 통제를 확고히 해야 한다고 주장했다.

한편 상하이에서 시위대에 강경 대처한 공로로 단숨에 중앙 정계에 진입한 장쩌민 국가 주석은 덩샤오핑의 개혁파와 천윈(陳雲, 1905~1995)의 보수파 사이에서 줄타기를 하고 있었다. 톈안먼 사태 이후 중국은 과거 마오쩌둥 시대로 퇴보하지는 않았지만, 외국에 약속했던 추가적인 개혁 개방, 시장 경제화는 모두 미뤄졌고, 극도의 정치적 경색이 이루어졌다. 잔인한 톈안먼 유혈 진압에 격분한 미국을 비롯한 서구권은 중국에 대해서 적대적인 태도로 돌변해 모든 방면에서 교류 협력을 중단했으며, 덕분에 외국인 투자는 급감하고 국제 사회에서 중국의 위상은 실추되었다. 하지만 서구권은 중국을 적성국으로 규정한다거나 무역을 봉쇄하지는 않았다. 톈안먼 사태 직후에는 최혜국 대우 연장 불가, 경제 제재, 무역 중단 같은 조치들도 거론되었으나 결국 모두 흐지부지되었다. 냉전이 막 종식된 상황에서 중국을 또다시 적성국으로 규정하고 새로운 냉전을 시작하기에는 정치권이나 대중들이나 모두 피로했으며, 당시 10억 인구의 거대한 시장을 놓치기도 너무나 아까웠기 때문이었다.

1989년 12월, 루마니아 차우셰스쿠가 민중 혁명으로 처형되고, 1991년 12월 소련 연방이 해체되고 붕괴하자 중국 공산당 지도부는 경악을 금치 못했다. 덩샤오핑은 루마니아의 독재자 니콜라에 차우셰스쿠의 처형 비디오를 입수한 후 중국 공산당 간부들과 같이 시청했다고 한다. 처형 비디오를 보고 나서 덩샤오핑이 한참 만에 "어쩌다 저 꼴이 되었는가?"라고 간부들에게 물었고, 이에 한 공산당 간부가 "반동분자들을 때려잡지 않아서 그렇습니다."라고 대답했다. 그러나 덩샤오핑은 오히려 "틀렸다. 우리도 개혁하지 않고 인민들에게 베풀지 않으면 저렇게 된다."고 대답했다고 한다. 덩샤오핑이 불과 수개월 전 톈안먼 사태의 유혈 진압을 주도한 장본인이었던 점을 생각하면 의외의 반응이지만, 이후의 남순강화를 통해 개혁 개방에 가속도를 붙인 행보와 맥을 같이 하는 것으로 해석할 수 있다.

이때 천윈 등은 계급 투쟁을 다시 중심으로 삼아야 한다면서 개혁 개방의 전면 후퇴를 주장했다. 공식적으로 장쩌민은 경제 건설로 공산당 지위를 굳혀야 한다고 주장했으나 정작 장쩌민의 실질적 정책은 모두 사상 강조, 정치 통제의 강화에 있어서 이 부분은 윤색이 가해졌을 가능성이 높다. 장쩌민의 완고한 태도에 자신이 죽고 나면 개혁 개방이 무산되고 자신이 그저 톈안먼에서 학생들을 죽인 살인마로만 기억될 것을 우려한 덩샤오핑은, 후치리, 옌밍푸 등 숙청당한 개혁 개방파를 복권하고 심지어 자오쯔양의 복권 카드까지 꺼내 들면서 장쩌민을 압박했다. 하지만 보수파의 완고함이 바뀌지 않자 덩샤오핑은 1992년 1월, 소위 남순강화(南巡講話)라고 일컫는 행보를 시작했다.

남순강화(南巡講話)는 명목상 가족 여행이었고 덩샤오핑은 실제로 여러 명소를 방문하면서 관광을 즐기는 듯했다. 하지만 한 가지 주목할 것은 가족 여행에 당 중앙군사위원회 제1부주석 양상쿤이 동행했다는 것이다. 덩샤오핑의 여행 준비에서도 당은 배제되고 인민해방군이 준비를 맡았으며, 중군위 비서장 양바이빙이 총정치부, 해방군보를 동원하여 인민해방군의 덩샤오핑에 대한 지지를 천명했다.

1월 17일, 전용 기차로 베이징을 떠난 덩샤오핑은 먼저 호북성 무창과 호남성 장사를 방문해 호북성 서기 관광푸와 호북성장 궈수엔에게 중앙에 전하라며 엄중한 경고를 날렸다.

"우리 지도자들은 마치 무엇인가 하는 것처럼 보이지만 실제로는 값어치 있는 일을 하나도 하지 않는다. 텔레비전을 보면 온통 회의와 행사뿐이다. 우리 지도자들은 자신들을 텔레비전 스타로 생각하는 것이 틀림없다. … 개혁에 반대하는 사람들은 그 누구라도 자리에서 물러나야 할 것이다."

선전과 주하이를 방문한 자리에서는 "개혁 개방 노선, 정책, 방침을 바꾸려는 사람들은 백성들이 호응하지 않을 것이고, 누구라도 타도될 것이다. 이 점에 대해 나는 몇 차례 언급했다."라고 또 경고를 날렸다. 보수파가 우세했던 중앙 지도부는 덩샤오핑의 남순강화를 평당원의 가족 여행으로 폄하하면서 보도를 금지했으나 사태가 심상치 않은 것을 눈치챈 홍콩의 명보, 대공보 등이 취재를 시작했다. 이에 홍콩 언론을 일상적으로 접할 수 있었던 광동성과 복건성이 호응하기 시작했다. 상하이 해방일보, 선전특구보 등 지방 언론들이 덩샤오핑의 남순강화를 보도하기 시작했으며 2월에 이르러 인민일보도 굴복했다. 3월부터 선전특구보를 중심으로 덩샤오핑의 현지 지도를 매우 자세히 보도하기 시작했고, 광저우 양청만보, 광명일보, 문회보에 이어 신화통신이 전국에 덩샤오핑의 남순강화 동정을 상세히 보도하기 시작했다.

덩샤오핑 뒤에 중군위 제1부주석 양상쿤, 중군위 비서장 겸 총정치부 주임 양바이빙, 중군위 부주석 류화칭 등 중국의 군사 지도자들이 모두 따라붙었으며, 심지어 장쩌민의 경쟁자인 정법위 서기 차오스까지도 덩샤오핑에게 동조하면서 중국 지도부는 경악했다. 덩샤오핑은 군대가 자신의 뒤에 있다는 것을 보수파에게 매우 노골적으로 보여준 것이다.

남순강화가 끝난 후인 8월에 전국 군구의 사령원들이 개혁 개방을 옹호하는 궐기 사설까지 내보내면서 총이 누구 손에 있는지가 매우 명백해졌다. 장쩌민은 2월 3일, 상하이에 도착한 덩샤오핑에게 새해 안부 전화를 걸면서 여전한 덩샤오핑의 힘을 인정해야 했고, 중앙 문건을 통해 전국 각지의 간부들이 남순강화에 대해서 학습하게 했다. 2월 21일, 덩샤오핑은 의기양양하게 베이징으로 개선했다. 그해 3월 9~10일에 열린 정치국 확대 회의가 남순강화를 공식적으로 수용하기로 결정하여 3월 11일 자 신화통신을 통해 정치국 공보를 발송해 전국에 알리게 했다. 덩샤오핑은 5월 22일, 서우두 철강 현지 지도 때 지도자는 반드시 경제통이어야 하며 주룽지야말로 경제를 확고히 장악했다고 그를 크게 칭찬하며 장쩌민에게 계속 보수적 자세를 지속하면 주룽지로 총서기를 교체할 수도 있다고 위협했다. 천윈과 보이보는 이미 총서기를 두 번이나 교체했는데, 세 번째로 갈아치울 수는 없다고 장쩌민 지지를 분명히 했지만, 장쩌민은 덩샤오핑에게 완전히 기울어 5월 29일 중앙당교에서 열린 성부급 간부 연수반 졸업식에서 덩샤오핑을 찬양하며 그의 노선에 따르겠다는 의사를 분명히 밝혔다. 천윈은 중앙고문위원회를 소집하여 최후의 저항을 했으나 덩샤오핑의 선동으로 전국 각지의 지도자들이 개혁 개방을 요구하면서 중앙을 압박했다. 국무원 부총리 톈지윈을 비롯한 남순강화에 고무된 개혁 개방파들이 반격에 나섰다. 결국 중국 공산당 내의 마지막 개방의 찬반 대결에서 이긴 덩샤오핑과 개방 세력은 마침내 중국의 경제 정책 방향에 마침표를 찍었고, 중국은 개혁을 향해 달리기 시작했다. 1993년에 NBA를 라이브로 중국 공영 방송에서 중계한 것이나 같은 해에 상하이 증권거래소, 선전 증권거래소가 세워진 것이 대표적인 변화의 예이다.

이후 1992년 제14차 당 대회의 당 규약 개정으로 모든 당직의 재임 기간을 최대 10년으로 제한하고, 65세 이후에는 새로운 당직에 취임하지 못하도록 명문화했다. 이는 1인 독재와 원로들의 간섭을 배제하고 원활한 세대교체를 위한 것이었다. 이에 따라 70~80대 원로들이 당을 좌지우지하거나 수십 년씩 제왕적 권력을 휘두르는 행태는 사라졌으며 시대 변화에 빠르게 적응할 수 있게 되었다.

덩샤오핑 사후 장쩌민과 후진타오 모두 10년씩 집권하면서 후계 세대를 조직적으로 양성하는 모습을 보였다. 일당 독재이면서도 주기적인 세대교체가 잡음 없이 이루어지는 특이한 모습이었다. 물론 당직에서 물러났다고 해도 원로들의 영향력이 완전히 없어지는 것은 아니지만, 아무래도 현직이 아니면 힘이 떨어지는 것은 어쩔 수 없다. 이는 기타 공산당 국가에서 흔히 볼 수 있었던 지도부의 '노화 현상'을 방지하는 데 큰 역할을 했다. 그런데 시진핑이 약 30년 후 사실상 종신 집권을 하게 되면서 중국은 다시 강력한 독재 체제로 걸어 들어가고 있다.

당시에 덩샤오핑을 포함한 8인의 원로방은 공식 직함 없이 사실상 중국을 통치했다. 예컨대 톈안먼 사태 당시 자오쯔양 총서기의 해임은 원로방에서 결정됐고, 이후 열린 당 중앙위원회 회의는 그저 형식적 추인을 하는 데 그쳤다. 또한 덩샤오핑은 13기 5중 전회에서 당 군사 주석에서 물러난 이후에도 개혁 개방의 총 설계사로서 인사권과 국가 정책에 대한 최종 결정권을 부여받았다. 당시 그는 수천만 명에 이르는 중국 공산당의 일개 당원에 불과했다. 이후 은퇴하여 별다른 활동 없이 지내다가 향년 92세로 1997년 2월 19일 베이징에서 사망했다. 말년의 큰 소원 중 하나가 자국으로 반환된 홍콩 땅을 밟는 것이었지만, 반환을 5개월 남짓 앞두고 별세했다. 또 하나는 대만과의 양안 통일이었는데, 이것은 현재까지 이루어질 기미도 보이지 않고 있다. 이와 같은 소원의 영향으로 그의 유해는 화장되어 중국과 홍콩, 대만 사이에 있는 남중국해에 비행기로 뿌려졌다.

덩샤오핑에 대한 평가

덩샤오핑은 유언으로 도광양회(韜光養晦), 즉 향후 50여 년 동안은 국제사회에 섣불리 나서지 말고 인내하며 조용히 힘을 키우라는 말을 남겼다. 힘을 키우기 전까지는 패권을 추구하지 말라는 것이다. 또 그의 유훈에는 "러시아를 경계하라"는 것도 있었다고 하는데, 중소 결렬 시기를 겪으면서 경계심이 커졌던 것 같다. 이와 관련해 덩샤오핑은 생전에 이런 농담도 했다고 한다.

"중국은 총 한 방 쏘지 않고도 러시아를 점령할 수 있다. 중국군이 모두 러시아에 들어가 항복하면 러시아는 그들을 먹여 살리느라 거덜이 날 것이고 그러면 자연스럽게 러시아는 중국 차지가 될 것이다."

그러나 덩샤오핑의 유훈과는 달리 중국의 대외적 성향은 점차 공격적으로 변해가고 있다. 장쩌민, 후진타오 시절까지만 하더라도 대외적으로 비교적 겸손한 자세를 잃지 않아서 미국이나 다른 주변국과의 관계도 그럭저럭 나쁘지 않았고, 내부적으로도 소수 민족 문제의 경우 독립 요구에 대해서는 강경하게 짓밟기는 했지만, 최소한 그들의 문화를 존중하고 위로하는 시늉은 하는 등 온건한 방법도 병행했다. 하지만 시진핑 시절에 들어와서는 정권에 저항하는 사람들을 수용소에 몰아넣는 등 강경책 일변도로 나갈 뿐 아니라 주변국에도 갈등적이고 도발적 행보를 보이고 있다. 겉으로는 덩샤오핑의 도광양회의 기조를 지킨다고 하지만 경제적 성장에 따른 자신감, 중국몽이라는 세계 대국의 꿈과 관계가 없지 않은 듯하다.

덩샤오핑이 사망한 후 20년도 채 지나지 않아 미국과 중국은 패권 경쟁에 돌입했다.

덩샤오핑은, 마오쩌둥 시기 대약진 운동과 문화 대혁명의 실패 등으로 휘청거리던 중국을 개혁 개방 체제로 돌려 사회주의 실현에 필요한 생산력을 확보할 새로운 성장의 길을 이끈 지도자라는 긍정적 평가가 있다. 반면 톈안먼 사태로 대표되는 중국 내 자유 민주주의 운동과 내부 불평등, 사회적 모순의 개혁을 요구하는 목소리를 짓밟은 탄압자라는 부정적 평가도 공존하고 있다. 일부 전통적인 마오쩌둥 지지자들에게는 현대 중국의 양극화를 낳은 주범이라고 비판받기도 한다.

양극화 문제의 핵심은 결국 부동산이 좌우하는 경우가 많다. 못 살던 시절엔 열심히 몇 년 일하면 주택은 구입할 수 있었지만, 경제적으로 잘살게 되면서 투기 등으로 집값이 폭등해 몇십 년을 일해도 주택을 마련하지 못하는 상황이 곳곳에서 발생하고 있다.

덩샤오핑은 복권 이후 백화제방 백가쟁명을 외치며 한동안은 표현의 자유를 인정하는 것처럼 보였으나 4인방을 숙청하고 화궈펑을 허수아비로 만들어 버린 후에는 그 탈을 벗어 던졌다. 또 범죄 소탕, 부패 척결이란 명분하에 수많은 시민에게 공포 분위기를 조성한 1983년 엄타(嚴打) 운동 같은 사례처럼, 덩샤오핑의 통치기는 법치주의나 인권과는 거리가 멀었다. 이러한 정책의 취지는 문화 대혁명 이후 흐트러진 공권력 회복과 치안 강화였으나 법과 처벌은 지나치게 엄격하고 사법적 절차는 약화되어 억울한 피해자들이 쌓이게 되었다. 반면 권력층은 유유히 처벌을 빠져나가는 모습을 보여줘 민심이 흔들리게 되었다.

오늘날까지 여전히 일당 독재인 중국에서 덩샤오핑은 중국 공산당 차원에서는 개혁 개방으로 중국식 사회주의를 실현한 위대한 지도자로 호평받고 있다. 덩샤오핑은 말년까지 마르크스주의자란 말을 칭찬처럼 사용하고 부르주아를 비판한 사회주의자였다. 덩샤오핑이 주창한 것도 '사회주의 시장 경제론'이었다. 그런 점에서 덩샤오핑은 사실 영국 노동당의 토니 블레어처럼 좌파 정당에서 경제적 우클릭을 이끈 좌우 혼합형 사회주의자라고 볼 수 있다.

해외에서도 흑묘백묘론 같은 실사구시적 태도나 외교술 같은 부분은 호평하지만, 인권 문제 등에 있어서는 비판하는 경우가 많다. 그럼에도 다른 독재자들보다 상대적으로 긍정적인 평가를 받는 이유는 세계사적 관점에서 실사구시적 태도나 일당 독재를 했지만 종신 독재자가 아니었다는 점, 또 선악이 분명하던 전임 마오쩌둥과 비교되는 대비 효과 때문으로 보인다. 헨리 키신저는 덩샤오핑을 만나 그의 결단력과 통찰력을 보았다며 덩샤오핑은 위대한 인물이었다고 극찬했다. 다만 2010년대 낸 자서전에서는 저우언라이를 자신이 만난 중국 공산당 최고의 인물로 표현했다. 덩샤오핑은 처음엔 너무 까칠해 보여 별로 좋아하지 않았지만, 말은 무뚝뚝해도 열심히 하려는 것을 보고 진정성을 느꼈다고 평가했다.

일본계 미국인 정치학자 프랜시스 후쿠야마도 덩샤오핑을 민주주의 체제의 지도자는 아니지만 민주주의 정치인이 할 수 없는 경제 대변혁을 이룬 위대한 '황제'라고 주장했다. 물론 이에 대해 비판적 시각도 존재한다. 경제 대공황이라는 비상 시국에서 벗어나기 위해 평소 미국이 지향하던 자유주의적 자본주의에서 흔하지 않던, 정부의 적극 개입 정책인 뉴딜(New Deal) 정책을 통해, 막혔던 미국 경제의 숨통을 튼 프랭클린 루스벨트(F.D.Roosevelt) 대통령 시절의 미국이나, 자본주의 체제하에서도 복지 제도를 안정적으로 정착시킨 유럽권, 1997년 외환 위기를 겪으면서도 대대적인 구조 조정을 거치며 대기업의 전문화와 벤처 기업 육성 등 경제 체질을 강화시켜 연착륙에 성공한 한국 등을 들어 후쿠야마의 주장에 의문을 제기하는 의견도 있다. 그러나 한국이나 타이완, 싱가포르 등도 경제 개발 초창기에 일부 자유를 억압당하는 국가 자본주의적 통치 모델을 채택한 점은 기억할 만하다. 실제로 박정희와 덩샤오핑은 각각 초대 국가 원수인 이승만 대통령과 마오쩌둥 주석의 뒤를 이어 가난하고 토대가 미약했던 신생 국가의 공업화, 근대화를 이끌었으나 동시에 인권을 무자비하게 탄압하고 민주주의를 후퇴시켰다는 점에서 상당한 공통점이 있다. 박정희와 덩샤오핑 그리고 싱가포르의 리콴유와 타이완의 장제스까지 네 명의 인물은 지금까지도 논쟁이 지속되고 있는 동아시아 개발 독재 모델의 전형을 만들어낸 인물들이다. 실제로 이들은 서로 간에 많은 영향을 주고받은 것으로 평가된다. 미국의 중국 전문가인 윌리엄 오버홀트 하버드 대학 아시아센터 선임연구원도 "나는 덩샤오핑이 한국의 발전 전략, 즉 '박정희 모델'을 그대로 모방(copy)했다고 생각한다."라는 견해를 내비치며 덩샤오핑이 박정희 대통령의 경제 정책을 롤모델로 삼았을 것으로 평가했다.

실제로 덩샤오핑은 "자본주의에도 계획이 있으며, 사회주의에도 시장이 있다. 일부가 먼저 부자가 되는 것을 인정해 가난한 사람이 따라 배우게 해야 한다."라고 말하며 '선부론(先富論)'을 주장했다. 그는 선부론(先富論)에 따라 일부가 먼저 부자가 되고 '소강(小康)' 단계가 되면 중산층이 넓어지고 마지막으로 '대동(大同)' 사회가 되면 모두가 잘산다는 단계 발전론을 주장하기도 했다.

덩샤오핑은 1991년 김일성과 비밀리에 만나 개혁 개방에 대해 조언했다고 한다. 이에 자극을 받은 김일성은 1994년까지 나진 개방, 비핵화 딜, 김영삼 대통령과의 남북 정상 회담을 추진하기도 했으나 정상 회담을 며칠 앞두고 심근경색으로 사망했다. 김정일에게도 이 조언을 해주었지만, 김정일은 덩샤오핑을 수정주의자라고 하며 거절했다. 다만 김정일도 2000년대에 들어 신의주 특별 행정구처럼 비슷한 노선을 모색하긴 했다. 이후 북미 외교 등이 잘 풀리지 않자 2000년대 중반 핵 실험으로 자폭해 버리고 김정은도 그 노선의 기조를 유지해 가고 있다.

덩샤오핑은 단신으로 유명했다. 1904년생임을 감안해도 대체적으로 쓰촨성 출신들은 타지역 출신 중국인들에 비해서도 신장이 유독 작았다. 그래서 타지역 출신 중국인들은 쓰촨성 출신들을 먀오쯔(苗子, 땅콩보다 훨씬 더 작은 종자)라고 놀린다고 한다. 마침 '소평(小平)'이라는 이름도 작다는 의미가 포함되어 있다. 덩샤오핑의 출생 시 이름은 '셴셩(先聖)', 청소년기 이름은 '시셴(希賢)', 그리고 마지막 이름이 '샤오핑(小平)'이다. 태어날 때 이름은 '옛 성인과 같이 되어라.'이고 두 번째 이름은 '현명해지기를 바람'이며 마지막 이름인 샤오핑은 '작고 평범함'으로 점점 이름의 뜻이 소박해졌다. 앞의 두 이름은 아버지가 지어준 이름이고 샤오핑이라는 이름은 본인이 직접 지은 이름이라고 한다.

제46강

현대 중국의 지도자들

장쩌민(江澤民, 1926~2022)

장쩌민(강택민)은 장쑤성[江蘇省] 양저우[揚州] 출신으로 1세대 마오쩌둥-저우언라이, 2세대 덩샤오핑 등에 이은 중국의 3세대 지도자로 분류된다. 그는 공산당 중앙군사위원회 제3대 주석, 중화인민공화국의 제5대 주석을 지냈다.

그는 1946년에 중국 공산당(中國共産黨)에 입당했다. 장쩌민 본인은 대학 시절 당시 불법 지하 조직이었던 공산당에 입당했다고 주장하고 있다. 어쨌든 1949년 중공 정권이 성립하기 전에 입당한 것은 확실하다. 1947년에는 상하이[上海]에 있는 자오퉁 대학교[交通大學校] 전기공학과를 졸업했다. 국공 내전이 공산당의 승리로 기울고 1949년 상하이를 점령하자 그는 당에 의해 발탁되어 여러 기술직 공무원으로 근무했다. 장쩌민은 1949년 왕즈핑과 결혼했다.

1950년대 중반에는 모스크바로 유학을 떠나 기술 교육을 받았으며, 이후 정부에서 다양한 직책을 역임했다. 1954년 만주 창춘에 있는 디이 자동차 회사(第一汽車)에 부임했다. 이 회사는 소련과 기술 제휴를 맺고 있었고, 1955년 장쩌민 및 여러 기술자는 모스크바의 자동차 회사에 파견 연수를 받고 1956년에 돌아왔다. 디이 자동차는 중국 최초로 소련 ZIS 트럭을 라이센스 생산했고, 장쩌민은 이 공로로 공장의 고위직에 올랐다.

1956년 백화제방 백가쟁명의 반동으로 실시된 반우파 투쟁 당시 장쩌민은 우파(右派) 또는 반동(反動)으로 지목되어 비판을 받았다. 이후에도 공장 내의 반동을 솎아내라는 중앙의 지시에 소극적으로 임했다고 한다. 1958년 대약진 운동 당시에는 중국 전통 방식의 용광로라는 비효율적 토법고로(土法高爐)를 만들기 위해 연료를 빼앗긴 데다가, 중소 관계의 악화로 소련의 기술 지원이 끊겨 자동차 생산이 감소해 이에 대한 책임을 지게 되었다.

1962년, 만주에서 본거지인 상해로 전근되어서 상해 전기과학연구원의 부소장으로 부임했고, 1965년에는 우한에 있는 열기관 연구소의 소장 및 당 부서기로 발령을 받았다. 하지만 부인은 이사를 허가받지 못해서 20년간 별거 상태로 지냈다. 이 때문인지 중국에서는 부부 사이가 매우 나빴다거나 장쩌민이 여러 애인을 두고 있다는 이야기도 많았다. 장쩌민이 마음에 든 유부녀 가수를 강제로 이혼시키고 첩으로 삼았다는 이야기도 루머 중의 하나였다. 1967년 문화 대혁명이 벌어지자 우한은 홍위병에 의해 점령되었고, 홍위병은 장쩌민을 여러 번 비판했다. 그리하여 장쩌민은 2년간 57간교라는 수용소에서 강제 노역을 했다. 그는 1970년 수용소에서 석방되어 베이징으로 돌아왔고, 제1 기계공작부에 대외 담당으로 부임했다. 이 당시 중국은 몇 안 되는 우방이었던 루마니아에 공장을 건설하는 원조를 해주게 되었는데, 여기에 몇 년간 파견되었다. 장쩌민은 여기서 루마니아어를 익혔다고 한다.

장쩌민이 정치권 밖에서 세월을 보내던 중, 1976년 마오쩌둥이 사망하자 국정을 농단하던 4인방은 마오쩌둥 사후의 권력 투쟁에 대비하여 본거지인 상하이의 군 부대 및 지지자들에게 농성 준비를 시켰다. 장쩌민을 비롯한 여러 상하이 출신 고위 인사들은 중앙 정부의 명령을 받고 상하이에 파견되어 4인방 지지자들을 설득하여 해산시켰고, 상하이 지역의 소요 사태는 무산되었다. 이후 장쩌민은 베이징으로 돌아올 수 있었다.

그는 1976년 복귀한 후 1982년 제12기 공산당 중앙위원회 위원으로 임명되었다. 1979년 화궈펑을 축출하고 집권한 덩샤오핑은 여러 산업 개발 시책을 펼치게 되었는데, 1983년 3월 장쩌민을 새로 성립된 전자공업부 부부장에 임명했다. 장쩌민은 이 해 6월에는 이 부서의 부장이 되었고, 여러 전자 공업 진흥책을 펼치게 되었다. 장쩌민의 지도 아래 1984년에는 중국 최초의 정지 궤도 통신 위성인 '창청 3호' 발사에 성공했고, 이 공로로 장쩌민은 덩샤오핑을 비롯한 당 원로들의 주목을 받게 되었다.

1985년, 장쩌민은 새로운 임기가 시작되는 상하이 시장에 임명되었다. 개혁 개방 이전부터 중국 경제의 중심지였던 상하이에서 여러 발전 시책을 내놓았고, 상하이는 여러 경제 개방 특구에서도 두각을 나타내게 되었다.

1986년부터 중국 공산당 독재에 항의하는 여러 운동이 중국 전역에서 다발적으로 일어났으나 장쩌민은 자기 지역인 상하이 내에서의 저항 운동을 유혈 사태나 소요 사태 없이 진정시켜 중앙의 주목을 받았다. 이때 유명한 일화가 있는데, 상하이 동제 대학, 상하이 과기대를 비롯하여 상하이로 학생 시위가 번지기 시작하자 장쩌민은 학생 운동을 기선 제압하기 위해 모교인 상하이 교통대학에 '마르크스주의와 공산당 영도의 필요성'이란 주제로 강연하기 위해 방문했다. 이에 학생들이 흥분하여 야유를 시작하자 특유의 기질을 발휘해 자신 있으면 나와서 이름을 대보라고 학생들에게 대놓고 호통을 쳤다. 이에 학생 운동 지도자 한 사람이 좌중을 진정시키자 장쩌민은 다시 강연을 시작했다.

장쩌민은 상하이 교통대학에 들어오면서 본 대자보에 게티즈버그 연설이 인용된 것을 언급하면서 강연을 시작했다. 한 학생이 그의 강연을 끊으면서 게티즈버그 연설이 누가 한 연설인지는 아느냐고 공격하자 장쩌민은 이 중에서 게티즈버그 연설을 영문으로 읊을 수 있는 사람이 있으면 나와 보라고 반격했다. 그리고 게티즈버그 연설 전문을 영어로 즉석에서 외치고 "서방 민주주의에 대해서는 너희 애송이들보다는 내가 더 잘 안다. 너희들은 서방 민주주의의 겉모습만 알고 그 안에 담긴 실질을 이해하지 못한다"라고 말하며 좌중을 제압해버렸다.

장쩌민이 보여준 '경정치, 연경제' 성향은 덩샤오핑의 주목을 받게 되었고, 1987년에는 막강한 권력을 가진 정치국원이 되었다. 장쩌민이 지방에 오래 내려가 있었던 것은 역으로 리펑이나 양상쿤과 달리 인민들의 미움을 받을 악역을 한 일이 없었다는 것으로, 이런 점에서 장쩌민 입장에서는 민심 수습에 유리한 여건을 마련해주었다. 이 때문에 장쩌민은 베이징 서기 리시밍, 톈진 서기 리루이환 같은 지방의 경쟁자들은 물론이고 중앙의 차오스, 쑹핑, 야오이린 등을 다 제치고 톈안먼 사태 이후 중국 공산당 중앙위원회 총서기로 발탁될 수 있었다.

장쩌민

1989년 4월 15일, 개혁파의 지도자였던 후야오방이 정치국 회의 중에 심장마비로 갑작스레 세상을 떠났다. 후야오방은 이미 학생 시위의 책임을 추궁당해 총서기 및 정치국 상무위원에서 물러나 정치국 위원으로만 남아 있었던 인물이었다. 이후 후야오방을 추모하는 대중들이 톈안먼 광장으로 몰려들기 시작했고, 이들은 민주화와 부패 청산 등을 외치면서 계속해서 시위를 이어갔다. 시위 인원이 점점 늘어나 수십만에 달했고, 5월이 되자 베이징뿐만 아니라 중국 전역에서 후야오방을 추모하면서 민주화를 요구하는 시위가 들불처럼 일어나는 혼란스러운 상황이 지속되었다. 장쩌민은 언론인들의 항의에도 아랑곳하지 않고 후야오방의 총서기 해임을 비판하는 보도를 한 상하이 일간지 세계경제보도를 가차없이 폐간하고 편집장 친번웨이를 해임했다. 장쩌민의 단호한 조치에 공산당 원로들은 매우 흡족해

했다. 천윈과 리셴녠은 장쩌민을 매우 크게 칭찬했고 덩샤오핑은 양상쿤을 불러 장쩌민을 높이 평가했다. 양상쿤도 동의하면서 그가 시위를 어떻게 대처해야 하는지 잘 알고 있을 뿐만 아니라 마르크스 구절들을 영어로 읊을 수도 있을 정도라고 칭찬했다. 특히 장쩌민은 상하이 시장 재임 시에 휴가를 상하이에서 보내곤 했던 상하이 출신 천윈과 역시 겨울 휴가를 상하이에서 보냈던 리셴녠을 매우 극진하게 우대했는데, 그 덕분에 천윈과 리셴녠이 강력하게 장쩌민을 후임 총서기로 추천했다.

5월 27일, 덩샤오핑은 양상쿤, 천윈, 리셴녠, 펑전, 덩잉차오, 왕전, 보이보 등 원로들을 소집하여 사표를 내고 광장에 나가 시위대의 편에 선 자오쯔양의 후임으로 누구를 선출할지를 논의했다. 모두가 덩샤오핑의 의견을 요구하자 덩샤오핑은 장쩌민이 가장 적절한 선택인 것 같다고 말했다. 결국 덩샤오핑을 비롯한 원로들의 가장 폭넓은 지지를 받은 장쩌민으로 발탁되었다. 장쩌민은 베이징으로 긴급 호출되어서, 당중앙군사위원회 주석으로 실권자였던 덩샤오핑에게 당 총서기를 맡으라는 지시를 받았다. 그는 중앙당에 입성해 총서기를 맡았으며 그의 후임 시장은 주룽지였다. 주룽지는 장쩌민과 1980년대 상하이에서 초반부터 같이 일해 왔으며, 호흡이 잘 맞아서 장쩌민은 나중에 그를 총리로 불러들였다. 장쩌민은 덩샤오핑의 자유 시장 개혁을 지속적으로 추진하는 한편 공산당의 독재를 계속 유지하는 정책을 통해 자신의 권력을 공고히 할 수 있었다.

장쩌민은 1989년 6월 23일에 열린 13기 5중전회에서 숙정된 사오쯔앙의 후임으로 당 총서기에 선출되었고, 중군위 주석에 선출되었으며 당연히 정치국 상무위원에 보선되었다. 개혁파 자오쯔양을 실각시켰더니 상하이에서 갑작스럽게 발탁된 장쩌민이 그 자리를 차지하려는 것에 대해서 리펑, 쑹핑, 야오이린 등은 불만을 토로했고, 중군위 주석에 장쩌민이 선출된 것에 대해서는 양상쿤이 불만을 표시했다. 여기에 총서기 자리를 빼앗긴 리펑도 가세했다. 덩샤오핑은 이들의 불만을 수습하기 위해 양상쿤을 중군위 제1부주석에 선출하고, 상무 부주석에 류화칭, 중군위 비서장으로 양상쿤의 동생인 총정치부 주임 양바이빙을 선출했다. 보수파들은 장쩌민이 경험이 없는 인물이니 역으로 그를 조종하는 것도 쉬울 것이라 여겨 최종적으로 장쩌민의 총서기 및 중군위 주석 선출에 동의했다.

같은 해 8월, 장쩌민은 자신을 상하이에서 보좌했던 여러 부하를 중앙에 불러들여 여러 중요 자리를 맡기면서 자신의 사단으로 삼았다. 세상에서는 이들을 속칭 '상하이방(上海幇, 상하이 마피아)'이라고 불렀다. 이들 중에서는 장쩌민 밑에서 총리를 지낸 주룽지가 있었다. 상하이 인사인 장쩌민은 여러 가지로 다른 계파의 견제를 받았지만, 상하이방이라고 불린 이 사단에 상당한 인재들이 많았다. 이미 장쩌민을 후계자로 결정해 놓은 덩샤오핑은 다른 원로들에 비해 발언권이 컸기 때문에 다른 계파의 여러 경쟁자들을 찍어 누르고 장쩌민이 덩샤오핑의 후계자 자리를 확보했다.

1993년, 장쩌민은 덩샤오핑(鄧小平)의 지원으로 제5대 국가 주석이 되었다. 그는 재임 기간 '도광양회(韜光養晦)'라는 덩샤오핑의 정책을 충실히 계승했다. 곧 사회주의 시장 경제 체제로 국영 기업에 대한 간섭을 줄이고, 수출과 투자 등을 통해 경제를 발전시키고자 한 것이다. 이에 따라 그는 30만 개에 달하는 국영 기업의 소유권과 통제를 줄였고, 아울러 과감한 수출 정책과 능동적인 대외 투자를 단행했다. 그 결과 중국 경제는 급속하게 성장하기 시작했다. 또한 장쩌민은 미국, 유럽과 부드러운 관계를 유지하기 위해 노력했으며 중국의 변화를 잘 읽고 이에 대응했다. 그러나 임기 기간 대부분 강력한 카리스마를 가진 덩샤오핑이 배후에 있었다. 덩샤오핑은 장쩌민을 후계자로 세운 후로 공식적으로는 모든 직책에서 물러나 언론 노출도 거의 없이 평당원으로 머물렀다. 하지만 막후에서는 엄청난 권위로 다른 보수파 당 원로들 및 장쩌민의 경쟁자들의 반발을 제압하면서 장쩌민을 밀어주었다.

장쩌민이 주장한 공산주의 시장 경제는 곧 개혁 개방과 궤를 같이했다. 이 정책으로 정부가 소유하고 있는 30만 개에 달하는 국영 기업에 대해 일정한 수준의 자율이 보장되었고, 이전과 달리 과감하게 수출이 단행되었으며, 해외 투자 역시 이루어졌다. 개혁 개방 노선으로 중국 경제는 급속도로 성장했으며 이 과정에서 정치적으로 경색되었던 서구 국가들과도 좋은 관계를 유지하게 되었다.

덩샤오핑이 1992년 "개혁 개방만이 살길이다"라고 강조한 남순강화를 할 정도로 1990년대 초반까지는 공산당 내의 보수파의 반발이 심했다. 또한 마오쩌둥의 유산이 중국 사회 곳곳에 남아 있었으나 장쩌민 시절에는 완전히 이를 청산하고 중국이 개방되었다. 즉 확실하게 개방된 중국은 바로 이 장쩌민의 시대에 열렸다. 주식 시장과 코카콜라, NBA 중계, 맥도날드로 대표되는 개방이 그것이며, 한국과의 수교도 장쩌민 시대에 있었다. 장쩌민은 집권 당시 미국과 우호 관계를 유지하려 노력했는데, 이 덕분에 당시 재임 중이었던 빌 클린턴과 사이가 좋았다.

1992년 노태우 정부 당시, 북방 정책이 결실을 맺어 한중 수교가 이루어졌다. 노태우 대통령이 방중해서 장쩌민만 회동한 것을 가지고, 일부 보수적 한국 언론이 왜 최고 지도자인 덩샤오핑을 만나지 못했느냐고 비판 기사를 썼다. 당시 덩샤오핑은 형식상 아무 직함 없는 평당원이었기 때문에 정상과 만나는 것은 격에 맞지 않는 일이었고, 노태우뿐 아니라 다른 외국 인사들도 덩샤오핑이 아니라 장쩌민을 만났다. 이후 1997년 덩샤오핑이 사망한 이후에야 장쩌민이 진정한 최고 지도자가 되었다. 이후 방중한 김대중 대통령과 회담에서 장쩌민은 김 대통령을 '따거'라고 불렀나고 한다. 김대중(1924년생)과의 나이 차는 두 살이었다. 그 전에 장쩌민은 평양을 방문해서 김일성과도 회담한 적이 있었는데, 중국어에 능했던 김일성과도 통역 없이 이야기했다고 한다. 그는 2001년에는 김정일 국방위원장을 만나 남북한 간의 관계 개선을 위해서도 나름대로 힘썼다.

장쩌민은 사회주의 시장 경제를 주장했다. 자본가, 지식인, 노동자의 근본적인 이익을 중국 공산당이 대표해야 한다는 3개 대표 사상을 발표했다.

장쩌민의 3개 대표 사상은 다음과 같다.

1. 중국 공산당은 선진 사회 생산력의 발전 요구를 대표한다.
2. 중국 공산당은 선진 문화의 발전 방향을 대표한다.
3. 중국 공산당은 인민의 이익을 대표한다.

이 사상은 2000년 2월에 처음 발표한 것으로, 중국의 성장을 위해 필요한 핵심 사항들에 대해 설파하고 있다. 첫째, 선진 생산력 발전 요구는, 공산당이 기존 노동 계급의 이익을 반영했다면 이제부터는 민간 기업에까지 그 범위를 넓혀 기존의 계급주의적 성향을 확대하여 국민 정당이 되겠다는 목표를 담고 있다. 둘째, 선진 문화 발전 방향은 진보적인 발전을 위해 선진적인 사상과 문화를 적극적으로 도입하겠다는 의지다. 또한 위의 두 가지 항목이야말로 인민 전체의 이익을 위한 것이라고 천명하고 있다.

장쩌민이 3개 대표 사상을 발표했을 때 공산당 내에서 반발이 만만치 않았다. 공산당으로서의 이념에 변화가 생기는 것이기 때문이다. 이 때문에 화궈펑은 공산당 탈당을 선언했고, 덩리췬(鄧力群)도 반발했다. 그러나 시대의 요구에 발맞춰야 한다는 그의 호소에 이 3개 대표 사상은 2002년 11월, 제16차 전당대회에서 마르크스-레닌주의, 마오쩌둥, 덩샤오핑의 이론과 더불어 당 지도 사상으로 격상되었으며, 2009년 3월에는 당 헌법 전문에 포함되었다.

장쩌민 시대에는 파룬궁(法輪功) 탄압을 본격적으로 시작했다. 의외로 장쩌민은 초기에는 파룬궁에 상당히 긍정적인 반응을 보였고, 심지어 표창장까지 수여했지만, 점차 파룬궁 수련자의 수가 공산당 당원 수를 넘어서게 되자 무자비한 파룬궁 탄압을 지시하여 현재까지 이어져 오고 있다. 중국에서 마약 사범에 대한 처벌이 심해진 것도 장쩌민 시대부터였다. 정확히는 장쩌민 2기 때인 1999년부터였다. 그 이전까지는 마약 사범을 최대 25년 유기 징역과 가택 연금 20년으로 정하고 감옥에서 약물 중독을 치료하는 데 그쳤지만, 1999년부터 마약 사범을 대거 사형시키기 시작했다.

2002년, 장쩌민은 당 총서기직, 2003년 국가 주석, 2004년 당 중앙군사위원회 주석직을 후진타오[胡錦濤]에게 물려주고 권력 일선에서 퇴진했다.

또한 2005년 5월 국가 중앙 군사위 주석 자리마저 후진타오에게 내주고 16년 만에 모든 공직에서 물러나며 평화적 권력 승계를 마무리지었다. 그러나 후진타오(胡錦濤)에게 국가 주석 지위를 물려준 뒤에도 배후에서 정치적 영향력을 발휘했다.

2012년, 장쩌민은 공식 석상에 잘 나타나지 않다가 11월 열린 중국 공산당 제18차 전국대표대회 석상에 모습을 드러냈다. 그는 후진타오 주석 바로 옆자리를 배정받아 차기 지도자 시진핑보다도 높은 의전 서열로 그의 권력이 아직 막강함을 보여주었다. 실제 전국대표대회 결과 구성된 신임 중국 지도부도 그가 이끄는 상하이방과 협력 관계인 태자당 소속 시진핑이 당 총서기 및 중앙군사위 주석직을 후진타오로부터 물려받았으며, 공산당 정치국 상무위원직도 대부분 상하이방과 태자당 소속 인물들이 물려받았다. 일부 학자들의 견해에 의하면 덩샤오핑이 장쩌민의 능력을 높이 평가하기는 했지만, 장쩌민이 워낙 권력 의지가 강하고, 주위에 패거리를 잘 만드는 경향을 우려했다고 한다. 그리하여 무언가 제어책이 없으면 종신 집권을 할 가능성을 우려해서 자기 생전에 이미 후진타오를 장쩌민의 후임으로 못박아 놓았다고 한다. 사실 후진타오는 재임 내내 장쩌민 또는 장쩌민 일파와 권력 다툼을 했으며, 결과적으로 후진타오의 공청단파와 장쩌민의 상하이방이 치고받는 동안 태자당에서 말석 시진핑이 집권하는 계기를 만들어주었다.

시진핑은 사실 태자당 내에서도 보시라이에 밀렸으나 보시라이가 권력을 남용하다가 몰락하면서 태자당에서 선두에 나섰고 결과적으로 집권하게 된 것이다. 장쩌민은 시진핑이 후진타오의 후계자가 되도록 영향력을 행사했으나 막상 시진핑이 국가 주석 지위에 오른 뒤에는 거의 모든 영향력을 상실했다. 한마디로 시진핑 시대에서 장쩌민은 실질적 영향력이 없다고 봐도 좋다. 게다가 상하이방은 본질적으로 1970~1980년대 장쩌민과 상하이 지역에서 일한 사람들이 주축이며, 장쩌민이 주석으로 등극한 이후에는 신진 세력들이 충원되지 않고 갈수록 노장화되어 장쩌민이 은퇴하자 당

내 세력이 약화되었다. 상하이방의 가장 젊은 세대가 시진핑과 비슷한 1950년대생이다. 여기에 기업체 출신이 많아서 부패 단속에 걸리는 자들이 많아 시진핑은 이런 약점을 이용하여 대대적인 반부패 운동을 벌여 상하이방의 핵심 인물들을 상당수 축출했다. 젊은 세대가 없는 계파 특성상 시진핑 이후 상하이방의 소멸은 시간문제일 뿐이었다.

장쩌민은 2019년 10월 1일, 70주년 국경절(건국 기념일) 기념 열병식에 보좌관의 부축을 받으며 시진핑, 후진타오와 톈안먼 망루의 주석단에 마지막 모습을 보였지만, 2022년 11월 30일 상하이에서 백혈병과 다발성 장기부전으로 입원 중 숨졌다.

사망 보도 이후 신화사, 중국 중앙전시대 등 공공 기관 및 바이두 같은 민간 웹사이트들이 메인 페이지를 일주일 동안 흑백으로 내보냈다. 관영 및 홍콩과 마카오의 지상파 방송사도 방송 로고를 흑백으로 바꿨다. 톈안먼 광장, 인민대회당, 신화문, 중화인민공화국 외교부에 조기가 걸렸으며, 12월 6일 추도식 묵념 시간에 맞춰 베이징, 상하이, 선전 증권거래소가 3분간 매매 정지되었다. 온라인 게임도 이날 일시적으로 서비스를 중지했다. 장쩌민은 자신의 유언대로 상하이 근해에 유해가 뿌려졌다. 류사오치(칭다오 근해), 덩샤오핑(남중국해)에 이어 유해가 바다에 뿌려진 세 번째 중화인민공화국 지도자가 되었다.

후진타오(胡錦濤, 1942~)

후진타오(호금도)는 장쑤성 타이저우(泰州)의 상인 집안에서 태어났다. 명나라 때 절강순무로 재직하며 왜구 토벌에 앞장섰던 호종헌의 직계 자손이라고 한다. 아버지는 찻집 주인 겸 상인이었고 어머니는 교사였으나 후진타오가 7세 때에 사망했다. 유년 시절 학업 성적이 뛰어났으며, 1959년 베이징의 칭화[清華] 대학교 수리공정과에 입학했고, 1965년 졸업하고 건설 공무원으로 일하게 되었다.

후진타오는 대학 재학 중 중국 공산당에 가입했다. 졸업 후 학교에서 조교로 1년 동안 일하다가 문화 대혁명이 벌어졌지만, 하방(下放)되지 않고 1968년 간쑤성의 류자샤 수력 발전소 건설 현장에 자원하여 베이징에서 벌어지는 문화 대혁명의 폭풍을 피해갔다. 간쑤성에서 쑹핑[宋平]과 교류하게 되는데, 쑹핑은 당 선배이자 칭화 대학교 동문으로, 후진타오의 정신적 스승이었다. 1982년까지 쑹핑은 후진타오를 여러 직위에 추천하며 중국 공산당 서기였던 후야오방[胡耀邦]에게 소개했다. 이후 공청단 중앙서기처 서기로 발탁되었다.

그 후 2년이 안 되어 후진타오는 베이징으로 가서, 한때 후야오방이 맡았던 중국 공산당 청년연맹의 서기 자리에 올랐다. 1985년에 후진타오는 구이저우성[貴州省] 당서기에 임명되었는데, 그곳에서 교육 및 경제 분야의 개혁에 기여했다. 구이저우가 변방 지역인 데다 그의 정치적 후견인이었던 후야오방도 1987년 1월 실각하면서 사실상 여기가 그의 정치적 성장의 한계점이라고 여겼다.

1987년에 후진타오는 중국 공산당 중앙위원회 당원으로 지명되었다. 그런데 얼마 후 티베트 지역에서 달라이 라마 14세와 티베트 독립을 주장하는 승려들의 반중 시위가 이어지자 1988년 12월 당 중앙은 후진타오를 티베트 지치구 당서기로 임명하여 라싸로 급파했다. 후진타오는 티베트에 계엄령을 선포하고 군대를 동원하여 단호하게 소요를 진압하면서 강하고 결단력 있다는 평가를 받으며 급부상했다. 직접 철모를 쓰고 강경 진압을 진두지휘하는 모습에 덩샤오핑을 비롯한 당 원로들은 크게 만족했고, 이것이 차세대 주자로 치고 올라가는 발판이 되었다.

1992년 쑹핑이 정치국 7명의 상임위원 중 1명으로서 은퇴하자 후진타오는 그의 직위를 물려받기 위한 로비를 성공적으로 해냈다. 덩샤오핑의 적극적 지지 속에 1992년 10월, 중국 공산당 14차 당대회에서 정치국 상무위원으로 파격 승진하면서 중앙 정계의 핵심이 되었다. 그리고 같은 성장 배경을 가진 공청단(공산주의 청년단) 단원들을 자기 파벌로 삼아 세력을 키워 1998년 전국인민대표대회에서 국가 부주석으로 선출되었고, 그다음 해에는 중국 공산당 중앙군사위원회 부주석이 되었다. 그는 2002년까지 국가 주석 쟝쩌민의 명실상부한 후계자로 부상했고, 그 해 11월 중국 공산당 총서기로서 장쩌민을 승계했다. 이어 2003년 국가 주석에 취임했으며 2004년에 중국 공산당 중앙군사위원회 주석이 되어 명실상부한 중국의 최고 지도자가 되었다. 일설에 의하면 1992년, 덩샤오핑이 장쩌민에게 지위를 넘겨주는 대신 차기 국가 주석은 후진타오로 삼아달라고 요구했고, 장쩌민도 이를 받아들여 이때부터 국가 주석에 오르는 것이 결정되어 있었다고 한다.

10년의 임기 동안 장쩌민의 여전한 영향력 때문에 실권을 완전히 잡지는 못했으나 대내적으로는 중국 경제를 활성화하는 데 기여했고, 대외적으로는 한국과 일본 등 주변 국가들과 원만한 외교 관계를 형성했다는 평을 받았다. 2012년 임기 말을 맞아 리커창(李克强, 1955~2023)을 후계자로 지원했으나 장쩌민과의 대립이 계속되면서 시진핑을 차기 최고 지도자로 합의했고, 결국 시진핑에게 차기 국가 주석과 중앙 군사위 주석을 물려주었다. 2012년 11월 시진핑이 당 총서기에 취임한 뒤, 장쩌민과 후진타오는 사실상 정치적 영향력을 상실했다.

원래부터 본인의 적극적인 권력 의지나 카리스마로 최고 자리까지 오른 것이 아니라 덩샤오핑 등 당 지도부의 후원 및 계파 간 합의에 의해 최고 자리에 이르렀기 때문에 집권 내내 장쩌민의 상하이방과 타협하는 자세로 임했다. 그렇다고 해서 일부 반중(反中)적인 분석처럼 장쩌민이 뒤에서 수렴청정했다고 보는 것은 무리한 이야기다. 후진타오의 공청단은 상하이방 세력보다 당내에 뿌리가 매우 깊고, 특히 상하이방은 60년대생 이후의 세대가 거의 없는 상태로 대부분 노장(老壯)이지만 공청단은 공산당의 제도상 계속 신규 단원이 충원되고 있기 때문에 시간이 갈수록 더 권력 투쟁에서 유리해지게 되어 있었다. 러닝 메이트인 국무원 총리(정부 수반)는 원지바오(온가보, 温家寶, 1942~)로 2003년부터 10년간 계속 함께한 것이 특징이다.

중국은 후진타오의 10년 치세 동안 가히 폭발적으로 성장했다. 처음 4년간(2003년 말~2007년 말)에는 GDP가 12조 위안(1.5조 달러)에서 24조 위안(3조 달러)으로 2배, 무역액은 3.5배(6천억 달러 → 2조 1천억 달러)나 성장했고, 후반 임기 5년 동안에도 계속 성장하여 2010년 일본 경제 규모를 추월하고 세계 2위의 경제 대국으로 올라섰다. 5배 가까이 증가한 외환 보유액은 이미 2007년 1조 5천억 달러로 세계 1위가 되었다. 1인당 국민 소득도 취임 당시 3천 불이 채 안 되던 당시 상황에서 5천 불까지 크게 증가했다. 다만 이러한 증가는 환율과 인플레이션의 원인도 있었기에 이 시기 중국의 물가도 상당히 올랐다. 결과적으로 후진타오 시대에 중국인의 1인당 GDP가 5천 불이 되면서 중국은 비로소 후진국에서 벗어나 중진국 수준의 질적 경제를 가지게 되었다.

후진타오

성장에 따른 문제점도 발생하게 되었다. 인구 성장은 10년간 1억(12억 → 13억) 명 성장하는 수준에 그쳐 그만큼 눈앞에 다가온 고령화 사회가 중국의 가장 큰 문제로 떠올랐다. 중국의 계획생육정책(인구통제정책)은 군사 정권 시대 한국의 가족 계획 정책보다 더한 수준으로 지나치게 성공적으로 이루어졌다. 소득은 겨우 중진국 수준에 불과한데 동아시아의 선진국인 한국, 일본, 대만 수준의 초저출산, 초고령화 사회가 빠르게 닥쳐온 것이 문제가 된 것이다.

후진타오 시대에 중국인 평균 수명은 73세까지 올라갔다. 특히 상하이나 선전 같은 경우 세계 최고 수준이었다. 중국 내에서는 이런 빠른 경제 성장에 정신없이 달려가는 신세대들이 톈안먼 사태 세대보다 더 약한 정치의식을 가지게 되었다. 이른바 '80后(빠링허우)' 세대라고 부르는 중국판 88만 원 세대로 그만큼 현실 지상주의의 성향도 강해졌다고 한다. 한국과 10년, 미국과 20년 간격을 둔, 약간은 X세대 같은 느낌도 난다. 또한 이 시기부터 환경 문제가 본격적으로 대두되기 시작했으며 쓰촨성 대지진 같은 악재도 있었다.

후진타오 시대의 경제 성장으로 많은 중국인이 경제 자유화의 혜택을 누렸지만, 당시 1억 5천만 명이 최저 임금제의 보장을 받지 못하고 하루에 1천 원 미만으로 생계를 이어나갔다. 다만 마오쩌둥 시대 문화 대혁명 직후에는 중국의 1인당 소득이 인도보다도 더 낮았지만, 후진타오 시대에 이르러 1인당 소득이 인도보다 4배 이상으로 뛰어올랐다. 여러모로 빈부 격차가 심각하기는 했지만 성장과 분배를 모두 잡기는 힘들다는 것을 감안하고 본다면 적어도 경제적으로 무능하지는 않았다는 의미가 된다.

후진타오 시기, 정치적인 이유 때문에 25만에서 30만 명에 이르는 중국인이 판결도 받지 못하고 노동 재활 캠프에 감금되었다. 또한 범죄 판결 중 목격자를 확보한 경우가 5% 미만이며, 유죄 판결 비율이 99.7%에 육박했다. 정부는 우편물을 검열할 수 있으며, 전화, 팩스, e메일과 텍스트 메시지를 검사할 수 있었다. 후임 시진핑과 비교한다면 인권 문제에 있어서 후진타오는 나쁘지 않은 평가를 받는 편이나 이것은 시진핑과 비교해 상대적으로 그렇다는 것이지 정상적인 국가 지도자의 모습으로 보기는 어렵다.

후진타오 시대에 이루어진 폭발적인 중국의 성장은 한국에도 대(對)중국 수출이 증가하는 계기가 되어 경제 안정의 토대가 되었다. 대외적으로도 한국을 존중하는 중국의 태도가 긍정적으로 비추어져 국가 이미지도 대체적으로 나쁘지 않았다. 다만 동북 공정이나 이어도와 같은 실제적 위협이 보이지 않는 곳에서 서서히 다가오기도 했다. 후진타오의 통치 시대는 전반기의 화평굴기(和平崛起: 평화롭게 우뚝 섬)에 이어, 후반기는 돌돌핍인(咄咄逼人: 기세등등한 힘의 외교)에까지 나아갔다. 여하간 도광양회의 기조 속에 슬슬 유소작위(有所作爲: 적극적으로 성취하는 외교)를 갖추는 건 지금까지도 중국 패권의 기본 원리였다. 한마디로 겸손함보다는 자신감의 비중이 높아졌다고 말할 수 있다.

후진타오는 동아시아 국가들을 상대로 겉으로는 유화적인 모습을 보였으며 경제적으로도 한국, 일본에게 무역상 흑자와 이윤을 안겨주며 좋은 이미지를 구축했다. 후진타오 집권 시기 한국과 일본 내에서는 중국이라는 국가에 대해 약간 민주화가 덜 되었지만 착한 친구와 같은 이미지까지 존재했다. 한국 커뮤니티에서는 흔히 대륙 시리즈라고 하여 중국의 우스꽝스러운 모습들을 올리는 것이 매우 유행했던 적이 있는데, 이것이 바로 후진타오 시기의 중국이 가진 이미지를 잘 보여주었던 대목이다. 후임 시진핑 주석의 오만한 행보로 한국과 일본에서 중국에 반감을 가지게 되어 비하적인 명칭으로 중국을 부르는 경우가 무척 많아졌지만, 후진타오 시기에는 중국을 두고 대륙의 파트너라고 부르는 경우도 많았다.

후진타오 시절에는 우리 정부와의 관계도 좋았다. 현재의 시진핑과는 달리 당시 대만의 천수이볜 민진당 정권에 대해서도 유화책을 쓰려고 했으며, 인도, 베트남과도 원만한 관계를 가지려 노력했다. 이러한 연유로 2002년에서 2012년 사이의 인도인과 베트남인의 중국에 대한 인식은 시진핑 집권기의 중국과 비교해 매우 좋았다.

중국인들도 분명 세대차가 있어 보인다. 문화 대혁명을 거친 노년 세대를 차치하고 젊은 시절에 1, 2차 톈안먼 사태를 경험하거나 보았던 중장년층, 즉 1960년대 말이나 1970년대, 1980년대 초반기 때 출생한 사람들은 개혁개방 이후 장쩌민과 후진타오의 집권기를 경험했고, 가난한 어린 시절을 거쳐 경제적 성장을 경험했기 때문에 민주화에 대한 좌절과 희망을 동시에 가지고 있다. 그러나 어린 시절부터 시진핑에게 철저히 세뇌되고 그의 사상이 주입된 대다수 20~30대 젊은층이나 시진핑 사상과 국수주의, 중화주의 외에는 사실상 머릿속에 들어 있는 것이 없는 소분홍(小粉紅: 1990년대 이후 출생한 중국의 젊은 애국주의자 집단)들은 중장년층과 노 나르다. 마치 푸틴의 장기 독재와 세뇌를 보고 자란 러시아 청년층들이 과거 소련에 대해 모르거나 관심이 없듯이 이들은 덩샤오핑을 비롯한 장쩌민이나 후진타오, 주룽지, 원자바오같이 독재를 지양하고 대외적으로 이미지가 좋았던 전임 중국 정치인들에 대해 무지하고 감회가 없다. 오히려 전임 지도자들의 개혁 개방 정책과 유지에 대한 공적이나 업적을 미국 등 서방 세계에 굴복한 것으로 보며 당당하고 위대한 시진핑 주석만 못하다고 업적을 부정하고 축소시키는 경향을 보여준다.

엄밀하게 말하면, 시진핑이 경제 성장에 대한 자신감을 바탕으로 중국의 신세대이자 애국 민족주의로 뭉친 소분홍 세대를 이끌며 노골적으로 한국을 상대로 동북 공정과 문화 공정을 진행했다면, 후진타오는 온건하고 유화적인 모습을 보여 중국에 호감을 가지게 한 뒤 동북 공정을 진행하는 치밀함을 보였다고 말할 수도 있다.

후진타오 시대에 이미 동북 공정을 통해 고구려 역사를 자국 역사로 편입하는 작업이 본격화되었다. 2008년 베이징 올림픽 개막식에 조선족을 앞세워 한복을 등장시켰음에도 당시 한국 대중은 크게 중국에 반감을 가지거나 분노하지 않았으며 가볍게 논란만 되었을 뿐이다. 말이 나온 김에, 2008년 베이징 올림픽의 어두운 뒷면도 빼놓을 수 없다. 대규모의 올림픽 경기장을 건설하고 빈민들의 주거 모습을 감추기 위해서 공안(公安)까지 동원하여 베이징 내 빈곤층을 주거지에서 끌어내는 강제 이주 조치가 있었다. 이것은 남의 얘기가 아니다. 중국보다 이주 규모가 작기는 했지만 1988년 서울 올림픽 당시 전두환의 대한민국에서도 벌어졌던 모습이었다. 강제 이주가 가장 많았던 보여주기식 올림픽 1순위가 2008년 베이징 올림픽이었으며 그 뒤가 1988년 서울 올림픽이라고 한다.

시진핑 주석이 노골적으로 동아시아 국가를 상대로 공세적 전랑(戰狼) 외교를 펼친 것과 달리 후진타오는 겉으로는 유화 정책을 전개하며 뒤에서 서서히 잠식하는 전략을 취했다. 그렇기 때문에 대한민국이나 일본에서는 오히려 스스로 고립의 길을 걷는 시진핑보다 후진타오가 장기적으로 훨씬 위험한 인물이었다고 평가하는 경우도 상당하다.

일본과 북한의 경우도 한국과 별반 다르지 않았다. 센카쿠 열도(중국명 댜오위다오)에 대한 위협이 본격화되었고, 경제적으로는 오랫동안 지켜왔던 한국과 일본의 최대 수출국 미국을 제치고 중국이 그 자리를 차지했다. 후진타오는 중국이 일본의 최대 무역 흑자국이라는 입장을 이용하여 일본을 외교적으로 굴복시키는 모습을 보여 당시 일본인들은 경악했다. 이 시기 일본이 경제 규모는 물론 외교적으로도 중국에 완벽하게 굴복했다는 사실에 충격을 받아 일본 내부 여론은 곧 강력한 일본의 부활을 외치는 극우파에게 힘을 실어 주었고, 아베 신조의 집권으로 이어지게 되었다. 북한은 김정일 시기 북핵에 의한 대북 제재로 사실상 후진타오 시대 중국에 경제적으로 완벽하게 종속되어 위화도 황금평과 라진항을 50년간 임대해 주는 지경에 이르렀다.

후진타오 집권기 미국과의 관계도 비교적 원만한 편이었다. 후임 시진핑이 미국의 패권에 도전하여 세계 정세를 뒤흔들고 최악의 미중 관계를 만든 것과 달리 후진타오 주석은 미국과 상당히 친밀한 관계를 유지했다. 2006년에는 조지 W. 부시 대통령의 초청으로 백악관을 공식 방문했으며 이후 오바마 대통령과도 우호적인 관계를 유지했다. 오바마 대통령은 중국을 이른바 G2로 세계 양강으로 대우하며 그에 걸맞은 대국으로서의 책임을 요구했다. 이는 미국이 중동 문제에서 발을 빼는 대신 아시아에서의 영향력을 강화하려는 아시아 태평양 재균형 전략의 일환이었다.

2012년 11월, 후진타오는 중국 공산당 제18회 전국대표대회에서 공산당 총서기직과 중앙 군사위원회 주석직을 시진핑에게 넘겨주었다. 국가 주석직에서도 2013년 3월 퇴임했다. 후계로는 공청단(공산주의 청년단) 파벌인 리커창을 밀었으나 결국 장쩌민의 상하이방과 손을 잡은 태자당의 시진핑이 후임자가 되었다. 리커창은 2인자로 차기 국무원 총리직을 맡는 것으로 타협했다. 두 사람 모두 속내가 달랐던 터라 후진타오는 리커창, 장쩌민은 자신의 설친 보이보의 아들 보시라이(薄熙來, 1949~)를 후계자로 앉힐 생각이었지만, 보시라이가 언론 통제로도 덮지 못할 초대형 스캔들로 몰락하면서 후진타오에게 기회가 찾아왔다. 그러나 리커창이 최고 지도자가 되고 후진타오계가 상무위원회를 장악하는 모습을 두고 볼 수 없었던 장쩌민은, 후진타오의 심복, 링지화 중앙 판공청 주임(쉽게 말해 대통령 비서실장) 아들이 페라리를 몰다 교통사고로 사망한 사건을 이용해 링지화의 대규모 부정 축재를 공론화시켰다. 이를 통해 중앙정치국 상무위원회 다수를 장악하려던 후진타오의 계획을 무산시켰다. 이로 인해 상무위원회 7명 중 후진타오계인 공청단은 2명 만이 진출했고 최고 지도자도 리커창이 아닌 시진핑으로 확정되었다.

많은 사람이 후진타오도 전임 장쩌민처럼 인민해방군 통수권을 가진 직책인 당 중앙군사위원회 주석직을 몇년 더 유지하면서 자기 세력을 확실히 심어놓을 것으로 예상했다. 중국 인민해방군은 국가의 군대가 아니라 중국 공산당의 군대로 인민해방군의 최고 통수권자는 중국 공산당 중앙 군사위원회 주석이다. 덩샤오핑 이후로는 보통 한 명이 세 자리를 겸임하면서 당(黨), 정(政), 군(軍)의 최고 권력자로 군림했지만, 그렇지 않을 때에는 매우 미묘한 권력 투쟁이 벌어졌다. 그러나 후진타오는 사람들의 일반적인 예상을 깨고 중앙 군사위 주석직까지 시진핑에게 이양하고 퇴임했다. 여기에는 몇 가지 추측이 있다.

첫째는, 자신이 취임 후 몇 년간 장쩌민의 눈치를 보며 반쪽짜리 국가 원수였던 설움을 후임자에게는 겪게 하지 않으려는 의도라는 것이다. 즉 자신이 모든 기득권을 버리고 퇴임함으로써 아직도 상당한 권력을 누리고 있는 장쩌민까지 함께 야인으로 돌아가라는 정치적 메시지를 보였다는 것이다. 실제로 장쩌민은 18회 전국대표대회에서도 후진타오 바로 옆자리를 차지하는 등 아직 막강한 권력이 있음을 과시했다. 후진타오는 시진핑에게 국가 주석과 중앙 군사위 주석을 한 번에 넘겨주어 상왕 정치를 하지 않는 대신, 장쩌민도 함께 은퇴시킬 것을 조건으로 내걸었다. 소위 동귀어진(同歸於盡: 함께 죽자고 상대를 물고 늘어지는 것) 작전이었다. 그리고 이 판단은 결과적으로는 늑대를 쫓아내자고 호랑이를 불러들인 꼴이 되었다.

시진핑은 장쩌민의 영향력이 쉽게 죽지 않을 것이라는 예상을 뒤엎고 취임하자마자 당과 군의 장쩌민 측근들은 물론 아들까지 부정부패 혐의로 처벌하며 장쩌민을 순식간에 뒷방 늙은이로 만들어 버렸다. 얼마 지나지 않아 공청단도 숙청과 좌천을 당했고 후진타오 본인조차 중국 공산당 제20차 전국대표대회에서 갑자기 자리에서 퇴장당하는 치욕을 받게 되었다.

둘째는, 자신의 '깨끗한 이미지'를 강조하기 위해 모든 권좌를 바로 넘겨주었다는 관측이다. 중앙 군사위 주석직을 바로 넘겨준 것 자체가 시진핑에게 부담감을 주려는 것이라는 의견이다. 즉 바로 넘겨주는 은혜를 베풀어 자신과 계파인 공청단을 해코지하는 것을 막으려는 의도라고 해석하는 쪽도 있다. 사실 둘 다 의도한 것일 수도 있다. 실제로 시진핑의 집권 자체가 후진타오의 장쩌민에 대한 대항 의식 때문이고, 둘이 연계해 장쩌민을 공격하고 있다는 점을 고려해 보면 더욱 그렇다. 아마도 진실은 후진타오 본인만 알 것이다.

후진타오의 주석 재임 기간에도 논란이 없진 않았지만, 후진타오 주석 시절과 2010년대 중후반 이후 중국의 위상과 상황이 워낙 달라진데다, 후임이 된 시진핑이 주석 임기제를 깨고 종신 집권제를 꾀하는 등 극단적인 행보를 보이면서 후진타오의 결단이 다시 재평가되고 있다. 후진타오는 2022년 장쩌민이 96세로 사망하며 유일하게 생존한 전직 국가 주석이 되었다.

시진핑(習近平, 1953~)

시진핑(습근평)은 1953년 북경에서 중국의 국무원 부총리를 지낸 시중쉰(習仲勳, 1913~2002)의 아들로 태어났다. 시중쉰은 동료 공산당원 하오밍주(郝明珠)와 결혼하여 1남 2녀를 낳고 1943년 이혼한 후, 1944년 치신(齊心)과 재혼하여 2남 2녀를 두었는데, 시진핑은 치신이 낳은 장남이다. 역대 중국 최고 지도자들 중 처음으로 중화인민공화국 건국 이후에 태어난 인물이기도 하다. 농민 운동가 출신으로 덩샤오핑에 의해서 시장적 개혁주의자로 발탁되었던 시중쉰은 서북부 변방 지역에서 비교적 독립적인 세력을 형성했던 중국 공산당의 서북 지역 혁명가이자 중화인민공화국의 건국 공신이었다. 시중쉰은 중국 공산당 정부의 국무원 부총리를 역임했지만, 1962년 반동을 미화한 소설을 펴낸 주범으로 몰렸던 '소설 류즈단 필화 사건'으로 해임되었다가 문화 대혁명 때에는 펑더화이파로 몰려 반당(反黨) 집단의 낙인이 찍혀 오지로 귀양갔다. 이 사건은 시중쉰이 발간을 후원한 동료 류즈단의 전기에서 공산당 정권 수립 후 처음으로 숙청된 반동(反動) 분자인 가오강이 미화되었다는 이유로 여러 사람이 정치적 타격을 입은 사건이다. 작가뿐 아니라 이를 펴낸 시중쉰 또한 반동이 되었다. 시중쉰이 실각해서 평민이 된 이후 1966년부터 문화 대혁명이 시작되었다. 시중쉰은 마오쩌둥에게 대약진 운동에 대해 항의하다가 대역죄인이 된 펑더화이의 부하로 지목되고 반동을 미화한 소설을 펴낸 주범으로 몰려 가족 전체가 박해를 받았다. 이때 아버지의 전처 소생 이복 맏누나 시허핑(習和平)은 '반동의 딸'로 홍위병에게 두들겨 맞다가 견디지 못하고 자살했다. 시진핑은 문화 대혁명 시기를 넘어 화궈펑 집권기까지 갖은 고초를 겪은 부친으로 인해 농촌 지방을 전전하며 자랐다. 문화 대혁명 때 많은 친구와 함께 교육을 받았던 도시 청년 시진핑은 16세 때 산시성 시골로 하방(下放)되어 막노동으로 시간을 보냈다. 중국 공산당 기록에 따르면 이 당시 시진핑은 토굴에서 7년간 힘겹게 살았다고 한다. 그는 산시성(陝西省) 시골 마을의 농업 공동체에서 6년 동안 육체 노동을 했다. 그는 뛰어난 리더십으로 하방당한 곳에서 노동자들을 지도하여 최고의 생산량을 올렸다. 특별히 지역 소작농들과 좋은 관계를 맺었으며, 그로 인해 중국 공산당에서 계급이 올라갈 때 명문가 출신의 시진핑이 신뢰를 얻는 데 도움이 되었다. 그는 공산당 입당 신청을 했으나 아버지가 반동이라는 이유로 무려 십여 차례나 거부되다가 문화 대혁명이 완화된 1973년에야 겨우 예비로 입당했다. 그러다가 1974년에 정식 당원이 되어 당 지부의 서기를 지냈다. 다음 해에는 베이징의 칭화(清華) 대학교에 입학해 화학공학을 전공했다.

마오쩌둥이 사망한 후 화궈펑이 정권을 잡고 중앙군사위 주석, 당 총서기, 국무원 총리 세 자리를 모두 장악했지만 리더십이 부족해 결국 1979년 부총리 겸 인민정치협상위원회 주석이었던 덩샤오핑이 실권을 장악했다. 덩샤오핑은 부총리이던 1978년에, 1962년 이래 16년간 야인으로 지냈던 시중쉰을 정계로 복귀시켰다. 이에 따라 시중쉰은 1970년대 말부터 다시 복권되어 당 고위직으로 일하게 되었다. 그즈음 대학을 졸업하게 된 시진핑도 당당히 태자당에 진입하게 되었다. 그의 아버지는 1978년 11기 3중 전회에서 광둥성 제2서기로 중국 공산당의 정치 무대에 복귀했고 후에 광둥성 제1서기가 되었으며 덩샤오핑의 사상 해방과 경제 개혁 실시에 큰 역할을 했다.

시진핑은 1979년에 칭화 대학교 화학공학과 졸업 후 국무원 부총리이자 중앙군사위원회 비서장을 겸직한 겅뱌오(耿飚)의 비서로 3년 동안 일했다. 당시의 약력을 보면 '1979~1982년 국무원 판공청, 중국 공산당 중앙 군사위원회 판공청 비서(현역)'로 나오는데 갓 화공학부를 졸업한 대학생이 우리나라로 치면 국방부 장관 비서진으로 3년간 활동한 것이다. 마오쩌둥의 "권력은 총구에서 나온다"는 발언에서도 알 수 있듯이 군사적 능력을 중요시 여기는 중국에서 혁명 원로인 아버지의 후광을 받아 새파랗게 젊은 대학 졸업생 때부터 군부에 인맥을 형성했던 것이다. 이후에도 당에서 일하며 총서기에 오를 때까지 끊임없이 군부에 끈이 있다는 평가를 받았다. 전 총서기 후진타오가 군부에 인맥이 없어 중국 공산당 중앙 군사위원회 주석직을 상당히 늦게 인계받은 것에 비해 시진핑은 바로 인수하여 처음부터 최고 지도자로서 군권에 있어 훨씬 강력한 영향력을 발휘했다. 결국 중국 입장에서 군부 개혁에 있어 내부적으로 다른 대안이 없었던 것이다.

시진핑은 대학 졸업 3년 후인 1982년부터 허베이성 정딩현의 당 부서기를 맡는 것을 시작으로 출세 가도를 달리게 되었다. 1985년까지 그곳에서 일하다가 1990년대부터는 폭발적으로 경제가 성장 중인 남부로 전직했다. 그는 푸젠성[福建省]의 항구 도시 샤먼(廈門)의 당위원회의 위원이자 부시장으로 임명되었다. 푸젠성에 사는 동안 유명 가수인 펑리위안(彭麗媛)과 1987년에 재혼했다.

시진핑은 1989년 톈안먼 사건 당시 정부 대응에 대해 공개적으로 비판한 이후 당과 사이가 좋지 않았지만, 능력을 인정받아 1995년에 지역 당 부서기직에 올랐다. 1999년에는 푸젠성의 대리 지사가 되었고, 다음 해 지사가 되었다. 푸젠성의 수장으로서 시진핑이 관심을 가진 것은 환경 보존과 함께 인근 타이완과 협력하는 것이었다. 2001년에는 칭화 대학 인문사회학원에서 중국 공산당의 1980~1990년대 중국 농촌 경제 개혁 분야의 성과를 연구한 '중국 농촌의 시장화 연구'라는 논문으로 법학 박사 학위를 취득했다. 1998년 5월에는 15차 당대회에서 중앙위원회 후보 위원에 선출되어 전국인민대표대회 대표도 역임했고, 2002년 11월에는 16차 당대회에서 중앙위원회 위원으로 승진했다.

시진핑은 푸젠성의 부서기장과 지사직을 2002년까지 지속하다가 다시 한 번 높은 지위에 올라갔다. 그 해 시진핑은 저장성(浙江省)으로 옮겼고 그곳에서 지사 대리를 지내다 2003년부터 당서기가 되었다. 저장성에 있는 동안 환경 친화적 개발을 촉진하기 위해 지역 산업 기반 시설 재건에 집중했다. 푸젠성 당위원회 서기, 저장성 당위원회 서기 재직 시 경제 발전에 공을 많이 세우면서 자신의 정치적 입지를 강화하고 당 중앙에도 자신을 널리 알리게 되었다. 2007년 상하이시 당서기를 지내면서 장쩌민과 주룽지의 파벌인 상하이방과도 관계를 맺게 되어 태자당과 상하이방 양쪽의 후원을 받는 인물로 성장했다.

시진핑의 행운은 2007년 초, 상하이 고위직을 둘러싼 추문으로 다시 한 번 빛을 발했다. 그 직책을 맡았던 전임자는 광범위한 연금 제도 때문에 오점을 남긴 사람이었다. 개혁 성향을 지녔던 아버지와 달리 시진핑은 신중함과 당의 정책 노선을 따르는 것으로 정평이 나 있었다. 그리고 상하이의 당서기로서 도시의 재정적 안정과 재건을 정확히 홍보하는 데 관심을 두었고 짧은 기간 동안만 상하이의 당서기에 머물렀다. 그것은 2007년 10월, 17

차 당대회에서 정치국 상무위원회 위원으로 파격적으로 승진했기 때문이었다. 중국 공산당 당중앙위원회 정치국을 대표하는 9명의 상무위원 가운데 1명으로 선출된 것이다. 하지만 이때까지 보시라이와 리커창에 비해 외국에 덜 알려졌으며 한국에서도 그가 중국의 주석에 오를 것으로 미리 예측한 사람은 많지 않았다. 그는 부주석을 지냈던 쩡칭훙 외에도 장쩌민과 후진타오의 지지와 후원 모두를 받았던 것으로 알려졌다. 시진핑의 지위는 2008년 3월 중화인민공화국의 국가 부주석으로 선출되면서 더욱 확고해졌다. 부주석이 된 시진핑은 환경 보존 노력과 국제 관계 신장에 힘을 쏟았다. 2010년 10월, 시진핑은 중국 공산당 중앙군사위원회의 부주석으로 임명되었고 그로 인해 자신의 최종 승계에 대한 가능성을 더욱 강화했다.

시진핑의 집권은 이전 주석들인 장쩌민과 후진타오의 미묘한 권력 갈등에서 비롯되었다. 지난날 상하이방의 장쩌민이 공청단의 후진타오에게 정권을 양도한 것은 본인이 원한 것이 아니었다. 덩샤오핑이 생전에 장쩌민을 자신의 후계자로 삼되 후진타오를 장쩌민의 후계자로 하는 조건으로 정권을 인수인계 해주었기 때문이었다. 이에 장쩌민은 정권 자체는 후진타오에게 인계해 주면서도 중국 공산당 상무위원들은 대부분 상하이방으로 채우는 꼼수를 썼고 결국 후진타오를 반쪽 짜리 주석으로 만들어 버렸다. 4세대 지도부가 출범할 때 지도부 9명 중 6명이 전부 상하이방이라는 사실이 이를 증명한다. 그러나 2006년 장쩌민이 차기 주석으로 밀던 싱하이빙의 황태자 천량위(陟良宇)가 비리 문제로 낙마해 버리는 사태가 벌어졌다. 말하자면 후진타오의 공청단이 일격을 가한 것이다. 천량위의 비리 수준은 장쩌민조차도 보호해주지 못할 정도였기에 그로서도 이 숙청을 막기는 불가항력이었다. 후진타오는 여기서 멈추지 않았다. 다음해

시진핑

2007년에 17차 공산당 대회에서 기회를 놓칠세라 자기가 후계자로 밀던 공청단의 리커창을 내세웠다. 그러나 리커창을 주석으로 만드는 것은 불가능했다. 장쩌민과 상하이방으로서는 리커창의 집권만은 막아야 했기 때문이었다. 결국 상하이방도, 공청단도 아닌 태자당의 시진핑이 대안으로 올라오고, 리커창은 주석이 되지 못하고 총리로 만족해야 했다. 시진핑의 빠른 부상엔 후진타오의 협조도 한몫했다. 후진타오 주석은 주석직에는 2003년에 올랐으나 장쩌민이 권력을 내놓지 않겠다고 중국 공산당 중앙군사위원회 주석 자리를 계속 유지하는 바람에 5년 동안 반쪽 짜리 권력만을 유지하다가 시진핑에게 모든 권력을 이양하며 동반 퇴진을 결행했다.

시진핑 주석 취임 즈음에는 보시라이 사건, 링지화 사건 등 최상층부에서 터진 부정부패 사건들이 있었고, 시 주석은 당 총서기에 취임한 이후로 "호랑이(고위 관료)든 파리(하급 관료)든 모두 때려잡겠다"며 철저한 부정부패 척결을 선언했다. 이것으로 시진핑은 우선 상정된 당내 부패 정치인을 처단할 수 있었다.

오랜 인연이 있던 왕치산(王岐山) 공산당 중앙기율검사위원회 서기가 이 작업을 진두지휘했다. 태자당 출신이면서 중국 공산주의 청년단의 후원을 받던 보시라이(薄熙來), 리커창(李克强)과 리위안차오(李源潮)의 측근이었던 공청단 비서실장 출신의 링지화(令計劃)가 중형에, 상하이방 출신의 저우융캉(周永康) 전 정치국 상무위원 겸 중앙정법위 서기, 군 최고 지도부였던 궈보슝(郭伯雄)과 쉬차이허우(徐才厚) 전 중앙군사위 부주석, 원자바오(溫家寶)가 한때 추천했던 차기 후보 쑨정차이(孫政才) 전 충칭시 당서기 겸 정치국위원 등이 잇따라 숙청됐다. 이로 인해 상하이방과 공청단 등 기존 계파가 급속히 퇴조했고, 당내 부정부패에 연관된 후춘화(胡春華) 등도 시진핑과 후진타오의 눈밖에 나면서 차기 주석이나 총리 후보 구도에서 멀어졌다. 리커창의 권력 약화는 시진핑 주석의 측근이 다수를 점하는 시자쥔(習家軍, 시진핑 측근들)의 세력 강화로 이어졌다. 많은 고생 끝에 국가 주석에 오른 시진핑은 본인의 능력뿐만 아니라 당 원로이자 개혁 개방의 설계자 중 한 사람이었던 아버지 시중쉰의 공적 때문에 장쩌민과 후진타오 등에게서 정치적으로 인정받을 수 있었다.

2012년 시진핑은 후진타오로부터 중국 공산당 중앙위원회 총서기와 중국 공산당 중앙군사위원회 주석직을 물려받았다. 이듬해인 2013년 3월 14일 그는 임기 10년의 중화인민공화국의 주석에 선출되었다. 2017년 10월에 개최된 중국 공산당 제19기 전국대표회의에서 '시진핑 새 시대 중국 특색 사회주의 사상'이 반영된 당장(당헌) 수정안이 만장일치로 통과되면서 그는 덩샤오핑에 이어 자신의 지도 이념을 당의 지도 이념에 반영한 최고 지도자가 되었다. 생전에 자신의 이름을 딴 지도사상을 당장에 넣은 인물로는 마오쩌둥에 이어 시진핑이 두 번째이다. 그는 관료의 부패에 대해서는 엄격하지만, 정치와 경제에 있어 개방적이고 유연한 태도를 유지하는 개혁주의자로 알려졌다. 2014년에는 한국을 방문하기도 했다.

'시진핑 사상'이라는 별칭으로 불리는 그의 지도 이념은 덩샤오핑의 개혁개방 이후 30여 년 동안 급격한 경제 발전 이면에 누적되어 온 빈부(貧富)와 도농(都農) 격차, 심각한 부패와 민심 이반 등의 문제에 대한 고민을 배경에 깔고 있다. 그는 일당 통치 강화, 빈부 격차 등을 축소할 균형적 성장과 경제에서의 국가 역할 강화, 사상 통제 등을 그의 통치 철학으로 정리했다. 주요 내용은 샤오캉(小康) 사회 확립, 개혁 심화, 의법치국(法治), 종엄치당(엄격한 당 관리) 등 4가지 전면 전략과 경제, 정치, 문화, 사회, 생태 문명 건설을 주진하는 5위1체 등으로 구성되어 있다.

이어 2018년 3월 11일 중국전국인민대표회의 제3차 전체회의에서 '시진핑 신시대 중국 특색 사회주의 사상'을 마르크스-레닌주의와 마오쩌둥 사상, 덩샤오핑 이론 및 3개 대표론, 과학 발전관과 함께 국가의 지도 이념으로 헌법 서문에 명기하는 5차 개헌안이 압도적 찬성으로 통과되면서 시진핑의 지도 사상이 중국 헌법에도 반영되었다. 또한 이날 통과된 개헌안에는 헌법 79조 "연속 재임은 두 차례를 넘을 수 없다"는 문장이 삭제되어 두 번째 임기가 2022년까지였던 시진핑의 장기 집권이 가능하게 되었다. 개헌

전 중국 지도자의 임기는 10년으로 제한됐으나 개헌 후에는 원칙적으로 '종신 집권'도 가능할 수 있게 되었다.

시진핑은 그해 3월 17일, 중국 전국인민대표대회에서 국가 주석과 중앙군사위 주석에 재선출되었으며, 이에 따라 공산당 총서기, 국가 주석, 군사위 주석 등 집권 2기의 주요 지위를 독차지하게 되었다. 이날 시진핑의 오른팔인 왕치산이 국가 부주석으로 복귀했다. 2022년 10월 23일 개최된 중국 공산당 제20차 전국대표대회에서는 시진핑의 총서기 3연임이 공식적으로 확정되었다. 시진핑은 2023년 3월 10일 전국인민대표대회 14기 1차 회의 제3차 전체회의의 국가 주석 선거와 국가 중앙군사위원회 주석 선거에서 만장일치로 선출되어 1949년 중화인민공화국 건국 이후 처음으로 3연임을 하는 국가 주석으로 기록되었다. 시진핑은 후진타오 시대까지 유지되었던 2연임 초과 금지 원칙을 깨고 사실상 영구 집권의 길을 걷게 되었으며 스스로의 위상을 공식적으로 마오쩌둥, 덩샤오핑과 동일한 반열에 올렸다.

시진핑은 주석으로 갑자기 등극하기 전까지 후보로 눈에 띄지 않았던 인물이었다. 실제로 그는 조용한 성격이다. 후진타오 시대에 태자당의 선두주자였던 보시라이가 스스로 무리수를 두다가 몰락하지 않았다면 시진핑은 절대 후보로 발돋움할 수 없었다는 평이 있을 정도였다. 시진핑은 푸젠성 부서기 출신으로 중국 공산당 중앙위 후보 위원 150명 중에서 151등이었다. 원래 관례상 150명만 뽑는 중앙위 후보 위원 자리에 당 고위 간부들이 시진핑을 억지로 밀어넣어서 151위였던 것이다. 시진핑은 특채 위원이었다. 이 과정에서 공산당 원로였던 아버지 시중쉰이 막대한 영향력을 행사했음은 불문가지다. 그러나 정치국 상무위원 말석에 오르기도 쉽지 않았던 사람이 대권을 잡은 것은 부인할 수 없는 사실이다. 원래 금수저인 시진핑이 당 고위 간부에 진입하는 것은 쉬울 수 있다. 그러나 당 최고위직은 경쟁이 치열하기 때문에 본인의 능력뿐 아니라 공산당 내부의 살벌한 경쟁을 뚫어야 하며, 이것을 뚫고 대권을 장악한 것은 아버지 덕이라기보다 시대적 상황이 맞물린 가운데 본인의 능력으로 이루어낸 것이라고 보아야 한다. 보시라이의 자충수와 파벌 간 타협이 필요한 시대적 상황이라는 운이 따랐음은 부인하기 어렵다. 한마디로 운도 좋았지만, 운이 다가왔을 때 놓치지 않고 거머쥘 만큼 능력도 있었다는 것이다.

총서기가 된 이후 절대 권력자가 된 데에는 시진핑의 정치력이 큰 힘을 발휘했다. 총서기가 된 2012년에 사람들은 그가 강력한 지도자가 될 것으로 생각하지 않았다. 공청단이나 상하이방 계파 소속이 아니라서 2012년 당시에는 자기 세력이 없었고 온화한 이미지를 내세우며 몸을 낮춰 적을 만들지 않아 당내 계파들의 타협으로 총서기가 되었기 때문이다. 공산당 서열 2위이자 국무원의 총리인 리커창은 사실 성격이 호탕하다는 평가를 받았지만 시진핑은 내성적이라는 평가를 받을 정도로 무색무취하고 안정 지향적으로 보였다. 그 때문에 계파의 타협을 통해 총서기가 된 시진핑은 집단 지도 체제의 허수아비가 될 것이라는 평가를 받았다.

전임자였던 후진타오도 유약하다는 평가를 받았지만, 덩샤오핑이 죽기 전에 장쩌민의 후계자로 직접 지목했다는 정통성이 있고 공청단이라는 지지 세력이 있었다. 반면 그런 스토리와 뒷배경이 없었던 시진핑은 후진타오보다도 약한 지도자가 될 것으로 보였다. 실제로 집권 초창기 신문 기사들을 보면 시진핑은 '조심스럽다', '튀지 않는다', '정치적으로 비난을 받을 수 있는 모험을 하지 않는다'는 평가를 받았고, 중국 공산당 내부자들로부터 지도력에 부정적인 평가를 받았다. 총서기 취임 이후에도 반부패 운동 초기에는 권위를 세우기 위한 일시적인 엄포로 보면서 고위직은 무사할 것이라는 과소평가를 받기도 했다.

그러나 성격까지 숨기며 몸을 낮추던 시진핑은 총서기 취임 후 블라디미르 푸틴 러시아 대통령을 만나 "내 생각에 나와 당신은 성격이 닮았다."라고 말하며 절대 권력에 대한 야망을 드러내기 시작했다. 그리고 "호랑이든 파리든 모조리 때려잡겠다."는 명분으로 대대적인 반부패 정책을 펴기 시작해 자신의 정적들을 차례차례 숙청해 나가며 반대 세력을 일소했다.

마침내 2018년 3월 11일에는 개헌을 통해 국가 주석직은 세 번 이상 맡을 수 없다는 조항을 삭제하여 종신 집권으로 가는 문까지 열어버렸다. 그전까지 중국 권력 승계 규범에는 최고 지도자는 10년 이상 하지 않고, 승계 10년 전부터 후계자 구도를 몇 명으로 간추려 정치국 상무위원으로 경험을 시켰는데, 시진핑에게는 후계자로 확실시 되는 인물이 없었다. 이유로는 두 가지가 제시되었다. 첫째는 후계자가 있을 때 최고 지도자에게 승계 압력이 거세어져 생기는 최고 지도자의 레임덕을 방지한다는 것, 둘째는 승계를 안 하고 당시까지의 규범인 10년을 넘어 더 하겠다는 것이다.

중국은 폭발적인 경제 성장을 바탕으로 미국과 함께 G2로 불리며 초강대국의 반열에 들어서게 되었고, 이를 바탕으로 국제 사회에서 자신들이 가진 힘을 과시하기라도 하듯이 시진핑 주석은 2012년 11월에 중화인민공화국의 중국 공산당 중앙위원회 총서기로 추대되면서부터 '중국몽(中國夢)'이라는 정치 지도 개념을 언급했다. 따져보면 아편 전쟁 이후 위축되어 도광양회의 움츠린 자세를 가질 수밖에 없었던 중국이 이제 기지개를 켜면서 큰소리도 쳐보겠다는 의미로 읽히는 대목이다. 수출로 인해 벌어들인 막대한 외화(外貨)는 국제 사회에서 그동안 다소 약했던 중국의 자원 외교와 차관을 통한 건설 외교 등 국방과 외교에서의 중국의 위력을 배가시켰다. 중국 공산당은 이에 따라 1949년 중화인민공화국의 건국 이후로 100주년이 되는 2049년까지 중화인민공화국 내에서 '중국몽'을 구현하는 노력을 경주하고 있으며, 중국 공산당 창당 100주년이 되는 2021년부터는 '공동 부유'의 정치적 과제를 제기하면서 이를 실천하기 위해 다양한 정책을 추진 중이다. 중국 공산당은 '중국몽'의 국제적인 전략으로 '일대일로'와 아시아인프라투자은행(AIIB) 설립 등을 추진해 왔으며, 이를 위해 관련 국가들에게 자원과 자본을 제공하기도 했다.

일단 해외에서의 시진핑의 정치력 평가는, 이전 주석들에 비하면 권위주의적 성향이 강해졌으며 대외 관계에 강압적인 노선을 타면서 자국의 이미지를 제대로 망치고 있다는 것이다. 그는 프랑스를 방문했을 때 나폴레옹이 중국에 했던 "중국은 잠자는 사자다. 잠에서 깨면 세계를 진동시킬 것"

이라는 말을 인용해서 "중국이라는 사자는 이미 깨어났다. 이 사자는 평화적이고 친절한 문명 사자다."라고 말했다. 그러나 그 말을 곧이곧대로 믿는 세계 시민은 별로 많아 보이지 않는다. 중국이 미국을 대체하거나 극복하여 세계의 지도국 반열에 오르기 위해서는 경제력뿐만 아니라 민주주의와 인도주의가 기반이 되어야 함을 알아야 할 것이다.

제47강

타이완의 근현대사

타이완섬의 역사

타이완섬(대만섬)에 인간이 살았던 흔적은 3만 년 전쯤에 나타났다. 이들은 키 작은 흑인 계통의 네그리토로 추정되며 이후 오스트로네시아어족 계통의 언어를 사용하는 사람들이 8000년 전에 유라시아 대륙 동남쪽에서 섬으로 이동해 왔고 이후 네그리토 종족은 서서히 오스트로네시아어족 종족들에게 동화되었다. 마지막 네그리토 종족은 사이시얏족 거주지 근처에 불과 100여 년 전까지 살고 있었다고 한다. 이들 원주민들은 타이완 해역의 풍부한 어장을 바탕으로 어업에 종사하며 생활했다. 그들은 통일된 정치체제를 이루지 않고 크고 작은 부족 집단으로 나뉘어 살았으며 부족별로 언어도 달랐다. 원주민들은 주로 고산족(高山族)이라 불렸으며, 일본 통치 시기에는 생번(生蕃: 날야만인이란 뜻)이란 다소 모욕적인 표현으로 불리기도 하는 등 늘 야만인 취급을 받았다. 그들이 사용하는 대만 제어는 인도네시아어, 말레이어, 필리핀의 타갈로그어와 태평양 지역의 많은 언어와 같은 오스트로네시아어족계 그룹 가운데서도 가장 오래된 옛모습을 유지하고 있어 이 섬에 살아온 역사가 매우 오래되었음을 알 수 있다.

진수가 지은 정사《삼국지》에 따르면 오나라가 종종 이주(夷洲)에 군대를 파견했고, 이 과정에서 위온과 제갈직을 시켜 백성을 징발해 오기도 했다는 기록이 있다. 관련 사건은 230년에 오(吳)나라 황제 손권이 위(魏)나라와의 잦은 전투 등으로 인하여 인구가 감소 추세에 놓이자 위온과 제갈직에게 1만 명의 병력을 주고 이주(夷州)와 단주 등에 건너가서 징발을 명했다는 것이다. 하지만 위온과 제갈직은 이주에 도착했을 때 그곳에는 말도 통하지 않는 미개한 원주민들만 있었다. 위온과 제갈직은 그들이라도 1천 명을 징발해서 손권에게 돌아갔으나 태풍을 만나 오히려 데리고 갔던 8천여 명의 많은 병력을 잃었다. 이에 분노한 손권이 위온과 제갈직을 교수형에 처했다고 기록되어 있다.

이후 송나라부터 원나라 시대까지는 중국 대륙과 동남아시아 사이에 위치해 있는 섬이라는 지리적 이점으로 해양을 이용한 중계 무역이 발달했다. 그러나 명나라 때에 이르러 해금(海禁) 정책이 실행되자 쇠퇴하게 되었다.

몽골인들이 원나라를 세우고 중국을 점령했을 때 중국의 일부 한족들은 타이완섬 서쪽 저지대로 피난 와서 거주했다. 1360년에 원나라는 펑후 제도(澎湖)에 순검사(巡檢司)라는 행정 기관을 설치하고 복건의 천주(泉州)에 예속시켜 통치했다. 이것이 타이완섬이 중국의 행정 구역에 포함된 최초의 기록이다. 그 후 원주민들은 타이완에 정착한 한족들과 교역하기도 했지만 조선이나 일본은 물론 옆에 있는 오키나와섬의 류큐 왕국에 비해서도 외부의 영향과 교류가 적었고, 체계적인 문명의 형성이 늦었다. 중국 대륙에 명나라가 건국된 이후에도 타이완섬에는 원주민들의 부족 국가들을 비롯한 여러 소왕국들이 존재했다.

한편 15세기 대항해 시대가 열리면서 서구 국가들이 동아시아에도 당도했다. 이 과정에서 토르데시야스 조약으로 아시아에 대한 권리를 얻은(?) 포르투갈 제국의 항해사들이 유럽에 처음으로 타이완섬의 존재에 대해 알렸고, 이들은 이 섬을 포르투갈어로 아름다운 섬이란 뜻의 '일랴 포르모자(Ilha Formosa)'라고 했다. 이 명칭은 현재에도 타이완섬을 이르는 별칭으로 쓰인다.

타이완이 문헌상 본격적으로 등장한 것은 1624년에 네덜란드 상인들이 타이완섬에 진출한 때부터이다. 이들은 타이난에 질란디아 요새를 쌓고, 펑후에는 포대를 구축해 거점으로 삼고자 했지만, 펑후의 포대에 대해서는 명나라가 자국 영토라고 압력을 가하는 바람에 밀려났다. 지역 원주민들은 이들에게 호의적이지 않아 전쟁을 치르기도 했지만, 보다 우수한 무기를 지닌 네덜란드 동인도 회사를 이길 수는 없었다. 네덜란드 상인들은 타이난, 가오슝, 핑둥, 타이둥 일대 등을 세력권 안에 넣고 원주민 부족들과 오래 전에 타이완섬에 정착한 한족들을 노예로 착취했다. 이후 네덜란드 상인과 명나라 군대는 네덜란드의 동인도 회사가 펑후 제도를 포기하는 조건으로 타이완섬의 서남부(현재 타이난시)에 상업 지구를 건립하는 데에 합의했다.

1625년, 네덜란드인들은 질란디아성(열란차성, 熱蘭遮城, 현재의 타이난시 안핑구)에 본부를 두고 쌀과 설탕 등의 플랜테이션 경작을 위해 중국 푸젠성 해안 일대의 주민들을 대상으로 타이완의 토지 개간을 위한 인부를 모집했다. 이때부터 한족들이 타이완섬으로 이주하기 시작했다.

1626년에는 스페인인들이 타이완섬에 들어와 1642년까지 타이완섬 북부의 계롱(雞籠/基隆)과 서랴오섬(社寮島) 일대를 차지하고, 산살바도르(San Salvador)성을 세웠다. 스페인은 이후에 점령지를 하쯔난(蛤仔難, 현재의 이란현), 후웨이(滬尾, 현재의 신베이시)까지 넓혔고 이 지역에 산토도밍고성을 세웠다. 비슷한 시기에 타이완섬에 진출한 네덜란드 세력과 스페인 세력 사이의 경쟁과 알력 다툼은 피할 수 없었다. 당시 견원지간(犬猿之間)이었던 스페인과 네덜란드가 타이완섬에서 세력을 다투었고, 네덜란드인들은 1642년에 타이완 내 스페인 점령지를 공격하여 빼앗고 스페인인들을 타이완 밖으로 몰아냈다. 이후 1644년 네덜란드 동인도 회사의 군대가 타이완 북부의 케타갈란족(凱達格蘭族)을 공격해 무찌르는 데 성공한 후 남쪽으로 진격하여 다두왕국을 공격했고, 그들은 오랜 공방 끝에 결국 네덜란드에 무릎을 꿇고 네덜란드가 주최하고 있는 노스 로드 회의에 참석했다.

1645년 4월, 다두왕국은 네덜란드에 항복을 선언하고 네덜란드의 속국이 되었다. 네덜란드는 스페인이 지배했던 북부를 비롯한 타이완섬 전부를 점령하고 본격적으로 모든 원주민 부족들과 오래 전에 타이완섬에 정착하거나 이주해온 한족들을 노예로 착취했다. 네덜란드가 타이완섬을 점령해 식민 지배한 목적은 중국, 일본과 동남아 등지에서 무역 우세를 점하고, 타이완을 거점으로 네덜란드의 동인도 회사가 동아시아 지역 전역으로 뻗어나가기 위한 것으로 볼 수 있다. 네덜란드인들은 타이완섬에서 사탕수수를 재배해 수출하여 이득을 얻었다.

1653년 타이완에서 일본 나가사키로 향하던 중 조선에 표류한 헨드릭 하멜이 타고 있던 선박 스페르베르호에는 대량의 설탕이 화물로 실려 있었다고 하여 당시 타이완의 주교역 상품이 설탕이었음을 짐작케 해준다. 다른 화물로는 목향(약재의 일종), 명반, 용뇌와 사슴, 산양, 영양 등의 가죽 등이 있었다고 한다. 네덜란드는 이 섬을 식민지화할 생각은 없었다. 대신 그곳의 원주민들이나 한족들과 교역하는 것으로 만족했다. 그러나 부족한 노동력을 보충하기 위해 명나라 푸젠 지역에서 한족 노동자를 수입했는데, 이것이 타이완섬에 대한 공식적인 한족 이주의 시작이자, 한족과 원주민 간의 공생이 시작된 계기가 되었다. 이때부터 스페인어, 네덜란드어를 배운 한족들, 스페인어, 네덜란드어, 중국어를 배운 원주민들이 생겨났다. 네덜란드인들은 일부 한족들을 하급 관리로 기용해 원주민을 통제하거나 세금을 거두는 역할을 맡기기도 했다. 또한 네덜란드에서 선교사들이 들어와 교회를 세우고 이들에게 기독교를 전파했다. 네덜란드의 타이완섬 통치는 1662년에 정성공(鄭成功)에 의해 축출될 때까지 38년간 이어졌다.

정성공

한편, 중국 대륙에서는 명나라가 1644년에 청나라에 의해서 멸망했지만, 명나라 황제의 유신(遺臣)을 자처하는 사람들이 반청복명(反淸復明)의 구호를 내걸고 청나라에 대한 저항을 계속했는데, 정성공(鄭成功)은 그중 한 사람이었다. 정성공의 아버지 정지룡은 타이완 해협에서 무역업과 해적 행위로 큰 돈을 번 해상 모험가였다. 정지룡이 일본에서 장사를 하면서 일본의 다가와 시치자에몬의 딸과 혼인하여 그 사이에 낳은 아들이 정성공이었다. 정성공은 당왕(唐王) 주율건(朱聿鍵)을 남명의 2대 황제인 융무제(隆武帝)로 옹립하여 청에 대항했고, 한때 명나라의 고도 남경(南京)까지 진격하여 포위하는 등 활발한 활동을 벌이다가 결국 청군에 패하고 복건성 해안가의 근거지 진멘섬(金門島)으로 밀려나게 되었다. 정성공은 청나라의 해안 봉쇄에 극심한 식량 부족에 시달렸고 명나라 부흥을 위한 근거지를 마련하기 위한 거점으로 네덜란드가 지배하던 타이완섬을 노렸다. 이에 따라 1661년 4월 29일에 정성공은 타이난을 공격해 반네덜란드파의 원주민들, 한족들과 함께 동맹을 맺고 봉기했다. 그는 네덜란드 세력을 공격해서 질란디아 요새를 점령하고 인도네시아에서 보낸 네덜란드 동인도 회사의 지원군도 격파하여 인프라를 통째로 빼앗았다. 이후 네덜란드군이 질란디아 요새 탈환을 시도했으나 이번에는 그들이 쌓았던 질란디아 요새 성벽이 네덜란드 공격군에게 방해가 되면서 공격에 성공하지 못하고 물러갈 수밖에 없었다. 네덜란드인들로부터 타이완섬에서의 철수와 타이완섬의 모든 권리 이양을 약속받은 정성공은 타이완섬 역사상 최초로 한족 정권을 수립했다. 그리고 타이완 남서부를 차지해 그곳에 근거지를 마련하고 나름의 왕국을 건국했다. 이때 포로로 잡은 수백 명의 네덜란드 남성을 고문하고 학살했으며 여성들은 노예로 삼았다. 정성공 자신도 전직 네덜란드 관료였던 선교사를 참수하고 선교사의 딸인 백인 소녀를 첩으로 삼기도 했다.

청 황제 강희제는 정성공 정권에 맞서, 정성공의 부하였으나 이후 청에 투항한 황오(黃梧)의 건의를 받아 타이완을 고립시키기 위해 천계령(遷界令)을 내렸다. 해안의 5개 성 백성들을 해안에서 20km 떨어진 내륙으로 옮기고 그 이상을 넘어서 바닷가 가까이로 가는 사람들은 무조건 처형하도록 했다.

타이완섬 내부에는 한족들이 개간한 차밭에다가 원주민들이 재배한 사탕수수를 가공할 공장도 있었기 때문에 버틸 수 있었다. 그곳의 한족들은 정성공의 나라에 흡수되었으며 정성공은 융화 정책을 실시하여 자신들의 세력권 안에 들지 못한 타이완 원주민들의 관계에 많은 주의를 기울였다. 특히, 다두 왕국을 통해 원주민들과 교역하고 이들에게 농사, 중국어, 사냥, 덫이나 옷 등의 물건 제작을 가르쳐 주는 등 적당한 주변 관계를 맺어 이들의 협조를 통해 청나라에 대한 항쟁 체제를 세워 나갔다. 정씨 정권은 원주민들을 좀더 세력권 안에 끌어들이기 위해 반항하는 원주민들은 탄압해 학살하거나 세력권 안에 있는 원주민들을 착취하기도 했다. 그러나 1661년, 세력을 넓히는 과정에서 원주민들의 영토까지 침범하여 남부의 평포족과 갈등이 발생했다. 이때 다두 왕국의 전사들이 정성공이 파견한 장군의 매복 전술에 살해당해 이 과정에서 정성공과 원주민들 간에 전투가 일어나기도 했다. 정성공은 정권을 세우면서 청나라와는 독립적인 사회 제도를 구축했고 이를 통해 타이완 원주민들에게도 한족의 유교 문화를 전파하여 타이완은 중국 문화권으로 편입되었다.

1662년 6월, 정성공이 병으로 급사하자 그의 아들 정경이 뒤를 이었다. 정경은 1664년에 동도를 동녕이라고 개명하여 동녕 왕국의 왕으로 올랐고, 정성공의 반정 유지를 받들어 대륙에서 일어나는 복명 운동에 가담했다. 특히 삼번의 난에 적극 동조하여 한때 푸젠성의 일부 지역을 공격하여 장악하기도 했다. 그러나 정씨 정권이 정성공의 손자에게 넘어가면서 내부 분열이 일어났고, 청 정부는 뇌물을 이용해 이러한 내부 분열을 심화시켰다. 결국, 정성공으로부터 시작한 정씨 일가의 3대(代)에 이은 타이완 통치는 21년 만인 1683년에 청나라 군대에 의해 막을 내리게 되었다. 그해 7월, 청나라와 동녕 왕국 사이에 벌어진 펑후 해전(澎湖海战)에서 동녕 왕국의 해군이 괴멸적인 피해를 입으면서 동녕 왕국은 더이상 청나라에 저항할 수 있는 동력을 상실하고 말았다. 결국 동년 10월 청나라에 항복하면서 동녕 왕국은 종말을 고하게 되었다.

청나라는 타이완을 복속시킨 후 푸젠성의 관할 아래 두었다. 청나라와 병합한 이후 중국 대륙에서 타이완섬으로 이주하는 한족의 수는 폭발적으로 증가했는데, 그 대부분은 타이완과 지리적으로 가까운 푸젠성 남부와 광둥성 동부 출신이었다. 청나라 정부는 공식적으로 타이완 이민을 금지했으나 실효성이 없어 1732년에 이민 제한을 해제했다. 그 결과 현재 타이완 주민의 약 85%를 차지하는 한족계 본성인(本省人)은 대부분 이 시기에 타이완에 이주한 한족의 후손들이다. 오늘날에도 해당 지역의 방언인 민남어 또는 객가어를 일상생활에서 사용한다.

청조 시대의 이민 초기에는 여성의 도항이 금지되었기 때문에 남녀 비가 불균형을 이루어 한족과 평포족 간의 통혼이 빈번히 이루어졌고, 청의 관청에서는 조직적으로 타이완 원주민에게 성씨나 가계도, 족보 등을 주어 한화(漢化)를 권장함으로써 평포족은 한족과의 구분이 점차 어려워졌다. 이 때문에 중화민국 정부는 고산족과는 달리 평포족은 타이완 원주민으로 인정하지 않고 있다.

1732년 옹정제 통치 시기 청나라는 미개척된 타이완섬 동북부에 진출하여 그곳을 정복했다. 이때 본격적으로 한족들이 이주하여 살기 시작하면서 저항하는 토착민들은 산으로 쫓겨나 고산족이라고 불렸고, 평지의 나머지 원주민들은 일부를 제외하고는 한족에 동화되었다. 타이완은 주로 농업과 무역으로 발전했으며, 1858년 청나라가 제2차 아편 전쟁에 패하여 톈진 조약이 체결됨으로써 타이완에서도 타이난의 안핑항(安平港)과 지룽항(基隆港)이 개항되었다.

1874년, 일본 오키나와 류큐(琉球) 왕국의 표류민 54명이 타이완에 표류하다 타이완 원주민들과 언어 소통 부족으로 살해당하는 사건이 발생했다. 일본은 이 사건을 핑계삼아 류큐는 자국 영토의 일부라며 군대를 출동시켜 결국 청나라로부터 류큐를 일본 땅으로 확약받은 모란사 사건이 일어났다. 이후 청불 전쟁(1884~1885) 시기에는 프랑스 함대가 타이완 북부의 공략을 꾀했다. 이에 청나라는 타이완 방위를 위해 류명전(劉銘傳)을 파견했다. 종래 푸젠성에 속했던 타이완이 복건대만성으로 승격되어 1887년부터 시행에 들어갔는데, 류명전은 초대 대만 순무(臺灣巡撫, 지방장관)가 되어 타이완 전역의 실효 지배를 목적으로 하는 일련의 근대화 정책을 실시했다. 그러나 이러한 정책은 충분한 성과를 달성하지 못해 타이완은 결국 일제의 식민지로 전락했다.

1895년 4월 17일, 청나라가 청일 전쟁에서 패하면서 체결된 시모노세키 조약으로 타이완섬과 펑후 제도는 일제에 할양되었다. 이때 타이완에 거주하던 한족들이 청나라의 할양 조치에 반발하여 타이완 민주국의 수립을 선포하는 등 식민 지배 초기에는 일제에 대한 조직적 무장 투쟁에 나섰다. 그러나 5개월간의 항쟁 끝에 1915년 타파니 사건 이후 일제의 무자비한 탄압으로 항일 무장 투쟁은 약화되었고, 타이완 일치(日治) 시기가 시작되었다. 1930년에는 타이완섬 중부 원주민 타이야족이 일제의 지나친 천대와 무시에 항거한 '우서 사건'이 발생했다. 이후 1945년 일본 패망 때까지 일본의 총독부인 대만 총독부 치하에 있었다.

일제는 식민 지배 초기, 타이완에 일본 본토와는 다른 식민지법을 적용하다가 1922년부터는 일본과 같은 법 제도를 적용하면서 동화 정책을 폈다. 이러한 동화 정책은 법 제도뿐만 아니라 문화적으로도 식민지의 일본화를 꾀하는 정책이었다. 일제는 식민 지배 과정에서 타이완의 철도나 도로 등 기반 시설과 교육 제도를 정비했다. 이러한 일제의 타이완 개발은 궁극적으로는 타이완에 대한 일제의 식민 지배를 공고히 하고 타이완을 류큐(오키나와현)와 같이 일본의 완전한 일부로 만들기 위한 것이었다. 이러한 일제 식민 통치의 문화적 제도적 잔재는 오늘날에도 타이완에 많이 남아 있다.

1936년, 일본 군국주의의 시발점이라 할 수 있으며 극우 청년 장교들이 천황 친정 체제 구축을 요구하며 일으킨 쿠데타인 2·26 사건 이후, 일제는 총력전 체제화를 진행했다. 타이완 총독부 역시 이른바 황민화 정책에 따른 동화 정책을 강화하여 타이완 내에서 중국어 신문을 금지하고 타이완 사람들에게 일본어 사용과 창씨 개명을 강요했다. 또 일제 육군과 해군에 대한 지원병 제도를 도입해 타이완 주민들을 전장으로 내몰았다.

일제 치하에서 타이완도 한국과 마찬가지로 식민 지배를 받았다. 대만 총독부는 조선 총독부보다는 유화적인 통치를 했다. 게다가 타이완인은 본토의 한족과 다른 민족이라는 인식이 확고했고, 수백 년간 중앙 집권 체제를 이루었던 조선과 달리 청(淸)나라가 싫어 위험을 무릅쓰고 이주해온 사람들이었다. 타이완에 이주해온 한족과 토착 민족들은 청의 무관심 아래 살아왔기 때문에 중국 본토에 대한 소속감이 미약했고 식민 지배에 대한 저항강도도 자연히 약했다. 박해 정도의 차이는 있지만 청이나 일본이나 외부에서 들어온 것은 마찬가지였기 때문이다. 일제 내각은 조선과는 달리 1920년대에 대만 총독부를 휘하에 두는 데 성공했고, 상대적으로 부드러운 문관 총독을 임명했다. 조선 총독부는 내내 천황 직속의 무관 총독들이었다. 그러나 이러한 차이에도 불구하고 본질적으로는 식민 지배였기에 타이완에서도 일본군에 의한 모란사 사건이나 타이완 원주민의 저항(우서 사건), 한족의 저항(타파니 사건) 등이 일어나 식민 통치가 순탄하지만은 않았다. 식민 지배 초기에는 타이완 민주국 같은 타이완 독립운동이 있었고, 1930년대 이후부터는 전쟁통이라 타이완 역시 징병과 수탈에 시달렸다. 일본 제국의 패망으로 1945년 10월 25일에 타이완섬과 펑후 제도는 50년 만에 중화민국으로 반환되어 현재까지 통치되고 있다. 한편, 대륙의 중화인민공화국에서는 타이완도 중국의 일부라는 사실과 함께 언젠가는 중국 내로 편입되어야 한다고 줄기차게 주장하고 있다. 이러한 정치적 갈등으로 인해 타이완 정부는 중화민국이라는 국호를 외교 무대에서 사용하지 못하고 있다.

타이완이 일본 식민 지배 시기에 한국과 유사한 경험을 했지만, 이들은 식민지 지배국이었던 일본을 추종하고 동경하는 모습을 보여 주어 한국과는 뚜렷한 차이를 보였다. 강제 징용이나 창씨개명 등 한국과 같은 여러 수난을 겪었지만, 네덜란드 식민지를 거쳐 정성공 정권, 장제스의 계엄 통치하에 잇달아 놓이다 보니 약자(弱者)의 생존 비결을 온몸에 습득한 것 같아 안타까울 때가 많다. 한국에서도 최근 스스로를 New Right라고 부르는 신흥 사대주의자들이 나타났다. 이들이 식민지 근대화론을 주장하며 일제 강점기에 조선이 개발되고 근대화되었으니 고마워해야 한다는 황당무계한 논리를 펼치고 있으니 타이완인들을 비난할 입장도 아니다. 일제(日帝) 강압 통치기에 고통받았다고 하면 "쓸데없이 반항하니 그렇지. 시키는 대로 하면 편안하지"라고 말하며, 경제적 성장과 생존만을 우선시하고 문화적 정체성이나 민족적 자존감을 경시하는 태도로 경제가 진흥되어 등 따시고 배부르면 되고 민족적 자존심이나 문화적 자부심 따위는 아무 상관없다는 측면으로 세상을 바라보는 그런 자들이야말로 좋게 말해 노예(奴隸) 근성을 가진 자들이요, 더 가혹하게 말하면 스스로를 가축(家畜)으로 생각하는 자들일 것이다.

국민당의 시대

1945년 일본 제국이 제2차 세계 대전에서 패망하고 타이완에서 물러나면서 타이완섬은 중화민국의 영토가 되었다. 타이완을 수복하고 통치하기 위해 파견된 중화민국 정부의 관료와 군인들은 타이완 주민들의 기대와 달리 부패하고 폭력적인 통치 행태를 보여 이들에 대한 주민들의 실망은 무척 컸다. 타이완 주민의 이러한 불만은 1947년 2월 28일의 항거(2·28 사건)를 통해 폭발했다. 봉기 당시에 중화민국 관료들은 주민들을 상대로는 협상을 할 것처럼 시간을 벌면서 뒤로는 장제스에게 본토 병력의 파견을 요청했다. 3월 8일에 본토에서 지원 병력이 도착하자 타이완에서는 대대적인 유혈 진압이 시작되었다. 이 과정에서 본성인 약 3만여 명이 사망 또는 실종

되었는데, 지금까지도 이 사건은 타이완 '본성인(本省人)'과 1945년 이후에 타이완으로 이주한 '외성인(外省人)' 사이에 깊은 앙금으로 남아 있다. 이 사건은 한국의 제주 4·3 사건과 쌍둥이처럼 닮은 사건이다. 제주 4·3 사건은 해방 정국에서 제주도 주민들을 국군, 서북(西北)청년단, 미군이 합동으로 대량 학살한 사건이다.

또한 2·28 사건은 타이완성 장기 계엄령의 원인이 되었다. 국민당 정부는 중국 공산당에 밀려 중국 대륙에서 쫓겨나 1949년 12월 7일 국부천대(國府遷臺)라는 이름으로 타이베이로 이전했고, 이후 중화민국의 실효 통치 지역은 타이완 지구로 축소되었다. 장제스는 타이완 계엄령과 동원감란시기임시조관(動員戡亂時期臨時條款)을 기반으로 본토 수복을 위한 철권 통치에 들어갔다. 그는 국공 내전 패배의 책임을 지고 총통에서 사퇴한 상태였지만, 그 시기에도 실권자는 장제스였고, 결국 1950년 3월에 총통직에 복귀했다.

국부천대 이후 장제스는 자신은 패배자이기 때문에 본토를 수복할 때까지 타이완을 떠나지 않겠다고 다짐했다. 실제로 1949년 이승만 대통령의 초청을 받아 대한민국 진해에서 회담을 가진 이후 단 한 번도 해외 순방을 하지 않았고, 현재의 국립 고궁 박물원으로 가는 길의 스린역 인근에 자신의 관저를 지었다.

장제스는 국공 내전에서의 패배 원인을 부정부패 척결 실패와 토지 개혁과 의무 교육 제도 정착 같은 사회 정책의 부재, 3,000%대의 초인플레이션으로 나타난 물가 상승 억제의 실패에 있었다고 보았다. 이 때문에 타이완 통치 시절에는 사회 정책과 부패 문제에 철저하게 신경 쓰는 모습을 보였다.

중국 대륙 시기, 국민당 정부는 부패가 매우 심해 미국이 지원을 중단했고, 토지 개혁과 의무 교육 제도 도입이 지지부진하여 문맹률은 1949년도에 80%에 달했다. 결국 대륙의 공산당 정부는 문맹 퇴치를 위해서 간화자 도입을 단행했다. 장제스는 타이완에 와서 대륙에서의 정책 실패를 거울삼아 토지 개혁을 전격적으로 시행하고 복지 예산과 교육 예산도 어느 정도 확충하면서 이미 1963년도에 9년제 의무 교육 제도를 시행했다. 게다가 고금리 정책과 쌀, 밀가루, 돼지고기, 닭고기 같은 기초 식료품 가격 안정 조치로 물가 상승률을 한자릿수로 안정화시켰고 저축률도 늘렸으며 부정부패도 어느 정도 척결했다.

한국 사회에 알려진 부패 척결과 관련된 대표적인 이야기는 장제스가 부패와 관련된 며느리를 직접 총살했다는 헛소문이었다. 사실은 차남 장웨이궈의 아내이자 장제스의 둘째 며느리인 스징이가 1953년에 의문사했는데, 스징이가 평소 사치로 평판이 좋지 않아 장제스가 며느리의 부패를 문제삼아 자살하게 했다는 풍문이 돌았다. 이러한 소문은 한국에도 전해져서 장제스가 마치 부패 척결을 위한 영웅처럼 언급되기도 했다.

장제스 통치하에서 모든 부패가 척결된 것은 아니었다. 중국판 마피아라 불리는 삼합회에 대한 완벽한 척결은 단행하지 않았다. 이로 인해 삼합회가 국민당 정치인들과 연계해서 합법적으로 매춘업소 등의 유흥업소를 운영하거나 국민당 선거 운동을 돕기도 했고, 국민당이 운영하는 기업은 세금을 내지 않는 병폐도 있었다. 이 때문에 타이베이는 1990년대까지 태국 방콕과 더불어서 아시아에서 매춘업으로 유명했던 도시였다.

조금 부끄러운 일이지만 박정희 대통령 시절 우리나라도 외국인에 대한 매춘을 외화 획득을 위한 것이라고 눈감아주기도 했다. 패망 후 일본이 재기를 위한 종잣돈을 마련하기 위해 일본의 젊은 여인들이 맥아더 사령부 미군들에게 웃음과 몸을 팔았다는 얘기도 있었듯이 당시는 매춘부를 '외화벌이의 전사(戰士)'로 추켜세우기도 했다. 타이베이가 매춘 도시라는 꼬리표를 뗀 것은 천수이볜이 타이베이 시장이 된 이후로, 매춘업소와 퇴폐업소에 대해 대대적인 단속을 벌이기 시작하면서부터다.

1953년부터 타이완은 본격적으로 경제 계획 정책을 적용하기 시작하면서 중소기업과 국영 기업 중심으로 경제 성장 정책을 펼쳤다. 이는 큰 성과를 내면서 타이완은 1950년부터 2000년에 이르는 기간 동안 연 평균 8%대의 고도 경제 성장을 누리게 되었다. 그에 따라서 국민들의 생활 수준도 비교적 빠르게 향상되었으며 빈부격차도 영미권이나 한국에 비해서 크게 낮아졌다. 이를 타이완의 기적이라고 불렀다. 이 때문에 타이완은 한국, 홍콩, 싱가포르와 함께 아시아의 네 마리 용으로 손꼽혔다. 당시 중국은 대약진 운동과 문화 대혁명으로 경제 사회적인 혼란과 침체가 극심하여 타이완의 성공과 대륙의 실패는 큰 대조를 이루었다. 타이완은 이미 1969년에 컬러 TV 방송을 시작했을 정도였다. 한국의 첫 TV 방송이 1956년이고 타이완이 1962년이었음을 감안하면 꽤 빠른 시간 만에 역전시킨 셈이다. 당시 한국은 컬러 TV는 커녕 흑백 TV조차도 부유층의 전유물이었다. 한국은 1980년에 들어서야 컬러 TV 방송이 시작되었다. 또한 자동차 보급도 한국보다 타이완이 약 5~6년 정도 일찍 이루어졌고 해외여행 자유화도 한국이 1989년에 이루어진 데 반해 타이완은 1979년에 이루어졌다. 그러다 보니 당시 타이완 사람들은 경제적으로 확실히 한국보다 우월감을 갖고 있었고, 그런 면에서 한국인을 얕잡아 보는 에피소드가 있었을 정도였다. 오늘날에는 타이완과 한국 간 1인당 GDP 및 생활 수준이 비슷하지만, 중국인 특유의 대국(大國)이라는 은근한 우월감은 대륙이나 타이완인이나 마찬가지이다. 타이완의 경제 발전은 장제스와 국민당 정권이 국공 내전 패퇴 후에도 2000년대 이전까지 본토의 공산 정권에 대한 체제 우월성, 본토 수복 노선의 당위성을 강조하는 근거가 되었다. 그러나 장제스는 본토 수복이란 실현 가능성이 낮은 목표를 내세우며 타이완 내부에서 제기되는 분리 독립, 민주화 요구 등의 주장을 모두 강경하게 탄압했다. 대륙에서와 마찬가지로 장제스는 민주주의와는 철저하게 거리가 먼 독재자였다. 1950년대에 정치적 탄압으로 인한 사망자만 4천 명에 달했고, 호적상에는 있지만 행방불명되거나 처벌을 받은 사람이 14만 명을 넘었다. 또한 중화민국 실효 통치 지역 전역에서 10개 정도의 강제 수용소가 존재했으며 시설은 매우 열악했다.

당시 상황은 마치 대한민국의 독재 정권 시절 반정부 인사를 종북(從北) 혹은 사회주의자로 몰아 제거하던 모습과 매우 흡사하다. 이러한 정적과 재야 인사에 대한 탄압 때문에 미국 내에서도 장제스에 대해서 비판적인 여론이 있었지만, 장제스가 반공주의자라는 점과 타이완이 중국 견제 도구로 유용하게 쓰일 수 있다는 점 때문에 미중 수교 이전까지 타이완에 대한 지원은 계속되었다. 미국이 이승만, 박정희, 전두환 등 독재자들에게 지원한 것이 반공이라는 미국의 외교 정책과 일치했기 때문인 것과 매우 유사한 사례라고 할 수 있다. 민주주의보다는 자국의 외교 전략에 맞는 정권을 지원하는 것이 오래된 미국의 우방 관리 전략이었기 때문이고 양국의 독재자들은 이런 점을 잘 알고 이용하고 있었던 것이다.

병자호란 당시 오랑캐라고 얕잡아 보던 청나라에 호되게 모욕당한 후 조선 조정이 북벌(北伐)이란 미션 임파서블(Mission Impossible), 즉 성사 불가능한 목표를 내세우며 권력 유지에 이용했던 것처럼, 이승만이 북진 통일을 외치며 일인 독재를 강화했던 것처럼 장제스도 본토 수복이란 기치를 내세우고 타이완에 철권 통치를 해나갔다. 장제스는 중국이 대약진 운동과 문화 대혁명으로 잇달아 혼란을 겪고, 외교적으로도 중국과 소련 간의 사이가 소원해지자 미국의 지원을 통해 권토중래를 노렸다. 실제로 중국 본토로 진공한다는 국광 작전을 세우고 스파이들을 본토로 보내봤지만, 중국이 대약진 운동과 문화 대혁명으로 혼란을 겪는 와중에도 안보는 흔들릴 기미를 보이지 않았다. 오히려 이러한 시도는 반격만 당할 수 있기에 장제스의 시도는 번번이 무산되었다. 당시 중국 내부 민심은 대약진 운동과 문화 대혁명으로 공산당에 대한 실망감이나 반감이 커지고 있었으나 그럼에도 불구하고 타이완이 중국 본토를 상대로 전면전을 벌이기에는 현실적인 제약이 많았다. 우선 장제스가 차지하고 있는 영토가 너무도 작은데다 중국 공산당 정부가 아무리 혼란을 겪었다 한들 세계 최대의 인구 대국과 전면전을 벌이는 것은 막대한 인적 자원과 예산을 소모하는 일이었다. 미국 역시 중국과 소련 간의 관계가 나빠지는 것에 주목하며 소련 견제용으로 중국과의 관계를 개선하는 것이 실리적인 일이었다. 이러한 맥락에서 미국은 장제스가 공산 정권과 전쟁을 벌이자고 할 때마다 이를 반려했다.

결국 핑퐁 외교라는 이름으로 미국 닉슨 대통령과 마오쩌둥 주석과의 미중 회담이 성사되며 미국과 중국과의 관계가 개선된 반면, 타이완은 상임이사국 자리를 빼앗기는 것은 물론이고 UN에서 자의반 타의반으로 탈퇴당하는 굴욕을 겪었다. 그 후 IOC에서도 정회원 자격을 잃어 올림픽에서 청천백일기를 들지 못하고 Chinese Taipei라는 중국의 지방 자격으로 출전하게 되었다. 즉 홍콩이나 마카오와 같은 신세로 전락하고 말았다.

국제적 위상이 축소된 이후, 80년대 말, 한국이 본토와 정식으로 국교를 맺으면서 타이완과의 관계를 격하하자 타이완은 태극기를 불 태우는 등 만만한 한국에만 치열한 반한(反韓) 운동을 벌였다. 물론 당시 노태우 정부의 매끄럽지 못한 일 처리에도 문제가 있었지만, 이러한 태도는 타이완이 가진 속성과 한계를 잘 보여준 사례라고 볼 수 있다. 타이완은 자신들을 식민지배한 일본에는 아부하고, 자신들을 외교 무대에서 내쫓은 본토 당국에는 꼼짝 못했으며, 그 모든 것을 배후 조종한 미국에는 감사하면서 유독 한국에만 저주를 퍼부었다.

장제스는 권토중래를 위해 이런저런 노력을 해보았지만 죽는 그 순간까지도 타이완에서 벗어나지 못했다. 중화민국 정부가 UN에서 축출된 이듬해인 1972년 5월, 그는 마지막으로 총통 취임식을 거행했고 3년 후인 1975년, 향년 87세로 타계했다. 장제스는 중화민국이 본토를 수복할 때 난징에 매장해달라는 유언을 남기고 사망했다. 유언에 따라 장제스의 유해는 지하에 매장되지 않고 지상에 토관묘 형식으로 안치되었다. 정신이 혼미한 가운데 "대륙을 다시 공격해서 동포를 구하라, 대륙을 다시 공격해서 중국을 구하라"라는 말을 했다는 설이 있지만, 공식적인 유언은 장제스가 사망하기 6일 전인 3월 29일 구술했고, 사망 직후에 발표되었다.

장제스와 아들 장징궈

"나는 상투를 자른 이래 총리(쑨원)의 혁명을 좇아 살아왔으며, 총리와 예수 그리스도의 신도로서 있지 않은 적이 한시도 없었다. 나의 죽음에 실망하지 말고 삼민주의를 실천하고 대륙의 국토를 수복하라."

이 유언은 중정 기념당의 대형 장제스 동상 아래에도 조각되어 있다. 장례식은 국부 쑨원을 모신 타이베이 국부 기념관에서 거행되었다. 당시 중화인민공화국과 수교를 준비하던 미국은 장례식에 농무부 장관을 대표로 보내려다가 중화민국의 항의를 받고 넬슨 록펠러 부통령을 보냈다. 이후 불과 4년 뒤 미국은 타이완과 단교했다. 1972년 중국과 수교한 일본에서는 전임 수상인 사토 에이사쿠, 기시 노부스케를 비롯한 거물급 정치가들이 조문을 왔으나 중국의 눈치를 보느라 우인 대표라는 애매한 명칭으로 참석했다. 한국에서는 김종필 국무총리가 대표로 장례식에 참석했다.

장제스에 대한 평가는 처한 입장이나 국가마다 조금씩 다를 수 있지만, 대체적으로 쑨원의 정통성을 이어받은 막강한 힘을 가지고도 대륙 전체를 공산당에게 내어준 실패자라는 평가가 있고, 타이완으로 이주한 후 제정신을 차리고 제법 괜찮은 나라를 구축했으나 그것마저도 계엄령이라는 권위주의 체제 아래 이룩했다는 평가가 있다. 물론 타이완 사람들은 그를 존경하는 사람도 많지만 국제적 평가는 마오쩌둥과 비슷하게 과오가 더 크게 부각되는 경향이 있다.

마오쩌둥에 비해 장제스가 온건한 통치를 했다고는 하나 그 역시 독재자였다는 비판을 피할 수 없다. 마오쩌둥이 수백만에서 수천만에 이르는 인민들을 죽게 만들어 장제스가 상대적으로 나아보일 뿐 그도 대륙을 호령하던 시절부터 타이완 천도 이후까지 수만 명을 학살했다. 결국 본성인들은 국민 정부의 타이완 통치에 배신감을 느꼈고 실망감도 매우 커졌다. "개가 떠나니 돼지가 왔나(狗去猪来)."는 말이 당시 유행했는데, 이들의 심정을 잘 대변하는 말이었다. 일본인은 개처럼 타이완인들을 괴롭혔고 국민당은 돼지처럼 타이완의 재산을 먹어치우기 바빴다는 뜻이었다.

타이완 사람들은 일제의 지배보다 장제스의 지배에 더 치를 떨었기에 본의 아니게 일본 제국주의자들에게 면죄부를 준 셈이 되었다. 장제스는 반공의 기치 아래 자신에게 반대하는 대중, 지식인, 예술가들을 억압하고 통제하려 했던 것은 분명하며, 소위 반체제 인사에 대한 고문과 폭력 등 반인륜적 행위가 자행되었던 것 또한 장제스 정권의 한계라고 볼 수 있다. 덕분에 자신의 스승인 쑨원의 삼민주의를 계승한다고 했지만, 정작 국부천대 이후 죽는 날까지 계엄령을 수십년간 펼쳐 실제로는 쑨원이 추구한 삼민주의와 반대되는 행보를 걸었다. 그 사이 민주화 인사들을 향해 각종 백색(白色) 테러가 벌어졌으며, 계엄 통치하에 관제 야당을 제외한 야당은 사실상 인정되지 않았다. 본성인을 차별하고 핍박하여 사실상의 식민 통치자로서 정국을 이끌어나갔고 중화 민족주의를 더 중시하는 정책 방향은 본성인의 정체성과 다양성을 철저히 무시하고 탄압하는 방식으로 나타났다. 이와 같은 장제스의 정치는 민주화 이후 타이완 정치 양극화에 상당한 기여를 했다.

20세기 타이완 역사에서 최악의 비극으로 수만 명이 학살당한 2·28 사건 등 굵직굵직한 학살 사건 중 일부도 장제스 집권 당시 벌어졌다.

1947년 타이베이시에서 한 여인이 담배 노점을 하고 있었다. 당시 타이완에서 담배는 정부만 독점으로 파는 것이었다. 그래서 그날 전매국 직원과 경찰이 이 노점을 단속하면서 그를 폭행하는 사건이 발생했다. 이에 항의하여 시민과 경찰이 충돌하는 과정에 학생 천원시(陳文溪)가 경찰이 쏜 총에 맞아 사망하면서 일은 커졌다. 이 사건을 2·28 사건이라고 한다. 이를 계기로 타이베이에 계엄령이 선포되었다. 시위가 타이완섬 전역으로 확대되자 아직 국공 내전 중이었음에도 국민당은 대륙에서 타이완섬으로 증원군을 보내 대대적인 유혈 진압을 강행했다. 5월 중순에 계엄령은 일단 해제되었지만, 국공 내전 패배가 사실상 확정되면서 국민당 정부는 타이완으로의 이전을 시작했다. 이에 맞춰 1949년 5월 20일 오전 0시를 기해 타이완성 정부 주석 겸 경비 총사령, 천청의 명의로 타이완성 전역에 계엄령이 선포되었다. 국공 내전을 반대하거나 국공 평화 회담을 주장하거나 평화 건설, 민생 문제 개선, 민주화 등을 요구하면 공산당 간첩이나 용공 분자, 친일파 및 독립 분자로 몰려 체포되었다. 계엄령 기간 동안 타이완에서는 주민에 대한 엄격한 통제와 탄압이 이루어졌다. 사회 전반적으로 중국 대륙과 구분되는 타이완 고유 문화를 억압하고 중국화를 강요했는데, 그 예로 학교에서 대만어나 원주민 언어를 사용하면 벌금을 내고 해당 학생은 "나는 대만어를 사용했습니다"라고 적힌 팻말을 목에 걸고 공개적으로 비판받는 경우가 많았다. 수만 명의 민간인들이 정치범으로 처형되었다. 음악을 비롯한 문화예술도 타이완 특색의 것들, 지역적인 문화들이 억압당했다. 계엄령에 기반한 정부의 탄압에 맞서 타이완 사람들은 계엄령 해제와 민주화를 요구하며 지하에서 정치 운동을 진행해나갔다. 그중 강경한 세력은 체제 변화 수준이 아니라 아예 중화민국 정부를 전복하고 타이완 사람 본위의 국가를 세우자는 타이완 독립운동을 주장했다. 아울러 장제스에 대한 암살 시도 등 폭력을 수반한 저항도 있었다.

중국 국민당은 오늘날까지 자신들이 이 2·28 사건을 주도한 것은 인정하면서도 장제스가 이 사건에 개입한 것은 철저하게 부정한다. 2·28 사건은 그 후로도 오랫동안 마치 한국의 제주 4·3 사건처럼 정부에 의해 은폐되어 왔으나 '비정성시(非情城市)' 등의 영화가 만들어지고 정권이 바뀌면서 진상이 드러나기 시작했다. 사건 발생 60주년인 2007년에는 장제스가 이 사건의 학살을 지시했다는 연구 결과도 나왔으니 국가의 최고 지도자로서 장제스의 도의적인 책임을 피할 길은 없어 보인다. 그러나 타이완 정부는 오늘날까지 2·28 사건의 가해자를 처벌하는 법률을 제정하지 않았다. 이에 대해 2·28 국가 기념관에는 "피해자는 있는데 가해자는 없다(有受害者 沒有加害者), 타이완 역사의 정의는 아직 실현되지 않았다."라는 문구가 전시되어 있다. 2·28 사건은 본토에서 떨어진 바다 건너 섬에서 발생한 점, 정부 주도의 민간인 학살이라는 점에서 한국의 제주 4·3 사건과 유사한 점이 많다. 이러한 공통점 때문에 두 사건 관련 기념 재단 및 단체 간의 교류도 많은 편이다. 타이완 정부는 1995년 2·28 사건에 대해 주민들에게 공식적으로 사과하고 기념일 제정과 피해자들의 명예 회복에 나섰고, 이어서 한국 정부도 4·3 사건에 대해 2003년 당시 노무현 대통령이 정부를 대표하여 제주 도민들에게 정식으로 사과하고 4·3을 국가 공식 기념일로 제정했다. 연장선상에서 2018년 4월 2일 제주특별자치도 교육청과 타이완의 가오슝시 교육국은 제주 4·3 사건과 2·28 사건에 대한 교류 협약을 체결했다.

장제스는 중국사에 큰 영향을 끼친 인물로 평가받는 만큼 야심과 비범한 기질을 갖춘 당대의 호걸로 묘사되는 경우도 많았다. 아이러니하지만 중화인민공화국과 타이완의 국력 차이가 압도적으로 차이나는 가운데 중국 본토에서 장제스에 대한 재평가가 이루어지고 있다. 과거에는 공산당의 정적으로 장제스를 보았다면 현재는 일본에 굴복하지 않고 끝까지 항전했던 지도자로 장제스를 높이 평가하고 있다. 이는 장제스 개인에 대한 재평가에 그치지 않고 국민당 전체에 대한 역사적 평가에도 영향을 미치고 있다. 타이완의 민진당이 미국 우파의 지원 아래 UN 가입과 타이완 독립을 주장하는 데 비해 장제스의 국민당은 분리 독립 노선을 취하지 않았다는 점 때문일 것이다.

국부천대 전 수도였던 난징에는 지금도 총통부가 보존되어 있고 장제스의 집무실과 초상화와 청천백일기도 함께 전시되어 있다. 장제스를 국부로 추앙하고 떠받들던 (혹은 그러도록 강요당했던) 타이완 사람들은 중정 기념당도'민주주의 기념관'으로 고치며 갈수록 격하(格下)하는 반면, 중국 공산당은 항일 민족주의자로서 장제스를 긍정하고 부각시키는 독특한 변화를 겪고 있다.

정치, 경제 분야의 업적에 가려져서 그리 주목받지는 않았지만, 장제스의 큰 업적 중 하나가 문화재 보존이다. 그는 중국 전통문화에 애착을 갖고 있었다. 국부천대 당시 장제스는 베이징 고궁박물원에서 소장하고 있던 유물 29만여 점과 자금성에 있던 사고전서 문연각본을 타이완 타이페이 국립 고궁박물원으로 옮겼다. 또한, 중국 전역 각지에 소재한 유물들을 엄선하여 총 60만 8천여 점의 유물들을 국립 고궁박물원으로 옮겼다. 이때 장제스가 타이완으로 옮긴 중국 전통 문화재는 중국 대륙에서 문화 대혁명의 광풍이 불 때 홍위병들의 반달리즘을 피할 수 있었다. 북경의 고궁박물관보다 타이완의 고궁박물관이 훨씬 소장품이 많고 진품명품이 많은 것은 천신만고 끝에 유물을 옮겨온 장제스의 노력 덕분이었다.

장제스는 마오쩌둥과 평생을 밀고 당기는 관계였지만 공산당의 2인자 격이었던 저우언라이와는 각별한 관계를 이어갔다. 그들은 저우언라이가 마오쩌둥과 동지가 되기 전부터 인연을 맺었다. 장제스가 황푸 군관 학교 교장이었을 때 저우언라이는 학교 정치 주임이었다. 정치 주임은 학교에 배치된 정치 장교로 둘은 매일 아침을 같이 할 정도로 친했다고 저우언라이가 밝힌 바 있다. 이때는 저우언라이가 공산당뿐만 아니라 국민당 당적을 가지고 있었고, 국민당 소속 정치 장교로서 국민당의 이념인 삼민주의를 학생들에게 주입하는 역할을 맡았다. 하지만 저우언라이는 황포 군관 학교에서 국민당 일을 하면서도 장제스 모르게 비밀리에 학생들을 포섭하여 학교 내에 공산당 세포 조직을 만들었다. 어쨌든 장제스는 저우언라이를 각별히 여겨 그를 자신의 사람으로 두려고 했으나 장제스의 반공 성향을 눈치챈 저우언라이가 그와 거리를 두었다. 이후 둘은 장제스가 북벌 과정에서 상하이를 점령하면서 다시 만나게 되었다. 이때 저우언라이는 상하이 공산주의자의 거물로 노동자들의 권익을 위해 투쟁하는 입장이었다. 하지만 장제스가 4·12 상하이 쿠데타를 일으키면서 저우언라이는 쫓기는 몸이 되었다. 이때 저우언라이는 국민당군에 한번 사로잡히는데 장제스는 옛 정을 생각해서 그를 놓아주라는 명령을 내렸다. 그러나 결과적으로 이것은 실수였다.

이후 저우언라이는 마오쩌둥의 측근이 되었다. 둘이 다시 만난 것은 시안 사건 때로, 장제스는 협상을 하기 위해 나타난 저우언라이를 보고 반가워하면서 "우린 적이지만 자네를 잊은 적이 없네. 언젠가 우리 둘이 다시 일할 날이 오길 바라겠네."라고 말했다. 이후 중일 전쟁이 터지자 저우언라이는 충칭에 거주하면서 장제스와 자주 회동했지만 국공의 대립은 피할 수 없는 수순이었고, 결국 둘은 총부리를 겨누게 되었다.

1943년, 카이로 회담에서 중국의 장제스 총통이 한국의 독립을 지지한 것은 널리 알려진 사실이다. 당시 장제스는 중국에서 활약한 임시 정부를 지지하는 입장이었으나 미국에서 건너온 이승만에 대해서는 시큰둥한 반응을 보였다. 그러다 1947년 이승만이 난징을 방문하면서 이승만과 장제스의 회담이 열렸는데, 이때부터 장제스는 이승만의 기백과 반공 의지를 긍정적으로 평가하기 시작했다. 이후 이승만이 1948년 수립된 대한민국의 대통령으로 취임하고, 1949년 국부천대라는 상황 변화가 생기면서 이승만과 장제스의 관계도 바뀌어 나갔다.

장제스는 1949년 8월 대한민국을 최초로 방문한 외국의 정상이기도 했다. 장제스의 요청에 따라서 경상남도 진해에서 이승만과 장제스의 정상회담이 개최되었다. 장제스는 이승만과 프란체스카가 자신을 극진히 대접했다면서 큰 호의를 표했다. 이승만과 장제스는 반공 노선을 지향했고 각각 공산 정권과 대치하고 있는 상황인데다 미국을 압박하여 지원을 이끌어내는 상황이었기에 사이가 급속도로 좋아졌다. 진해 회담 당시 장제스는 대륙 수복을 위해 제주도에 중국의 해공군 기지를 세울 수 있는지를 문의하기도 했다. 하지만 이승만 정부는 국공 내전에 휘말리는 것을 꺼려 이에 소극적이었다고 한다.

장제스는 1949년 10월 1일, 베이징에서 열리는 중화인민공화국 개국식을 폭격하려는 계획을 세웠다. 중화민국 국군 전투기들의 행동 반경이 짧았기 때문에 부산을 경유하여 베이징을 폭격하려는 계획을 세웠으나 이승만 정부가 마찬가지 이유로 거절해서 무산되었다고 한다.

6·25 전쟁 발발 이후 장제스는 최정예 부대를 남한에 파견하려 했다. 미국의 반대로 파병은 무산되었으나 이승만과의 연대는 계속 유지되었다. 이후 이승만 정부가 반공 포로를 일방적으로 석방하자 장제스가 크게 감격하여 '이승만은 한반도의 유일한 혁명적 지도자'라고 극찬했다.

이승만이 미국에 선택받은 독립운동가였다면 애초 장제스와 손잡은 독립운동가는 김구였다. 훙커우 의거 이후 장제스는 김구의 최대 후원자였고 장제스는 김구가 죽은 이후에도 김구를 항일 동지라고 높였으며, 아들 김신을 집안사람처럼 대우하는 등 김구와 자신의 인연에 대해 수차례 강조했다. 그러나 장제스는 임시 정부가 광복군을 조직하자 행동 준칙을 만들어 국민당군의 통제하에 두려 했다.

1960년대 이후 냉전 체제가 본격적으로 구축되고 타이완(중화민국)과 한국이 동아시아에서 공산주의 진영에 맞서는 최일선이 되어버리자 양국의 실권자이던 장제스와 박정희도 자연스레 가까워졌다. 특히 이 시기 대한민국은 한참 경제 발전 도상에 있어서 타이완의 정치, 사회, 문화를 많이 참고했다. 박정희와 장제스는 통치 스타일이 비슷했다. 둘 다 반공을 기치로 반대파를 억압하고 독재를 정당화했으며, 각각 북한과 중화인민공화국이라는 실존하는 위협이 있었다.

장제스 사망 이후 국민당과 권력은 아들 장징궈(蔣經國)가 이어받았다. 그는 이름 자체가 '국가를 경영한다'는 의미를 가지고 있었다. 장징궈는 1978년부터 약 10년간 6, 7대 총통직을 맡았다.

장징궈는 장제스(蔣介石)의 맏아들로 자(字)는 젠펑(建豐)이며 니콜라이 블라디미로비치 옐리자로프(Nikolai Vladimirovich Elizarov)라는 소련 거주 시절 이름도 있다. 정부의 요직을 거친 그는 현역 육군 대장 시절이던 1965년부터 국방부 장관을 지냈고, 1972년부터 4년간 국무총리 격인 중화민국 행정원 원장을 지냈다. 그 사이 권한대행을 1년간 했으며, 1978년부터 사망할 때까지 10년간 중화민국의 총통이었다. 장징궈는 장제스와 그의 첫 번째 부인인 마오푸메이(毛福梅)의 아들로 1910년 4월 27일 저장성(浙江省) 펑화현(奉化縣)에서 태어났다. 아버지 장제스는 그를 엄격하게 공부시켰으며 아들에게 지나치게 권위주의적이고 무심한 태

장징궈

도를 보였다고 한다. 1925년 그는 모스크바로 가서 공산주의를 공부하고자 했는데, 당시는 제1차 국공 합작으로 이러한 흐름이 자연스러운 일이었기에 장제스는 반대하지 않았다. 그는 모스크바 중산 대학에서 공산주의를 열정적으로 공부했으며 어느 정도 트로츠키주의로 기울었다. 스탈린은 그를 따로 불러 트로츠키주의를 부인할 것을 요청했고, 장징궈가 수용하자 소련 공산당 입당이 허락되었다고 전해진다. 그러나 나중에 장징궈는 이를 부인했다.

1927년 장제스가 4·12 사건으로 공산당을 학살하자 장징궈는 이를 맹렬히 비판하고 중국으로 돌아가지 않고 소비에트 연방에 남겠다고 선언했다. 그는 레닌그라드에 있는 톨마체프 중앙 군사 정치 학교를 졸업하고 우랄산맥의 철강 공장에서 노동자로 일하다가 1935년 벨라루스계 러시아 여자인 장팡량(蔣方良)과 결혼했다. 장징궈는 1936년에도 아버지의 정책을 비난했지만, 나중에는 아버지에 대한 비난이나 소련에 체류한 것 등이 모두 강요에 따른 행동이었다고 주장했다.

1937년, 중국에서 장제스가 공산당과 새로운 연합 전선을 구축하자 스탈린은 장징궈가 소련을 떠나는 것을 허락했고, 중화민국으로 돌아온 장징궈는 국민당 정권에 소속되어 정치를 시작했다. 국공 내전이 발발하자 그는 상하이에서 국민당의 인기를 만회하고자 부패한 관리와 기업가를 엄단했고 화폐 개혁을 단행하는 등 꺼져가는 국민당의 불꽃을 살리려는 노력을 경주했다. 이러한 그의 노력은 처음에는 효과가 있는 듯 싶었으나 그의 계모인 쑹메이링(宋美齡)과의 관계가 악화되자 장제스는 장징궈를 물러나게 했다. 그 후로 그와 쑹메이링은 평생 관계가 좋지 않았다.

1949년에 중국 공산당이 본토를 장악하고 중화민국은 타이완으로 후퇴한 뒤, 장징궈는 타이완에 자리 잡은 중화민국 정부의 군대와 안보 기관의 책임자로 국민당을 지휘했다. 장제스가 병석에 누운 뒤부터 장징궈는 사실상 중화민국의 통치자로서 활동했다.

그는 정부의 부정부패를 척결하고 정실(情實) 인사를 배격했으며 본토 출신들이 차지하고 있던 입법원과 행정원에 본성인(本省人: 명 말기 본토에서 건너간 한족) 출신 인사들을 더 많이 기용하여 정부의 지지 기반을 넓혔다. 1970년대부터는 중화인민공화국의 성장에 따라 많은 나라가 중화민국 정부와 외교 관계를 단절하자 그는 중화민국의 정치적 안정과 외교 관계를 계속 유지하려고 애썼다. 1987년 7월 15일에는 국부천대 이후 38년간 선포되었던 계엄령을 해제하여 현실적인 민주화의 기틀을 마련했다.

장징궈의 후임은 리덩후이(李登輝)였다. 그는 1923년 일본 통치하의 타이완섬에서 태어난 최초의 총통이다. 처음에는 공산당에 가입했다가 나중에 무소속을 거쳐 미국 유학을 마친 뒤 국민당에 합류했다. 장징궈 시절 타이베이 시장을 거쳐 부총통을 지냈으며 장징궈 사망 이후 총통 자리를 물려 받아 8, 9대 총통을 지냈다.

8~9대 총통 리덩후이

총통 재임기에는 타이완의 민주화 이행을 주도했고, 국제 사회에서 타이완의 독자성을 정립하는 데에 기여하는 등 현대 타이완의 역사에서 결코 빼놓을 수 없는 역할을 해낸 지도자였다. 경제적으로도 1990년 주식 시장의 거품이 붕괴되는 등의 곡절이 있기는 했지만, 타이완의 고도 성장 기조가 리덩후이 때까지 굳건하여 1992년에는 한국보다 먼저 1인당 GDP 1만 달러를 달성했다. 재임 후반기에는 IMF 외환 위기를 무사히 넘기는 성과를 거두었다. 또한 타이완의 경제 성장이 절정에 달하여 임금 상승률도 높았던 시절이었기 때문에 내수 시장도 나름대로 잘 돌아가던 시절이었다. 그렇지만 2001년에 처음 마이너스 성장을 기록하고 나서는 이런저런 이유로 임금이 사실상 동결되었고, 2000년대 중반 이후로는 1인당 GDP에서 한국에 역전당하게 되었다. 현재도 타이완 임금 수준은 한국에 비해 많이 떨어지는 편이다. 그러나 한편으로 반도체와 IT 등 첨단 사업에 대한 육성을 적극적으로 시작하여 현재 세계 최고 수준의 반도체 파운드리 기업인 TSMC 등 타이완 경제 근간을 만들기도 했다. 그래서 타이완 내에서는 리덩후이 재임기를 좋았던 시절로 추억하기는 하지만, 그의 재임 기간에 추진되었던 적극적인 타이완 독립 정책과 총통 퇴임 후 행적 때문에 그가 소속했던 중국 국민당에서는 배신자로 낙인찍혀 오히려 평가가 좋지 못했다. 다만 신조류로 대표되는 범록 운동권 측에서는 열등감의 대상이기도 하다. 타이완 민주화에서 리덩후이의 역할은 절대적인 수준이기 때문이다. 그만큼 그는 민주화를 이뤄내는 데에 결정적인 기여를 했다. 비록 국민당 소속이긴 했지만 타이완 출신의 정체성과 독립성을 강조하여 그의 체제 아래서 민주진보당이 탄생하게 되었다.

그의 대(對)대륙 정책은 영향력이 커서 후임 총통인 천수이벤과 마잉주 모두 리덩후이가 내세운 정책에서 크게 벗어나지 못했으며, 차이잉원은 아예 리덩후이가 직접 자문위원으로 임명했던 인물이라 어떤 면에서는 그의 수제자 격이기도 했다. 본인 스스로도 본인의 정체성이 중국인이 아닌 타이완인이라고 확실하게 인식하고 있기도 했고, 또 타이완 독립을 추구했기에 중국 대륙에서의 평가는 당연히 좋지 않았다. 거기에다 친일 성향까지 겹쳐 대륙에서는 한간(漢奸)으로 분류하기도 했다.

한국의 경우 타이완 정치인들에 대한 인지도가 적기도 하지만, 안다 하더라도 친일 성향 때문에 불편하다는 인식을 많이 하는 편이다. 그래도 타이완 민주화, 독립 노선 등에 끼친 영향력에 대해선 학계 차원에서 긍정적으로 평가하기도 한다.

그는 총통 임기 막바지인 1999년에 《대만의 주장(台灣的主張)》이라는 책을 저술했다. 최초의 국립 대만대 출신 총통으로 리덩후이 이래로 현재 라이칭더 총통에 이르기까지 타이완의 모든 총통은 국립 대만대 출신이 차지하고 있다. 이중에서 천수이벤, 마잉주, 차이잉원 셋이 연달아 모두 법률학원(법학과) 출신이다.

천슈이볜과 민진당의 집권 이후

천슈이볜은 1950년, 타이완의 타이난현 관톈향(현 타이난시 관톈구)에서 태어났다. 리덩후이가 타이완섬 태생으로 최초의 총통이 되었지만, 그는 일본 통치 시기에 탄생한 세대이고, 국민당이 본토로부터 들어와 통치하기 시작한 이후에 태어난 말하자면 본소인, 즉 오리지널 타이완 출신이었다. 국민당이 본토에서 쫓겨온 이래로 타이완의 기득권층은 대부분 대륙 출신의 피난민(외성인)들이었다. 그러나 천수이볜은 뿌리부터가 타이완 사회의 비주류였다. 원래는 그의 아버지가 도교 사원에서 받은 陳水遍이란 이름으로 출생 신고를 하려고 했지만, 담당 공무원의 실수로 陳水扁으로 작성되어 그대로 사용하게 되었다고 한다. 두 한자의 발음이 거의 비슷하기 때문이다. 다만 遍은 4성이고 扁은 3성이다.

그의 집안은 소작농으로 매우 가난했으나 학교 다닐 때 항상 우수한 성적을 거뒀고, 1969년에 국립 대만 대학 상학부(경영학과)에 입학했다. 그러나 당시 있었던 입법원 선거에 출마한 민주화 운동가인 황신제(黃信介)의 연설을 듣고 정치에 관심이 생겨 학교를 휴학한 후 반수해서 법학과에 수석 입학했다. 법학과에 입학한 후 3학년 때 사법 시험에 최연소 수석 합격하여 변호사 신분으로 졸업했다.

10~11대 총통 천슈이볜

1974년 대학을 졸업한 뒤 장영해운의 해상법 전문 고문 변호사를 거쳐 에버그린 그룹의 법률 고문을 맡기도 했다. 1979년 타이완 공안 당국이 그가 존경하던 황신제가 얽힌 민주화 운동을 탄압한 '메이리다오[美麗島] 사건'의 변호를 맡으면서 국민들에게 이름을 알렸다. 당시의 타이완은 이른바 '3당 훈정(訓政)'을 유지하고 있었다. 여기서 3당 훈정은 아주 강력한 총통제와 3개 정당의 연립 내각을 결합하는 방식으로 형식적인 헌정(憲政)과 실질적인 훈정(訓政)을 동시에 추구하는 1946년 체제를 가리키는 낱말이다. 1946년에 장제스는 중국 국민당만 아니라 중국 청년당과 중국 민주 사회당의 정치인들을 차례로 초청하여 최고위급 관직에 등용을 약속했고, 곧이어 3당 훈정의 여당으로 변신한 중국 국민당과 중국 청년당, 중국 민주 사회당의 정치인들은 연립 내각의 여당으로서 중앙 정부의 장차관으로 출세했다. 간단히 말하면 국민당이 관제 야당을 거느리고 대륙 수복 때까지 일당 독재를 했다는 뜻이다. 다시 말하면 박정희의 1972년 유신 체제와 비슷한 스타일의 독재였다.

1940년대에 중국 대륙에서 유권자들이 직선제로 선출한 국민대회와 입법원, 감찰원의 의원들은 종신직이었다. 장제스 총통은 '공산당의 반란을 토벌해야 한다'는 명분으로 동원감란시기임시조관(動員戡亂時期臨時條款)을 발효했으며, 그다음에 중화민국 사법원의 대법관들을 움직여서 헌법 재판을 청구하는 방식으로 국민대회와 입법원과 감찰원의 총선거를 중지했으니, 중앙 정부의 선거 제도는 1950년대부터 1980년대까지 일종의 보궐 선거였다. 천수이볜은 변호사로 1946년 체제의 해체를 요구하는 민주화 운동을 주도하여 여러 번 투옥되었으나 1981년 제4대 타이베이 시의회 의원 총선에서 '민주, 평등, 진보'를 슬로건으로 내걸고 무소속으로(당시에는 허용되지 않은 야당은 불법이었다) 출마하여 최다 득표로 타이베이 시의회 의원이 되었고, 민주화를 요구하면서 이름을 알렸다.

시의회 의원으로 활동하면서 작가 리아오[李敖]의 도움을 받아 잡지사를 경영했으나 1984년 '봉래도 잡지 사건'으로 명예 훼손으로 고발당했다. 1985년에는 의원직을 그만두고 고향으로 내려가 지방 선거에서 타이난 현장 시장에 출마했지만, 간발의 차이로 낙선했다. 하지만 타이완 정보부에서 천수이볜이 거물급 정치 인사로 성장할 것을 우려해 천수이볜을 암살 대상으로 삼고 운전사를 사주해서 그를 교통사고로 제거하려 했다. 이 과정에서 그의 아내인 우수전은 지지자들에게 인사하다가 교통사고를 당해 하반신이 마비되어 결국 장애인이 되었다. 이는 천수이볜의 투쟁심을 더욱 자극하는 계기가 되었다.

천슈이볜은 1986년, 반체제 잡지인 《자유시대》 편집에 참여한 혐의로 투옥되어 8개월간 옥고를 치렀다. 하지만 옥중에서도 아내인 우수전이 민진당 소속으로 입법위원이 되는 것을 도왔고, 정치 테러에 대한 동정심으로 우수전은 입법위원(국회의원)으로 당선되었다. 이듬해에 천수이볜은 풀려났고, 우수전의 보좌관으로 활동하다가 1987년에 우수전과 함께 민주진보당에 가입했다. 민주진보당에 참여한 뒤 탁월한 지적 능력과 지칠 줄 모르는 정력적인 활동을 바탕으로 당 중앙상임위원회 위원, 정당협상위원회 주임위원 등의 요직을 거치면서 주목받기 시작했다. 1989년 입법원 증원 선거에서 타이베이 제1 선거구에 출마해 입법위원이 되었다. 1992년에 재선에 성공했으며 1994년에 입법 위원직을 사퇴하고 최초의 성급(省級) 행정 구역 단체장 선거에 출마하여 43.6%의 득표율로 타이베이 시장에 당선되어 민진당의 차기 총통 후보로 떠올랐다.

천슈이볜의 시장 재임 기간 가장 큰 성과는 무엇보다도 부패 척결이었다. 당시 그는 타이베이를 깨끗한 도시로 만들겠다면서 부패와의 전쟁을 치렀고, 유흥업소에 대한 대대적인 단속에 들어갔다. 심지어 조폭들이 연관되어 있는 불법 도박장 및 퇴폐 업소 등을 완전히 소탕했다. 당연히 뒷골목 세력들의 뇌물 제의와 협박이 있었지만, 민주화 운동 때 산전수전 다 겪은 천수이볜에게 통할 리가 없었다. 단순히 유흥업과의 전쟁을 벌인 수준을 넘어 리덩후이와 절친한 기업가가 운영하던 음식점을 불법 건축물이라는 것을 확인한 다음 철거했고, 국민당이 운영하는 기업에 세금을 물리고 각 관공서에 걸려 있던 장제스의 초상화를 떼어내는 등 당시로는 파격적인 행정을 선보였다.

또한, 타이베이의 교통 체계를 개편해서 타이베이의 고질적인 문제였던 교통난도 어느 정도 해소하면서 좋은 평을 들었고, 차기 대권 주자로 주목할 정도로 인기가 좋았다. 하지만 1998년 선거 때는 51대 45로 패하면서 재선을 놓쳤다. 사실 1994년 지방 선거에서 천슈이볜이 당선된 것은 당시 현직이었던 국민당 후보가 워낙 지지율이 낮았고 국민당에서 갈라져 나온 신당 후보 자오샤오캉까지 가세하면서 표를 갈라먹는 등의 운이 따랐기 때문이었다. 1998년에는 표가 갈리지 않아서 6% 차로 패배했다. 원래 타이베이 등의 북부 지역은 국민당의 지지세가 강한 편이기도 했다. 다만 일각에서는 천수이볜에게 앙심을 품은 뒷골목 일당이 국민당과 내통했다는 설도 있다. 비록 재선에는 실패했지만 이때의 경험이 바탕이 되어 정치력 있는 유연한 정치인으로 거듭났다는 평을 받기도 했다.

타이베이 시장에서 낙선한 뒤에, 천수이볜은 민주진보당의 2000년 총통선거 후보로 거론되다가 마침내 출마했으나 당초에는 당선권에서 밀려난 상태였다. 이때의 판세를 보면 전무후무한 민선 타이완 성장을 지낸 무소속 쑹추위(宋楚瑜)가 독주했다. 쑹추위는 원래 국민당 소속이었으나 총통 후보를 놓고 갈등을 벌인 끝에 제명되어 무소속으로 출마했다. 그 밑으로 현직 부총통이자 국민당 후보였던 롄잔(連戰)과 민주진보당의 천수이볜이 2위를 두고 경합하는 상황이었다. 그런데 국민당의 이런저런 부패 스캔들을 놓고 롄잔과 쑹추위 간에 폭로전이 벌어지면서 쑹추위의 지지도가 하락했다. 이에 대해 일각에서는 당시 총통이자 국민당 주석이었던 리덩후이의 치밀한 각본이라는 설을 내놓았다. 실제로 리덩후이는 1994년 타이페이 시장 선거 때 국민당 출신 자오샤오캉(趙少康)이 신당 후보로 출마한 상황에서 국민당 소속 현직 시장 황다저우(黃大洲)가 이런저런 실책으로 당선권에서 멀어졌음에도 불구하고 아무런 조치 없이 수수방관한 끝에 기어이 천수이볜이 당선되는 것을 방조했다는 의혹을 샀다. 리덩후이는 퇴임 후 공식적으로 천수이볜과 같은 타이완 독립론자임을 밝혔다.

속내야 어찌되었건 1위 쑹추위의 지지도 하락이라는 그 틈을 놓치지 않고 청렴한 이미지를 내세워 몇몇 여론 조사에서 근소한 차이로 1위를 차지하는 상승세를 타게 되었다. 천슈이볜은 결국 국민당의 롄잔 후보를 밀어내고 역사상 처음으로 정권 교체를 이뤄냈다.

그는 2004년 총통 선거에서 재선에 성공한 뒤 '타이완 독립'을 강하게 추진하다 중국과 마찰을 겪었고, 미국과도 불편한 관계를 이어갔다. 천수이벤은 기존의 국민당이 주창했던 '하나의 중국' 원칙을 반대했고, 타이완의 독립을 주장했다. 이 때문에 중국 본토와 국민당 정치인들과 대립했다. 사실 천수이벤 총통은 초기에는 중국을 자극할 생각은 없었지만 중국 입장에서는 하나의 중국을 반대하는 천수이벤 총통이 눈엣가시이니 대륙과의 사이가 좋아지려야 좋아질 수가 없었다.

천수이벤이 집권하면서 2001년 닷컴버블 붕괴의 여파로 인한 전 세계적인 경기 침체로 사상 최초로 마이너스 성장을 기록하면서 한차례 몸살을 앓았던 바 있다. 2002년과 2003년에는 IT 버블의 충격에서 회복되면서 다시 경제가 성장하나 싶었지만 얼마 안 가서 삼성전자와 하이닉스, LG 디스플레이 등 한국 대기업들의 치킨 게임 공세에 타이완 IT 기업들이 속수무책으로 쓰러져 갔다. 타이완 중소기업들은 경쟁 대기업들이 경쟁 상품 가격을 내려버리는 치킨 게임을 시작하면 자본력이 딸리기 때문에 얼마 버티지 못한다. 이때 일본의 반도체 기업(엘피다 등)도 줄줄이 쓸려 나갔다. 자연히 타이완 경제는 침체했고, 2004년 1인당 국내 총생산이 대한민국에 역전당하게 되어 보수 언론들의 집중적인 공격을 받게 되었다. 대한민국이 타이완보다 인구가 많아서 국민 총생산이야 당연히 컸지만, 1인당 GDP는 2004년에 와서야 역전하게 되었다. 다만 2004년부터 2007년까지의 경제 성장률로만 본다면 이 당시 타이완의 경제 상태는 의외로 나쁘지는 않았다. 2004년에 6.5%, 2005년에 5.4%, 2006년에 5.6%, 2007년에 6.5%의 경제 성장률을 기록했기 때문에 사실 한국보다 경제 성장률은 높았다. 다만 문제는 경제 성장률 상승에도 임금 수준이 오르지 않고 부동산 가격이 상승해 주거비 부담이 커지면서 출산율이 급속히 떨어지는 일이 발생했다.

타이완 기업들이 싼 노동력을 찾아 본토로 옮겨가는 동안, 천수이벤 정권은 이런 변화에 대해 별다른 대응책을 마련하지 못했고, 그것 때문에 한국에 뒤처지게 되었다. 저임금 노동력 위주의 타이완 기업의 속성과 무모한 중국과의 적대 정책으로 중국의 경제 성장에 타이완을 동조시키지 못한 것이 큰 실책이었다. 반면, 한국과 일본은 중국 개방기 당시 싼 노동력을 확보하고자 중국 시장에 적극적으로 뛰어들었고, 중국 시장을 선점하는 데 성공했다. 물론 중국 정부의 중국 기업 편애나 지식 재산권 침해 같은 문제점 때문에 대중국 투자가 다시 줄어드는 추세이긴 했지만, 타이완 민진당 정부가 초창기 중국 시장의 엄청난 소비자들과 값싼 노동력을 활용하지 못한 점은 한국과 일본 산업계에 상대적으로 유리하게 작용했다. 그렇다고 반중을 명분으로 삼고 있는 천수이볜 정권이 중국 경제에 의존하는 것도 바람직하지는 않아 보인다. 결국, 천수이볜의 외교 정책은 애국심을 자극해 표를 결집하는 인기 몰이에 집착하고 명분에 치우쳐 경제적 실리를 놓치는 외교가 어떤 결과를 초래하는지 보여주는 대표적인 사례로 남았다.

천수이볜이 재선에 출마한 2004년 총통 선거 결과, 0.2%p 남짓한 그야말로 간발의 차이로 승리를 거두었다. 주요 방송국에서 시청률을 이유로 득표를 미리 추산해서 발표하는 사태 때문에 개표 초반에 국민당 후보가 앞서나가고 예측치가 실제 득표치보다 더 많이 나오는 막장 사태가 벌어졌다. 이 때문에 개표가 마무리되었을 즈음에는 롄잔과 국민당 쪽에서는 이의를 제기했고 이 때문에 타이완 대법원에서 재검표까지 갔다. 재검표 결과 표 차가 줄어들기는 했지만, 승부를 뒤집기에는 역부족이었다. 또한 '타이완 독립' 선언으로 인해 중화인민공화국과 전면전까지 갈 기세였지만 당시는 2000년대 초중반이라 중국의 군사력이나 국력이 일정 궤도에 오르기 전이어서 별 일 없이 지나갈 수 있었다. 롄잔 측은 타이베이를 비롯한 타이완 북부와 타이둥을 중심으로 한 동부에서 크게 이겼지만, 암살 미수 사건이 터진 타이난을 비롯한 남부 지역에서 크게 패하면서 결국 근소한 차이로 천수이볜이 당선되었다.

설상가상으로 2006년부터 천수이볜 본인과 뤼슈롄 부총통, 천수이볜의 부인인 우수전 여사의 부정부패 의혹이 제기되었다. 사실 천수이벤의 부패 의혹은 2000년 총통 선거 직후부터 계속되었다. 2000년 총통 선거가 끝나고 선거 비용을 정산하기 위해 타이완의 선관위에 제출한 자료에서 선거 비용이 지나치게 적었던 것이다. 2004년 총통 선거에서도 경쟁자였던 롄잔의 선거 비용에 비해 천수이벤의 선거 비용은 절반 정도로 보고되었고, 이에 따라 선거 자금을 유용한 것이 아니냐는 의혹이 지속적으로 제기되었다. 결국 2008년 국민당으로 정권이 교체되어 총통직 퇴임 후 불기소 특권이 사라지자마자 출국 제한 조치가 취해지고 공금 유용과 돈세탁 혐의로 검찰에 체포되었다. 이에 천수이벤은 정치 수사라며 강력 반발하는 한편 단식쇼를 벌일 정도로 완강하게 저항했으나 증거가 명백했다. 게다가 본인의 아들과 며느리가 법원에서 천수이벤 부부의 불법 행위를 증언하면서 부모의 죄를 용서해달라고 비는 사태가 벌어졌다. 결국 재판을 앞두고 "2000년과 2004년 선거 자금을 모금하여 합법적이지 않은 방법으로 사용했다. 하지만 나(천수이벤)의 부귀를 위해 사용하지는 않았다"라며 공금 유용을 인정했다. 이 사건으로 민진당은 대충격에 빠졌고 지지율이 떨어졌으며 차이잉원이 구원 투수로 당 대표에 오르는 계기가 되었다.

2007년, 총선을 앞두고 한 집회에서 천수이벤은 국민당 견제를 위해 공개적으로 계엄령을 고려하겠다고 말했다가 국민당은 말할 것도 없고 민진당에서도 경악했다. 결국 그는 "계엄령을 실시할 계획이 없다"고 입장을 바꾸며 한 발 물러난 바가 있다. 사실 타이완은 장제스, 장징궈 부자가 집권한 1949년부터 1987년까지 무려 38년 동안 계엄령이 선포된 국가였던 만큼 국민들이 경악한 것은 지극히 당연한 일이었다. 더 충격적인 것은 전직 민주화 운동가가 이런 말을 했다는 것이다.

"천수이벤 총통의 부정부패 의혹은 집권 당시부터 있었던 것이었고, 돈세탁 액수도 엄청나다. 재판 시 밝혀진 것만 10억 타이완 달러(약 330억 원)에 달한다."

아울러 타이완은 부정부패에 관한 처벌의 강도가 높은 편이다. 그것은 장제스가 국민당이 국공 내전에서 패퇴한 원인 중 하나가 부패에 있었다고 보고 부패를 엄벌에 처하도록 했던 영향이 지금까지 남아 있기 때문이며, 그래서 부정부패와 관련된 범죄는 형량이 높았다.

천수이볜은 이 의혹에 대해 마잉주의 정치적 보복이라고 주장하며 부인과 함께 민진당을 탈당했다. 2009년 천수이볜은 무기 징역과 2억 달러의 벌금을 선고받았으며, 3심에서는 징역 19년이 선고되었다. 그는 감옥에서 《대만의 십자가(臺灣的十字架)》, 《막을 수 없는 목소리(關不住的聲音)》, 《1.86평의 총통부(1.86坪的總統府)》라는 책을 발간했다.

한국의 노무현 전 대통령이 2009년 스스로 세상을 떠났다는 소식이 전해지자 천수이볜은 "나는 그런 선택을 하지 않을 것이며 꼭 살아서 교도소를 나가겠다."는 발언을 했다고 한다. 천수이볜 하면 수갑 찬 사진이 떠오를 정도로 민주화 운동과 부패 척결의 상징이었던 그의 이미지는 나락까지 떨어졌고, 인격적 모욕감에 가족들까지 수모를 겪자 천수이볜은 정신 질환을 앓았고, 자살을 3차례나 시도했다고 한다. 2015년 타이중 교도소에서 복역 중 장기 치료가 필요하다는 의료진의 의견에 따라 현재까지 치료 명목으로 가석방되어 있다.

2016년 차이잉원의 민진당이 정권을 다시 가져오자 신정부 여권의 선배 격인 천수이볜의 특별 사면 논의가 여러 차례 나왔다. 하지만 그때마다 흐지부지되어 천수이볜은 사면되지 못했다. 이유야 여러 가지가 있겠지만, 가장 큰 이유는 천수이볜 본인의 범죄가 너무 확실해서라고 한다. 돈 세탁 및 공금 유용, 선거 비용 착복 등을 저질렀다고 본인 입으로 말했으니 사면의 정당성을 확보하기 어려운 상황이 되었다. 차이잉원이 특별 사면을 못한 이유도 천수이볜이 저지른 범죄의 죄질이 좋지 않아서였다. 차이잉원은 여전히 그에 대해서 달갑지 않은 듯 편법으로 사면 논의를 부결시켰다. 물론 법원의 확정 판결이 있었고, 재판 중에 그가 혐의를 시인하는 듯한 태도를 보인 것도 있지만, 여전히 천수이볜 본인은 자기가 무죄라고 주장하고 있다.

전체적으로 보자면 천수이볜 정권은 실패한 정권이라고 보아야 한다. 의회에서 과반을 차지하지 못했다는 점 때문에 민진당이 실현하지 못한 일도 적지 않았다. 그럼에도 불구하고 천수이볜 정부는 정치 개혁을 추진하면서 비민주주의적이거나 권위주의적인 조항을 폐지하고, 국민 대회도 사실상 폐지했으며, 입법원 선거 제도도 중선거구제에서 소선거구제로 개편했다. 더 나아가 225명이었던 의원 수를 절반인 113명으로 감축했다. 또한 임기 2기 중에 대만화 정책을 실현하면서 여러 기관의 이름에서 중국을 떼고 타이완으로 바꾸었고, 개혁 정치의 연장선상으로 타이완 본성인들 입장에서 눈엣가시였던 장제스를 기리는 중정기념당의 이름을 타이완 민주기념관으로 바꾸고 타이완 민주화 운동 관련 자료를 전시했다. 다만 마잉주가 집권하고 바로 다시 중정기념당으로 바꾸었다.

사회 보장 측면에서도 천수이볜 정부는 의료 보험, 국민연금, 고용 보험의 보장성 강화 등 사회 안전망 강화에 힘썼으며, 성 소수자 인권을 포함한 성평등 교육 과정을 신설해 훗날 타이완이 아시아에서 가장 성 소수자 친화적인 국가로 변모하는 데 기여한 업적도 있다.

한편, 천수이볜은 중국과의 관계에서 중화인민공화국 정부의 역린이라 할 수 있는 타이완 독립을 대놓고 추진했기 때문에 중국 정부의 반감을 샀다. 중국 정부는 그를 한간(漢奸)이라는 별칭으로 부르는데, 이것은 한국에서 이완용에게 붙이는 '매국노'라는 표현과 같은 표현이다. 그에 대한 비판은 국민당 지지자들에게서도 일어났다. 심지어 타이완 독립파들 내부에서도 그를 싫어했다. 부패와 정책 실패, 온갖 헛소리를 늘어놓다가 결국 국민당에 정권을 넘겨주는 것과 다름 없는 행동을 했기 때문이다. 결국 대륙 정부, 국민당 지지자, 타이완 독립파 모두에게 미움을 받게 되었다. 이런 천슈이볜의 행적 때문에 민진당의 지지율은 추락했고, 반사 이익을 얻은 국민당 소속의 마잉주가 총통으로 당선되었다. 이는 어쩌면 당연한 일이었다.

마잉주는 천수이볜과 같은 1950년생이며 국민당 소속으로 12, 13대 총통을 지냈다. 그는 본토인 구룡반도 태생으로 장징궈 이후 유일한 외성인 총통이다. 부모님은 모두 후난성 출신의 국민 당원으로 한족의 한 갈래인 객가인 출신이며, 후난성에 외가 쪽 친척이 아직도 살고 있다고 한다. 가톨릭 신자인 한족 기독교인으로 역대 타이완, 특히 국민당의 지도자들의 전통을 이어 받았다. 본래 국민당은 출범 당시부터 기독교인들이 주축이었고, 타이완에서 국민당의 강력한 지지층이었던 외성인들도 상당수가 기독교인이었다. 중화민국 건국자로 신해혁명을 한 쑨원이나 국부천대의 1세대 지도자인 장제스 등도 기독교인이었다. 반면 본성인들은 기독교를 기득권 종교라며 외면하고 전통 도교에 대한 신심이 더 강해서 기독교인이 적었다.

12~13대 총통 마잉주

마잉주의 아버지는 마잉주를 총통으로 만들겠다며 어렸을 때부터 경전을 읽게 하는 등 엄격한 훈육을 했고, 이후 국립 대만 대학 법학과를 졸업하는 등 엘리트 코스를 거쳤다. 학부 과정을 마치고 중화민국 해군 보급 소위로 임관해 해군육전대(해병대)의 병참 기지에서 군복무를 했으며, 1년 10개월 복무 후에 소위로 전역했다. 전역한 이후에는 뉴욕 대학교 법학 대학원에서 법학 석사 학위를, 하버드 대학교 법학 대학원에서 법률학 박사 학위를 받았다.

1980년대에 정치에 입문하기 시작해서 총통부 제1부 국장으로 있었고, 국민당 중앙위원회 부비서로 있었으며, 법무부 부장으로도 있었다. 하버드 박사 출신인 만큼 영어를 매우 잘해서 장징궈 총통의 통역 비서로도 활동했다. 역대 총통 중에서 표준 중국어 발음과 문법 구조를 제일 유창하게 잘 구사하는 사람이라는 평을 들었다. 마잉주는 객가인으로, 광동어를 쓰는 지역(홍콩)에서 후난성 출신 부모에게 태어났고 대만어를 쓰는 지역에서 자라났다. 표준 중국어 교육을 체계적으로 잘 받았기 때문에 잘하는 것이라고 한다. 역대 총통 장제스, 장징궈, 리덩후이, 천수이볜, 차이잉원 모두 중국어를 마잉주만큼 유창하게 하지 못했다.

마잉주는 재임 당시 중국과의 양안 관련 행사에서 중화민국 국기인 청천백일만지홍기의 사용을 금지하고, 경찰을 동원하여 국기를 철거하거나 압수해서 '중국 눈치 보기'라는 비판을 받았다. 특히 마잉주가 타이베이 시장 재임 시절인 2001년 중국이 참가한 아시아 여자 축구 경기에서 경찰을 동원하여 관중들이 들고 있던 국기를 압수한 사건은 대표적인 사례이다.

마잉주는 1998년 선거에서 현직이던 천수이볜을 이기고 타이베이 시장이 되었다. 이후 2002년에 재선되어 2006년까지 타이베이 시장직에 있었다. 시장 재임 중 자매 도시 시장 자격으로 서울을 두 차례 방문해서 고건, 이명박 당시 시장과 회동한 바 있다. 2001년 국민당 당대회에서 중앙위원회 위원에 선출되었고 2003년 국민당 부주석에 선출되었다. 타이베이 시장 재임 중이던 2005년에는 중국 국민당 주석 선거에 출마해 왕진핑 입법원장을 누르고 당선됐다. 당선 즉시 마잉주는 3불 정책(양안 통일, 타이완 독립, 무력 사용 모두를 하지 않겠다)을 내걸고 당선되어 민주진보당 지지층도 상당수 흡수했다. 그리고 급진적 타이완 독립운동을 전면에 내걸고 대륙과 마찰을 빚던 천수이볜 총통을 압박했다. 당시 민진당은, 마잉주가 타이완인이 아니라 홍콩인이라는 식의 저급한 마타도어를 꺼내 들었다가 비난을 많이 받았다. 마잉주는 천수이볜의 실정에 힘입어 2008년 타이완 총통 선거에서 전직 가오슝 시장인 민주진보당 셰창팅 후보에게 이겨 총통에 당선되었다.

선거 4개월 전에 대한민국 대통령 선거에서 서울 시장 출신 이명박이 당선되자 마잉주는 이명박의 747 공약을 벤치마킹하여 633 정책(연 경제 성장률 6%, 1인당 국민 소득 3만 달러, 실업률 3% 이하 달성)을 내세워서 인기를 얻었다. 이에 질세라 셰창팅(謝長廷)은 가오슝 시장 시절 환경 오염이 극심하던 아이허(愛河)를 환경 친화적인 관광 명소로 만든 것을 주지시키며, 선거 운동에 청계천을 내세운 이명박의 사례를 적극 활용했다. 이들은 서로 자신이 타이완의 이명박이라며 선거 운동을 하기도 했다.

마잉주는 타이완 총통에 당선되고 나서 중국 대륙과의 양안 관계를 개선시키려 노력했다. 중국과의 양안경제협력구조협의(ECFA)를 발효시키고, 중국과의 평화 협정도 검토하는 등 여러 가지 양안 개선책을 내놓기도 했다. 문제는, 이런 와중에 타이완 경제가 중국 경제에 의존성이 심화되고 있다는 것이었다. 이런 상황을 해소해 보고자 일본과 자유 무역 협정을 시도하고 환태평양 경제 동반자 협정인 TPP 가입도 시도했다.

마잉주 1기에는 천수이볜 정부에서 시행된 소삼통(小三通)을 확대하여 대삼통(大三通) 시대가 열렸다. 양안 간에 아예 이민을 가서 살 수 있게 됨에 따라 타이완 기업가들이 중국으로 더 많이 뛰어들고 중국 노동자와 중산층도 이때부터 본격적으로 타이완에 유입되기 시작했다. 이에 따라 타이완 부동산 가격이 갑자기 폭등(연 20% 이상)하기 시작했다. 이에 따라 2010년 타이완 경제 성장률이 10.6%를 기록하며 정부와 지자체들의 세수가 급증해 즐거운 비명을 질렀다.

마잉주는 중화민국의 정통성에 대해서는 단호하게 처신했다. 천수이볜과 마잉주는 이런 면에서 대조적이면서도 근본적으로 서로 닮은 통치 행태를 보였다. 천수이볜은 중국인이라는 정체성이 없고 오로지 타이완인이라는 정체성을 가진 것에 반해 마잉주는 자신이 중국인이라는 정체성이 강했다. 하지만 타이완 독립 찬성파와 반대파의 눈치를 보느라 서로 자신의 정체성을 통치 중 대놓고 언급은 못했던 것이다. 천수이볜은 집권기에 독립을 선언하거나 타이완과 관련 없는 중화민국의 공휴일을 평일로 바꿔놓지도 못했다. 마잉주 역시 '중국'이 아닌 '타이완'을 강조할 수밖에 없는 입장이었다. 한창 타이완 독립론 때문에 양안 간 긴장이 심했던 2006년, 국민당 주석이었던 마잉주는 "하나의 중국이란 바로 중화민국이다. (대륙 정부는) 중화민국이 필요한가, 아니면 타이완 공화국이 필요한가?"라는 발언을 하면서 하나의 중국 정책을 놓고 국민당과 협력을 강화하려던 대륙 정부의 전략에 혼선을 일으키기도 했다.

정치적 실책과 정체성 논란으로 마잉주는 2012년에 실시된 총통 선거에서 민주진보당 차이잉원 후보와 친민당 쑹추위 후보의 추격을 받으며 재선 여부가 불투명해졌으나 선거 막판 양안 관계가 쟁점으로 떠오르면서 상당한 표차로 재선에 성공했다.

총통 선거 이후 마잉주에 대해서는 대한민국에서 별로 보도되지 않았다. 그러다가 일본이 독도 문제를 국제 사법 재판소에 제소하겠다고 하자 "그럼 댜오위다오 문제도 같이 국제 사법 재판소로 가져가는 게 어때?"라고 일본에 일침을 날려 타이완 내부와 일부 한국 언론에서 호의적으로 보도된 바도 있다. 그러나 이는 실제 제소 의도가 아니라 가능성을 언급한 수준이었다.

마잉주 2기는 1기 때 시행한 대삼통의 후폭풍이 본격적으로 나타나기 시작했다. 양안 간 이민이 무제한 허용되어 타이완의 부동산 가격이 버티기 힘든 수준으로 뛰어버린 것이다. 중국인들의 급속한 타이완 부동산 잠식으로 타이완의 부동산 가격(아파트 평당가)은 한국보다 30% 넘게 비싸져버렸다. 이에 타이완 국민 소득 대비 집값이 15배 이상으로 뛰면서(홍콩은 18배 수준) 타이완인들 사이에서는 마잉주 총통의 지나친 양안 친화 정책을 비판하는 목소리가 강해지기 시작했다. 중국과의 관계만 신경 쓰다가 타이완 내부의 경제, 그것도 부동산 문제를 야기했기 때문이다. 타이완의 부동산 가격을 띄워주는 중국인들로 인해 정부와 지자체는 여전히 늘어나는 세수에 환호성을 지르고 있었지만, 이 즐거운 비명 뒤에는 타이완인들의 좌절의 비명이 있었다. 이 때문에 부동산 문제가 이슈가 된 2013년부터 마잉주 총통의 지지율은 수직 낙하하기 시작했다. 게다가 2014년 들어서 타이완 검찰의 국회 도청 파문으로 지지율이 하락했다. 특히 마잉주의 친중(親中) 정책에 반발하는 대학생들이 입법원을 점거하는 해바라기 운동도 벌어졌다. 3월에는 야당인 민진당에서 탄핵을 거론하는 등 정치적 위기를 맞게 되었다.

2015년 싱가포르에서 시진핑 국가 주석과 역사적인 양안 정상 회담을 가졌다. 국공 내전으로 본토의 중화인민공화국, 타이완의 중화민국이 서로 분단된 지 66년 만에 중화민국 총통과 중화인민공화국 주석이 한자리에서 회동한 것이어서 전 세계의 이목을 집중시켰다. 이 자리에서 마잉주와 시진핑은 '하나의 중국' 원칙을 재확인했다. 이는 다음 집권이 유력한 민진당의 차이잉원이 쉽게 타이완 독립을 선언하지 못하도록 마련한 쐐기나 안전판이라는 이야기가 많았다. 중국 측은 타이완 측의 여러 요구에도 국민당 주석, 공산당 총서기 자격이 아닌 양국 지도자 자격으로 만나는 것을 거부해왔으나 결국 타이완의 요구를 전격 수용해서 만났다. 이로써 중국은 하나의 중국 원칙을 다시금 인정받는 대신 타이완의 지위를 중국과 비슷한 수준까지 올려주는 양보를 하게 되었다.

다만 마잉주는 시진핑 앞에서는 '92 공식'에 관하여 입도 뻥긋하지 못하다가 중국 사람들을 다 내보내고 나서 타이완 기자들을 대상으로 한 기자회견에서야 '하나의 중국'을 각자 주장하자고 했다는 입장을 밝혔다. '92 공식(共識)'이란 1992년에 양안(兩岸)이 합의한 "하나의 중국이라는 합의에 동의하되 그 해석은 각자 나름대로 할 수 있다"는 것이다. 퇴임 이후에도 마잉주는 나름대로의 업적인 정상 회담 얘기가 나오면 민감한 반응을 보였다. 결과적으로는 2016년 치러진 제14대 타이완 정부 총통 선거에서 반대당인 민진당의 차이잉원이 승리하면서 정권이 교체되었다.

언론과의 마지막 회견에서 자신의 8년 재임 기간 중국과의 관계 개선, 무비자 입국 증가를 통한 실질적 외교 활로 확대 등의 실적을 강조하며 과거의 어느 총통들도 거두지 못했던 일들이라고 역설했다. 퇴임 이후에는 페이스북을 통해서 현안에 대한 제한적인 입장만 전달하며 언론 노출은 극히 삼가고 있다. 다만 2018년 타이완의 첫 일본군 위안부 소녀상 제막식에 참석해 "일본 정부가 위안부에게 반드시 정식 사과를 하고 배상해야 한다"라고 말했다.

2018년 지방 선거를 앞두고 시진핑과의 양안 정상 회담 3주년을 맞아 마잉주 재단이 대만 대학교에서 개최한 정책 세미나에서 '92 공식' 수용을 주장하며 "통일을 배척하지 않는다"라고 말했다. 이는 자칫 중국 방식의 통일을 수용하자는 해석이 가능해서 논란이 커지기도 했다. 특히 본인이 총통 재임 시절에는 독립과 통일을 모두 반대했는데, 이제 와서 중국과의 통일 가능성을 인정하는 입장을 나타낸 것이라는 점에서도 논란 거리가 되었다.

그 후 강연에서 양안 전쟁이 발발할 경우 미국이 개입하기 전에 끝난다는 발언을 해 전직 총통이 군과 국민들의 사기를 해친다는 비판을 받았으며, 동시에 그는 차이잉원 후임 총통의 친미 노선이 타이완을 위험에 빠뜨리고 있다며 비판하기도 했다.

2023년에는 타이완 총통들 중 최초로 중국 본토를 방문했다. 방문 시 자국(타이완) 항공사가 아닌 중국의 국영 항공사인 중국 국제 항공 여객기를 이용했다. 이어 2024년의 제16대 대만 정부 총통 선거 직전에 양안 관계 개선을 위해 시진핑을 믿어야 한다는 발언을 하여 논란을 자초했다. 결국 이 발언은 국민당의 허우유이가 민진당의 라이칭더에게 패배하는 큰 이유가 되었다.

차이잉원[蔡英文]은 2016년 총통에 취임하여 천수이볜의 당선 이후 8년 만에 두 번째 민주진보당 정권을 탄생시켰으며, 2020년 재선에 성공했다. 그는 1956년생으로 타이베이시 중산구 출신이다. 세 번째 본성인과 타이완 원주민 출신 총통이자 최초의 여성 총통이고, 측천무후 이후로 1,400년 만에 등장한 중국사의 여성 국가 원수이기도 했다. 싱가포르뿐만 아니라 홍콩 및 마카오의 역대 총독, 행정 장관 역시 차이잉원 이전에 여성인 경우가 없었다. 중국어 위키백과에 따르면 출생 시 호적에 올린 이름은 채영문(蔡瀛文)이었고 족보에도 그렇게 올라 있다고 한다. 하지만 돌림자인 영(瀛)의 획수가 너무 많아 발음이 같은 영(英)으로 고쳐 호적상 이름은 영문(英文)이 되었다고 한다. 이름은 英文(영문/English)인데 고등학교 때는 영어 성적이 좋지 않아 놀림을 받았다고 하며, 대학 학부 시절에 영어 공부를 열심히 하여 미국과 영국에서 유학을 할 만큼 영어를 잘 구사했다고 한다. 차이잉원 저서 《보통 사람의 특별한 인생》에 의하면 유학 당시 중국어를 쓸 기회가 거의 없었기 때문에 유학 후에 돌아와서 보

14~15대 총통 차이잉원

니 주변 사람들이 자신의 중국어를 매우 어색하게 들을 정도였다고 한다. 그녀의 이름이 영문이기 때문에 영어와 관련한 농담들이 많이 돌곤 했는데, 영어 공용어화 법안을 통과시킨 것이 이름이 영문이라서 그런 것이라는 식의 농담이 도는 것이 대표적인 예다. 단발의 안경을 쓴 여성이라는 이미지 때문에 대체로 지적인 이미지가 강한 반면, 대중 친화력은 좀 약하다.

의외로 과거에는 중국 정통론자로 보이는 발언을 하기도 했다. 2000년 대륙위원회 위원 당시 아직 민진당에 소속되지 않았던 시절에 스스로를 중국인이라고 말하며 한술 더 떠서 양안 통일은 역사의 필연이라는 발언까지 한 적이 있었다. 물론 여기서 '중국'이란 중화인민공화국이 아닌 중화민국을 말한다. 그 후 민진당 소속이 되면서 양안 통일과는 한참 거리를 두었지만 '타이완은 이미 중화민국이라는 이름의 독립국'이라고 발언하며 타이완 독립은 지지하지 않고 중화민국 쪽을 선호하는 모습을 보였다. 타이완 독립운동의 컨트롤 타워 역할을 하는 범록연맹이지만, 정작 그 수장격인 차이잉원 총통은 타이완 독립운동이 아니라 두 개의 중국을 지지하는 성향에 가까웠다. 그 때문에 타이완 독립운동의 색이 오히려 옅어져 정말 극단적인 독립론자 중 일부는 차이잉원 총통을 비난하며 지지를 철회하는 모습을 보이기도 했다. 그러나 그 반대 급부로 양안 관계에서 현상 유지를 선호하는 대부분의 중도층의 지지를 끌어모을 수 있었으며, 중화 정체성을 가지고 있는 해외 화교들에게도 민진당 소속 정치인으로서는 드물게 어느 정도 지지를 얻기도 했다.

차이잉원은 나이에 비해서 상당히 동안이다. 중화민국 첫 여성 총통이면서 첫 미혼 총통인 점, 총통직 이전에 여당 대표를 지냈다는 점에서 박근혜와 비슷하다. 동성 결혼을 용인하는 대법원 판결에 대해 "진정한 평등을 위한 큰 진전"이라면서 "오늘 타이완이 스스로 자랑스러워할 만한 날"이라고 평가하기도 했다.

또한, 임기 중인 2019년부터 중화민국의 공용어에 영어가 추가되었다. 라이칭더 행정 원장의 주도로 2018년 입법원에서 영어 공용화 법안을 통과시켰다. 이에 따라 타이완의 학교에서는 표준 중국어와 영어를 공용어 과목으로 배우고 대만어는 지역별 공용어로 배우게 되었다. 이것은 반중적인 제스처로 보이며 영어 공용화를 반대하는 국민당이 재집권하면 이 정책은 폐기될 것으로 보인다. 이미 이 문제에 대해서 전 총통이자 하버드에서 공부해 영어에 능통한 마잉주는 "전혀 실익이 없다"며 강력히 비판한 바 있다. 사실 영어 조기 교육은 민족주의적 문제보다도 사교육비 증가 등의 여러 문제가 많기 때문에 마잉주 시절 한 번 금지된 바 있었다.

차이잉원 총통은 양안 관계에 대해 반드시 지켜나가야 할 4가지와 3개 보호망 구축 의견을 제시했다. 중국이 지켜야 한다는 4개 '필수(必須) 항목'에는, 중화민국 타이완이 존재한다는 사실을 인정해야 하며, 2천3백만 타이완 국민의 자유 민주에 대한 신념을 존중해야 한다는 등의 항목이 있다. 3개 보호망은 '민생 안전', '정보 안전', '민주'를 지켜야 한다는 것이다. 돌려말하긴 했지만, 이는 기존의 탈중국 정책을 지속하겠다는 것이다.

시진핑이 "타이완이 독립을 추구한다면 전쟁도 불사하겠다"며 위협하자 국제 사회에 타이완의 민주주의를 지킬 수 있게 해달라고 지원을 호소하기도 했다. 그녀는 노골적으로 중국 본토와 대립각을 세우면서 지지층 결집에 성공했다. 한때 민진당 주석직을 사퇴하여 재선을 단념하는가 했지만, 다시 재선 의지를 강력하게 피력하여 민진당 내에서조차 반발이 일어났다. 그러나 결과적으로는 재선에 성공했다.

2019년에는 TPP 가입을 위해 일본과 양자 협상을 공식적으로 시작했다. 당시 아베 신조 일본 총리는, 타이완의 TPP 가입을 강력히 지지한다고 선언했다. 그녀는 산케이 신문과의 인터뷰에서 "중국의 위협이 강해지는 것을 고려해 안전 보장 문제와 사이버 공격에 대해 일본 정부와 대화하고 싶다"고 밝히고 국가안전고위급회의에 참석하여 '일국양제' 동일론을 정면으로 거부하고 독자 노선을 재천명하고 나섰다.

톈안먼 항쟁 30주년을 맞아 차이잉원은 자신의 페이스북에 중국은 민주화 운동 활동가들에 대한 탄압과 관련해 아직도 진실을 은폐하고 있다고 강하게 비판했다. 이에 반중을 강화하는 미국에서 타이완에 드디어 신무기(한화 약 2조 원대)를 제공할 용의를 밝혔다. 차이 총통은 자신의 페이스북에서 북미사무협조위원회(주미 대만 대표부 격)가 대만미국사무위원회로 이름을 바꾸었다는 소식을 알렸다. 거의 미-대 재수교에 가까워진 상황이 되자 미국 국방부에서 타이완을 국민 국가로 격상했다. 이 사안의 특이점은 트럼프-김정은 간 하노이 회담을 펑크냈던 존 볼턴 국가 안보 보좌관이 데이비드 리 타이완 안보위원회 사무총장과 면담한 직후에 나왔다는 점이다. 즉 존 볼턴이 해당 정책을 추진했다는 것을 알 수 있다. 미국이 공식적으로 '하나의 중국' 원칙을 폐기한 것이다. 게다가 국방부 발간 인도-태평양 보고서에서 타이완을 비롯한 싱가포르, 뉴질랜드, 몽골 등의 국가를 방위 계획에 포함한 사실도 공개되었다.

차이잉원은 2019년 제15대 타이완 정부 총통 선거 민주진보당 후보 경선에서 승리했다. 원래는 라이칭더 전 행정 원장에게 밀릴 것으로 전망되었지만 예상을 뒤엎고 역전한 것이었다. 2020년, 제15대 타이완 정부 총통 선거와 제10대 타이완 입법위원 선거를 앞둔 2019년 홍콩 범죄인 인도법 반대 시위가 격화하면서 타이완에서도 독립 성향이 강한 민주진보당 차이잉원 총통의 지지율이 올라갔다. 그러자 중국 공산당에서는 마잉주 총통 시절 체결한 '양안 경제 협력 기본 협정'인 ECFA를 폐기하는 것을 검토하고 있다며, 이 조치가 정말 시행되면 타이완에 치명적인 영향을 끼칠 것이라고 경고했다. 그러나 차이잉원은 무난히 재선에 성공했다. 그 때문에 차이잉원의 재선에 대해서는 중국 공산당의 실책이라는 평이 많다. 2019년까지 차이잉원은 정책상의 실정을 거듭한 끝에 불신임안까지 상정되면서 재선에 실패할 것으로 점쳐졌으나 시진핑의 패권주의가 심해지는 호기를 틈타 미중 무역 전쟁, 한일 무역 분쟁, 홍콩 민주화 운동 등을 교묘히 이용해 미국, 일본, 홍콩 시위대 등을 타이완의 진영으로 끌어들여 정치적으로 재기했다.

차이잉원 정부는, 미-중 패권 경쟁에서 미국 진영에 합류해 타이완의 무장화와 방위를 보장받고, 한일 무역 갈등 사이에서 한일 관광객들을 타이완으로 오게 했으며, 동시에 홍콩 민주화 운동을 적극 지지해 홍콩 민주화 세력의 환호를 받는 등 갖가지 수로 시진핑과 공산당을 괴롭히는 작전에 성공했다. 당시 반중(反中) 성향의 국가들인 미국의 마이크 폼페이오 국무장관, 홍콩의 조슈아 창, 일본의 모테기 도시미쓰 외무상이 차이잉원의 재선을 축하한다는 메시지를 보낼 정도였다.

재선 이후 차이잉원은 미국《타임(TIME)》과의 인터뷰에서 중국이 경제력을 이용하여 국제 사회를 장악하고자 하는 야심이 있으며, 실제 각종 정치적 관철 시도도 확대되고 있어 이를 경계해야 한다고 주장했다. 단교 문제에 대해선 이미 타이완은 세계 주요국과 공통 인식 및 협력 관계를 유지하고 있으니 크게 문제삼지 않는 듯한 발언을 했다. 다만, 남은 수교국들에게 중국의 경제적 유혹에 넘어가지는 않아야 할 것이라며 간접적 경고 메시지를 남겼다.

차이 총통은 2018년 미중(美中) 패권 경쟁이 시작되자 재빨리 미국의 진영에 합류하는 결정을 내려 미국으로부터 타이완의 군사력을 지원하는 국방 수권법과 타이페이 독립 법안 등의 정치적 성과를 이루어냈다. 또한 타이완에 방어용 무기만 제공하던 미 행정부로부터 에어브람스 전차나 스팅어 미사일, F-16V 전투기 등의 공격형 무기들을 받아내고 군비 증강의 토대를 마련하며 중국의 압박에 맞서기도 했다. 게다가 코로나 바이러스 사태를 조기에 잡으며 타이완의 국제적인 이미지까지 상승시키는 등 국제적으로나 내부에서 엉망이던 타이완을 잘 정비시키고 다시 타이완을 발전시키고 있다는 평을 들었다.

코비드-19가 전 세계로 확산된 상황에서 차이잉원 정부는 타이완과 수교하고 있는 15개국, 동맹국인 미국과 우호적인 관계를 맺고 있는 유럽을 상대로 일명 '방역 외교'를 펼쳤다. 마스크를 무료로 배급하거나 백신 공동 개발을 제안해 국제적으로 이미지가 나빠진 중국의 영향에서 벗어나려 했으며, 동시에 국제적인 영향력을 회복해 무기를 수입하고 수교국을 유지하려는 정책을 펼쳤다. 미국은 이에 대해 안전보장회의에서 미국에 유행하고 있는 코비드-19를 상대하는 데 도움을 준 타이완의 성의에 감사하다는 성명을 발표했다. 타이완과 수교하고 있는 15개국 정상들 역시 타이완 정부만이 코비드-19 억제를 위해 전문가와 마스크 의료 장비를 보내주었다고 밝히며 타이완 정부에 대해 감사하다는 성명을 발표했다. 이러한 영향인지 미 행정부는 코로나 바이러스를 해결한 타이완을 WHO 정식 회원국으로 인정하라며 WHO를 압박하는 등 더욱 타이완에게 힘을 실어주었다. 또한 중국이 자신들이 퍼트린 바이러스 확산 사고에 대해서 사과하지 않는다며 이는 대국의 자세가 아니며 오히려 자신들이 저지른 사고가 아님에도 적극적으로 국제 사회를 돕고 있는 타이완이야 말로 대국이라며 중국을 우회적으로 비판하기도 했다. 차이잉원은 이와 관련해 "약함을 보이고 뒤로 물러난다고 해서 평화가 오는 것은 아니다. 굳건한 방위 의지와 실력을 갖춰야만 타이완의 안보를 보장하고 지역의 평화를 수호할 수 있다"고 밝혔다.

이러한 인식은 군사 안보 측면에서도 구체적인 정책으로 이어졌다. 미국 정부는 중국 본토를 타격할 수 있는 공대지 미사일과 하푼 미사일 방어 시스템을 타이완에 판매하는 것을 승인했고, 이에 타이완 정부는 감사함을 표명했다. 공대지 미사일은 타이완 공군이 보유한 F-16 전투기에 부착할 것이며 하푼 미사일 방어 시스템은 최전선인 펑후 열도와 마쭈 열도에 배치한다고 밝혔다. 2021년 차이잉원 총통은 "양안 관계와 관련해 우리는 무리하게 추진하지 않고, 원칙을 고수할 것이라면서 대등·존엄의 원칙하에 의미 있는 대화를 추진하려 한다"고 밝혔다.

2024년, 총통으로서의 마지막 연설에서 차이잉원은 갈수록 군사적 위협을 강화하는 중국에 대해 양안 교류를 회복하고 함께 평화 공존의 길을 찾아 나가자고 촉구하기도 했다. 같은 해 1월에는 총통 후보 라이칭더(賴淸德)와 부총통 후보 샤오메이친(蕭美琴) 후보와 함께 총통 선거 광고에 출연했다. 광고 초반에는 본인이 직접 운전하다가 이후 라이칭더와 샤오메이친

두 사람에게 운전석을 넘겨주며 차에서 내리는 모습으로 구성되었다. 2주 후인 1월 13일, 총통 선거에서 부총통이던 라이칭더가 당선되었다. 이로써 차이잉원은 타이완 민주화 이후 처음으로 같은 당 출신의 총통에게 권력을 이양하며 무사히 재선 임기를 마칠 수 있게 되었다. 그녀는 라이칭더의 당선이 확정된 후 민진당 당사 앞에서 열린 지지자들과의 자축 집회에도 참석해 기쁨을 함께 나누었다. 라이칭더 총통 취임식에 참석하는 것을 마지막으로 총통으로서의 일정을 마무리하고 퇴임했다.

2024년 치러진 타이완 총통 선거에서 반(反)중국 성향이자 집권 여당인 민주진보당 라이칭더(賴淸德, 65세) 후보가 승리했다. 타이완 총통 선거는 '슈퍼 선거의 해' 주요국 첫 선거이자 미국과 중국의 대리전 성격이라 전 세계의 관심을 모았다. 친중국 성향 제1 야당인 국민당 허우유가(侯友宜, 63세) 후보는 선거 과정에서 양안 관계 안정화를 강조했지만, 타이완 유권자들을 친중 성향으로 정권 교체 시 중국의 영향력이 커질 수 있다는 점을 우려하며 라이 후보의 손을 들어준 것으로 보인다. 라이 후보가 당선되면서 타이완에서 2000년 이후 계속 이어져 온 '정권 교체 8년 주기설'이 깨졌다. 국민당이 장기 집권해 온 타이완은 2000년 국민당에서 민진당으로 첫 정권 교체가 이루어진 이후 민진당과 국민당이 8년씩 번갈아가면서 집권했다. 하지만 이번에 라이 후보가 당선되면서 민진당은 차이잉원(蔡英文) 총통 8년에 이어 이번에 4년을 더해 12년 집권에 성공하게 되었다.

라이 총통이 집권 이후 중국과 '거리두기'에 나서며 '타이완 독립' 기조를 내세울 경우 양안 관계는 격랑에 휩싸일 것으로 보인다. 라이 당선인은 '중국이 가장 싫어하는 타이완 여성 정치인'으로 꼽히는 차이 총통보다 반중 성향이 더 강하다는 평가를 받는다. 그는 공개적으로 타이완이 주권 국가이고, 중국으로부터 독립해야 한다고 주장해 왔다. 그는 "타이완을 제2의 홍콩, 제2의 티베트로 만들 수 없다"라고 말하기도 했다. 중국 외교부 대변인은 그를 '타이완 독립을 위한 실무자'라고 비판하며 "타이완 독립 강경론을 완고하게 고집하고 있다"라고 비판했다.

라이칭더(賴清德)는 1959년생으로 타이완성 타이베이현 완리향 출신이다. 라이 총통은 가난한 광부의 아들로 태어났으나 두 살 때 아버지가 탄광 폭발 사고로 사망하면서 홀어머니 밑에서 자랐다. 어려운 형편에도 '수재' 소리를 들었던 그는 대만대 의대를 졸업하고, 미국 하버드대에서 공공보건학 석사 학위를 받았다. 또한 타이완 헌정 사상 처음으로 행정원장, 부총통, 총통을 모두 지낸 인물이 되었다. 그는 의사 출신으로 민주진보당을 창립한 메이리다오 사건 이후의 세대이다. 민진당 내에서도 타이완 민족주의 기조에 적극 찬동하는 신조류계(新潮流系)의 대표 주자에 해당한다. 1978년 국립 대만 대학 의학원 재활학과(復健學系)에 입학해 1982년 졸업 후 진먼현에서 군의관으로 군생활을 마치고 런지의원(仁濟醫院)에서 물리치료사로 일했다. 1986년 국립 성공 대학 의대(醫學院) 학사후의학과(學士後醫學系)에 진학해 1991년 졸업하고 의사 면허를 취득했다. 이후 1994년까지 3년간 국립 성공 대학병원에서 전공의로 수련을 받고 신장내과 전문의를 취득한 후 신러우 병원(新樓醫院)과 성대 병원에서 근무했다. 2000년부터 하버드 대학교 보건대학원(Havard School of Public Health)에서 수학하여 2003년 공공 보건학 석사 학위를 취득했다.

16대 총통 라이칭더

라이칭더는 1994년 타이완성 성장 선거에 민주진보당 후보로 출마한 천딩난의 선대위에서 전국의사후원회 회장을 맡아 선거 운동을 도운 것을 계기로 정치에 뜻을 갖게 되었다. 1994년 타이난 시장 선거 후보로 출마하려고 민주진보당에 입당했으나 타이난 시장 후보로 지명받지 못했다. 1996년 국민대회(제3대) 선거에서 타이난 지역구 국민 대표로 당선되어 본격적으로 정치에 입문했다. 1998년 타이완 입법위원 선거에 타이난시 지역구 후보로 출마해 당선되었고, 이후 4선을 했다.

2010년 타이완 지방 선거인 타이완 지방 공직 인원 선거에 타이난 시장 후보로 출마하여 60%의 득표율로 중국 국민당 후보를 큰 표차로 따돌리고 당선되었다. 2014년에는 홍콩 우산 시위의 여파로 반중 성향을 지닌 시민들의 표가 몰리면서 72%까지 득표율이 더 높아졌다.

라이칭더는 타이난 시장 재직 초기인 2011년 마잉주 당시 총통의 한어병음 사용을 공식적으로 거부하기도 했으며, 재선된 이후인 2016년 타이난시 공용어에 영어를 추가했다. 2017년에 린취안 행정원장이 경제 지표 부진과 타이완 정전 사태에 대한 책임을 지고 사퇴하자 차이잉원 총통이 2017년 라이칭더를 행정원장으로 임명했다. 이에 따라 라이칭더는 시장직을 사퇴하고 중앙 정부로 이동했다. 2018년에는 라이칭더 주도로 2019년부터 타이완의 공용어로 영어를 추가하는 영어공용화법을 통과시켰다. 그러나 라이칭더는 그해 1월 행정원장 사퇴를 발표했다. 이후 차이잉원의 간곡한 만류로 사퇴가 반려되는 듯 했으나 3월 결국 사임하면서 총통 선거에 출사표를 던졌다. 행정원장직을 떠난 후에는 개헌과 타이완 독립운동을 주장하며 민진당과 독립 진영의 지지를 호소하는 행보를 보였다.

라이칭더는 민진당 총통 선거 후보 경선에 출마해 재선에 도전하는 차이잉원 총통과 치열한 당내 경쟁을 치르게 되었다. 타이완에서는 민주화 정착 이래 총통이 연임 의사가 있다면 대체로 당에서도 그 의사를 존중해 경선을 치르지 않고 바로 후보로 올리므로 라이칭더의 경선 출마는 2018년 지방 선거 참패로 인해 당 내부에서도 차이잉원은 끝났다고 평가받는 것으로 해석되었다. 특히, 차이잉원의 소위 화독(華獨), 두 개의 중국에 가까운 성향과 온건한 양안 관계 현상 유지 정책에 타이완 독립운동 성향을 가진 당 원로들이 불만을 가지고 차이잉원보다 강경한 독립 성향으로 평가되는 라이칭더를 밀어주었다고 한다.

경선에서 차이잉원은 "개혁은 절반만 완성했다"며 정책 지속성을 위해 자신의 재선이 필요하다고 강조했고, 중국에 대한 정책에서는 "트러블 메이커가 되지 않은 채 국제 사회의 지지를 넓혀나가도록 하겠다"고 온건한 입장을 취했다. 반면에 라이칭더는 강경한 타이완 독립파를 지지 기반으로 해서 타이완이 제2의 홍콩이 되지 않게 하겠다고 강경한 입장으로 맞섰다. 그러나 여론 조사 방식으로 실시된 경선 결과에서 차이잉원 총통에 패배하고 말았다. 경선 패배 후에는 결과에 승복하여 민진당 내부의 단결을 주장했다. 총통 선거에서는 차이잉원 총통의 지지를 호소하며 선거 운동에 나섰고, 차이잉원은 그를 부총통 후보로 지명했다. 우여곡절은 있었지만, 결국 라이칭더는 타이완의 2인자이자 차이잉원의 뒤를 잇는 민진당의 차기 대권주자로서 확고히 떠올랐다.

신조류파의 대표로서 타이완 독립에 대한 찬동 의사를 적극적으로 강조하며 지지자들의 지지를 결집시켜 그는 자연스럽게 대권주자로 떠올랐다. 사실상 당내에서는 경쟁 후보군이 없다는 평가를 받았다. 실제로 민주진보당 대선 경선 후보 등록 기간 동안 등록한 후보가 라이칭더 한 명밖에 없어 경선 없이 자연스럽게 차기 대선 후보로 확정되었다.

2024년 1월 13일, 선거에서 국민당 허우유이 후보를 여유있게 이기면서 제16대 총통 당선을 확정했다. 이로써 타이완에서 민주화 이래 최초로 집권 여당이 선거를 통해 3기에 걸쳐 8년 이상의 장기 집권에 성공하는 기록을 남겼고, 처음으로 현직 부총통이 차기 총통 선거에서 당선되는 사례가 되었다.

같은 날 치러진 제11대 타이완 입법위원 선거에서는 민진당이 과반 확보에 실패하면서 20년 만에 여소야대 국회가 되었다. 민진당이 입법원 다수 장악에 실패함에 따라 라이칭더 총통 임기 4년 동안 입법부와의 긴장 관계가 불가피할 것으로 전망되고 있다. 입법원장 선거에서 야당인 국민당이 입법원장직을 가져가게 됨으로써 반중 총통과 친중 국회의장이 정면 충돌하게 된 것이다. 이를 두고 라이칭더 총통과 민진당 정부의 향후 집권 4년이 험로가 될 것으로 예고하는 전망이 강해졌다. 입법원에서 감찰원장 등의 임명 동의안을 거부하거나 행정원장 불신임안까지 통과될 수도 있으며, 이럴 경우 라이칭더가 입법원을 해산하는 초유의 사태까지 벌어질 수 있다. 일단 중화민국 헌법하에서 총통이 입법원을 해산한 적은 아직 없었다.

민진당 라이칭더 총통은 정부가 여소야대 입법원 구조를 타파하기 위해 국민당보다는 상대적으로 중도 성향인 민중당과 소연정을 꾸려 입법원의 협조를 얻을 복안을 꾸리고 있을 거라는 다수의 전망이 나오고 있다. 국민당은 원래 민진당과 정반대 성향의 당이고, 만약 민중당마저 반(反)민진당으로 돌아서면 여당 민진당, 야당 국민당, 민중당 외에 타이완 제11대 입법원에 원내 진출한 정당은 없으므로 민주진보당 라이칭더 총통의 정부는 입법원에서 명백한 소수로서 과반 이상 의석을 확보한 두 야당을 상대해야 한다. 이런 상황 때문인지 2024년 12월, 한국 윤석열 정부의 비상 계엄 선포 해프닝 당시 민진당 측은 SNS에 윤석열 대통령의 계엄 선포를 지지하는 글을 올렸다가 즉시 삭제했다. 이 때문에 국민당 측에서 계엄을 옹호한다고 맹공했고 라이칭더는 계엄은 절대 옹호될 수 없다고 선을 그었다.

2024년 취임 연설에서 라이칭더는 차이잉원 전임 총통이 제시한 양안 관계 '4대 원칙의 견지(四個堅持)'를 계승하고, 자신의 독자적인 외교 안보 노선으로서 '평화를 위한 4개 기둥(和平四大支柱行動方案)'을 제시했다.

4대 원칙이란 첫째, 자유 민주 체제의 유지, 둘째, 중국과의 동등성, 셋째, 주권 침탈의 불허, 넷째, 타이완인의 자결권 인정 등이다. 그가 새로 제시한 4개 기둥의 구체적인 내용은 첫째, 군사적 방위력의 강화, 둘째, 경제 안보 증진, 셋째, 자유 민주 진영과의 국제 연대 심화, 넷째, 중국과의 양안 현상 유지이다. 본인의 탈중국, 타이완 민족주의 성향에도 불구하고 취임식에서는 중화민국 국가의 첫 구절인 '삼민주의 오당소종'을 불렀다.

라이칭더가 총통으로 취임한 직후, 중국은 타이완 해협 중앙선을 넘어 폭격기와 군함들을 배치해 이틀 간 대규모 훈련을 벌였다. 5월에는 총통의 권한을 축소시키는 의회 개혁 법안이 중국 국민당, 대만 민중당에 의해 통과되었다. 그는 타임지와의 인터뷰에서 시진핑 중국 국가 주석을 향해 "평화 안정을 수호하고 지역 번영을 구축하고 세계 평화를 진전시키는 책임을 공동으로 짊어지자"고 제안했다.

라이칭더는 천수이볜 이래 가장 적극적인 타이완 독립 성향 총통으로 알려져 있다. 과거에는 아예 개헌을 통해 중화민국이 아닌 새로운 국가를 건설해야 한다고까지 주장했으며, 2017년에도 스스로를 "타이완의 독립을 위한 실용적인 일꾼(務實台獨工作者)"이라고 공언한 바 있다. 그러나 2020년대 들어서 타이완은 이미 중화민국이라는 이름의 독립 국가이기에 별도의 독립 선언이 필요 없다는 견해를 나타내고 있다. 이는 중화민국 체제를 끝내고 완전히 탈중국적인 '대만 공화국'으로 전환하려고 시도하면 탈중국화와 타이완 독립에 반대하는 중국이 양안 전쟁을 일으킬 수 있기 때문에 기존의 급진적인 독립 노선을 완화한 것이었다. 실질적으로는 (양안 전쟁이 발발하지 않을 경우) 차이잉원 시대보다 더욱 타이완 정체성을 강조하되 국체는 중화민국을 유지해 중화민국을 타이완화하는 방향으로 가닥을 잡을 듯하다. 이 때문에 타이완 독립 강경파는 라이칭더에 대해 껍데기만 있고 속은 빈 사람이라고 실망하고 있다.

중국은 진작부터 라이칭더를 분열주의자, 트러블 메이커 등으로 험담하며 적대적인 태도를 숨기지 않았다. 이미 라이칭더를 2008년부터 중국 대륙 전체에 입국 금지 시킨 상태이며, 2020년 홍콩 국가보안법 시행 이후 홍콩과 마카오 정부에서 라이칭더를 입국 금지시킨 것도 그의 탈중국 노선에 불만을 갖고 있었기 때문이다. 따라서 그가 집권한 후 시진핑 중국 주석과의 관계가 지난 차이잉원 정부의 8년 이상으로 험난해질 가능성은 거의 확실하다. 차이잉원은 적어도 현상 유지를 하는 선이었고 역사적으로 민주진보당 내에서도 주류는 아니었다. 그러나 라이칭더는 민진당의 주류 인사로서 보다 적극적으로 탈중국, 독립 노선을 옹호하는 인물이다. 정작 라이칭더는 입국 금지 조치에 별다른 반응이 없거나 상관 없다는 식으로 일관하고 있다. 오히려 그는 한국과 미국, 일본 등 자유 민주 진영 국가들과 적극적으로 연대하길 원한다고 밝힌 바 있다.

라이칭더는 당선 이전부터 중국의 팽창주의에 맞서기 위해 미국은 물론 일본, 대한민국과의 협력 강화를 보다 강조했던 인물이기도 하다. 이를 반영하듯 타이베이 투표장에 타이완의 청천백일만지홍기와 성조기, 일장기,

태극기가 내걸리기도 했다. 그의 대중국 전략 일면을 드러낸 부분이기도 하여 타이완 언론에서도 이를 조명하기도 했다.

본토 중국인들은 독립 성향인 라이칭더를 매우 싫어한다. 《환구시보(環球時報)》 기사에서는 본성인인 라이칭더를 "라이칭더는 심전 뇌씨이므로, 푸젠성 장저우시가 본적지인 중국인이다"라고 서술하고 있으며, 바이두 백과 라이칭더 문서는 비난 일색으로 도배되어 있다.

양안 관계

마지막으로 중국의 가장 어려운 숙제인 양안 관계(兩岸關係)의 어제와 오늘을 살펴 보자. 양안 관계에서 양안(兩岸)이라는 말은 타이완 해협의 양측 해안이라는 뜻에서 나온 말로 중화민국과 중화인민공화국의 관계를 에둘러 말하는 것이다. 중국의 특별 행정구인 홍콩과 마카오를 포함하여 양안 삼지 관계란 표현을 쓸 때도 있다. 해방 이후 외세에 의해 남북으로 분단된 우리나라가 6·25를 거치며 경색된 남북 관계를 아직도 못 풀고 있고 만병의 근원이 되고 있는 것처럼 타이완과 본토 정부의 양안 관계도 오래된 숙제이다. 양안 관계에서 말하는'중국'은 거의 본토의 중화인민공화국을 뜻하며,'타이완'의 개념은 맥락에 따라'국체(國體)'로서의 중화민국,'지리(地理)'로서의 타이완섬 등 여러 가지 의미를 가진다. 어떤 것을 의미하는 것인지는 문맥에 따라 파악해야 한다. 관점 및 양국의 헌법에 따라서 현재 중국은 중국 공산당이 들어선 중국 본토의 중화인민공화국과 국부천대로 타이완섬으로 천도한 중국 국민당의 중화민국으로 분리된 분단 국가이다.

한국과 동일 전 독일을 보면 각각 '남한/남소선'과 '북한/북소선', '농녹'과 '서독'이라고 부르기 때문에 같은 국가였다가 갈라진 상황임을 이해할 수 있다. 그런데 외부에서는 냉전 시기 '중공'과 '자유중국'에서 그 후 '중국'과 '타이완(대만)'으로 바꾸어 부르다 보니 '원래 한 나라였다가 갈라졌다'는 인식을 단어만으로는 할 수 없어졌다. 타이완을 자유중국이라 부르던 시절에는 타이완이 당연히 중국(중화민국)에 속한다는 인식을 했다.

냉전이 끝나고 1992년, 한국이 타이완과 단교하고 중국과 수교한 후, 자유중국, 중공이라 부르던 것을 각자 오늘날의 이름으로 고쳐 부르게 되면서 혼란이 심해졌다. 더욱이 분단 국가라는 특수성에다가 타이완이 내부적으로 국민당을 중심으로 하는 통일 지향 보수파 범람 연맹과 민주진보당을 중심으로 하는 타이완 독립파인 범록연맹 같은 정치적인 문제까지 섞이면서 굉장히 복잡해졌다.

현재의 대한민국과 북한, 키프로스와 북키프로스처럼 중국과 타이완 양 정부는 서로의 존재 자체를 자국의 국토를 불법적으로 점거한 단체로 간주하고 있다. 따라서 둘 다 하나의 중국 정책을 주장하기 때문에 한쪽과 수교하게 되면 동시에 다른 한쪽과의 국교가 단절되는 구조를 갖고 있다. 이 때문에 양안 사이에는 정치적인 긴장이 매우 강하다. 다만 한국과 다른 점은 한국의 남과 북은 경제적인 측면뿐만 아니라 정치, 군사, 사회, 문화적인 모든 면에서 민주주의 국가이며 남쪽인 '대한민국'이 사회주의 국가인 북한 '조선민주주의인민공화국'을 압도하고 있다. 반면 중국은 본토의 사회주의 국가인 '중화인민공화국'과 타이완의 민주 진영인 '중화민국'의 관계가 한국의 경우와 정반대이다.

타이완 정부는 중국 공산당이 반란을 일으켜 자국 영토(중국 대륙)를 점거한 이후 불법적으로 정권을 세웠다고 주장하며, 대륙 정부는 타이완에 있는 국민당이 국공내전으로 소멸한 중화민국을 참칭한다고 주장한다. 후자의 경우 대륙은 '과거사로서의 중화민국'의 존재는 인정하고 있다. 따라서 중화인민공화국 건국 이전의 중국 역사를 다루는 박물관 등지에는 멀쩡히 청천백일만지홍기가 걸려 있는 것도 볼 수 있다. 타이완 독립파 역시 '중국'을 적국으로 간주하지만, 중화인민공화국이라는 국가의 존재 자체는 인정한다는 점에서 통일파와 다르다.

대부분 지구상의 국가는 1971년 이후 UN 상임 이사국이자 정치적, 경제적인 입지에서 절대적 우위를 점하고 있는 중화인민공화국 정부를 중국의 유일 합법 정부로 간주해 수교하고 있다. 다만 세계적으로 타이완 정부를 불법 점거 단체라고 직접 주장하는 경우는 드물고, 양안 관계의 특수성을 인정하여 '타이완 대표부'라는 외교 공관을 설치해 타이완과의 교류를 계속하고 있다. 범람연맹의 중국 국민당은 대륙과의 점진적 통일을 지향한다. 단 그 주체가 중화민국이거나 동등한 관계에서의 통일이어야 한다. 한편 범록연맹의 민주진보당이나 대만단결연맹 등은 타이완 독립을 추구하며 타이완 독립 강령을 유지하고 있다. 다만 초기에는 '외세'인 중화민국 정부를 무너뜨리고 타이완인을 위주로 한 신정부 수립을 주장했으나 지금은 중화민국 정부의 주권을 강조하는 온건적인 성향으로 바뀌었다.

주타이완 중국 대표부와 주중국 대륙 타이완 대표부는 외교 교섭을 담당한다. 이 두 기관은 공식적으로는 관광 목적이나 2015년 마잉주-시진핑 정상 회담 이후로는 제한적으로 무역, 정치 대표부로써의 역할도 하는 등 관광 대표부에서 일반 대표부로 지위가 승격된 상태이다. 타이완은 중국의 일국양제가 적용되는 홍콩과 마카오에 '타이베이 경제문화판사처(臺北經濟文化辦事處)'라는 이름의 사무처를 두고 있는데, 일반적인 외교 관계의 영사관에 해당한다고 볼 수 있다. 두 지역은 일단 중국의 영토이므로 타이완 입장에서는 명목상 자국 영토이고 따라서 이들 기관은 타이완 외교부가 아닌 타이완 행성원 대륙위원회 산하 기관이지만, 홍콩과 마카오가 각각 영국, 포르투갈 식민지였던 시절에 설립되었기 때문에 교류 기관으로서의 성격이 더 강했다. 이마저도 홍콩 판사처의 경우 영국이 1950년에 중화민국의 승인을 취소해버렸기 때문에 '중화여행사'라는 이름으로 1966년에 설립되었다가 2011년에 중국이 타이완과의 관계를 개신하기 위해 격상시킨 것이다. 홍콩과 마카오 역시 타이완에 비슷한 기능을 하는 기관을 두고 있다.

2013년 중국에는 시진핑, 타이완에는 2016년 차이잉원 정권이 들어서며 타이완과 중국은 충돌하기 시작했다. 그전에는 두 나라 모두 우선 자국 내의 문제를 해결하는데 힘을 썼기 때문에 양안 간의 충돌이 거의 없었지만, 중국몽(中國夢)을 내세우고 중국의 굴기를 주장하는 시진핑, 그리고 타이완의 독립을 추구하는 민진당의 차이잉원이 정권을 잡으며 조금씩 틀어지기 시작했다. 시진핑의 경우 언제든지 타이완을 공격하겠다는 군사적인 압박을 항상 하고 있다. 특히 중국은 현재 타이완과 가까운 중국 인민해방군 난징 군구와 광저우 군구에 병력을 집중시키며 타이완에 대한 군사적 도발을 시전했고, 타이완 역시 이러한 중국의 위협에 맞서 차이잉원의 주도 아래 더욱더 친미(親美) 진영으로 강화되었다. 타이완은 미국으로부터 공격형 무기들을 도입해 군비를 증강하며 이에 맞서는 등 양안 관계는 극단으로 치닫기 시작했다.

2020년에 들어선 이후로 양안 간의 관계는 파국으로 치달았다. 마오쩌둥-장제스 시절은 견원지간이라도 하나의 중국을 서로 인정했고, 진먼[金門] 포격전 이후로는 UN 외교전에만 치중했다. 반면 차이잉원이 속한 민주진보당은 기본적으로 '중국으로서의 정체성'을 부정하는 정당이다. 특히 2020년 부총통에 이어 2024년 총통에 취임한 라이칭더는 타이난 시장 시절 "중화민국은 처음부터 존재하지 않는다"는 발언을 할 정도의 강경 타이완 독립 성향으로 중국에서 영구 입국 금지를 당한 인물이다.

양안 관계의 가장 중심에 있으면서도 논란이 심한 사안이 '하나의 중국' 원칙이다. 타이완과 대륙 본토는 사실 상호 비교하기 민망할 정도로 스케일에 차이가 많다. 먼저 면적을 보면 959만 6,961제곱킬로미터 대 3만 6,197제곱킬로미터로 265배 차이가 나고 인구로 보면 대략 14억 2천만 명 대 2천4백만 명 정도로 60배 차이가 난다. 단순 비교해도 타이완은 중국 본토의 1개 성(省)보다 규모가 작다. 과거 중국의 개혁 개방 이전에는 타이완이 경제적으로 월등히 앞서 나갔으나 현재는 GDP로 따지면 중국의 3~4% 정도에 불과하다. 물론 인구가 적어 1인당 GDP는 아직 타이완이 앞서 가고 있지만, 그 격차도 날이 갈수록 줄어들고 있다. 즉 과거에는 본토를 개발하기 위해 투자 유치 대상으로 타이완의 자본력이 필요했지만, 현재는 오히려 대륙의 자본력이 타이완으로 밀고 들어오는 역전 현상이 일어나고 있다. 중국이 미국과의 대결 구조 속에서 급속한 군비 증강을 해 오고 경제 규모의 차이도 크기 때문에 군사력 측면에서도 타이완은 홀로 감당하기 매우 힘든 처지이다.

이런 현실에서 타이완은 "지금은 아니지만 언젠가는 홍콩이나 마카오처럼 일국양제로 중국의 일부로 편입"되어야 한다는 재통일 지지파와 비민주 공산주의 국가가 아닌 '작지만 자유로운 독립국'이 되어야 한다는 타이완 독립파, 둘로 첨예하게 나누어져 있다. 그래서 타이완의 정치 판도는 크게 범람연맹(泛藍聯盟)과 범록연맹(泛綠聯盟)으로 나뉘는데, 전자는 파란색으로 대표되는 중국과의 재통일 지지파이고, 후자는 녹색으로 대표되는 타이완 독립 지지파이다. 대체적으로 국민당의 세력이 강한, 타이베이를 중심으로 한 북부와 동부에서는 범람 지지자가 많고, 남부에서는 범록 지지자가 많다. 이 문제를 타이완 내에서는 '통독 논쟁(統獨論爭)'이라고 한다.

타이완에서 '현상 유지'는 독립, 혹은 통일의 양극단과 거리를 두고 중국과의 안정적인 관계를 추구한다는 점에서 가장 광범위한 지지를 얻고 있다. 다만 현상 유지 자체를 어떻게 정의할 것인가에 대해서는 타이완의 양대 정당인 국민당, 민진당의 입장이 판이하게 다르다. 국민당에서 추구하는 현상 유지가 '중국과의 통일 지향'(즉, 타이완의 분리 독립 배제)을 전제로 하는 반면, 민진당이 내세우는 현상 유지는 '중국과는 다른 독자 세력으로서 타이완의 존속'을 뜻하기 때문이다. 범람이든 범록이든 대부분의 사람들은 '지금은 이대로가 좋다'는 것에 동의하고 있다. 급격한 독립이나 통일과 그것이 동반한 엄청난 혼란을 어느 쪽 지지파든 누구도 원하지 않고 있는 상황을 봤을 때 대륙과의 미묘한 관계는 앞으로도 상당히 길게 지속될 것이다. 또한 대륙의 중국 정부도 굳이 타이완에서 독립 선언을 하거나 독립할 만한 능력의 토대가 되는 전략 무기 체계 등을 구매하지 않으면 적극적으로 문제 삼지는 않고 유화책을 유지하고 있는 상황이다. 통일을 지지하는 범람쪽 사람들은 통일의 전제 조건으로 중국의 민주화를 요구하고 있으며, 홍콩 시위에 대해서도 지지를 표명했지만, 중국에서는 콧방귀도 뀌지 않고 있다.

타이완 정부의 공식 정책은 3불이다. 불통(不統), 불독(不獨), 불무(不武), 즉 통일을 하지도, 독립을 하지도, 무력을 쓰지도 않겠다는 것이다. 마잉주 총통은 2008년 당선된 뒤 현상 유지를 골자로 한 이 3불 정책을 발표하며 중국이 민주화되어야만 통일의 기반을 마련할 수 있다고 강조하면서 공식적인 독립 선언은 하지 않겠지만, 실질적인 국가로서의 기능은 계속하겠다는 입장을 밝혔다. 또한 전쟁을 먼저 시작하지 않겠다는 세 가지 입장도 밝혔다.

타이완 전 총통인 차이잉원은 대선 당시 모호한 양안 관계 입장으로 비판을 받아왔다. 빗발치는 요구에 그녀는 드디어 양안 관계에 대한 입장을 발표했다. 그것은 유구통(有溝通: 소통함), 불도함(不挑釁: 도발 없음), 몰의외(沒意外: 갑작스러운 사고 없음)였다. 중국과의 대화는 지속하되 무력 충돌은 없으며, 정상 회담 같은 의외의 이벤트 없이 예측 가능한 양안 관계를 이끌겠다고 발표했다. 일단 중국 쪽의 입장을 반영하고, 특별한 이벤트를 하지 않겠다는 것으로 보아 마잉주와 큰 차이는 없다. 즉 범람연맹은 대놓고 독립 선포는 안 하겠지만, 통일하고 싶으면 일단 대륙이 먼저 민주주의를 실시하라는 이야기다.

2017년, 타이베이의 번화가 시먼딩에서는 '독립 투표를 실시하라'는 시위가 벌어지는 맞은편에 청천백일기도 아닌 오성홍기를 내걸고 '타이완은 중국의 일부'라고 맞불을 놓는 사람들이 있었다. 서울 명동에서 사람들이 북한 찬양을 했으면 잡혀갔겠지만, 대륙과 타이완의 국력 차이가 크다 보니 타이완 경찰들도 그냥 양쪽이 충돌하지 않도록 막는 선에서 그쳤다.

2020년대에 들어서면서 홍콩의 민주주의가 공산당에 의해서 완전히 붕괴되는 것을 바라본 타이완에서는 더 이상 중국의 말을 신뢰할 수 없게 되었고 독립 쪽으로 나아가고 있다. 결과론적인 이야기이지만 이렇게 된 원인에는 사실 중국이 긁어 부스럼을 만들었다는 견해도 있다. 타이완을 가만히 내버려두었으면 점점 자신들의 영향권에 종속시켜 흡수 통일을 도모하거나 최소한 친중 세력이 지배하도록 유도할 수 있었던 것을, 당장이라도 집어삼킬 기세로 두드리니까 타이완 내부에서도 우리끼리 독립하자는 의견이 커질 수밖에 없었다는 것이다.

타이완 내 출신 성분에 따른 인식 차이도 이러한 상황을 이해하는 데 도움이 된다. 일단 외성인 입장에서는 본인의 조상이 중국 대륙 출신이라는 것이 중요하긴 하지만 본인은 이미 타이완인이고, 대륙과의 통일이 중요하더라도 톈안먼 6.4 항쟁, 2014년 홍콩 민주화 운동, 국보법 사태와 2019년 홍콩 민주화 운동을 다 경험한 상태에서 중공과의 통일을 지지하기 어려운 상황이다. 본성인 입장에서는 먼 조상이 광동, 복건에서 건너온 상황이고, 중국에 연고가 없다. 그리고 2·28 사건 이후 외성인과 갈등을 겪었다. 그리고 이런 상황에서 중화인민공화국의 주장에 대해 일방적으로 받아들이기 어려운 상황이다.

이런 상황에서 양안 교류를 지지한 국민당도 미국과의 수교를 지지하고 현상 유지를 지지하고 있다. 국민당이 중국으로서의 정체성을 버린 것은 아니지만, 당 내부적으로도 그렇고 지지자들의 성향도 그렇다. 과거에는 양안 통일파 국민당과 타이완 독립파 민진당이 대립하는 구도였다면, 지금은 '중화민국으로서의 타이완(華獨) vs 타이완으로서의 타이완(臺獨)'의 대립 구도로 변하고 있다고 생각할 수 있다. 어쨌든, 과거와 같이 현상 유지로는 타이완의 민주주의가 지켜질 수 없다는 국민적인 공감대가 형성되면서 양안 관계는 이제 변화한다고 볼 수밖에 없다. 특히 미국 장관의 타이완 방문과 낸시 펠로시 미국 하원 의장의 타이완 방문에 대해 중국 당국이 극도로 분노하면서 타이완에 초계기를 수십 차례 띄워서 노골적으로 도발하기도 했다. 또한 시진핑은 노골적으로 전쟁 준비를 하라고 말할 정도로 양안 관계는 악화되었다. 그 동안의 양안 관계는 몇 차례 위기가 있었지만 그런대로 잘 유지되어 왔으나 현재로는 세계에서 가장 위험한 분쟁 가능 지역의 하나가 되고 있다. 타이완은 미국을 뒷배로 둔 데다가 전통적인 중국의 라이벌인 일본을 우호 세력으로 삼고 심지어는 한국도 끌어들이려 하고 있어 어느 때보다도 충돌의 파고가 높다.

그동안의 양안 대립의 위기 상황을 살펴보자. 제1차 타이완 해협 위기 또는 포르모사 위기(Formosa Crisis)는 1954년 발발한 9·3 포격전 사태를 가리킨다. 이는 국부천대 이후 미국 아이젠하워 행정부와 타이완 장제스 정부 사이에 군사 동맹인 미국-대만 안전 보장 조약이 체결되자 반발한 중국이 진먼섬 등 도서 지역을 포격한 사건이다. 폭격의 강도가 매우 심각하여 지표면에는 아무것도 남아 있지 않게 되었고 모든 시설을 지하화하는 계기가 되었다. 이 사건에 관한 여담으로는 포격 소리에 잠못 이루는 군인과 주민들을 위해 수면제용으로 알콜 도수가 60도에 이르는 독한 술을 공급했는데, 그것이 지금도 유명한 금문 고량주(金門高粱酒)라는 말까지 있다. 포격전은 1958년 여름에도 또 한 차례 이어졌다.

1971년 10월, UN 총회에서 중화인민공화국의 중국(CHINA) 대표 권한을 인정하는 유엔 총회 결의 제2758호가 통과되었다. 이 결의안이 통과됨과 동시에 중화인민공화국은 건국 이래 약 20년 만에 국제 사회로부터 '중국'으로 인정받음과 동시에 고립에서 벗어나 국제 사회 진출에 성공했다. 반대로 타이완은 "상임 이사국뿐만 아니라 회원국도 사퇴한다"고 선언하고 쓸쓸히 물러났다. 서방 국가도 미국, 일본 등만 제외하면 대부분 중국으로 대표 권한을 넘겨주는 것을 찬성했다. 이렇게 신정부(新 政府)에 유엔 대표 권한을 넘겨주는 국가 승계는 1991년 소련 붕괴 이후의 러시아나 2011년 카다피 정권이 붕괴된 리비아에서 비슷한 방식으로 이루어졌다.

2015년 싱가포르에서 양안 정상 회담이 최초로 열려 언론에서는 마잉주와 시진핑이 만난다고 마시회(馬習會)라고 불렀다. 이는 1949년 국부천대 후 66년 만에 만난 회담이었다. 두 정부의 지도자가 만난 것은 1946년의 중경에서 열린 마오쩌둥-장제스 회담 이후 69년 만에 처음이다. 다만 그 당시의 장제스-마오쩌둥 회담은 국민당-공산당 주석 자격으로서의 회담이고, 시진핑-마잉주 회담은 중화인민공화국 국가 주석-중화민국 총통으로서의 회담이다. 하지만 상호 간의 호칭은 '선생'이었다고 한다. 무엇보다도 주목해야 할 것은 이 회담이 타이완 총통과 중국 주석의 정상 회담이라는 점이다. 물론 중국이 주장한 '하나의 중국'이 부정된 것은 아니다. 다만 이전과 달리 타이완을 중국의 일부가 아니라 대륙과 타이완을 대등한 지위로 간주했다는 것이다. 즉 중국 국민당 정권이 줄기차게 요구하던 조건이 실현된 것이 이전과 다르다고 할 수 있다.

2019년 당시 트럼프 행정부 이래 미국 국방부에서 타이완을 '국민 국가'로 표기했다. 미국 전략보고서에서 타이완을 몽골, 뉴질랜드, 싱가포르와 같이 우방 국가로 지정한 것이다. 이 조치에 대해 한국 여론에서는 보수, 진보 정치 성향을 떠나서 긍정적인 반응을 보였다. 고압적이고 오만한 중국의 패권주의, 특히 사드(THAAD) 배치 이후 보복, 쯔위 국기 논란 등으로 중국이 심하게 대처한 까닭에 당연하게 나올 수밖에 없는 반응이었다. 이로 인해 양안 관계 전체가 새로운 국면을 맞게 되었다. 중국이 이러한 조치를 이유로 미국과의 외교 관계를 단절한다면 미국은 타이완과 국교를 다시 수립하거나 중국 눈치를 거의 보지 않고 더 나은 사양의 무기를 지원할 수 있다. 만약 타이완과 미국이 외교 관계를 수립한다면 미국 입장에서는 타이완에 미군을 주둔시키고 대중국 전략 전술 무기를 배치하는 등 중국으로서는 안보에 악영향을 받을 수 있다. 당장 중국에서 부유한 곳이라고 불리는 절강, 복건, 상해, 강소, 광동이 바로 타이완 옆이다. 만약 미군이 타이완에 주둔하게 된다면 남경, 상해, 항주, 온주, 복주, 하문, 광주, 홍콩, 마카오, 선전 등이 그대로 미군의 작전 반경권 안으로 들어가 버린다. 중국의 입장에서는 충격과 공포가 클 수밖에 없다.

정치적인 문제 때문에 타이완 달러가 극단적으로 평가절하되어서 GDP가 낮아 보이는 것일 뿐, 타이완은 경제적으로도 착실한 나라이다. 그동안 중국의 압력 때문에 무기를 사지 못하고 쌓아 놓은 돈도 많다. 게다가 타이완보다 GDP나 1인당 GDP, GDP 대비 국방비가 낮은 동유럽의 폴란드도 F-35를 도입했고 GDP 규모가 절반 좀 넘는 싱가포르, 이스라엘도 F-35를 도입했다. 타이완이 F-35 같은 첨단 무기 도입을 못하는 것은 경제적 이유가 아니라 중국의 거센 정치적 압박 때문이다. 만일 중국의 위협 때문에 정말 필요하다고 느낀다면 어떻게 해서든 최신형 무기를 도입하려고 할 것이다. 시진핑과 중국 공산당은 이번 조치로 미국을 신랄하게 비난하는 등 미국과 대립각을 세워도 극단적인 상황은 피하자는 태도를 보이고 있다. 2019년 중국은 중국인의 타이완 개인 여행 및 단체 관광을 금지시켰다. 이는 미국산 무기 구매에 대한 보복 및 독립 성향이 강한 차이잉원(蔡英文) 총통에 정치적 타격을 주기 위한 목적으로 보도되었다.

오랜 냉전 기간 동안 중국 대륙과 타이완은 이념적 이유로 분단되어 서로를 국가로 승인하지 않고 적대했기에 서로의 왕래도 허용되지 않았다. 이러한 기류를 전환하는 계기가 마련된 것은 1979년 덩샤오핑이 신년 교서를 통해 무역, 우편, 여행 3개 교류를 전면 실시하자는 이른바 3통(三通)을 제의하면서부터였다. 이에 대해 장징궈 총통은 본토의 중국 공산 정부와는 정부 차원에서의 접촉, 담판, 타협을 거부한다는 3불(三不) 정책으로 응답했다. 당시 타이완은 미국이 중국과의 수교를 위해 단교하면서 1971년 유엔에서 축출된 이후 국제적 고립이 더욱 가중된 위기 상황이었고, 장징궈를 비롯한 중국 국민당의 지도층 대다수는 여전히 국공 내전 시절 공산당과의 대립을 직접 경험한 이들이었다. 이들에게 중국 공산 정권의 3통 제의는 과거 자신들이 중국 본토에서 밀려나는 단초가 되었던 제2차 국공 합작을 연상시키기에 충분했다. 이를 단순한 선의로 받아들이기 곤란한 입장이었기에 불필요한 교류를 안 하려고 했다. 하지만 장징궈는 선친인 장제스의 무력 본토 수복 노선이 비현실적임을 반영하여 삼민주의를 통한 중국 통일이라는 일종의 평화적 통일 노선을 제시했다. 아울러 구국민당 군인들이 본토의 가족, 친척들을 방문할 수 있도록 하는 일종의 이산 가족 상봉, 즉 탐친(探親)을 허가했고, 학문이나 예술 등 비정치 분야의 대륙 인사들이 타이완을 방문하는 것도 허락했다.

1987년에는 타이완 정부가 타이완 계엄령을 해제하면서 타이완인의 대륙 방문을 완전히 해금했다. 그러나 직접 타이완에서 중국을 방문하는 것은 불가능했고, 홍콩, 싱가포르 등 제3 지역의 경유지를 거쳐야 했다. 그러다가 2001년부터 진먼-샤먼 양자 간, 마쭈-푸저우 양자 간의 선박편이 개통되어, 타이완에서 이 지역으로 온 다음 선박으로 중국 대륙으로 건너가거나 그 반대의 방식으로 왕래할 수 있게 되었다. 2003년에는 중국과 타이완 국적의 비행기가 홍콩이나 마카오를 거쳐 중국 대륙이나 타이완으로 갈 수 있게 되었으며, 2008년 타이완에서 마잉주 정부가 들어선 이후 양자 간 항공기 직항편 개설이 합의되어 직접 중국에서 타이완으로, 혹은 그 반대로 왕래할 수 있게 되었다.

중국과 타이완이 적대했을 당시에 홍콩은 영국, 마카오는 포르투갈의 식민지였기 때문에 서로 간의 왕래가 가능했다. 이렇게 양안 간을 왕래하는 교통편이 많이 생긴 것과 함께 양안 간 방문 절차도 과거에 비해 많이 간소화되어, 오늘날 양안은 몇 가지 절차만 거치면 서로 왕래가 가능하다. 이제는 경제적으로도 상당히 연관이 깊은데, 블룸버그에 따르면 GDP에서 가장 중국에 의존적인 나라 중 두 번째가 타이완이며, 중국 경제 성장률이 반토막났을 때 피해보는 나라 중 두 번째도 타이완으로 지목했다. 단순 왕래뿐만 아니라 양안 간에는 아예 정착해서 살 수도 있다. 다만 홍콩과 마카오에 이사하는 것과 똑같이 국적 변경 수준의 과정을 거쳐야 한다. 그래서 한 번은 중국 대표로 또 한번은 중화 타이베이 대표로 올림픽에 나가서 두 번 다 메달을 딴 탁구 선수도 있다. 원래는 조건이 까다롭게 책정되어 있었으나 2008년 마잉주 정부에서 중국과의 협상을 통해 대삼통이 시행되면서 이민이 자유로워졌다. 국적 변경 수준의 과정을 거쳐야 하지만, 2008년 말부터 시행된 이 대삼통 정책 덕분에 본격적으로 이민 시대가 열렸다. 다만 대륙 호적을 취득한 타이완 국적자는 타이완 내 호적을 말소하고 해외 타이완

국적 화교와 동일하게 취급된다. 서로 왕래와 교류 관계를 법으로 엄금하고 국가의 허가를 받지 않은 자의 방문을 처벌하는 남북한 관계와 달리 이처럼 타이완과 중국 양국은 서로 간의 왕래는 허용되는 편이다. 다만 왕래는 가능하지만 상세 항목에 나와 있듯 양국 모두 서로를 불법 단체로 보고 있고 대규모 군사 훈련을 계속해서 하는 등 관계가 아주 우호적이지는 않다.

중국에서는 국제 결혼이 흔하지 않지만 타이완에서는 국제 결혼이 매우 흔한데, 타이완 국제 결혼의 과반을 차지하는 것이 타이완 남자와 중국 여자의 결혼이다. 타이완 내 신혼 부부의 10%를 이들이 차지하고 있다. 타이완 계엄령이 해제된 1987년부터 중국에서 건너온 며느리가 무려 34만 명에 달한다.

사람이 이동하는 문제와 달리 대중 문화는 옛날부터 거의 막지 않아 교류가 활발하다. 타이완 영화와 드라마, 홍콩 영화와 드라마, 타이완과 홍콩의 대중음악이 중국 대륙에서 인기가 많았고, 중국 대륙의 대중문화는 타이완이나 홍콩에서 인기가 없었다. 그러나 중국 경제가 급성장하면서 문화도 동반 성장하여 중국 내에서 타이완, 홍콩 대중문화의 인기는 많이 낮아졌다. 북한 정권이 자신들의 세습 왕조 체제를 수호하기 위해 남북 교류는 물론 대중문화까지 차단하고 있는 것에 비하면 양안 간의 관계는 부러울 지경이다.

중국을 대하는 한국인의 입장에서 가장 좋은 것은, 극히 민감한 이런 주제로 중국인이나 타이완인과 대화를 절대 하지 않는 것이다. 다만 피치 못할 사정이 있는 경우 다음과 같은 사실을 숙지하고 중국인이나 타이완인과 대화를 하는 것이 분쟁을 방지하기에 유리하다.

타이완에 가게 된다면 "타이완은 중국의 영토다"라고 해서는 안 된다. 타이완도 중국(중화민국)이니 어느 정도 말이 들어맞는 얘기가 될 수도 있겠지만 많은 경우 '타이완은 중화인민공화국의 영토'라고 해석될 수 있다. 국제적으로 '중화인민공화국=중국'으로 굳어져 있고 이미 타이완에서도 일반적으로는 그렇게 통용된다. 이미 타이완에서는 스포츠에서 타이완 팀을 중화

대(中華隊)라고 부르고, 중국 팀을 중국대(中國隊)라고 불러 양자를 구분하는 방식이 정착되어 있다. 그렇다고 해서 "타이완은 중국의 영토가 아니다"라고 해서도 안 된다. 중화민국이라는 국체에 대한 부정으로 여겨질 수 있다. 물론 중화민국을 부정하고 대만 공화국 수립을 원하는 범록연맹 지지자 앞에서 이런 말을 하면 무척 좋아하겠으나 이에 반대하여 중화민국을 유지하려는 범람연맹 지지자는 반발할 수 있다. 왜냐면 중국이라는 정의 자체가 중화인민공화국, 중화민국 중 특정 정부만을 지칭하는 단어가 아니기 때문이다.

반대로, 중국에 가게 된다면 "타이완은 중국의 영토다"라고 해야지 절대로 "타이완은 중국의 영토가 아니다" 혹은 "타이완은 독립 국가이다" 같은 말을 입 밖으로 꺼내서는 안 된다. 그나마 운이 좋다면 상대방으로부터 중국의 관점에서 바라본 양안 관계에 대한 설교를 듣는 것으로 끝나겠지만, 만약 상대방이 하필 강경 국수주의자라면 화를 내거나 유혈 사태로 이어질 수도 있다. 중국인의 입장에서 보자면, 중국인이 "타이완은 중국의 영토가 아니다"라는 소리를 듣는 것은 우리나라 사람이 외국인에게 "북한은 한국과 별개의 국가이다"라는 말이 아니라 "독도는 일본 땅이다"라는 말을 듣는 것과 동급의 분노를 유발할 것이기 때문이다.

발언뿐만 아니라 지도의 사용 역시 주의해야 한다. 중국인을 대상으로 하는 발표, 홍보 자료 같은 데서 중국 지도를 삽입해야 할 때 타이완섬이 빠진 지도는 절대로 사용해서는 안 된다. 중국인 입장에서는 구단선까지 포함된 지도를 사용하는 것이 가장 올바르다. 간혹 하이난성까지 빠진 지도도 있다. 물론 이것도 안 쓰는 것이 좋다. 아니면 중국을 상징하는 일러스트가 필요할 때 지도가 아닌 국기, 상징물을 사용하는 것이 논란에서 가장 자유롭다. 시진핑의 권위주의 통치가 살벌해진 요즘에는 공안에 끌려갈지도 모르니 아주 사소한 발언, 심지어는 소시품도 조심해야 할 정도로 더욱 몸을 사려야 한다.

그렇다면 문제는 타이완 사람 앞에서 중화인민공화국을 뭐라 불러야 하는가의 문제이다. 그냥 중국(中國)이라 불러도 된다. 타이완인들도 편의상 중국이라 부른다. 타이완 교육부에서 2008년 공포한 고교 일반 사회 교육과정의 양안 관계 부분에서는 중화인민공화국을 그동안의 '중공(中共)'이나 '대륙(大陸)'이 아닌 '중국(中國)'으로 표기하고 있다. 마음에 들지 않으면 '대륙' 혹은 '중국 대륙'이라고 해도 된다. 대륙이라는 말은 중국에서도 사용한다. 다만 한국에서 흔히 쓰이는 '본토(本土)'라는 표현은 좀 미묘하다. 마치 중국이 본토이고 타이완이 좀 떨어진 앞마당이라는 인상을 줄 수 있기 때문이다. 중국과 타이완은 완전히 별개의 국가라는 생각을 갖고 있는 사람들도 아주 많다. 물론 중국 대륙에 대응되는 영어 표현은 Mainland China를 쓰고 있다. 중화민국이 중국의 유일한 합법 정부라는 가정하에 '중공(中共)'이라는 용어도 쓸 수는 있으나 사실 철지난 극우 반공주의자나 쓰는 표현이라고 보아야 한다. 마찬가지로 타이완도 일일이 '중화민국'이라고 부를 것 없이 그냥 타이완(대만)이라 부르면 된다. 다만 대만공화국(臺灣共和國)이나 대만국(臺灣國)은 독립 지지파들이 쓰는 표현이니 주의해야 한다. 그래도 강경한 중화민국 정통론자나 타이완 독립주의자가 아닌 이상 대부분의 사람들은 '중화민국=타이완'으로 여긴다. '중화인민공화국=중국'이고 타이완은 중화민국이라는 별개의 국가가 다스리고 있다는 비교적 현실적인 시각이다. 결국 타이완인들 앞에서 중화민국이나 중화인민공화국을 가리키는 표현에서 모두를 만족시킬 수 있는 것은 없지만 그래도 무난하게 쓸 수 있는 말이 타이완(臺灣, 대만)과 중국 대륙(中國大陸)이다. 물론 지역 이름과 나라 이름을 구분해야 한다는 중화민국 정통론자나 중국이면 중국이지 대륙이라는 군더더기는 왜 붙이느냐는 타이완 독립파들은 만족을 못 시키겠지만, 중국이라는 말이 가지는 문제점을 피하고 싶다면 그냥 대륙이라고만 표현해도 별 문제는 없다.

반대로 중국 본토 사람 앞에서는 타이완을 어떻게 언급해야 할까? 일단 제일 안전한 호칭은 중국 타이완(中国台湾) 혹은 대만성(台湾省), 그 다음은 대만 지구(台湾地区)이다. 실제로 중국의 관영 매체나 공식 석상에서는 타이

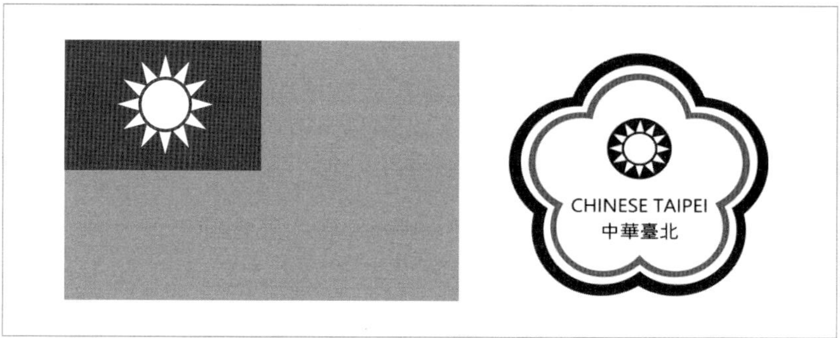

중화민국 청천백일만지홍기와 타이완 차이니즈 타이베이기

완을 이렇게 칭한다. 단순히 '타이완'이라고 불러도 문제가 되진 않으나 상대방에게 타이완 독립을 지지하는 뉘앙스로 들리지 않게 유의해야 한다. 특히 "한국, 중국, 대만, 홍콩, 일본 등 국가"라고 말하는 등 중국과 타이완, 홍콩, 마카오를 국가 단위로써 병렬하여 칭하는 것은 타이완이 중국과 별도의 영토라고 칭하는 것과 같은 의미로 받아들여지므로 절대 금기 사항이다. 중국인들은 타이완의 표기 방식에 대해 상상을 초월할 정도로 민감하게 받아들인다.

당연하지만 대만국(台湾国)나 대만공화국(台湾共和国) 같은 호칭은 중국에서 쓰면 극도로 민감하게 받아들인다. 그나마 타이완을 따로 분리하는 중국인들도 이 표현만큼은 좋게 보지 않는다. 그냥 타이완으로 표시하는 것이 좋다.

국제 기구에 가입하거나 국제 스포츠 대회에 나가는 경우 등은 중화 타이베이(Chinese Taipei, 中華臺北)라는 이름을 쓰며 국기도 청천백일기를 쓰지 않고 흰 바탕에 타이완의 나라꽃인 매화 문양에 청천백일을 그려서 쓴다. 그 이유는 중국이 '하나의 중국'이라는 원칙을 내세워 타이완의 국호와 국기를 쓰지 못하게 압력을 가하고 있기 때문이다.

타이완 사람에게 "중국인이세요?(你是中國人嗎?)"라고 했다가는 바로 정색하며 십중팔구 '대만인(我是台灣人)'이라고 고쳐줄 것이다. 이러한 현상은 본성인일수록, 그중에서도 젊을수록 심해지는 경향이 있다. 혹시 타이완 사람을 상대할 일이 생길 경우에는 혼동해서 말하지 않도록 주의해야 한다. 이미 대체로 21세기의 타이완에서 '중국'이라고 하면 자신들이 아닌 중화인민공화국을 의미하는 쪽으로 받아들이는 경우가 많아졌다. 대신 '중화(中華)'는 자신들을 의미하는 쪽으로 많이 쓴다. 국제 스포츠 대회에서 양안이 맞대결을 하는 경우도 있는데, 타이완 쪽의 방송사가 중계할 때 자막에서 '중화 대 중국'으로 나타내는 사례도 있다. 타이완인이 아니더라도, 중국을 제외한 여러 국가 또는 지역의 중국인들이 자칭할 때는 화인(華人)을 훨씬 더 많이 쓴다. 해외 중국인 단체를 보면 대부분 이 화(華) 자가 꼭 들어간다. 예를 들면 화교라 불리는 것이 그것이다. 차이나타운은 예외인데, 당나라 당(唐)을 써서 흔히 당인가(唐人街)라고 한다.

타이완에 가장 우호적인 국가인 미국은 오히려 타이완을 개별 국가로 인정하지 않으며, 타이완과 외교 관계를 수립하지도 않는다. 현재 타이완은 미승인국으로서 수교 국가는 12개국이다. 타이완을 국가로 인정하지 않아 단교한 국가들이 훨씬 더 많은 상황이다. 결국 국제법적으로 타이완은 국가가 아니며 미국도 타이완 보호를 선언하면서도 타이완을 국가로 인정하지 않고 있다. 타이완이 국가가 아니라는 것은 유엔 총회에서 이미 종결이 난 사안인데, 이제 와서 다시 타이완을 국가로 인정한다는 것은 그렇게 간단한 문제가 아니다.

1983년에 발표된 덩샤오핑 이론 중에 '타이완 특별 행정구'라는 말이 있다. 중국에서 타이완을 중국에 편입시키기 위해 홍콩과 마카오같이 일국양제 '특별 행정구'로 취급하겠다는 것이다. 그래서인지 홍콩과 마카오의 깃발의 구성과 비슷한 '타이완 특별 행정구'의 깃발도 제시되었지만, 실제로 타이완에서 그 깃발을 사용하지는 않는다. 타이완 특별 행정구는 비록 덩샤오핑에게서 나온 것이지만, 아직까지 공식화된 것은 아니다. 다만 덩샤오핑 시절과 일국양제의 구체적인 내용은 달라질 수 있어도, 평화적인 일국양제를 통한 통일은 현재까지 중국 정부가 공식적으로 주장하고 있는 통일 방안이다. 타이완은 홍콩이나 마카오보다 국토가 훨씬 더 크고 역사도 다르기 때문에, 중국도 이들 지역과 같은 방식으로 일국양제를 적용하는 것이 아닌 주방위군과 유사한 군사권을 인정하는 등 더욱 큰 자치권을 보장하는 일국양제를 주장하고 있다.

맺음말

중국사 5천 년을 공부하면서 늘 아쉬움이 남는 것은 그 오랜 시간 동안 중국 사회를 지배한 실체가 권력자 한 사람을 위한 왕조 사회로 시종일관해 왔다는 점이다. 물론 유럽이나 우리나라도 그랬지만, 적어도 동아시아 문화의 선두주자였던 중국이 그러했기 때문에 변방의 다른 나라들도 그 모델을 따를 수밖에 없었다는 점에서 중국 사회에 책임의 중요한 부분이 있다고 말하고 싶다. 이따금 반란이란 이름으로 왕조 사회에 거스르는 자가 있었지만, 그들도 구호만 민중이었을 뿐 또다른 권위주의자였을 뿐이다. 오히려 그런 과정에서 애먼 백성만 죽어나간 것이 역사의 현실이었다.

우리 사회에서 흔히들 민주주의의 반대말을 공산주의라고 가르치고 그렇게 배워온 사람들이 적지 않다. 물론 구소련이나 마오쩌둥 시절의 중화인민공화국, 그리고 세습 왕조인 북한 정권에 이르기까지 공산주의 체제가 프롤레타리아 일당 독재라는 그럴듯한 가면을 쓰고 실제로는 몇몇 권력자가 농단하거나 심지어는 세습하는 반민주적인 구조를 가지고 있었다는 사실을 부인할 수는 없을 것이다. 그럼에도 불구하고 민주주의의 반대는 왕정 혹은 독재이다. 두 체제 사이에는 권력 자체가 선출된 권력이냐 세습된 권력이냐의 차이도 있겠지만, 그 권력이 작동하는 시스템이 위로부터의 상명하복인가 아래로부터의 여론 수렴인가의 차이도 분명히 존재한다.

문제는 독재나 왕정의 경우, 백성 혹은 국민의 삶이 오직 권력자의 선의(善意)에만 기댈 수밖에 없다는 점이다. 세종대왕 같은 훌륭한 왕이 있어 백성의 삶을 골고루 보듬어 주는 성군(聖君)이 있는가 하면, 백성들의 삶은 아랑곳하지 않고 자신의 탐욕과 권력 놀이에만 열중했던 연산군 같은 혼군(昏君)도 있었다. 이때 백성들은 아무 선택권 없이 그저 세습되는 권력자가 선정하기만을 기도하는 방법 외에 할 수 있는 일이 없었다. 백성이 스스로 임기제 권력자를 선택하고 제어하며 때로는 탄핵하는 제도를 갖춘 것이 현대 민주주의이고, 이제 더 이상 권력자의 선의에만 기대어 허송세월하고 있지 않아도 되는 제도가 바로 민주주의다.

중국 주나라 때에 잠깐 공화(共和) 시대가 있었고, 로마 초창기에도 원로원(元老院)에 의한 정치가 있었지만, 그것은 민주정이 아니라 과두(寡頭) 정치라는 일종의 집단 지도 체제일 뿐 권력의 원천이 백성에게 있는 것이 아니었다. 아마도 민중이 권력의 원천이 된 첫 사례는 미국이 신생 독립한 것이 최초의 사례일 것이고, 중국의 경우 신해혁명 이후, 우리의 경우는 해방 이후 겨우 그런 형식적 제도를 갖추었을 뿐이다. 중국의 경우 마오쩌둥이나 덩샤오핑의 시대도 사실상 독재 국가였고, 현재까지도 권위주의적인 통치 형태에서 벗어나지 못했다고 진단할 수 있다. 우리나라의 경우도 이승만, 박정희, 전두환에 이르는 오랜 군사 독재 시절을 거쳐 87년 이후 겨우 민주적인 제도적 틀을 미흡하나마 갖추었다고 말할 수 있다. 그러나 우리 사회 곳곳에는 아직도 왕조적 사고 혹은 군사 독재 시절에 대한 향수를 가지고 있는 사람들이 곳곳에 분포하고 있다. 오랜 왕조 시대와 짧지 않은 식민지 시절, 그리고 해방 후에도 40년간이나 이어진 권위주의 정권에 물들어 자기도 모르게 파시즘적인 사고 체계가 내면화된 결과라고 볼 수 있다.

"암탉이 울면 집안이 망한다는데... 여자가 어디 감히", "애들은 좀 엄하게 키워야지. 요즘 애들은 버르장머리가 없어서...", "나 때는 말이야. 상사(上司)의 말에 어찌 감히 토를 달아... 죽을려고 환장하지 않은 바에야"

이런 대화들 속에 담겨 있는 파시즘을 사람들은 전통 혹은 예의라는 이름으로 호도하고 있다. 혹은 효도라는 포장지로 그런 굴종을 아름답게 포장하기도 한다.

우리 사회에서 소위 권력 기관에 있는 자들의 면면을 따져 보자. 그들 대부분은 권위에 대한 순종(順從)을 내면화한 사람들일 가능성이 매우 높다.

학창 시절에는 선생님이 시키는 대로 시험 범위에 드는 교과서 내용을 의미 없이 달달 외워 좋은 석차를 받았을 것이고, 자라선 법전이나 경제학 서적 등 자격 시험에 필요한 몇 권의 책을 노량진이나 외딴 절간 방에서 달달 외워 각종 국가 고시에 합격하여 공인(公認)된 자격증을 받았을 것이다. 판검사, 행정 관료, 의사, 언론인, 교수가 그러하다. 몇 권의 입시 서적과 몇 권의 처세술 책으로 이루어진 그들의 두뇌 속에 인사권자에 대한 절대적인 순종과 상위 권력에 대한 절대적인 복종 의식 이외에 뭐가 있겠는가.

교직에 있을 때를 생각해 보면 아이들에게 욕을 많이 먹고 동료들에게 비웃음을 당하던 사람이 오직 인사권자인 교장 한 사람에게만 좋게 보여 승진의 기회를 잡는 것을 여러 번 목격했다. 그런 자들이 교감이 되고 그런 교감들 중에 더 비겁하고 아부에 능한 자가 교장이 되는 것을 지켜보며 교직을 떠난 경험이 있다. 군대를 가정해서 이런 경우를 상상해 보자. 소대장 중에 가장 소신없는 자가 중대장이 되고, 중대장 중 부하를 승진 도구로 이용하는 자가 대대장이 되고, 대대장 중 가장 줄을 잘 타는 자가 연대장이 되고, 연대장 중 가장 정치 바람에 민감한 자가 장군이 되고, 장군 중 정치권의 말을 가장 잘 듣는 자가 사단장이 되고 군단장이 되고 총장이 될 것이다. 그러니 장군(將軍)에게서 빛나는 별만큼 군인다운 소신이나 진정한 애국심을 기대하는 것은 어리석은 일이다. 소신 있는 자는 이미 위관급 영관급 시절에 도태되었을 가능성이 매우 높기 때문이다. 그래서 위로 갈수록 바보들의 행진이 되고 마침내 권력의 정상은 태풍의 눈처럼 텅빈 자가 자리 잡게 되는 것이다.

상위 권력자나 인사권자의 눈치를 보는 소위 엘리트란 지식층 그룹의 이런 태도는 사실 어제 오늘에 생긴 것도 아니고 안에서만 벌어진 일도 아니다. 조선 왕조 건국 이후 사대부들이 정치의 전면에 등장하면서 그들이 모델로 삼았던 인물이 중국 송나라 성리학의 대가인 주자였다. 그런데 주희란 인물이 속했던 나라가 남송이고, 시대적으로는 그들이 오랑캐라 불렀던 여진족이나 몽골족의 나라인 금나라 혹은 원나라의 침략을 받았던 시기이다. 그 때문에 주자는 특유의 화이론(華夷論)을 그 철학적 근거로 삼고 예의를 회복하는 것과 오랑캐를 물리치는 것을 동의어로 보고 있었다. 그러잖아도 성리학이 주류였던 조선 사회가 명(明)의 원조로 임진란의 왜(倭)를 물리친 뒤 재조지은(再造之恩)을 소리 높이 외쳤고, 병자년에 청(淸)의 침략을 받는 과정을 통해 소중화주의라 부르는 정신 승리 체계가 완성되었다. 역사에서 이미 사라진 명(明)에 대한 사대(事大)로 현실적 세력인 청나라에 반청(反淸)하는 수준의 사고 체계가 주류(主流)로 등장하게 되었다. 그것도 대외적인 것이 아니라 주로 대내적 통치술로 작동했다.

사대부들의 사색 당파도 사대주의란 점에서는 대동소이했다. 하지만 그중 가장 외세 의존성이 강했던 우암 송시열계 노론(老論)이 조선 후반기를 지배하게 되면서 조선 사회는 점차 주체성을 상실하고 망국의 길로 치닫게 되었다. 이들의 후예들이 중국 대신 모신 나라가 결국 일본이 되고 해방 이후엔 미국으로 변하게 된 것이다. 국내적으로는 권력을 가진 자를 추종하고 그 권력을 가진 자는 강한 외세를 추종하는 비주체적 사대주의가 조선, 나아가 한국 엘리트의 기본 정신으로 자리 잡게 되었다.

김구 선생이 '나의 소원'이란 글에서 세 번에 걸쳐 강조한 '조선의 완전한 자주 독립'이란 바로 외세를 배격한 우리만의 민주주의 체계를 제대로 수립하는 것이 아니었을까? 그런 점에서 우리는 아직 완전한 자주 독립 국가가 아닐 수도 있다. 친명 사대가 친일 사대를 거쳐 친미 사대가 된 현장을 우리는 늘 광화문 앞 태극기 부대가 성조기를 들고 있는 모습에서 확인하고 있다.

완전한 자주 독립 국가가 되기 위해서는 나와 남을 공정하게 대해야 한다. 내가 지켜야 할 가치가 소중한 만큼 남이 지키고 있는 가치도 존중할 줄 알아야 하기 때문이다. 그것은 개인의 문제이기도 하지만 국가 간의 문제이기도 하다.

고구려사를 중국 역사의 지방사로 보는 동북 공정을 비판하기 위해서는 우리의 역사에 대한 태도도 점검해 보아야 한다. 외국은 현재 자신의 영토 안에 살았던 사람들의 과거 역사를 자국의 역사로 간주하는 반면, 우리는 세계적으로 유례 없이 실체도 분명하지 않은 우리 민족이 과거 살았던 곳의 역사까지 모두 우리 역사로 보고 있다. 이러한 태도에 문제점은 없는지 살펴보아야 한다.

독도를 실효적으로 지배하고 있는 우리가 괜히 '독도는 우리 땅'이라는 당연한 이야기를 이슈화하여 일본을 자극한 면은 없는지도 반성해 보아야 한다. 내 집을 내 집이라고 주장하니 남들이 보기에 허점이 있는 것처럼 보이는 것이다. 그런 점에서 한국을 동북아의 중심으로 보는 국수주의적인 재야 사학도, 어용에서 출발하여 친일로 돌아선 강단 사학도 모두 축출되거나 수정되어야 한다. 우리의 역사든 다른 나라의 역사든 엄밀한 과학적인 기준 아래 재진단하고 재평가해야 한다.

문제는 그 기준이 인간적이고 민주적이어야 한다는 것이다. 여성과 아이를 막 대하거나 성 소수자를 비롯한 나와 다른 생각을 가진 남을 혐오하는 태도로는 그런 기준을 충족할 수 없다.

일본 서점 코너에 자리 잡고 있다는 혐한(嫌韓)을 비웃으려면 우리 언론들이 가진 혐중(嫌中)의 태도도 비판할 줄 알아야 한다. 무수한 중국 언론 보도 중 혐한적인 것만 골라 마치 중국인 전체가 혐한적인 태도를 가진 것처럼 왜곡하는 기존 언론의 태도가 바뀌어야 한다. 그것은 역사 왜곡을 하는 것이 일본 정부와 일부 일본인이기에 일본인 전체를 미워하거나 기피하는 것이 잘못인 것과 마찬가지이다.

역사적으로 밀접하게 관련성을 가진 한중일 삼국이 서로 미워하고 적대해서 결국 얻을 수 있는 것이 무엇이겠는가. 그런 적대감을 국내 정치에 이용하여 프레임을 전환하려는 엘리트들의 술수에 더 이상 속아서는 안 된다. 그것은 북한에 대한 태도도 마찬가지다. 우리가 남침(南侵)을 두려워하는 만큼 북한도 북침(北侵)을 두려워하고, 우리가 체제를 유지하고 싶은 만큼 그들도 그들의 체제를 유지하고 싶어한다는 것을 일단은 인정해야 한다. 나는 착하지만 너는 나쁜 놈이라는 일방적 도덕론으로 남북 문제는 해결되지 않는다. 우리나라나 미국은 착한 나라니까 강력한 무기로 무장하고 핵폭탄을 수천 개 가지고 있어도 되지만, 북한은 나쁜 나라니까 신형 대포 하나도 한 개의 핵무기도 허용할 수 없다는 태도로 대한다면 과연 협상이 제대로 되겠는가. 그렇다고 북한을 공격하여 주민을 옥죄고 있는 김씨 세습 왕조를 무너뜨릴 북진 통일 전쟁을 할 용기와 배짱이라도 있는가? 그래서 세금을 왕창 내며 2천 7백만 북한 동포들을 먹여 살리고 새 집을 지어주고 새 도로와 철도를 깔아 줄 능력이 있는가? 배짱도 능력도 없으면서 그저 국민에게 적대감만 불러 일으켜 자신들의 정권을 보위하는 데 북한을 이용하고 있는 것은 아닌지 우리 모두 반성해 보아야 한다. "동냥을 주지 않으려면 쪽박은 깨지 마라"라는 속담이 있다. 도움도 안 주면서 비난하고 허세를 부리며 북쪽을 향해 짖어대는 것이 우리의 대북 태도이다.

냉정하게 말하면 우리가 걱정해야 할 것은 북의 남침이 아니라 북한의 붕괴이다. 남아도는 쌀 몇만 톤을 준다고 '북한 퍼주기'라고 매도하고, 전쟁을 회피할 우호적인 방책이라도 마련하려면 종북(從北)이니 빨갱이니 손가락질 하는 사람들에게 물어 보자. 만약 그대들이 그토록 소망하는 북한 김씨 정권이 붕괴되어 북한 국민들이 적대적인 남반부보다 그나마 우호적이었던 중국의 '북조선 자치구'가 되겠다고 나서면 어찌할 것인가. 태극기와 성조기, 이스라엘기를 함께 흔들어 대는 뼛속 깊은 사대주의자들인 당신들이 중국을 상대로 세계 대전이라도 일으킬 용기와 배짱이라도 있는가. 아니면 하루아침에 정권이 붕괴되어 2천5백만의 굶주린 동포들이 남쪽으로 몰려 내려오면 당신의 곳간을 열어 그들을 받아들이고 먹이고 재울 수 있는가?

집권 세력들이 걸핏하면 내뱉는 '친북 세력'이나 '반국가 세력'이라는 말은 또 얼마나 허황된 주장인가? 21세기에 시효가 지나 사라진 공산주의를 누가 추종하며 소련조차 내다버린 공산주의를 누가 좋아한단 말인가. 자유도 민주주의도 없이 3대가 세습하는 절대 왕조이고 GDP가 우리보다 40배나 적은 북한을 누가 추종하여 종북(從北)한단 말인가. 바보이거나 정신병자가 아니라면 있을 수 없는 이런 용어들이 우리 사회에 유령처럼 떠도는 것은 바로 정권을 쥔 자들이 그것을 지키기 위해 허상을 만들어냈기 때문이다. 이것은 결국 겁박하여 집안 식구들을 잡도리하는 저질의 통치술에 불과하다. 우리가 어리석지 않다면 그런 허상은 다시는 우리 주변을 배회하지도 입에 오르내리지도 못할 것이다. 이것이 국민이 정신차려 옥석(玉石)을 제대로 구분해야 하는 이유이고 내가 미욱한 재주로 이런 책을 쓰는 이유이다.

정치를 무조건 매도하거나 외면하지 말고 정확히 진실을 파악하여 누가 옳고 그른지 판단해야 한다. 검다고 모두 까마귀는 아니고 희다고 모두 백로는 아니다. 검은 까마귀는 악하고 하얀 백로는 선하다는 이분법적 사고도 버려야 한다. 적극적으로 참여하는 국민들이 있어야 민주주의도 바로 서고 국제 관계도 바로 선다. 수많은 말과 그림 중에서 진실의 입과 진짜 그림을 가려볼 줄 아는 판단력이 국민 모두의 것이 되어야 한다.

어쩌다 내뱉은 말 한마디나 행동 하나가 언론들에 의해 과대 포장되고 그것에 동조한 국민들이 여론이란 이름으로 그 허상에 열광하여 최고 권력자를 만들어낸다. 이후 엘리트라 불리는 자들이 전부 권력에 줄을 대고 거기서 파생되는 달콤한 열매를 맛보며 겉으로는 민주주의가 잘 작동하는 것으로 포장하고 있는 것이 한국 정치의 현실이라고 감히 진단해 본다. 조선조 말 강화도에서 나무하던 왕손 강화 도령을 모셔와 왕 자리에 앉히고 모든 국정을 농단했던 안동 김씨를 비롯한 세도가들이 했던 짓이 현대 한국 사회에서 거듭 반복되고 있는 이유를 이렇게 설명하지 않으면 어찌 해석할 수 있겠는가. 일찍이 을사년의 오적은 다섯 명이었지만, 김지하 시인이 손가락질했던 오적(五賊)은 재벌, 국회의원, 고급 공무원, 장성, 장차관이었다. 요즘은 폴리페서라 불리는 교수 집단, 권력과 정보와 이권을 주고받는 언론인 등도 여기에 포함시켜야 한다. 자본주의 사회가 되면서 그런 굴종과 순종주의는 '효율성'이란 이름으로 포장지를 바꾼 채 우리 사회를 좀 먹고 있다. 그들이 기득권 카르텔을 이루어 한국 사회에 빨대를 꽂고 이익을 극대화시키고 있다. 그들은 강남 3구를 비롯한 요소요소에 골고루 분포하고 있으며, 그 자리를 노리는 예비 오적들도 수십 수백만 명에 이를 것이다.

1910년대에 소련에서 시작된 공산주의 실험은 70년 만에 끝났다. 이제 공산주의는 구호에 그치고 있고 현실 정치에서 과거와 같은 공산주의를 채택하는 나라는 없다. 우리가 흔히 공산주의 국가라고 부르는 중국이나 베트남, 쿠바 등은 공산당 일당 독재 체제하에서 자본주의적 요소를 도입한 국가들이다. 그러나 북한은 이도저도 아닌 김일성 왕조 체제일 뿐이다. 전 세계 누구도 동의하지 않는 주체 사상 아래 공포 정치를 실현하고 있을 뿐이며 그것이 국제 질서와는 동떨어진 고립 체제를 스스로 고착화하고 있다. 이러한 현실은 아마 자신들도 잘 알고 있을 것이다. 최후의 수단으로 핵무기를 만들었지만, 핵무기는 공격 수단이 아닌 방어 수단이다. 그것은 최악의 경우 이웃 국가와 동반 자살 작전으로라도 체제를 지키겠다는 발악이다.

소위 백두 혈통의 왕조를 지키기 위해 인민을 희생시키고 있는 사실을 지배층은 잘 알고 있지만, 개혁 개방을 통해 자본주의적 방법을 취할 경우 스스로의 권력이 해체될 것을 알기에 버티고 있는 것이다.

현재 전 세계는 자본주의의 유산인 양극화 현상을 공유하고 있다. 단순한 소득 불균형이 아니라 상위 20%가 국가 재산의 80%를 차지하고 있는 극도의 쏠림 현상이 대부분의 나라에서 가속화되고 있다. 이런 양극화는 결국 '성장과 분배', '비례세와 누진세', '보호 무역과 자유 무역,' '보편적 복지와 선택적 복지', '대도시와 지방', '국토 개발과 환경 보전' 등으로 수많은 정책 분야에서 국민을 둘로 나누고 있다. 이런 양극화가 그나마 선거에서 논쟁의 주세로 나나나면 다행이지만 대부분의 경우 양 극단으로 나뉘어 상호 폭력을 행사하는 일이 빈번해지고 있다. 일부 소수자들은 극단적 선택으로 의사를 표현하기도 한다.

교육은 보다 좋은 자리를 차지하기 위한 경쟁 수단으로 전락했다. 점잖던 사람들도 트럼프 현상 이후 모두가 자신의 욕망을 노골적으로 드러내며 이기주의자로 변해 다른 사람들로부터 스스로를 격리시키고 있다. 콩 반쪽을 나누어 먹던 이웃과 가난을 공유하던 시대가 아니라 이제는 이웃을 이용하여 내 가족의 안락함만을 추구하는 풍요의 시대를 살고 있다.

이제 공동체의 가치를 회복하고 인간과 인간의 신뢰에 기반하는 사회적 자본을 확충해야 하는 것이 우리 앞에 놓인 당면한 과제가 되었다. 인간과 인간뿐만 아니라 집단과 집단, 도시와 도시, 나아가 국가와 국가 사이에도 서로 간의 믿음과 신뢰를 회복해야 한다. 나의 이 책이 그런 세상을 만들어 나가는 데 작은 보탬이 되기를 바랄 뿐이다.

스스로 지식인이라고 자부하면서 문학과 역사 등 인문학 주변을 어슬렁거리며 살아온 지 어언 50년이 다 되어간다. 중고등학교는 물론 대학 시절 배운 것들 중 일부는 머리 속에서 지우고, 그 빈자리에 신선한 지식들을 채우는 일을 오랫동안 해 왔다. 그럼에도 내 생각들 속에는 나도 모르게 익힌 식민지적 사관들이나 친일적인 문학관 등이 자리잡고 있는 것을 발견하고 소스라쳐 놀란 적도 많이 있다. “하루에 세 번 반성하라”는 공자의 말은 끝없이 자기 수정과 교정을 거치며 정도를 향해 나아가야 한다는 뜻이다. 개인이 그러하듯 사회가 더 나아지기 위해서도 마찬가지 과정을 거쳐야 한다.

2024년 12·3 비상 계엄 사태 이후 무책임한 계엄에 항의하고 농민들의 의견을 전달하기 위해 경상도, 전라도, 충청도에서 출발한 전봉준 투쟁단이란 트랙터 시위대가 우금치를 지나 서울 한남동으로 향하던 중, 남태령에서 서울 경찰들의 차벽에 가로막히는 일이 발생했다. 이 소식이 전해지자 수천 명의 2030 젊은 지원 세력이 SNS를 통해 순식간에 모여들었고, 이들의 힘으로 경찰의 저지선을 돌파한 시위대는 무사히 서울에 도착해 시위를 마칠 수 있었다. 시위 이후, 한 농부는 그의 SNS에 이런 글을 남겼다.

“나는 불량한 자들의 시대가 가고 인간이고 싶은 이들의 시대가 열리고 있음을 직감했다. 나는 저들을 배불리 먹이기 위해 농사를 더 열심히 짓고 싶어졌다.”

이것이야말로 우리 민족이 나아가야 할 길이다. 우리의 아이들이 더 건강한 사회에 살도록 하기 위해, 더 평화로운 세상에서 마음껏 뛰놀고 제 꿈을 키우도록 하기 위해 오늘 우리가 해야 할 일이 이런 것이다. 이제 진짜와 가짜를 가려볼 줄 아는 안목을 기르자. 얼마 전 개봉된 안중근 장군의 의거를 다룬 ‘하얼빈’이라는 영화에서 이토 히로부미가 이런 말을 했다.

“조선의 백성들은 참 이상하단 말이야. 나라나 왕으로부터 아무 혜택도 받은 것 없는 무지렁이 백성들이 나라가 위태로우면 왜 저리 목숨 걸고 나서는지 정말 알 수가 없네.”

외적이 쳐들어 왔을 때 잘잘못을 따지기보다는 우선 모두가 떨쳐 일어나 외적을 물리쳤던 의병(義兵)의 정신! 임진왜란에서 동학 혁명을 거쳐 3.1 운동, 그리고 오늘날까지 이어져 온 공동체를 위한 연대의 힘은, 난국을 헤쳐 나온 우리 국민들의 저력이었다. 이제 모두 일어나 손에 손 잡고 벽을 넘어서 하나되는 세상을 만들어 보자.

2025년 8월

강릉시 명주동 루외루(樓外樓) 우거(寓居)에서 홀로 외치다

참고문헌

- 김기협(2022), 오랑캐의 역사: 만리장성 밖에서 보는 중국사, 돌베개
- 김세정(2014), 왕양명의 전습록 읽기, 세창미디어
- 김영수(2009), 난세에 답하다: 사마천의 인간 탐구, ㈜알마
- 김영수(2010), 사마천, 인간의 길을 묻다, 왕의 서재
- 김충렬, 공기두 공저(1985), 모택동 사상론, 일월서각
- 김한종(2006), 역사왜곡과 우리의 역사교육, 책세상
- 김호동(2007), 몽골제국과 고려 : 쿠빌라이 정권의 탄생과 고려의 정치적 위상, 서울대학교 출판문화원
- 김호동(2021), 몽골제국과 세계사의 탄생, 돌베개
- 김희영(2020), 이야기 중국사 1: 중국 고대부터 전한시대까지, 청아출판사
- 딕 윌슨, 한영탁 역(1985), 주은래: 중국 혁명을 이끈 한 인간의 일대기, 한길사
- 라오웨이, 이향중 역(2004), 저 낮은 중국: 인터뷰로 보는 중국 인민의 과거와 현재, 이가서 퍼슨앱
- 리쩌허우, 이유진 역(2024), 중국 사상의 기원 - 무에서 예로, 예를 인으로, 글항아리
- 미할 비란(2021), 몽골제국, 실크로드의 개척자들: 장군, 상인, 지식인, 책과 함께
- 민두기(1983), 중국 현대사의 구조, 청람
- 박영철(2021), 한자의 재구성: 주령시대의 기억과 그 후, 도서출판 길
- 박한제(2003), 박한제 교수의 중국 역사 기행 1-3, 사계절 출판사
- 벤저민 양, 권기대 역(2004), 덩샤오핑 평전, 황금가지
- 샤오젠셩, 조경희·임소연 역(2021), 송나라의 슬픔: 근대의 문턱에서 좌절한 중국 문명을 반성하다, 글항아리
- 송재소(2015), 중국 인문기행, ㈜ 창비
- 스기야마 마사야키, 이경덕 역(2013), 유목민의 눈으로 본 세계사, 시루
- 시바료타로, 양억관 역(2002), 항우와 유방 1-3, 달궁

- 양하이잉, 우상규 역(2018), 반중국 역사 : 오랑캐, 주변국 지식인이 쓴, 살림출판사
- 에드가 스노우, 신홍범 역(1992), 중국의 붉은 별, 도서출판 두레
- 오긍, 김원중 역(2021), 정관정요, 휴머니스트
- 오드 아르네 베스타, 옥창준 역(2022), 제국과 의로운 민족 - 한 중관계 600년사 - 하버드대 라이샤워 강연, 너머북스
- 원가, 정석원 역(1988), 중국의 고대신화, 문예출판사
- 위에난, 유소영 역(1998), 진시황릉: 중국 고대사의 불가사의, 도서출판 일빛
- 유시민(2018), 역사의 역사, 돌베개
- 이승훈(2023), 한자의 풍경: 문자의 탄생과 변주에 담긴 예술과 상상력, 사계절출판사
- 이언 모티머, 김부민 역(2023), 변화의 세기: 서양 천 년을 바꾼 결정적 사건들, 현암사
- 이연도(2019), 강유위가 들려주는 대동이야기, 자음과 모음
- 이영희(1983), 10억 인의 나라 - 모택동 이후의 중국대륙, 두레
- 이주엽(2023), 몽골제국의 후예들, 책과 함께
- 이희수(2023), 인류 본사: 오리엔트 중동의 눈으로 본 1만 2000년 인류사, ㈜휴머니스트 출판그룹
- 장철환 편저(2017), 중국 고대사: 대륙의 문명을 급진전시킨 춘추전국시대와 영웅호걸들의 이야기, 북랩
- 정수일(2012), 문명 교류사 연구, 사계절 출판사
- 정재서 역주(1985), 산해경, 민음사
- 정지호(2020), 진수의 삼국지 나관중의 삼국연의 읽기, 세창미디어
- 제임스 스콧, 전경훈 역(2019), 농경의 배신, 책과 함께
- 제홍호펑, 하남석 역(2022), 제국의 충돌: 차이메리카에서 신냉전으로, 글항아리
- 조관희(2014), 중국사 강의: 고대 신화전설의 시대에서 신해혁명까지, 궁리출판
- 조영남(2016), 덩샤오핑 시대의 중국 1-3, 민음사
- 조영남(2022), 중국의 통치체제: 1. 공산당 영도체제 2. 공산당 통제기제, 21세기북스
- 찰스 핼퍼린, 권용철 역(2020), 킵차크 칸국: 중세 러시아를 강타한 몽골의 충격, 글항아리

- 채몽필 집록, 의의강 역(2003), 두공부시 초당시화, 도서출판 다운샘
- 텐 위빈, 김주희 역(2024), 청명상하도 - 송나라의 하우, 글항아리
- 팀 마샬, 김미선 역(2020), 지리의 힘, 사이
- 한명기(2013), 역사평설 병자호란 1-2, 도서출판 푸른 역사
- 홍대선(2023), 한국인의 탄생, 메디치
- 효기심(2024), 권력으로 읽는 세계사 한중일편: 힘과 욕망이 만들어낸 동아시아의 역사, 다산초당

누워서 읽는 중국사

울퉁불퉁 중국인 이야기 3

초판1쇄 인쇄　2025년 8월 11일
초판1쇄 발행　2025년 8월 18일

저　자　박 삼 균
펴낸이　임 순 재
펴낸곳　(주)한올출판사
등　록　제11-403호
주　소　서울시 마포구 모래내로 83(성산동 한올빌딩 3층)
전　화　(02) 376-4298(대표)
팩　스　(02) 302-8073
홈페이지　www.hanol.co.kr
e-메일　hanol@hanol.co.kr
ISBN　979-11-6647-579-5

울퉁불퉁 중국인 이야기

울퉁불퉁 중국인 이야기

울퉁불퉁 중국인 이야기